Werner Gephart/
Jan Christoph Suntrup (Hrsg.)
Rechtsanalyse als
Kulturforschung II

GEFÖRDERT VOM

Bundesministerium
für Bildung
und Forschung

Schriftenreihe des
Käte Hamburger Kollegs
»Recht als Kultur«

Herausgegeben von Werner Gephart

Band 9

Werner Gephart/
Jan Christoph Suntrup (Hrsg.)

Rechtsanalyse als Kulturforschung II

VITTORIO KLOSTERMANN
Frankfurt am Main · 2015

recht als kultur
käte hamburger kolleg
law as culture
centre for advanced study

Bibliographische Information der Deutschen Nationalbibliothek

Die Deutsche Nationalbibliothek verzeichnet diese Publikation in der Deutschen Nationalbibliographie; detaillierte bibliographische Daten sind im Internet über *http://dnb.dnb.de* abrufbar.

1. Auflage 2015

Gedruckt auf alterungsbeständigem Papier ⊗ ISO 9706
Satz: post scriptum, www.post-scriptum.biz
Umschlaggestaltung: Jörgen Rumberg, Bonn
Umschlagabbildung: Werner Gephart, Zwischen Gesetz und Gerechtigkeit, blaue Variante (Collage, 40 × 30 cm), 2015
Druck und Bindung: Hubert & Co., Göttingen
Printed in Germany
ISSN 2193-2964
ISBN 978-3-465-04241-9

Inhalt

WERNER GEPHART
Einführung
Das »Recht als Kultur«-Paradigma ... 7

Erster Teil
Im Zentrum des Rechts:
Der Blick der Kulturwissenschaften

RAINER ZACZYK
Was ist Recht? ... 19

DORIS SCHWEITZER
Soziologische Rationalitäten im Recht. Rudolf von Jhering
gelesen mit François Ewald ... 35

HELGE DEDEK
De Iure Hominis et Homunculi:
Rights, Tristram Shandy, and the Language of Isolation ... 59

LOUIS ASSIER-ANDRIEU
Les limites du pluralisme et l'arc des culturalismes ... 79

JAN CHRISTOPH SUNTRUP
Das Faktum des Rechtspluralismus und die Konturen einer
mehrdimensionalen kulturwissenschaftlichen Rechtsanalyse ... 115

Zweiter Teil
An den Grenzen des Rechts:
Normativität in Ästhetik, Moral und Recht

DIRK TÄNZLER
Korruption von Normen ... 145

UPENDRA BAXI
Towards An Aesthetics of Human Rights ... 163

PRATIKSHA BAXI
On Interpreting Rape as Atrocity ... 181

OTTO KALLSCHEUER
Risiken normativer Kommunikation in der Globalisierung.
Prolegomena für eine interkulturelle Diskussion 203

Dritter Teil
Jenseits des Rechts:
Über das schwierige Verhältnis zur Religion

CHRISTIAN WALDHOFF
Der Wahrheitsanspruch der Religion und die Relativität des Rechts 223

SADIK J. AL-AZM
Civil Society and the Arab Spring 243

ANTONELLA RATTI
Symbols of Contention in the ECtHR Case-Law: Rethinking the
Relationship between Religion and Secularism 255

SAMI BOSTANJI
Le droit tunisien du statut personnel « entre Terre et Ciel » 293

DANIEL WITTE
Umstrittene Grenzen: Das Feld der Macht als Ort von Deutungskämpfen
um Recht und Religion 357

Vierter Teil
Entzauberung und Rückkehr von »Schuld«:
Im Spannungsfeld von Recht und Religion

PHILIPP STOELLGER
Im Zirkel von Schuld und Sünde.
Die Unsichtbarkeit der Schuld als Problem ›bildgebender Verfahren‹ 395

JEAN-LOUIS FABIANI
On Social Guilt 427

REINHARD SCHMIDT-ROST
Recht, Schuld, Vergebung.
Der Beitrag der christlichen Botschaft zu einer Kultur des Rechts 439

Über die Autoren 453

Bildnachweis 456

Werner Gephart

Einführung
Das »Recht als Kultur«-Paradigma

1. Regeln zur Anleitung einer Rechtsanalyse als Kulturforschung

Auch wenn der Begriff des Paradigmas wissenschaftsgeschichtlich besetzt ist,[1] scheint es uns angebracht, Erfahrungen im kulturwissenschaftlichen Umgang mit dem Recht in das anspruchsvolle Projekt eines *Law-as-Culture*-Paradigmas zu überführen. Die in diesem Band versammelten Beiträge lassen sich im Lichte dieses Ansatzes in ganz besonderer Weise lesen, scheinbar Bekanntes verfremdend, um Fremdes anzuverwandeln (siehe unten).

Dieses ›Paradigma‹ hat sich im Verlauf der bisherigen Projektphase des Käte Hamburger Kollegs »Recht als Kultur« in der folgenden Weise herauskristallisiert und ist hier, in der Form von ›Regeln‹, zur Anleitung einer Rechtsanalyse als Kulturforschung angelegt:

Erste Regel:

Die Rechtstatbestände sind analytisch in eine symbolische, normative, rituelle und organisationsförmige Dimension zu zerlegen.

Aus dem ersten Kollegjahr hat sich die fruchtbare und auch neuartige Einsicht ergeben, dass ein *mehrdimensionaler Rechtsbegriff*[2] aus den Verengungen einer rein juridisch-okzidentalen Selbstbeschreibung als Normenordnung herauszuführen vermag, indem eine symbolische Dimension der Darstellung und Appellierung an das Rechte und Gerechte im stellvertretenden Zeichen erfasst wird, der Bändigung der efferveszenten Kräfte von Zorn und Rache in der Ritualisierung durch Verfahren Raum gegeben wird und die deontischen Kräfte in Gerichtsorganisation und Rechtsgemeinschaft gebündelt werden.

Dieser mehrdimensionale Begriff des Rechts leitet zugleich die Einbeziehung der Kulturwissenschaften an: die *symbolische Seite* des Rechts schließt die Sinnwissenschaften auf, die Kunstgeschichte und die Kunstphilosophie, die Semiotik

1 Im Sinne von Kuhn: The Structure of Scientific Revolutions.
2 Siehe hierzu auch unten ausführlicher den Beitrag von Jan Christoph Suntrup.

und die Anthropologie des *homo pictor*; die Soziologie der *biens symboliques* im Sinne Bourdieus und die Durkheim'sche Einsicht, dass Gesellschaft, das Recht einschließend, ohne einen elementaren Symbolismus gar nicht denkbar wäre.

Für eine Analyse der rein *normativen Dimension* des Rechts als Normenlehre, Normwissenschaft etc. haben wir noch keinen eigenen Begriff. Die Theorie normativer Ordnungen, die nicht zuletzt von Habermas' Variante der Differenz von *factual* und *normative* Order bei Parsons profitiert, hat sich noch nicht als eigene Disziplin zu erkennen gegeben. Verdient hätten es die Bemühungen einer »Reinen« Normlehre im Sinne Kelsens und ihrer soziologischen Verunreinigungen zweifellos.

Und die *rituelle Dimension* fasziniert den Soziologen, sobald er auf der Suche nach dem verlorenen Lebendigen im sozialen ›Leben‹ ist: Naiver »Vitalismus« ist wissenschaftsgeschichtlich unmöglich geworden, aber soziale Dynamik, *effervescence*, wie es die Franzosen nennen und nunmehr als Folge des *January seven*, der terroristischen Anschläge in Paris, wiederentdecken, schwankt zwischen Bewegungspathos der neuen sozialen Bewegungen und den alten Bewegtheiten, die nur peinliche historische Reminiszenzen hervorrufen. Aber es bleibt ein vitalistischer Resttatbestand: das Rechtsleben gegen den Formalismus, »Totes« und »Lebendiges« zu konfrontieren – Form und Leben, wie es Simmel einmal weitsichtig gesehen hat.[3]

In der *organisationellen Dimension* des Rechts wird aufgesogen, was eine Zwangstheorie des Rechts dem Apparat der Rechtsdurchsetzung aufbürden wollte: die pyramidale oder eklektische Organisation der Normenordnungen und ihrer Rechtsweggarantien, die Orchestrierung des Rechts und seine Gewaltförmigkeit, die nicht von dem Notenblatt der Gesetzestexte, sondern dem Recht der Zwangsvollstreckung usf. bestimmt ist.

Zweite Regel:

›Recht‹ weist genetisch und strukturell eine besondere Verwandtschaft mit ›Religion‹ auf und bedarf daher einer auf die Differenz des Heiligen und des Profanen bezogenen Daueraufmerksamkeit.
Recht und Religion werden dabei jeweils als ›Sphäre‹ analysiert, d. h. weder als ›System‹ noch als ›Feld‹ gelesen.

Die im Erstantrag des Käte Hamburger Kollegs »Recht als Kultur« formulierte Vermutung, dass ›Recht‹ auch in der Moderne erst durch sein Widerlager der ›Religion‹ seine je konkrete Gestaltung erfährt, konnte sich in einzelnen Forschungsarbeiten und Kolloquien nur verstärken. Rätsel der *deontischen* Kraft des

[3] Diese Verbindung zwischen Simmel und Durkheim findet sich bereits in dem Rezensionsbeitrag von Gephart: Die elementaren Formen des religiösen Lebens.

modernen Verfassungsstaates lassen sich durch den Verweis auf zivilreligiöse Fundamente nicht einfach auflösen. Den Spuren des verlorenen Heiligen[4] im Recht nachzugehen, ist aber nicht nur einer religiösen Melancholie geschuldet, sondern trägt zur Aufklärung über die gefährliche Illusion des Säkularismus bei, der sich vermeintlich vom Heiligen verabschiedet habe. Ob als Verfremdungsperspektive, ob zur Analyse des realen Geltungsgrunds des Rechts oder struktureller Wahlverwandtschaften, der religionssoziologische Blick auf Recht (und seine Umwelten) führt zu wichtigen Einsichten, auch über Wirtschaft, wie wir in der zweiten Förderphase des Kollegs gerne zeigen möchten.

Gerade die zuvor benannte symbolische und rituelle Dimension des Rechts nähert sich der religiösen Sphäre an, die ja in Sinnstiftungsakten und solchen der Erweckung kollektiver Gefühle der *effervescence* ihre soziale Bestimmung erfährt. Insofern erleichtert der mehrdimensionale Rechtsbegriff den Sprung in die religiöse Sphäre, erhöht jedoch zugleich das Risiko der Sphärenvermischung, wo sich Recht mit Religion untrennbar verschlingt. Sphärendistanz und Reflexivität des Sphärenbeobachters sind also erforderlich!

Die funktionale Verschränkung von ›Recht‹ und ›Religion‹ führt dazu, dass Religionen auch im Zustand völliger Ausdifferenziertheit auf rechtlichen Voraussetzungen beruhen, die ihnen ihre ›Eigengesetzlichkeit‹ zubilligen und garantieren, während ›Recht‹ auf der Suche nach den versiegenden Quellen der Legitimität zumindest aus zivilreligiösen Ressourcen schöpft, die über die Faktizität der Ordnung und die Legitimationskraft von Verfahren hinausweisen.

Dies führt zu einer Komplizenschaft von ›Recht‹ und ›Religion‹ in der Moderne: Ohne rechtliche Absicherung scheint die eigene Sphäre religiöser Sinnstiftungs- und Identitätsangebote gefährdet und ohne ein Mindestmaß an einer ernsthaften gesellschaftlichen Auseinandersetzung mit der Sinnfrage als Problemstellung der religiösen Sphäre werden dem Recht die legitimatorischen Kräfte entzogen. Die *force du droit* (Pierre Bourdieu) ist ohne eine *force de la religion* kaum vorstellbar. Ob dies ins unheimliche Reich des Normativen führt, in dem die Richterpriester und Priesterrichter das Sagen haben, hängt von weiteren Voraussetzungen ab.

Wo Religionen dem Recht die Ordnungsleistung streitig machen oder das Recht als ›heilige‹ Ordnung auftritt, treten religiöse und rechtliche Sphäre in eine nicht auflösbare Spannung. Konflikte zwischen Staat und Religion haben vielfach diesen Hintergrund. ›Recht‹ und ›Religion‹ befinden sich daher in einem »schwierigen« Sphärenverhältnis: Sie sind auch in säkularen Gesellschaften aufeinander angewiesen und streiten um Integration, Sinnstiftung und Weltdeutung einschließlich der Gedächtnisfunktion.

4 Siehe hierzu Werner Gephart: Traces of the Sacred Lost. Essays on Law, Culture and Religion (Schriftenreihe »Recht als Kultur«, in Vorbereitung).

Dritte Regel:

Erst wenn das Recht aus partikularen und lokalen Geltungszusammenhängen herausgelöst wird und als eine die nationalstaatlichen Grenzen überschreitende normative Kraft beweglicher judicio-scapes oder gewillkürter transnationaler Normsetzungen begriffen wird, ist auch Recht ›global‹ gedacht.

Das relativ späte historische Sonderprodukt des *Nationalstaates als universelle Produktionsstätte des Rechts* zu formulieren, ist schlichtweg naiv. Wie freilich lokale, nationale und transnationale normative Ordnungen miteinander verwoben sind, *judicioscapes* sich ausbreiten, nicht hierarchisch und nicht gleichgeordnet aneinandergelagert sind, sondern im Mehrebenenmodell ineinander verstrickt sind, belegt nur, dass wir dem *Tatbestand der Globalität* in der Rechtsanalyse eine größere Aufmerksamkeit widmen müssen: nicht nur durch die Benennung transnationaler Ordnungen der Menschenrechte, des internationalen Wirtschaftsrechts[5] oder des *Humanity's Law*[6], oder durch die ehrenwerte Praxis eines kosmopolitischen Habitus[7], sondern indem vertikale Ableitungs- und Geltungszusammenhänge durchschnitten werden, um Geltungskonkurrenzen eine größere und für den Juristen irritierende Aufmerksamkeit zu widmen.

Vierte Regel:

Sowohl innerhalb nationalstaatlicher Geltungsräume als auch jenseits des Nationalstaates finden Überlappungen, Vermengungen, Zusammenstöße und Kollisionen normativer Ordnungen statt. Diese Rechtskulturkonflikte verdienen eine zunehmende Aufmerksamkeit.

Eng verbunden mit dem Tatbestand der ›Globalität‹ ist eine erhöhte Sensibilität für Geltungskollisionen zwischen den juridischen Ordnungen, aber auch den Ordnungen und Mächten, von denen wir die Welt bestimmt sehen. Diese Verflechtungs- und Konfliktperspektive erfordert eine besondere Aufmerksamkeit bei der Beobachtung der Rechtspraktiken. Die Kruzifix-Urteile, das Kölner Beschneidungsurteil, die Debatte um einen Muslim als Schützenkönig in einer katholischen Schützenbruderschaft oder jüngst das Auftreten einer selbsternannten ›Scharia-Polizei‹ in Wuppertal legen allein für Deutschland davon Zeugnis ab, wie präsent und relevant das Thema ist.

5 Siehe die Arbeiten von Matthias Herdegen, u.a.: Principles of International Economic Law.

6 Vgl. Teitel: Humanity's Law.

7 Hierauf lässt sich Ulrich Beck nicht reduzieren, doch es verwundert die Leerstelle in seinem negativen Projekt der »Risikogesellschaft«: die misslungene Absorption des Risikos im Recht (vgl. Beck: Risikogesellschaft).

Fünfte Regel:

Das Recht weist nicht nur eine untergründige Beziehung zur Religion und Politik auf, sondern auch eine enge Verwandtschaft mit der ästhetischen Sphäre. Rechtsanalyse als Kulturforschung muss sich dieser Ebene widmen, ohne dabei in eine gefährliche Rechtsästhetik oder gar den Rechtskitsch zu münden.

Den Rechtstatbeständen die ästhetische Dimension abzusprechen als Rechtsstil, Abstraktionskunst und analytische Kraft und anzunehmen, Recht als Subsumtionsmacht könne sich die Welt im schönen juristischen Begriff untertan machen, würde das Recht und die mit ihr besonders verknüpften Mächte wie die gewaltaffine Sphäre der Politik umso gefährlicher machen: als machtverschleiernde oder gar gewaltverherrlichende Ästhetisierung in Faschismus und Totalitarismus. Dass die Rechte sich freilich in einem untergründigen Verhältnis zur Literatur in ihrer narrativen Dimension, zur Skulptur in ihrer laokoonischen Dimension, zu den bildenden Künsten in ihrer Repräsentationskraft, zur Musik in ihrer außerordentlichen Fähigkeit zur Loslösung von der Darstellung und dem Darstellbaren als Abstraktionskraft befinden, dem Theatralischen ihre performative Kraft entlehnen usf., dies macht die Sphärenrelation von Recht und Kunst zu mehr als einem augenzwinkernd geduldeten Bildungsspiel, nämlich zu einem scharfen analytischen Instrument zur Erfassung der Qualität von Rechtskulturen!

Sechste Regel:

Dieser relativ stabile paradigmatische Kern resümiert die epistemologische, globalisierende, religionsorientierte und ästhetische Praxis einbeziehende Perspektive auf das Recht. Ihm wohnt zugleich ein besonderes Potential für vergleichende Forschung inne.

Die Idee einer zur Rechtskulturanalyse querstehenden Analyse und Typisierung von *Geltungskulturen* ist auf große Resonanz gestoßen – im Zuge der Begegnung von säkularen und religiösen Geltungskulturen innerhalb Europas[8] sowie im Transformationsprozess autokratischer Staaten und Gesellschaften in der Folge des sog. arabischen Frühlings. Die Tagung »The Normative Complex. Legal cultures, validity cultures, normativities« im Frühjahr 2014 in Bonn bot eine doppelte Gelegenheit, diese Forschungsidee auf den Prüfstand zu stellen: nämlich einerseits in der Analyse der normativen Strukturen des Ersten Weltkrieges eine totalisierende »Geltungskultur des Ausnahmezustandes« zu beobachten[9] und andererseits eine aus dem Neokantianismus geborene Theorierichtung der Gel-

8 Hierzu Gephart/Sakrani: »Recht« und »Geltungskultur«.

9 So im Einleitungsvortrag von Werner Gephart über The Normative Complex: The case of the »Great« war.

tungstheorie zu entwickeln, für die der Beitrag Emil Lasks hervorgehoben wurde. Geltungskulturanalyse lässt sich auf die Struktureigenschaften des normativen Komplexes beziehen und fragt nach Geltungssemantiken verschiedener Geltungskulturen, ihren symbolischen, rituellen Formen und Ordnungsgarantien. Sie fragt nach der Logik von Geltungseinverständnissen und Dissensen, Geltungsfiktionen und Geltungsgefällen ihrer normativen Ordnungen und versucht, die normative Kraft einer jeweiligen Geltungskultur zu bestimmen. Geltungskulturanalyse lässt sich ebenso dynamisch anlegen, indem Geltungsgeschichten, Geltungsbeschleuniger, Geltungskulturkämpfe, irritierende und Unheil stiftende ›Geltungssüchte‹ ins Zentrum der Aufmerksamkeit gerückt werden.

Wie wichtig hierbei die Vergleichsproblematik ist, hat nicht zuletzt der in unserem Hause besonders respektierte Émile Durkheim, formuliert: »la méthode comparative est la seule qui convienne à la sociologie«[10]. Die im Kolleg erreichte Position kann man vielleicht so resümieren: Die Überwindung eines moralischen Ethnozentrismus muss nicht gleichzeitig zur Unvergleichbarkeit der Kulturen führen. Weder ein epistemologischer Relativismus noch ein Kulturrelativismus schien uns angemessen.[11] Vielmehr ging es darum, mit innovativen Konzepten wie ›Geltungskultur‹ oder auch ›Dokumentalität‹ (Ferraris), ›deontic power‹ (Searle) oder einem mehrdimensionalen Rechtsbegriff (Gephart) Vergleichspunkte zu entwickeln, die den aus dem nationalstaatlichen Kontext herausgelösten Rechtskulturen eine kulturwissenschaftliche Fülle zurückgeben, die in den sozialstrukturellen Bestimmungsversuchen, etwa bei Erhard Blankenburg,[12] zurückgestellt war, aber auch in den Arbeiten von David Nelken[13] soziologisch eingeengt schien. Weder eine nomothetische Reduktion der Kulturen und ihrer Grenzen noch eine ideographische Ausweitung scheint uns angebracht.[14] Es gibt eher besondere Berührungspunkte mit einer Art der Rechtsgeschichte, die sich von der Erzählung nationalstaatlicher Rechtsproduktion gelöst hat und andere Geltungsgeschichten erzählt, um zum Beispiel in einer grundlegenden Studie von Raja Sakrani[15] in der Abgrenzung vom »Recht der Anderen«, in Europa insbesondere den Rechtsvorstellungen und Rechtspraktiken der Moriscos in Spanien und islamischen Einflüssen im südfranzösischen, sizilianischen und gar angelsächsischen Raum bis hin zu den osmanischen Traditionen im Balkan, erst ihre eigene Identität zu definieren.

10 Durkheim: Les règles de la méthode sociologique, S. 153.

11 Vgl. hierzu auch die nach wie vor vorbildliche Arbeit von Smelser: On Comparative Analysis.

12 Vgl. Blankenburg: Civil Litigation Rates as Indicators for Legal Cultures.

13 Vgl. Nelken: Using The Concept of Legal Culture, sowie zahlreiche weitere Arbeiten.

14 Vgl. in diesem Sinne den schönen Beitrag von Seipel/Rippl: Grundlegende Probleme des empirischen Kulturvergleichs.

15 Vgl. Sakrani: The Law of the Other.

Kulturvergleich multidisziplinär zu denken bedeutet freilich, dass nicht nur die Vielfalt der Vergleichspunkte zwischen den Disziplinen variiert, von den Literaturen bis zu den Rechtsinstitutionen, dem politisch geprägten Rechtsbewusstsein, den Mediensystemen, Kulturformen des Rechts usf., sondern auch die Art der je disziplineigenen Perspektive, die zum *Vergleich der Komparatistiken* nötigt. Umso wichtiger bleibt es, die erkenntnisleitende Fragestellung im Auge zu behalten, die nach den nur komparativ zu erfassenden Differenzen der *force du droit* in unterschiedlichen kulturellen Kontexten sucht. Dabei drängt sich gewiss die Frage auf, ob wir denn Fortschritte im Umgang mit einem multivalenten ›Kulturbegriff‹ gemacht haben. Wir müssen immer wieder darauf verweisen, dass eine neuere Kulturtheorie leider ohne das Recht gedacht ist: In dem von Moebius und Quadflieg herausgegebenen Band zur Kulturtheorie[16] findet sich z. B. unter den dort genannten Größen kein einziger, der sich mit Recht als einem Kulturtatbestand intensiver befasst hätte. Es ist daher zu erwarten, dass die Kulturtheorie ihrerseits von einem juridisch geprägten Blick auf die Welt profitieren könnte, ohne dass eine Rechtsanalyse als Kulturwissenschaft auf den ungewissen Tag warten müsste, an dem das Problem der *Definition des Kulturbegriffs* gelöst wäre.

Im Lichte dieser paradigmatischen Überlegungen[17] lassen sich die hier versammelten Beiträge nunmehr in der folgenden Weise lesen:

2. Im Lichte des Paradigmas

Im *ersten Teil* dieses Bandes ist das ›Recht‹ ins Zentrum gerückt, wie die Darstellung auf der folgenden Seite zeigt. Daher wird in diesem Teil zunächst von Rainer Zaczyk der Rechtsbegriff anvisiert.

Nicht nur als Entfaltung der Eigenschaften dieses Rechtsbegriffs lässt sich Rechtsrationalisierung begreifen, wie Doris Schweitzer darlegt, wenn man nämlich Rudolf von Iherings Interessentheorie des Rechts mit François Ewald zu lesen

16 Vgl. Moebius/Quadflieg (Hg.): Kultur. Theorien der Gegenwart.

17 Dieses Paradigma ließ sich bei unterschiedlichen Gelegenheiten vorstellen und weiterentwickeln, unter anderem bei Veranstaltungen am Max-Planck-Institut für ethnologische Forschung in Halle (»Teaching Legal Anthropology: aims and constraints in a changing academic climate in Europe«, November 2013) sowie auf der international und multidisziplinär besetzten Tagung zur Einweihung des Neubaus des Max-Planck-Instituts für europäische Rechtsgeschichte in Frankfurt am Main (»European Normativity – Global Historical Perspective«, September 2013), an der Universidad Complutense de Madrid (»La Polis representada: Teatro y democracia«, Juli 2014) und auch im Rahmen der gemeinsam mit der Commission on European Family Law in Bonn veranstalteten Tagung (»Family Law and Culture in Europe«, August 2013), auf der diese Perspektive von Beginn an durchgehalten wurde, ebenso wie in Bemühungen um eine internationale Juristenausbildung (vgl. hierzu die Tagung des IEA de Paris im Mai 2015).

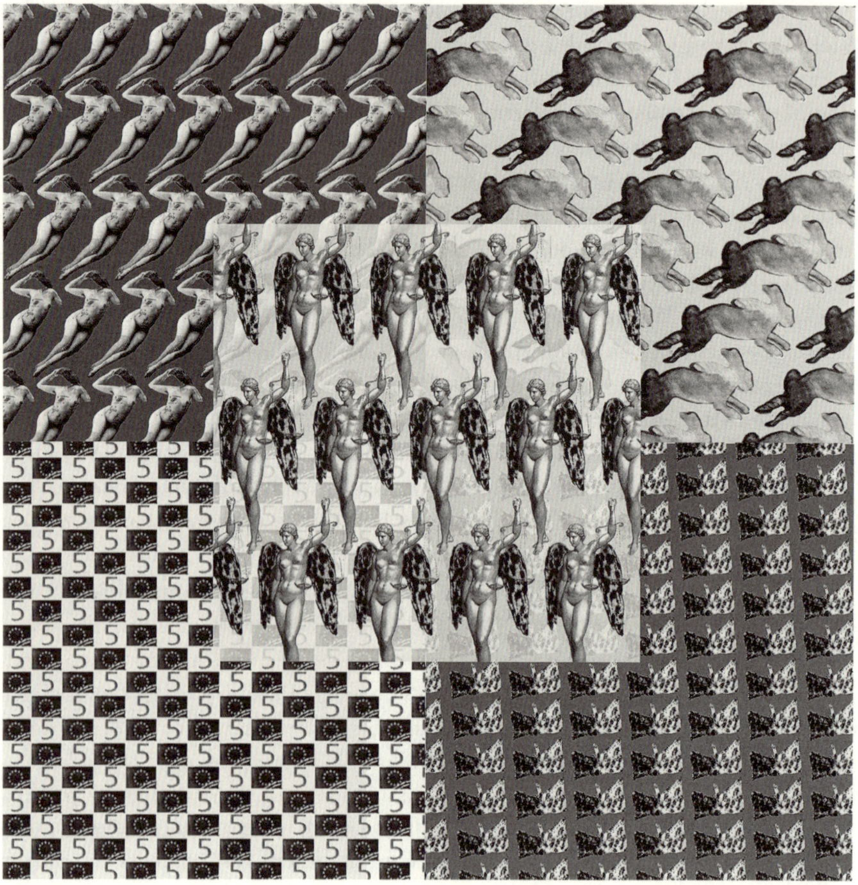

1: Werner Gephart: Figurative Abstraktion I: Das Recht in der Gesellschaft, elektronische Collage, 2014.

versteht. Im Lichte dieses Paradigmas wird von Jan Christoph Suntrup eine mehrdimensionale Rechtsanalyse mit der ubiquitären Tatsache eines juridisch vielfach geleugneten, aber faktisch bestehenden Rechtspluralismus verknüpft, während Louis Assier-Andrieu die Grenzen eines Rechtspluralismus aufzeigt sowie den Spannungsbogen verschiedener Kulturalismen, welche die Rechtsanalyse durchziehen.

Im *zweiten Teil* hingegen bewegen wir uns auf die Grenzen des Rechts zu, wenn Grenzüberschreitungen zur Ökonomie von Dirk Tänzler als »Korruption von Normen« erfasst werden, das Risiko der Ästhetisierung am Beispiel der Menschenrechtsdiskurse ganz bewusst von Upendra Baxi eingegangen wird und in der Deutung von *rape cultures* als *atrocity* die Grenzen zur Sphäre der mitmenschlichen, gemeinschaftlichen Solidarität auf brutalste Weise niedergerissen werden (so der Beitrag von Pratiksha Baxi), während Otto Kallscheuer als Politikwissenschaftler die Risiken und Reibungsflächen normativer Kommunikation in der Weltgesellschaft diskutiert.

Im *dritten Teil* wird die Grundannahme des Ansatzes sinnfällig, dass eine Rechtsanalyse ohne den Bezug auf Religion zu kurz greift und die Religionsanalyse von der kulturwissenschaftlichen Rechtsforschung zu profitieren weiß. Diese Problematik wird von dem Kirchen- und Verfassungsrechtler Christian Waldhoff in grundlegender Weise angegangen, indem die Unterscheidung der Sphären in ihrem jeweiligen Wahrheitsanspruch gesehen wird, vermeintlich absolute Wahrheiten gegen prozedurale Wahrheitserzeugung gesetzt wird, die geradezu die fehlerhafte Weltwahrnehmung prämiert. Der weltweit geschätzte Analytiker der arabischen Welt Sadik Al-Azm beobachtet als Vertreter eines säkularen Weltbildes die Rückkehr der Religion in der paradoxen Folge des arabischen Frühlings nicht ohne Skepsis, während Sami Bostanji am Beispiel des geltenden Zivilrechts zu zeigen versteht, wie tief die Spuren des Heiligen im vermeintlich säkularen tunesischen Personenstandsrecht verankert sind.

Auch der *vierte Teil* des Bandes ist dem Verhältnis von Recht und Religion gewidmet. Er greift das Thema der Schuld auf, das semantisch bis in die ökonomische Semantik hinein religiöse oder zumindest religoide Spuren der »Schuldnerschaft« hinterlässt. Der protestantische Theologe Philipp Stoellger zeigt einen Zirkel von »Schuld und Sühne« auf, in dem Schuld »unsichtbar« wird, während der französische Soziologe Jean-Louis Fabiani das Phänomen der Schuld soziologisch verortet und Reinhardt Schmidt-Rost gerade in der christlichen Verhältnisbestimmung von Recht, Schuld und Vergebung den Beitrag zu einer wahrhaftigen »Kultur des Rechts« sieht.

Am Ende bleibt es dem Leser überlassen, inwieweit ihn der epistemische Verdacht, der mehrdimensional angelegte Rechtsbegriff, die religionssoziologische Verunsicherung und der analytische Globalisierungsdruck, die Verführung durch Rechtsästhetik und das insgesamt hinzugewonnene Vergleichspotential – also das oben skizzierte ›Paradigma‹ – bei der Lektüre begleitet. Für die Qualität der jeweiligen Beiträge stehen ihre Verfasser ein, die zum Teil – gemeinsam mit den Herausgebern – von dem produktiven Forschungsklima und dem Freiraum für die Geisteswissenschaften am Käte Hamburger Kolleg »Recht als Kultur« profitieren durften.

Bonn, im Januar 2015 Werner Gephart

Literatur

Beck, Ulrich: Risikogesellschaft. Auf dem Weg in eine andere Moderne, Frankfurt am Main 1986.

Blankenburg, Erhard: Civil Litigation Rates as Indicators for Legal Cultures, in: David Nelken (Hg.): Comparing Legal Cultures, Aldershot 1997, S. 41–68.

Durkheim, Émile: Les règles de la méthode sociologique, Paris 1919 [1895], S. 153.

Gephart, Werner: Die elementaren Formen des religiösen Lebens oder: Das ›unheimliche‹ Verhältnis von Durkheim und Simmel, in: Soziologische Revue 5, 1982, S. 11–17.

Gephart, Werner / Raja Sakrani: »Recht« und »Geltungskultur«. Zur Präsenz islamischen Rechts in Deutschland und Frankreich, in: Werner Gephart (Hg.): Rechtsanalyse als Kulturforschung, Frankfurt am Main 2012, S. 103–137.

Herdegen, Matthias: Principles of International Economic Law, Oxford 2013.

Kuhn, Thomas S.: The Structure of Scientific Revolutions, Chicago 1962.

Moebius, Stephan / Dirk Quadflieg (Hg.): Kultur. Theorien der Gegenwart, 2., erw. u. akt. Aufl., Wiesbaden 2011.

Nelken, David: Using The Concept of Legal Culture, in: Australian Journal of Legal Philosophy 29, 2004, S. 1–26.

Sakrani, Raja: The Law of the Other. An unknown Islamic chapter in the legal history of Europe, in: Rechtsgeschichte – Legal History, Rg 22, 2014, S. 90–118.

Seipel, Christian / Susanne Rippl: Grundlegende Probleme des empirischen Kulturvergleichs. Ein problemorientierter Überblick über aktuelle Diskussionen, in: Berliner Journal für Soziologie 23, 2013, S. 257–286.

Smelser, Neil J.: On Comparative Analysis. Interdisciplinarity and Internationalization in Sociology, in: International Sociology 18/4, 2003, S. 643–657.

Teitel, Ruti: Humanity's Law, Oxford / New York 2011.

Erster Teil

Im Zentrum des Rechts: Der Blick der Kulturwissenschaften

Rainer Zaczyk

Was ist Recht?*

I. Einleitung

1.

Ein Kolleg, das den Namen ›Recht als Kultur‹ trägt, muss sich Klarheit darüber verschaffen, worum es geht, wenn vom Recht gesprochen wird; es kann sonst nicht ertragreich arbeiten. Die Antwort muss dabei auf einem Niveau erfolgen, das dem der Rechtswissenschaft wie dem ihrer Grundlagenwissenschaften entspricht. Keinesfalls also kann man stehenbleiben bei diffusen Vormeinungen, etwa der wohl am weitesten verbreiteten Ansicht, beim Recht gehe es immer ›irgendwie‹ um Verbote, Zwang und besonders um Strafe als Folge einer Gesetzesverletzung.

Nun könnte man die so dargestellte Aufgabe schon dadurch zu bewältigen suchen, dass man (positivistisch) die *Beschreibung* einer einzelnen Rechtsordnung, etwa der Deutschlands, liefert. Dies wäre jedoch deshalb unzureichend, weil der Begriff der Kultur mehr umfassen muss als eine einzelne Rechtskultur. Aber auch eine vergleichende Darstellung von Rechtskulturen genügt nicht. Denn so ließe sich nur die Konstatierung von Gemeinsamkeiten und Differenzen leisten (bei allem Gewinn an rechtswissenschaftlicher Einsicht, die die Rechtsvergleichung bietet), nicht aber das, was gefordert ist: eine fundamentale Aussage darüber zu treffen, was Recht ist. Um dies herauszuarbeiten, muss man gedanklich bis zu den Geltungsgründen des Rechts hinabsteigen. Erst dann hat man ein Fundament erreicht, das es verhindert, dass der Rechtsbegriff sich in Relativismen auflöst. Eine solche Arbeit kann nur von der Rechtsphilosophie geleistet werden. Andere Grundlagenwissenschaften des Rechts setzen den Begriff des Rechts immer schon voraus – methodologisch, soziologisch, historisch, vergleichend. Sobald sie aber selbst zu den Geltungsgründen Stellung nehmen, müssen sie ihrerseits rechtsbegründend und damit rechtsphilosophisch arbeiten und ihr eigenes Gebiet verlassen.

* Dem Text liegt ein Vortrag zugrunde, den der Verfasser im Rahmen der Veranstaltungsreihe *Forum* des Käte Hamburger Kollegs *Recht als Kultur* gehalten hat. Das Anliegen des Vortrags war es, die eigenständige Bedeutung des Rechtsbegriffs innerhalb eines Forschungszusammenhangs mit einem demgegenüber sehr allgemeinen Begriff von Kultur herauszustellen; sein Anliegen konnte es nicht sein, dem großen Thema insgesamt gerecht zu werden. Wegen dieser Beschränkung sei dem Verfasser auch erlaubt, öfter als üblich auf eigene Arbeiten zu verweisen. – Der Vortrag wurde für den Druck erheblich überarbeitet und an einer Stelle (der Interpretation des § B von Kants Rechtslehre) stark erweitert.

2.

Der damit angedeutete Gedankengang soll ansetzen an der Textstelle, die dem vorliegenden Aufsatz den Titel gegeben hat, § B der Einleitung in Kants Rechtslehre der *Metaphysik der Sitten*.[1] Zur besseren Einordnung des Folgenden sind einige Vorbemerkungen nötig.

Das Recht lässt sich zunächst ganz vorläufig und auf den ersten Blick beschreiben als ein System handlungsleitender Regeln und damit als eine Sollensordnung. Die gesollten Handlungen können notfalls mit Zwang durchgesetzt werden. Es bedarf also einer weitergehenden Begründung, weshalb und wann eine Sollensvorschrift mit Zwang durchgesetzt werden kann. Da das Recht insgesamt handlungsleitend ist, spricht es die einzelne handlungsfähige Person an, und auch der Rechtszwang richtet sich jeweils gegen Einzelne. Für eine Rechtsbegründung wirft das so lange keine besonderen gedanklichen Schwierigkeiten auf, wie die einzelne Person als unselbstständiges Gegenüber einer Sollensnorm verstanden wird, der das Handeln von außen vorgeschrieben werden kann. Die Legitimation der Norm mag dann auf einem transzendenten Grund (Gott) beruhen, auf einer selbst nicht mehr hintergehbaren Grundnorm oder auf bloßer Macht. Die Person tritt so nur als Normadressat auf; sie hat sich an das zu halten, was die Norm ihr diktiert. Das Recht hat in dieser Betrachtungsweise nur das Problem, seine Sollensanforderungen in das Bewusstsein der Person zu transportieren, und wird daher immer auch dazu tendieren, den Zwang präventiv einzusetzen. Es ist dies das voraufklärerische Verständnis des Rechts, von dem hier zugleich und am Rand behauptet werden soll, dass es dem gegenwärtigen Rechtsdenken der selbsternannten politischen Eliten sehr nahekommt.

Mit der Emanzipation des Individuums von dem Eingelassensein insbesondere in transzendente Geltungszusammenhänge entstand dem bisher vorausgesetzten Rechtsbegriff ein Gegenüber, das im Laufe der Entwicklung immer stärker sein Eigenrecht geltend machte und forderte, dass das Recht mit ihm und aus ihm be-

[1] Ein Werk, dessen Titel das Wort ›Metaphysik‹ enthält, mag (zumal auf Leser der Moderne) schon dadurch allein einen abschreckenden Eindruck machen; dessen war sich auch Kant selbst bewusst (vgl. Kant: Grundlegung zur Metaphysik der Sitten, Vorrede, BA XIV = AA 4, 391). Aber Kant hat diesem Begriff eine eigene, auf der Vernunftkritik aufbauende Bedeutung gegeben, nach der ihm keineswegs etwas Undurchsichtiges, nicht mehr rational Denkbares anhaftet. Metaphysik steht bei Kant nicht für eine übersinnliche Hinterwelt; sie bezeichnet die Fähigkeit des Denkens, seine Gegenstandsbereiche vor aller Erfahrung in eine Struktur zu bringen; so gibt es eine Metaphysik der Natur und auch eine Metaphysik der Sitten, also der Prinzipien des praktischen Weltverhaltens. Vgl. dazu auch Zaczyk: Zur Begründung der Gerechtigkeit menschlichen Strafens, S. 207 ff., 211 ff. – Kants Werke werden an erster Stelle zitiert nach der weitverbreiteten zehn- bzw. zwölfbändigen Ausgabe von Wilhelm Weischedel (die wichtigsten Schriften zur praktischen Philosophie befinden sich in Band 6 und 7), und zwar nach der Seitenzahl der Originalausgabe (A steht für die erste, B für die, falls vorhanden, zweite Auflage); an zweiter Stelle nach der Ausgabe der Preußischen Akademie der Wissenschaften, mit dem Kürzel AA, der Bandnummer und der Seitenzahl.

gründet werde und nicht mehr unabhängig vom Einzelnen. Der Einzelne pochte auf *sein Recht* – und die machtstürzende Kraft dieses Gedankens war 1789 im Frankreich der Revolution, 1989 in Deutschland zu beobachten und ist es in der unmittelbaren Gegenwart in Nordafrika. Ihren letzten Grund hat diese Forderung in der Freiheit der Person.

II. Kants Beantwortung der Frage ›Was ist Recht?‹

1.

Im Folgenden soll versucht werden, im Rahmen einer Darstellung und Interpretation des § B der Einleitung in die Rechtslehre der *Metaphysik der Sitten* von 1797[2] wichtige Erträge von Kants Denken für das Problem einer Begründung des Rechts vorzustellen. Dabei sei der Text des § B in seiner Zweiteilung zugrunde gelegt. Kant schließt in einem ersten Schritt (im ersten Absatz des Textes) allzu einfache Antworten auf die Frage ›Was ist Recht?‹ aus – wobei freilich von ihm zwei wichtige Ansatzpunkte für seine eigene Antwort angegeben werden (dazu unter 2.). Im zweiten Schritt, der auf den beiden anderen Absätzen des § B aufbaut, wird dann Kants Rechtsbegriff einschließlich wichtiger Folgerungen entwickelt (3.).

2.

Der erste Absatz von § B[3] lautet: »Was ist Recht? Diese Frage möchte wohl den Rechtsgelehrten, wenn er nicht in Tautologie verfallen, oder, statt einer allgemeinen Auflösung, auf das, was in irgend einem Land die Gesetze zu irgend einer Zeit wollen, verweisen will, eben so in Verlegenheit setzen, als die berufene Aufforderung: Was ist Wahrheit? den Logiker. Was Rechtens sei (quid sit iuris), d. i. was die Gesetze an einem gewissen Ort und zu einer gewissen Zeit sagen oder gesagt haben, kann er noch wohl angeben; aber, ob das, was sie wollten, auch recht sei, und das allgemeine Kriterium, woran man überhaupt Recht sowohl als Unrecht (iustum et iniustum) erkennen könne, bleibt ihm wohl verborgen, wenn er nicht eine Zeitlang jene empirischen Prinzipien verlässt, die Quellen jener Urteile in der bloßen Vernunft sucht (wiewohl ihm dazu jene Gesetze vortrefflich zum Leitfaden

2 Kant: Metaphysik der Sitten, Rechtslehre (im Folgenden ggfs. auch mit der Angabe des § zitiert), AB 31–33 = AA 6, 229 f. Zur Interpretation des § B siehe auch Höffe: Der kategorische Rechtsimperativ, S. 41 ff.; Kersting: Wohlgeordnete Freiheit, S. 97 ff.; Ludwig: Kants Rechtslehre, S. 92 ff. mit weiteren Nachweisen.

3 Kant: Metaphysik der Sitten, AB 31/32 = AA 6, 229 f. (Hervorhebungen im Text getilgt).

dienen können), um zu einer möglichen positiven Gesetzgebung die Grundlage zu errichten. Eine bloß empirische Rechtslehre ist (wie der hölzerne Kopf in Phädrus' Fabel) ein Kopf, der schön sein mag, nur schade! dass er kein Gehirn hat.«

Kant beschreibt hier zunächst eine Verlegenheit für den Rechtsgelehrten, dem die Frage ›Was ist Recht?‹ gestellt wird und der nachdenklich genug ist, um zu wissen, dass die Antwort ›Recht ist, was gilt oder gegolten hat‹ nicht hinreichen kann. Denn damit ist nur gesagt, dass Recht ist, was Recht ist, oder dass Recht war, was Recht war – also eine bloße Tautologie. Es geht dem Rechtsgelehrten damit ganz genauso wie dem Logiker, der nach der Wahrheit gefragt wird und als Antwort nur mit einer hilflosen Handbewegung auf den Obersatz des Schlusses deuten kann. Ob also dem Recht die Qualität zukommt, Recht zu sein, kann auf diese Weise nicht angegeben werden. All dies ist bloß empirische Rechtslehre und über sie fällt Kant ein vernichtendes Urteil: So schön sie sein möge, sie habe kein Gehirn.[4] Kant gibt aber bereits in diesem Absatz zwei Hinweise darauf, woran sich die Lösung der Aufgabe orientieren muss und wodurch die Antwort auch Gehalt gewinnt.

a) Dazu betrachtet er zunächst die Fragestellung genauer: Sie fordert ein allgemeines Kriterium dafür, woran man überhaupt Recht wie auch Unrecht erkennen kann. Ein solches Kriterium kann daher gar kein Element eines immer schon vorausgesetzten Begriffs von Recht sein, sondern muss seinerseits dem Rechtsbegriff vorausliegen. Kant sagt dann weiter etwas Bemerkenswertes über den Weg zur Antwort auf die Frage, was Recht ist: Eine Zeit lang müsse man das geltende Recht verlassen und die Quelle des Urteils über Recht und Unrecht in der bloßen Vernunft suchen. ›Bloße‹ Vernunft heißt hier: reine Vernunft. Das bedarf interpretierender Erläuterung.

Zunächst ist schon an diesem Ausgangspunkt mit dem Ansatz an der ›bloßen‹ Vernunft klargestellt, dass hier nicht ein objektives Naturrecht entwickelt wird, wie es das 17. und weite Teile des 18. Jahrhunderts geprägt hat; dafür stehen Namen wie Hugo Grotius und Christian Wolff.[5] Nach ihnen ist das Recht eine universale, als objektive Vernunft geltende Ordnung, an der gleichsam ablesbar ist, was richtig und was falsch, was Recht und was Unrecht ist. Diese Lösung ist für Kant deshalb nicht möglich, weil er den Vernunftbegriff revolutioniert hat. Das

4 Auf die Konsequenz dieser völlig zutreffenden Beschreibung für die Notwendigkeit einer substanziellen Juristenausbildung jenseits bloßer Gesetzeskunde sei hier hingewiesen. Aus durchsichtigen Gründen versuchen Politik und ökonomische Mächte immer wieder, das Anstreben dieses kritischen Niveaus zu erschweren. Zum sogenannten Bologna-Modell vgl. Zaczyk: Rechtswissenschaft oder McLaw?, S. 56 ff.

5 Zu Grotius etwa Ottenwälder: Zur Naturrechtslehre des Hugo Grotius, bes. S. 11 ff.; Link: Hugo Grotius als Staatsdenker; vgl. auch Braun: Einführung in die Rechtsphilosophie, S. 265 ff.; zu Wolff etwa Winiger: Das rationale Pflichtenrecht Christian Wolffs, bes. S. 85 ff.; Bachmann: Zur Wolff'schen Naturrechtslehre, S. 161 ff.

Bild von der kopernikanischen Wende steht dafür: Kant hat dem Denken ein neues Zentrum gegeben: die Vernunft des Subjekts.

Das Bild von der kopernikanischen Wende findet sich nun allerdings in der *Kritik der reinen Vernunft*,[6] also dort, wo Kant Grund und Grenzen der empirischen Erkenntnis bestimmt, d.h. der theoretischen Vernunft. Schon in der Vorrede zur *Metaphysik der Sitten* hebt Kant aber hervor, dass die in dieser Schrift zu leistende Arbeit auf dem Boden der Kritik der *praktischen* Vernunft steht und also nicht schon mit dem Ertrag der Kritik der reinen Vernunft zu leisten ist.[7] Kants Denken hat gewiss auch auf dem Gebiet der Praxis des Menschen zu einer kopernikanischen Wende, einem fundamentalen Umdenken geführt, aber dabei muss doch beachtet werden, dass die Grundbestimmungen des Handelns sich wesentlich unterscheiden von den Grundsätzen der theoretischen Erkenntnis der äußeren Welt.[8] Bei ihr sind die Objekte vorgegeben, im Handeln schafft der Mensch seine Welt selbst.

»Ein jedes Ding der Natur wirkt nach Gesetzen. Nur ein vernünftiges Wesen hat das Vermögen, nach der Vorstellung der Gesetze, d.i. nach Prinzipien, zu handeln, oder einen Willen.«[9] Menschliches Handeln, eigenes oder das eines anderen, ist nicht verstehbar als Erscheinung eines unendlichen Kausalprozesses; der Mensch kann nicht auf Anderes verweisen, wenn es um die Gründe seines Handelns geht. Er ist vielmehr die entscheidende Instanz selbst, weil er zu distanzierender Reflexion fähig ist, d.h. seine Handlungsgründe überdenken kann. Kant schließt an diese Grundbestimmung eine Handlungstypik an,[10] deren kurze Betrachtung ein weiteres der vielen Missverständnisse über Kants Philosophie beseitigen kann: Im Feld der praktischen Philosophie findet eine Verbindung von Vernunft und äußerer Welt über den Menschen als eben jenes Wesen statt, das als *Einheit* beides repräsentiert. Deshalb ist praktische Vernunft auch nicht etwa auf den kategorischen Imperativ reduzierbar (auch wenn sie dort, so könnte man sagen, ihren höchsten Ausdruck findet).[11] Kant bestimmt zunächst das technisch-praktische Handeln, also die äußere Realisation eines vorausgesetzten Zwecks im Verständnis der Gesetze der äußeren Welt. Sodann trennt Kant davon einen Zweck ab, den alle Menschen haben und den Kant anerkennt: ein glückliches Leben zu führen und also die eigene Glückseligkeit im je eigenen Leben zu verfolgen und – soweit das möglich ist – zu befriedigen. Erst im sittlichen Urteil ist die praktische Vernunft bei sich selbst und in ihm erfährt der Mensch seine Freiheit: aus

6 Kant: Kritik der reinen Vernunft, B XVI = AA 3, 12.

7 Kant: Metaphysik der Sitten, AB III = AA 6, 105.

8 Auf diesen Punkt weist Kant wieder und wieder hin, vgl. allein den berühmten Beschluss der Kritik der praktischen Vernunft, A 288 ff. = AA 5, 161 ff.

9 Kant: Grundlegung zur Metaphysik der Sitten, BA 36 = AA 4, 412.

10 Vgl. dazu auch Hinske: Grundformen der Praxis, S. 86 ff.

11 Zum Folgenden Kant: Grundlegung zur Metaphysik der Sitten, BA 39 ff. = AA 4, 414 ff.

eigenen Gründen das Richtige zu bestimmen. In der kopernikanischen Wende der praktischen Philosophie erweitert sich das einzelne Subjekt. Es ist sowohl der Ort des Vollzugs praktischer Einsicht als auch, darüber hinausgehend, der Ort des begründenden Prinzips dieser Einsicht. Das gibt dem Einzelnen eine ganz neue Bedeutung für die Sittlichkeit des menschlichen Daseins im Ganzen und das ist auch der Grund dafür, weshalb für den Begriff der Menschenwürde so oft auf Kants praktische Philosophie Bezug genommen wird:[12] eben weil der Einzelne als autonomes Subjekt begriffen und doch nicht individualistisch-abgelöst von allen anderen gedacht wird. Der kategorische Imperativ, bedenkt man ihn nur recht, bringt das angemessen zum Ausdruck: »Handle nur nach derjenigen Maxime, durch die du zugleich wollen kannst, dass sie ein allgemeines Gesetz werde.«[13]

Auch dieses Sollen ist aber keineswegs ein nichtgeerdetes Sollen, wie man formulieren und vermuten könnte. Das wird aus dem Begriff der Maxime klar. Sie ist der subjektive Grundsatz des Handelnden, seine So-Verfasstheit.[14] Mit ihr wird die Substanz seines Daseins zur Materie des Sollens, die freilich erst durch den kategorischen Imperativ auf ihre Sollenstauglichkeit, d. h. auf ihre mögliche allgemeine Geltung überprüft wird.

Die Probleme menschlicher Praxis aus Freiheit sind aber damit nicht schon umfassend gelöst. Denn die Koexistenz einer Mehrheit frei gesetzter Einzelner in einer einheitlichen Welt (die durch die geschlossene Fläche der Erdkugel anschaulich gemacht wird)[15] fordert Bestimmungen der Freiheit, die ein *gemeinsames* Leben in Freiheit möglich machen. Diese Bestimmungen leistet die (von Kant selbst so genannte)[16] rechtlich-praktische Vernunft. Sie erweitert den kategorischen Imperativ (als moralisch-praktisches Prinzip), indem sie die Endlichkeit sowohl im Hinblick auf das Urteilsvermögen des Einzelnen (der sich nicht zum Gesetzgeber für alle anderen aufschwingen kann) als auch im Hinblick auf ihre existenzielle Bedeutung für das Leben des Einen und des Anderen in die Rechtsbestimmungen einbezieht. Zwar ist auch der kategorische Imperativ (als allgemeines Moralprinzip) ein handlungsleitendes Prinzip und betrifft damit auch für moralisches Handeln die Stelle, an der Sollen und Sein eine Synthese eingehen.[17] Für die rechtlich-praktische Vernunft wird aber gerade diese Synthese zum Problem, fordert sie doch die Teilung der äußeren Sphäre des Einen und des Anderen. Man sieht schon hier, um wie vieles komplexer eine Rechtsbegründung aus

12 Vgl. dazu etwa Bielefeldt: Auslaufmodell Menschenwürde?, S. 36 ff.; Luf: Menschenwürde als Rechtsbegriff, S. 307 ff.

13 Kant: Grundlegung zur Metaphysik der Sitten, BA 52 = AA 4, 421.

14 Vgl. ebd., BA 52, Anm. * = AA 4, 420 **.

15 Dieses anschauliche Argument verwendet Kant mehrfach, vgl. Metaphysik der Sitten, AB 83 (§ 13) = AA 6, 262; A 161/B 191 (§ 43) = AA 6, 311; A 229/B 259 (§ 62) = AA 6, 352.

16 Ebd., AB 71 = AA 6, 254.

17 Deutlicher als bei Kant formuliert von Fichte: Zweite Einleitung in die Wissenschaftslehre, S. 467. Dazu auch noch unten im Text bei Fn. 23 und 24.

Freiheit sein muss als ein Rechtskonzept, das Recht einfach als Befehl einer vorausgesetzten Autorität begreift.

b) Vor diesem Hintergrund kann auch die Bedeutung eines im ersten Absatz des § B in einer Klammer eher versteckten Hinweises erläutert werden. Kant bemerkt dort, dass bei der Suche nach dem Grund des Rechts die positiven Gesetze »vortrefflich zum Leitfaden dienen können«. Das ist deshalb der Fall, weil diese positiven Gesetze immer schon auf ein gemeinsames Leben in und mit ihnen bezogen sind und – über ihre Geltung oder deren Aufhebung – jedenfalls diese Seite des Rechts bereits in einer zumindest vorläufig geleisteten Weise durchscheinen lassen. Ist dann noch das eigentlich bestimmende Prinzip gefunden (das nicht aus der Positivierung allein stammen kann), ist ein substanzieller Rechtsbegriff entdeckt. Auf diesen Punkt ist am Ende der Abhandlung noch einmal zurückzukommen.

3.

Der zweite Absatz des § B geht zu dieser Bestimmung des Rechtsbegriffs über. Er lautet:

»Der Begriff des Rechts, sofern er sich auf eine ihm korrespondierende Verbindlichkeit bezieht (d. i. der moralische Begriff derselben), betrifft erstlich nur das äußere und zwar praktische Verhältnis einer Person gegen eine andere, sofern ihre Handlungen als Facta aufeinander (unmittelbar, oder mittelbar) Einfluss haben können. Aber zweitens bedeutet er nicht das Verhältnis der Willkür auf den Wunsch (folglich auch auf das bloße Bedürfnis) des anderen, wie etwa in den Handlungen der Wohltätigkeit oder Hartherzigkeit, sondern lediglich auf die Willkür des anderen. Drittens in diesem wechselseitigen Verhältnis der Willkür kommt auch gar nicht die Materie der Willkür, d. i. der Zweck, den ein jeder mit dem Objekt, was er will, zur Absicht hat, in Betrachtung, z. B. es wird nicht gefragt, ob jemand bei der Ware, die er zu seinem eigenen Handel von mir kauft, auch seinen Vorteil finden möge, oder nicht, sondern nur nach der Form im Verhältnis der beiderseitigen Willkür, sofern sie bloß als frei betrachtet wird, und ob die[18] Handlung eines von beiden sich mit der Freiheit des andern nach einem allgemeinen Gesetz zusammen vereinigen lasse.

Das Recht ist also der Inbegriff der Bedingungen, unter denen die Willkür des einen mit der Willkür des anderen nach einem allgemeinen Gesetze der Freiheit zusammen vereinigt werden kann.«

Kant entfaltet hier den Rechtsbegriff in dreifacher Hinsicht, wobei er gleich am Anfang deutlich macht, dass es um den Begriff des Rechts in einem zweiseitigen Verhältnis geht, dem Verhältnis des Einen zum Anderen (»eine ihm korrespon-

18 In der ersten und zweiten Auflage der *Metaphysik der Sitten* steht hier »*durch* die« (Handlung); ich folge an dieser Stelle der Ausgabe von Ludwig, S. 38, der das ›durch‹ streicht.

dierende Verbindlichkeit«[19]). Es geht also nicht etwa um einen Rechtsbegriff, der identisch wäre mit dem von einem Gesetzgeber gesetzten (›statutarischen‹) Recht.

Die erste und wichtigste, an das hier unter 2. Gesagte anschließende Bestimmung ist die, dass der Begriff des Rechts sich nur auf »das äußere und zwar praktische Verhältnis einer Person gegen eine andere« bezieht, wobei ihre Handlungen (und d. h. ihre Praxis *im* Recht) als facta (›Tatsachen‹) betrachtet werden, die aufeinander Einfluss haben können. Das Wort ›Tat-Sache‹ als Element des Rechtsbegriffs weist voraus auf das Rechtsproblem selbst, äußere Handlungen in einer endlichen Welt, die damit immer eine Teilung dieser Welt zur Folge haben, in eine mögliche Übereinstimmung zu bringen.

Die zweite Bestimmung des Rechtsbegriffs löst ihn ab von einer (im engeren moralischen Sinn immer berücksichtigungsfähigen) inneren Disposition des Anderen: Er bedeutet lediglich ein wechselseitiges Verhältnis der Willkür, nicht etwa wechselseitiger Wünsche. Willkür wird dabei von Kant nur in einem ersten Schritt in unserem heutigen Sinn als zufällig (›willkürlich‹) verstanden. Er definiert Willkür zunächst zwar als »Vermögen, nach Belieben zu tun oder zu lassen«, schränkt sie aber dann dahin gehend ein, dass das »mit dem Bewusstsein des Vermögens seiner Handlung zur Hervorbringung des Objekts verbunden ist«[20]. Setzt man diese Begrifflichkeit um in das (im Recht allein thematische) Verhältnis des Einen zum Anderen, wird deutlich, weshalb Kant den Rechtsbegriff freihalten will von der Rücksichtnahme auf Wohltätigkeit (oder auch Hartherzigkeit), also auf den Wunsch des Anderen: Der Handelnde verlöre seinen äußeren Selbst-Stand, müsste er sein Handeln an der Innerlichkeit des Anderen orientieren (einmal ganz abgesehen davon, ob ihm das handlungsleitend überhaupt möglich wäre).

Dieser Gedanke setzt sich dann noch fort in dem (ebenfalls selbstbestimmten) Zweck, den der Einzelne mit seiner auf äußere Welthaltigkeit gerichteten Handlung verfolgt, also ›die Materie der Willkür‹. Es geht im Recht nur darum, dass überhaupt die Willkür des Einen neben der Willkür des Anderen Raum hat. Wie er diesen Raum – seinen selbstbestimmten Zwecken nach – ausfüllt, ist allein seine Angelegenheit, sofern sich seine Selbstbestimmung nur mit der des Anderen verträgt und also mit ihr vereinbar ist. Kant formuliert das an anderer Stelle so: Es werde im Recht »jedermanns freier Willkür überlassen, welchen Zweck er sich für seine Handlung setzen wolle. Die Maxime derselben (sc. der Handlung im Recht) aber ist a priori bestimmt: dass nämlich die Freiheit des Handelnden mit jedes anderen Freiheit nach einem allgemeinen Gesetz zusammen bestehen könne.«[21] Hält man sich an die Begriffsbestimmungen von ›Maxime‹ in

19 Wenn Kant dabei vom *moralischen* Begriff der Verbindlichkeit spricht, so versteht er hier ›moralisch‹ im weiteren Sinn, nämlich überhaupt auf Freiheit, Autonomie gegründet; siehe dazu auch Kant: Metaphysik der Sitten, AB 19 (= AA 6, 221), sowie Ludwig: Kants Rechtslehre, S. 92 f.

20 Kant: Metaphysik der Sitten, AB 5 = AA 6, 213.

21 Ebd., Tugendlehre, A 7 = AA 6, 382.

den Grundlagenschriften zur praktischen Philosophie,[22] so ist eine Maxime ein subjektiver Grundsatz der Willensbestimmung. Diese seine Subjektivität gewinnt hier aber die weitere Bestimmung, die Subjektivität eines Anderen a priori, also vor aller Erfahrung, in sich zu integrieren.[23] Dieser Schritt zur Intersubjektivität ist der Grund-Schritt rechtlich-praktischer Vernunft: Subjektivität des Einen und Subjektivität des Anderen zu verbinden und im gleichen Schritt getrennt zu halten, auf diese Weise Einheit und Differenz im Dasein zu gewährleisten. Und so formuliert dann der Schluss des § B den Begriff des Rechts: »Das Recht ist also der Inbegriff der Bedingungen, unter denen die Willkür des einen mit der Willkür des andern nach einem allgemeinen Gesetze der Freiheit zusammen vereinigt werden kann.« An dieser Formulierung allein wird erneut deutlich, dass Kant kein objektives Naturrecht verkündet. Die Rechtsverwirklichung ist vielmehr eine Aufgabe, die zwar an ›Bedingungen‹ geknüpft ist und sich an ihnen orientieren muss, die aber immerwährend aktuell zu erfüllen ist.

4.

Von dieser Basis aus seien einige Linien gezogen, die für einen auf Freiheit gegründeten Rechtsbegriff besonders bedeutsam sind.

a) Das Feld des Rechts ist bestimmt und begrenzt durch das Feld der Handlungen freier Subjekte. Der Rechtsbegriff hat seinen Ursprung in der praktischen Philosophie. Fichte hat später das Ausgezeichnete des Handlungsbegriffs präzise bestimmt: »Der Begriff des Handelns [...] ist der einzige, der beide Welten, die für uns da sind, vereinigt, die sinnliche und die intelligible.«[24] Es lässt sich – etwa an Kants Besitzlehre – zeigen, dass dies auch von Kant schon so gedacht war. Alle Fragen des Rechts als von diesem Grundverankertsein der Freiheit in der einen Welt gedanklich aufsteigend zu begreifen, gibt ein Verständnis des Rechts, das vielen der gegenwärtig über das Recht umlaufenden Vorstellungen entgegensteht.[25] Das Recht ist keine übermächtige Gewalt, die Konflikte befriedet; diese Vorstellung ist archaisch. Das Recht ist kein Steuerungsinstrument, mit dem die Untertanen über Einsicht und mehr oder minder sanften Zwang zu vernünfti-

22 Siehe Fn. 14.

23 Das zeigt sich auch an Kants Rede vom ›Mein und Dein‹, das von Anfang an die Rechtslehre bestimmt, vgl. nur Kant: Metaphysik der Sitten, AB 46/47 = AA 6, 238. – Das Denken des Rechts auf der Grundlage der Interpersonalität hat dann mit voller Kraft Fichte entfaltet; vgl. dazu Fichte: Grundlage des Naturrechts nach Prinzipien der Wissenschaftslehre, §§ 1–4, sowie die Beiträge in dem Sammelband Kahlo u. a.: Fichtes Lehre vom Rechtsverhältnis.

24 Fichte: Zweite Einleitung in die Wissenschaftslehre, S. 467.

25 Für eine Darstellung der folgenden Aspekte vgl. Rüthers/Fischer/Birk: Rechtstheorie, S. 33–54.

gem Handeln gebracht werden; diese Vorstellung ist absolutistisch. Das Recht ist schließlich auch nicht nur eine normative Ordnung, aus der ein Sollen folgt, dem das (naturhaft gedachte) Sein unterworfen wird.[26] Diese Vorstellung scheint sich auf Kant berufen zu können (intelligible versus phänomenale Welt), verfehlt aber seine Leistung in der Rechtsphilosophie und verfehlt auch überhaupt die Aufgabe eines freiheitlichen Rechtsgedankens. Er nämlich fordert eine Verbindung von Selbstbestimmung und allgemeiner Ordnung, von Subjektivität und Norm. Dies leistet Kant in seiner Rechtslehre, und das bedeutet einen erheblichen Fortschritt im Rechtsdenken.

b) Kant führt in der *Metaphysik der Sitten* eine der wichtigsten Unterscheidungen einer neuzeitlichen und also freiheitlichen Rechtsphilosophie ein, die Unterscheidung zwischen Moralität und Legalität. Auch sie bedarf allerdings genauerer Bestimmung (im Anschluss an das soeben unter a) Gesagte), soll sie nicht missverstanden werden.

Die Unterscheidung ist formuliert in Abschnitt III der Einleitung in die *Metaphysik der Sitten*, der überschrieben ist »Von der Einteilung einer Metaphysik der Sitten.«[27] Bezogen ist die Unterscheidung auf Handlungen, ihre Triebfedern und die Gesetze, die die Handlungen vorschreiben. Eingeschlossen sind dabei von vornherein auch Gesetze, die von *Anderen* vorgeschrieben werden, ein für jedes freiheitliche Rechtsdenken ersichtlich problematischer Punkt, der aber in jeder wirklichen rechtlichen Ordnung ubiquitär begegnet und daher der Aufklärung bedarf. Kant differenziert nun nach der Triebfeder, »welche den Bestimmungsgrund der Willkür zu dieser Handlung *subjektiv* [Hervorhebung im Original] mit der Vorstellung des Gesetzes verknüpft«. Kant nennt die Gesetzgebung, die eine Handlung zur Pflicht und die Pflicht zugleich zur Triebfeder macht, die *ethische*; die Gesetzgebung, die auch eine andere Triebfeder zulässt, die *juridische*. Dabei schließt er an die zitierte Stelle eine leicht missverständliche Bemerkung an: Diese andere Triebfeder müsse von den pathologischen Bestimmungsgründen des Willens und näher von den Abneigungen hergenommen werden, weil die juridische Gesetzgebung nötigend, nicht einladend sei. Hier wird scheinbar das Recht *unvermittelt* mit Zwang verbunden. Es dürfte aber nach dem unter a) Gesagten schon deutlich sein, dass damit von Kant nur auf die Äußerlichkeit der Rechtshandlung überhaupt Bezug genommen wird, die es dann auch nötig macht zu verstehen, weshalb zuerst das Recht zu begründen ist und nur daraus folgend der (mögliche) Zwang.

26 Diese vor allem vom Neukantianismus getragene Grundkonzeption dürfte heute nahezu allgemeine Meinung jedenfalls in der deutschen Rechtswissenschaft sein; an dem Grundsatz, dass Sein und Sollen strikt getrennt seien, wird nicht gerüttelt. Siehe dazu die klare (und auch kritische) Darstellung bei Zippelius: Rechtsphilosophie, Kapitel 1 § 3.

27 Zu den folgenden Zitaten Kant: Metaphysik der Sitten, AB 13–18 = AA 6, 218–221.

Erst jetzt führt Kant die zu Recht berühmte Begrifflichkeit ein. »Man nennt die bloße Übereinstimmung oder Nichtübereinstimmung einer Handlung mit dem Gesetze, ohne Rücksicht auf die Triebfeder derselben, die Legalität (Gesetzmäßigkeit); diejenige aber, in welcher die Idee der Pflicht aus dem Gesetze zugleich die Triebfeder der Handlung ist, die Moralität (Sittlichkeit) derselben.«

Leitet man aus diesem Zitat ab, dass ›eigentlich gut‹ die moralische Handlung, ›bloß äußerlich richtig‹ die legale Handlung ist, verkennt man den Gedanken einer Rechtsbegründung aus Freiheit. Die legale Handlung wäre eine Art maschinenmäßiger Nachvollzug eines äußeren Befehls; in ihr zeigte sich die Differenz von Geist (moralisch) und Buchstabe (bloß äußerer Vollzug). Aber das würde Kants Anliegen vollständig verfehlen. Auch die legale, dem äußeren Gesetz gemäße Handlung ist Handlung eines Menschen und damit getragen von Bewusstsein; es geht Kant gerade um die Verbindung von Subjektivität und Gesetz. Auch in der legalen Handlung ist also ein reflexives Verhältnis zur Verhaltensvorschrift enthalten. Der Unterschied zur Moralität einer Handlung besteht wesentlich in zweierlei Hinsicht im Verhältnis zum Gesetz: Aus der Innensicht des Handelnden erfolgt die legale Handlung im Bewusstsein ihrer Bezogenheit auf fremde Freiheit, also ihrer spezifisch rechtlichen Qualität. Das Gesetz als Rechtsgesetz vereint die Freiheit des Einen *und* des Anderen, hat zwei Pole, und der rechtlich Handelnde nimmt kraft seiner rechtlich-praktischen Vernunft Bedacht auf die Freiheit des Anderen, die ihm äußerlich begegnet. Genauso bedeutsam wie dieser Aspekt ist aber der zweite Aspekt der Trennung von Moralität und Legalität; er ergibt sich aus einer Betrachtung aus der Außensicht. Nur solche Handlungen dürfen dem Einzelnen rechtlich verbindlich gemacht werden, die auch wirklich fremde Freiheitssphären berühren; der Begriff der Legalität begrenzt also den Bereich des Rechts. Das Kriterium der Legalität einer Handlung verhindert damit den Terror der Moral, der unvermeidlich ist, wenn man die Schranke der Legalität durchbricht. So sind also zwar Recht und Moral an ihrem Grund verbunden durch die Einheit der praktischen Vernunft des Subjekts.[28] Aber dennoch ist strikt zu unterscheiden zwischen moralischer und rechtlicher Begründung in der Fortentwicklung der Handlungsbestimmungen.

c)

aa) Es stellt die besondere Leistungskraft rechtlich-praktischer Vernunft dar, Einheit und Differenz im praktischen Vollzug zugleich denken zu können. Da die Differenz der Subjekte aber eine Differenz ist, die aus ihrem wirklichen Handeln resultiert, ist es eine weitere Aufgabe rechtlich-praktischer Vernunft, eine aus dieser Differenz entstehende Schwierigkeit wahrzunehmen und aufzulösen. Die Schwierigkeit entsteht dadurch, dass in seinem wirklichen Handeln jeder Ein-

28 Vgl. dazu auch Zaczyk: Einheit des Grundes, S. 311 ff.

zelne notwendig »seinem eigenen Kopfe« folgt, wie Kant formuliert;[29] er kann gar nicht die Wirklichkeit des Anderen übernehmen und bestimmen; das liegt ganz in dessen eigenem Bereich. Damit stellt sich die Aufgabe, die Handlungssphären in der *einen* Welt nebeneinander möglich werden zu lassen, ohne Freiheit zu vernichten, Einheit also selbst ›vernünftig‹ herzustellen. Dafür lässt sich aus der rechtlich-praktischen Vernunft zunächst eine Forderung (ein Postulat) entnehmen, in einen Zustand zu treten, in dem ebendies (die gemeinsam, in Einheit erfolgende Bestimmung von Freiheitssphären) geleistet wird.[30] Dies kann nicht ein Zustand sein, in dem seinerseits die Bestimmungen aus bloßer, singulärer Subjektivität resultieren. Es kann nur ein Zustand sein, der eine objektive und allgemeine Form aufweist, mithin der Vernunft selbst zu entnehmen ist. Das ist der Staat, die »Vereinigung einer Menge von Menschen unter Rechtsgesetzen«[31] – Rechtsgesetzen, die in diesem Grundriss der Rechtsgemeinschaft nicht etwa positive Gesetze sind, sondern aus »Begriffen des äußeren Rechts [...] von selbst« folgen.

Ein entwickelter Begriff von Freiheit setzt also die Existenz einer freiheitlich verfassten Allgemeinheit (den Staat) voraus, begreift sie nicht etwa als ein die Freiheit selbst bedrohendes Gegenüber. Das Staatsverständnis der Gegenwart ist keineswegs allgemein bereits auf diesem Niveau. Es trägt noch zu schwer am Erbe von Hobbes, der Auffassung, der Leviathan bedrohe die (etwas diffus gedachte) Liberalität. Dass Freiheit *gegen* den Staat erkämpft werden müsse, ist ein Gedanke, der aus dem Absolutismus stammt und gewiss seine *historische* Berechtigung hatte; er erhält freilich immer dann neue Nahrung, wenn die für den Staat und seine Gewalten Handelnden bloß als Subjekte (und damit, willentlich oder unwillentlich, notwendig korrupt) handeln und nicht als Diener des Allgemeinen. Beispiele des Versagens werden sich in jedem gegenwärtigen Staat finden lassen. Aber eben weil das in freiheitsgesetzlich orientierten Staaten nicht mehr als Schicksal verstanden wird, das die Untertanen hinzunehmen haben wie die Erbfolge in einer Monarchie, sondern als Verfehlung einer gewonnenen Einsicht, verschafft sich das substanzielle Verständnis von Freiheit auch Geltung.

bb) Wie bereits oben dargelegt, gibt Kant im ersten Absatz des § B den Hinweis, dass auf der Suche nach den Vernunftgründen des Rechts die in einem Gemeinwesen geltenden (positiven) Gesetze ›vortrefflich zum Leitfaden‹ dienen können. Das ist deshalb möglich, weil auch die Einheit von Menschen unter Rechtsgesetzen eine in ihre Lebenswirklichkeit eingelassene Einheit ist. Auf den Zusammenhang zwischen den Bedingungen der Lebenswirklichkeit und der Gestalt einer

29 Kant: Metaphysik der Sitten, A 163/B 193 (§ 44) = AA 6, 312.
30 Ebd., A 157/B 156 f. (§ 42) = AA 6, 307 f.
31 Dieses und das folgende Zitat ebd., A 164/B 194 (§ 45) = AA 6, 313.

Rechtsordnung hatte schon Montesquieu hingewiesen.[32] Kant greift diese Seite des Rechts auch in der Schrift *Zum ewigen Frieden* auf, wenn er auf die Tatsache vieler existierender Gemeinschaften auf der einen Erde mit ihren Differenzen etwa nach Sprache und Religion eingeht (und deshalb auch die Möglichkeit eines Weltstaats – zu Recht – verneint).[33] Das bedeutet keineswegs ein Ausgeliefertsein freiheitlichen Daseins an Naturbedingungen oder auch – vermittelt – eine Tradition des Rechts. Denn das Bewusstsein des Menschen trägt in sich immer auch die Kraft, solche Daseinsbedingungen kritisch distanziert zu betrachten. Hegel hat diesen Zusammenhang in zwei listigen Sätzen in der Vorrede zu seiner Rechtsphilosophie dargelegt, mit denen er – so die Vermutung[34] – die Zensur täuschen wollte: »Ohnehin über Recht, Sittlichkeit, Staat ist die Wahrheit ebensosehr alt, als in den öffentlichen Gesetzen, der öffentlichen Moral und Religion offen dargelegt und bekannt. Was bedarf diese Wahrheit weiter, insofern der denkende Geist sie in dieser nächsten Weise zu besitzen nicht zufrieden ist, als sie auch zu begreifen, und dem schon an sich selbst vernünftigen Inhalt auch die vernünftige Form zu gewinnen, damit er für das freie Denken gerechtfertigt erscheine, welches nicht bei dem Gegebenen, es sei durch die äußere positive Autorität des Staats oder der Übereinstimmung der Menschen, oder durch die Autorität des inneren Gefühls und Herzens und das unmittelbar beistimmende Zeugnis des Geistes unterstützt, stehenbleibt, sondern von sich ausgeht und eben damit fordert, sich im Innersten mit der Wahrheit geeint zu wissen?«[35]

Das freie Denken soll von sich ausgehen – auch an dieser Stelle knüpft Hegel an Kant an. Das So-Sein des Rechts als gewordene Ordnung ist eines, die kritische Reflexion etwas zusätzliches anderes. Der Begriff des Rechts ist dann die Idee des Rechts und seine Verwirklichung.[36]

32 Vgl. Montesquieu: Vom Geist der Gesetze, z. B. 19. u. 20. Buch.

33 Kant: Zum ewigen Frieden, zweiter Definitivartikel, BA 30 ff. = AA 8, 354 ff.; vgl. auch B 63/64, A 62/63 = AA 8, 367. Eine andere Interpretation findet sich bei Höffe: Kant als Theoretiker der internationalen Rechtsgemeinschaft, S. 233 ff.

34 Vgl. Ilting: Einleitung, S. 25 ff., bes. S. 43 ff., 110. Ob das allerdings so weitreichende Konsequenzen für die Gesamtkonzeption von Hegels Rechtsphilosophie hat, wie Ilting meint, ist zu bezweifeln.

35 Hegel: Grundlinien der Philosophie des Rechts, Vorrede, S. 13 f.

36 Ebd., § 1.

III. Schluss

Der hier in seinen Umrissen vorgestellte freiheitliche Rechtsbegriff löst üblicherweise zwei Einwendungen aus, die kurz betrachtet werden sollen. Die erste hält es für fraglich, ob Überlegungen zu Recht und Gesetz aus dem Übergang vom 18. zum 19. Jahrhundert für die Gegenwart noch Bedeutung haben können. Allerdings will niemand leugnen, dass der Begriff der Freiheit auch heute noch ein für das Rechtsdenken zentraler Begriff ist. Dann aber sollte man doch unterscheiden, ob ein Wort nur als Parole gebraucht oder als Begriff gedacht und entwickelt wird. Die dazu erforderliche Gründlichkeit wurde in den zwei Jahrhunderten seit Kant (denkt man nur an die Katastrophen des 20. Jahrhunderts) nicht stets auf gleichem Niveau wie bei ihm geleistet oder auch nur für bedeutsam gehalten, um es vorsichtig zu sagen. Und was die Verwirklichung des Prinzips der Freiheit auch in westlichen Rechtsordnungen betrifft, sollte man vor allzu großer Selbstgewissheit besser auf der Hut sein.[37]

Der zweite Einwand relativiert ein solches Rechtsdenken dahingehend, dass es ein Produkt westlicher Aufklärungsphilosophie sei, das anderen Rechtskulturen der Welt nicht einfach als maßgeblich vorgestellt werden dürfe; letztlich handele es sich sonst um eine Art Kolonialismus im Denken. Dieser Einwand ist ernst zu nehmen; die in ihm anklingenden, durchaus berechtigten Vorbehalte lassen sich nur in gedanklichen Schritten beheben, die einer gründlicheren Darlegung bedürfen, als sie am Ende dieses Textes möglich ist. Ihre Richtung sei wenigstens angedeutet: Auch schon das Beharren auf Selbstständigkeit des Urteils und auf Selbstsein in der Existenz fordert die Begründung seiner *eigenen* Berechtigung: Warum soll das Andere einer Aufklärungsphilosophie eigene Berechtigung haben? Es lässt sich zeigen, dass ein bloß individualistisch (oder weiter verkürzend: technokratisch) verstandener Rechtsbegriff nicht die Konsequenz der praktischen Vernunft ist, von der Kant und andere nach ihm gesprochen haben. Immerhin war Kant so kühn zu behaupten, es gebe nur ein einziges, allen Menschen angeborenes Recht: die Freiheit. Geht man den Tiefenstrukturen ihrer Begründung nach, versteht man den Optimismus der Aufklärung besser, ein Menschheitsprinzip entdeckt zu haben, das keineswegs auf eine Weltregion eingeschränkt sein kann und dem es doch fernliegt, je eigenen Lebensformen die Anerkennung zu verweigern.[38]

[37] So hat der frühere Präsident der Europäischen Kommission, Barroso, in einem Zeitungsartikel (FAZ v. 10.11.2011, S. 7) die westlichen Demokratien als »die humansten Gesellschaften der Menschheitsgeschichte« bezeichnet. Angesichts der in diesen Demokratien noch immer herrschenden Widersprüche zwischen Kapital und Arbeit, Armut und Reichtum scheint dies mehr als eine kühne Behauptung zu sein.

[38] Näher zu diesen Fragen Zaczyk: Selbstsein und Recht.

Literatur

Bachmann, Hanns-Martin: Zur Wolffschen Naturrechtslehre, in: Werner Schneiders (Hg.): Christian Wolff 1679–1754, Hamburg 1983, S. 161–170.
Barroso, Jose Manuel: Zu unserem Glück vereint, in: FAZ v. 10.11.2011, S. 7.
Bielefeldt, Heiner: Auslaufmodell Menschenwürde?, Freiburg 2011.
Braun, Johann: Einführung in die Rechtsphilosophie, 2. Aufl., Tübingen 2011.
Fichte, Johann Gottlieb: Werke, hrsg. v. Immanuel Hermann Fichte, Berlin 1845/46 (Nachdruck Berlin 1971).
Hegel, Georg Wilhelm Friedrich: Werke, hrsg. v. Eva Moldenhauer und Karl Markus Michel, Frankfurt a. M. 1970 ff.
Hinske, Norbert: Grundformen der Praxis. Vorüberlegungen zu den Grundlagen von Kants praktischer Philosophie, in: ders.: Kant als Herausforderung an die Gegenwart, Freiburg/München 1980, S. 86–120.
Höffe, Otfried: Kant als Theoretiker der internationalen Rechtsgemeinschaft, in: Dieter Hüning/Burkhard Tuschling (Hg.): Recht, Staat und Völkerrecht bei Immanuel Kant, Berlin 1998, S. 233–246.
Höffe, Otfried: Der kategorische Rechtsimperativ, in: ders. (Hg.): Metaphysische Anfangsgründe der Rechtslehre, Berlin 1999, S. 41–62.
Ilting, Karl-Heinz: Einleitung, in: G. W. F. Hegel: Vorlesungen über Rechtsphilosophie 1818–1831, Bd. 1, hrsg. u. komm. von Karl-Heinz Ilting, Stuttgart-Bad Cannstatt 1973, S. 25–126.
Kahlo, Michael/Wolff, Ernst Amadeus/Zaczyk, Rainer (Hg.): Fichtes Lehre vom Rechtsverhältnis. Die Deduktion der §§ 1–4 der »Grundlage des Naturrechts« und ihre Stellung in der Rechtsphilosophic, Frankfurt a. M. 1992.
Kant, Immanuel: Gesammelte Schriften, Erste Abteilung: Werke, hrsg. von der Königlich Preußischen Akademie der Wissenschaften, Berlin 1910 ff.
Kant, Immanuel: Werke, 10 Bde., hrsg. von Wilhelm Weischedel, Darmstadt 1970.
Kant, Immanuel: Metaphysische Anfangsgründe der Rechtslehre, hrsg. von Bernd Ludwig, 3. Aufl., Hamburg 2009.
Kersting, Wolfgang: Wohlgeordnete Freiheit. Immanuel Kants Rechts- und Staatsphilosophie, Frankfurt a. M. 1993.
Link, Christoph: Hugo Grotius als Staatsdenker, Tübingen 1983.
Ludwig, Bernd: Kants Rechtslehre, Hamburg 1988.
Luf, Gerhard: Menschenwürde als Rechtsbegriff, in: Rainer Zaczyk/Michael Kahlo/Michael Köhler (Hg.): Festschrift für E. A. Wolff, Berlin u. a. 1998, S. 307–323.
Montesquieu (Charles-Louis de Secondat): Vom Geist der Gesetze (übersetzt von Ernst Forsthoff), Bd. 1 und 2, Tübingen 1951.
Ottenwälder, Paul: Zur Naturrechtslehre des Hugo Grotius, Tübingen 1950.

Rüthers, Bernd / Fischer, Christian / Birk, Axel: Rechtstheorie mit Juristischer Methodenlehre, 6. Aufl., München 2011.
Winiger, Bénédict: Das rationale Pflichtenrecht Christian Wolffs, Berlin 1992.
Zaczyk, Rainer: Einheit des Grundes. Grund der Differenz von Moralität und Legalität, in: Jahrbuch für Recht und Ethik, Bd. 14 (2006), S. 311–321.
Zaczyk, Rainer: Zur Begründung der Gerechtigkeit menschlichen Strafens, in: Jörg Arnold u. a. (Hg.): Menschengerechtes Strafrecht, Festschrift für Albin Eser, München 2005, S.207–220.
Zaczyk, Rainer: Rechtswissenschaft oder McLaw?, in: myops 2008, S. 56–64.
Zaczyk, Rainer: Selbstsein und Recht, Frankfurt am Main 2014.
Zippelius, Reinhold: Rechtsphilosophie, 6. Aufl., München 2011.

Doris Schweitzer

Soziologische Rationalitäten im Recht. Rudolf von Jhering gelesen mit François Ewald

Mit der Frage nach dem Verhältnis von Recht und Gesellschaft respektive von Rechtswissenschaft und Soziologie betritt man nach wie vor ein umstrittenes Terrain. Ihr Ursprung liegt im 19. Jahrhundert. Denn in dieser Zeit entsteht ein Denken der Gesellschaft, entstehen bestimmte soziologische Rationalitäten in Anbetracht des neuen Objekts ›Gesellschaft‹, die zur Heraufkunft der Soziologie als eigenständige wissenschaftliche Disziplin führen. Welche Rolle hierbei dem Recht bzw. der im Kanon der bereits etablierten Disziplinen so prominenten Rechtswissenschaft zukommt – dieser Frage wird im Folgenden anhand der Entwicklung ›soziologischer Rationalitäten‹ im Recht nachgegangen.

Im Recht sind nicht nur Praktiken und Techniken der Subjektivierung auszumachen, die bestimmte Formen der Subjektivität entstehen lassen.[1] Vielmehr kommen dort insbesondere auch – so die hier zu testende These – Praktiken der ›Kollektivierung‹ zum Tragen, d. h. der Herstellung von Kollektiven wie etwa der ›Gesellschaft‹. Mit dieser Perspektivierung lassen sich im Recht soziologische Rationalitäten ausfindig machen, kann man dadurch doch nun nach der Art und Weise fragen, wie das epistemische Objekt ›Gesellschaft‹ in den jeweiligen rechtlichen Praktiken und Techniken eingeführt, hergestellt und objektiviert wird. Diese Konzeptionen der Gesellschaft zeitigen dann zum einen Rückwirkungen auf den Gegenstand ›Recht‹ selbst, da er dadurch eine je unterschiedliche Gesellschaftsorientierung erfährt. Zum anderen gerät das Recht damit aber auch als etwas in den Blick, das sich auf die Art und Weise des Denkens über Gesellschaft auswirkt. Es prägt also in seinen Verfahren, Techniken und Praktiken nicht nur die Gesellschaft, sondern formt unser Denken darüber.

Diese Perspektive möchte ich zunächst an dem in Deutschland im Bereich der Rechtssoziologie wenig rezipierten Buch *L'Etat providence* (dt.: *Der Vorsorgestaat*)

1 Vgl. hierzu Foucault: Die Wahrheit, S. 13. In dieser Vorlesungsreihe äußert Foucault die Annahme, dass in dem Konglomerat an sozialen Praktiken, deren historische Analyse die Entstehung neuer Formen des Subjekts und des Wissens zu lokalisieren ermöglicht, die »im engeren Sinne juristischen Praktiken die wichtigsten« (ebd., S. 12) seien. Allerdings verengt Foucault den Blick hier auf die strafrechtlichen Verfahrenstechniken der Tatsachenfeststellung, wie sie in der Inquisitionsmaxime ihre Koppelung an die Wahrheitsidee erfahren.

aus dem Jahr 1986 des Foucault-Schülers François Ewald herausarbeiten (I.). Ewald beschreibt darin einen Paradigmenwechsel: die Ablösung der älteren, dem Naturrecht insbesondere in der Tradition Rousseaus verpflichteten Rechtsauffassung durch eine neue Rechtsphilosophie Ende des 19. Jahrhunderts.[2] Damit untersucht er etwas, was sein Lehrer Michel Foucault außen vor lässt bzw. – gemäß vieler Interpretationen – dezidiert negiert.[3] Denn entgegen Foucaults so oft zitiertem Diktum einer ›Entwertung des Rechts in der Moderne‹[4] versucht Ewald, die Transformationsprozesse, die im 19. Jahrhundert zur *Normalisierungsgesellschaft* führen, gerade in spezifischen neuen rechtlichen Techniken und Praktiken zu verorten.

Ewald erkennt in den rechtlichen Praktiken und Techniken der Versicherung des 19. Jahrhunderts eine soziologische Idee der Gesellschaft, wie sie im probabilistischen Rationalitätstyp der empirischen Sozialforschung zu finden ist. Diese Annahme soll mit einem Beispiel aus der deutschen Privatrechtsdiskussion im 19. Jahrhundert, nämlich den späten Arbeiten des Romanisten Rudolph von Jhering (1818–1892), kontrastiert werden. Denn dieser konzeptionalisiert und verobjektiviert eine völlig andere Idee der Gesellschaft im Recht: die Idee der Gesellschaft als Normenordnung im normativen Sinne (II.).

Hält man sich diesen Befund vor Augen, so ist abschließend zu fragen, wie Recht in der Normalisierungsgesellschaft seine Wirkungsmacht gestaltet, insbesondere aber, wie das Verhältnis von Recht und Gesellschaft respektive Rechtswissenschaft und Soziologie zu konzipieren ist (III.).

I.

Ewald geht im *Vorsorgestaat* anhand der französischen Rechtsentwicklung der Vermutung nach, dass das von der Vorstellung individueller Verantwortlichkeit ausgehende schuldbezogene Haftungsrecht des *Code civil* von der Idee des *Droit sociale* (Sozialrecht) verdrängt wird.[5] Das Terrain, auf dem dieser Konflikt bevor-

2 Vgl. zum Folgenden Gehring: Recht und Macht 2; die leider nicht verschriftlichte Vorlesung ist als mp3-Mitschnitt öffentlich zugänglich.

3 Zum problematischen Stellenwert des Rechts bei Foucault vgl. insbesondere Gehring: Epistemologie? Archäologie? Genealogie?; dies.: Foucaults ›juridischer‹ Machttyp.

4 Vgl. etwa Hunt: Foucault's expulsion of Law; Hunt/Wickham: Foucault and law; Biebricher: Macht und Recht; Kämpf: Dimension der Macht. Bezeichnenderweise widerspricht Ewald vehement dieser Deutung der Arbeit seines Lehrers, sieht er doch, dass das Juridische bei Foucault, welches dieser etwa in Überwachen und Strafen und in *Der Wille zum Wissen* im Niedergang begriffen sieht, nicht gleichbedeutend mit dem Recht ist – das Juridische sei vielmehr ein Begriff, der ›nur‹ die Rechtsmacht des klassischen Souveräns bezeichne; vgl. Ewald: Norm, Disciplin, and the Law, S. 138.

5 Allerdings meint Ewald damit nicht nur das Sozialrecht im rechtstechnischen Sinne, sondern eigentlich eine sozial- und gesellschaftsorientierte Rechtsform, die er in der Idee der verschuldensunabhängigen Haftung erkennt und die Vorläufer der Rechtsmaterie ›Sozialrecht‹ ist.

zugt formuliert und ausgetragen wird, ist nach Ewald der Umgang mit Arbeitsunfällen, der im Zuge der technischen Entwicklungen der Industrialisierung im 19. Jahrhundert zunehmend problematisch wird.

Die Entschädigungsmöglichkeiten für Arbeiter bei der Explosion einer Dampfmaschine stehen Mitte des 19. Jahrhunderts ganz im Zeichen des zivilrechtlichen Haftungsprozesses. Die Verantwortlichkeit, d. h. die Haftung für Schäden, wird dabei als ein Schuldverhältnis zwischen zwei Personen konzipiert. Der *Code civil* kennt nun zwei Situationen der Haftung: Delikt und Vertrag. In keinem dieser beiden Haftungssysteme ist jedoch der Unfall im herkömmlichen Sinne, d. h. als unvorhergesehenes Ereignis, als Schicksalsschlag oder schlichtweg Pech, vorgesehen. Vielmehr löst der *Code civil* die Frage der Entschädigungspflicht über die Kausalitätsbeziehung zwischen erlittenem Schaden und Handlung. Diese Beziehung wird ausgerichtet über die Frage des individuellen Verschuldens, die insofern an das zivilrechtliche Willensdogma gebunden ist: »Denn der *Code civil* leitet die Verantwortlichkeit vom Prinzip der Willensfreiheit ab: Man ist nur insofern verantwortlich und haftbar, als man hätte anders handeln *können*, als man tatsächlich gehandelt hat.«[6] In diesem Sinne muss für eine Haftung des Arbeitgebers dessen Verschulden durch den Arbeiter nachgewiesen werden, kann ein Schaden doch »jemanden nur insofern zur Last gelegt werden, als er ihn sowohl vorhersehen als auch vermeiden hätte können und müssen«[7]. Oder kurz: keine Schuld ohne nachweisbares Verschulden.

Allerdings stellte die Explosion einer Dampfmaschine die Diskussion um die Haftung vor besondere Probleme, wird dabei doch in der Regel die Maschine selbst und damit das Beweisstück für den Prozess vernichtet. Diese Unfälle gehören damit zu der Kategorie der ›unbekannten Ursache‹, und der Arbeiter, den die Beweislast trifft, wird in die Lage gebracht, einen unmöglichen Beweis beibringen zu müssen.[8] Angesichts dieser juristischen Unzulänglichkeiten reformuliert der Kassationshof, beginnend bereits in den 1840er Jahren, mehrfach die Haftungsregelungen nach den deliktrechtlichen Art. 1382 ff. *Code civil* in Bezug auf das Problem des Arbeitsunfalls. Der eigentliche Einschnitt in der Spruchpraxis erfolgt aber erst mit einem Urteil des Kassationshofs aus dem Jahr 1896. Seitdem werden diese Unfälle unter die strenge und generelle Haftungsvermutung nach Art. 1384 Abs. I *Code civil* hinsichtlich Sachen und Menschen unter Obhut subsumiert.[9]

6 Ewald: Vorsorgestaat, S. 283, Hervorhebung im Original.

7 Ebd., S. 283.

8 Ebd., S. 296 ff. Die Problematik der Haftung stellt sich für die Gerichte hierbei als eine Frage des Deliktrechts dar. Ansätze, die diese etwa über die Frage der Natur des Dienstvertrags als vertragliche Haftung zu konzipieren suchten, wurden außen vor gelassen.

9 Vgl. zu Ewalds Analyse der Spruchpraxis ebd., S. 285 ff. Ewald sieht bezüglich des Arbeitsunfalls eine Lücke im Haftungsrecht, weshalb es zur richterlichen Rechtsfortbildung durch die Interpretation des *Code civil* kommt. Ob es sich dabei aber etwa – aus deutscher Perspektive gefragt – um eine sogenannte ›echte Lücke‹ oder, was angesichts von Ewalds Argumentation näher liegt,

Damit ist – so Ewald – der »erste Schritt getan, um eine rein sozial orientierte und von natürlichen Zusammenhängen bewußt absehende Schadensregulierung ins Auge fassen zu können«[10]. Das Verschulden ist nicht mehr kausale Ursache für den Schaden, der Arbeitsunfall wird von der Frage der Schuld abgelöst.[11]

Nachzeichnen lässt sich diese Verschiebung im liberalen Haftungsparadigma auch in den seit 1880 andauernden Diskussionen des Parlaments über die Haftung für Unfälle, denen Arbeiter während ihrer Arbeit zum Opfer fallen. Nach 18-jähriger Debatte wird am 9. April 1898 das Gesetz über die Haftung bei Arbeitsunfällen, das Fabrikhaftungsgesetz, erlassen – für Ewald im Grunde das erste Sozialgesetz. Es erfolgt, so Ewald, eine rechtliche Festschreibung der Haftung des Arbeitgebers. Und auch wenn die Versicherung zunächst noch fakultativ ist, wird der Arbeitgeber dadurch gleichsam ›gezwungen‹, entweder sich selbst gegen die Haftungspflicht oder seine Arbeitnehmer gegen die Risiken eines Arbeitsunfalls zu versichern.[12]

Dieses Gesetz von 1898 bringt für Ewald ein neues Denken der Haftungs- und Schuldproblematik und damit der sozialen Beziehungen und der Gerechtigkeitsfrage mit sich. Denn mit der Kategorie des Arbeitsunfalls wird die Vorstellung aufgegeben, dass Verantwortlichkeit und Haftung mit der Sanktionierung eines individuellen Verschuldens zusammenfallen. Zentral für diesen Gedanken ist die Konzeptionalisierung des Risikos, die den Unfall anders als bisher zu fassen vermag. Dieser Begriff weist nun drei Merkmale auf, die ihn vom alltäglichen Verständnis als drohende Gefahr bzw. objektive Bedrohung unterscheiden.[13] *Erstens*

um eine ›unechte‹ Lücke handelt (Zitelmann), entscheidet er nicht. Vielmehr lässt er die Frage der juristischen Methodik – sei es seitens der Lehre, sei es seitens der Rechtsprechung – außen vor und beschreibt dies als einen Wandel der Urteilsregel: Es kommt ihm zufolge »zu historischen Schwankungen eines Haftungsrechts [...], das, um seinem Geist treu bleiben zu können, seinen Buchstaben vergessen muß«; ebd., S. 285. Diese Spannung zwischen ›Geist‹ und ›Buchstaben‹ wird auch der Einsatzort der infolge von Jherings Arbeiten sich entwickelnden Methode der teleologischen Auslegung sein (s. u.), wobei es dabei jedoch gerade nicht darum geht, den ›Buchstaben zu vergessen‹, sondern ihn anders zu deuten – jenen wichtigen Aspekt der Methodenfrage auch im Kontext der in Frankreich im 19. Jahrhundert vorherrschenden *École de l'exégèse*, dem Ewald keine Aufmerksamkeit schenkt. Daher rühren m. E. im Übrigen auch teilweise die etwas verschobenen Ansichten Ewalds über die Rechtspraktiken.

10 Ebd., S. 302.

11 Ebd. Damit sei, so Ewald, in der Spruchpraxis der Gerichte die Idee der Gefährdungshaftung geboren.

12 In Deutschland sieht die Entwicklung anders aus: Auf dem Gebiet des öffentlichen Rechts wurde die Absicherung bei Arbeitsunfällen zunächst durch das Reichshaftpflichtgesetz von 1871 und sodann durch das Unfallversicherungsgesetz aus dem Jahr 1884 durch eine Pflichtversicherung staatlich geregelt.

13 Es ist die Versicherung, die bestimmte Ereignisse als Risiko objektiviert, wobei gilt: »Die Tätigkeit des Versicherers besteht nicht darin, passiv die Existenz von Risiken zu konstatieren, um dann eine Garantie gegen sie vorzuschlagen«, vielmehr »›produziert er Risiken‹, läßt dort Risiken in Erscheinung treten, wo ein jeder resigniert glaubt, Schicksalsschläge hinnehmen zu müssen.« Ebd., S. 211.

ist das Risiko kalkulierbar – Statistik und Wahrscheinlichkeitsrechnung machen die Eintrittswahrscheinlichkeit eines Unfalls unabhängig von jedem Willenseinfluss messbar. Die statistisch errechnete Konstanz der Eintrittswahrscheinlichkeit manifestiert hierbei die Objektivität des Risikos. *Zweitens* ist das Risiko kollektiv: Die Feststellung eines Unfallrisikos bezieht sich nämlich sinnvollerweise immer auf die ganze jeweils relevante Population (z. B. in der Aussage: Von 100 Arbeitern wird im Jahr einer verunglücken). Und *drittens* wird das Risiko zu einem Kapital, da die Entschädigung durch die Versicherung nun nach ökonomischen Kriterien pauschaliert wird.[14]

Der moderne Unfall, statistisch als Unfallrisiko gefasst, verliert damit die Bedeutung eines unvorhersehbaren Ereignisses bzw. individuellen Schicksals, er wird zu einer statistischen Verteilung, zu deren Kennzeichen der Regelcharakter gehört: Er wird nicht mehr durch Fehlverhalten bestimmt, sondern gehorcht den Gesetzen der Statistik und besitzt dadurch eine eigentümliche Objektivität und Normalität. Damit ist er nicht mehr als zufällige Unterbrechung des normalen Arbeitsrhythmus anzusehen, sondern als regelmäßig sich wiederholendes Berufsrisiko, für das das Gemeinwesen einen Teil der Verantwortung zu übernehmen hat.[15] Der moderne Unfall ist also ein Produkt des Lebens in der Gemeinschaft, ein Ausdruck des Miteinanderseins. Und die Versicherung, die das Unfallrisiko abdeckt, stellt die entsprechende politische Technologie bzw. das entsprechende Rationalitätsschema dar.[16]

Ewald zielt mit seiner Untersuchung auf die Beschreibung der Transformationen der politischen Rationalität, wie sie in der Rechtsentwicklung zum Ausdruck kommen. In der Analyse nimmt er seinem Lehrer Foucault folgend einen historisch-relativierenden Blick ein. Dementsprechend lehnt er jegliche essentialistischen Definitionen des Rechts ab: »*[D]as* Recht gibt es nicht; was man als ›Recht‹ bezeichnet, ist eine Denkkategorie, die keine Essenz bezeichnet, sondern dazu dient, bestimmte Praktiken zu charakterisieren: normative Praktiken, Praktiken des Zwangs und der sozialen Sanktion zweifellos, eine politische Praxis gewiß, und auch eine Praxis der Rationalität, die alle voneinander sehr verschieden sein können«[17]. Dies führt ihn »zur Ausarbeitung *einer Art Analytik des juristischen Denkens*«, die eine an Foucault angelehnte Methodik der Analyse der Problematisierungsweisen des Rechts entfaltet und sich um drei Themen gruppiert: »um das Thema der *juristischen Erfahrung* (als allgemeiner Rahmen der Analyse), um das Thema der *Urteilsregel* (als Prinzip der Intelligibilität der juristischen Praktiken) und um das des *kritischen Positivismus* (als Programm einer Rechtsphilosophie)«[18].

14 Vgl. ebd., S. 214 ff.; Ewald: Versicherungs-Gesellschaft, S. 390.
15 Vgl. Ewald: Vorsorgestaat, S. 360 ff.
16 Vgl. ebd., S. 210.
17 Ebd., S. 37 ff., Hervorhebung im Original.
18 Ebd., S. 36, Hervorhebung im Original.

Indem er nun die (auf sehr verschiedenen Ebenen vorhandenen und sehr unterschiedliche Bereiche betreffenden) rechtlichen Praktiken im 19. Jahrhundert untersucht, erkennt er einen fundamentalen Wandel in der politischen Rationalität.[19]

Zu Beginn des 19. Jahrhunderts dominiert die politische Rationalität des Liberalismus. Die Gesellschaft erscheint in der liberalen Philosophie nach Ewald nur als Assoziation, weil sie den Menschen als letzte Ursache setzt. Dies führt zu den – wie er es nennt – »exorbitanten Privilegien«[20] des Willens des Individuums. Die Logik der liberalen juristischen Erfahrung besteht darin, dass alle rechtlich relevanten Schäden auf individuelle Verantwortlichkeit im Sinne des Schuldhaftungsprinzips zurückgeführt werden können.[21] Die übrigen Schäden, so auch die Unfälle, werden demgegenüber der Wohltätigkeit überantwortet. Die liberale Rationalität kennt also zwei Typen sozialer Verpflichtungen, die moralischen und die rechtlichen. Dabei gilt: Die Moral begründet das Recht, wobei jedoch eine deutliche Grenze zwischen Recht und Moral gezogen wird.[22] Dabei werden die Praktiken der Unterstützung in den Bereich der Moral verschoben; es handelt sich um eine moralische, nicht rechtliche Pflicht, die zur Wohltätigkeit veranlasst. Wohlfahrt und Vorsorge werden dementsprechend als moralische Tugenden angesehen, nicht aber als rechtliche Pflichten, ja sind gerade wegen des Freiheitsbezugs des Willens des Individuums im Zivilrecht gar nicht als solche denkbar.

Die Industrialisierung zeigt nun, dass Gesellschaften nicht ausnahmsweise, sondern »*in der Regel* schadensverursachende Gesellschaften sind, in denen Schäden aus ihrem regelmäßigen Funktionieren und nicht aus einer momentanen Funktionsstörung entstehen«[23]. Unfälle werden nun als Regelfälle ohne individuelles Verschulden angesehen. In dieser Rationalität wird das Problem des Unfalls über die Versicherung gleichsam kollektiviert. Er ist nun kein individuelles Schicksal mehr, sondern bezeichnet eine gemeinsame wie unvermeidliche Last, die auf dem Sozialen liegt, das nun als Ganzes gedacht wird.[24] Eine errechenbare, statistische Normalität wird mittels des Risikos als verpflichtendes Recht auf das Gemeinwesen als Ganzes umgelegt, wobei gilt: »Die Gesellschaft wird als solidarische, gesamtschuldnerische Ganzheit gedacht, als durch die Regeln einer Gegenseitigkeit vermittelter Zusammenschluß, in dem niemand mehr den anderen gegenüber Dritter ist.«[25]

Damit liegen für Ewald zu dieser Zeit zwei Moralen im Widerstreit: die ju-

19 Nicht der Prozess der Rationalisierung (Weber), sondern der Wandel von Rationalitätstypen steht also im Fokus, womit zugleich das Entwicklungsdenken unterlaufen wird.

20 Ewald: Vorsorgestaat, S. 103.

21 Diese Logik der Verantwortlichkeit ist nach Ewald das »zentrale Regulationsprinzip« des Diagramms des Liberalismus; vgl. ebd., S. 62.

22 Vgl. ebd., S. 67 ff.

23 Ebd., S. 109, Hervorhebung im Original.

24 Vgl. Gehring: Recht und Macht 2.

25 Ewald: Vorsorgestaat, S. 458.

ristische, am *Code civil* orientierte Verschuldensidee und die Versicherungslogik. Letztlich – so die These Ewalds – mündet dieser Prozess, der sich aus dem Konflikt dieser verschiedenen Arten der Verantwortlichkeit entwickelt, »praktisch in eine Disqualifizierung des Schuldrechts als Verwalter des Schadensersatzes«[26]. So findet Ewald zufolge am Ende des 19. Jahrhunderts der »Übergang vom Zivilrecht zum Sozialrecht«[27] statt.

Im Mittelpunkt der Analyse Ewalds liegt dabei der Wandel der Rechtsform, wie ihn insbesondere Petra Gehring herausstellt: Recht wird nun nicht mehr als Norm gefasst, die in der Form des Gebots, des Verbots und der Verpflichtung in Erscheinung tritt, sondern es nähert sich einer empirischen, technischen Norm – man könnte auch sagen: der Norm im Sinne der Normalverteilung, Normalität und Normalisierung.[28] Das Recht ist nun auf Maßzahlen, auf den Durchschnitt (das durchschnittliche Auftreten von Unfällen), also letztlich auf quantitative Zielgrößen gerichtet. Damit orientiert es sich eben nicht mehr am formalen Gleichheitsprinzip wie noch im Vernunftrecht – schon allein deshalb nicht, weil die Norm im Sinne der Normalverteilung kein Wert ist, nichts Prinzipielles an sich hat. Indem es primär Ungleichheiten misst, um dann mittels Intervention diese Ungleichheiten auszugleichen, wendet sich das Sozialrecht vielmehr vom alten Ideal der Gleichheit ab. Es handelt sich beim Recht nun um ein dynamisches Instrument, das auf die jeweilige Datenlage rekurriert und mit dieser variiert.[29] Damit kennzeichnet die Norm aber zugleich eine Qualität des politischen Zugriffs, die Technizität des Ideals der Steuerung des Sozialen. Die Art der Machtausübung des Rechts hat sich geändert. Im Vorsorgestaat hat sich nach Ewald der Traum von einer Bio-Macht im Sinne Foucaults erfüllt, und das meint er im ebenso kritischen Sinne wie sein Lehrer.[30] Das Recht hat also die Seite gewechselt – es begrenzt nicht mehr im Namen der Freiheit, sondern vergleicht, bewertet und reagiert auf die datenmäßig erfassten Bedürfnisse mit Steuerungsinteresse: »Das Recht wird sozial und korrektiv.«[31].

Mit dem Gesetz von 1898 setzt ein Prozess ein, der für Ewald eine neue Ordnung entstehen lässt: den auf Sozialdaten gestützten Absicherungs- bzw. Vorsorgestaat, der die Politik in eine Technologie verwandelt, wobei das Recht nun das Normale und seine statistische Abweichung verwaltet.[32] Es wird ein Typ von Recht

26 Ebd., S. 238.

27 Ebd., S. 16.

28 Vgl. Ewald: Norm, Discipline and Law.

29 Vgl. Gehring: Recht und Macht 2.

30 Vgl. Ewald: Vorsorgestaat, S. 487 ff.; Hartmann: François Ewald, S. 262.

31 Ewald: Vorsorgestaat, S. 21.

32 Beschreibt Ewald damit den Wandel von der individuellen Verantwortlichkeit und Haftung hin zum Paradigma der Solidarität, so sieht er gegen Ende des 20. Jahrhunderts einen neuen Wechsel sich ankündigen – einen Wandel hin zu einem ›Vorbeugungsparadigma‹; vgl. Ewald: Die Rückkehr des genius malignus.

etabliert, der die Vorstellung einer Gesellschaft im Ganzen als einer Solidargemeinschaft voraussetzt. Die Fiktionen des Willens, der Gleichheit und des Verschuldens werden durch jene des Risikos, des Betriebs und der Gesellschaft ersetzt. Für Ewald gilt dabei: »Damit wandelte sich die Problematik der Unterstützung, die bis dahin der Moral zugeordnet worden war, in eine Rechtsproblematik.«[33] Und gleichzeitig wird eine neue Gerechtigkeitsregel geschaffen. Denn, so Ewald, »[d]as für die Versicherung charakteristische Merkmal ist nicht die Tatsache, daß sie die Lasten individueller Schäden auf eine Gruppe umverteilt, sondern daß sie es gestattet, diese Umverteilung nicht mehr in Form einer Hilfeleistung oder einer Wohltat vorzunehmen, sondern gemäß einer Regel, die eine Regel der Gerechtigkeit ist, eine Rechtsnorm«[34]. Vielmehr noch, die Versicherung bezeichnet das neue Wesen des Gesellschaftsvertrags, eines Solidaritätsvertrags, in dem für Ewald die Gesellschaft selbst zum Vertragspartner wird.[35] Zugleich wird die Versicherung zur Epochensignatur der Moderne: Die Gesellschaft wird zur »Versicherungs-Gesellschaft«[36].

Indem es fortan in spezifischer Weise auf ›das Soziale‹ gerichtet ist, entdeckt das Recht also die Gesellschaft. Und das Individuum erscheint als immer schon in ein Soziales und – über die Versicherungstechnik – in ein juridisches Soziales eingebettet. Das Risiko, das den Unfall kalkulierbar und damit versicherbar macht, belegt hierbei für Ewald die Tatsache, dass wir in einer Gesellschaft leben. Mehr noch: »Und darüber hinaus ermöglicht es uns, diese Gesellschaft in ihrer ganzen Wahrheit zu objektivieren.«[37]

Über die Versicherungstechnik tritt das Recht dabei in den Verbund mit dem soziologischen Denken, insbesondere mit der probabilistischen Vernunft Alphonse Quetelets, der im 19. Jahrhundert auf der Grundlage statistischer Methoden und Vorgehensweisen eine ›Sozialphysik‹ etablierte.[38] Denn schon bei Quetelet geht es um das Denken einer bestimmten Beziehung des Ganzen zu seinen Teilen, das den Rationalitätstyp der Versicherung markiert und sich anhand von drei Prinzipien beschreiben lässt: *Erstens* ist das Ganze unabhängig von seinen Teilen, d. h.,

33 Ewald: Vorsorgestaat, S. 278.

34 Ebd., 219.

35 Ewald merkt hierzu an: »Oder besser gesagt, die Gesellschaften treten in die Moderne ein, sobald die Versicherung gesellschaftlich wird, sobald der Gesellschaftsvertrag die Form eines Versicherungsvertrages annimmt.« Ewald: Versicherungs-Gesellschaft, S. 385. So, wie die Geburt des Gefängnisses bei Foucault die Entstehung der Disziplinargesellschaft markiert, so zeigt die Entwicklung der Versicherungseinrichtungen im 19. Jahrhundert die Heraufkunft der Versicherungsgesellschaft; vgl. Ewald: Norm, Disciplin, and the Law, S. 148.

36 Vgl. Ewald: Vorsorgestaat, S. 413; vgl. auch ders.: Versicherungs-Gesellschaft.

37 Ewald: Vorsorgestaat, S. 483; vgl. auch ebd., S. 147.

38 Quetelets Theorie des ›homme moyen‹ in seiner ›Physik‹ des Sozialsystems als Sitten- und Moralstatistik entfaltete im französischen wie im deutschen Sprachraum eine breite Wirkung und verhalf damit der Statistik als mathematisch verfahrende Koordination der Datenerfassung zu wissenschaftlicher Eigenständigkeit; vgl. Gehring: Statistik, Sp. 107 ff.

es ist eine Wirklichkeit *sui generis*: »Eins und eins sind mehr als zwei; das Ganze ist mehr als die Summe seiner Teile.«[39] *Zweitens* gibt es keinen Teil, der nicht Bestandteil des Ganzen ist; bei der Untersuchung ist vom Ganzen auszugehen, das ein Ding/Tatsache ist; die Identität der Individuen ist dabei nicht vorgängig, sondern geht aus der Individualisierung hervor. Und *drittens* führt das Individuum sozusagen ein Doppelleben zwischen Freiheit und Determination; und genau an dieser Stelle vermittelt die Logik der Wahrscheinlichkeitsrechnung.[40] Erst in diesem Verbund von Soziologie und Versicherungsrecht erlangte das neue Rechtsdenken nach Ewald seine Wirkungsmacht: »Die Soziologie griff das Schuldrecht in der ihm zugrundeliegenden Philosophie an, ließ aber seine Praxis unberührt, eine Praxis, die von der Versicherung direkt angegriffen werden sollte. Soziologie und Versicherung – und darin liegt ihre Bedeutung – bringen notwendigerweise eine andere Theorie und eine andere Praxis des Rechts hervor.«[41] Soziologie, d. h. bei Ewald empirische Sozialforschung, wird damit zur Basis des Rechtsdenkens: Es sind spezifisch rechtliche Techniken, die die Gesellschaft in ihrer sozialwissenschaftlich, d. h. datenmäßig erfassten Eigenständigkeit gegenüber den Individuen erscheinen lassen und politische Wirkungsmacht erlangen. Das moderne Recht ist somit für Ewald soziologisch fundiert, und die Soziologie wird politisch.

Ich denke, Ewald hat einen sehr vielversprechenden Ansatz geliefert für die Frage, wie man sich aus soziologischer Perspektive dem Recht annähern kann. Die Vorteile bestehen m. E. vor allem darin, dass ihm *erstens* sein Ansatz, Praktiken der Problematisierung des Rechts zu analysieren, den methodischen Weg in die Rechtsmaterie hinein öffnet, er sich also dem Recht in seiner jeweils konkreten Gestalt, seinen Regelungen, den Anwendungen, den Abgrenzungen und den daran angelagerten Diskursen und Praktiken der Problematisierung zuwenden kann. Dies betrifft die vielbeklagte Lücke in der Rechtssoziologie, dass nämlich trotz der anerkanntermaßen eminent wichtigen Rolle des Rechts in der Frage der gesellschaftlichen Ordnung der soziologische Zugang zum Recht zumeist gleichsam in allgemein-abstrakten Aussagen über das Recht stecken und damit letztlich versperrt bleibt.[42] Indem nun Ewald das Recht als eine Gesamtheit von Rationalitätspraktiken konzipiert, wird es für die soziologische Analyse zugänglich – auch wenn dann der beschwerliche Weg in die konkreten Rechtspraktiken gewählt werden muss.

39 Ewald: Versicherungs-Gesellschaft, S. 388.

40 Ewald: Vorsorgestaat, S. 197 ff.

41 Ebd., S. 213.

42 Vgl. zu diesem gleichlautenden Befund in sehr verschiedenen Perspektiven Parsons: Law as an Intellectual Stepchild; Schelsky: Soziologiekritische Bemerkungen, S. 195; Gephart: Gesellschaftstheorie und Recht, S. 9 ff.; Luhmann: Rechtssoziologie, S. 1 ff.

Zweitens erkennt er im Recht Techniken und Praktiken der Subjektivierung, aber auch – und das soll an dieser Stelle betont werden – der Kollektivierung. Das epistemische Objekt ›Gesellschaft‹, wie es im 19. Jahrhundert entdeckt wurde und die Heraufkunft einer neuen Disziplin bewirkte, findet in den konkreten rechtlichen Techniken und Praktiken seine Konzeptionalisierung wie Objektivierung – hierdurch wird es zu einem Objekt, das zum Gegenstand der wissenschaftlichen Untersuchung, aber auch der politischen Steuerung werden kann. Recht und Soziologie erscheinen dann eng verzahnt: einerseits das neue Sozialrecht, entwickelt auf der Basis der soziologischen Rationalität der empirischen Sozialforschung, und andererseits die Soziologie, die damit mit den rechtlichen Techniken und Praktiken in einen Verbund tritt.

Im Anschluss an Ewald kann also gefragt werden, wie im 19. Jahrhundert das epistemische Objekt ›Gesellschaft‹ in den rechtlichen Techniken und Praktiken konzeptionalisiert wird. Behält man den Fokus auf das Zivilrecht bei, so erscheint im 19. Jahrhundert gerade in den Privatrechtswissenschaften in Deutschland jedoch eine ganz andere soziologische Rationalität im Recht – und das möchte ich anhand eines Beispiels, nämlich dem späten Werk des Romanisten Rudolf von Jhering, darstellen.[43]

II.

Rudolph von Jhering (1818–1892) zählt zu den prägenden Persönlichkeiten der deutschen Rechtswissenschaft im 19. Jahrhundert. Von besonderem Interesse ist sein Werk insofern, als er zunächst zu den herausragenden Vertretern der herrschenden historischen Rechtsschule und der Konstruktionsjurisprudenz gehört, sich aber in seinen späteren Arbeiten mit dem Schlagwort der »Begriffsjurisprudenz«[44] polemisch und rigide von dieser abwendet.[45] Der Fokus soll hier auf ein späteres

43 Herkömmlicherweise werden die rechtlichen Wurzeln der Soziologie in den Staatswissenschaften gesucht, wobei sich die Kollektiveinheit ›Gesellschaft‹ gegenüber dem Staat konstituiert; vgl. zu den Arbeiten Robert von Mohls etwa Wagner: An Entirely New Object. Da jedoch insbesondere auf methodischer Ebene die Rechtswissenschaft im 19. Jahrhundert von der romanistischen Privatrechtswissenschaft geprägt ist, wird hier der Fokus in dieses Rechtsgebiet verschoben.

44 Jhering: Scherz und Ernst, S. 337.

45 Dominant ist hierbei das Bild der ›Bekehrung‹ Jherings (Kantorowicz: Jherings Bekehrung, Sp. 84 ff.), demzufolge er sich nach einer tiefgreifenden Schaffenskrise und einem ›Damaskus‹ (Wieacker: Privatrechtsgeschichte, S. 451) rigide von der Begriffsjurisprudenz abwendet, führte ihm doch die Frage nach den zu zahlenden Kaufpreisforderungen im Fall eines Doppelverkaufs bei Untergang der Sache vor Übergabe seine »theoretische[n] Verirrungen« (Jhering: Beiträge zur Lehre von der Gefahr I, S. 451) deutlich vor Augen. Demgegenüber wird jedoch in der neueren Forschung der Schwerpunkt auf die Momente der Kontinuität in seinem Denken gerichtet; vgl. etwa Rückert: Der Geist des Rechts Teil 1; ders.: Der Geist des Rechts Teil 2; Behrends: Rudolf von Jhering, S. 256 mit weiteren Nachweisen.

Werk gerichtet werden, das neben *Scherz und Ernst in der Jurisprudenz* und dem berühmten Vortrag *Der Kampf ums Recht* zu den Hauptwerken der »pragmatischen Jurisprudenz«[46] zählt: die zweibändige Abhandlung *Der Zweck im Recht*, erstmals erschienen in den Jahren 1877 und 1883.[47]

Jherings Untersuchung ist in sich sehr widersprüchlich, eklektizistisch, unausgegoren bzw. – wie Christian Helfer es nennt – ein »Musterstück eines gelehrten Dilettantismus«[48] eines Autors, der überall »gewildert«[49] hat. Aus diesem Grund lohnt es sich laut Helfer auch nicht, auf den grundlegenden Teil der Gesellschaftsanalyse im ersten Band von *Der Zweck im Recht* einzugehen – insbesondere deshalb nicht, weil die Unzulänglichkeit Jhering selbst bewusst geworden ist, als er sich 1883 in Göttingen mit der Vorbereitung der zweiten Auflage des ersten Bandes plagte.[50] Helfer verweist demgegenüber auf den zweiten Band der Abhandlung, der mit seiner Ordnung und Klassifizierung einer beträchtlichen Anzahl von sozialen Normen für die Soziologie von bleibendem Interesse sei.[51] Nichtsdestotrotz möchte ich mich dem ersten Band von *Der Zweck im Recht* zuwenden, macht Jhering hier doch zum einen nach seinem eigenen Bekunden unerlässliche Vorarbeiten für seine weitere Untersuchung: »Daß der Begriff der Gesellschaft sich selbst bei der Theorie des Rechts nicht umgehen läßt, wird sich in Kapitel VIII bei Gelegenheit der Zurückführung der vom Recht geschützten Interessen auf ihr Zwecksubjekt (Individuum, Staat, Gesellschaft) zeigen, seine wertvolle Verwendung wird er aber erst im zweiten Bande bei der Begriffsbestimmung des Sittlichen und im dritten bei der Verwirklichung des Sittlichen (soziales Zwangssystem) finden.«[52] Zum anderen geht es mir aber im Besonderen um die Problematisierungsweise der ›Gesellschaft‹, wie sie von Jhering gerade durch den ersten Band so folgenreich in die Rechtswissenschaften integriert und sich dort später noch auswirken wird.[53]

46 Larenz: Methodenlehre, S. 43.

47 Im Folgenden wird aus der Reproduktion der vierten Auflage aus dem Jahr 1970 als *Zweck I* und *Zweck II* zitiert.

48 Helfer: Jhering als Rechtssoziologe, S. 558 – ein Dilettantismus, den Jhering sogar selbst einräumt; Jhering: Zweck, Bd. I, S. VI. Erik Wolf formuliert eine besonders scharfe Kritik an diesem »Durcheinander der Baustile« in *Zweck im Recht*; Wolf: Große Rechtsdenker, S. 651.

49 Helfer: Jherings Gesellschaftsanalyse, S. 86.

50 Ebd., S. 84; vgl. auch Jherings eigene Bedenken hinsichtlich seines Argumentationsgangs: Zweck I, S. 58 ff. [S. 77 ff.].

51 Vgl. Helfer: Jherings Gesellschaftsanalyse, S. 86. Zu Recht betont er, dass neben der Entwicklung der Unterscheidung von Gewohnheit, Brauch und Sitte insbesondere die bis dato vernachlässigten Differenzierungen der Umgangsformen (Anstand, Höflichkeit, Takt) von »unverkürzter Aktualität« seien; ebd., S. 87.

52 Jhering: Zweck I, S. 70 [S. 92]. Allerdings erfolgte bei Jhering während des Schreibens eine inhaltliche Planänderung – ein drittes *Zweck*-Buch gibt es nicht, das Projekt blieb unvollendet.

53 Der zweite Band fand auch in den Rechtswissenschaften keinen nennenswerten Widerhall. Dies mag schon allein an der Tatsache gelegen haben, dass hier für das juridische Feld eher untypische Phänomene behandelt werden; vgl. Pleister: Persönlichkeit, Wille und Freiheit, S. 221 ff.

Jhering setzt sich in seiner Untersuchung kritisch und polemisch von der aprioristischen Naturrechtslehre der Aufklärung und der ideengeschichtlichen Auffassung des Rechts im Idealismus ab, er polemisiert gegen die romantische Volkslehre und die Volksgeistlehre Savignys als Ursprung des Rechts. In der Vorrede zum ersten Band bringt er sein Anliegen auf einen einfachen Nenner: »Der Grundgedanke des gegenwärtigen Werkes besteht darin, daß der Zweck der Schöpfer des gesamten Rechts ist, daß es keinen Rechtssatz gibt, der nicht einem Zweck, d. i. einem praktischen Motiv seinen Ursprung verdankt.«[54]

Einsatzpunkt ist das Problem des subjektiven Rechts, mit dem sich Jhering bereits am Ende des dritten Bandes von *Der Geist der römischen Rechtsgeschichte* aus dem Jahr 1865 beschäftigt.[55] Dort entwickelt er eine von der herrschenden Meinung abweichende Begriffsbestimmung, indem er das Recht im subjektiven Sinn auf dem Interesse statt dem Willen gründet.[56] Daran anschließend will er vermeiden, die naturrechtliche Entkoppelung des Individuums von der Gesellschaft zu wiederholen. Er wendet sich dagegen, »nach Art des Naturrechts das Individuum aus seinem geschichtlichen Zusammenhange mit der Gesellschaft künstlich ab[zu]lösen, es [zu] isolieren und diesem bloß gedachten für-sich-sein des Individuums dann das wirkliche Leben in der Gemeinschaft, das Auch-für-andere-sein gegenüber[zu]stellen«. Stattdessen zielt sein Ansatz darauf, »das Individuum in der Stellung [zu betrachten], die es tatsächlich in der wirklichen Welt einnimmt«[57]. Nicht nur, dass Jhering damit das Verhältnis von Individuum und Gesellschaft ins Zentrum seiner Überlegungen zum Recht rückt. Vielmehr geht es ihm darum, dem unheilvollen »Willensformalismus«[58] entgegenzutreten, wie er sich in der Idee des autonomen Subjekts der subjektiven Rechte auswirkt. Damit vollzieht er den Schritt vom Persönlichkeits- und Freiheitsbegriff des bis dato herrschenden Privatrechtsdenkens, wie sie der Pandektenwissenschaft mit ihrem Willensdogma zu eigen waren, hin zu einer »realistischen oder

54 Jhering: Zweck I, S. V.

55 Während der Begriff des ›objektiven Rechts‹ auf die Gesamtrechtsordnung verweist, bezeichnet der des ›subjektiven Rechts‹ herkömmlicherweise die rechtlich geschützte Befugnis des Einzelnen. Mit der sich seit Anfang des 19. Jahrhunderts verfestigenden kategorialen Trennung von öffentlichem Recht und Privatrecht war der Ort der subjektiven Rechte zunächst im Privatrecht zu suchen (vgl. hierzu grundlegend Bullinger: Öffentliches Recht und Privatrecht) und nahm erst von hier aus Einzug in das öffentliche Recht.

56 Dort schreibt er: »Der Begriff des Rechts beruht auf der rechtlichen *Sicherheit* des *Genusses*, Rechte sind *rechtlich geschützte Interessen.*« Jhering: Geist des römischen Rechts. Dritter Teil, S. 328, Hervorhebung im Original; vgl. zur Ablehnung des Primats des Willens im Bereich des Privatrechts ebd., § 60 [S. 317–338]; vgl. auch Jhering: Zweck I, S. IV. Unter anderem aus diesem Grund sieht übrigens Joachim Rückert diese beiden Werke in konsequenter Kontinuität; Rückert: Der Geist des Rechts Teil 1; ders.: Der Geist des Rechts Teil 2.

57 Jhering: Zweck I, S. 44 [S. 58 ff.]; zu seiner Naturrechtskritik vgl. auch ebd., S. 207 [S. 267 ff.], S. 408 [S. 523].

58 Ein Willensformalismus, der zudem dem römischen Recht zu allen Zeiten fremd gewesen sei; Jhering: Geist des römischen Rechts. Dritter Teil, S. 326.

teleologischen«[59] Methode, die an die Stelle der Einzelperson nun die Gesellschaft setzt.[60]

Allerdings sind auch für Jhering die Zwecke nicht ohne einen Willen zu denken. Er verlagert jedoch den Fokus, indem er die Frage nach dem sogenannten ›Zwecksubjekt‹ stellt, das hinter den Rechtssätzen steht und mittels dieser seinen Willen zum Ausdruck bringt. Dieses eigentliche Zwecksubjekt des Rechts ist für ihn nun weder das Individuum noch der Staat, sondern die Gesellschaft, die zur bestimmenden Größe und zum wahren Akteur wird. Und die Funktion des Rechts definiert er als die »Sicherung der Lebensbedingungen der Gesellschaft«[61].

Um sich nun dem so zentral platzierten Begriff der Gesellschaft zu nähern – einem modernen, aus Frankreich stammenden Begriff, der laut Jhering bis dato noch undefiniert sei[62] –, wendet er sich zunächst dem privatrechtlichen Gesellschaftsbegriff zu, der *societas*. Eine Gesellschaft im juristischen Sinn setzt einen auf ihre Richtung und Regelung abzielenden Vertrag, den Gesellschaftsvertrag, voraus. Sie ist für Jhering »ein Verein mehrerer Personen, welche sich zur Verfolgung eines gemeinsamen Zwecks verbunden haben, von denen daher jede, indem sie für den Gesellschaftszweck tätig wird, zugleich für sich handelt«[63]. Der Tauschvertrag – etwa ein Kaufvertrag – hat die Verschiedenheit des Zwecks der beiden Vertragsschließenden zur Voraussetzung, wohingegen die Assoziation, die Sozietät, auf der Gleichheit des Zwecks aufbaut. Das Interesse wird koordiniert, was aber keineswegs bedeutet, dass die Assoziation auf altruistischen Motiven beruht. Denn: »Der Verkehr kennt kein Wohlwollen; alle Verträge des Verkehrs sind auf den Egoismus gebaut und so auch die Societät.«[64] Vielmehr werden die Interessen des Einzelnen mit den denjenigen der Sozietät vermittelt, da jede Person, »indem sie für den Gesellschaftszweck tätig wird, zugleich für sich handelt«[65].

Die Pointe der zivilrechtlichen Herleitung Jherings besteht darin, dass er den Ausdruck ›Sozietät‹ – die Gesellschaft im privatrechtlichen Sinne – in den der Gesellschaft im sozialtheoretischen Sinn überführt. Denn das Hauptmerkmal der Sozietät besteht in der Kooperation zu gemeinsamen Zwecken – ein geradezu alltäglicher Sachverhalt, der sich in allen Lebensbereichen wiederholt. In dieser

59 So die treffende Eigencharakterisierung in seinem Spätwerk *Der Besitzwille*; ebd., S. IX.

60 Vgl. zu der hierin enthaltenen hochdiskutierten Problematik der Frage nach individueller Freiheit und Determination, die den Einsatzort der Kritik an Jherings Position markiert, Pleister: Persönlichkeit, Wille und Freiheit, S. 304 ff. mit weiteren Nachweisen – eine Problematik allerdings, die Jhering keineswegs verhehlt; vgl. Zweck I, S. 418 ff. [S. 536 ff.].

61 Jhering: Zweck I, S. 345 [S. 443]. Insofern sieht Schelsky auch die Grundleistung Jherings in der »soziologischen Funktionsbestimmung des Rechts«; Schelsky: Das Jhering-Modell, S. 48.

62 Vgl. Jhering: Zweck I, S. 65 ff. [S. 86 ff.]. Auf wen genau er sich mit dieser Begriffsgenealogie bezieht, ist schwer zu eruieren, gerade weil er bei den verschiedensten Autoren in teils sehr freier Anleihe ›wildert‹.

63 Ebd., S. 66 [S. 87].

64 Ebd., S. 162 [S. 209].

65 Ebd., S. 66 [S. 87].

Analogie liegt die Überführung des juristischen Begriffs begründet, denn: »Auf dieser gegenseitigen Förderung der Zwecke beruht meines Erachtens der Begriff der Gesellschaft.«[66]

Die Gesellschaft besitzt bei Jhering – wie eben auch eine Gesellschaft im juristischen Sinne – eine eigenständige Größe. Diesbezüglich führt er insbesondere im zweiten Band von *Der Zweck im Recht* aus: »So ist die Gesellschaft nicht die bloße Vielheit der einzelnen, nicht der Plural vom Singular Mensch, sondern die Vielheit derselben in ihrer durch die Gemeinsamkeit des Zwecks hergestellten inneren und äußeren Zusammengehörigkeit, Verbindung, Einheit [...].«[67] Er betont damit die Eigenständigkeit der Gesellschaft gegenüber den einzelnen Individuen. Sie ist nicht Folge der Vereinigung der Individuen; vielmehr sind menschliches und gesellschaftliches Leben gleichbedeutend, das Individuum ist nur als soziales, d. h. gesellschaftliches Individuum denkbar. In gewisser Weise gilt für Jhering, dass der Mensch lebt und sich selbst erhält, indem er Gesellschaft bildet. In der Schaffung seiner kulturellen Welt ist er auf gesellschaftliche Kommunikation und Kooperation angewiesen. Wie Schelsky betont, wiederholt Jhering damit die liberale These von der Harmonie der individuellen (›egoistischen‹) und gesellschaftlichen Interessen, allerdings in einer kennzeichnenden Verschiebung: »[W]ährend in altliberaler Auffassung der Mensch die Zwecke der Gesellschaft und des Staates am besten erfüllte, wenn er seinen egoistischen Zielen folgt, wird hier der Zusammenhang umgekehrt: indem der Mensch sich den gesellschaftlichen Zielen unterwirft, fördert er vernünftiger- und langfristigerweise seine Interessen als Individuum«[68].

Die Gesellschaft wird in dieser Konzeption zu einem eigenständigen Ganzen, sie ist für Jhering die tatsächliche Organisation des Lebens für und durch andere. Als solches scheint sie nicht nur objektivierbar und damit der Analyse zugänglich zu sein. Vielmehr wird sie in Jherings Analyse selbst zu einem Subjekt. Dieses Strukturmoment spricht er dezidiert nochmals im zweiten Band von *Der Zweck im Recht* an: »Wir steigern unsere bisherige Vorstellung eines Ganzen, welches sich auch als unbelebtes denken lässt, zu der eines belebten, zur Einheit der Persönlichkeit zusammengefassten Wesens.«[69] Als ein solches »lebendige[s] Wesen« unterliegt sie »dem Gesetze, das die Natur für alles Lebendige aufgestellt hat«[70].

66 Ebd. Der ›Gesellschaftsvertrag‹ des naturrechtlichen Denkens wird derart vom idealen Ort des Naturzustands in die multiplen ›Gesellschaftsverträge‹ des alltäglichen Lebens verlagert.

67 Jhering: Zweck II, S. 139 [S. 178 ff.].

68 Schelsky: Das Jhering-Modell, S. 55.

69 Jhering: Zweck II, S. 150 [S. 192]. Allerdings handelt es sich nicht um eine Persönlichkeit im juristischen Sinne, d. h. eine juristische Person, denn: »Die Gesellschaft kann nicht vor Gericht auftreten« (ebd.). Jhering erscheint diese Personifizierung aber genauso als legitim wie diejenige der historischen Rechtsschule, jener ›Volksgeist‹, der seit Savigny durch die Rechtswissenschaften wandert (vgl. ebd. [S. 193]).

70 Ebd., S. 151 [S. 193].

Damit meint er namentlich den Selbsterhaltungstrieb, der jedem Leben zu eigen ist und damit nun auch der Gesellschaft. Aus diesem Grund verfolgt sie auch eigenständige Interessen. Hierbei führt Jhering gleichsam eine Machthierarchie ein. Denn die Gesellschaft tritt mit ihren Interessen denjenigen der Individuen gegenüber: »Dem Interesse des individuellen Egoismus ist die Gesellschaft so berechtigt wie verpflichtet, ihr eigenes Interesse gegenüberzustellen.«[71] Dabei ist sie mächtiger als der Einzelne, sie »besitzt eine zwingende Kraft über den menschlichen Willen«, und Jhering widmet einen großen Teil seiner Untersuchung im ersten Band von *Der Zweck im Recht* den Techniken der sozialen Kontrolle, der »soziale[n] Mechanik [...], durch welche die Gesellschaft den Willen für ihre Zwecke in Bewegung setzt, oder kurz gesagt: die Lehre von den *Hebeln der sozialen Bewegung*«[72]. Es sind dies insbesondere zwei Techniken: der Lohn, durch den ein positiver Reiz auf den menschlichen Willen ausgeübt wird und auf dessen Prinzip vor allem der kapitalistische Wirtschaftsverkehr beruht, sowie der Zwang bzw. die Strafe, durch die jeweils negative Reize gesetzt werden.

Der Begriff der Gesellschaft fungiert bei Jhering sozusagen als Oberbegriff, als relevante Gesamtheit und Bezugspunkt der Analyse. In diesen Bezugsrahmen ordnet er auch den Staat ein: Der Staat ist Teil der Gesellschaft, allerdings nur insoweit, als der Gesellschaftszweck zu seiner Realisierung der Vermittlung durch äußeren Zwang bedarf. Er ist für Jhering also der Teil der Gesellschaft, welcher zwingt, d. h. die Form der geregelten und gesicherten Ausübung der sozialen Zwangsgewalt, oder kurz: »die *Organisation des sozialen Zwanges*«[73].

Zur Sicherung der Lebensbedingungen der Gesellschaft müssen – nur so ist soziale Ordnung möglich – nach Jhering Regeln befolgt bzw. Normen geschaffen werden, für deren Durchsetzung die Gesellschaft sich im Staat eine Zwangsgewalt schafft. Normen sind für Jhering Gebote: »Jede Norm enthält einen bedingten Imperativ, sie besteht also stets aus zwei Bestandteilen, dem bedingenden (Voraussetzungen, Tatbestand) und dem bedingten (Imperativ), sie läßt sich daher stets wiedergeben in der Formel: wenn – so.«[74] Das Recht wiederum ist

71 Jhering: Zweck I, S. 108 [S. 139 ff.].

72 Ebd., S. 72 ff. [S. 95].

73 Ebd., S. 240 [S. 309], Hervorhebung im Original. Auch für den Staat als Teilbereich der Gesellschaft bringt Jhering eine Überführung der privatrechtlichen Herleitung des Gesellschaftsbegriffs in Anschlag: Staat und Sozietät haben die Gemeinsamkeit des Zwecks als Motiv der Vereinigung; dieser Zweck ist als konstitutives Prinzip der für beide Verhältnisse geltenden Normen zu verstehen (der Vertragsbestimmungen, der *lex privata*, und der Gesetze, der *lex publica*); daraus ergibt sich die Rechtsstellung sowohl der Gesamtheit als auch des Einzelnen (Rechte und Pflichten der Mitglieder); und die Verwirklichung dieser Normen erfolgt mittels Zwang. Schließlich bedarf es bei einer großen Zahl der Mitglieder eines besonderen Organs (Verwaltungsrat – Regierung), woran sich die Frage der Stellvertretung anschließt. Allerdings ist das gesellschaftsrechtliche Äquivalent des Staates aufgrund seines offenen Charakters der Verein (vgl. ebd., S. 231 ff. [S. 297 ff.]).

74 Ebd., S. 272 [S. 350]. Man mag also ironischerweise im großen Zweckdenker Jhering einen Vorläufer von Luhmanns These sehen, dass die Programme des Rechtssystems immer Konditional-

nun eine ganz bestimmte Art von Norm, denn es »ist der Inbegriff der in einem Staat geltenden *Zwangsnormen*«[75], es »ist der Inbegriff der durch äußeren Zwanges durch die Staatsgewalt gesicherten Lebensbedingungen der Gesellschaft«[76]. Jhering entwickelt also eine *Zwangstheorie des Rechts*. Im Verbund der Normen macht gerade die staatliche Rechtssetzung und -durchsetzung eine soziale Norm zum Recht.[77]

Norm und Zwang sind nach Jhering beide jedoch nur rein formale Momente des Rechts. Der Inhalt wird demgegenüber durch den Zweck bestimmt. Dieser Zweck ist für Jhering nun die Sicherung der Lebensbedingungen der Gesellschaft – und hier schließt sich der Kreis seiner Analyse, wie er sie ausgehend vom Problem des subjektiven Rechts des Individuums eröffnete: »Wenn alle Rechtssätze die Sicherung der Lebensbedingungen der Gesellschaft zum Zweck haben, so heißt das: die Gesellschaft ist das *Zwecksubjekt* derselben. Ein wunderliches Subjekt, wird man mir einwenden, eine bloße Abstraktion; das wirkliche Zwecksubjekt ist der Mensch, der einzelne, ihm kommt schließlich jeder Rechtssatz zugute. Vollkommen richtig! [...] Aber das gesellschaftliche Leben, indem es den Menschen durch die Gemeinsamkeit dauernder Zwecke zu höheren Bildungen zusammenfügt, erweitert eben damit die Formen des menschlichen Daseins. Zu dem Menschen als für sich betrachtetem Einzelwesen (Individuum) gesellt es den gesellschaftlichen hinzu, der Mensch als Glied höherer Einheiten.«[78]

Die inhaltliche Qualität des Rechts bestimmt sich letztlich durch einen bestimmten, auf die Gesellschaft zielenden förderlichen Zweck. Das Recht verfolgt konkrete gesellschaftliche Steuerungsziele. Dieser Zweck nun ist für Jhering immer historisch kontingent, er ist jeweils historisch-spezifisch an den Lebensbedingungen der jeweiligen Gesellschaft orientiert und damit – so Jhering – eine Frage der Kultur.[79] Es handelt sich also um eine jeweils zu bestimmende und damit auch wandelbare Normordnung der Ziele und Zwecke, d. h. der Normen im normativen Sinne.

programme (wenn – dann) und nie Zweckprogramme seien; vgl. etwa Luhmann: Das Recht der Gesellschaft, S. 195.

75 Jhering: Zweck I, S. 249 [S. 320], Hervorhebung im Original.

76 Ebd., S. 399 [S. 511]. Aber auch wenn Jhering auf den Zwang abstellt, so handelt es sich in seiner privatrechtlichen Perspektive nicht um eine Straftheorie des Rechts; vgl. ebd., S. 33 ff. [S. 44 ff.].

77 Damit berührt Jhering das Rechtssetzungsmonopol des Staates nicht: Recht ist für ihn nur die vom Staat aufgestellte Zwangsnorm, das ist seine formale Qualität – und hierin mag man eine Form des Rechtspositivismus erkennen. So gilt ihm, »daß nur die vom Staate mit dieser Wirkung [des Zwangs; D. S.] versehenen Normen Rechtsnormen sind, oder daß der Staat die alleinige Quelle des Rechts ist«; ebd., S. 249 [S. 320]. Allerdings handelt es sich nicht um eine klassische rechtspositivistische Position, da im Recht letztlich gesellschaftliche Zwecke sanktioniert werden, diese also im gewissen Sinne dem Recht vorgelagert sind.

78 Ebd., S. 360 [S. 462 ff.], Hervorhebung im Original.

79 Vgl. ebd., S. 346 [S. 445]. Damit erfolgt eine Relativierung der Maßstäbe des Rechts, die an Jhering heftig kritisiert wurde.

Um die Rechtsnormen zu verstehen, bedarf es nach Jhering dann nicht der historischen Untersuchung im Sinne der historischen Rechtsschule, auch nicht der philosophischen oder der psychologischen, sondern der – aus heutiger Sicht formuliert – soziologischen Analyse. Hierdurch initiiert er ein Denken vom Ganzen her, eines, das von der Gesellschaft ausgeht. Indem die Gesellschaft gleichsam als Subjekt behandelt wird, das eine eigenständige Größe und ›Handlungsmacht‹ besitzt, wird sie zu einer Tatsache – und damit aber auch zu einem eigenständigen Objekt der Analyse. In diesem Sinne spricht Jhering auch noch in der ersten Auflage des ersten Bandes von *Der Zweck im Recht* von der »Gesellschaftswissenschaft«[80] – eine Perspektive, die er letztlich für seine eigene Auseinandersetzung mit dem Recht adaptiert. Es erfolgt eine soziologische Funktionsbestimmung des Rechts – oder, wie Schelsky schreibt: »Jherings rechtswissenschaftliche Leistung besteht darin, Philosophie und spekulative Geschichtswissenschaft als Leitwissenschaft der Rechtstheorie abgelöst zu haben durch soziologisch-systematische Aussagen über das Recht [...].«[81]

Es ist deutlich, dass die Gesellschaft im Recht bei Jhering trotz mancher Konvergenzen eine ganz andere ist als diejenige, die Ewald in der französischen Rechtsentwicklung ausfindig macht.[82] Bei Jhering geht es nicht um einen probabilistischen Rationalitätstyp, der dem Recht zugrunde läge und das Zivilrecht verdrängt. Die Frage nach der Gesellschaft stellt sich nicht als eine nach Wahrscheinlichkeit und Durchschnitt, nach statistischer Normalverteilung und dem ›sozial Normalen‹. Es geht ihm weder um durchschnittliche noch um normale Zielgrößen, sondern um Zwecke im Sinne von Zielvorstellungen und Werten der gesellschaftlichen Steuerung.

Diese ganz anders gefasste Gesellschaft im Recht wirkt sich auch ganz anders auf die Gesellschaftsorientierung des Rechts aus. Aus Jherings Ansatz ergibt sich nämlich in Deutschland in der Folge die Forderung nach einem teleologischen Denken für die Rechtswissenschaften. Es ist insbesondere die Interessenjurisprudenz von Philipp Heck (1858–1943), die dem Rechtsdenken Jherings im Rahmen des Methodenstreits Ende des 19., Anfang des 20. Jahrhunderts eine methodische Ausformung gibt. Denn Heck führt Jherings Gedanken weiter: Er betont, dass

80 Jhering: Zweck I, Erste Auflage, S. 305, S. 461. Beide Stellen wurden aus den weiteren Auflagen gekürzt, und auch im zweiten Band von *Der Zweck im Recht*, der unter dem Titel »Ethik als Zweig der Gesellschaftswissenschaft« diese übergeordnete Stellung der Gesellschaftswissenschaft beibehalten hat, wurde diese Stelle fortan »Ethik der Zukunft« genannt; vgl. ders.: Zweck II, S. 101 ff. [S. 125 ff.].

81 Schelsky: Das Jhering-Modell, S. 59.

82 Konvergenzen bestehen darin, dass beide Modelle die Gesellschaft gegenüber dem Individuum als Gegenstand *sui generis* ansehen, wobei jeweils das Ganze den Teilen vorausgeht und damit das Individuum immer schon als gesellschaftliches Individuum aufgefasst wird. Die Frage nach dem Verhältnis von Individuum und Gesellschaft stellt sich dann als Frage nach Freiheit und Determination.

jeder rechtlichen Regelung bestimmte Interessen zugrunde lägen, die der Gesetzgeber fördern oder miteinander ausgleichen wolle – das sei der Zweck der Rechtsnormen.[83] Das richtige Verständnis einer Norm kann daher nur aus der Erkenntnis dieser Interessen und ihrer Bedeutung gewonnen werden. Da er hierunter die materiellen und ideellen Bedürfnisse wie auch Wünsche in der Gesellschaft fasst, öffnet damit die Interessenjurisprudenz den Blick über den Wortlaut und die begriffliche Fassung des Gesetzes hinaus auf die ihm zugrunde liegenden Zwecke und geschützten Interessen sowie auf die dahinterstehenden allgemeinen Wertmaßstäbe. Mit der Orientierung an den gesellschaftlichen Bedürfnissen gerät die soziale Realität in den Blick. Und aus diesem Grund wird die Interessenjurisprudenz – neben etwa der Freirechtsschule – zur soziologischen Jurisprudenz gerechnet. Damit verhalf sie Jherings Idee der Gesellschaft im Recht zu einem langanhaltenden Erfolg, bildet doch eine simplifizierte Interessenjurisprudenz in Form der ›teleologischen Auslegung‹ von Rechtssätzen heute die Praktikermethode schlechthin.[84] So stellte schon Gustav Radbruch fest: »Vor allem aber ist Jherings Lehre für die Jurisprudenz von unermeßlicher Wirkung geworden: Erscheinungen wie die Interessenjurisprudenz, die freirechtliche Bewegung, die teleologische Begriffsbildung sind von ihm ausgegangen und haben ihrerseits die Rechtspraxis für sich zu gewinnen gewußt. Im Zweckgedanken war eine bisher vernachlässigte Seite des Rechts wirksam zum Ausdruck gekommen.«[85]

III.

Mit Ewald und anhand von Jhering wurden hier zwei verschiedene Wege deutlich, wie im 19. Jahrhundert die Gesellschaft im Recht konzeptionalisiert wird und wie folglich das Recht eine Gesellschaftsorientierung erfährt: auf der einen Seite die empirisch-statistische Gesellschaft, auf die die Logik des Durchschnitts und der Wahrscheinlichkeitsrechnung bezogen ist, der messbaren Daten, die eine Normalität angeben und Abweichungen aufzeigen können, und auf der anderen Seite eine zweckorientierte Gesellschaft, die eigene Interessen, Zwecke und Werte und damit eigene Funktionsgesetze im qualitativen, nicht messbaren Sinn in Anschlag bringt, also eher im gesellschaftstheoretischen Sinne zu fassen ist;

83 Vgl. zum Interessenbegriff insbesondere die Aufsätze in Heck: Das Problem der Rechtsgewinnung.

84 Eine Weiterentwicklung hiervon ist die heute im Zivilrecht herrschende Wertungsjurisprudenz von Karl Larenz; vgl. Larenz: Methodenlehre. Zur kritischen Beleuchtung der geschichtlichen Entwicklung der larenzschen Methode ausgehend von dessen Arbeiten in der NS-Zeit vgl. Rüthers: Die unbegrenzte Auslegung.

85 Radbruch: Einleitung, S. 10.

daran anschließend auf der einen Seite die Heraufkunft des Sozialrechts, auf der anderen Seite die Einschreibung der Gesellschaft in jeden einzelnen Rechtssatz über die teleologische Auslegung.

Damit sind nicht nur zwei Arten des soziologischen Denkens benannt, um deren Verhältnis im Übrigen auch heute noch in der Soziologie gerungen wird. Vielmehr werden damit auch verschiedene Ebenen im Recht beschrieben, die zwar beide durch ihre Gesellschaftsorientierung eine Flexibilisierung erfahren, deren Verhältnis aber ebenfalls zur Debatte steht: einerseits die Gesetzgebung, in der die Gesellschaft zum Rohstoff der datengestützten Steuerung wird, und andererseits die Methodenfrage, in der jeder einzelne Rechtssatz in die Frage der gesellschaftlichen Steuerung entlang von Zwecken eingebettet ist.[86]

Wohin kann uns nun dieser Befund führen? Hierzu möchte ich abschließend zwei kurze Anmerkungen machen:

Erstens ist festzustellen, dass im kontinentalen Rechtskontext sehr unterschiedliche soziologische Rationalitäten am Werk sind.[87] Ich denke, es wäre falsch, wenn nicht gar fatal, ›das Recht‹ auf einen einzigen Nenner bringen zu wollen. Vielmehr liegt die Vermutung nahe, dass sich die spezifische Wirkungsmacht und Beständigkeit des Rechts im Verbund der verschiedenen Rationalitäten entfaltet. Ewalds Einsatz in der Frage der Rechtstheorie liegt darin, dass er durch den Aufweis der neuen Rechtsform des Sozialrechts die Rechtsnorm aus der vereinseitigten Bestimmung als Sollen herausführt – das ist hervorzuheben, weil Soziologie und Rechtswissenschaft somit nicht mehr über Sein und Sollen voneinander abgegrenzt werden. Ewalds These der Verdrängung des Zivilrechts mit seiner Orientierung am individuellen Willen zugunsten der datengestützten Normorientierung geht m. E. dabei jedoch zu weit. Denn darüber gerät die spezifische Funktion der immer noch zentralen Orientierung am Sollen im Recht aus dem Blick. Was aber, wenn etwa gerade in der erfolgreichen Etablierung des Bildes der Rechtswissenschaft als Sollens-Wissenschaft ein Stabilisierungs- und Effek-

86 Es sei nur kurz angemerkt: Die je unterschiedliche Adressierung im französischen und deutschen Kontext ist sicherlich der Kodifikationsfrage in Bezug auf das Zivilrecht geschuldet. Denn der *Code civil* aus dem Jahr 1804 kann als Verwirklichung der Kodifikationsidee auf dem Gebiet des bürgerlichen Rechts angesehen werden. Damit wird die Idee der politischen Steuerung durch Recht, d. h. mittels der Gesetzgebung – sei es anhand der natur- oder vernunftrechtlichen Gedanken, sei es aber auch anhand der Souveränitätsidee – positiv formuliert, und entsprechend offen erscheint die Debatte für Gesetzesänderung qua Gesetzgebung. Ganz anders jedoch in Deutschland: Hier ist allein schon deshalb diese Art der Adressierung des Juridischen problematisch, weil Anfang des 19. Jahrhunderts der Weg der Kodifikation für die Entwicklung des Zivilrechts dezidiert abgelehnt wurde. Diese Position von Carl Friedrich von Savigny im berühmten Kodifikationsstreit aus den Jahren 1814/15 hinterließ deutliche Spuren in der deutschen Rechtswissenschaft, und letztlich kann erst gegen Ende des 19. Jahrhunderts mit dem Erlass des Bürgerlichen Gesetzbuches (BGB) für Gesamtdeutschland von einer Überwindung dieser Ansicht gesprochen werden.

87 Da man mit Ewald nicht über ›das Recht‹ sprechen kann, ist eine weitergehende Aussage an dieser Stelle nicht sinnvoll.

tivitätsgarant des Rechts liegt? Erkennt man demgegenüber die Existenz verschiedener Rationalitäten im Recht an, so bewegt sich die rechtliche Norm, und hierbei insbesondere die gesellschaftsorientierte Norm, zwischen verschiedenen Logiken. Und in Anbetracht dessen wäre dann zu fragen – will man Ewald hier weiterdenken –, ob die rechtliche Steuerung nicht auf viel subtilere Weise arbeitet, nicht nur über gesetzgebungsorientierte Normalisierung, sondern bereits auf der Ebene der einzelnen Rechtsregeln, der Zwecke, wie sie über die teleologische Auslegung im Rechtssatz aufzufinden sind, und in der Möglichkeit, je nach Bedarf zwischen den Logiken zu springen.

Die *zweite* Anmerkung betrifft die Frage nach dem Verhältnis von Soziologie und Recht. Ewald geht in seiner Argumentation von einer bereits etablierten Soziologie respektive Sozialwissenschaft aus, deren Rationalität mit derjenigen des Rechts über die Versicherungstechnik in einen Verbund getreten ist. Jherings Einsatz in den Rechtswissenschaften verweist demgegenüber auf eine anders gelagerte Problematik in der Frage des Verhältnisses von Soziologie und Recht, die auf die Entstehungsgeschichte der jungen Disziplin im 19. Jahrhundert verweist. Denn er versucht ja gerade dem modernen, jedoch noch unscharfen Begriff der Gesellschaft, wie er zu seiner Zeit in aller Munde ist, zuallererst eine feste Kontur zu geben – dabei nähert er sich diesem neuen Objekt ›Gesellschaft‹ sozusagen von juristischer Seite an. Nicht nur, dass sich damit an ihn anschließend eine soziologische Jurisprudenz in Deutschland formte, bevor es überhaupt das Universitätsfach ›Soziologie‹ gab und damit eine spezifische Konkurrenzlage dieser beiden Disziplinen hervorgerufen wurde. Mehr noch sprechen viele Indizien dafür, dass sein Werk *Der Zweck im Recht* zu den zentralen Bezugspunkten der Auseinandersetzung um die Entwicklung einer wissenschaftlichen Untersuchung des epistemischen Objekts ›Gesellschaft‹ zählt. Um nur einige prominente Beispiele zu nennen: Ferdinand Tönnies etwa entwirft sein Buch *Gemeinschaft und Gesellschaft* dezidiert in Auseinandersetzung mit und gegen die ›neue Theorie der Gesellschaft‹ in *Der Zweck im Recht*;[88] Émile Durkheim war von Jherings Idee der Moralwissenschaft als Gesellschaftswissenschaft fasziniert;[89] und nicht nur Max Webers sogenannte *Rechtssoziologie* rekurriert auf Jherings Interessen und die Zwangstheorie des Rechts, sondern vielmehr ist die Soziologie grundsätzlich in ihrer Begriffsarbeit auf die Rechtswissenschaft angewiesen, denn: »Es ist allerdings das unvermeidliche Schicksal aller Soziologie: daß sie für die Betrachtung des überall stetige Uebergänge zwischen den ›typischen‹ Fällen zeigenden realen Handelns sehr oft die scharfen, weil auf syllogistischer Interpretation von Normen ruhenden, juristischen Ausdrücke verwenden muß, um ihnen dann ihren eigenen,

88 Vgl. Tönnies: Gemeinschaft und Gesellschaft.
89 Vgl. Durkheim: Über positive Moralwissenschaft.

von dem juristischen der Wurzel nach verschiedenen Sinn unterzuschieben.«[90] Es steht damit zur Debatte, inwieweit die juridische Konzeption der Gesellschaft als normative Ordnung in den Grundbestand der Soziologie einging und ob man daher – entgegen der Annahme einer Konkurrenzlage der Rechtswissenschaften und der Soziologie – in historischer Perspektive nicht vielmehr von ›juridischen Soziologien‹ Ende des 19. Jahrhunderts sprechen sollte – eine Linie, die in der Soziologie bis heute Auswirkungen hat, die aber insbesondere für die Frage einer kritischen Rechtssoziologie zentral wäre.

Literatur

Behrends, Okko: Rudolf von Jhering (1818–1892). Der Durchbruch zum Zweck des Rechts, in: Fritz Loos (Hg.): Rechtswissenschaft in Göttingen. Göttinger Juristen aus 250 Jahren, Göttingen 1987, S. 229–269.

Biebricher, Thomas: Macht und Recht: Foucault, in: Sonja Buckel / Ralph Christensen / Andreas Fischer-Lescano (Hg.): Neue Theorien des Rechts, Stuttgart 2009, S. 135–155.

Bullinger, Martin: Öffentliches Recht und Privatrecht. Studien über Sinn und Funktionen der Unterscheidung, Stuttgart 1968.

Durkheim, Émile: Über positive Moralwissenschaft in Deutschland, in: ders.: Über Deutschland. Texte aus den Jahren 1887 bis 1915, hrsg. von Franz Schultheis und Andreas Gipper, Konstanz 1995, S. 85–175.

Ewald, François: Die Versicherungs-Gesellschaft, in: Kritische Justiz. Vierteljahresschrift für Recht und Politik, 22, 1989, S. 385–393.

Ewald, François: Norm, Disciplin, and the Law. Special Issue: Law and the Order of Culture, in: Representations, 30, 1990, S. 138–161.

Ewald, François: Der Vorsorgestaat, Frankfurt a. M. 1993.

Ewald, François: Die Rückkehr des genius malignus. Entwurf zu einer Philosophie der Vorbeugung, in: Soziale Welt. Zeitschrift für sozialwissenschaftliche Forschung und Praxis, 49, 1998, S. 5–23.

Foucault, Michel: Die Wahrheit und die juristischen Formen. Mit einem Nachwort von Martin Saar, Frankfurt a. M. 2004.

Gehring, Petra: Recht und Macht 2: Ewald und Derrida. Rechtsphilosophie, Vorlesung im Wintersemester 2005/2006, URL: http://www.e-learning.tu-darm-

90 Weber: Über einige Kategorien, S. 440; vgl. auch ders.: Wirtschaft und Gesellschaft. Zu den Rechtssoziologien und der Rolle des Rechts bei Durkheim und Weber vgl. insbesondere Gephart: Gesellschaftstheorie und Recht.

stadt.de/openlearnware/lehrmaterial_in_olw/philosophie/rechtsphilosophie.de.jsp [letzter Zugriff: 22.11.2011].

Gehring, Petra: Statistik, in: Joachim Ritter (Hg.): Historisches Wörterbuch der Philosophie. Bd. 10, Basel 1999, Sp. 102–110.

Gehring, Petra: Epistemologie? Archäologie? Genealogie? – Foucault und das Recht, in: Internationale Zeitschrift für Philosophie, 1, 2000, S. 18–33.

Gehring, Petra: Foucaults »juridischer« Machttyp, die *Geschichte der Gouvernementalität* und die Frage nach Foucaults Rechtstheorie, in: Susanne Krasmann / Michael Volkmer (Hg.): Michel Foucaults »Geschichte der Gouvernementalität« in den Sozialwissenschaften, Bielefeld 2007, S. 157–179.

Gephart, Werner: Gesellschaftstheorie und Recht. Das Recht im soziologischen Diskurs der Moderne, Frankfurt a. M. 1993.

Hartmann, Hans-Jürgen: François Ewald: Der Vorsorgestaat (L'Etat Providence) aus d. Franz. v. Wolfram Bayer und Hermann Kocyba. Mit einem Essay von Ulrich Beck (Edition Suhrkamp, N.F. 676), Frankfurt a. M. 1993, 557 S., in: Lendemains. Études compareés sur la France, 22, 1997, S. 260–262.

Heck, Philipp / Dubischar, Roland (Hg.): Das Problem der Rechtsgewinnung. Gesetzesauslegung und Interessenjurisprudenz. Begriffsbildung und Interessenjurisprudenz, Bad Homburg v. d. Höhe [u. a.] 1968.

Helfer, Christian: Rudolf von Jhering als Rechtssoziologe. Eine Erinnerung zum 150. Geburtstag, in: Kölner Zeitschrift für Soziologie und Sozialpsychologie, 20, 1968, S. 553–571.

Helfer, Christian: Jherings Gesellschaftsanalyse im Urteil der heutigen Sozialwissenschaft, in: Franz Wieacker / Christian Wollschläger (Hg.): Jherings Erbe. Göttinger Symposion zur 150. Wiederkehr des Geburtstags von Rudolf von Jhering, Göttingen 1970, S. 79–88.

Hunt, Alan: Foucault's expulsion of Law: Toward a Retrieval, in: Law & Social Inquiry, 17, 1992, S. 1–38.

Hunt, Alan / Wickham, Gary: Foucault and Law. Towards a Sociology of Law as Governance, London 1998.

Jhering, Rudolf: Beiträge zur Lehre von der Gefahr beim Kaufcontract. I. Ueber den Sinn des Satzes: Der Käufer trägt die Gefahr, mit besonderer Beziehung auf den Fall des mehrfachen Verkaufs, in: Jahrbücher für die Dogmatik des heutigen römischen und deutschen Privatrechts, 3, 1859, S. 449–488.

Jhering, Rudolf von: Der Zweck im Recht. Erster Band, Leipzig 1877.

Jhering, Rudolf von: Der Besitzwille. Zugleich eine Kritik der herrschenden juristischen Methode, Jena 1889.

Jhering, Rudolf von: Der Zweck im Recht. Erster Band, hrsg. mit einem Vorwort und mit zwei bisher unveröffentlichten Ergänzungen aus dem Nachlaß Jherings versehen von Christian Helfer, Hildesheim / New York 1970.

Jhering, Rudolf von: Der Zweck im Recht. Zweiter Band, hrsg. mit einem Vorwort und mit zwei bisher unveröffentlichten Ergänzungen aus dem Nachlaß Jherings versehen von Christian Helfer, Hildesheim/New York 1970.

Jhering, Rudolf von: Geist des römischen Rechts auf den verschiedenen Stufen seiner Entwicklung. Dritter Teil. Erste Abtheilung, Leipzig 1977.

Jhering, Rudolf von: Scherz und Ernst in der Jurisprudenz. Eine Weihnachtsgabe für das juristische Publikum, neu hrsg. von Max Leitner, Wien 2009.

Kämpf, Heike: Die gesellschaftskonstituierende Dimension der Macht. Zum Verhältnis von Wissen, Macht und Recht in Foucaults Genealogie der modernen Gesellschaft, in: Ralf Krause/Marc Rölli (Hg.): Macht. Begriff und Wirkung in der politischen Philosophie der Gegenwart, Bielefeld 2008, S. 85–98.

Kantorowicz, Herman U.: Jherings Bekehrung, in: Deutsche Richterzeitung, 6, 1914, Sp. 84 ff.

Larenz, Karl: Methodenlehre der Rechtswissenschaft, Berlin/New York: Springer 1991.

Luhmann, Niklas: Das Recht der Gesellschaft, Frankfurt a. M. 1993.

Luhmann, Niklas: Rechtssoziologie. 4. Aufl., Wiesbaden 2008.

Parsons, Talcott: Law as an Intellectual Stepchild, in: Sociological Inquiry, 47, 1977, S. 11–58.

Pleister, Wolfgang: Persönlichkeit, Wille und Freiheit im Werke Jherings, Ebelsbach 1982.

Radbruch, Gustav: Einleitung, in: Rudolf von Jhering: Der Kampf ums Recht. Ausgewählte Schriften mit einer Einleitung von Gustav Radbruch, hrsg. von Christian Rusche, Nürnberg 1965, S. 7–14.

Rückert, Joachim: Der Geist des Rechts in Jherings »Geist« und Jherings »Zweck«. Teil 1, in: Zeitschrift für Rechtsgeschichte, 5, 2004, S. 128–149.

Rückert, Joachim: Der Geist des Rechts in Jherings »Geist« und Jherings »Zweck«. Teil 2, in: Zeitschrift für Rechtsgeschichte, 6, 2005, S. 122–142.

Rüthers, Bernd: Die unbegrenzte Auslegung. Zum Wandel der Privatrechtsordnung im Nationalsozialismus, Tübingen 2005.

Schelsky, Helmut: Das Jhering-Modell des sozialen Wandels durch Recht. Ein wissenschaftsgeschichtlicher Beitrag, in: Manfred Rehbinder/Helmut Schelsky (Hg.): Zur Effektivität des Rechts, Düsseldorf 1972, S. 47–86.

Schelsky, Helmut: Soziologiekritische Bemerkungen zu gewissen Tendenzen von Rechtssoziologen, in: ders.: Die Soziologen und das Recht. Abhandlungen und Vorträge zur Soziologie von Recht, Institution und Planung, Opladen 1980, S. 187–195.

Tönnies, Ferdinand: Gemeinschaft und Gesellschaft. Grundbegriffe der reinen Soziologie, Berlin 1912.

Wagner, Peter: »An Entirely New Object of Consciousness, of Volition, of Thought«. The Coming into Being and (almost) Passing Away of »Society« as Scientific

Object, in: Lorraine Daston (Hg.): Biographies of scientific objects, Chicago 2000, S. 132–157.

Weber, Max: Über einige Kategorien der verstehenden Soziologie, in: ders.: Gesammelte Aufsätze zur Wissenschaftslehre, hrsg. von Johannes Winckelmann, Tübingen 1973, S. 427–474.

Weber, Max: Wirtschaft und Gesellschaft. Grundriß der verstehenden Soziologie, hrsg. von Johannes Winckelmann, Tübingen 1972.

Wieacker, Franz: Privatrechtsgeschichte der Neuzeit unter besonderer Berücksichtigung der deutschen Entwicklung, Göttingen 1967.

Wolf, Erik: Große Rechtsdenker der deutschen Geistesgeschichte, Tübingen 1963.

Helge Dedek*

De Iure Hominis et Homunculi: Rights, Tristram Shandy, and the Language of Isolation

I. Introduction: »Rights-Talk« AD 1759

1. *A Most Unfortunate Incident*

> »*Pray, my dear,* quoth my mother, *have you not forgot to wind up the clock?* — *Good G—!* cried my father, making an exclamation, but taking care to moderate his voice at the same time,— *Did ever woman, since the creation of the world interrupt with such a silly question?*«[1]

In Laurence Sterne's Picaresque novel, this famously »unseasonable« question marks the beginning of Tristram Shandy's notorious misadventures:[2] as Tristram's father used to remark, »*My Tristram's misfortunes began nine months before ever he came into the world.*«[3] The question, unseasonably posed in the exact moment when Tristram's conception is about to occur, had, as we learn, deplorably dreadful consequences in that it »scattered and dispersed the animal spirits, whose business it was to have escorted and gone hand-in-hand with the HOMUNCULUS, and conducted him safe to the place destined for his reception.«[4] Thus deprived of his safe conduct, the homunculus, the »little gentleman«, reached his destination with »his muscular strength and virility worn down to a thread«, laying a foundation for »a thousand weaknesses both of body and mind.«[5]

This course of events Tristram depicts not only colourfully as a regrettable accident; he chooses – astonishingly – to describe it as the violation of *individual rights*: the individual rights of the homunculus, the »little gentleman,« the microscopic, gamete-esque proto-Tristram travelling to his mother's womb. The

* For helpful comments, I wish to thank Louis Assier-Andrieu, Sami Bostanji, Martin Schermaier, Mathias Schmoeckel, Philipp Stoellger, and Sam Whimster. For editing assistance I am grateful to Jennifer Anderson. I also wish to express my gratitude to the Director of the Käte Hamburger Kolleg, Werner Gephart, and the whole team of the Kolleg, for their support.

1 Sterne: Tristram Shandy, p. 3.

2 See, for example, Wright: Artifice of Failure, pp. 212, 213.

3 Sterne: Tristram Shandy, p. 8.

4 Ibid., p. 4.

5 Ibid., p. 6.

language of contemporary scientism is paired with an alchemistic notion, and goes hand in hand with – and is exposed to ridicule just like – the *language of rights*:

»The HOMUNCULUS, Sir, in how-ever low and ludicrous light he may appear, in this age of levity, to the eye of folly or prejudice:—to the eye of reason in scientifick research, he stands confess'd—a BEING guarded and circumscribed with rights:—The minutest philosophers, who, by the bye, have the most enlarged understandings, (their souls being inversely as their inquiries) shew us incontestably, That the HOMUNCULUS is created by the same hand,—engender'd in the same course of nature,—endowed with the same loco-motive powers and faculties with us:—That he consists, as we do, of skin, hair, fat, flesh, veins, arteries, ligaments, nerves, cartileges, bones, marrow, brains, glands, genitals, humours, and articulations;—is a Being of as much activity,—and, in all senses of the word, as much and as truly our fellow-creature as my Lord Chancellor of England.—He may be benefited, he may be injured,—he may obtain redress;—in a word, he has all the claims and rights of humanity, which *Tully*, *Puffendorff*, or the best ethick writers allow to arise of that state and relation.«[6]

This passage is remarkable in several ways. To the modern reader, the surprising, most obvious association that springs to mind is the debate on the »rights« of the unborn. In the (ongoing) debate on legislation on abortion, we are used to phrasing the issue as a matter of clashing rights: the »right to life« pitted against the »right to choose«.[7] Thus couched in terms of rights, the crucial question to resolve the conflict becomes: is a fetus (and if so, as of when) a bearer of rights and therefore a *person*?[8] To Sterne, apparently, the answer is simple: person-hood begins even before conception; his »homunculus« is as much a person as the *Lord Chancellor of England*. It is quite an astounding comparison between the »little man« and the exalted Lord Chancellor, justice and equity incarnate – their vastly dissimilar statures and stations, however, apparently not precluding a *formal* equality that is at the heart of the promise of »rights«.

6 Ibid., pp. 5 et seq.

7 On this rhetoric in the context of the abortion debate, see e. g. Glendon: Rights Talk, p. 66. For a critical assessment of Glendon's approach of »rights-talk«, see Epstein: Rights and »Rights Talk«, p. 1120. For a recent feminist critique of the individualist, rights-based approach to abortion see e. g. West: From Choice to Reproductive Justice, pp. 1396 et seqq.

8 Epstein: Rights and »Rights Talk«, p.1121; see also Birnbacher: Haben Embryonen Rechte?, pp. 158 et seqq., who focuses on the distinction between »moral« and »juridical« rights. For a – much criticized – example of a judicial approach to the problem, see *Davis v. Davis*, 842 S.W.2d 588, 597 (Tenn. 1992).

2. *Individual Rights*

Rights accrue to the homunculus simply because he is a »being« – a human being, however lowly and small, and as such endowed with the »right of humanity«. Thus Sterne – one of Thomas Jefferson's favorite authors in matters of moral philosophy[9](!) – and his comically outraged Tristram seem to casually presume the »self-evidence« of such rights. Sterne does not use the term »human rights«; he uses »rights of humanity«, which, in 1759, is noteworthy in itself. The term was to be found only rarely in the English language at the time. A forerunner of the more successful *»droits de l'homme«*, the term *»droits de l'humanité«* had been only sporadically used in French since the earlier eighteenth century, and mostly in a fashion that did not circumscribe individual rights in the modern sense.[10] Writing in English, Scottish moral philosopher Francis Hutcheson had used the expression in 1755.[11] However, in Hutcheson's use of the phrase, »rights of humanity« are a concept complementing the »duties of humanity«: i. e. duties that cannot be enforced through the use of coercion. This distinction had been introduced by Grotius and Pufendorf: duties that cannot be legally enforced are duties to be charitable, *officia amoris* or *officia humanitatis*.[12] Their counterpart is a non-enforceable and thus non-legal right to ask for charity: the »right of humanity«.

Sterne, however, uses the term »rights of humanity« in a different way: as rights that accrue to human beings – be they even the most minuscule, the homunculi – simply because of their humanity, their quality of being human. This is an astonishingly early use of a concept that at least at first sight strongly resembles what we understand to be »human rights«. And ist occurs, of all places, in a novel – the very medium that, according to Lynn Hunt's well-known study, helped bring about a new quality of empathy among the reading classes, which she identifies as an important factor in the rise of the concept of »human rights«.[13] It is remarkable that long before the revolutionary declarations of human rights were even in the making, a humorous depiction of »rights-talk« would have already struck a chord with the author's educated audience.

Of course, we have to be very careful when we approach the emerging »rights-talk« of the eighteenth century from the conceptual vantage point of modern human rights. As of late, a vivid debate has arisen as to whether the idea of natural rights accruing to a human being simply on account of their personhood is indeed

9 Thomas Jefferson, letter to his nephew Peter Carr, from Paris, August 10, 1787; »The writings of Sterne, particularly, form the best course of morality that ever was written« (in: Peterson: Jefferson: Writings, p. 902).

10 Hunt: Inventing Human Rights, p. 23

11 Hutcheson: Moral Philosophy, p. 255.

12 Cf. Dedek: Duties of Love, pp. 725 et seqq.

13 Lynn: Inventing Human Rights, passim.

the progenitor of the modern concept of »human rights«; Samuel Moyn has recently challenged traditional accounts that describe human rights as a product of Enlightenment thought. According to Moyn, such accounts underestimate the role of the State in the earlier theories of rights; the Enlightenment version of »human rights«, Moyn holds, are a rhetorical means of bedazzling the concept of rights of citizens against the exercise of power within a State, granted by a national constitution, overcoming in particular the legal inequality of the feudal State.[14] The more traditional account is to see the concept of natural rights as expounded by Enlightenment philosophers, such as Locke, as the intellectual ancestor of modern human rights. Interestingly enough, scholars who postulate such an intellectual kinship often posit a different form of discontinuity: a discontinuity between a genuinely »modern« concept of rights and a pre-modern, »medieval« concept of rights, two concepts which supposedly do not have much more in common than the joint label. Authors such as C. B. Macpherson and Leo Strauss have argued, as Adam Seagrave recently put it, for a »›Copernican moment‹ separating medieval natural rights from their modern counterparts.«[15] This »Copernican moment« is characterized by the breaking away from an ideal of justice as an Aristotelian equilibrium and the newly found perspective of individualism: a perspective that, instead of focusing on what is *objectively right*, is preoccupied with *subjective rights*.[16]

In Tristram's lament, we can still trace this development, this shift of perspective from the »objective« to the »subjective«. The mother's untimely question leads to turmoil, it upsets the natural order. Where, under normal circumstances, nature would have run its course, the natural equilibrium is now disturbed, is out of balance. However, Sterne sardonically chooses to couch Tristram's complaint not in the language of the upheaval of the objective cosmic order, the eternal balance of wrong and right, but as an infringement of Tristram's subjective rights. It is particularly remarkable that Sterne assumes that his audience would be not only familiar with the »rights-talk« of their age, but also sufficiently well-informed to recognize its main theorist: between 1682 and 1758, no fewer than nine Latin editions and seven English translations of Samuel Pufendorf's *De Officio Hominis et Civis* were published.[17] It has to be kept in mind that Pufendorf is not the perfect reference for a theory of the *primacy* of rights: he rather thought in terms of du-

14 Moyn: Last Utopia, pp. 11 et seqq.

15 Seagrave: How Old Are Modern Rights?, p. 306.

16 Another version of the discontinuity thesis has been famously propounded by Michel Villey, which assumes the same pattern but pinpoints the concept of the *»droit subjectif«* in the writings of William of Ockham; Villey: La formation de la pensée juridique moderne, pp. 225–262; id.: L'idée du droit subjectif, pp. 201–227. See also Tierney: Villey, Ockham and the Origin of Individual Rights, p. 1, 5 et passim.

17 Milgate: Human Rights and Natural Law, p. 55; Luig: Verbreitung des Naturrechts in Europa, pp. 548–557.

ties.[18] It is equally striking that Sterne pairs Pufendorf with Cicero (Tully), thus creating a sweeping connection between the »old« and the »new« Natural law, or, in other words, continuity between Natural law and Natural *rights*.

The command of such rights *makes* a human being a person: »He may be benefited, he may be injured, – he may obtain redress; – in a word, he has all the claims and rights of humanity.« The very possibility of benefit and even injury depends on whether they can be articulated as an extension or, more importantly, violation of legal status: injury, rooted in the Latin *iniuria*,[19] a delict under Roman law,[20] is only perceivable as the transgression of a right. The consequence of an injury thus legally constructed is to obtain redress: a remedy is granted for the infringement of a right.

3. Intersections: Rights and Law

This hints at two aspects of »rights-talk« in Sterne's age on which we will need to shed a bit more light. First, there were technical legal origins and legalistic undertones to the Enlightenment philosophy of rights, a fact which tends to be underestimated in the historiography of political philosophy.[21] Right(s), contract, and property were the building blocks of the grand theories of human co-existence at the time – all concepts which were drawn from a tradition of legal scholarship that was, at the time, already more than a thousand years old. Only very recently have scholars begun to pay more attention to the fact that the cross-fertilization between law and political as well as moral philosophy has too long been wrongfully portrayed as a one-way street. Depicting law as a kind of applied philosophy, it is customary to assume that jurists are influenced by, and thus become the mouthpieces of, the various leading philosophies of their ages: was Ulpian a Stoic, were the Glossators Aristotelians, was Blackstone a Lockean, was Savigny a Kantian or rather influenced by Schelling? It seems far more unlikely that one would picture the great thinkers of the philosophical pantheon as influenced by something as mundane as law. However, one has to remember the venerable status of the study of law in the Western university: as one of the founding disciplines of the first medieval universities, the history of the discipline of law is inextricably interwoven with the very concepts of learning and scholarship themselves in the Western tradition.[22] In the Middle Ages, the *ratio scripta* of Roman law seemed to

18 See e. g. Goyard-Fabre: Pufendorf et le droit naturel, pp. 85 et seq.

19 Oxford English Dictionary, s. v. injury, http://www.oed.com/view/Entry/96114#eid473465.

20 Kaser: Römisches Privatrecht, pp. 623 et seqq.

21 See e. g. Moyn: Last Utopia, p. 18: »Yet another […] source«.

22 Clark: Medieval Origins, pp. 653, 671 et seqq., 681 et seqq.; Garcia y Garcia: The Faculties of Law, pp. 388 et seqq.

have enshrined the *rational* answers to almost all questions of human co-existence. And even when the scholastic treatment of Roman law began to lose its sway in the Renaissance, new methodologies replaced the outmoded ones, and yet continued to contribute to a vast, ever-growing body of scholarship created around the classic sources. When scholars like Hobbes devised theories that invoke juridical concepts such as obligation, contract, and rights, there was simply no way around the legal learning that had elaborated these concepts.[23] It is not by accident that thinkers such as Grotius or Pufendorf were actually trained in the law. The interaction and cross-fertilization expressed itself most vividly in the secular Natural law literature of the late seventeenth and eighteenth centuries, which was a fascinating example of »interdisciplinarity«: across Europe, the language of obligation, duty, right, and contract became not only the *lingua franca* for authors who would readily be labelled as Natural law scholars such as Grotius, Pufendorf, Wolff, or Burlamaqui – and dozens of others – but also, inevitably, still provided the syntax for many works that appear to have epistemologically transcended »natural« law such as Adam Smith's »Lectures on Jurisprudence« and Kant's »Doctrine of Right.« As our little literary excerpt shows, this language was pervasive and permeated beyond the scholarly discourse into the consciousness of the age – so much so that it was a ready target for satire.

Tristram's ironic defence of the homunculus's rights draws our attention to a second aspect of eighteenth-century »rights-talk« whose importance must not be underestimated. Injury and redress are, first and foremost, concepts through which we understand the relationship between individuals. Redress is the remedy triggered by the violation of one person's right by another person. We are, in other words, dealing with a category of *private law*, the area of law that regulates, through property and contract, the co-existence of individuals in their relationship to each other as citizens of a certain commonwealth, not in their relationship to the sovereign. Indeed, let us not forget that the interdisciplinary discourse around Natural law and Natural rights did not only employ a language of law but, in particular, a language of private law. The concepts of duty, obligation, contract, property, and possession all stem from the vocabulary of Roman private law, negotiating the commerce and relations of private individuals. Beyond drawing on this language, however, it is one of the hallmarks of the Natural law literature of the Enlightenment that it developed its models – about the structure and purpose of the state and the nature of sovereignty[24] – by extrapolating from the simplest interactions between individuals in the hypothetical absence of state authority: the »state of nature« from which human society progresses into the civil

23 Lee: Hobbes and the Civil Law, pp. 210 et seqq.

24 See, for example, on the influence of Roman private law on Hobbes's theory of sovereignty Lee, ibid.

state. The principles of human co-existence can all be deduced from principles that guide the interaction between two individuals and that allow us to discern which acts in this simple bipolar relationship can be called right or wrong: what makes one act right, but another a transgression? What makes a thing a person's property, what makes a person's promise binding so that interference or breach are transgressions, »wrongs« instead of »rights«? From the concept of what is »right« flows, by way of a homonymy and a change of perspective, the idea of rights in the subjective sense, as a subjective entitlement, and the justification of the state as protector of these rights and as trustee of the right to protect these rights through the exercise of force. We find in Locke a similarly structured progression of the argument just as much as we find it in Kant; in Grotius, furthermore, institutions of private law that govern the relationships between individuals ultimately provide the standard for the »laws« – and »rights«[25] – of »War and Peace« between entire nations.

The interaction between individuals thus is the gamete of all further theoretical speculation regarding State and human *societas*. In this relationship, the concept of rights assumes pivotal importance: it is, in this context, first and foremost a concept that delineates the boundaries between private individuals, the crossing of which amounts to a transgression and therefore a wrong. Natural rights, in this sense, are not rights that safeguard the individual against interference by the State; rather, they delimit the perimeters of freedom of each individual *from each other*, defining what one person can rightfully do without wronging another.

II. »Rights Critique«

1. *Individualism / Atomism*

This expression of human relations in terms of rights (in particular: property rights) is, of course, one of the hallmarks of »possessive individualism«.[26] »Rights-thought« is fundamental to the liberal ideology that members of society owe each other the duty, first and foremost, to leave each other alone; and that, by extension, it is the role of the State to guarantee such pervasive non-interference. The critique of »rights-talk« in the context of the discussion on abortion[27] that we encountered earlier is only one example of a broader critique of conceptualizing human inter-

25 On different translations of Grotius's opus magnum see Dedek: Rights Superstructural, Inchoate and Triangular, pp. 189 et seqq.

26 Macpherson: Possessive Individualism, pp. 263 et seqq.

27 See supra note 7.

action in terms of rights,[28] a critique that has a long history of its own. As early as 1843, Karl Marx targets the particular contribution of »rights-talk« and focuses on the imagery of the static separation of spheres of freedom:

»Die Freiheit ist also das Recht, alles zu tun und zu treiben, was keinem andern schadet. Die Grenze, in welcher sich jeder dem andern *unschädlich* bewegen kann, ist durch das Gesetz bestimmt, wie die Grenze zweier Felder durch den Zaunpfahl bestimmt ist. Es handelt sich um die Freiheit des Menschen als isolierter auf sich zurückgezogener Monade. [...] Aber das Menschenrecht der Freiheit basiert nicht auf der Verbindung des Menschen mit dem Menschen, sondern vielmehr auf der Absonderung des Menschen von dem Menschen. Es ist das *Recht* dieser Absonderung, das Recht des *beschränkten*, auf sich beschränkten Individuums.«

»Die praktische Nutzanwendung des Menschenrechtes der Freiheit ist das Menschenrecht des *Privateigentums*. Worin besteht das Menschenrecht des Privateigentums? [...] Das Menschenrecht des Privateigentums ist (also) das Recht, willkürlich (à son gré), ohne Beziehung auf andre Menschen, unabhängig von der Gesellschaft, sein Vermögen zu genießen und über dasselbe zu disponieren, das Recht des Eigennutzes. Jene individuelle Freiheit, wie diese Nutzanwendung derselben, bilden die Grundlage der bürgerlichen Gesellschaft. Sie läßt jeden Menschen im andern Menschen nicht die Verwirklichung, sondern vielmehr die Schranke seiner Freiheit finden.«[29]

Rights assign each human being a space, a domain; freedom is the freedom not to be interfered with in this domain – which Marx presents as a monadic, insular bubble. Peter Gabel has focused his critique on the effect that this insularity has on human interaction perceived through the lens of rights. To Gabel, rights contribute to a state of alienation, which he defines as a »paradoxical form of reciprocity« between beings who share a natural desire for genuine intersubjective recognition and yet deny each other this desire through the way they act toward each other.[30] This denial occurs by assuming a fake persona, a role, by putting on an »as-if performance«. To Gabel, rights serve as the medium to transform actual intersubjective interaction into the disconnected virtual reality of human interchange occurring only through the filter that defines and limits possibilities:

»[I]ntersubjective action itself is conceived to occur ›through‹ or ›by virtue of‹ the ›exercise‹ of these rights. Seen as a whole, therefore, the ›world‹ of this rights-based schema is one in which originally passive and disconnected individuals enter into relations with each other because they are allowed to, relations which have the quality of being ›okayed in advance‹ because they occur only insofar as one is engaging in the right to do them.«[31]

28 Duncan Kennedy: Critique of Rights, passim; Ford: Rights Gone Wrong, passim; Glendon: Rights Talk, passim.

29 Marx: Zur Judenfrage, p. 347, 364.

30 Gabel: Withdrawn Selves, p. 1566.

31 Ibid., p. 1577.

What could better illustrate this »as-if-ness«, this »removed-ness«, than the contrived attempt to describe the unfortunate consequences of the clock-winding incident – the »little gentleman« reaching his destination with »his muscular strength and virility worn down to a thread«, laying a foundation for »a thousand weaknesses both of body and mind« – in the language of rights? Against this background, we cannot help but read Tristram's comically lachrymose and self-pitying lament as a clairvoyant comment on the strangely isolating and distorting effect of a worldview that overemphasizes the perception of its environment through the lens of rights. Taking away essential human qualities from human interaction, rights, it might seem, create their own homunculi.

2. *On the Non-Relational »Structure« of Rights*

The critique of rights as concept epitomizing monadic isolation is often connected to a larger argument that perceives pervasive individualism, or »atomism«, as one of the foremost »malaises of modernity«;[32] modern freedom, expressed through a system of legally protected rights, is said to have separated the individual from many forms of a larger order, deprived individuals of belonging. For Taylor, »atomism« is a label that describes liberal, contractarian doctrines in the tradition of the »seventeenth-century revolution in the terms of normative discourse, [...] associated with the names of Hobbes and Locke.«[33] As the central postulate of these theories, Taylor discerns a theory of the primacy of rights, based on the idea of the self-sufficiency of the individual, over duty and obligation.[34]

This is not the forum in which to engage with the debate between the liberal/libertarian and communitarian factions of political scientists and philosophers. I shall not attempt an evaluation of the merits of primacy-of-rights theories. Instead, I want to highlight just one aspect of the rights discourse of the seventeenth and eighteenth century, an aspect that is important in order to better understand primacy-of-rights theories. For us, rights seem to epitomize liberal individualism partly because of the way we think about the abstract concept of rights. I want to focus on how we conceptualize and, furthermore, picture rights. The concept of a right as subjective entitlement – the »discovery« of a subjective dimension of *ius* – is much older than the liberal theories that began to be devised in the seventeenth century. The »seventeenth-century revolution in the terms of normative discourse« to which Taylor refers is a Copernican moment not with regard to the invention of »subjective rights« as expressing an individual entitle-

32 Taylor: Malaise of Modernity, pp. 2 et seq., pp. 13 et seq.
33 Taylor: Atomism, p. 187, pp. 188 et seq.
34 Ibid., pp. 189 et seq.

ment, but as a discovery of the rights of the individual as the key to understanding the human condition and to organizing human co-existence, a stance that prior to this discursive revolution would have been seen, as Taylor is correct to point out, as »wildly eccentric and implausible.«[35]

However, it seems that the very notion of rights is a condensed conceptual expression of the assumptions of the larger theory – it seems that it incorporates and is defined by an individualist perception of the human condition. Partly, this is the effect of a certain imagery we use when talking about rights: the imagery of spheres, domains, lines of demarcation. Let us take a look at the definition of rights as suggested by liberal theorist Hillel Steiner:

> »The job of rights, on this view, is to demarcate domains – spheres of practical choice within which choices made by designated individuals (and groups) must not be subjected to interference – and to specify those demarcations without reference to the content of the choices to be made within those spheres. It thus requires no very extended argument to show that rights, so conceived, amount to normative allocations of freedom. They reserve parts of the world to their owner's discretion and imply that, within those domains, such changes (or continuities) in the state of the world as those owners wish to occur must not be obstructed by others.«[36]

In using the language of spatial separation, this definition of rights invokes exactly the same imagery that was already employed by Marx to point out that rights are meant to separate, to keep apart. Be it as a positive definition of the concept or as a critical description of its shortcomings,[37] the representation of rights as spatial, as entities that demarcate spheres and domains, seems to come almost naturally. Indeed, cognitive linguistics holds that human beings are incapable of thinking about abstract concepts without creating an imagery that relates the concept to experience. Recently, legal theorist Jennifer Nedelsky, in particular, has drawn attention to the metaphor of space which we use to make sense of the idea of rights. She has especially focused on the fact that the representation of rights as spaces and spheres implies defined boundaries between individuals, an implication that, in turn, emphasizes a state of separation and suggests that self-realization is freedom from interference.[38] To Nedelsky, these metaphors are not just a symptom but very much a part of the problem: rights-based liberalism seems to posit and operate with a non-relational concept of rights that essentially denies

35 Ibid., p. 189.

36 Steiner: Working Rights, p. 232, 238.

37 See also e. g. Unger: Critical Legal Studies Movement, pp. 80 et seq.: »The theory of rights that fits this view of the sources of obligation (sc.: social contract theory) is one that sees entitlement as designing a zone of discretionary action whose limits are set at the moment of the initial definition of the entitlement.«

38 Nedelsky: Law's Relations, pp. 97 et seqq.

the relational interconnectedness of the self. She suggests that we critically assess the way we think about rights and make them palpable for ourselves: if rights were to be reconceived *as relationships*, Nedelsky holds, the »problem of individualism« would be »radically transformed« since the discussion would take place in different terms, terms that question why »we think of some patterns of human relationships as better than others.«[39] The discourse on the State as protecting individualistic spheres of freedom as and through constitutional rights should take its cues from private law since family, contract, and property obviously construct and structure relationships; for example, »as lawyers know, property rights are not primarily about things, but about people's relations to each other as they affect and are affected by things.«[40]

III. Rights as Power over Domains: *Potestas, Dominium, Ius*

With this statement in mind, let us revisit one of our earlier insights: that in its infancy, particularly by making property rights the very foundation of its theoretical edifice, liberal theory worked with building blocks taken from legal thought or at least from a Natural law discourse, where philosophy intersected with the conceptual and terminological heritage of Roman law, i.e. predominantly private law. As we shall see, the very imagery that persists in the modern discourse on rights was at least influenced by the specific way in which this discourse synthesized two central concepts of Roman law: *ius*, which we can understand to signify law, right, and rights; and *dominium*, which signifies ownership in the technical legal sense yet is rooted in an archaic understanding of the unfettered power of the *pater familias* over his household.

Villey and Tierney, in particular, have written on the various stages of this process of merging these two concepts towards a concept of »subjective rights«. I wish to highlight one of its important implications: the development of a non-relational understanding of »rights« that partly derives from a non-relational concept of property: one that is *not* about »people's relations to each other as they affect and are affected by things« but rather is defined by having power over things – and people. It is a conceptualization of property that defines the primary relationship inherent in ownership as domination over one's property, rather than as a »bundle of rights« towards others. This imagery is constitutive of the understanding of what rights are, and even proceeds to conceptualize freedom

39 Nedelsky: Rights as Relationship, p. 14.
40 Ibid., p. 13.

as such a right. As we shall see, this way of thinking even makes it difficult to construct and understand the most important relational structure private law has conceived of: contract.

I shall illustrate this by looking at the definition of right as rendered by Hugo Grotius. As we have already seen, Samuel von Pufendorf (the Natural law author of such iconic status that Tristram offers him as his only modern reference – alongside Cicero), offers a very similar definition of individual rights. Grotius, of course, owed much to the Scholastic tradition of Natural law. However, in this forum it is not my goal to trace the steps of the doctrinal development back to its origins; Grotius's thought shall serve as our entry-point. Grotius was widely perceived as the founder of a »secular« Natural law; in their portrayals of the genre, later writers regularly refer to Grotius as the founder of their »discipline«.[41] Hufeland, for example, in his still very accessible account of the development of Natural law thought from the perspective of late eighteenth-century Natural law scholarship in the introduction to his 1785 treatise »Essay on the Foundation of Natural Law«[42] underlines Grotius's importance as the originator of Natural law philosophy.

In his exposition on the organization of his »*De jure belli ac pacis libri tres*,«[43] Grotius renders his mature definition of »*jus*.« In its first dimension, »*jus*« signifies, in the Aristotelian-Thomist tradition,[44] nothing other than what is *just* (»*nam jus hic nihil aliud quam justum est significat*«).[45] A further meaning, which is according to Grotius different but rooted in the first, refers to the *person*: it is a *moral quality* of a person that enables him to have or do something justly (»*qualitas moralis personae competens ad aliquid juste habendum vel agendum*«).[46] Such a moral quality can be a mere »aptitude« or a »faculty«: a right can be perfect and thus entail a moral *faculty* to have or do something lawfully; this is a right in the strict sense. Or the right can be »less perfect«: such a right is an unenforceable (moral) right, an *aptitude*,[47] which Grotius defines, explicitly invoking Aristotle, as worthiness.[48] The perfect right (moral faculty) conceptualizes the rendering of what is legally due – for example, returning a thing that has been taken away from its rightful owner. It is therefore linked to corrective justice. The response to an *aptitude* – the unenforceable »less perfect« right – however, is a matter of distrib-

41 On historical self-reflection in Natural Law scholarship see in particular Klippel: Historisierung des Naturrechts, pp. 108 et seqq.

42 Hufeland: Grundsatz des Naturrechts, pp. 16 et seqq.

43 On Grotius's exposition see Tierney: Grotius, pp. 324 et seq.; Tuck: Natural Rights Theories, pp. 74 et seqq.

44 Tierney: Grotius, p. 325.

45 Grotius: De jure belli ac pacis, lib. I, cap. I, § III.1.

46 Ibid., lib. I, cap. I, § IV.

47 Ibid.

48 Ibid., § VII.

utive justice.[49] Later, a connection is made between this distinction of perfect/imperfect rights and (since Pufendorf) duties[50] and Ulpian's famous precepts: *Iuris praecepta sunt haec: honeste vivere, alterum non laedere, suum cuique tribuere.*[51] First suggested by Pufendorf,[52] it is Leibniz[53] who explicitly draws the connection between perfect right, corrective justice, and *neminem laedere* on the one hand and imperfect right, distributive justice, and *suum cuique tribuere* on the other. These imperfect rights are thus no more than rights to *ask* for a fair distribution of resources: they are, in the parlance of the Natural law literature, the rights and duties »of humanity« that we continue to encounter in the eighteenth century in the moral philosophy of Francis Hutcheson,[54] for example.

By contrast, the right in the strict or »perfect« sense, Grotius tells us, is what the Roman jurists called »*suum*«, that which is »his«. This faculty of a person is characterized either as *potestas* – power – or *dominium* – ownership. *Dominium* describes technical ownership: the domination of a person over things (but also being the creditor of a debt). *Potestas* defines the relationship of a person having power over a person. One can have power over others (such as the Roman *potestas* of the father over the son) and also over oneself, the latter being called liberty (»*Facultatem Jurisconsulti nomine sui appellant, nos posthac jus proprie aut stricte dictum appellabimus: sub quo continentur potestas, tum in se, quae libertas dicitur, tum in alios, ut patria, dominica*«).[55]

As we can see, *potestas* is not technically a subcategory of *dominium*. Both are enumerated as distinctions of *facultas*, and thus are, in Grotius's conceptual pyramid, taxonomically situated on the same level. Liberty is thus not technically understood as a subcategory of ownership. However, both *dominium* and *libertas* refer to a subject-object relation in the language of mastery, of domination, and we recall that both are subcategories of what the jurists called »*suum*«, falling therefore into the categories of »Mine« and »Thine«, of what a person »owns«. In a different context, Grotius speaks of a man's life, his body, limbs, reputation, honour, and the acts of his will as »his own«.[56] Liberty, thus understood, is a concept of *self-dominion* that anticipates that of Lockean self-ownership[57] – the aspect that for Macpherson became the hallmark of an entire epoch: »the individual

49 Ibid., § VIII.

50 Pufendorf: De jure naturae et gentium, lib. I, cap. VII, § VII.

51 Dig.1.1.10.1 Ulpianus 1 reg.

52 Pufendorf: De officio hominis, lib. I, cap. VI, § 2.

53 Leibniz makes this connection twice: in his *Nova Methodus Discendae Docendaeque Jurisprudentia*, pars II, §§ 73 et seqq., and in *De Suo Codice Juris Gentium Diplomatico Monitum*, §§ XII et seq., in Opera Omnia, pp. 180, 212 et seq.; 285, 295 et seq.

54 See supra note 11.

55 Grotius: De jure belli ac pacis, lib. I, cap. I, § V.

56 Ibid., lib. II, cap. XVII, § II.

57 See Tierney: Dominion of Self, pp. 177 et seqq.

was neither seen as a moral whole, nor as part of a larger social whole, but as an owner of himself.« [58]

In Pufendorf's writings we find a perception of »self-dominion« very similar to that which we have seen expounded in Grotius's text. Pufendorf equally views *ius* and *potestas* as moral qualities; *potestas* over things is called *dominion*, while *potestas* over one's own person and one's own actions (»*potestas in personam et actiones proprias*«) is called liberty.[59] His definitions are slightly different from Grotius's in the sense that in Pufendorf's taxonomy, *potestas* is an even more dominant category than in Grotius's. It is not a subcategory of *ius*, right, but instead both concepts dwell on the same level in the Pufendorfian conceptual hierarchy: *potestas* and *ius* are used interchangeably. A perfect power is, once more, a power whose exercise can be enforced through coercion (»*cujus exercitium per vim adferi potest*«).[60]

We can see clearly that all rights, even one's own freedom, are, in terms of their structure, perceived as *property-like*; that they are understood as a domain over which one exerts power and control. It is this control over one's domain, this total domination that must not be interfered with, that makes a right a right in the strict sense, that is, a right which can be enforced through means of coercion. It is crucial to note that this concept of subjective rights based in domination *cannot* be reduced to relationships with third parties »about things«. The now-dominant »bundle of rights« property theories define ownership as the sum of rights we have against others regarding non-interference with our property, and thus carve out something like a negative space; at the same time, it is acknowledged that there is no need and no room for the idea of an actual tie between subject and object, between »owner« and the thing that is »owned«.[61] In the Grotian and Pufendorfian definition of »rights«, however, the relationship of domination is the conceptual starting point for the understanding of all rights: *dominium* as ownership in the technical sense of private law is only one of the concepts that grows out of the idea that the *pater familias*, as head of the household, rules the household and has power not just over things, but over all members of the household. This power encompasses not only slaves, who can indeed be owned like things (although certain privileges apply), but also, as Grotius's reference to *patria*, the *potestas* of the father, makes clear, the children of the household, even though they enjoy the legal status of Roman citizens. A wife *in manu* would be another example of such a form of domination over a free citizen. It may be impossible to meaningfully define the relationship between a person and a *thing* (which might,

58 Macpherson: Possessive Individualism, p. 3.
59 Pufendorf: De jure naturae et gentium, lib. I, cap. 1, § IXX.
60 Ibid., lib. I, cap. 1, § IXX.
61 For a recent overview, see Johnson: Bundle of Rights, pp. 247 et seqq.

in a slaveholder society, include slaves who are by definition incapable of engaging in legal relations). If, however, the domination of one person over another *person* (who is not a slave but has legal status) is seen as having the same structure as (or a structure similar to) ownership, it becomes clear that it is not the relationship with third parties vis-à-vis the object of domination but the power relation itself that is constitutive of the right.

Sterne's contemporary, William Blackstone – whose image of rights was of lasting impact particularly in the United States[62] – famously remarks on the right of property in the second volume of the *Commentaries* (1766), »There is nothing which so generally strikes the imagination and engages the affections of mankind as the right of property; or that sole and despotic dominion which one man claims and exercises over the external things of the world, in total exclusion of the right of any other individual in the universe.«[63] According to this model of ownership, as Mary-Anne Glendon highlights, the owner rules over his domain »not merely as a king, but as a despot.«[64] This definition (which seems strangely at odds with the actual common law of Blackstone's day)[65] bears an obvious resemblance to the language used by Locke. But we also recognize the theme of *potestas*, of domination, as the hallmark of the right of ownership, in which reverberates the unfettered power of the *pater familias* over all things and people of his household. This places Blackstone in the Continental tradition of employing a definition of property that transferred the characteristics of *dominium* to the understanding of *ius* in general: the idea of the inviolable and exclusive domain thus became the model of all rights. In the *Commentaries*, Blackstone not only perceives property as one of man's paramount and »absolute« rights, but also views every individual right through the prism of property. The exclusive domain, the protected individual sphere, becomes an all-encompassing metaphor.[66] Blackstone generally defines the violation of a right and subsequent redress in language that invokes the imagery of ownership, specifically of someone being unlawfully removed from their property: »the one natural remedy for every species of wrong is the being put in possession of that right, whereof the party injured is deprived.«[67] It was mainly through Blackstone that this imagery found its way to the United States and created a rights discourse that most powerfully relies on the paradigmatic character of property and the monadic imagery of rights.[68]

62 Glendon: Rights Talk, pp. 22 et seqq.

63 Blackstone: Commentaries, vol. 2, p. 2. On this famous passage see, for, the recent overview rendered by Schorr: How Blackstone Became a Blackstonian, pp. 114 et seqq.

64 Glendon: Rights Talk, p. 23.

65 Whelan: Property as Artifice, p. 128, note 15.

66 See, for example, also Waldron: Private Property, p. 181.

67 Blackstone: Commentaries, vol. 3, p. 1.

68 Glendon: Rights Talk, pp. 22 et seqq.

IV. Legal Relations: Obligations

Such an imagery of individual spheres bordering on each other encounters immense difficulties when attempting to visualize metaphorically any human intersubjective action that is *not transgression*; working from the premise of the individually ruled domain, it is almost impossible to conceptualize relationships. In the very definition of the individual right, intersubjectivity only occurs as domination over another individual who is, within this relationship, a rightless object of the property-like right – a »*suum*«. Legal relationships that are characterized by equality and bipolarity – the category of legal relationships traditionally addressed as obligations – are thus per se challenging. Yet the property-based imagery of rights is not only »atomistic«, but also *static*: it is concerned with the integrity of one's domain and thus with the preservation of the status quo. It is quite ill-suited to accommodating change. This makes it difficult to theoretically accommodate even the main vehicle of reallocating human resources: contract.

Even in the »enlightened« Natural law of the eighteenth and early nineteenth centuries there is a core consensus regarding the explanation of contractual obligation. Unlike the Roman law tradition, Natural law theory made »promise« its central building block. The point of reference of literally every author contributing to Natural law literature is Grotius's famous doctrine of promise.[69] Promises create obligations; however, Natural law thought was not primarily interested in what was perceived as a moral duty. Rather, it was concerned with what made a promise *legally* binding, by which was meant that it could be *enforced through coercion*. In Grotius's three-step taxonomy, only the promise of the third degree is such a perfect, enforceable promise because it comes with a right of enforcement. The perfection of a promise equals the creation of such a right in the promisee. This is to be understood, according to Grotius, as a process of »*translatio*«, of transfer: »this is a complete promise, having the same effect as the alienation of dominion/ownership. For it is either a way to the alienation of a thing, or the alienation of a particle of our liberty« (»*aut alienatio particulae cujusdam nostrae libertatis*«).[70] Thus, even if the promise made does not pertain to the transfer of property, but is a promise to perform an act in the future, its effect is still perceived as a process of *immediate* transfer. A part of the promisor's liberty is alienated and immediately accrues to the sphere of liberty of the promisee. The promisee now »owns« this particle of liberty.

By thus transposing promise – a speech act communicating a commitment as to a future action – into the property-based imagery of the domain, non-perfor-

69 Diesselhorst: Versprechen, pp. 34 et seqq.

70 Grotius: De jure belli ac pacis, lib. II, cap. XI, § IV. The English translation is taken from Morrice's translation: Grotius: The Rights of War and Peace, p. 232.

mance of a promise can again be pictured as an overstepping of boundaries. The right to enforce a promise through coercion simply results from the right to defend one's domain: the promisor infringes the promisee's domain by not doing what he promised, unrightfully reclaiming the »particle of liberty« (i.e. the freedom to choose not to fulfill his promise) that had been transferred to the domain of the promisee.[71] Contract thus understood is not a relational construct through which law provides a framework that institutionalizes human collaboration and thereby facilitates cooperation and commerce; in the imagery of the violated domain, the focus is instead on the tort-like transgression alone, and contract is reduced to a trope that justifies the use of force in the defence of one's domain of freedom in cases where this domain has already been enlarged through the transfer of a *»particula libertatis«*. This re-interpretation of contract might be the most dramatic example of the non-relational »structure« of the property-based outlook on rights.

V. Conclusion

To be sure, this static perception of contract soon fell out of fashion in an age that enshrined the division of labour and the particularly human »propensity to truck, barter, and exchange one thing for another«[72] as the key to the evolutionary progress of human kind (although it bears mentioning that a »transfer theory of contract« still rears its head at times among legal theorists). The nineteenth century, in its all-encompassing move from status to contract, would see the dawn of contract's »Golden Age«. Epistemological changes called the very concept of Natural law into question, and the legal theory of the nineteenth century pervasively shifted to positivism – a positivism that refused to acknowledge personhood as a metaphysical source of individual rights. In this sense, the absurd pseudo-naturalism of Tristram's lament – from natural science to natural right – foreshadowed Bentham's ungracious verdict that human rights are »nonsense upon stilts.«[73] And yet, the rhetoric of the sacrosanct space that is the protected sphere of the subjective right never left the language of law, a legacy in which reverberates, as Kelsen pointed out, an ideology of the natural, quasi-ontological primacy of rights;[74] political rights language and imagery were fed back, amplified, into legal discourse with the ascent of constitutional law throughout the nineteenth century. Ever since then, we have witnessed a parallel continuity in the critique of rights, focusing time and again on related issues: individualism, atomism, alienation. And

71 Hufeland: Grundsatz des Naturrechts, pp. 277 et seq.

72 Smith: Wealth of Nations, p. 20.

73 Bentham: Anarchical Fallacies, p. 501.

74 Kelsen: Reine Rechtslehre, pp. 40 et seqq.

yet we are still surprised by Sterne's parody of »rights-talk«, his »rights critique« *avant la lettre*, and the fact that we find on Sterne's palette already discernible *in nuce* a whole range of arguments familiar from our contemporary discourse. These we find deployed in his description of a most intimately »relational« mishap as an *injury*, a violation of the rights that should have formed the »little gentleman's« protective perimeter – rights that are natural and »self-evident« and, at the same time, alchemistic-mystical, just like the »animal spirits« of whose escort our homunculus was so scandalously deprived.

List of references

Bentham, Jeremy: Anarchical Fallacies; being an Examination of the Declarations of Rights issued during the French Revolution, in id.: The Works of Jeremy Bentham, Volume II, Edinburgh, London 1843.

Birnbacher, Dieter: Haben Embryonen Rechte?, in: Eckart Klein / Christoph Menke (eds.): Der Mensch als Person und Rechtsperson, Grundlage der Freiheit, Berlin 2011, pp. 149–170.

Blackstone, William: Commentaries on the Laws of England, vol. 1–3, Oxford 1765–68; reprint, Chicago 1979.

Clark, David S.: The Medieval Origins of Modern Legal Education: Between Church and State, in: American Journal of Comparative Law, Vol. 35, 1987, pp. 653–719.

Dedek, Helge: Duties of Love and Self-Perfection: Moses Mendelssohn's Theory of Contract, in: Oxford Journal of Legal Studies, Vol. 32, 2012, pp. 713–739.

Dedek, Helge: Of Rights Superstructural, Inchoate and Triangular, in: Dolan Nolan / Andrew Robertson (eds.): Rights and Private Law, Oxford 2011, pp. 183–219.

Diesselhorst, Malte: Die Lehre des Hugo Grotius vom Versprechen, Köln 1959.

Epstein, Richard A.: Rights and Rights Talk, Book review of Glendon, Mary Ann: Rights Talk, The Impoverishment of Political Discourse, New York, 1990, in: Harvard Law Review, Vol. 105, 1992, pp. 1106–1123.

Ford, Richard T.: Rights Gone Wrong: How Law Corrupts the Struggle for Equality, New York 2011.

Gabel, Peter: The Phenomenology of Rights-Consciousness and the Pact of the Withdrawn Selves, in: Texas Law Review, Vol. 62, 1983–1984, pp. 1563–1600.

Garcia y Garcia, Antonio: The Faculties of Law, in: Walter Rüegg (ed.): A History of the University in Europe, Vol. I, Universities in the Middle Ages, Cambridge 1992, pp. 388–408.

Glendon, Mary Ann: Rights Talk, The Impoverishment of Political Discourse, New York 1990.

Goyard-Fabre, Simone: Pufendorf et le droit naturel, Paris 1994.
Grotius, Hugo: De jure belli ac pacis libri tres, Amsterdam 1646.
Grotius, Hugo: The Rights of War and Peace in Three Books, J. Morrice trans., London 1738.
Hufeland, Gottlieb: Versuch über den Grundsatz des Naturrechts nebst einem Anhange, Leipzig 1785.
Hunt, Lynn: Inventing Human Rights, A History, New York 2007.
Hutcheson, Francis: A System of Moral Philosophy, In Three Books, Volume I, Glasgow 1755.
Kaser, Max: Das Römische Privatrecht. Erster Abschnitt: Das altrömische, das vorklassische und das klassische Recht, München 1971.
Kelsen, Hans: Reine Rechtslehre, Tübingen 1934.
Kennedy, Duncan: The Critique of Rights in Critical Legal Studies, in: Wendy Brown / Janet Halley (eds.): Left Legalism / Left Critique, Durham, N.C. 2002, pp. 178–227.
Klippel, Diethelm: Die Historisierung des Naturrechts. Rechtsphilosophie und Geschichte im 19. Jahrhundert, in: Jean-François Kervégan / Heinz Mohnhaupt (eds.): Recht zwischen Natur und Geschichte – Le droit entre nature et histoire, Frankfurt a. M. 1997, pp. 103–124.
Lee, Daniel: Hobbes and the civil law: the use of Roman law in Hobbes's civil science, in: David Dyzenhaus / Thomas Poole (eds.): Hobbes and the Law, Cambridge 2012, pp. 210–235.
Leibniz, Gottfried Wilhelm: Gothofredi Guillelmi Leibnitii Opera Omnia, studio Ludovico Dutens, Tomus Quartus, Fratres de Tournes 1768.
Luig, Klaus: Zur Verbreitung des Naturrechts in Europa, in: Tijdschrift voor Rechtsgeschiedenis, Vol. 40, 1972, pp. 539–558.
Macpherson, Crawford B.: The Political Theory of Possessive Individualism: Hobbes to Locke, Oxford 1962.
Marx, Karl: Zur Judenfrage, in: Karl Marx / Friedrich Engels: Werke, Band 1, Berlin 1976, pp. 347–377.
Milgate, Michael: Human Rights and Natural Law: From Bracton to Blackstone, in: Legal History, Vol. 10, 2006, pp. 53–69.
Moyn, Samuel: The Last Utopia, Human Rights in History, Cambridge, MA, 2010.
Nedelsky, Jennifer: Law's Relations: A Relational Theory of Self, Autonomy, and Law, Cambridge 2012.
Nedelsky, Jennifer: Reconceiving Rights as Relationship, in: Review of Constitutional Studies, Vol. 1, 1993, pp. 1–26.
Peterson, Merrill D. (ed.): Thomas Jefferson: Writings, New York 1994.
Pufendorf, Samuel: De jure naturae et gentium libri octo, Editio Ultima, Amsterdam 1704.

Pufendorf, Samuel: De officio hominis et civis juxta legem naturalem libri duo, Lund 1673.
Schorr, David B.: How Blackstone Became a Blackstonian, Theoretical Inquiries in Law, vol. 10, 2009, pp. 103–126.
Sterne, Laurence: The Life and Opinions of Tristram Shandy, Gentleman. Vol. I. The Second Edition, London 1760.
Seagrave, S. Adam: How Old Are Modern Rights? On the Lockean Roots of Contemporary Human Rights Discourse?, in: Journal of the History of Ideas, Vol. 72, 2011, pp. 305–327.
Smith, Adam: An Inquiry into the Nature and Causes of the Wealth of Nations, Vol. 1, 4th edn., London 1801.
Steiner, Hillel: Working Rights, in: Matthew M. Kramer / N. E. Simmonds / Hillel Steiner (eds.): A Debate over Rights, A Philosophical Debate, Oxford 1998, pp. 232–301.
Taylor, Charles: The Malaise of Modernity, Toronto 1992.
Taylor, Charles: Atomism, in: id.: Philosophy and the Human Sciences: Philosophical Papers 2, Cambridge 1985, pp. 187–209.
Tierney, Brian: Dominion of Self and Natural Rights Before Locke and After, in: Virpi Mäkinen / Petter Korkman (eds.): Transformations in Medieval and Early-Modern Rights Discourse, Dordrecht 2006, pp. 173–203.
Tierney, Brian: Historical Roots of Modern Rights: Before Locke and After, in: Ave Maria Law Review, Vol. 3, 2005, pp. 23–43.
Tierney, Brian: Grotius. From Medieval to Modern, in: id.: The Idea of Natural Rights, Atlanta, GA, 1997, pp. 316–342.
Tierney, Brian: Villey, Ockham and the Origin of Individual Rights, in: John Witte / Frank S. Alexander (eds.): The Weightier Matters of the Law. Essays on Law and Religion: A Tribute to Harold J. Berman, Atlanta 1988, pp. 1–28.
Tuck, Richard: Natural Rights Theories: Their Origin and Development, Cambridge 1979.
Villey, Michel: La formation de la pensée juridique moderne, Paris 1975.
Villey, Michel: L'idée du droit subjectif et les systèmes juridiques romains, in: Rev. hist. dr. fr. & étran., vol. 24, 1946, pp. 201–227.
Waldron, Jeremy: The Right to Private Property, Oxford 1988.
West, Robin: From Choice to Reproductive Justice: De-Constitutionalizing Abortion Rights, in: Yale Law Journal, Vol. 118, 2009, pp. 1394–1432.
Whelan, Frederick G.: Property as Artifice: Hume and Blackstone, in: J. Roland Pennock / John W. Chapman (eds.): Nomos XXII: Property, New York 1980, pp. 101–129.
Wright, Andrew: The Artifice of Failure in »Tristram Shandy«, in: Novel: A Forum on Fiction, Vol. 2, 1969, pp. 212–220.

Louis Assier-Andrieu

Les limites du pluralisme et l'arc des culturalismes[1]

« What is named as universal is the parochial property of the dominant culture »

Judith Butler

Depuis la célèbre formulation de Montesquieu dans *L'esprit des lois* selon laquelle « les lois sont (...) les rapports nécessaires qui dérivent de la nature des choses[2] », la science du droit chemine avec des degrés variables d'empathie envers les sciences humaines et sociales. Celles-ci sont nées pour l'essentiel à partir de la seconde moitié du XIXe siècle sinon dans la pensée des juristes, comme l'anthropologie sociale avec Henry Sumner Maine et Lewis Henry Morgan, du moins de la volonté de penser l'ordonnancement des rapports sociaux à l'exemple des façons dont le droit appréhende ces mêmes rapports. Max Weber parlera même de l'objet de la sociologie comme de l'observation « des régularités dotées de l'apparence des régularités juridiques » (*law-like regularities*)[3].

Pourquoi cette référence au droit pour penser le social ? Elle tient, semble-t-il, à ce qu'avant d'être norme, le droit est lecture ou reflet de la vie sociale : il nomme et il dépeint les réalités qu'il a pour mission de règlementer. C'est, en retour, en vertu d'un principe analogique toujours actif que les réflexions sur la nature de la société, ses crises et ses transformations, menées par les sciences sociales, se sont inspirées des modèles fournis par la science juridique. Il n'y a pas d'anthropologie de la parenté – l'une des démarches les plus « scientifiques » des sciences humaines – sans l'application du comput romain de l'alliance et de la filiation[4]. Mais cet inceste créateur possède un triple revers. D'abord il est difficile de retourner vers la discipline matricielle, qui fait, comme pensée ou comme doctrine, intrinsèquement partie de l'objet droit, les regards issus des disciplines subséquentes : la démarche analogique est un fusil à un coup et il est hasardeux de vouloir employer le concept sociologisé de « coutume » vers la société et vers le droit qui l'ont

1 Eine frühere Version dieses Artikels erscheint demnächst unter dem Titel »Brève théorie culturelle du droit« in Helge Dedek / Shauna Van Praagh (Hg.): Stateless Law: Evolving Boundaries of a Discipline, Farnham, Ashgate, 2015.

2 Montesquieu : L'esprit des lois, chap. I.

3 Rheinstein : Max Weber, p. 12.

4 Assier-Andrieu : L'anthropologie entre la négation et l'imitation du droit.

formulé à l'origine – la coutume n'a ni le même sens ni la même portée si elle est constatée par l'ethnologue ou attestée par le juriste[5]. Le deuxième revers est moins franc. Depuis la *sociological jurisprudence*, le Droit libre et le Réalisme, la complexification de la société moderne a connu son pendant en droit par un appel de plus en plus insistant à la science sociale : pour administrer la complexité, il fallait d'abord la comprendre. Cela est vrai de tous les aspects du droit contemporain qui multiplient les appels aux sciences sociales, au pire considérées comme des « sciences auxiliaires » du droit, au mieux comme des partenaires sur un pied d'égalité – ce dernier point concerne surtout l'économie. Le problème qui se pose alors est celui de la capacité de ces sciences, inscrites dans une sorte de division du travail, de produire des savoirs qui soient affranchis de l'agenda juridique qui a été à l'origine de cette production, avec, à l'inverse, la perspective de subordonner l'œuvre du droit à une autre normativité, religieuse, économique ou politique. Un troisième revers concerne enfin la connaissance du droit, cet objet qui est à lui-même sa propre science, au moins en partie. Pour les raisons qui précèdent, il n'y a pas de posture externe ou interne dont l'une serait meilleure que l'autre, mais des enchevêtrements pluri- ou interdisciplinaires de connaissances produites par des juristes, certes, mais aussi par des historiens, des sociologues, des anthropologues ou des économistes, parfois par des chercheurs cumulant plusieurs identités disciplinaires.

La difficulté principale est ainsi de voir émerger des territoires de recherche authentiquement communs entre les sciences du droit et celles de la société. Comme la Révolution française a engendré l'histoire de Michelet et la sociologie de Comte pour comprendre les bouleversements accomplis et la nouvelle société, la mondialisation, réelle ou imaginée, sécrète l'exigence de penser globalement, c'est-à-dire de confronter les démarches classiques au nouvel horizon comparatif. C'est à cette aune que l'on peut envisager de façon critique deux concepts qui sont aussi de larges voies de recherche : le *pluralisme juridique* et le *culturalisme juridique*. On évoquera ces deux plates-formes de débat, en vigueur depuis plusieurs décennies et exposées à la nécessité de penser globalement, pour les confronter à leurs portées épistémologiques respectives – faut-il les relancer, les abandonner, les aménager ? On utilisera comme guide d'analyse la fameuse thèse de Louis Dumont, ici sensiblement infléchie[6].

Résumons donc ce propos hypothétique. Toute société humaine est faite d'individus liés entre eux par des relations collectives. La teneur de ces relations est qualifiée par une idéologie qui accorde une valeur plus ou moins importante aux deux polarités en jeu : l'individu et la communauté. Nulle société ne peut être

5 Assier-Andrieu : Penser le temps culturel du droit.

6 Voir notamment Dumont : Essais sur l'individualisme, et Dumont : Homo Aequalis II. Sur la portée philosophique des premiers textes de Dumont sur la question, voir Renaut : L'ère de l'individu.

totalement individualiste. Nulle société ne peut non plus être totalement collectiviste ou holiste. La propriété privée la plus absolue exige un rapport social qui l'autorise et qui la garantisse. La plus collectiviste des sociétés exige, elle, des protocoles d'individualisation pour que ses normes modèlent concrètement les conduites. Historiquement et anthropologiquement, on peut admettre que la plupart des sociétés procèdent de la combinaison idéologique de ces deux polarités opposées et indissociables dont l'une, holiste, englobe nécessairement l'autre, individualiste.

Ce prisme semble convenir pour engager notre discussion car le pluralisme juridique suggère une individuation du sujet de droit, soumis à une variété d'injonctions normatives, parmi lesquelles *in fine* il peut avoir à choisir ; ensuite car le culturalisme juridique, à l'inverse, met l'accent sur une idéologie de l'appartenance communautaire que la globalisation ne ferait que renforcer par réaction. Mais, bien sûr, les choses ne sont pas figées : l'individuation qui fait l'objet du pluralisme peut concerner une communauté et le holisme de la culture peut se trouver absorbé par les prérogatives individuelles, comme lorsqu'on parle de « culture des droits de l'homme[7] ». Ajoutons que, distingués pour entrer en matière, ces deux modèles ne sont nullement équivalents sur le plan épistémologique et nous ne leur accorderons naturellement pas une importance égale. Le pluralisme provient, à l'origine, essentiellement de la volonté de penser la colonisation et les régimes post-coloniaux. Il est une théorie marquée par ses contextes initiateurs et surtout par son caractère étroitement lié à un artéfact du droit en tant que pratique : comme avec « la coutume », qui lui permet de saisir les modes de vie paysans ou indigènes, l'avancement du droit dans les univers sociaux perçus comme « autres » suppose le recours à des catégories qui soient à la fois sociologiques et juridiques par le truchement desquelles l'œuvre de réglementation puisse s'anticiper et s'accomplir. Pour cette double raison, on ne l'évoquera que succinctement, malgré le moment de jouvence que semble lui conférer le « *global turn*[8] », soit la nécessité actuelle de penser globalement.

Le mouvement qui existe autour de la culture juridique ou de la tradition juridique (qui n'est autre qu'une « culture dans le temps[9] ») nous retiendra davantage. Si le pluralisme favorise les études empiriques sans hypothèse majeure sur la *consociatio* ou sociabilité humaine, autre que « tout est juridique », le culturalisme juridique se déploie sur de multiples terrains, selon diverses écoles et avec peut-être autant d'hypothèses sur la nature de cette *consociatio*. A chaque pas, c'est en outre le besoin, plus ou moins clairement pensé et exprimé, de renforcer la part holiste de l'idéologie qui s'y manifeste, comme si l'excroissance glorieuse de l'individua-

7 Comme le fait Lawrence M. Friedman dans son dernier livre, discuté plus loin (cf. Friedman : The human rights culture).

8 Selon l'heureuse expression de Mikhail Xifaras.

9 Legrand : Le droit comparé, p. 10.

lisme en tant que valeur dominante laissait entrevoir la possibilité du nihilisme, de l'absence annoncée de *consociatio*, faisant advenir un improbable univers ouvert composé d'individus absolus, dépourvus de liens les uns envers les autres.

Ce propos ne s'articule nullement, sauf exception, sur des évocations empiriques, sur les apports nombreux et inestimables des chercheurs qui ont produit les matériaux sur lesquels il est aisé et certainement critiquable de généraliser. Il s'intéresse aux angles d'approche, aux épistémologies explicites ou implicites de ces deux mouvements fédérateurs et, comme on l'aura compris, à leur portée idéologique. Compte tenu d'une littérature pléthorique, on ne retiendra dans les limites de ce texte que quelques éléments, si possible de valeur exemplaire, en tâchant de compenser par la cohérence les lacunes de l'échantillon. Enfin tentera-t-on de proposer un rapide regard sur une contribution renouvelée du droit à la théorie sociale[10], pourvu que l'on accepte d'en mesurer une historicité ou une relativité occidentales, que caractérise notamment sa prétention à l'universalisme. A l'heure ou des normativités concurrentes, comme la religion ou l'économie, se proposent d'altérer ou de soumettre la normativité juridique, il semble opportun de réexaminer certaines évidences conceptuelles et de les livrer au débat le plus large.

I – Les impasses du pluralisme juridique

« J'entends par ‹ pluralisme juridique › la présence dans un champ social de plus d'un ordre juridique. » Ainsi s'exprimait le sociologue John Griffiths en commençant un long texte fondateur du mouvement pluraliste, actif depuis le début des années 1980 et notamment ordonné autour du *Journal of African Law Studies* devenu en 1981 *Journal of Legal Pluralism* auquel on ajouta plus tard « *and Unofficial Law*[11] ». La thèse de Griffiths – qui circulait depuis plusieurs années avant sa publication comme un samizdat – s'appuie sur deux postulats. Le premier veut que le « droit étatique » (*state law*) ne soit pas l'auteur exclusif de l'ordre juridique, d'autres forces normatives y concourent, chacune selon le « champ social » dont elle émane. En cela, Griffiths reprend la théorie de Sally Falk Moore, selon laquelle le droit est la façon dont « un champ social semi-autonome » (*semi-autonomous social field*)[12] produit ses moyens de régulation, avec pour résultat, chez Griffiths, « une hétérogénéité normative liée au fait que l'action sociale prend toujours place

[10] Considérant l'apport de Roberto Mangabeira Unger comme une étape fondamentale dans ce sens (cf. Unger : Law in Modern Society).

[11] Griffiths : What is legal pluralism ?

[12] Voir Moore : Law as Process.

dans un contexte de « champs sociaux semi-autonomes » à la fois multiples et interpénétrés[13] ». Il s'agit donc de décrire des *situations* de pluralisme juridique, pas vraiment d'établir des rapports de causalité : nous sommes dans un jeu horizontal où la diachronie n'a pas sa place, non plus que les spécifications géographiques – « le pluralisme juridique est un aspect universel de l'organisation sociale[14] ». Dans une note finale, l'auteur livre ce constat éclairant : « tout contrôle social est plus ou moins ‹ juridique ›[15]. »

Un second postulat vient justifier le caractère novateur du propos, et sans doute le fut-il : « Le centralisme juridique est un mythe, un idéal, une prétention, une illusion[16] ». La piste est importante : l'État législateur et juge produit ses propres conditions idéologiques d'approche et il est à même de les inculquer non seulement aux juristes mais aux chercheurs en sciences sociales qui en entreprennent l'étude. Elle ne fut que modérément suivie, sinon par la queue de comète du marxisme, et parfois avec talent[17]. En revanche, pas plus que dans l'optique de Moore, nous n'avons de théorie des formations historiques et culturelles des « champs sociaux semi-autonomes », ni une réponse à la question qui s'impose : qu'est-ce qui distingue un ordre spécifiquement juridique des normes du contrôle social ?

En 1993, Brian Tamanaha dénoncera cet acte de « foi » qu'il existe quelque chose au-delà de ce qui est produit par la culture ou par le contexte[18]. S'interrogeant déjà sur la fortune du pluralisme juridique malgré ses manquements conceptuels remarquables – une caricature formaliste et positiviste de l'État de droit et la dilution du juridique dans la norme sociale – Tamanaha y vit la conséquence de ce que les anthropologues juristes travaillant sur les sociétés post-coloniales, les plus enclins à le pratiquer, avaient peu d'appétit ou de compétences pour l'étude de l'État réel et surtout un intérêt corporatif à se maintenir sur le sous-champ constitutif de leur sous-discipline[19]. Il est en outre plus aisé de considérer le pluralisme juridique avec des lunettes de juriste que de s'interroger sur les conditions d'apparition et d'affirmation de la catégorie du droit. Paradoxalement, le « pluralisme juridique » des origines est l'exact contrepoint du « centralisme juridique » qu'il condamne : une construction abstraite et volontaire qui installe l'opposition artificielle de deux pôles dont les fondements se dérobent à l'analyse.

Il y a pourtant chez Griffiths, outre sa piste inaboutie sur le fétichisme de l'État, le germe d'un critère discriminant entre le droit et les autres formes d'organisation sociale. Il provient de sa lecture d'Eugen Ehrlich qui exhibe le *socius* fonda-

13 Griffiths : What is legal pluralism ?, p. 38.
14 Id.
15 Ibid., p. 39 n° 3.
16 Ibid., p. 4.
17 Voir par exemple Snyder : Colonialism and legal form.
18 Tamanaha : The folly, p. 201.
19 Id., p. 205.

mental de l'humain comme *Genossenschaft*, lequel peut prendre plusieurs formes encastrées les unes dans les autres (famille, communauté, ethnie …) et sécrète et garantit la variété des normativités, de l'étiquette à la mode et jusqu'aux « règles de décision », qui peuvent être considérées comme un critère discriminant de la juridicité. Mais Griffiths semble ne citer cette voie qu'à regret, comme la manifestation que toutes les règles se valent, qu'aucune ne prévaut par sa substance et que l'État est en concurrence avec tous les autres modes normatifs[20].

Critique sévère du pluralisme juridique, notamment pour faillir à définir le droit, Tamanaha en propose néanmoins une version renouvelée récemment, propre, nous dit-il, à penser la globalisation. Abandonnant la théorie du contrôle social au « pluralisme normatif » (que sur le tard Griffiths accepte de promouvoir au détriment du « pluralisme juridique[21] »), il s'agit dès lors de « considérer comme le droit ce que les gens identifient et traitent comme ‹ le droit[22] › ». Un privilège est donné à la vision subjective des intéressés et d'autre part à la notion de « pratique sociale » qui dispense le chercheur de penser à l'avance ce qu'est le droit[23]. La démarche est légitime et anticipe sur la praxéologie juridique récemment théorisée par Baudouin Dupret[24], cette façon de fonder l'analyse avant tout sur la vision des acteurs. Elle ambitionne de substituer à la « pratique pluraliste courante d'étiqueter des ensembles de choses très différentes », la comparaison des diverses manières de concevoir le droit[25]. Comme on le perçoit, cette volonté de « s'affranchir de toute présupposition sur la nature du droit[26] » remplace, sur le fond, un pluralisme fondé sur une caricature de l'État de droit par un pluralisme qui lui aussi repose sur un préjugé juridique : celui de l'universalisme et du fameux adage romain *ubi societas, ibi ius*, cet outil supérieur d'assujettissement des pratiques et des cultures au prisme juridique. Plus récemment, Tamanaha prend à témoin l'Europe médiévale comme modèle d'un pluralisme dont le concept est mobilisé de nouveau[27]. L'est-il utilement et y a-t-il véritablement pluralité de droits ? Sur le plan formel, certainement : la ville, la corporation, la communauté d'habitants, et plus largement toutes les associations humaines sont régies par des privilèges particuliers ou des normes internes en même temps que par la loi du seigneur, celle du roi et celle de Rome. Cependant, il faut noter que l'Europe médiévale, unie par la Chrétienté, partage une même idée de la substance du droit : en dépit de la multiplicité des statuts, des sources de règles et des juridictions, elle est soudée par une conception sensi-

20 Ibid., pp. 25–27.
21 Tamanaha : Understanding legal pluralism, p. 395.
22 Tamanaha : A non-essentialist version, p. 313.
23 Id., p. 314.
24 Dupret : Adjudication in Action.
25 Tamanaha : A non-essentialist version, p. 316.
26 Id., p. 318.
27 Tamanaha : Understanding legal pluralism, p. 377–381.

blement commune de l'ordre juridique comme bras armé de l'ordre cosmique[28]. La pluralité des coutumes et des sources législatives (religieuses et séculières) est établie mais peut-on parler de pluralisme juridique devant une pareille unité sémantique ? Dans la brillante articulation de son propos, Tamanaha met en outre à parité de statut épistémologique diverses formes de « communautés » que l'on peut, à l'inverse, tenir pour résolument étrangères les unes aux autres.

En effet, peut-on également, comme le fait Tamanaha, mettre à parité de statut épistémologique dans la globalisation le renouveau et l'expansion de la *charia*, la norme économique, les communautés historiques et celles de l'Internet[29] ? Il n'y a guère, comme on l'a avancé plus haut, que du point de vue de l'individu que ces normes et entités sociales sont à égalité de traitement, comme des sources d'influence. Précisément du point de vue global, s'il est permis de l'adopter, nous avons une différentiation fondamentale entre la *charia*, norme religieuse valable pour la communauté des croyants, territoriale et diasporique, les nationalités plus ou moins autonomes ou les communautés d'habitants et les différentes « communautés » structurées de façons fluctuantes sur la toile, dont la pertinence repose *in fine* sur la primauté de l'ego. Reste enfin la norme économique du capitalisme libéral : les formes historiques ou religieuses d'association y résistent (voir la finance islamique) ou peuvent être mises en position d'y résister en raison de leur forte dimension holiste, tandis que les formes engendrées par la technique procèdent de l'individualisme et en accentuent l'influence.

C'est dans l'optique d'une même mise à plat épistémologique des agencements normatifs, d'un même souci de les tenir à parité, sans hiérarchie ni différence de statut, que se situe le « *Global Legal Pluralism* » du juriste comparatiste Paul Schiff Berman[30]. Conformément à l'idéologie pluraliste de la globalisation, peu d'attention est donnée aux structures sociales héritées et naturellement à l'État-nation qui ne survit que par pacte avec les autres États-nations dans la perspective d'un « droit mondial ». Détachée de l'histoire, la pensée de Paul Berman promeut la normativité nouvelle comme « l'échange ‹ jurisgénératif › de multiples communautés et de multiples engagements normatifs[31] ». Ici aussi, puisque l'idée culturaliste ou multiculturaliste est explicitement rejetée, tout repose sur la définition de ces fameuses « communautés[32] ». Il s'agit, nous dit-on, des affiliations politiques (États, villes, pays) et des affiliations proprement communautaires de type ethnique ou religieux, mais on y ajoute « la myriade des ‹ communautés génératrices de normes › » comme les organisations commerciales, les syndicats et bien sûr les

28 Voir Gourevitch : Les catégories de la culture médiévale, pp. 155–212.
29 Ibid., pp 397–399.
30 Berman : Global legal pluralism.
31 Id., p. 1156.
32 Ibid., p. 1168 n.49.

communautés de l'Internet ainsi que les effets normatifs du sentiment de culpabilité ou du sens du devoir[33].

Victime de la même confusion entre formes individualistes et formes holistes que chez Tamanaha, cette approche se présente comme une « voie intermédiaire » entre territorialité et universalisme, une voie qui exclut toute définition « essentialiste » du droit[34]. A nouveau, le sujet est individualisé et l'idéologie ne cache pas son jeu. Chaque communauté, historique ou nouvelle, est chargée de « négocier son hybridité » et l'attention du chercheur doit se porter sur « les processus par lesquels les décalages normatifs peuvent être comblés, des espaces sociaux de partage peuvent être créés et par lesquels les ennemis peuvent devenir des adversaires[35] ». La communauté « jurisgénératrice » ne produit des normes que pour contribuer au marché global de l'échange normatif. Outre le fait que, conformément à la tradition pluraliste, le droit se dissolve dans la norme sociale, il est produit et échangé. Il vient du bas pour accomplir un parcours horizontal de négociation et de partage avec cet horizon (commun avec certains culturalismes) d'un « idéal de tolérance, de dialogue et de complaisance mutuelle dans nos institutions juridictionnelles et régulatrices[36] ».

La vertu socialement structurante d'un droit qui, comme chez Pierre Legendre, serve de référence à la programmation historique d'un peuple est ignorée[37]. La territorialité est synonyme d'obsolescence et la hiérarchie d'inconvenance. L'idée séduisante des « communautés jurisgénératrices » concerne à vrai dire plus la sociabilité de l'Internet qu'une authentique exploration de la genèse du droit, plus l'assemblée spontanée des techniciens d'élite qui norment la toile depuis 1992 que les communautés traditionnelles[38]. Comme avec l'ensemble de la pensée pluraliste, nous sommes moins dans le droit que dans le non-droit ou, selon le mot de Llewellyn, nous sommes dans « la machinerie ordinaire qui sert à régler des cas dans la société, cette machinerie qui ne dispose pas de dents pour y donner prise[39] ».

L'universalisme phénoménologique dont procède le pluralisme juridique repose, comme l'a bien vu Tamanaha, sur la doctrine de l'équivalence planétaire des formes juridiques formulée par Malinowski[40]. Considérons ce fait un instant car il s'agit de faire jouer à l'anthropologie son rôle de preuve par l'extrême, par le primitif dont, du même mouvement, on cautionne l'éloignement. En 1926, dans *Crime and Custom in Savage Society*, Malinowski affirmait sur la foi de ses travaux sur

33 Ibid., pp. 1170–1173.
34 Ibid., p. 1195.
35 Ibid., p. 1235.
36 Ibid., p. 1237.
37 Voir Legendre : Les enfants du texte.
38 Internet Engineering Task Force.
39 Llewellyn : The bramble bush, p. 58.
40 Tamanaha : The folly, p. 203.

la réciprocité en Mélanésie, que le droit est la configuration « des obligations d'une personne et des aspirations légitimes d'une autre[41] ». C'est la source que l'on cite généralement quand on convie Malinowski à la théorie du droit. Mais ce fut en 1934, dans un texte moins connu, qu'il délivra les mobiles et la portée de sa pensée universaliste. La tâche de l'anthropologue, écrit-il, est « de traduire les principes du droit coutumier primitif dans nos institutions administratives modernes » car il n'existe « aucune rupture de continuité entre notre propre société et celle des peuples primitifs[42] ». On traitera plus bas du sens théorique de la prétention à l'universalité du droit, restons-en pour le moment au contexte de ce propos. Malinowski, et avec lui toute l'anthropologie fonctionnaliste, est animé par le désir de légitimer et de fabriquer la fusion du droit primitif dans le droit moderne, ce qui selon lui doit être l'un des buts de l'œuvre coloniale[43]. Cette vision a engendré, semble-t-il, la veine dominante de l'anthropologie juridique (*legal anthropology*) qui consiste à trouver en miroir chez les « autres » les phénomènes, principes et conceptions qui forment le droit et la pensée juridique dans les sociétés productrices d'anthropologues. Cette injonction d'analogie, qui va du civilisé au primitif et, horizontalement chez les pluralistes, du juridique au social, a eu pour mobile initial, sinon pour raison théorique, une injonction juridictionnelle de la haute cour impériale britannique en 1919 « d'étudier et comprendre » les coutumes indigènes pour les mieux concilier avec les dispositions de « notre droit[44] ». Il est certes vain de confiner une pensée au cercle étroit de son origine. Il n'est pas moins hasardeux de perdre la mémoire de cette origine et de tenir pour vérité absolue une spéculation née d'un contexte précis.

Le pluralisme d'origine malinowskienne a historiquement – du moins est-ce ainsi que l'on peut l'envisager – permis de penser ensemble et dans une certaine mesure d'unifier tradition occidentale et conceptions des pays conquis ou colonisés. Dans cet effort de synthèse, on a soutenu l'équivalence de l'autre et de soi sous l'égide du droit, voire plus tard de la suprématie de l'autre sur soi, par culpabilité impériale ou épuisement. Retenons néanmoins deux éléments. D'abord, la gestion intellectuelle des peuples tenus pour autres a permis de renforcer, par la preuve par l'extrême, le cas-limite, les conceptions domestiques des sociétés impériales en les validant à titre universel. C'est ce que le passage par Malinowski a permis de faire. La seconde dimension est l'effet de la première. Comment se fait-il que les revendications autochtones soient astreintes à un registre juridique d'expression au risque de transfigurer les conceptions autochtones elles-mêmes au nom desquelles elles sont formulées ? Pourquoi utiliser le langage du dominant, qui mutile

41 Malinowski : Crime and custom, p. 55.
42 Malinowski : Introduction, p. xxx.
43 Malinowski : The rationalization of anthropology and administration.
44 Assier-Andrieu : L'autorité du passé, pp. 168–186.

ou anéantit le vernaculaire indigène? Ici, nous touchons les modalités d'obtention de « l'aveu indigène », c'est-à-dire les mécanismes incitatifs du consentement des dominés à leur propre domination qui consiste en l'adoption du registre juridique pour la formulation de revendications forcément insatisfaites puisque la première d'entre elles – qu'il en soit fait comme avant le contact impérial – ne peut être satisfaite. Au-delà, et les scientifiques du pluralisme ont pu y contribuer *nolens volens*, le processus se parfait quand les concepts juridiques de l'Occident apparaissent dotés de la force culturelle de concepts autochtones, par la vertu de l'universalisme juridique. Comme l'écrit Mebenga de l'enseignement du droit en Afrique, « [d]ans le monde universitaire, nombre d'enseignants restent encore séduits par la tentation de l'Occident [...] et inaptes à procéder à une décolonisation mentale[45] ». Par delà les transferts ou transplants de droits, l'indigénisation de concepts allogènes, et par conséquent l'oblitération des conceptions indigènes elles-mêmes, boucle le cycle colonial au point d'en freiner une étude que l'on ne saurait abandonner aux seules émotions moralisantes.

II – L'arc des culturalismes

Le pluralisme juridique, malgré son ouverture ontologique aux sciences sociales, ne trouve guère de terrain empirique qu'en tant que « pluralisme normatif », c'est-à-dire le domaine entier de la sociologie, même s'il semble s'être « restreint » à être l'un des grands courants des *socio-legal studies*, avec quelques incursions dans le domaine du droit comparé de la globalisation, à qui il fournit un modèle universalisant. A peu près contemporain dans l'histoire récente des sciences du droit, le concept de « culture juridique » embrasse un ensemble indéfini d'intelligences qui ne se trouvent pas fédérées, comme c'est le cas avec le pluralisme, par un organe tel que le *Journal of Legal Pluralism*. Comme l'écrit Sally Falk Moore, parmi de nombreux auteurs, la culture est « simplement un label apposé sur des coutumes durables, des idées, des valeurs, des habitudes et des pratiques[46] ». Nous n'entrerons que modérément dans l'histoire du concept de culture[47] pour aborder d'emblée l'idée de « culture juridique » qui oppose à l'influence décroissante du pluralisme un caractère fédérateur et authentiquement transdisciplinaire, malgré ou à cause des contours flous de sa composition[48]. Fixons les idées avant d'en débattre.

45 Mebenga : Le droit et ses pratiques, p. 74.

46 Moore : Certainties undone, p. 347.

47 On se reportera à la thèse de Philippe Bénéton : Histoires de mots, et à l'ouvrage de Denys Cuche : La notion de culture.

48 Le Dictionnaire de la culture juridique, dirigé par S. Rials et D. Alland, ne comporte pas d'entrée « culture juridique ».

La notion de culture possède à mon sens quatre propriétés majeures : *elle revendique une série de valeurs collectives déclinées en ordre hiérarchique et constitutives d'une idéologie ; elle valorise la transmission de ces valeurs ; elle sert de repère à l'identification d'un groupe social, qui partage les mêmes représentations, pour ses membres et envers les autres ; enfin elle se dote des moyens de demeurer relativement inaccessible à la transformation par acte conscient de volonté.* On confond parfois culture et tradition en prenant la partie, la transmission, pour le tout. Nous y reviendrons. L'idée a une histoire longue, qui croise le monde du droit, et une histoire courte, qui s'y résout. Dans ces deux histoires l'élément holiste l'emporte sur l'élément individualiste, jusqu'à même souvent n'appréhender l'être humain que comme le véhicule ou le témoin de la culture à laquelle il appartient. A l'autre extrémité, on trouve le butoir herdérien de cultures monades, singulières, irréductibles et récurrentes par essence[49]. Les hiérarchiser – comme on le fit en qualifiant certaines de « civilisations » et les autres de simples cultures – expose à l'ethnocentrisme. Les tenir pour universellement équivalentes – nulle d'entre elles ne saurait être « barbare » – expose au relativisme culturel.

Le concept de culture

Une définition large de la culture – définition canonique en sciences sociales – fut proposée en 1871 par Edward Burnett Tylor au début de sa *Primitive Culture*, une entreprise de synthèse de « la civilisation des tribus inférieures en relation à la civilisation des plus hautes nations ». Il la formule ainsi :

« La culture (...) prise dans son sens ethnographique le plus large est ce tout complexe qui inclut le savoir, la croyance, l'art, la morale, le droit, la coutume et tous les autres accomplissements et habitudes acquis par l'homme en tant que membre de la société[50] ».

Ainsi, sous cette acception, la culture englobe-t-elle la société et ses pratiques, ses représentations et ses mœurs, son droit et sa « coutume ». Nul sous-champ particulier n'est spécifié, en ces premiers temps de l'anthropologie scientifique, car l'important est de rendre compte par tous moyens de la nature sociale du genre humain et de ses évolutions, de son unité et de ses différentiations. De nos jours, le terme de culture s'applique à une infinité de particularismes, réels ou souhaités, de la culture d'entreprise aux cultures policières et urbaines, mais il reste

49 La philosophie de Johann Gottfried Herder mériterait de longs développements pour avoir posé les fondements mêmes de l'anthropologie culturelle. On peut se reporter à son texte majeur Une autre philosophie de l'histoire, et à la biographie intellectuelle de Pénisson : J. G. Herder. La raison dans les peuples.

50 Tylor : Primitive culture, p. 1.

empreint, souvent de façon diffuse, de sa connotation de singularité et d'indisponibilité, d'identité et de tradition.

Héritière de Herder, c'est sans doute l'École historique allemande, avec la philologie de Jakob Grimm et plus assurément l'historicisme juridique de Friedrich Carl von Savigny, qui semble avoir semé le grain moissonné plus tard par les anthropologues, même si le vocable « culture » est pour l'instant absent du vocabulaire. Savigny emploie le terme de « conscience commune du peuple » et inscrit dès l'origine sa pensée dans la recherche d'une phylogenèse du droit[51]. Écoutons-le, en 1814 :

« [L]e droit civil présente un caractère déterminé propre à chaque peuple, comme le sont sa langue, ses mœurs, sa constitution. A vrai dire, ces phénomènes n'ont pas d'existence à part ; ce ne sont que les diverses forces et activités du peuple considéré (...). Avec l'essor de la civilisation (...) toutes les activités du peuple se différencient toujours davantage, et ce qui était d'ordinaire l'affaire de tous échoit maintenant à des ordres distincts. C'est comme un ordre à part qu'apparaissent dès lors les juristes (...). [D]e même qu'auparavant le droit subsistait dans la conscience du peuple tout entier, de même il devient maintenant l'affaire de la conscience des juristes (...). » Dès lors, le droit mène une « double vie » : « d'une part, comme partie de la totalité de la vie d'un peuple – ce qu'il ne cesse pas d'être – d'autre part, comme science spécifique entre les mains des juristes[52]. »

Savigny décrit l'évolution qu'il connaît le mieux, celle de l'Europe occidentale, mais il propose une épure de valeur universelle. Si, à l'origine, le droit fait partie, comme la langue etc., de la « conscience commune du peuple » et qu'il en soit « le propre », c'est-à-dire une faculté qui le distingue des autres peuples, il devient clair qu'à la diversité des langues peut correspondre une diversité des droits dont l'occurrence est, comme celle du langage, universelle. Ensuite – une idée diversement interprétée depuis lors – Savigny nous parle du passage d'un état où toutes les fonctions sociales sont contenues dans la « conscience commune » à un état où ces fonctions deviennent *spécifiées* et des spécialistes affectés pour y veiller. C'est ainsi qu'apparaissent les juristes, artisans de ce que Savigny nomme le « *droit technique* », un droit écrit, formel, institutionnel. Mais, précise-t-il, le droit n'est jamais uniquement affaire de spécialistes, il n'est jamais uniquement technique. Cet autre droit, qui survit dans la conscience commune, cohabite avec le droit technique comme « *droit politique* » et il lui est même supérieur car « moins artificiel » et partie intégrante de l'identité populaire.

Nous avons donc trois éléments majeurs dans l'héritage de Savigny, qui établit ce qui deviendra l'idée de culture. Il y a d'abord l'idée de fusion originelle dans la

51 Voir sur la philosophie de Savigny : Jouanjan : Une histoire de la pensée juridique allemande, pp. 26–33.

52 Savigny : De la vocation de notre temps, pp. 53–56.

culture des éléments qui en forment les attributs[53]. Ensuite celle d'une spécification de l'attribut juridique, d'un détachement relatif de la matrice originelle. La troisième idée intéresse enfin la relation du droit spécifié avec le droit d'origine, inscrit dans la conscience commune et qui, avec elle, poursuit sa course. Ici, Savigny installe une distinction de valeur : le « droit technique », déconnecté du bain d'origine, est empreint d'artificialité tandis que le « droit politique » procède, lui, de l'identité profonde et authentique du peuple considéré.

Certes, la pensée de Savigny est tributaire du romantisme qui l'a inspirée, du moins pour ce texte de 1814, au reflux de l'influence française et dans le contexte de l'affirmation des valeurs germaniques[54]. Mais on ne peut en négliger la considérable portée, même si, comme il en va parfois en sciences humaines, les dettes intellectuelles ne sont que rarement retracées et acquittées[55]. Le premier point, l'indifférenciation, établit l'universalité anthropologique du droit comme phénomène de culture, c'est-à-dire comme propriété de toute communauté humaine, plus d'un siècle avant que Malinowski ne manifeste sa théorie de l'équivalence analogique suscitée, comme on l'a vu, par un événement juridictionnel, donc « technique », britannique. Avec la deuxième idée, la spécification, nous quittons le territoire toujours mouvant des origines – que nos contemporains répugnent à évoquer par crainte d'essentialisme – pour une phase proprement historique. Les processus de sécularisation des normes procèdent (la catégorie religieuse étant élastique) du passage du religieux au juridique et concernent, mieux qu'un mythique moment fondateur de partition, les multiples transitions du divin au temporel voire, comme il en va de certains pays islamiques, de redivinisation de la norme de droit[56]. Enfin, quelle est la portée de la coexistence du « droit politique » et du « droit technique », et de l'ascendant du premier sur le second ? Il y a là, semble-t-il, le ressort ou tout au moins le prélude de la démarche sociologique qui loge la vérité du droit dans le « droit vivant » ou dans « l'expérience juridique », un droit détaché de ses visages institutionnels[57]. C'est l'antécédent, bien sûr aussi, de la démarche de Lawrence Friedman dite de la *gap research* (recherche sur le décalage) où le chercheur étudie la différence qu'il existe entre « le droit dans les textes » et « le droit dans la

53 On trouve dans trop peu de travaux sur l'Europe occidentale l'étude des concepts globaux que la modernité a démantelés en diverses spécialités. Il en va ainsi du concept médiéval de « beauté » ou d'« art » qui intéresse la quête de perfection dans toute activité physique ou intellectuelle de l'artiste, de l'artisan et bien sûr du juriste ; voir Dedek : The splendour of form, p. 365.

54 Voir notamment, outre Jouanjan : Une histoire de la pensée juridique allemande, Engel-Janossi : The growth of German historicism.

55 Pour une approche originale de la part « cosmopolite » de la pensée de Savigny, voir Dedek : When law became cultivated.

56 Voir pour l'Indonésie, Utriza : La transformation du droit musulman.

57 Gurvitch : L'expérience juridique ; Travers : Understanding law and society, pp. 33–36.

réalité des rapports sociaux », une thématique, nous y reviendrons, qui anime une grande partie des usagers du concept de « culture juridique[58] ».

Si la cohérence des problématiques de la « culture juridique » trouve sa plénitude dans la pensée de Savigny, relancée et généralisée par Tylor, la fortune du concept semble au moins en partie tenir à une certaine lassitude des chercheurs envers le droit comparé classique, avec le désir d'en renouveler les protocoles au risque d'en oublier jusqu'au nom. On examinera succinctement ci-après certaines reformulations, délibérées ou pas, des concepts savigniens touchant à l'identité juridique avant d'envisager le modèle de Friedman proprement dit pour ensuite évoquer l'emploi du concept de culture juridique par le droit comparé, notamment par le constitutionnalisme, avec pour effet de réaffirmer le contenu holiste de cette idée travaillée par les assauts d'un individualisme qui semble culminer, en droit pénal, avec la montée en puissance de l' « excuse culturelle ».

Sensibilités juridiques et conscience juridique classique

Quand, en 1981, l'anthropologue Clifford Geertz fut invité à prononcer les Storrs Lectures à Yale Law School, le premier non juriste à avoir eu, semble-t-il, cet honneur, il s'attacha à évoquer les conceptions juridiques que lui avait fait fréquenter son parcours d'anthropologue : le *haqq* islamique, le *dharma* indien et le *adat* malaisien[59]. Pour cet « anti-anti-relativiste », persuadé que « rares sont les conceptions qui échappent à la culture[60] », ce fut un défi que d'entreprendre une théorie de la comparaison des « traditions juridiques ». C'est, nous dit-il, par l'idée de « sensibilité juridique » (*legal sensibility*) qu'il est possible d'accéder à ce « sens déterminé de la justice » qui autorise de « parler des fondements culturels du droit de façon comparative[61] ». Il s'appuie sur une phénoménologie et règle par là (pour lui) le problème de l'universel et du relatif : une sensibilité juridique est une manière de « représenter des événements sous une forme justiciable » et le droit n'est dès lors qu'une « façon distinctive d'imaginer le réel[62] ». Ainsi, pour le fondateur de l'anthropologie interprétative, le droit est avant tout imagination, représentation, idéologie, mais il prend une forme « historiquement tenace ». Les sensibilités juridiques ne se laissent pas aisément altérer car elles possèdent un enracinement

58 C'est, semble-t-il, Roscoe Pound qui, parallèlement au mouvement allemand du Droit libre, a formulé le premier cet agenda scientifique (Pound : Law in books and law in action). Sur la gap research de Friedman, voir Garth : Law and society, p. 33.

59 Geertz : Fact and law in comparative perspective.

60 Geertz : Available light, p. 51.

61 Geertz : Fact and law in comparative perspective, p. 175.

62 Id., p. 184.

local: « le droit est un savoir local, pas un principe sans territoire[63] ». C'est dans le détail des sensibilités territorialisées qu'il observe au Maroc, à Bali et à Java, et qu'il nous livre, que l'on peut interroger le véritable sens de la comparaison. Nous prendrons appui, pour ce faire, sur le célèbre principe de méthode énoncé par Franz Boas, digne héritier de l'école géographique allemande: « Nous devons veiller à ce que la comparaison soit réservée à ceux-là des phénomènes dont on aura prouvé qu'ils sont les effets des mêmes causes[64] ».

L'effet juridictionnel existe dans les trois cultures concernées, auxquelles il faut ajouter la culture juridique américaine qui sert de référence implicite à Geertz – aurait-il choisi de se focaliser sur le judiciaire s'il provenait d'une culture civiliste? Mais cet effet dérive-t-il partout du même ordre de causes? Le droit américain sacralise le juge mais le juge est un laïc, pas un clerc, et la norme est légale, pas divine. Le concept d'*adat*, à Java, est « un pot-pourri de règles vernaculaires pour la plupart non écrites » que les juristes coloniaux ont rationalisé (*adatrecht*) à partir d'usages villageois pour faire place à une tradition consensuelle de règlement des différends, à grands coups d'échanges de proverbes et selon l'étiquette[65]. Le droit est donc, sous ce jour, une version populaire de la distinction du vice et de la vertu, déclinée selon le rang de chacun dans la hiérarchie sociale, et cette version populaire est relue et canalisée par effort colonial de rationalisation. Le concept indien et bouddhiste de *dharma* participe d'une « doctrine cosmique du devoir par laquelle chaque sorte d'être dans l'univers (...) possède (...) une éthique à accomplir et une nature à exprimer – les deux étant indifférenciées[66] ». Dans la « sensibilité juridique indienne », « le droit subjectif et l'obligation sont vus comme dépendants de la position dans l'ordre social et la position dans l'ordre social est définie par la transcendance[67] ». Si droit et statut découlent de l'ordre cosmique, quel est l'espace intellectuel ouvert à une « sensibilité » collective qui fusse proprement juridique? Écartée par Geertz dans son évocation de l'*adat*, la dimension islamique recouvre en revanche sa lecture du concept de *haqq*, tel qu'il l'a rencontré au Maroc. Le terme est l'un des noms du divin et il est hautement polysémique: réalité, vérité, justice, droit, devoir. C'est une conception par laquelle « le normatif et le véritable sont ontologiquement indissociables[68] », ce qui explique que le parjure soit avant tout un sacrilège que punit la damnation. Au-delà, notamment par l'institution de la preuve testimoniale normative *par elle-même*, la culture du *haqq* s'est attachée

63 Ibid., p. 208.
64 Boas: Limitations, p. 904.
65 Geertz: Fact and law in comparative perspective, pp. 208–212.
66 Id., p. 196.
67 Ibid., p. 197.
68 Ibid., p. 192.

à confondre le droit et le fait tandis que « la tradition occidentale » a fait le chemin inverse dans le sens d'une séparation rigoureuse.[69]

Avec ces trois exemples, et ce texte de Geertz qui a fait à sa manière jurisprudence (en devenant l'un des textes classiques de l'anthropologie juridique), nous avons affaire à un concept sécularisé par l'action des colonisateurs (*adat*) et deux concepts dépourvus de sécularité (*dharma* et *haqq*). On ne discutera pas ici de la pertinence de ces choix et de la teneur réelle des concepts dans les cultures concernées, que l'anthropologue semble tenir à l'écart du mouvement historique. Voyons-en la signification pour la comparaison revendiquée entre des cultures nommées « sensibilités ». Sommes-nous dans une situation analogue à celle que nous avons vue avec le « pluralisme juridique », une situation où la qualification de « juridiques » des sensibilités culturelles en question s'avèrerait dépourvue d'autre sens que celui, trop traditionnel en anthropologie, de faire ressortir des différences par effet d'exotisme ? Présente en toile de fond dans la démonstration, la conception occidentale ou américaine du droit n'est-elle pas l'axe unique autour duquel pivotent les éléments de la comparaison dont la valeur est en proportion de l'éloignement ? Geertz prévient la critique en minorant l'importance de « la question de savoir si les styles de jugement qui s'articulent sur les *Anschauungen* projetés par *haqq*, *dharma* et *adat* peuvent être ou non proprement qualifiés de « juridiques[70] ». Mais la critique s'impose, pour prévenir à son tour la confusion. L'ambition comparative traverse les sciences sociales et les sciences du droit. Comment se priver d'une démarche aussi précieuse que celle d'étudier, comme nous y incitait Savigny, la spécification ou non du juridique à partir de cosmogonies réputées fondatrices ou de croyances dans les vertus transcendantales de la norme divine ? C'est d'un concept ferme de ce qui est juridique et de ce qui ne l'est que par assignation d'identité, coloniale, post-coloniale ou académique, que peuvent se nourrir les approches comparatives, non pas de digressions métaphoriques qui célèbrent l'empire du droit à défaut de l'étudier.

Dans la ligne de la pensée savignienne, même si le maître allemand ne figure pas explicitement dans son texte, on doit évoquer pour son approche du « droit technique », la vision de Duncan Kennedy de « la pensée juridique classique[71] ». Pourquoi l'associer à Savigny ? Parce que l'animateur fondateur des *Critical Legal Studies* fait appel à l'idée de « conscience juridique » (*legal consciousness*) pour structurer son propos. La « pensée juridique » selon Kennedy est celle d'une « élite juridique d'auteurs de traités, de leaders du barreau et de juges de la Cour suprême », les trois agissant, c'est implicite, aux États-Unis. Cette pensée est unifiée en ce qu'elle « transcende les querelles d'écoles » et qu'elle « s'allie à la science

69 Ibid., p. 195.
70 Ibid., pp. 214–215.
71 Kennedy : The rise and fall.

contre les clivages philosophiques et ceux de la politique[72] ». La « conscience juridique » est la source et la structure sous-jacente de cette pensée, démultipliée en sous-systèmes porteurs de sens. On négligera ici le schéma structuraliste auquel s'attache Kennedy pour prêter attention au couteau sémantique du « tout social » en cause. Il s'agit d'une « entité dotée d'une certaine autonomie (...) et d'une série de concepts et d'aspirations intellectuelles, qui évolue selon un mode propre et exerce une influence (...) distincte de celles qu'exercent le pouvoir politique et l'intérêt économique[73] ».

Le groupe considéré, l'élite nationale du monde du droit, est ainsi crédité de la faculté d'incarner le droit, jusqu'à même partager non seulement une conscience commune mais un inconscient commun : « Ils peuvent partager les attributs des aspects majeurs de l'ordre juridique, des aspects si fondamentaux qu'ils ne viennent jamais ou rarement consciemment à l'esprit des acteurs[74] ». Nous sommes sur le terrain du droit savant incarné par une caste de spécialistes, mais ceux-ci, détachés de l'intérêt économique et du pouvoir politique, sont crédités d'une faculté de produire ou de receler la culture juridique analogue à celle dont Savigny créditait « le peuple » dans son modèle d'ensemble. Séparée de la genèse de ses contenus – le structuralisme s'intéresse structurellement peu à la genèse des idées – la « conscience » exprimée par les spécialistes, délégués pour assumer la fonction juridique dans le corps social, constitue, par l'effet de cette délégation, une forme holiste de gestion communautaire de symboles et de normes qui ne deviennent individuels que par leur concrétisation pour régler le sort de tel ou tel justiciable. Certes, pour Kennedy, les significations portées par la structure subissent des inflexions dans le temps – la pensée « classique » n'est que d'une époque – mais la structure existe bien en tant que telle au sein de la conscience comme l'agent de « la médiation des contradictions de l'expérience[75] », une façon de neutraliser l'idée de progrès et la dynamique de l'histoire, et d'affirmer cette puissance extra-temporelle qui s'attache, pour nous, à la culture.

Sociologie de la culture juridique : le manifeste de Friedman

C'est dans l'œuvre de Lawrence Friedman que le concept de « culture juridique » devient résolument moderne et acquiert les vertus (et les défauts) d'un concept dominant au point d'être revendiqué dans un nombre considérable de travaux sur les

72 Id., p. 7.
73 Ibid., p. 8.
74 Ibid., p. 11.
75 Ibid., p. 34.

rapports droit-société depuis sa naissance, semble-t-il en 1969 avec « *Legal Culture and Social Development*[76] ».

Ce texte fondateur, délibérément dépouillé de toute référence à des autorités antérieures, se présente comme un manifeste qui entend d'abord sortir le comparatisme des ornières du droit comparé – jusqu'à ce que ce dernier n'adopte à son tour le concept, comme on le verra, pour lui conférer une puissance inédite. Pourquoi attaquer le droit comparé ? Parce que, réitèrera Friedman dans plusieurs textes, il conforte l'État-nation en le prenant comme terme unique de la comparaison[77] et ensuite parce qu'il fonde ses typologies de « systèmes juridiques » ou de « familles de droits » sur « l'agrégation arbitraire » de traits saillants empruntés à l'univers du seul droit positif[78]. Il faut installer, pense-t-il, la sociologie au cœur de l'agenda scientifique. Friedman s'acquitte de la tâche en créant d'abord un espace jusqu'alors négligé par les facultés de droit et qu'il nomme la dimension « culturelle » du droit. Celui-ci a donc trois composantes : une composante structurelle (les institutions), une composante substantive ou positive (les lois, les décisions et les doctrines) et une composante culturelle faite des « valeurs et attitudes qui lient le système et qui déterminent la place du système dans la culture de la société dans son ensemble[79] ». Il faut permettre de distinguer « les aspects vitaux et vivants d'un système juridique » de ses aspects « fossiles[80] ».

Le champ d'investigation ainsi ouvert – plutôt en marge qu'au cœur du champ juridique, mais c'est ici une vertu que d'anoblir la marge – touchera toutes les manifestations et réactions des individus et des groupes à l'égard du droit. Au fil de sa plume, Friedman affine le concept en subdivisant les « idées, attitudes, valeurs et croyances que les gens ont à l'égard du système juridique » en une culture « interne », celle des juristes, et une culture « externe », celle des profanes ou *lay people*[81]. On retrouve la bipartition de la culture juridique que nous avons aperçue chez Savigny, mais sans la dimension véritablement *créatrice* de la « conscience du peuple ». Les études de sociologie juridique, judiciaire, administrative, politique etc., vont s'attacher à décrire cet espace de vie juridique adossé au droit positif tout en s'en voulant affranchi. Mais le choix de ne pas intégrer le droit positif et théorique ou doctrinal dans l'objet va rendre la problématique singulièrement dépendante de lui et handicaper le projet comparatiste. Quand la science politique friedmanienne tente par exemple en 1996 de comparer les cultures juridiques européennes, elle prend appui sur un large « syndrome » de valeurs telles que « l'appréciation que l'on accorde à la liberté individuelle », « le soutien accordé par

76 Friedman : Legal culture and social development.
77 Id., p. 32.
78 Ibid., p. 36.
79 Ibid., p. 34.
80 Ibid., p. 36.
81 Friedman : The Legal System, p. 233.

chacun à l'État de droit » et « la perception qu'a chacun de la règle de droit[82] ». Que sont ces références sinon les attendus du sens commun de la culture juridique américaine ainsi apposée par a priori sur les cultures d'Europe dont on postule qu'elles diffèrent les unes des autres – sinon pourquoi comparer ? – tout en supposant que ces valeurs sont pertinentes ? Chez Friedman et ses continuateurs, comme l'a souligné Roger Cotterrell, « il n'y a pas à strictement parler de culture juridique, mais seulement de la culture envisagée selon un point de vue juridiquement valable pour l'observateur[83] ». Toutes les sociologies du droit ont certes vu leurs forces et leur dynamisme décuplés par le modèle de Friedman. Il faut néanmoins relever qu'à défaut de prendre en compte la part artisanale de « la lettre noire du droit », sa faculté d'absorber l'histoire et de lire la société – ce que Savigny réussissait à faire via l'idée de « droit politique » – et à cause de la réduction du droit à cette image tronquée, cette voie sociologique d'étude de la culture juridique ne permet pas plus de repenser le concept de droit que n'y parvient le concept de pluralisme juridique. Le contrecoup de cette négligence est de subir l'influence de ce droit que les rapports sociaux étudiés par le sociologue sont censés éclairer d'une lumière crue.

Dans un texte récent[84], Friedman associe l'avènement de ce qu'il appelle « l'individualisme expressif » – c'est-à-dire de l'individualisme philosophiquement absolu de l'humain autofondé et libre de toutes attaches sociales – à l'émergence d'une « culture des droits de l'homme[85] ». On en a traité ailleurs[86]. Notons toutefois l'emploi de nouveau problématique de l'idée de culture. Le bât blesse en raison du parti pris idéologique du propos. L'universalisme de la notion moderne des droits subjectifs de l'individu porte atteinte, comme le note Friedman mais sans en tirer les conclusions[87], à toutes les cultures autres que cette « culture » surplombante. Tous les « collectifs sociaux » sont fondamentalement niés ou dénoncés comme des entraves à l'épanouissement du moi. Friedman, grand intellectuel du droit, semble négliger le fait, déjà évoqué ici, que même l'individualisme le plus exacerbé nécessite des formes holistes pour exister. Faute d'en accepter le principe on s'expose à soumettre la recherche aux effets d'une idéologie, fût-elle aussi généreuse que l'est celle des droits de l'homme.

82 Gibson/Caldeira: The legal cultures of Europe, p. 56.
83 Cotterrell: The concept of legal culture, p. 26.
84 Friedman: The human rights culture.
85 Id., pp. 47–53.
86 Assier-Andrieu: Le crépuscule des cultures, p. 82.
87 Friedman: The human rights culture, p. 48.

Multiculturalisme et «valeurs essentielles»

Infanticides rituels, crimes d'honneur, mariages forcés, polygamie, excision (clitoridectomie), violences faites aux femmes … autant de pratiques réprouvées par la loi occidentale (ou par sa version mondialisée des droits de l'homme) mais justifiables, aux yeux d'une certaine doctrine, en raison des appartenances culturelles de leurs auteurs[88]. Les études de «défense culturelle» (*cultural defense*) se multiplient depuis deux ou trois décennies, un peu comme une manière propre aux juristes criminalistes de croiser la problématique culturelle[89]. Généralement, cette problématique trouve à s'exprimer comme l'un des aspects des phénomènes migratoires lorsque le droit pénal du pays d'accueil, en Europe et en Amérique du nord, réprime des actions concevables, acceptables ou recommandées dans ce que l'on postule comme étant «la culture» d'origine de la personne qui a commis une action déterminée. Dans une doctrine judiciaire ou «barrelière» relayée par les théorisations doctrinales des criminalistes, la culture du migrant (cela s'entend de migrations plus ou moins récentes et des générations issues de la migration), pour ce qu'elle enjoint la personne d'agir, constitue une légitimation de l'action et donc une raison d'atténuer sa responsabilité au regard du droit du pays d'accueil, d'où l'idée d'excuse culturelle.

On ne reprendra pas la problématique dans son ensemble mais seulement quelques aspects qui intéressent une évolution particulière du concept de culture juridique. Qu'une excision (clitoridectomie) soit effectuée sur une enfant par déférence à la coutume originaire ou que soient visés des médias ou des journalistes qui auraient manqué de respect au prophète Mahomet, nous touchons ici un point de friction systémique entre des univers de représentations qui, outre le pénal – toujours spectaculaire et emblématique –, atteint un ensemble de valeurs et de pratiques différenciées qui se crispent de façon critique au contact les unes des autres, comme des injonctions contradictoires. L'attitude condamnable est, dans le code opposé, une attitude souhaitable, et réciproquement. La conciliation des normes se fera, dira-t-on, sur le terrain réputé universel des droits humains mais cette universalité même sera discréditée au nom de telle ou telle culture comme constituant une manœuvre occidentale[90].

88 Voir pro Foblets/Renteln: Multicultural jurisprudence, et contra Fournier: Courtiser Dieu, pp. 167–193

89 Pour un aperçu de l'extension politique et surtout idéologique de la problématique multiculturaliste de la «défense culturelle» aux Etats-Unis, voir Renteln: The Cultural Defense.

90 Pour une discussion du caractère occidental de l'universalisme, voir Baxi: The future of human rights, pp. 187–233.

En France, par exemple, les mariages forcés sont tenus pour « des atteintes aux libertés civiques que ni la tradition ni la coutume ne sauraient justifier[91] ». Malgré ses politiques publiques d'« accommodements raisonnables », le Canada officiellement multiculturaliste est engagé jusque dans sa juridiction suprême à « une recherche d'équilibre potentiellement clivante sur le plan politique » entre « confiance publique » et reconnaissance des « différences ethniques, religieuses ou culturelles[92] ». Les discours savants deviennent aussi pratiques que les discours politiques ou confessionnels pour penser l'élaboration disparate de ce que Will Kymlicka avait appelé « une citoyenneté fondée sur l'appartenance différenciée à un groupe » (*group-differentiated citizenship*)[93]. Or le concept démocratique moderne de citoyenneté suppose, et c'est flagrant en France, l'abandon des appartenances autres que celle, souveraine, de l'individu à la nation ou à l'État. En la matière, les analyses sont souvent portées à une incandescence fort peu sereine ou, plus prosaïquement, elles ornent de rhétorique des préjugés antagonistes au nom de cultures divergentes.

Certains criminalistes ont élaboré, à partir de la pratique des tribunaux, une doctrine du « diktat culturel » (*cultural dictation*) en vertu de laquelle l'individu est privé de la faculté de choisir dès lors qu'une impérieuse leçon de sa culture lui impose obéissance[94]. En somme, nous aurions affaire à un véritable déterminisme de la culture qui anéantirait jusqu'à la notion d'individu libre et celle de citoyen souverain. A l'autre extrémité du curseur, on voit évoluer les politiques d'immigration des pays d'accueil, notamment en Europe, dans le sens de la prise en compte de ce que l'immigration n'est désormais que secondairement fondée sur le lien singulier du migrant au travail et s'accomplit beaucoup plus dans le cadre du groupe, familial, ethnique ou religieux. Comme le dit Liav Orgad à propos de l'Union Européenne, « l'écart entre les valeurs et les modes de vie des autochtones et des migrants devient difficile à réduire », et cet auteur va jusqu'à parler d'une « défense culturelle des nations » rendue nécessaire pour promouvoir l'idée de libre arbitre et de liberté contre l'affirmation du fondamentalisme[95].

Par delà la réification des cultures et des appartenances que provoque la mise en contact par migrations de leurs aspects les plus incompatibles, le territoire du débat se signale par la valorisation des « séparations ethniques » au détriment de « l'intelligibilité relative de la manière d'agir d'autrui » que Max Weber situait au

91 Propos d'une ministre en charge de la parité et voir Clark/Richards : The prevention and prohibition of forced marriages.

92 Voir, à propos notamment de l'arrêt Bruker c. Markovitz (2007), Dedek : Complexity of transnational sources, p. 17.

93 Kymlicka : Multicultural citizenship, p. 35.

94 Torry : Multicultural jurisprudence, pp. 128–130.

95 Orgad : « Cultural defense » of nations, p. 722.

principe de toute appartenance commune[96]. La place demeure pour une approche culturaliste qui ne soit pas celle du déterminisme culturel de l'autochtone soucieux de maintenir ses « valeurs essentielles[97] » ou du migrant déterminé à suivre les siennes. Cette approche ne saurait être seulement la parole d'expert que profère l'ethnologue spécialiste de la société d'origine du prévenu dans les affaires d'infractions culturelles. Un espace existe, sur l'articulation même de la distinction des représentations autochtones, qui ne se résument pas à l'abstractionnisme des droits de l'homme mais comprennent des formes holistes comme la nation ou la communauté des nations, le pays ou la communauté locale, et des représentations des migrants, de plus en plus binationaux, qui dans le cas des musulmans peuvent en appeler à ce holisme majeur que constitue la communauté des croyants. D'un côté, les autochtones, il existe la place d'une redécouverte des dimensions holistes de la culture, lesquelles ne sont pas dépourvues de mécanismes d'accueil, et de l'autre, les migrants ou issus de migrants, il existe la place d'une individualisation plus marquée des références pouvant conduire à l'adoption même des formes holistes de la société d'accueil, une fois celles-ci réinventées.

Comparer les cultures

On ne saurait refaire l'histoire du droit comparé, depuis l'œuvre active de législation comparée jusqu'à l'activisme pacifique pour l'unification juridique du monde et jusqu'à, plus récemment, l'émergence d'une discipline scientifique plus proche des contextes et donc des lectures sociologiques[98]. La perspective comparative, que nous ne cessons de croiser au fil des approches de la culture, est indissociable de toute ambition d'envergure en sciences de la société. Le droit comparé semble s'être renouvelé en substituant l'idée de culture à celles, « fatiguées » de « système juridique » ou de « familles de droits », ce qui ne veut pas dire qu'il n'y ait d'important que ce qui se rapporte à ce renouvellement[99]. Le souci que nous allons à présent évoquer est celui de la relativité. Selon Raduca Bercea, le souci de relativité « semble bien devoir constituer l'un des piliers de l'entendement adéquat à la complexité d'une démarche comparative qui représente/interprète à la fois[100] ». L'idée de culture s'impose à la pente relativiste et, comme l'écrit Pierre Legrand, « un droit s'inscrit inéluctablement en une culture juridique (...). Il est prescrit par

96 Weber: Économie et société, p. 418.

97 Conseil d'État (France), 27 juin 2008, cité par Orgad: « Cultural defense » of nations, p. 726.

98 On se reportera sur cette évolution à Örücü: Comparative law.

99 Sur l'épuisement des anciennes catégories et la nécessité de leur substituer celle de culture, voir Nelken: Defining and using the concept of legal culture.

100 Bercea: Toute comparaison des droits est une fiction, p. 65.

elle[101] ». Ce renouvellement ne fait pas pour autant réapparaître les très réifiantes (et idéales) typologies cartographiques. Tout au contraire, une sensibilité aiguë aux convergences issues de la globalisation – qu'elles soient réelles ou idéalisées – semble précipiter les chercheurs vers les dimensions sociologiques et anthropologiques de cultures juridiques détachées du seul prisme stato-national pour envisager naissances, résistances et transformations de ce que William Twining appelle les « contextes d'interlégalité » et les « arrangements subglobaux[102] ». Certains affirment même que « l'approche anthropologique (...) est la démarche essentielle pour entreprendre le développement d'un programme général de droit comparé au niveau mondial[103] ». Deux dimensions semblent particulièrement notables parmi les tendances plus ou moins récentes de cette discipline d'ouverture : la confrontation entre holisme et individualisme et l'affirmation du contenu holiste de la culture, notamment dans le contexte de l'Union Européenne.

La première dimension met en exergue, par-delà la classique distinction et opposition (exagérée) entre droits de *Common Law* et droits civilistes, la spécificité du droit occidental qui paraît unifier territoires et pratiques sous l'égide de traits culturels communs, au premier chef desquels figurent le rationalisme et l'esprit de système. La démarcation culturelle entre l'Occident et ce qui n'est pas l'Occident (une démarcation sur laquelle nous reviendrons) ressort clairement de la pensée de Mark Van Hoecke, par exemple, qui se saisit volontiers des métaconceptions de l'ordre juridique en abordant, depuis le droit comparé, des distinctions plus familières aux sociologues et aux anthropologues. Par opposition aux droits africains, réputés religieux « par essence », « les sociétés occidentales (...) ont complètement perdu tout lien entre le droit et les visions métaphysiques du monde qui ont pu l'englober[104] ». Au vrai, la sécularisation a permis d'abandonner l'enchâssement du juridique dans le religieux et c'est, pour Van Hoecke et Warrington, le christianisme qui a permis l'autonomisation historique du droit[105]. Quid de l'expansion géographique de cette conception ? La colonisation entre naturellement en ligne de compte mais elle n'est pas, comme trop souvent, le tout du raisonnement. « [L]e droit, pour les Européens, est avant tout un système, une forme de logique, une géométrie, un assemblage cohérent où tout peut être réduit en principes, en concepts et en catégories[106] ». C'est en outre, nous dit-on, son caractère rationnel qui a permis au droit occidental de s'imposer en tant que droit dans d'autres cultures « dépourvues d'un ensemble aussi développé de concepts juridiques, de principes

101 Legrand : Le droit comparé, pp. 5–6, voir aussi p. 125 : « la comparaison des droits sera CULTURELLE ou ne sera pas ».
102 Twining : General jurisprudence, pp. 69–71.
103 Van Hoecke/Warrington : Legal cultures, p. 502.
104 Van Hoecke : Family law transfers.
105 Van Hoecke/Warrington : Legal cultures, p. 503.
106 Id., pp. 504–505.

juridiques et d'institutions juridiques[107] ». Le terme de « culture juridique » sert ainsi d'habitacle à un processus différencié de maturation et de diffusion du droit occidental, et ce processus apparaît d'autant plus sommaire que l'on s'éloigne de ses complexes origines. La conscience de la relativité historique des cultures juridiques, et parmi celles-ci de cet « assemblage » gigantesque qu'est le droit occidental, d'extension planétaire, place le comparatiste devant l'ampleur et devant les limites de son objet, à l'abri de la tentation d'universaliser les conceptions occidentales par des généralisations – une méthode dont le droit comparé des « familles » et des « systèmes » n'était pas avare.

Considérons à présent comment le comparatisme culturel conduit à réinvestir de holisme les formes constitutionnelles.

Tandis qu'un sociologue comme Roger Cotterrell considère que la culture juridique ne peut être valablement étudiée que dans des terrains de petite taille comme les fameuses îles Trobriand de Malinowski[108], le droit comparé semble attiré par la culture juridique comme par un nouveau continent à défricher, sans être effrayé par la perspective métajuridique d'explorer la relativité du rationalisme ou les racines de l'individualisme. Traditionnellement une affaire de juristes privatistes, le droit comparé s'est doté d'une dimension publiciste et constitutionnaliste, peut-être en raison de la crise annoncée des États-nations, de l'affirmation des supra- ou des infra-nationalités et aussi en raison de l'augmentation par pression internationale du nombre d'Etats dotés de constitutions, ce qui ne manque pas de poser le problème de la compatibilité du constitutionnalisme avec telle ou telle culture locale ou stato-nationale. Les approches de publicistes sont des approches de juristes dont la vocation première est de penser les formes holistes que le droit confère aux collectivités humaines.

Pour Paul Kahn, l'État de droit est « une façon de comprendre l'unité de la communauté dans le temps et de chacun en tant que porteur de cette histoire[109] ». Lecteur de Geertz, il invoque le précédent anthropologique pour revendiquer une « discipline culturelle de l'étude du droit » lequel n'est au fond qu'une « collection de commentaires interprétatifs[110] ». Le trait saillant qui émane du culturalisme constitutionnel, ou de certains constitutionnalistes culturalistes, est la détermination relativiste, la façon de désacraliser l'objet culte des régimes démocratiques que représente la constitution. Ce trait semble émaner de l'appréhension de la globalisation sous son aspect de laboratoire d'un constitutionnalisme unique.

Pour Kahn, le rôle d'une constitution est « d'assujettir la politique aux normes

107 Van Hoecke : European legal cultures. Je remercie Mark Van Hoecke de m'avoir communiqué ce texte.

108 Cotterrell : The concept of legal culture, pp. 25–26.

109 Kahn : The cultural study of law, p. 6.

110 Id., p. 39 et p. 54.

supérieures de la raison[111] » mais ce phénomène n'est, pour lui, ni uniforme ni universel. L'exemple américain lui permet de repenser l'État de droit avant tout comme un objet de croyances et de production de sens. Avec l'abolition de la monarchie, le droit lui-même est devenu roi et l'État de droit une religion civique dont la Cour suprême serait l'abbatiale[112]. Divergent du prisme strictement nationaliste ethnocentrique, le modèle américain d'incarnation de la raison dans le droit n'est conçu que comme l'une des variations de l'entreprise, diversement accomplie, d'arraisonnement du politique. Par cet arraisonnement, lorsqu'il existe, l'État de droit acquiert une autorité supérieure au politique et à l'économique. Chez Kahn, cette distinction est le propre de l'Occident. D'autres États peuvent posséder des constitutions mais « elles peuvent ne pas servir le genre de fonction qu'assume la constitution en Occident[113] ». La culture constitutionnelle, telle que mise en œuvre par les cours constitutionnelles qui veillent à subordonner les intérêts au droit, serait donc une construction historique substantiellement relative. En revanche elle peut être imitée, mais ces imitations restent formelles et leur contenu s'amenuise à mesure que l'on s'éloigne de l'épicentre où le droit correspond à une vision rationnelle du monde. Kahn plaide ainsi pour un comparatisme limité, et surtout pas normatif, car « l'approche culturelle [du droit] est un antidote puissant à l'idéal libéral de gouvernance mondiale[114] ».

C'est à propos de l'Europe, lieu d'origine et de dépérissement annoncé du régime westphalien de l'État- nation, que certaines réflexions culturalistes s'attachent à chercher dans l'histoire la matière d'un « consensus moral » que le temps présent ne fournit pas ou ne fournit plus[115]. Dans une période de « souveraineté tardive » (*late sovereignty*), le *demos* particulier que les États-nations fournissaient à la démocratie doit repenser les critères de son unité[116].

Comme l'unité européenne a, par delà les textes, pour constitution le patrimoine de ses valeurs communes – liberté, démocratie, droits de l'homme, État de droit – pourquoi ne pas puiser dans l'histoire de la haute culture philosophique le moyen de mettre chair et sang sur le squelette bureaucratique de l'Union ? C'est le pas que franchit Ian Ward dans un texte célèbre où « l'au-delà du constitutionnalisme » est conçu comme la nécessité de faire revivre Érasme, Thomas More, Althusius ou Leibniz pour donner force normative à une vision de la *respublica christiana*, une vision qui, avant les Traités de Westphalie, avait permis de penser l'unité culturelle du sous-continent[117].

111 Kahn : Comparative constitutionalism, p. 2677.
112 Id.
113 Ibid., p. 2697.
114 Ibid., p. 2679.
115 Sur les rapports de l'Europe à la souveraineté, voir Rabkin : Law without nations ?, pp. 130–157.
116 Walker : The idea of constitutional pluralism, p. 346.
117 Ward : Beyond constitutionalism.

III – Décoloniser la pensée juridique

Les cheminements que l'on vient d'évoquer, très partiellement, sont les victimes plus ou moins conscientes de deux facteurs qui altèrent les dispositifs épistémologiques et handicapent la progression des connaissances. Le premier élément concerne la propriété irradiante de l'appareil doctrinal ou intellectuel du droit sur les démarches qui en entreprennent l'étude scientifique. Le second est celui de l'empreinte des conceptions juridiques occidentales sur l'ensemble des sociétés. Le premier intéresse un véritable impérialisme méthodologique (sans doute une des propriétés de l'autopoïèse) qui interdirait de penser autrement que conformément aux images du droit les réalités qui échappent à son empire – du moins si nous nous accordons sur le fait que le droit ne règle *jamais* la totalité des rapports sociaux. Le second problème peut être formulé comme celui de l'interculturalité : tout se passe comme si l'épicentre, le domaine où les curseurs analytiques, les critères d'appréciation et les paramètres de la comparaison, trouvent la plénitude de leurs acceptions, leur sens profond, était le droit occidental ; les cultures non occidentales se singularisant par des conceptions où, le plus souvent, au plus près des représentations, le droit est englobé par la religion ou par la cosmogonie et crédité par ce moyen de la faculté de régler *tous* les comportements.

L'impérialisme théorique semble, à y bien regarder, une conséquence pratique de l'impérialisme géographique et tous deux proviennent de l'histoire singulière d'un monde dont les catégories dominantes de la pensée et des modes transculturels d'organisation sont issus de l'histoire contingente de l'Europe, de son expansion démographique, territoriale et intellectuelle, de la faculté de sécréter chez les autres une sorte de nécessité d'imitation. Certes, il y eut le phénomène de la colonisation, essentiellement de la fin du XVe siècle au mitan du XXe, mais peut-on soumettre au seul prisme colonial ou post-colonial le rayonnement conceptuel et institutionnel de cette concrétisation particulière de la culture qu'est le droit d'origine occidentale ? Le présupposé universaliste qui anime la pensée scientifique est lui-même fondé sur un préjugé rationaliste qui possède une genèse, une évolution et des façons de s'imposer. L'une des conséquences de l'impérialisme universaliste est de considérer toute vision relative comme du relativisme, c'est-à-dire comme une justification de la barbarie du moment qu'elle est culturelle.

Nous savons que le principe d'universalité anthropologique du droit, dont on doit la « preuve » à Malinowski, est issu d'une volonté de « meilleure administration coloniale » de populations dont, dès lors, on répertoriait les « coutumes » ou les « droits coutumiers », ces merveilleuses inventions conceptuelles que les États européens ont expérimentées pour administrer leurs paysans avant d'en innerver les politiques impériales[118]. La contextualisation n'invalide pas les catégories fon-

118 Souvent cité comme l'un des classiques de l'anthropologie juridique le Handbook of Tswana

damentales de l'esprit et le droit en est une, objectera-t-on. Il est clair que toutes les sociétés possèdent des représentations de l'ordre social et des modes de gestion des désordres. Leur étude transculturelle appartient notamment à la communauté des *legal anthropologists* mais pourquoi donc s'attacher à nommer « droit » ces opérations et ainsi prendre le risque d'assujettir la description scientifique à l'agenda pratique du droit occidental ? Pourquoi surtout persister à se faire les agents de l'impérialisme méthodologique en nommant « droit », et en analysant par les moyens de cette conception du monde normé qu'est le droit théorique, des aspects de la culture qui, selon les peuples et selon les époques, ressortissent plutôt du politique, du religieux, du mythologique ou de l'économique, toutes catégories elles-mêmes dépendantes de leurs conditions historiques d'émergence en tant que « valeurs » et par conséquent tributaires des pensées qui les assument à titre scientifique ? On objectera ici que tous les concepts des sciences sociales (hormis les néologismes absolus) font usage de vocables dont aucun n'est neutre à l'origine et qui le deviennent par convention de scientificité. Mais, si les vocables ne sont pas neutres, ils n'appartiennent pas tous à un ordre tranchant comme le droit, cette « machinerie dotée de dents » comme l'a dit Llewellyn, qui ne tranche précisément qu'au moyen de mots.

Loin de vouloir jeter le bébé avec l'eau du bain en déclinant l'offre d'étude scientifique du droit, je voudrais rapidement proposer une approche, certes pas neuve ni originale, mais souvent victime des compartimentages de l'érudition et de la division sociale du travail scientifique. Il s'agit de suggérer à l'universalisme et à l'anti-culturalisme une sorte de moratoire informatif : un bénéfice d'inventaire destiné à pallier les aspects aporétiques de l'équivalence des normativités. L'occidentalisme, a écrit Maureen Cain, c'est « supposer la « mêmeté » des catégories fondamentales de la culture, de la pratique et des institutions[119] ». Comment en surmonter les effets sans auparavant en faire l'étude méthodique et systématique ? Or, l'occidentalisme juridique est à la fois dans la science et dans les faits, dans les représentations et dans les institutions. Le pluralisme et le culturalisme juridiques nous semblent par conséquent trop souvent des moyens de contourner l'obstacle, pas vraiment de le franchir. Si les apports du pluralisme normatif et de la comparaison des cultures sont considérables sur le plan des connaissances empiriques, certaines de ces démarches n'en négligent pas moins parfois de repenser ce qui les structure, ce point aveugle et toujours gênant que constitue la juridicité intrinsèque de propos dont le but affiché est de prendre la mesure relative du droit. Le

Law and Custom d'Isaac Schapera est par exemple au sens strict un manuel d'administration coloniale qui taille à la serpe dans les conceptions vernaculaires pour les forcer à rentrer dans le juridisme de l'observateur (Schapera : Handbook of Tswana law and custom). Sur la soumission au droit des paysanneries européennes on peut se reporter à certains de mes travaux comme Assier-Andrieu : Coutume savante et droit rustique, et Assier-Andrieu : Le peuple et la loi.

119 Cain : Orientalism, occidentalism and the sociology of crime, p. 239.

phénomène est accentué par la globalisation qui tend à substituer « la croyance [en ce] que les individus recherchent toujours le bénéfice individuel[120] » aux patientes élaborations holistes de cultures dont la diversité s'apparente de plus en plus à un contresens historique. En acceptant la détermination du droit par l'économie, qui n'aurait besoin que d'une régulation *ex post facto*, le juridique devient contractuel et la justice une affaire privée. Les tentatives de constructions holistes valables pour le genre humain, comme les droits de l'homme, semblent ainsi potentiellement destructrices des holismes culturels et n'échappent pas à l'occidentalisme. Claude Lévi-Strauss dénonçait ce biais dès après la Déclaration universelle des droits de l'homme : « Les grandes déclarations des droits de l'homme ont (...) cette force et cette faiblesse d'énoncer un idéal trop souvent oublieux du fait que l'homme ne réalise pas sa nature dans une humanité abstraite[121] ».

N'y aurait-il de droit qu'occidental ? Dans sa magistrale exploration des « traditions juridiques du monde », H. Patrick Glenn identifie le « droit chtonique » comme l'une de ces traditions[122]. C'est le droit qui caractérise les « autochtones », précolombiens d'Amérique, ante-occidentaux du Pacifique et d'Afrique. Ce droit, nous dit Glenn, « n'a rien d'immédiatement analogue à ce qui est entendu en Occident sous cette expression[123] ». Dans ces sociétés gouvernées par « l'informalisme », sans scribes, sans institutions, sans propriété individuelle, le droit « chtonique » est « inextricablement enchevêtré dans toutes les croyances[124] ». La justice est restauratrice, la possession collective et l'individualisme absent. Pourquoi alors persister à qualifier de « juridique » cette « tradition » sinon pour l'inclure dans un espace discursif de référence où le juridique trouve sa densité et sa puissance sémantique : le droit occidental ? En fait, ces « autochtones », qui ne trouvent leur unité que par rapport à l'Occident et sur un mode négatif de sociétés « sans », sont conviés dans cet espace par Glenn pour y servir de modèle, selon la tradition du « bon sauvage », ou d'« alternative radicale, intellectuellement cohérente et avec cent mille ans d'expérience et d'application[125] ». Pourtant, le modèle n'est pas parfait et les Aztèques, avec leurs institutions judiciaires sophistiquées et leur concept de droit subjectif constituent une insistante exception[126]. C'est en ce sens qu'une

120 Gaudreault-Desbiens : La critique économiste, p. 695

121 Lévi-Strauss : Race et histoire, p. 23.

122 Glenn : Legal traditions of the world, chap. 3.

123 Id., p. 68.

124 Ibid., p. 73. L'aversion de H. Patrick Glenn pour le concept de culture tient à ce qu'il mettrait l'accent sur ce qui sépare plutôt que sur ce qui unifie tandis qu'à ses yeux le concept de « tradition », adversaire d'une « épistémologie du conflit », procède d'une « épistémologie de la conciliation » (Glenn : Legal cultures and legal traditions). Depuis Herder, la singularité des peuples ou ensembles de peuples, qu'on les nomme cultures ou traditions, entrave avec insistance les conceptions universalistes, au besoin, comme Glenn l'a senti, en entrant en conflit avec elles.

125 Glenn : Legal traditions of the world, p. 70.

126 Ibid., p. 62 et p. 72.

dose de relativisme historique s'impose. Si l'on accepte que la catégorie de droit est une invention culturelle de l'Occident, il n'est pas impensable que, sans en être nullement influencées, d'autres cultures aient pu élaborer leurs propres versions d'une normativité séparée du religieux, du politique et de l'économique.

Reprise il y a peu par David Goldman pour en aborder la récurrence dans la globalisation[127], l'expression ambitieuse de « tradition juridique occidentale » fut adoptée et caractérisée par Harold Berman[128]. Il s'agit pour Berman avant tout d'une « manière de penser » qui « même aux heures glorieuses de l'État-nation » repose sur « la croyance en l'existence d'un corps de droit dont la portée excédât le droit de la plus haute autorité politique et qui s'est successivement appelé le droit divin, le droit naturel et plus récemment les droits de l'homme[129] ». Depuis les travaux de Louis Gernet sur la spécification du droit en Grèce antique[130], c'est l'histoire romaine qui semble évoquer le mieux, par exemple sous la plume d'Aldo Schiavone, cette genèse localisée d'un complexe agencement culturel où se façonne « une spécificité prescriptive ailleurs ignorée[131] ». L'impératif pluridisciplinaire accompagne la problématique du droit qui ne peut pas (ou ne peut plus) se satisfaire des clivages territoriaux entre sous-champs et sous-disciplines. Les historiens de l'Antiquité parlent aux sociologues du pluralisme et le médiéviste Berman ou le comparatiste Glenn parlent aux anthropologues et aux constitutionnalistes des cultures juridiques.

La projection planétaire de la vision occidentale de la juridicité a suscité la production de multiples aveux indigènes par lesquels le sujet, autochtone ou souverain, se trouve voué à formuler ses prétentions dans les termes mêmes du régime juridique qui est venu l'assujettir. Le mimétisme envers l'Occident est ainsi non seulement dans l'essence des reconnaissances de droits indigènes ou autochtones mais aussi dans les protocoles que nous employons pour en rendre compte scientifiquement. Affectée par cette puissance sémantique du droit occidental, la pensée sur le droit peut être envisagée comme un territoire en instance de décolonisation. En 1941, Karl Llewellyn en avait mis le moyen intellectuel sur l'établi, dans les chapitres théoriques qu'il a rédigés de *The Cheyenne Way*[132].

« Un concept juridique, écrit-il alors, est une chandelle qui illumine le fonctionnement de la société » car « il représente (…) un effort de diagnostic d'un trouble social récurrent[133] ». Focalisons-nous sur les troubles, les conflits, les désordres, enjoint-il, en loyal *American case lawyer*, et nous apercevrons d'un œil neuf les

127 Goldman : Globalization and the Western legal tradition.
128 Berman : Law and revolution, pp. 1–45.
129 Ibid., p. 45.
130 Gernet : Droit et prédroit en Grèce ancienne.
131 Schiavone : Ius, p. 67.
132 Llewellyn/Hoebel : The Cheyenne way.
133 Id., p. 43.

raisons d'être de concepts usés par l'histoire de leurs emplois. Surtout, Llewellyn entreprend de nous libérer de l'emprise réifiante des concepts dits englobants, ceux qui en science sociale et en droit nous servent à nommer les modes holistes de l'existence commune – ce que Tylor appelait le « tout social » (*social whole*). Pour y parvenir, Llewellyn fait sienne la perspective héraclitéenne de la destruction possible de tout groupe qui ne veillerait pas à assurer les conditions de sa perpétuation en tant que groupe : « chaque groupe est confronté au processus de devenir et de rester un groupe[134] ». Chaque conflit ou chaque prétention à la justice est lié à une conception de « l'entièreté pertinente ou du groupe ou du Tout » qui sert de cadre à la prétention et de lieu à l'exercice de la justice[135]. Et « si l'ouvrage du droit vient à faillir, alors le groupe explose ou se désagrège ou meurt[136] ». Avec le chaos comme horizon épistémologique, chaque concept destiné à traduire le diagnostic d'un trouble social récurrent, et l'entièreté pertinente (et éventuellement variable) au nom de laquelle le diagnostic est posé, se trouvent installés dans un rapport constant de définition mutuelle. Trop souvent négligée ou tenue pour acquise ou pour vraie, la vie des concepts est, insistons sur ce point, d'autant plus cruciale à l'intelligence du droit qu'ils y sont tout ensemble descriptifs et normatifs. Comme l'ordonnancement juridique lui-même, ils procèdent d'une histoire longue et d'une extension transculturelle. Ainsi, comme y aspirent les tenants d'un au-delà du constitutionnalisme ou, si l'on veut, d'une métapolitique, le *demos*, ce « tout social » de la démocratie, devient lui-même un objet relatif et désacralisé, et l'existence collective ou holiste devient pensable pour ce qu'elle est et non plus comme il est normatif de l'orienter.

Conclusion

Comme l'humain est un « animal sociable » et que la société se présente toujours comme « *déjà-là* », les sciences sociales et juridiques ne résistent parfois pas à la tentation de supposer pérenne qu'il existe de la société et qu'il y aura toujours des formalisations holistes. Or, pas plus la famille que l'État ou le peuple constituant sont des entités intangibles qui s'habilleraient d'atours changeants selon les lieux et les époques. Ils sont le fruit non généralisable de l'expérience acquise par la rumeur des âges, qu'une autre rumeur peut emporter. Peut-être verra-t-on une contradiction entre la conception relativiste du droit comme fruit de l'expérience d'une culture, ou d'un ensemble discret de cultures, et la théorie llewellynienne

134 Ibid., p. 273.
135 Ibid., p. 274.
136 Ibid.

du conflit créateur pour toutes les cultures. Au vrai, la focalisation sur le conflit et sur ses modes sociaux, institutionnels et surtout conceptuels de traitement a pour vertu majeure, comme horizon théorique, de nous amener à concevoir une ethnogenèse du droit que des approches horizontales comme le pluralisme ou la comparaison des cultures peuvent tendre à oblitérer. Elle nous conduit à considérer comment une collectivité humaine, dont les contours sont déterminés par une tension évolutive, invente une multiplicité de « machineries », les normativités, parmi lesquelles certaines spécifient la normativité juridique et, en la spécifiant, manifestent la notion même de leur identité et la perspective de leur perpétuation. L'ordre social devient donc libre de tout préjugé.

A l'heure de l'accès idéologique de l'individu à la royauté universelle s'offre ainsi de nouveau l'idée de penser la société aussitôt qu'elle se manifeste, tout autant que l'empire ou la civilisation dont l'histoire se compte en siècles ou en millénaires. Cerner le rôle du droit comme phénomène historique dans les élaborations, les consolidations et les fractures des agrégats sociaux est une étape sensible pour comprendre la nature et le rôle des formes holistes de l'organisation sociale. Le libéralisme économique frappe, au moins depuis la décennie 1980, à la porte des sciences de la société et tout particulièrement de la science juridique. Nous autres chercheurs ne sommes pas moins affectés par le sens commun que quiconque et la sacralité de l'individu comme la marchandisation accélérée du réel nous affectent, qu'on les serve ou qu'on les dénonce. Cependant, nous évoluons dans les alvéoles, de plus en plus indépendantes les unes des autres, de nos savoirs spécialisés. Le pluralisme et le culturalisme ont le grand mérite de fédérer les approches et de tenter de donner vie à un tableau d'ensemble du droit dans ses implications sociales. Cette voie semble une nécessité.

Par sa puissance métaphorique et analogique – qui est parfois, comme on l'a vu, la source de certaines ambiguïtés épistémologiques – le droit pénètre le sens commun d'une manière qui contrarie le sens commun, ne serait-ce que parce qu'il est le lieu privilégié de la distinction du juste et de l'injuste. C'est en cela qu'il paraît à même de convier les autres savoirs sociaux à la reconstitution d'un tableau d'ensemble de ce qui est segmenté par l'idéologie du moment. *L'esprit des lois* fut la critique que l'on sait de l'absolutisme monarchique et l'une des inspirations de la démocratie moderne. Il fut pourtant écrit d'une plume conservatrice et réactionnaire. Pour plaider en faveur du passé, il fallait en brosser un portrait précis qui rendît la monarchie absolue récente, artificielle et arbitraire, donc illégitime. La portée politique des travaux savants est insondable et Montesquieu fut unique dans son œuvre critique et fondatrice tout à la fois. On peut cependant tenir pour assuré le fait que plus la recherche en sciences juridiques et sociales se plie à l'esprit du moment et moins elle est à même d'en livrer cette critique authentique sans laquelle se profile ce que Rabelais nommait « la ruine de l'âme ».

Bibliographie

Alland, Denis / Stéphane Rials : Dictionnaire de la culture juridique, Paris 2003.

Assier-Andrieu, Louis : Coutume savante et droit rustique. Sur la légalité paysanne, in : Études rurales, 103–104, 1986, pp. 105–137.

Assier-Andrieu, Louis : Le peuple et la loi. Anthropologie historique des droits paysans en Catalogne française, Paris 1987.

Assier-Andrieu, Louis : Penser le temps culturel du droit. Le destin du concept de coutume en anthropologie, in : L'Homme. Revue française d'anthropologie, 160, 2001, pp. 67–90.

Assier-Andrieu, Louis : L'anthropologie entre la négation et l'imitation du droit, in : Jacques Commaille / Laurence Dumoulin / Cécile Robert (éds.) : La juridicisation du politique, Paris 2010, pp. 97–114.

Assier-Andrieu, Louis : L'autorité du passé. Essai anthropologique sur la Common Law, Paris 2011.

Assier-Andrieu, Louis : Le crépuscule des cultures. L'affaire Pitcairn et l'idéologie des droits humains, in : Droit & société, 82, 2012, pp. 763–787.

Baxi, Upendra Baxi : The future of Human Rights, New Dehli 2010.

Bénéton, Philippe : Histoires de mots : culture et civilisation, Paris 1975.

Bercea, Raduca : Toute comparaison des droits est une fiction, in : Pierre Legrand (éd.) : Comparer les droits, résolument, Paris 2009, pp. 41–68.

Berman, Harold J. : Law and revolution. The formation of the Western legal tradition, Cambridge 1983.

Berman, Paul Schiff : Global legal pluralism, in : Southern California law review, 80, 2006–2007, pp. 1155–1237.

Boas, Franz : The limitations of the comparative method in anthropology, in : Science. New Series, 4, 103, 1896, pp. 901–908.

Cain, Maureen : Orientalism, occidentalism and the sociology of crime, in : British journal of criminology, 40, 2000, pp. 239–260.

Clark, Brigitte / Claudina Richards : The prevention and prohibition of forced marriages. A comparative approach, in : International and comparative law quarterly, 57, 2008, pp. 501–528.

Cotterrell, Roger : The concept of legal culture, in : David Nelken (éd.) : Comparing legal cultures, Aldershot 1997, pp. 13–31.

Cuche, Denys : La notion de culture dans les sciences sociales, Paris 2010.

Dedek, Helge : The splendour of form : Scholastic jurisprudence and « formal rationality », in : Law and Humanities, 5, 2, 2011, pp. 349–383.

Dedek, Helge / Alexandra Carbone : Complexity of transnational sources : Reports to the XVIIIth international congress of comparative law : Complexity of transnational sources: Canada (August 31, 2011), in : ISAIDAT Law Review, 1, 3, 2011. Disponible à SSRN: http://ssrn.com/abstract=1933480

Dedek, Helge : When law became cultivated : « European legal culture » between Kultur and Civilization, à paraître.

Dumont, Louis : Essais sur l'individualisme. Une perspective anthropologique sur l'idéologie moderne, Paris 1983

Dumont, Louis : Homo Aequalis II. L'idéologie allemande. France-Allemagne et retour, Paris 1991.

Dupret, Baudouin : Adjudication in action. An ethnomethodology of law, morality and justice, Farnham 2011.

Engel-Janossi, Friedrich : The growth of German historicism, Baltimore 1944.

Foblets, Marie-Claire / Alison Dundes Renteln (éds.) : Multicultural jurisprudence. Comparative perspectives on the cultural defense, Oxford/Portland 2009.

Fournier, Pascale : Courtiser Dieu devant les tribunaux occidentaux, in : Revue canadienne droit et société, 5, 2, 2010, pp. 167–193.

Friedman, Lawrence M. : Legal culture and social development, in : Law and society review, 4, 1, 1969, pp. 29–44.

Friedman, Lawrence M. : The legal system : A social science perspective, New York 1975.

Friedman, Lawrence M. : The human rights culture. A study in history and context, New Orleans 2011.

Garth, Bryant : Law and society, in : Stanley N. Katz (éd.) : The Oxford international encyclopedia of legal history, Tome IV, Oxford 2009, pp. 31–35.

Gaudreault-Desbiens, Jean-François : La critique économiste de la tradition romano-germanique, in : Revue trimestrielle de droit civil, 4, 2010, pp. 683–704.

Geertz, Clifford : Fact and law in comparative perspective, in : Clifford Geertz : Local knowledge : Further essays in interpretive anthropology, New York 1983, pp. 167–234.

Geertz, Clifford : Available light. Anthropological reflections on philosophical topics, Princeton 2000.

Gernet, Louis : Droit et prédroit en Grèce ancienne, in : L'année sociologique, 1951, pp. 21–119.

Gibson, James L. / Caldeira, Gregory A. : The legal cultures of Europe, in : Law and society review, 30, 1996, pp. 55–86.

Glenn, H. Patrick : Legal cultures and legal traditions, in : Mark Van Hoecke (éd.) : Epistemology and methodology of comparative law, Oxford/Portland 2004, pp. 7–20.

Glenn, H. Patrick : Legal traditions of the world. Sustainable diversity in law, New York 2010.

Goldman, David B. : Globalization and the Western legal tradition. Recurring patterns of law and authority, Cambridge 2007.

Gourevitch, Aaron J. : Les catégories de la culture médiévale, Paris 1983.

Griffiths, John: What is legal pluralism?, in: Journal of legal pluralism, 24, 1986, pp. 1–55.

Gurvitch, Georges: L'expérience juridique et la philosophie pluraliste du droit, Paris 1935.

Herder, Johann Gottfried: Une autre philosophie de l'histoire, éd. Max Rouché, Paris 1964 [1774].

Jouanjan, Olivier: Une histoire de la pensée juridique allemande (1800–1918), Paris 2006.

Kahn, Paul W.: The cultural study of law. Reconstructing legal scholarship, Chicago 1999.

Kahn, Paul W.: Comparative constitutionalism in a new key, in: Michigan law review, 101, 2003, pp. 2677–2705.

Kennedy, Duncan: The rise and fall of the classical legal thought, Cambridge 1998 [1975].

Kymlicka, Will: Multicultural citizenship, Oxford 1995.

Legendre, Pierre: Les enfants du texte. Étude sur la fonction parentale des États, Leçons VI, Paris 1992.

Legrand, Pierre: Le droit comparé, Paris 2011.

Lévi-Strauss, Claude: Race et histoire, Paris 1952.

Llewellyn, Karl N. / E.Adamson Hoebel: The Cheyenne way. Conflict and case law in primitive jurisprudence, Norman 1941.

Llewellyn, Karl N.: The bramble bush: The classic lectures on the law and law schools, New York 2004.

Malinowski, Bronislaw: Crime and custom in savage society, Londres 1926.

Malinowski, Bronislaw: The rationalization of anthropology and administration, in: Africa, 3, 1930, pp. 405–430.

Malinowski, Bronislaw: Introduction, in: H. I. Hogbin: Law and order in Polynesia. A study of primitive legal institutions, Londres 1934, pp. i–lxxii.

Mebenga, Mathieu: Le droit et ses pratiques: expérience camerounaise, in: Camille Kuyu Mwissa (éd.): Repenser les droits africains pour le XXIe siècle, Yaoundé, Menaibuc, 2001, pp. 69–87.

Montesquieu, Charles-Louis de Secondat: De l'esprit des lois, Tome 1, Paris 1979.

Moore, Sally Falk: Law as process. An anthropological approach, Londres 1978.

Moore, Sally Falk: Certainties undone: Fifty turbulent years of legal anthropology, 1949–1999, in: Sally Falk Moore (éd.): Law and anthropology. A reader, Malden 2006, p. 346–367.

Nelken, David: Defining and using the concept of legal culture, in: Esin Örücü / David Nelken (éds.): Comparative law. A handbook, Oxford / Portland 2007, pp. 109–132.

Orgad, Liav: « Cultural Defense » of nations: Cultural citizenship in France, Germany and the Netherlands, in: European law journal, 15, 6, 2009, p. 719–737.

Örücü, Esin : Comparative law, in : Stanley Katz (éd.) : The Oxford international encyclopedia of legal history, Tome III, Oxford 2009, pp. 97–100.
Pénisson, Pierre : J. G. Herder. La raison dans les peuples, Paris 1992.
Pound, Roscoe : Law in books and law in action, in : American law review, 44, 1910, pp. 12–36.
Rabkin, Jeremy : Law without nations ? Why constitutional government requires sovereign states, Princeton 2005.
Renaut, Alain : L'ère de l'individu. Contribution à une histoire de la subjectivité, Paris 1989.
Renteln, Alison Dundes : The cultural defense, New York 2004.
Rheinstein, Max (éd.) : Max Weber on law in economy and society, Cambridge / Mass. 1954.
Savigny, Friedrich Carl von : De la vocation de notre temps pour la législation et la science du droit, Paris 2006 [1814].
Schapera, Isaac : Handbook of Tswana law and custom, Oxford 1938.
Schiavone, Aldo : Ius. L'invention du droit en Occident, Paris 2008.
Snyder, Francis G. : Colonialism and legal form : The creation of « Customary Law » in Senegal, in : Journal of legal pluralism, 19, 1981, pp. 42–90.
Tamanaha, Brian Z. : The folly of the « social scientific » concept of legal pluralism, in : Journal of law and society, 20, 2, 1993, pp. 192–217.
Tamanaha, Brian Z. : A non-essentialist version of legal pluralism, in : Journal of law and society, 27, 2, 2000, pp. 296–321.
Tamanaha, Brian Z. : Understanding legal pluralism. Past to present, local to global, in : Sydney law review, 30, 2008, pp. 375–411.
Torry, William I. : Multicultural jurisprudence and the culture defense, in: Journal of legal pluralism and unofficial law, 44, 1999, pp. 127–161.
Travers, Max : Understanding law and society, Oxon 2010.
Twining, William : General jurisprudence. Understanding law from a global perspective, Cambridge 2009.
Tylor, Edward Burnett : Primitive culture : Researches into the development of mythology, philosophy, religion, art and custom, Tome I, Londres 1871.
Unger, Roberto Mangabeira : Law in modern society. Toward a criticism of social theory, New York 1976.
Utriza, Ayang : La transformation du droit musulman en droit positif de l'État indonésien, in : Baudouin Dupret (éd.) : La charia aujourd'hui. Usages de la référence au droit islamique, Paris 2012, pp. 199–208.
Van Hoecke, Mark / Michael Warrington : Legal cultures, legal paradigms and legal doctrine : Towards a new model for comparative law, in : International and comparative law quarterly, 47, 1998, pp. 495–536.
Van Hoecke, Mark : Family law transfers from Europe to Africa : Lessons for the methodology of comparative legal research, in : John Gillespie / Victoria Pip

Nicholson (éds): Law and development and the global discourses of legal transfers, Cambridge 2012, pp. 279–302.
Van Hoecke, Mark: European legal cultures in a context of globalisation, à paraître.
Walker, Neil: The idea of constitutional pluralism, in: The modern law review, 65, 3, 2002, pp. 317–359.
Ward, Ian: Beyond constitutionalism: The search for a European political imagination, in: European law journal, 7, 1, 2001, pp. 24–40.
Weber, Max: Économie et société, Paris 1971 [1922].

Jan Christoph Suntrup

Das Faktum des Rechtspluralismus und die Konturen einer mehrdimensionalen kulturwissenschaftlichen Rechtsanalyse

1. Einleitung

Mit dem Konzept des Rechts werden häufig Fiktionen der Einheit und Eindeutigkeit verbunden,[1] ob in der juristischen Praxis, wenn normative Systembildung betrieben und prätendiert wird, zum objektiven Sinn von Rechtsnormen vorzudringen, oder auch in gewichtigen Teilen der Rechtsphilosophie und der politischen Theorie, die die zivilisierende und ordnungsbildende Funktion »des« Rechts betonen. Die zahlreichen Studien zum Rechtspluralismus haben sich stets gegen solche Einheitsvorstellungen des Rechts gewandt und auf die Koexistenz und Kollision von Rechtsordnungen in einem sozialen Feld hingewiesen, die offensichtlich würden, wenn man sich von einem etatistischen Rechtsbegriff und der sogenannten Ideologie des *legal centralism* löse.[2] Kulturwissenschaftliche Rechtsanalysen und -modelle, die sich in den letzten Jahren einer gewissen Beliebtheit erfreuen, haben zudem den Glauben an die Uniformität des Rechts als Illusion aufzeigen können.

›Rechtpluralismus‹ stellt dabei nicht mehr nur wie in der Tradition Eugen Ehrlichs, Karl Llewellyns oder Clifford Geertz' ein Objekt ethnologischer und anthropologischer Forschung dar, sondern wird zunehmend auch als Bezeichnung für die rechtliche Unübersichtlichkeit in der ›postnationalen Konstellation‹ angeführt – mit so unterschiedlichen disziplinären, methodischen und theoretischen Herangehensweisen und Ansprüchen, die, folgt man William Twining, zu einer beträchtlichen Unschärfe und Konfusion der akademischen Debatte geführt haben.[3] Ähnliches kann für den Begriff der ›Rechtskultur‹ bzw. sein englisches Äquivalent konstatiert werden, der wohl gerade wegen seiner Konturlosigkeit zum Gesprächsgegenstand in verschiedenen Kontexten geworden ist, sei es in der rechtswissenschaftlichen Literatur, in sozial- und kulturwissenschaftlichen Untersuchungen oder auch in tagespolitischen Debatten und den Feuilletons.

1 Kötter: Recht, S. 307.
2 So John Griffiths in seinem wegweisenden Artikel *What is legal pluralism?*.
3 Vgl. Twining: Normative and legal pluralism, S. 487ff.

Jeder Ansatz, der in diesem nicht klar umgrenzten Forschungsfeld operiert, ist deshalb an erster Stelle zu terminologischer Präzision verpflichtet. Dieser Beitrag möchte zunächst einige Missverständnisse aus dem Weg räumen, die mit der Semantik des Rechtspluralismus bisweilen verbunden werden. So wird sich herausstellen, dass ›Rechtspluralismus‹ weder als ein Produkt der ›Postmoderne‹ bezeichnet werden kann (2) noch, zumindest aus empirischer Sicht, als eine politische Theorie (3). Wie sich zeigen wird, ist das Faktum rechtlicher Pluralität vielmehr das letztlich unspektakuläre Ergebnis eines von den staatlichen Institutionen gelösten Rechtsbegriffs. Um ›Recht‹ aber weiterhin von anderen sozialen Normen abgrenzen zu können, sollte der Versuch einer Suche nach dem Proprium des Rechts nicht, wie viele Stimmen nahelegen, aufgegeben werden (4). Die Reichweite und die exakte Ausprägung des Rechtspluralismus lassen sich aber nicht auf begrifflicher Ebene klären, sondern verlangen nach einem differenzierten empirischen Ansatz. Ein kulturwissenschaftlicher Blick hat den Vorzug, ›Recht‹ nicht nur als ein Normensystem, sondern als je spezifische soziokulturelle Praxis zu begreifen (5). Das in fünf Dimensionen gegliederte Analyseraster von ›Rechtskultur‹, das im Anschluss (6) vorgestellt wird, soll dabei helfen, neue Perspektiven auf die kulturelle Vielfalt dieser Praxis zu eröffnen.

2. Rechtspluralismus – ein postmodernes Konzept?

Die Rechtspluralismusforschung hat ein vertieftes Verständnis der Pluralität, Kontingenz und Umkämpftheit rechtlicher Ordnungen eröffnet. Manche Protagonisten und Beobachter des Rechtspluralismus haben sich in der Folge dazu verleiten lassen, hier eine Abkehr vom juristischen (und philosophischen) Diskurs der Moderne zu behaupten. So stellte Gunther Teubner fest: »Rechtspluralismus ist das Faszinosum postmoderner Juristen. Sie scheren sich wenig um das offizielle Recht des zentralisierten Staates mitsamt seinen Ansprüchen auf Abstraktheit, Allgemeinheit und Universalität. Im Asphaltrecht nordamerikanischer Großstädte, im Quasi-Recht brasilianischer *favelas*, in den informellen Normen der politischen Gegenkulturen, im Recht der patchwork of minorities, in den Normen ethnischer, kultureller und religiöser Gruppen, in den Disziplinierungstechniken ›privater Justiz‹, und auch in den internen Regelungen formaler Organisationen und informeller Netzwerke finden sie alle Zutaten der Postmoderne: das Lokale, das Plurale, das Subversive«.[4]

[4] Teubner: Zwei Gesichter des Janus, S. 191.

Teubner selbst zog die Rede vom »Rechtspluralismus in der Spätmoderne«[5] vor, scheute sich aber nicht, in seiner mit Andreas Fischer-Lescano verfassten Studie zum fragmentierten globalen Recht vom Phänomen der »postmoderne[n] Interlegalität«[6] zu sprechen, ein Begriff, den Boaventura de Sousa Santos im Rahmen seiner postmodernen Rechtstheorie geprägt hat, um auf die Vermischung und gegenseitige Durchdringung von Rechtsordnungen hinzuweisen.[7] Da Santos seine eigene Rechtskonzeption von Vorstellungen des modernen Rechts abgegrenzt hat, sollen seine Grundideen hier kurz erläutert werden.

Ausgangspunkt ist eine Kritik des ›modernen‹ Rechts, das seiner Einschätzung nach durch drei Grundzüge geprägt sei. Das erste Charakteristikum sei die Kopplung des Rechtsbegriffs an die gesetzgebenden und rechtsetzenden Institutionen des Staates sowie die Verwissenschaftlichung des Rechts. Als zweiten Pfeiler des modernen Rechts bezeichnet Santos die strikte Trennung von Staat und Zivilgesellschaft, die das Recht seiner gesellschaftlichen Bindung entzogen und damit entpolitisiert habe. Zudem, so der dritte Punkt, sei Recht in dieser Sichtweise als universelles Medium der sozialen Steuerung und Transformation betrachtet worden.[8] Dieses technokratische Projekt habe die Versprechungen der Moderne, also Frieden, Gleichheit, Wohlstand und Freiheit, insgesamt nicht einhalten können,[9] weswegen Santos einen Paradigmenwechsel, eine postmoderne Transition beschwört. Die rechtstheoretische (und soziologische) Konsequenz dieser Transition ist die Erkenntnis, den Blick nicht mehr nur auf das staatliche Recht richten zu dürfen, um nicht die Bedeutung außerstaatlicher, also lokaler, transnationaler und anderer Rechtspraktiken und -vorstellungen zu missachten. Aus der postmodernen Perspektive werde hingegen das Phänomen der rechtlichen Pluralität sichtbar, die zudem grundlegender ausfalle, als die meisten rechtsanthropologischen Positionen des Rechtspluralismus bisher realisiert hätten, da sie die koexistierenden und kollidierenden Rechtsordnungen meist als je abgeschlossene und klar definierte Entitäten konzipiert hätten.[10] Santos' Begriff der Interlegalität stellt hingegen die Verflechtung der Rechtsordnungen klar heraus, was in späteren Arbeiten zum Rechtspluralismus immer wieder aufgegriffen wurde, etwa bei Paul S. Berman, der konstatiert, dass Rechtsordnungen oftmals in einem dialektischen Wechselspiel mit anderen rechtlichen Ordnungen stünden und diese somit »co-konstitutiv« seien.[11]

5 Ebd.
6 Fischer-Lescano/Teubner: Regime-Kollisionen, S. 35.
7 Santos: Map of misreading, S. 298.
8 Santos: New legal common sense, S. 16f.
9 Ebd., S. 8f.
10 Santos: Map of misreading, S. 297.
11 Berman: Globaler Rechtspluralismus, S. 66. Berman hat aber zu Recht darauf hingewiesen, dass auch schon in den rechtsanthropologischen Untersuchungen der 1970er und 80er Jahre die ge-

Der Sinn von Santos' Entwurf besteht aber nicht allein im Aufzeigen rechtlicher Pluralität, sondern in der Umkehr der Entpolitisierung, die er als ein Grundübel des modernen Rechts ausmacht. Das bloße Feiern der Differenz, wie es Santos den Denkern des »celebratory postmodernism«[12] vorwirft, biete jedoch gar keinen Raum mehr für den Gedanken einer sozialen Transition. So kommt dann auch Santos' eigener Weg im sehr modernen Gewand daher, steht doch der klassische Gedanke der Emanzipation und damit ein Grundkonzept der philosophischen und politischen Aufklärung im Zentrum des »oppositional postmodernism«,[13] den Santos als Lösung für die diagnostizierten politischen Fehlentwicklungen vorschlägt. Der Unterschied zur Skizze der Moderne besteht dann darin, dass die Emanzipation nicht durch sozialtechnologische Steuerungsversuche durch das Recht von oben, wie es ja auch in vielen Entwicklungsmodellen der klassischen Modernisierungstheorie vorgesehen war, sondern durch das Engagement zivilgesellschaftlicher Gruppen erreicht werden soll: »Struggling against oppression, exclusion, discrimination and the destruction of the environment, these groups resort to law, or rather to different forms of law, as one more instrument of resistance. They do so now within/now without the limits of the modern official law, mobilizing various scales of legality (local, national, and global), and building translocal and even transnational alliances«.[14]

Aber auch diese Beschreibung ist durchzogen vom modernen Vokabular der Sozialkritik, so dass man Santos' politisches Modell kaum als postmodern einordnen kann. Auch die Transzendenz des staatszentrierten Rechtsbegriffs findet sich schon bei den rechtssoziologischen Klassikern. Das Faktum des Rechtspluralismus ist unabhängig von epistemologischen Positionen, wie sie meist der Postmoderne zugeschrieben werden, weswegen, so ist William Twining zuzustimmen, die Identifizierung von Rechtspluralismus und Postmoderne irreführend ist.[15]

genseitige Beeinflussung von Rechtsordnungen thematisiert wurde, etwa bei Sally Falk Moore (vgl. ebd., S. 59).

12 Santos: New legal common sense, S. 13 f. Santos hat hier Derrida, Baudrillard und Teile der *critical legal studies* im Auge.

13 Ebd., S. 12 ff.

14 Ebd., S. 19. Santos ist klug genug, nicht jede Form der Opposition als intrinsisch wertvoll und emanzipatorisch anzusehen. Er bedient sich nicht einer schlichten Multitude-vs.-Empire-Logik à la Hardt und Negri, weswegen auch sein Fazit über das Faktum der rechtlichen Pluralität nüchtern ausfällt: »[T]here is nothing progressive about the idea of legal plurality« (ebd., S. 90).

15 Vgl. Twining: Normative and legal pluralism, S. 511: »One can accept the idea of legal pluralism as a social fact without being committed to any form of relativism or non-cognitivism«. Bezeichnenderweise verwenden die meisten Forscher, die einen postmodernen Blick auf das Recht für sich in Anspruch nehmen, diesen Begriff auch sehr unspezifisch (so etwa Arnaud: Legal pluralism).

3. Politische und analytische Aspekte des Rechtspluralismus

Auch wenn Gunther Teubners Charakterisierung der »postmodernen Juristen« unzureichend ist, liegt er doch richtig, wenn er bei manchen prominenten Vertretern des Rechtspluralismus eine leicht verklärende Betonung des Lokalen und Subversiven ausmacht, einen »romantic bias«,[16] der analytische mit normativen (politischen) Fragen vermengt.[17] Laut Berman ermöglicht schon die Erweiterung des Rechtsbegriffs, der Pluralismus sichtbar macht, »ein Nachdenken über Räume des Widerstandes gegen staatliches Recht. Allein die Anerkennung des semi-autonomen Charakters widerstreitender Normordnungen führt unweigerlich dazu, dass Pluralisten die Grenzen der ideologischen Kraft staatlicher Rechtsbehauptungen betrachten müssen. Selbstverständlich bestreiten Pluralisten nicht die Bedeutung des staatlichen Rechts und der Zwangsgewalt, aber sie versuchen zu erkennen, wo staatliches Recht nicht oder nur teilweise durchdringt und wo alternative Ordnungsformen Möglichkeiten des Widerstandes, des Wettstreites oder alternativer Versionen erhalten«.[18]

Ist das Schlagwort des Rechtspluralismus somit immer schon als politisch, gar ideologiekritisch anzusehen? Folgt man Santos, sind die analytische und die poli-

16 Santos: New legal common sense, S. 91.

17 Vor dem ideengeschichtlichen Hintergrund des Wortes ›Pluralismus‹ ist diese Vermischung keine große Überraschung, gehört doch der Pluralismus zum etablierten Vokabular des politischen Diskurses (vgl. hierzu die Beiträge in Nuscheler/Steffani: Pluralismus, sowie Steffani: Einleitung). Wenn er auch hier, in der Politikwissenschaft, als analytische Kategorie auftaucht, etwa in Abgrenzung von einer monistischen Staatstheorie zur Bezeichnung der politisch relevanten gesellschaftlichen Gruppen und Verbände oder in der Gerechtigkeits- und Demokratietheorie, um das »Faktum des (weltanschaulichen) Pluralismus« (Rawls) zu bezeichnen, fassten andere Denker darunter ein normatives Programm. Grundsätzlich ging es darum, gegenüber schematischen Konstruktionen, die einem monolithischen Staat die Rechte und Pflichten der individuellen Bürger gegenüberstellten, die zivilgesellschaftlichen Assoziationen und organisierten Verbände als wesentlichen Bestandteil des politischen Prozesses stark zu machen. Bei Harold Laski, dem Begründer des politologischen Pluralismus-Diskurses, mündete dies in eine radikale Staats- und Souveränitätskritik, wohingegen etwa die neopluralistische Demokratietheorie Ernst Fraenkels nicht den Primat des Staates in Frage stellte, sondern die Notwendigkeit legitimer Meinungsverschiedenheiten und Interessengegensätze gegenüber rousseauistischen Vorstellungen des Gemeinwohls betonte (vgl. Fraenkel: Deutschland und die westlichen Demokratien), ein Gegensatz, der sich in ganz unterschiedlichen Modellen politischer Praxis artikulierte. Während diese Gedanken demokratietheoretisch in Robert Dahls Polyarchie-Theorie (vgl. Dahl: Polyarchy) und später in vielen Modellen assoziativer und deliberativer Demokratie verfeinert wurden, standen seit jeher die Argumente der Antipluralisten dagegen. Carl Schmitt warnte vor dem Hintergrund der Weimarer Verfassungsdebatten vor staatszersetzenden Ideen des Pluralismus, um selbst auf eine Einheit von Staat und Gesellschaft hinzuwirken (vgl. Steffani: Einleitung, S. 24 ff.). Die marxistisch inspirierte Kritik wiederum stufte den Pluralismus nur als ideologische Verschleierung der realen Herrschaftsverhältnisse ein (vgl. ebd., S. 36 ff.), was zumindest den Blick dafür schärfte, dass die Frage der Macht bei pluralistischen Prozessen der Willensbildung und Politikimplementation nicht vernachlässigt werden sollte – viel hängt ja zumindest bei der neopluralistischen Demokratietheorie am labilen Konstrukt der »Waffengleichheit« der sozialen Gruppen, wie es bei Fraenkel heißt (vgl. Schmidt: Demokratietheorien, S. 222).

18 Berman: Globaler Rechtspluralismus, S. 66.

tische Dimension des Rechtspluralismus nicht voneinander zu trennen, da die wissenschaftliche Zuschneidung des Rechtsbegriffs grundsätzliche Auswirkungen auf die soziale Ordnungsbildung hat. So habe der staatsrechtliche Positivismus eine legitimatorische Funktion für die Tätigkeiten des konstitutionellen Staates gehabt, indem nur das staatliche Recht als faktisch und legitimerweise geltendes ausgewiesen worden sei. Wenn Vertreter des Rechtspluralismus aus Soziologie und Rechtsanthropologie gegen diesen Reduktionismus auf die Existenz konkurrierender sozialer, rechtlicher Ordnungen hingewiesen hätten, sei die politische Bedeutung dieses Schritts nicht ausreichend herausgestellt worden: »Because of the scientific positivism that dominated these disciplines, the analytical claims of legal pluralism were given absolute predominance, while its political claims were swept under the rug. In other words, legal pluralism became an analytical device that allowed for thicker descriptions of law in action, while the political challenge it mounted against a state whose legitimacy is based on the monopoly of the law was sidelined. [...] [I]n a paradigmatic debate, the political nature of many claims that seem to be purely analytical must be brought to the foreground«.[19]

Aus diesen Ausführungen wird »das ständige Ringen um die Deutungsmacht über das Recht«[20] offensichtlich.

Dennoch kann Santos' Position in ihrer Absolutheit nicht überzeugen. Zumindest müsste man zwischen den faktischen sozialen Kämpfen ums Recht, beispielsweise den Bestrebungen bestimmter Gruppen nach rechtlicher Anerkennung oder rechtlicher Sonderbehandlung oder auch anderen Auseinandersetzungen über die Hierarchie und Applikation von Rechtsordnungen, auf der einen Seite und den wissenschaftlichen Rechtsdefinitionen auf der anderen Seite unterscheiden. Die sozialen Kämpfe sind von offensichtlicher politischer Relevanz und Brisanz[21] und verlangen nach einer Analyse, die Fragen der politischen Macht nicht ausblenden kann, um überzeugend zu sein.[22] Dass aber der wissenschaftlichen Beschäftigung mit diesen Fragen *per se* eine politische Bedeutung zukäme, ist nicht einzusehen. Sicherlich gibt es nicht zu übersehende Verbindungen von Politik und Wissenschaft, die gerade bei Rechtsfragen folgenreich sein können. Der Anthropologe Leopold Pospisil stand etwa während seiner Feldforschung zu den Kapauku-Papuas, einem Stamm in West-Guinea, im engeren Kontakt mit der niederländischen Regierung, was schließlich dazu führte, dass seine Beschreibung der Rechtspraktiken der Kapauku, wenn auch zunächst ohne sein Wissen, den niederländischen Kolonialadministratoren bei der Kodifizierung des vermeintli-

19 Santos: New legal common sense, S. 90.

20 Kötter: Recht, S. 307.

21 Franz und Keebet von Benda-Beckmann sprechen in diesem Fall zu Recht von »the politics of legal pluralism« (The dynamics of change and continuity, S. 25 f.).

22 Dies ist der berechtigte Hinweis in Barzilai: Beyond relativism.

chen Gewohnheitsrechts Orientierung bot.[23] Und wenn heute Juristen und andere Rechtswissenschaftler der Europäischen Kommission oder anderen Institutionen als Experten bei verschiedenen rechtsrelevanten, auch rechtspluralistischen Problemen dienen, ist diese wissenschaftliche Beratungstätigkeit nicht selten mit politischen Konsequenzen verbunden.

Dennoch sind in den innerakademischen Diskussionen analytische und normative Aspekte des Rechtspluralismus voneinander abzugrenzen. Die Tatsache rechtlicher Pluralität ist dann »die fast automatische und banale Folge eines analytischen Rechtsbegriffs«,[24] der weit genug ist, um verschiedene soziale Phänomene darunter zu fassen. Über die politische Vorzugswürdigkeit und die Legitimität der einzelnen Rechtsordnungen ist damit gar nichts ausgesagt. Die Tatsache der Pluralität hat nichts *per se* Gutes oder Emanzipatorisches an sich, wie Santos betont.[25] Sie kann, wie Franz von Benda-Beckmann zu Recht festgestellt hat, auch nicht als Widerlegung der »Ideologie« des *legal centralism* aufgefasst werden: »Innerhalb ihrer eigenen Bedeutungszusammenhänge sind Rechtszentralismus und Rechtspluralismus [...] gleichermaßen selbstverständlich. Ihre Gegenüberstellung als Mythos und Tatsache kann nur dazu führen, daß weder Rechtsideologien noch soziale Praxis konsistent erforscht werden«.[26] Nicht zuletzt sollte Webers grundlegende Unterscheidung zwischen der juristischen, also rechtsdogmatischen Betrachtungsweise des Rechts, die aus Gründen der Ordnungsbildung kaum um eine gewisse Form des ›Zentralismus‹ herumkommt, ohne dass dieser in einem pejorativen Sinn als ideologisch zu bezeichnen wäre, und der soziologischen Sicht auf das Recht, der es um die empirische Geltung von Rechtsordnungen geht, in Erinnerung gerufen werden.[27]

Wie rechtliche Pluralität legitimerweise zu ordnen sei, muss in beiden Sichtweisen unbeantwortet bleiben. Die Aufgabe der sozialwissenschaftlichen Rechtsanalyse besteht dann darin, das Ausmaß und die Kausalitäten der ›Interlegalität‹ zu untersuchen: »Rechtspluralismus ist keine Theorie. Der Begriff bildet nur den

23 Vgl. die Schilderung bei Merry: Legal pluralism, S. 877.

24 Benda-Beckmann: Unterwerfung oder Distanz, S. 193.

25 Santos: New legal common sense, S. 89. Aufgrund dieser Tatsache reserviert Santos den Ausdruck der Pluralität rechtlicher Ordnungen für die deskriptive Erfassung von Pluralität, während er mit dem Begriff des »Rechtspluralismus« sein emanzipatorisch ausgerichtetes politisches Modell bezeichnet (ebd.). Zumeist wird in der gesamten Debatte jedoch nicht zwischen Pluralität und Pluralismus unterschieden.

26 Benda-Beckmann: Unterwerfung oder Distanz, S. 194.

27 Vgl. Weber: Die Wirtschaft und die Ordnungen, S. 192f. Für Juristen, die wie Teubner oder Berman im internationalen Privatrecht oder transnationalen Recht zuhause sind, ist hingegen die Faktizität von kollidierenden und hybriden Rechtsordnungen kein Ärgernis, sondern Prämisse des theoretischen Ansatzes. Bei Berman: Global legal pluralism, werden dann auch rechtspluralistische Konstellationen nicht nur analytisch konstatiert, sondern Rechtspluralismus wird auch normativ als Teil der Konfliktlösung ins Feld geführt – durch alternative Mechanismen zu den üblichen Kollisionsregeln oder gar universalen Normordnungen (vgl. ebd., Teil III und IV).

Ausgangspunkt für die weitere Erfassung und theoretische Analyse unterschiedlicher empirischer Konstellationen von Rechtspluralismus«.[28]

4. Das Proprium des Rechts. Probleme und Debatten einer Begriffsbestimmung

Bisher unbeantwortet blieb die Frage nach der Abgrenzung des Rechts von anderen sozialen Normen, gleichsam ein ewiges Problem der sozialwissenschaftlichen Betrachtung des Rechts und besonders der Rechtspluralismusforschung. Sally Engle Merry hat in einem vielzitierten Artikel beklagt, dass die rechtsanthropologische Ausweitung des Rechtsbegriffs zu einer konzeptuellen Konfusion geführt habe, da nunmehr beinahe alle Formen normativer Ordnungen oder sozialer Kontrolle als ›Recht‹ tituliert worden seien.[29]

Manche Ansätze stellen aber auch den Nutzen oder gar die Möglichkeit einer sozialwissenschaftlichen Definition des Rechts generell infrage. Glaubt man Pierre Legrand, muss zumindest die Suche nach einem objektiven, transkulturell tragfähigen Kriterium zur Bestimmung des Rechts scheitern, da wir in den epistemologischen Strukturen unserer eigenen Rechtskultur gefangen seien. Jede komparative Rechtsanalyse, um die man zumindest in Ansätzen nicht umhinkommt, wenn man nach dem Eigentümlichen des Rechts sucht, kollidiere notwendig mit den Wänden der Inkommensurabilität von Rechtsordnungen, die auch die Grenzen des Verstehens für den jeweils spezifisch sprachlich und auch rechtskulturell sozialisierten Beobachter markierten: »When the interpreter comes to the other's law and purports to make sense of it, the anticipation of meaning that he brings to bear to the act of ascription is, in fact, profoundly historical and, in that sense, deeply traditional. The meanings that the interpreter brings to the act of interpretation were internalized by him as he was thrown into a tradition (linguistic, legal, and otherwise) that constituted him as the individual that he is. [...] [H]ow could there be anticipation of meaning without belongingness to a tradition or culture? [...] How can foreign law, which is situated, be accessible to my understanding which is itself situated, albeit within a different episteme?«[30] Von grundlegender Bedeutung ist Legrands plausible Feststellung, dass es kein neutrales, einheitlich geformtes Recht gibt.[31] Zwei Aspekte seiner Argumentation sollten dabei aber unterschieden und getrennt voneinander beurteilt werden.

28 Benda-Beckmann: Gefangen im Rechtspluralismus, S. 175.
29 Vgl. Merry: Legal pluralism, S. 878.
30 Legrand: Word/World, S. 220f.
31 Ebd., S. 222.

Der erste Punkt betrifft das Verstehen anderer Rechtsordnungen, der zweite Punkt den Vergleich von ihnen. Zum ersten Aspekt wäre zu sagen, dass das Verständnis anderer Kulturen ein praktisches, kein logisches Problem ist, wie Richard Rorty in einer Debatte mit Jean-François Lyotard zu Recht argumentiert hat. Aus der Tatsache, dass keine universelle Metasprache existiert, die uns ein Idiom an die Hand gibt, in das man jede Theorie, Sprache oder indigene Kultur ohne Verlust übersetzen kann, folgt nicht, dass es keine Verständnismöglichkeit zwischen unterschiedlichen Kulturen und Sprachen gibt.[32] Für das Verstehen von Rechtskulturen gilt somit dasselbe wie für das Erlernen von Sprachen: Hierzu benötigt man keine Metatechnik, sondern es bedarf der Wissbegierde, Toleranz, Geduld und harter Arbeit.[33] Außerdem konzipiert Legrand Kulturen als epistemische Container, eine Sicht, die sowohl die Möglichkeit hybrider oder pluraler Identitätsbildungen (und Sozialisationen) als auch den Fall der ›Interlegalität‹ von Rechtskulturen außer Acht lässt.

Der Vergleich von Rechtskulturen ist von dieser Frage, um zum zweiten Aspekt zu kommen, nicht unbedingt abhängig. Der Vergleich von etwas mit etwas anderem *im Hinblick auf etwas* ist immer möglich, selbst wenn die Kriterien für den Vergleich nicht neutral sind und *from nowhere* kommen, sondern partikularistischer Provenienz sind, also etwa einem bestimmten Forschungsverbund, einer Wissenschaftskultur oder auch nur einer bestimmten disziplinären Prägung entstammen.[34] Das spricht aber nicht generell gegen das Projekt, überhaupt Kriterien zur Identifizierung von Recht aufzustellen, sondern nur für eine große Sensibilität bei der Kategorienbildung.

Paul S. Berman stellt nicht die Möglichkeit, sondern den Nutzen von strikten Rechtsdefinitionen infrage, weil diese häufig vom wichtigsten Erkenntnisziel ablenkten: »Tatsächlich ist die gesamte Debatte über Recht und Nicht-Recht in einem pluralistischen Kontext größtenteils irrelevant. Denn die entscheidenden Fragen beziehen sich auf die konkreten normativen Verpflichtungen einer Gemeinschaft und auf das Zusammenspiel verschiedener normativer Ordnungen, die solche Verpflichtungen generieren, und nicht auf ihren formalen Status«.[35] Hier wäre allerdings zu bemerken, dass sich die Verpflichtungen mancher Normen auch aus ihrem formalen Status, zumindest wenn dieser sozial anerkannt ist, ergeben könnten. Abgesehen davon bestimmt natürlich das Erkenntnisinteresse die Relevanz der Fragen.

Luhmanns Konzeption des autopoietischen Rechts mündet aus ganz anderen Gründen in den Verzicht auf einen externen Versuch der Rechtsbestimmung, da

32 Rorty: Le cosmopolitisme, S. 573.

33 Ebd., S. 574.

34 Auch Legrand spricht sich schließlich nicht strikt gegen den Kulturvergleich aus, sondern für einen »comparatisme malgré tout« (Legrand: Word/World, S. 232).

35 Berman: Globaler Rechtspluralismus, S. 66.

es das Rechtssystem selbst ist, das entscheidet, was es als Recht gelten lässt oder als Nicht-Recht ausschließt. Die Grenzen des Rechts sollen nicht durch den analytischen Beobachter, sondern durch das Objekt selbst (das als System wiederum beobachtet wird) bestimmt werden. Diese Beobachterrolle zweiter Ordnung soll eine »unsachgemäße« Fremdbeschreibung des jeweiligen Systems, in diesem Fall des Rechts, vermeiden.[36] In der Tat wird darüber, welche Normen als Recht anerkannt werden und welches Verhalten justiziabel ist, faktisch durch Gerichte entschieden; aber daraus folgt nicht, dass jede Norm per se immer eindeutig als Recht oder Nicht-Recht klassifiziert werden kann, da ja die Koexistenz und Konkurrenz verschiedener Rechtsordnungen zu Entscheidungen führen kann, die direkt mit anderen Entscheidungen in Konflikt geraten. Nur weil etwa das Rechtssystem eines Staates eine bestimmte Norm oder ein System von Normen nicht als Recht anerkennt, besagt dies nicht, dass diese Normen nicht, etwa vonseiten einer bestimmten Personengruppe, als sozial verbindlich anerkannt würden und objektiv als ›Recht‹ beschrieben werden könnten.

Brian Tamanaha zieht aus der Diversität der Rechtsordnungen und -kulturen die Konsequenz, ›Recht‹ als wissenschaftliche Kategorie aufzugeben und all das (und nur das) als Recht zu bezeichnen, was eine soziale Gruppe als Recht anerkenne: »Law is a ›folk concept‹, that is, law is what people within social groups have come to see and label as ›law‹. It [can] not be formulated in terms of a single scientific category because over time and in different places people have seen law in different terms. State law is currently the paradigm example of law, but at various times and places, including today, people have considered as law: international law; customary law; versions of religious law; the *lex mercatoria*; the *ius commune*; natural law and more. These various manifestations of law do not all share the same basic characteristics – beyond the claim to represent legitimate normative authority – which means they cannot be reduced to a single set of elements for social scientific purposes«.[37] Deshalb plädiert er für eine nicht-essentialistische Version des Rechts (und des Rechtspluralismus), die die Identifizierung von Recht vollständig von der Praxis einer bestimmten Sprachgemeinschaft abhängig macht: »Law is whatever people identify and treat through their social practices as ›law‹ (or recht, or droit, and so on)«.[38] Nun sind Begriffe, zumindest aus nominalistischer Sicht, immer nicht-essentialistisch, bestimmt durch die Bedeutung, die ihnen eine Sprachgemeinschaft zuweist. Folglich kann es auch keine essentielle Beschreibung sozialer Praktiken geben – man wird nie zum Wesen

36 Vgl. Luhmann: Das Recht der Gesellschaft, S. 15 ff. Eine kulturwissenschaftliche Analyse des Rechts ist hingegen zwangsläufig eine Fremdbeschreibung, die sich von den gängigen juristischen Kategorien löst. Das macht sie nicht zu einer unsachgemäßen Betrachtung, solange sie dabei Antworten auf die gestellten Fragen findet.

37 Tamanaha: Understanding legal pluralism, S. 396.

38 Tamanaha: A non-essentialist version of legal pluralism, S. 313.

des Rechts gelangen oder sagen können, was das Recht ›an sich‹ ist. Außerdem unterschlägt Tamanaha, dass es in bestimmten Kontexten, man denke nur an die zahlreichen Konzepte von Normativität in islamischen Gesellschaften, durchaus mehrere Begriffe für ›Recht‹ geben kann. Faktisch verschenkt man viel analytisches Potenzial, wenn man die kontingenten Sprachspiele als einziges Kriterium anführt und alle sonstigen rechtssoziologischen oder sozialwissenschaftlichen Begriffe bei der Betrachtung des Rechts außer Acht lässt, denn bei ihrer Berücksichtigung würde schnell offensichtlich, dass es bedeutende qualitative Unterschiede zwischen staatlichem Recht, dem Recht von Sportverbänden oder gar Naturrecht gibt.[39] Gerade angesichts der weit verbreiteten und oft vagen Rede von einem Pluralismus normativer Ordnungen kann eine genauere Identifizierung rechtlicher Formen nur von Nutzen sein.

In Max Webers Studie *Die Wirtschaft und die Ordnungen* lassen sich nach wie vor nützliche Kriterien finden, die das Recht als empirisch geltende Ordnung ausmachen. Um das Spezifische des Rechts zu verdeutlichen, kontrastiert Weber es mit anderen normativen Ordnungen wie der Sitte und der Konvention. ›Sitte‹ bezeichne demnach ein gleichförmiges, gewohnheitsmäßiges Handeln, das zwar Nachahmung provoziere, aber niemandem verbindlich zugemutet werde. Die Konvention unterscheide sich von der Sitte durch die Reaktion der Umwelt des Akteurs, die einer bestimmten Handlung mit Billigung oder Missbilligung begegne, nie aber mit Zwang.[40] Der spezifische institutionalisierte Zwang ist für Weber aber gerade das, was die Wahrscheinlichkeit der empirischen Geltung einer Rechtsordnung ausmacht und ›Recht‹ charakterisiert: »Wir wollen [...] überall da von ›Rechtsordnung‹ sprechen, wo die Anwendung irgend welcher, physischer oder psychischer, Zwangsmittel in Aussicht steht, die von einem Zwangs*apparat*, d.h. von einer oder mehreren Personen ausgeübt wird, welche sich zu diesem Behuf für den Fall des Eintritts des betreffenden Tatbestandes bereit halten«.[41]

Wie Weber zu Recht feststellt, gibt es ganz unterschiedliche Motive, sich an das Recht zu halten oder nicht zu halten, ohne dass diese innere Disposition den Charakter der Rechtsordnung tangieren könnte. Selbst wo das Recht subjektiv nur noch als Sitte wahrgenommen wird, nötigt uns die Institution des Zwangsapparats dennoch, aus Sicht des empirischen Beobachters weiterhin von einer Rechtsordnung zu sprechen.[42] Die Motive der Fügsamkeit gegenüber dem Recht und das Rechtsbewusstsein sind sehr wohl bedeutend für die Geltungschancen des Rechts selbst, wie Weber bemerkt,[43] aber diese sozialpsychologischen Dispositionen sind

39 Ähnlich kritisch auch Twining: General jurisprudence, S. 94ff.
40 Weber: Die Wirtschaft und die Ordnungen, S. 211.
41 Ebd., S. 204, Hervorh. im Orig.
42 Ebd., S. 194.
43 Ebd., S. 199.

für den »formalen soziologischen Begriff«[44] des Rechts irrelevant. Entscheidend ist, dass beim garantierten Recht eine Normverletzung eine Reaktion des Rechtsstabes nach sich zieht.[45] Nicht im Gehalt der Norm liegt das Proprium des Rechts, sondern in seiner Ordnungsstruktur.

Webers Einsichten sind von hoher Relevanz für den rechtspluralistischen Diskussionszusammenhang, da sie den sozialwissenschaftlichen Rechtsbegriff aus seiner staatsrechtlichen Einengung befreien. Das physische Gewaltmonopol des Staates geht historisch natürlich mit der Differenzierung des Rechts einher und drückt somit eine bestimmte »Entwicklungsstufe«[46] aus. Webers Rechtsdefinition ist aber weit genug, um explizit auch das außerstaatliche Recht abzudecken,[47] das in sozialen Verbänden, überstaatlichen Organisationen, gesellschaftlichen Untergruppen oder auch Völkern ohne Staat aufzufinden ist und das mitunter mit ganz anderen Zwangsmitteln aufwartet als der staatliche Rechtsstab.

Die als Zwangsapparat institutionalisierte Reaktion auf den Normbruch bietet also in vielen Fällen ein geeignetes Kriterium, um Recht von anderen sozialen Normen abzugrenzen. Schwieriger wird es allerdings beim Recht jenseits des Nationalstaates.[48] Die Emergenz des transnationalen Rechts, wie man es am offensichtlichsten in der globalen Wirtschaft antrifft, stellt sowohl die Rechtstheorie als auch die Rechtssoziologie vor die größten Probleme, da es sich hierbei um eine Abkopplung von den staatlichen Institutionen, um eine private Normsetzung handelt, die daraus resultiert, dass vor allem die Entwicklung der globalen Wirtschaft das Gehäuse der rechtlichen Rahmenbedingungen sprengt. Wo rechtliche Regelungen als Behinderungen für den Weltwirtschaftsverkehr wahrgenommen wurden, haben sich Firmen und Konzerne über privatrechtliche Verträge eigenständige, verbindlich geltende Normen geschaffen.[49] Ähnliches lässt sich in einem bescheideneren Umfang auch in anderen Gesellschaftssegmenten beobachten: »Die ›transnationalen Gemeinschaften‹, also die autonomen Gesellschaftsfragmente Wirtschaft, Wissenschaft, Technologie, Massenmedien, Medizin, Erziehung, Transport, entwickeln einen enormen Normbedarf, der aber nicht

44 Ebd., S. 200.

45 Ebd. Aus dem institutionalisierten Rechtszwang folgt nicht, dass die Sanktionen von Verstößen gegen andere normative Ordnungen nicht wirksamer und für den devianten Akteur schmerzhafter sein können als die juristische Bestrafung – über die konkreten normativen Verpflichtungen, hier hat Berman recht, sagt die formale Definition des Forschers nichts aus.

46 Ebd., S. 198.

47 Vgl. ebd., S. 202.

48 Bei supranationalen Organisationen wie der EU lässt sich die webersche Definition noch problemlos anwenden, da man hier tatsächlich eine Rechtsordnung antrifft, die in der Regel verbindliche Rechtsnormen über entsprechende Gerichte durchsetzt. Beim internationalen, also zwischenstaatlichen Recht findet man hingegen zwar (ganz heterogene) Rechtsnormen und auch internationale Gerichtshöfe vor, wobei letztere aufgrund einer fehlenden weltstaatlichen Souveränität aber nur sehr selektiv richten.

49 Vgl. Stein: Lex mercatoria, S. 14f.; Kadelbach/Günther: Recht ohne Staat?, S. 19ff.

von nationalstaatlichen und zwischenstaatlichen Institutionen gedeckt wird«.[50] Diese Normordnungen haben eine komplexe Struktur gewonnen, die es erlaubt, sie als materielles Recht zu bezeichnen, das als solches auch häufig von den nationalen Rechtsprechungen anerkannt wird.[51] Nicht die (in diesem Fall private) Schöpfung von Normen macht sie zum Recht, sondern die Tatsache, dass die Anwendung, Interpretation und Fortbildung dieser Normen geregelt ist, dass also die Normen, wie Fischer-Lescano und Teubner in Anknüpfung an H.L.A Hart betonen, von der »Institutionalisierung von Prozessen sekundärer Normierung«[52] begleitet werden. Diese Meta-Normen regeln im Fall des transnationalen Rechts, welche Verträge, Handelsbräuche, aber auch welche von zuständigen Schiedsgerichten getroffenen Entscheidungen als gültig anzusehen sind. Hierbei handele es sich um selbst geschaffene Ad-hoc-Institutionen,[53] die dann zu einer Selbstvalidierung des Vertrages beitrügen,[54] wenn sich die Geltung dieses Rechts nicht mehr aus den traditionellen Rechtsquellen speise.

Ob sich diese private Normentstehung aber auch tatsächlich auf die Geltungsebene auswirkt, sodass man von einem autonomen Recht, einem ›Recht ohne Staat‹ reden kann, bleibt rechtssoziologisch und -theoretisch höchst umstritten. Mag es sich auch um ein Recht handeln, das sich in weiten Teilen aus sich selbst entwickelt, so ist seine Geltung doch zumindest theoretisch dem »Anerkennungsvorbehalt staatlicher Gerichte«[55] unterstellt. In jedem Fall erhellt der Blick auf das transnationale Recht neue Erscheinungen rechtlicher Pluralität, da hier nicht nur potentielle Kollisionen von transnationalem und nationalem Recht aufgezeigt werden, sondern eine generelle Rechtsfragmentierung in der »postnationale[n] Konstellation« sichtbar wird, die zu grundlegenden Rationalitätenkonflikten führen kann.[56]

Rechtliche Pluralität und ›Interlegalität‹, die unberührt von ihrer relativ jungen terminologischen Prägung empirisch betrachtet kein neues Phänomen, sondern der historische Normalfall sind,[57] trifft man auf allen Ebenen des Rechts (international, national, transnational und auch subnational) an, ohne dass aus der Existenz von Pluralität schon ein Konfliktverhältnis abgeleitet werden könnte, wie William Twining in Erinnerung gerufen hat: »How such orders interact and

50 Fischer-Lescano/Teubner: Regime-Kollisionen, S. 42.

51 Vgl. Albert: Zur Politik der Weltgesellschaft, S. 254ff.

52 Fischer-Lescano/Teubner: Regime-Kollisionen, S. 43.

53 Vgl. Albert: Zur Politik der Weltgesellschaft, S. 240ff.

54 Der Vertrag »externalisiert die unvermeidliche Selbstvalidierung des Vertrags, indem er die Beurteilung der Geltungsbedingungen und die Lösung zukünftiger Konflikte externen, nicht vertraglichen Institutionen zuweist, die aber dennoch ›vertraglich‹ sind insofern, als sie bloße interne Produkte des Vertrags selbst sind« (Teubner: Globale Bukowina, S. 276).

55 Kadelbach/Günther: Recht ohne Staat?, S. 21.

56 Vgl. Fischer-Lescano/Teubner: Regime-Kollisionen, S. 35.

57 Vgl. Twining: Normative and legal pluralism, S. 486.

interrelate is an empirical question covering a range of possibilities including symbiosis, subsumption, imitation, convergence, adaptation, partial integration, and avoidance as well as subordination, repression, or destruction«.[58]

Als Basis dieser empirischen Untersuchungen müssen aber auch passende konzeptuelle Mittel und analytische Kategorien entwickelt werden, um sich verschiedenen Formen des Rechtspluralismus verständig zu nähern. Im Folgenden soll erläutert werden, was hierzu ein mehrdimensionaler kulturwissenschaftlicher Zugang beitragen kann.

5. Recht als Kulturphänomen

Eine kulturwissenschaftliche Perspektive auf das Recht wird von dem Verdacht angetrieben, dass Rechtskulturen hochspezifische Ordnungen sind, »constellations of radically different singularities-in-the-law«,[59] deren Verständnis einer juristischen und auch vielen sozialwissenschaftlichen Perspektiven verschlossen bleibt. Untersuchungen, die sich dem Recht als Kulturphänomen widmen, liegen mittlerweile in einer Breite und Formenvielfalt vor, dass eine systematische Darstellung an dieser Stelle nicht möglich ist.[60] Sie sind nicht erst mit dem *cultural turn* ins Leben gerufen worden, sondern gehen schon auf Vico und Montesquieu zurück. Thematisch und methodisch reichen sie von den rechtsphilosophischen Anstrengungen von Neukantianern wie Emil Lask und Gustav Radbruch, die in der Folge von Heinrich Rickert Recht als einen objektiven Kulturwert herauszustellen versuchten,[61] bis hin zum segmentären Rechtskulturverständnis eines Lawrence Friedman, der den Begriff der *legal culture* Ende der 1960er Jahre in den rechtssoziologischen Diskurs einführte. Friedman unterschied dabei drei Bestandteile des Rechtssystems.[62] Zur Struktur des Rechts zählte er die Form und Prozesslogik der grundlegenden Institutionen, also die Gestaltung der Verfassung, den Zuschnitt und die Hierarchie der Gerichte, die Art der Gewaltenteilung und Ähnliches. Als substantielle Komponente betitelte er das gesetzte Recht selbst. Die rechtskulturelle Dimension setze sich hingegen aus den gesellschaftlichen Werten und Einstellungen gegenüber dem Recht zusammen – ›Kultur‹ wurde also auf ein bestimmtes Handlungsfeld oder Subsystem reduziert, ohne zu sehen, dass auch

58 Ebd., S. 489.

59 Legrand: Word/World, S. 230.

60 Vgl. als Überblick nur Gephart: Recht als Kultur; Gephart (Hrsg.): Rechtsanalyse als Kulturforschung; Krüper: Kulturwissenschaftliche Analyse des Rechts; Hofmann: Recht und Kultur.

61 Vgl. als Überblick Alexy/Meyer/Paulson/Sprenger (Hrsg.): Neukantianismus und Rechtsphilosophie.

62 Vgl. Friedman: Legal culture.

die benachbarten Felder oder Systeme durch soziale Praktiken und Vorstellungen konstituiert werden, die einer kulturwissenschaftlichen Analyse zugänglich sind. Denn ein solcher Zugang kann ›Kultur‹ nicht mehr als ein Systemelement neben Struktur und Substanz verstehen, sondern befragt jede Dimension des Rechtssystems nach ihrer ›Kulturbedeutung‹ (Weber). Die ›Substanz‹ des formalen oder informalen Rechts ist damit genauso Teil des kulturellen Bedeutungsgewebes wie die ›Struktur‹ von Institutionen, Autoritäten und Rollenzuweisungen. ›Kultur‹ ist also kein abgrenzbarer Gegenstand, sondern eine Perspektive, aus der soziale Praktiken und Strukturen als kulturelle Konstrukte und damit als kontingent erscheinen: »Das kulturwissenschaftliche Forschungspro-gramm [sic!] zielt darauf ab, die impliziten, in der Regel nicht bewussten symbolischen Ordnungen, kulturellen Codes und Sinnhorizonte zu explizieren, die in unterschiedlichsten menschlichen Praktiken verschiedener Zeiten und Räume zum Ausdruck kommen und diese ermöglichen«.[63]

Um Recht in diesem Sinn als Kultur zu erfassen, bedarf es geeigneter Mittel und Kategorien. So ist Roger Cotterrell zuzustimmen, der vor einer beliebigen und undifferenzierten Verwendung des Terminus der Rechtskultur warnt und stattdessen den sinnvollen Vorschlag macht, bestimmte rechtskulturelle Elemente analytisch zu unterscheiden, um den Erkenntnisgewinn zu erreichen, der bei einem *conceptual stretching* nicht zu erwarten wäre: »[F]or the purposes of legal theory, the concept of culture should be broken down into distinct components and its vagueness and indeterminacy thereby reduced«.[64] Deswegen wird hier ein mehrdimensionales konzeptuelles Modell von Recht als Kultur vorgeschlagen, das sich für die Analyse von rechtlicher Pluralität als nützlich erweisen könnte.

Dabei ist die Vorstellung leitend, dass das Faktum des »deep legal pluralism«[65] gar nicht adäquat verstanden werden kann, wenn es nur, wie häufig getan, auf die potentielle Kollision von Normen oder normativen Erwartungen und Begründungen, wie gravierend diese auch ausfallen, reduziert wird. Denn dass die Sprache des Rechts keine einheitliche ist, zeigt sich auf verschiedenen, den Bereich der Normativität transzendierenden Ebenen. ›Normative Ordnungen‹, zu denen das Recht zu zählen ist, erschöpfen sich nicht in einem expliziten Normensystem, wie auch Rainer Forst und Klaus Günther betont haben: »Normen treten nur in theoretischer Abstraktion isoliert auf. Tatsächlich sind sie in kulturelle, ökonomische, politische, kommunikative und psychologische Kontexte eingebettet, in Institutionen verkörpert, in Praktiken sedimentiert und habitualisiert, in Konventionen als Ergebnis langwieriger Kompromissbildungsverfahren enthalten, in Konfliktarenen herausgefordert, in Prozessen der Interpretation und

63 Reckwitz: Kontingenzperspektive, S. 17.
64 Cotterrell: Law, culture and society, S. 105.
65 Menski: Comparative law, S. 29.

Dauerrevision thematisiert und bestritten, in Ritualen und Dramen bekräftigt und stabilisiert«.[66]

Umso wichtiger ist es, dieser tatsächlichen rechtskulturellen Vielschichtigkeit auf analytisch und konzeptuell differenzierte Weise zu begegnen, denn die rechtliche Pluralität lässt sich gar nicht in ihrer Vielfalt erfassen, werden die zitierten rechtskulturellen Kontexte, die Institutionen, Praktiken und Rituale als etwas Sekundäres und Ornamentales und nicht als etwas fundamental Konstitutives wahrgenommen. Sie müssen sich auch in der Kategorienbildung wiederfinden, weswegen im Folgenden fünf Dimensionen von Rechtskultur vorgeschlagen werden sollen.[67]

6. Fünf rechtskulturelle Dimensionen

6.1 Die normative Dimension

Dass Recht eine spezifische Form von Normativität darstellt, ist unumstritten, aber kontrovers sind seit jeher, nicht nur in den prominenten Auseinandersetzungen zwischen Rechtspositivisten und ihren Gegnern, alle Versuche, die normative Dimension des Rechts hinreichend zu erfassen. Recht artikuliert sich in Normen, ob schriftlich kodifiziert oder mündlich überliefert. Normen gelten faktisch und können somit als soziale Tatsachen in den Blick genommen werden, sie können aber auch auf ihre Richtigkeit befragt werden, daraufhin, ob sie gelten sollen. Ob nun diese evaluative Dimension des Normbegriffs einen essentiellen Bestandteil von rechtlicher Normativität ausmacht, ist Gegenstand klassischer und aktueller Debatten. Die in dieser Diskussion zugrunde gelegten Konzepte von Geltung und Legitimität offenbaren dabei eine große Varianz an methodischen Zugangsmöglichkeiten, die selbst aus fundamentalen theoretischen Weichenstellungen resultieren. Hier wird vorgeschlagen, dass eine empirisch operierende Kulturwissenschaft Rechtsnormen als soziale Tatsachen, mithin im Hinblick auf ihre empirische Faktizität untersuchen sollte, ohne damit zu behaupten, durch diesen methodischen Zugang den vollständigen Sinn von ›Normativität‹ zu erfassen.[68]

66 Forst/Günther: Herausbildung normativer Ordnungen, S. 16.

67 Ich orientiere mich hierbei am Forschungsprogramm des Käte Hamburger Kollegs »Recht als Kultur«, das eine normative von einer symbolisch-rituellen und einer organisatorischen Dimension des Rechts unterscheidet (vgl. Gephart: Recht als Kultur, S. 289, hier als vier Dimensionen aufgeführt, sowie Gephart: Geisteswissenschaftliche Erforschung von Recht), die ich um eine narrative und eine epistemische Dimension ergänze.

68 Es ist offensichtlich, dass aus der Teilnehmerperspektive Normativität nicht in der gesetzten Norm aufgeht, sondern ihren vollen Sinn erst durch die Stellungnahmen der Normunterworfenen erhält: »Ob eine Norm tatsächlich handlungspraktisch wirksam wird, lässt sich nur dann ermes-

Mit dem oben erläuterten, nicht auf den Staat zentrierten Rechtsbegriff lässt sich somit auf allen Ebenen die Koexistenz und oftmals die Kollision rechtlicher Normen feststellen. Nicht zuletzt in Staaten mit indigenen Minderheiten und in postkolonialen Gemeinschaften sind vielfach solche Normkonflikte zu beobachten: Hier können Kollisionen zwischen staatlichem Recht, lokalem Gewohnheitsrecht, religiösem Recht und internationalen Menschenrechtsabkommen erfolgen.[69] Gerade in Transformationsstaaten können sich dabei verschiedene Rechtsordnungen oder -vorstellungen überlagern, sodass es zu interlegalen Verflechtungen, zu einem hybriden Gebilde von »Normschichten«[70] kommt. Aber auch in etablierten liberalen Verfassungsstaaten sind Normkonflikte keine Seltenheit, wie nicht zuletzt die vielfältigen Debatten über die Anerkennung kultureller Praktiken in westlichen Rechtsstaaten dokumentieren. Zudem, soviel sollte aus den bisherigen Überlegungen deutlich geworden sein, gibt es Rechtspluralismus nicht nur in der Konfrontation staatlichen Rechts mit anderem Recht, sondern auch transnational oder subnational.[71]

Zu bedenken ist bei all diesen Fällen, dass Normkonflikte, die auf inhaltlichen Gegensätzen beruhen, nicht unbedingt zu sozialen Konflikten führen müssen. Der Pluralismus rechtskultureller Normen, das zeigt allein schon der Blick auf das Europarecht, schließt die Herausbildung eines tragfähigen Kollisionsrechts nicht aus. Nicht immer wird aber eine rein juristische Lösung oder auch nur Hegung von Konflikten möglich sein: »Das Potential für Konflikte nimmt zu, wenn sich die unterschiedlichen Teilordnungen auf unterschiedliche Legitimationsgrundlagen berufen können«.[72] In diesem Fall ist ein politischer und sozialer Kampf um das legitime Recht fast vorprogrammiert, weil hier zum Teil inkompatible »Geltungsgeschichten«[73] aufeinanderprallen.

sen, wenn es möglich ist, von ihr abzuweichen und diese Abweichung als solche zu kritisieren – also nicht über die Beobachtung eines entsprechenden Verhaltens, sondern performativ im Modus von Rechtfertigung und Kritik. Dieser Eigensinn von Normativität bleibt einer objektivierenden Beobachterperspektive verschlossen« (Forst/Günther: Herausbildung normativer Ordnungen, S. 12 f.). Allerdings lassen sich diese Reflexionen über die Legitimität von Normen durchaus empirisch untersuchen. Sie sind Bestandteil dessen, was ich die narrative Dimension des Rechts nenne (vgl. 6.2).

69 Vgl. Kötter/Kühl/Mengesha: Normative Pluralität ordnen, S. 20.

70 Ebd.

71 Diesen letzten Punkt haben frühere Studien des Rechtspluralismus wegen eines einseitigen Erkenntnisinteresses oft übersehen: »Eine selektiv gegen den Anspruch des staatlichen Rechts gerichtete anti-ideologische Perspektive lenkt von der Komplexität normativer Systeme ab. […] Die Gegenüberstellung von Rechtszentralismus (staatliches Recht) und Rechtspluralismus (neben staatlichem Recht weitere normative Systeme) verhindert die Wahrnehmung, daß es – analytisch sichtbar gemachten – Rechtspluralismus auch innerhalb religiöser und gewohnheitsrechtlicher Systeme geben kann« (Benda-Beckmann: Unterwerfung oder Distanz, S. 194).

72 Benda-Beckmann: Gefangen im Rechtspluralismus, S. 173.

73 Vgl. Melville/Vorländer (Hrsg.): Geltungsgeschichten.

6.2 Die narrative Dimension

Die Untersuchung der narrativen Rechtsdimension fragt nach diesen Legitimations- und Begründungsgeschichten des Rechts. Die Praxis des Rechts ist selbst vielfach narrativ strukturiert, ob in Rechtstexten, etwa Verfassungspräambeln, die das kulturelle Gedächtnis einer Gemeinschaft stimulieren möchten, oder vor Gericht, bei der richterlichen Urteilsbegründung, der Anklageschrift oder der Verteidigungsrede des Angeklagten und seiner Verteidiger.

Rechtsordnungen sind aber auch eingebettet in »Rechtfertigungsnarrative [...], die als Ressource der Ordnungssinngebung fungieren«[74]. Diese Narrative können als Geltungsgeschichten bezeichnet werden, die an die Gefolgschaft, den Legitimitätsglauben der Rechtssubjekte appellieren, indem sie »Präskription und Normativität zur Geltung bringen«[75] möchten.

Für eine empirische Rechtskulturforschung ist dabei »nicht die universelle Struktur des Rechts, sondern gerade die Differenz seiner Geltungs- und Plausibilitätskontexte«[76] von besonderer Relevanz, lassen sich auf diesem Weg doch verschiedene Topoi, Erzählstrategien und Begründungsansprüche ermitteln. Hier wird man auf Geltungsgeschichten treffen, die der Verschleierung der dem Recht inhärenten Kontingenz dienen, sei es aus machtstrategischen oder religiös-kulturellen Gründen oder auch, wenn man die zeitgenössischen akademischen Rechtsdebatten ins Auge fasst, aus einem *horror vacui*, der die (idealtypisch deliberative) Suche nach einem vernünftigen Grund des Rechts antreibt, wie etwa in der Diskurstheorie des Rechts oder den Spielarten des Kontraktualismus.

Ein wesentliches Merkmal von Geltungsgeschichten ist die Strukturierung von Zeit.[77] Sowohl Traditionen als auch Zukunftsvorstellungen werden narrativ konstruiert, um dem Recht – oder Institutionen überhaupt – Kontinuität, Legitimität und Identität zu verleihen.[78] Dabei lässt sich zeigen, dass Ursprungslegenden, wie sie etwa in den religiösen Erzählungen der göttlichen Schöpfung heiligen Rechts auftauchen, nicht auf sogenannte ›traditionale‹ oder ›vormoderne‹ Gemeinschaften beschränkt sind: Gründungsmythen und -gestalten sind, wie Hans Vorländer zu Recht argumentiert hat, auch fester Bestandteil der ›Moderne‹, wie der Verfassungskult in den USA exemplarisch verdeutlicht.[79]

Geltungsgeschichten sind nie ohne Gegengeschichten, sondern stehen immer im Konflikt, sodass die Untersuchung der Geltungskontexte des Rechts wach-

74 Forst/Günther: Herausbildung normativer Ordnungen, S. 11.

75 Vorländer/Melville: Geltungsgeschichten und Institutionengeltung, S. XI.

76 Rustemeyer: Oszillationen, S. 243.

77 Im Extremfall entsteht so die Paradoxie »überzeitlicher Begründungsversuche zeitlichen Rechts« (ebd., S. 245).

78 Vgl. Vorländer/Melville: Geltungsgeschichten und Institutionengeltung, S. IX.

79 Vgl. Vorländer: Verfassung, S. 244f.

sam für »das ständige Ringen um die Deutungsmacht über das Recht«[80] sein muss.

Das Aufeinandertreffen differierender Legitimationserzählungen ist zunächst ein politischer Konflikt, der bei stark verschiedenen ›Geltungskulturen‹[81] jedoch zum argumentativ nicht zu lösenden *différend* (Lyotard) werden kann. Das postulierte ›Recht auf Rechtfertigung‹ (Rainer Forst) stößt an seine Grenze, wenn schon die Legitimationsgrundlage und der Diskursrahmen umstritten ist. Nicht nur der Blick auf die islamische Welt, sondern auch jener auf die westlichen Gesellschaften zeigt einen solchen Widerstreit von säkularen und religiösen Narrativen, der wesentlich ein Kampf ums Recht ist.

6.3 Die sozial-organisatorische Dimension

Die Reflexionen über die Bestimmungsversuche von ›Recht‹ haben ergeben, dass die organisatorische Dimension konstitutiv für das Recht ist, da es die institutionelle Ordnungsstruktur ist, die das Recht von anderen normativen Ordnungen unterscheidet – ohne dass Recht in seinen organisatorischen Verzweigungen und Mitteln aufginge. Auch wenn, nach Weber, ein speziell ausgestatteter Zwangsapparat als Ausweis des Rechts dient, kann die kulturwissenschaftliche Analyse noch bedeutende Strukturunterschiede von Rechtsordnungen, von Verfassungen und Rechtsinstitutionen offenlegen. Allein Begriff und historische Formationen von ›Rechtsstaatlichkeit‹ unterliegen schon einer aus je eigenen Entwicklungspfaden gespeisten kulturellen Varianz, die die politische Systemforschung bisweilen zu übersehen droht.

Eine Untersuchung von Organisationskulturen muss zudem auch die Rechtssubjekte berücksichtigen, die Rechtspersonen und Rollen, muss also nach den »Masters der normativen Universa«[82] fragen, die Weber etwa (als prägend für bestimmte Stufen der rechtlichen Rationalisierung) in Rechtspropheten, Rechtshonoratioren, politische und theokratische Rechtsherrscher und Fachjuristen unterteilt.[83] Allgemeiner ließen sich verschiedene Trägerschichten des Rechts, Rollendifferenzierungen und Stratifizierungen untersuchen.

Die Differenz von in diesem weiten Sinn verstandenen Organisationskulturen kann in rechtspluralen Räumen zum Konflikt führen, besonders auch beim Versuch, eine rechtliche Ordnung durch *legal transplants* zu gestalten, also fremde

80 Kötter: Recht, S. 308.
81 Gephart/Sakrani: »Recht« und »Geltungskultur«.
82 Benda-Beckmann: Gefangen im Rechtspluralismus, S. 171.
83 Vgl. Weber: Entwicklungsbedingungen, S. 615 ff.

Rechtsinstitutionen und -techniken in eine bestehende Ordnung einzupassen oder diese ihr überzustülpen.

Die Vielzahl der Instrumente zur Konfliktregelung kann selbst zu einem Konflikt führen, der aber nicht notwendig kultureller Art sein muss, in dem Sinn, dass andere Praktiken nicht verstanden oder Autoritäten nicht anerkannt werden. Wer der Versuchung nachgibt, bestimmten Gruppen oder ›Kulturen‹ Normen und juristische Techniken primordial zuzuschreiben, vernachlässigt schnell »die Heterogenität von Normkomplexen und die sozialen Prozesse der selektiven Aneignung, die von situativen Akteurs-Konstellationen strukturiert sind«[84] – oder anders formuliert: Welches Recht angewandt und anerkannt wird, ist keine rein kulturelle Frage, sondern kann auch Ergebnis strategisch-politischer Auseinandersetzungen sein.

6.4 *Die symbolisch-rituelle Dimension*

Die Analyse von Symbolen und Ritualen stellt für jede Art der Kulturforschung ein ergiebiges Untersuchungsfeld dar, wobei stark divergierende Symbolbegriffe kursieren. Legt man, wie Ulrich Haltern, einen sehr weiten, an Cassirer angelehnten Symbolbegriff zugrunde, erscheint Recht als symbolische Form, als Form der sozialen Imagination, die die soziale Welt strukturiert und dadurch schafft,[85] ohne damit eine vermeintlich authentische Wirklichkeit zu verzerren – ›Welt‹ ist immer schon symbolisch konstruiert. Darüber hinaus ist auch nicht selten ein negativer Begriff des Symbolischen anzutreffen, der das Symbolische auf das Scheinbare und Ideologische reduziert.[86]

Im engeren Sinn dienen Symbole der Sichtbarmachung und Versinnlichung normativer Ordnungen. Verfassungskulturen, die vielleicht mehr noch als andere

84 Eckert: Rechtsaneignung, S. 202.

85 »Recht ist keineswegs ein Normenkörper, der von außen auf den Gesellschaftskörper einwirkt. Recht ist vielmehr eine bestimmte Art, die Welt zu beobachten und zu verstehen. Recht ist kein Ding, sondern eine Perspektive. Wer durch die Brille des Rechts schaut, blickt auf das Politische, und zwar aus einem ganz bestimmten Blickwinkel« (Haltern: Recht, S. 93). Ich schlage vor, diese Facette des Rechts als Teil der epistemischen Dimension (vgl. 6.5) aufzufassen.

86 Dieser überwiegend negative Symbolbegriff findet sich etwa in den verfassungstheoretischen Schriften von Marcelo Neves, auch wenn dieser die Identifizierung des Symbolischen mit dem Ideologischen ablehnt. So weist er darauf hin, dass die normative Kraft von Gesetzgebung und Rechtssystem insgesamt auf instrumentellen (also konkreten Rechtssätzen) und symbolischen Variablen beruht (vgl. Neves: Von der symbolischen Gesetzgebung, S. 9). Den Terminus der ›symbolischen Konstitutionalisierung‹ reserviert er jedoch für Fälle, in denen der Verfassungstext, aus dem allein keine normative Verbindlichkeit hervorgeht, nicht hinreichend konkretisiert wird. Faktisch ist das Recht dann der Willkür der Politik untergeordnet, sodass es sich um einen Scheinkonstitutionalismus handelt: »Hinter der Verfassungsfassade stellt die Kultur der Illegalität die herrschende politische Kultur dar« (ebd., S. 16).

institutionelle Formen mit »Bildern von Ordnung und Unordnung, des ›Eigenen‹ und des ›Fremden‹, der Gegenwart wie der Vergangenheiten und der Zukünfte«[87] operieren, können gezielt unter dem symbolisch-ästhetischen Aspekt miteinander verglichen werden, wobei die Symbolizität natürlich Bestandteil jeder (nicht nur staatlichen) Rechtsgemeinschaft ist.

Nicht nur Bilder, sondern auch rechtliche Praktiken und Rituale sind hier komparativ zu ermitteln und unter der symbolischen Dimension des Rechts zu erfassen. Gerichtsverhandlungen ist ein »theatrales Dispositiv«[88] eingeschrieben, und selbst vermeintlich rein rational geführte Verfahren können noch als »Inszenierung einer Nicht-Inszenierung, von Rationalität und Anwendungslogik«[89] interpretiert werden. Die Vorstellungen einer Rechtsgemeinschaft werden so auf performative Art vermittelt und bekräftigt, Deutungen und Machtverhältnisse reproduziert, ohne dass dies den Betroffenen immer offensichtlich wäre. Zugleich sind in Rituale auch »Konflikte eingebaut, Ritualkämpfe zumeist auch Kämpfe um institutionelle Leitideen«.[90] Nimmt die symbolische Dimension des Rechts eine besonders identitätsstiftende Rolle für eine Gemeinschaft ein, ist hier mit einem großen Konfliktpotential zu rechnen.

6.5 Die epistemische Dimension

Auch die epistemischen Facetten des Rechts lassen sich auf verschiedenen Ebenen feststellen. Während die Systemtheorie die Fragmentierung der Gesellschaft in autonome Funktionssysteme postuliert, deren Konkurrenz bis zu einem »Krieg der Episteme«[91] führen könne, stellt sich in globaler Hinsicht das Recht selbst keinesfalls als einheitliches Funktionssystem dar, sondern das ›Weltrecht‹ ist selbst, wie oben skizziert, von Rationalitätenkonflikten durchzogen.[92]

Als ›epistemisch‹ sei an dieser Stelle aber die welterschließende und ein bestimmtes Wissen konstituierende Funktion des Rechts bezeichnet. Recht geht weit darüber hinaus, nur der technische Ausdruck kultureller Vorstellungen oder moralischer Überzeugungen zu sein – es ist nicht nur ein Kulturprodukt, sondern prägendes Element des Sozialen: »Law, even so technocratized a variety as our own, is, in a word, constructive; in another, constitutive; in a third, formational«.[93]

87 Rehberg: Weltrepräsentanz, S. 11.
88 Vismann: Medien, S. 19f.
89 Schild: Strafgerichtsverhandlung, S. 123.
90 Rehberg: Weltrepräsentanz, S. 37.
91 Teubner: Episteme, S. 139.
92 Vgl. Fischer-Lescano/Teubner: Regime-Kollisionen.
93 Geertz: Local knowledge, S. 218.

So rückt in epistemischer Hinsicht vor allem die Ebene der Verfassung des Rechts, der ›Recht-Fertigung‹ (Rudolf Wiethölter) in den Vordergrund.[94] Denn Recht ist nicht geordnete Regelanwendung und Subsumtion, sondern weist einen ›poietischen‹ Zug auf: »Im Recht und in dessen Zentrum, der Rechtsprechung, werden ständig, immer wieder neu, sowohl der Sachverhalt als auch die Norm hergestellt. [...] Im Recht also wird entschieden und gerade nicht die Realität erkannt, sondern nur als Recht erkannt. [...] Also keine Applikation einer festen Regel und damit das Extrahieren eines klandestin feststehenden Sinns, sondern dessen Konstruktion, dessen Poiesis«.[95]

Mit Michel Foucault, der meistens nur als Theoretiker der gesellschaftlichen Normalisierung behandelt wird, ohne nach seiner (nicht systematisch entwickelten) Rechtstheorie zu fragen, ließe sich hier verschiedenen juristischen Formen der ›Wahrheitsfindung‹ nachspüren, die Foucault nur exemplarisch und skizzenhaft untersucht hat, ließe sich nach das Urteil präjudizierenden Verfahrenstechniken suchen, die die Differenz von Prozesskulturen ausmachen. Denn die Recht-Fertigung ist abhängig von »Spielregeln, die bestimmte Formen von Subjektivität, bestimmte Objektbereiche und bestimmte Arten von Wissen entstehen lassen«.[96] Es lassen sich schon aus theoretischer Sicht verschiedene Modelle rechtlicher Performanz unterscheiden, die auch einer empirischen Analyse zugänglich sind.

Die Einsicht, dass die juristische Urteilsfindung unmittelbar von der Prozessordnung und den Techniken der Wahrheitsfindung und Beweisführung abhängt, ist eine Provokation für die Ordnungsvorstellung, die man mit dem Recht verbindet. Aber auch die in je eigenen Sprachen des Rechts zu beobachtende epistemische Konstruktion von Objekten des Rechts, von Personen und Dingen,[97] verlangt nach einer kulturwissenschaftlichen Aufklärung.

7. Fazit

Sowohl ›Rechtspluralismus‹ als auch ›Rechtskultur‹ gehören mittlerweile zu den oft genannten Schlagworten im sozialwissenschaftlichen Diskurs, deren Konturen zu schärfen sind, um sie zu Analysezwecken heranziehen zu können. Wie gesehen, sollte ›Rechtspluralismus‹ weder als postmoderne noch zwangsläufig als politische Theorie aufgefasst werden. Die vielfältige Pluralität rechtlicher Ordnungen ist das logische Resultat eines erweiterten, nicht an die staatlichen Struk-

94 Vgl. hierzu Joerges/Teubner (Hrsg.): Rechtsverfassungsrecht.
95 Kiesow: Recht, S. 327.
96 Foucault: Wahrheit, S. 13.
97 Vgl. Pottage/Mundy: Law.

turen gekoppelten Rechtsbegriffs. Wie rechtliche Ordnungen interagieren und an welchen Punkten sie kollidieren, kann nicht auf der Ebene der Begriffsbildung, sondern nur in empirischen Analysen ermittelt werden. Dennoch sind in diesem Kontext konzeptuelle Überlegungen vonnöten, zumal nicht wenige Studien auf dem Gebiet des *legal pluralism* mit einem unpräzisen Rechtsbegriff operieren.

Der kulturwissenschaftliche Blick auf das Recht vermag Kontingenzen und Differenzen rechtlicher Ordnungen aufzudecken, die weit über die normative Ebene hinausreichen. Die komparative Untersuchung verschiedener rechtskultureller Praktiken entlang der hier vorgeschlagenen Dimensionen des Rechts sollte es ermöglichen, ein Gespür für kulturelle Konflikte zu bekommen, die ein naiver, etwa noch der Einheitsfiktion des Rechts verhafteter Blick nicht wahrnehmen kann. Die Untergliederung des Rechtskulturkonzeptes entlang der hier skizzierten Dimensionen tritt dabei zum einen der Gefahr entgegen, ›Kultur‹ als undifferenzierten *umbrella term* zu verwenden, zum anderen könnte sie als nützliches Raster dienen, um das Faktum rechtlicher Pluralität näher zu bestimmen.

Über normative Fragen der Legitimität, Rechtfertigung oder Anerkennung bestimmter Rechtskulturen ist damit nichts ausgesagt.[98] Allenfalls könnte ein Ausweis tiefreichender kultureller Differenzen, die jedoch nicht einfach vorausgesetzt werden können, die Frage aufwerfen, wie plausibel sich gängige theoretische Ordnungsentwürfe an der Faktizität der Konflikte und Differenzen orientieren und ob die rechtstheoretische und rechtsphilosophische Hoffnung auf einen »universal code of legality«[99], auf einen gemeinsamen normativen Kern unterschiedlicher Rechtsvorstellungen und -praktiken aufrechterhalten werden kann.

Literatur

Albert, Mathias: Zur Politik der Weltgesellschaft. Identität und Recht im Kontext internationaler Vergesellschaftung, Weilerswist 2002.

Alexy, Robert / Meyer, Lukas H. / Paulson, Stanley / Sprenger, Gerhard (Hrsg.): Neukantianismus und Rechtsphilosophie, Baden-Baden 2002.

Arnaud, André-Jean: Legal Pluralism and the Building of Europe, in: Hanne Petersen / Henrik Zahle (Hrsg.): Legal Polycentricity. Consequences of pluralism in law, Aldershot 1995, S. 149–169.

98 Vgl. Twining: Normative and legal pluralism, S. 517.

99 Günther: Legal pluralism, S. 16. Klaus Günther, einer der besten Kenner verschiedener Formen und Theorien des Rechtspluralismus, möchte etwa nur die Vorstellung eines einheitlich geformten Rechts und Rechtsbegriffs aufgeben, während er an der Idee einer universellen rechtlichen Metasprache festhält, derer sich verschiedene Akteure von ihrem internen Standpunkt aus bedienen müssten (ebd., 16 f.).

Barzilai, Gad: Beyond Relativism: Where is political power in legal pluralism?, in: Theoretical Inquiries in the Law, 9, 2, 2008, S. 395–416.

Benda-Beckmann, Franz von: Unterwerfung oder Distanz: Rechtssoziologie, Rechtsanthropologie und Rechtspluralismus aus rechtsanthropologischer Sicht, in: Franz von Benda-Beckmann / Keebet von Benda-Beckmann (Hrsg.): Gesellschaftliche Wirkung von Recht. Rechtsethnologische Perspektiven, Berlin 2007, S. 177–202.

Benda-Beckmann, Franz von: Gefangen im Rechtspluralismus: Zum Umgang mit Normkollisionen in rechtlich pluralen sozialen Räumen, in: Matthias Kötter / Gunnar Folke Schuppert (Hrsg.): Normative Pluralität ordnen. Rechtsbegriffe, Normenkollisionen und Rule of Law in Kontexten dies- und jenseits des Staates, Baden-Baden 2009, S. 169–189.

Benda-Beckmann, Franz von / Benda-Beckmann, Keebet von: The Dynamics of Change and Continuity in Plural Legal Orders, in: Journal of Legal Pluralism and Unofficial Law, 53-54, 2006, S. 1–44.

Berman, Paul Schiff: Globaler Rechtspluralismus, in: Matthias Kötter / Gunnar Folke Schuppert (Hrsg.): Normative Pluralität ordnen. Rechtsbegriffe, Normenkollisionen und Rule of Law in Kontexten dies- und jenseits des Staates, Baden-Baden 2009, S. 41–135.

Berman, Paul Schiff: Global Legal Pluralism. A jurisprudence of law beyond borders, Cambridge, Mass. / New York 2013.

Cotterrell, Roger: Law, Culture and Society. Legal ideas in the mirror of social theory, Aldershot 2006.

Dahl, Robert A.: Polyarchy. Participation and opposition, New Haven 1971.

Eckert, Julia: Rechtsaneignung: Paradoxien von Pluralisierung und Entpluralisierung in rechtspluralen Räumen, in: Matthias Kötter / Gunnar Folke Schuppert (Hrsg.): Normative Pluralität ordnen. Rechtsbegriffe, Normenkollisionen und Rule of Law in Kontexten dies- und jenseits des Staates, Baden-Baden 2009, S. 190–206.

Fischer-Lescano, Andreas / Teubner, Gunther: Regime-Kollisionen. Zur Fragmentierung des globalen Rechts, Frankfurt am Main 2006.

Forst, Rainer / Günther, Klaus: Die Herausbildung normativer Ordnungen. Zur Idee eines interdisziplinären Forschungsprogramms, in: dies. (Hrsg.): Die Herausbildung normativer Ordnungen. Interdisziplinäre Perspektiven, Frankfurt am Main / New York 2011, S. 11–30.

Foucault, Michel: Die Wahrheit und die juristischen Formen, Frankfurt am Main 2004.

Geertz, Clifford: Local Knowledge. Fact and law in comparative perspective, in: ders.: Local knowledge. Further essays in interpretive anthropology, New York 2000, S. 167–234.

Fraenkel, Ernst: Deutschland und die westlichen Demokratien, Baden-Baden 2011.

Gephart, Werner: Recht als Kultur. Zur kultursoziologischen Analyse des Rechts, Frankfurt am Main 2006.

Gephart, Werner (Hrsg.): Rechtsanalyse als Kulturforschung, Frankfurt am Main 2012.

Gephart, Werner: Für eine geisteswissenschaftliche Erforschung von Recht im Globalisierungsprozess: das Projekt, in: ders. (Hrsg.): Rechtsanalyse als Kulturforschung, Frankfurt am Main 2012, S. 19–53.

Gephart, Werner/Sakrani, Raja: »Recht« und »Geltungskultur«. Zur Präsenz islamischen Rechts in Deutschland und Frankreich, in: Werner Gephart (Hrsg.): Rechtsanalyse als Kulturforschung, Frankfurt am Main 2012, S. 103–137.

Griffiths, John: What is Legal Pluralism?, in: Journal of Legal Pluralism, 24, 1986, S. 1–55.

Günther, Klaus: Legal Pluralism or Uniform Concept of Law? Globalisation as a problem of legal theory, in: NoFo – Journal of Extreme Legal Positivism, 5, 2008, S. 5–21.

Haltern, Ulrich: Recht und soziale Imagination, in: Werner Gephart (Hrsg.): Rechtsanalyse als Kulturforschung, Frankfurt am Main 2012, S. 89–102.

Hofmann, Hasso: Recht und Kultur. Drei Reden, Berlin 2009.

Joerges, Christian/Teubner, Gunther (Hrsg.): Rechtsverfassungsrecht. Recht-Fertigung zwischen Privatrechtsdogmatik und Gesellschaftstheorie, Baden-Baden 2003.

Kadelbach, Stefan/Günther, Klaus: Recht ohne Staat, in: dies. (Hrsg.): Recht ohne Staat? Zur Normativität nichtstaatlicher Rechtsetzung, Frankfurt am Main/New York 2011, S. 9–48.

Kiesow, Rainer Maria: Recht. Über strukturelle Irrtümer, in: Stephan Moebius/Andreas Reckwitz (Hrsg.): Poststrukturalistische Sozialwissenschaften, Frankfurt am Main 2008, S. 312–329.

Kötter, Matthias: Recht, in: Gerhard Göhler/Mattias Iser/Ina Kerner (Hrsg.): Politische Theorie. 25 umkämpfte Begriffe zur Einführung. 2., aktualisierte und erweiterte Auflage, Wiesbaden 2011, S. 307–323.

Kötter, Matthias/Kühl, Kristina/Mengesha, Judit Y.: Normative Pluralität ordnen? Eine Problemskizze, in: Matthias Kötter/Gunnar F. Schuppert (Hrsg.): Normative Pluralität ordnen. Rechtsbegriffe, Normenkollisionen und Rule of Law in Kontexten dies- und jenseits des Staates, Baden-Baden 2009, S. 11–38.

Krüper, Julian: Kulturwissenschaftliche Analyse des Rechts, in: ders. (Hrsg.): Grundlagen des Rechts, Baden-Baden 2011, S. 260–275.

Legrand, Pierre: Word/World (of Primordial Issues for Comparative Legal Studies), in: Hanne Petersen et al. (Hrsg): Paradoxes of European legal integration, Farnham/Surrey 2011, S. 185–233.

Luhmann, Niklas: Das Recht der Gesellschaft, Frankfurt am Main 2009.

Melville, Gert / Hans Vorländer (Hrsg.): Geltungsgeschichten. Über die Stabilisierung und Legitimierung institutioneller Ordnungen, Köln / Weimar 2002.

Menski, Werner: Comparative Law in a Global Context. The legal systems of Asia and Africa, Cambridge 2006.

Merry, Sally Engle: Legal Pluralism, in: Law and Society Review, 22/5, 1988, S. 869–896.

Neves, Marcelo: Von der symbolischen Gesetzgebung zur symbolischen Konstitutionalisierung: Ein Überblick. IfS Nachrichten 16, Institut für Staatswissenschaften, Universität der Bundeswehr, München 1999.

Nuscheler, Franz / Steffani, Winfried: Pluralismus. Konzeptionen und Kontroversen, München 1976.

Pottage, Alain / Mundy, Martha: Law, Anthropology, and the Constitution of the Social. Making persons and things, Cambridge 2004.

Reckwitz, Andreas: Die Kontingenzperspektive der »Kultur«. Kulturbegriffe, Kulturtheorien und das kulturwissenschaftliche Forschungsprogramm, in: ders.: Unscharfe Grenzen. Perspektiven der Kultursoziologie, Bielefeld 2008, S. 15–45.

Rehberg, Karl-Siegbert: Weltrepräsentanz und Verkörperung. Institutionelle Analyse und Symboltheorien. Eine Einführung in systematischer Absicht, in: Gert Melville (Hrsg.): Institutionalität und Symbolisierung. Verstetigung kultureller Ordnungsmuster in Vergangenheit und Gegenwart, Köln / Weimar 2001, S. 3–52.

Rorty, Richard: Le cosmopolitisme sans émancipation. En réponse à Jean-François Lyotard, in: Critique, 456, 1985, S. 569–580.

Rustemeyer, Dirk: Oszillationen. Kultursemiotische Perspektiven, Würzburg 2006.

Santos, Boaventura de Sousa: Law. A Map of Misreading. Toward a postmodern conception of law, in: Journal of Law and Society, 14/3, 1987, S. 279–302.

Santos, Boaventura de Sousa: Toward a New Legal Common Sense, London 2002.

Schild, Wolfgang: Die Strafgerichtsverhandlung als Theater des Rechts, in: Reiner Schulze (Hrsg.): Symbolische Kommunikation vor Gericht in der Frühen Neuzeit, Berlin 2006, S. 107–124.

Schmidt, Manfred G.: Demokratietheorien. Eine Einführung, Bonn 2010.

Steffani, Winfried: Einleitung, in: Franz Nuscheler / Winfried Steffani: Pluralismus. Konzeptionen und Kontroversen, München 1976, S. 9–46.

Stein, Ursula: Lex mercatoria. Realität und Theorie, Frankfurt am Main 1995.

Tamanaha, Brian Z.: A Non-essentialist Version of Legal Pluralism, in: Journal of Law and Society, 27/2, 2000, S. 296–321.

Tamanaha, Brian Z.: Understanding Legal Pluralism: Past to present, local to global, in: Sidney Law Review, 30, 2008, S. 375–411.

Teubner, Gunther: Die Episteme des Rechts. Zu den erkenntnistheoretischen Grundlagen des reflexiven Rechts, in: Dieter Grimm (Hrsg.), Wachsende

Staatsaufgaben – sinkende Steuerungsfähigkeit des Rechts, Baden-Baden 1990, S. 115–154.

Teubner, Gunther: Die zwei Gesichter des Janus. Rechtspluralismus in der Spätmoderne, in: Eike Schmidt / Hans-Leo Weyers (Hrsg.): Liber Amicorum Josef Esser, Heidelberg 1995, S. 191–214.

Teubner, Gunther: Globale Bukowina. Zur Emergenz eines transnationalen Rechtspluralismus, in: Rechtshistorisches Journal, 15, 1996, S. 255–290.

Twining, William: General Jurisprudence. Understanding law from a global perspective, Cambridge 2009.

Twining, William: Normative and Legal Pluralism: A global perspective, in: Duke Journal of Comparative & International Law, 20, 2010, S. 473–518.

Vismann, Cornelia: Medien der Rechtsprechung, Frankfurt am Main 2011.

Vorländer, Hans: Die Verfassung als symbolische Ordnung. Perspektiven einer kulturwissenschaftlich-institutionalistischen Verfassungstheorie, in: Michael Becker / Ruth Zimmerling (Hrsg.): Politik und Recht, Wiesbaden 2006, S. 229–249.

Vorländer, Hans / Melville, Gert: Geltungsgeschichten und Institutionengeltung. Einleitende Aspekte, in: Gert Melville / Hans Vorländer (Hrsg.): Geltungsgeschichten. Über die Stabilisierung und Legitimierung institutioneller Ordnungen, Köln / Weimar 2002, S. IX–XV.

Weber, Max: Die Wirtschaft und die Ordnungen, in: Max Weber-Gesamtausgabe I/22,3: Wirtschaft und Gesellschaft. Die Wirtschaft und die gesellschaftlichen Ordnungen und Mächte. Nachlaß. Teilband 3: Recht, hrsg. von Werner Gephart und Siegfried Hermes, Tübingen 2011, S. 191–247.

Weber, Max: Die Entwicklungsbedingungen des Rechts, in: Max Weber-Gesamtausgabe I/22,3: Wirtschaft und Gesellschaft. Die Wirtschaft und die gesellschaftlichen Ordnungen und Mächte. Nachlaß. Teilband 3: Recht, hrsg. von Werner Gephart und Siegfried Hermes, Tübingen 2011, S. 274–639.

Zweiter Teil

An den Grenzen des Rechts: Normativität in Ästhetik, Moral und Recht

Dirk Tänzler

Korruption von Normen

Korruption gilt als Normbruch schlechthin. Je nach Ort und Zeit wird darunter jedoch recht Unterschiedliches verstanden. Auch in der Wissenschaft gibt es eine lange und andauernde Debatte um die richtige Definition. Um den Fallstricken des Objektivismus wie des Subjektivismus zu entgehen,[1] empfiehlt sich ein Forschungsansatz, der nach empirischen Definitionen von Korruption und deren Verwendung in historischen und sozio-kulturellen Kontexten fragt. Die Analyse des Redens über Korruption liefert uns Aufschluss über unterschiedliche Kulturen der Korruption in einer Gesellschaft sowie im internationalen Kulturvergleich.[2] Wissenschaftliche Definitionen werden in diesem Rahmen ebenfalls als empirische Begriffe mit Bezug auf gesellschaftliche Diskurse und Praktiken in deren sozialstruktureller Einbettung behandelt. Der Wahrheitswert, der den Definitionen in alltäglicher oder wissenschaftlicher Praxis beigelegt wird, bleibt für uns als Wissenssoziologen eingeklammert; uns interessiert allein ihre pragmatische Wirksamkeit.[3] Mit Anthony Giddens gehen wir von einer reflexiven Beziehung zwischen Gesellschaft und Gesellschaftswissenschaft aus:[4] Wissenschaftliche Erklärungen wirken auf den Alltag, dem sie zunächst abgelesen wurden, zurück und zeitigen dort in der Regel nichtintendierte Effekte. Dies gilt insbesondere in der Moderne, zumal wenn sie sich als Wissensgesellschaft versteht. Von besonderer Relevanz sind daher wissenschaftliche Definitionen von Korruption, die paradigmatische Bedeutung für den gesellschaftlichen Diskurs haben. Auffällig ist nämlich, dass nicht zu allen Zeiten Korruption Aufmerksamkeit in der Gesellschaft genießt, sondern dies insbesondere in Übergangs- und Krisensituationen der Fall ist.[5]

1 Vgl. Bourdieu: Sozialer Sinn.
2 Vgl. Tänzler: Cultures of Corruption.
3 Vgl. Berger/Luckmann: Gesellschaftliche Konstruktion der Wirklichkeit.
4 Vgl. Giddens: Konsequenzen der Moderne.
5 Vgl. Tänzler: Korruption als Metapher.

Korruption als Kulturkrise und abweichendes Verhalten. Ein sozio-historischer Abriss

Korruption, sicher so alt wie das älteste Gewerbe der Welt, die Prostitution, und wie diese aus einer kultischen Praxis hervorgegangen, galt nicht nur *nicht* als unmoralisch, sondern als zutiefst sozial, wenn nicht heilig. Tempelprostitution war bei den Griechen Teil des religiösen Kultus und das, was wir Korruption nennen, eigentlich nichts als eine Gabe, ein Geschenk, die Feier zweckfreier Geselligkeit, beides ehrenhafte Handlungen. Im Alten Testament bedeutet ›korrupt‹ so viel wie übel, schlecht, meint das Verderben der göttlichen Schöpfung durch das Böse, den gefallenen Engel oder Teufel. Im Neuen Testament ist der Götze Mammon und der materielle Besitztrieb der Inbegriff von Korruption im Sinne des Abfalls vom heiligen Gesetz. Jesu Vertreibung der Händler aus dem Tempel ist hier das eindrucksvollste Beispiel. Im alten China bezeichnet Korruption mehr einen moralischen als einen materiellen Schaden und ist Ausdruck schlechter Herrschaft. Im Lateinischen zeigt das Wort ›corruptio‹ einen Sittenverfall an. Die Wurzel des Wortes ›rumpere‹ bedeutet ›zerbrechen‹, auch in Bezug auf eine Ordnung, also im übertragenen Sinne dann Vertragsbruch, aber nicht nur im streng juristischen Sinne geltenden Rechts, sondern auch und zunächst Bruch des Gesellschaftsvertrages, Verstoß gegen Moral, Anstand und die guten Sitten, schließlich – das Beispiel aus dem Neuen Testament – gegen den Bund mit Gott. ›Corruptio‹ ist Verderbtheit, ›corruptor‹ der teuflische Verführer im moralischen Sinn.

Klientelismus, Patronage, Nepotismus und Simonie (Ämterkauf) dagegen, für uns moderne Europäer die Inbegriffe von Korruption, waren weitverbreitet im Mittelalter und ohne jegliche Anrüchigkeit. Die Bestechung der deutschen Kurfürsten bei der Wahl des Königs war eine übliche und anerkannte Praxis. Die allgemein geläufige Definition von Korruption als privater Missbrauch eines öffentlichen Amtes beschreibt exakt das normale Amtsverständnis im *ancien regime*: Da dort der Beamte kein Gehalt erhielt, durfte er sich – ob Richter oder Steuereintreiber – an seinem Amt, d.h. seinen Klienten schadlos halten.[6] Der Ämter- oder Stimmenkauf war selbst im liberalen England des 19. Jahrhunderts in der Politik nicht nur gang und gäbe, sondern moralisch gebilligt. Erst gegen Ende des 19. Jahrhunderts wurde in England der Ämter- und Stimmenkauf gesetzlich verboten und *damit* kriminalisiert. Jetzt wird sanktioniert, was einst Norm war. Eine neue Normierung war eingeführt, der Bruch mit der traditionalen Korruptionssemantik vollzogen.

Von der Antike bis zur Neuzeit war die Semantik von Korruption als Sittenverfall der Gesellschaft und des Staates maßgeblich. In der modernen bürgerlichen Gesellschaft werden jetzt Handlungen als korrupt bezeichnet. Damit wird Kor-

6 Vgl. Klaveren: Korruption im Ancien Regime, S. 94.

ruption überhaupt erst zum gesellschaftlichen Problem und als solches wahrgenommen. Voraussetzung dafür ist allerdings ein ausdrückliches Verbot der Korruption.[7] Das jetzt als Korruption Bezeichnete ist keine gesellschaftliche Praxis und Normalität mehr, sondern ein persönliches Vergehen, eine Abweichung von der Norm, ein kriminelles Delikt.

Das ist nun insofern eine bedeutsame Feststellung, als sich in dieser Zeit die Soziologie als Handlungswissenschaft etabliert. Die Soziologie thematisiert das menschliche Leben nicht als Teil des natürlichen Kosmos wie in der griechischen Philosophie, sondern als gesellschaftliche Konstruktion, als Selbstverwirklichung des Menschen im sozialen Handeln, am eindrücklichsten formuliert in der Identitätstheorie des Deutschen Idealismus und des amerikanischen Pragmatismus. Die Gesetze des Handelns werden nicht mehr aus der universellen Natur des Menschen abgeleitet, vielmehr operiert der Soziologe mit wertfreien Begriffen empirischer Geltung bezogen auf die gesellschaftliche Meinung. Korruption erklärt sich dann nicht mehr aus der Intervention des Teufels oder aus dem Verkennen der ewigen Ideen des Wahren, Guten und Schönen, sondern aus dem Selbstverständnis der Handelnden in einer konkreten sozio-historischen Situation. Die Definition von Korruption hängt dabei vom Gesellschaftsbild ab, in westlichen Kulturen von der Idee der Modernität. Korruption erscheint dann als deren Gegenbild, als Relikt oder Rückfall in archaische Verhaltensmuster. Wir werden noch sehen, dass daran ein Körnchen Wahrheit ist.

Korruption und Moderne (I)

Die in Alltag und Wissenschaft weitverbreitete Vorstellung von Korruption als eigennütziger Missbrauch eines übertragenen Amtes – meist, aber nicht notwendig gegen Geld, sondern Vorteile aller Art (Lustreisen oder Karrierechancen)[8] – erscheint einmal als universelle Definition, dann aber wieder aufs Engste verknüpft mit der modernen Idee von Wirtschaft, Politik und Gesellschaft. Die Soziologie als Theorie der Moderne muss dafür eine Erklärung suchen. Sie muss aber auch eine Antwort auf die Frage finden, warum es in den modernen Gesellschaften überhaupt noch Korruption gibt, wenn diese doch mit Modernität eigentlich unverträglich sein soll. Dazu gibt es zwei paradigmatische Doktrinen, die sich nicht nur logisch ausschließen, sondern auch unterschiedlichen historischen Epochen angehören, die durch eine deutliche Zäsur getrennt sind. Jenseits

7 Vgl. ebd., S. 95.

8 Diese Definition ist nicht unproblematisch, weil sie Korruption nicht eindeutig von anderen Tatbeständen abzugrenzen vermag; vgl. Schweitzer: Geist der Korruption.

des Bruchs zwischen traditioneller und moderner Korruptionssemantik (spätes 19. Jahrhundert) zeigen sich weitere Begriffsverschiebungen im Zusammenhang mit sozialen Wandel- und Krisensituationen während des Kalten Krieges und nach dem Fall der Mauer.

In den 60er Jahren des 20. Jahrhunderts herrschten recht wohlwollende Ansichten über Korruption in Wissenschaft und Gesellschaft. Vorreiter dieser modernisierungstheoretischen Erklärung, die unter liberalen Ökonomen, Politologen und Soziologen gleichermaßen Anhänger fand, war Samuel P. Huntington, der Korruption als ein sich selbst eskamotierendes Übergangsphänomen im Prozess der Modernisierung beschrieb. Korruption wurde erklärt als Reaktion von Wirtschaftsakteuren auf systemische Dysfunktionalitäten eines überregulierten, bürokratischen ›absolutistischen‹ Staates in der Hand traditionaler Mächte. Der Politologe Klaus von Beyme bescheinigt dem Korruptionsparlamentarismus der frühbürgerlichen Demokratien eine durchaus positive Funktion bei der Durchsetzung des Parlamentarismus gegenüber der Dominanz des Königs.[9] Beyme zögert auch nicht, den korrupten Netzwerken im postsozialistischen Russland eine ähnlich positive Ordnungsfunktion zuzusprechen, welche die Dysfunktionalitäten des hier schwachen Staates in der Transformationsphase kompensiere.[10] Auch wenn wir in Osteuropa heute äußerlich Ähnliches beobachten wie in der Frühmoderne, scheint mir der Schluss doch etwas gewagt. Gegenüber den puritanischen Frühkapitalisten, die sich gegen den autokratischen Staat formierten, sind die *nouveaux riches* Osteuropas zu einem nicht unerheblichen Teil nicht nur Mitglieder der ehemaligen, sondern Bundesgenossen auch der neuen Nomenklatura (etwa des Systems Putin), die eine Trennung von Staat und Wirtschaft unter allen Umständen zu verhindern trachten. Was ihnen im Unterschied zum aufsteigenden Bürgertum damals fehlt, ist ein funktionales Äquivalent zur protestantischen Ethik.

Der Funktionalismus des modernisierungstheoretischen Paradigmas formulierte eine werturteilsfreie, wissenschaftliche Theorie der Korruption. Der Zweckoptimismus dieser Theorie beruht auf der mehr oder weniger stillschweigenden Annahme der universellen Gültigkeit des westlichen Entwicklungsmodells und damit der Ausgrenzung alternativer Entwicklungspfade. Schon Gunnar Myrdal hatte frühzeitig, aber folgenlos die euphemistische funktionalistische Erklärung zurückgewiesen und auf die durch Korruption bewirkten Entwicklungshemmnisse etwa in Asien aufmerksam gemacht.[11] Die alte liberale Doktrin ins Wanken gebracht hat dann Susan Rose-Ackerman mit dem Nachweis, dass Korruption auch ein perennierendes Phänomen in Demokratie und Marktwirtschaft

9 Vgl. Beyme: Die parlamentarische Demokratie.
10 Vgl. Beyme: Russland zwischen Anarchie und Autokratie.
11 Vgl. Myrdal: Asian Drama.

ist.[12] Der Paradigmenwechsel in Wissenschaft und Gesellschaft vollzog sich aber erst infolge eines einschneidenden weltpolitischen Ereignisses. Mit dem Fall der Mauer und dem Ende des Kalten Krieges änderte sich die Einstellung zur Korruption radikal und nachhaltig.

James D. Wolfensohn, in den 90er Jahren Präsident der Weltbank, rief geradezu prophetisch zum Kampf gegen das ›Krebsgeschwür Korruption‹ auf. Damit brach er ein Tabu in dieser Organisation, in der man über Korruption zu schweigen hatte. Entscheidend für diese Kehrtwendung waren aber nicht wissenschaftliche Erkenntnisse, sondern wirtschaftspolitische Erfahrungen. In Zeiten des Kalten Krieges konnten die USA und ihre westlichen Verbündeten ihren wirtschaftlichen, politischen und militärischen Einfluss geltend machen, indem sie insbesondere in den Entwicklungsländern autoritäre Regime unterstützten, die sie auch durch illegale Operationen einschließlich Korruption von sich abhängig machten. Der Gesinnungsumschwung in den 90er Jahren erfolgte nicht zufällig nach dem Zusammenbruch des Sowjetreiches. Ivan Krastev erklärt den Antikorruptionsdiskurs als Reaktion auf das Scheitern US-amerikanischer Unternehmen, die Märkte in Osteuropa zu erobern, deren Zugänge durch die Netzwerke der alten und neuen Nomenklatura versperrt waren.[13] Um diese Netzwerke zu desavouieren und zu destabilisieren, wurde u. a. auch der Antikorruptionsdiskurs eingesetzt, der wie der Kreuzzug für Demokratie etwa im Irak und in Afghanistan als Teil der neoliberalen Revolution gelten kann.

Wie aufschlussreich eine solche Ideologiekritik der Genesis des aktuellen Antikorruptionsdiskurses auch sein mag, über dessen Geltung, also die sachliche Angemessenheit, aber auch die nichtintendierten gesellschaftlichen Folgen ist damit noch nichts ausgesagt.[14] Was nämlich an der neuen Einstellung zur Korruption auffällt, ist die Ablösung des zweckoptimistischen Funktionalismus durch einen rigiden Moralismus. Lange Zeit betrachteten Ökonomen und Politologen Korruption als eine rationale Handlungsoption unter Bedingungen unvollständiger Konkurrenz, also Marktversagen etwa in Übergangsphasen von vormodernen zu modernen kapitalistischen Volkswirtschaften, aber auch in oligopolistischen oder monopolistischen Märkten spätkapitalistischer Gesellschaften. Blickt man nur auf die bilaterale Beziehung zwischen Korrumpierendem und Korrumpierten, drohen die negativen Wirkungen von Korruption wie in der Modernisierungstheorie zu verschwinden. Die Beschränkung auf die Beziehung zwischen zwei Parteien verleitet zu einer positiven Bewertung der Korruption und zur Bagatellisierung der Opfer als Kollateralschäden, die im Sinne der behaupteten positiven, weil durch die *invisible hand* gesteuerten, Entwicklung hingenommen werden

12 Vgl. Rose-Ackerman: Corruption.
13 Vgl. Krastev: Shifting Obsessions.
14 Diese Einsicht verdanke ich Konstadinos Maras.

müssen. Mit dieser euphemistischen Sichtweise hat, wie schon angedeutet, Susan Rose-Ackerman gebrochen. Sie definiert Korruption als Handeln von Agenten in Großorganisationen, die wider das Interesse des Prinzipals handeln.[15] Mit der Erweiterung des Modells vom Homo oeconomicus zur *principal-agent*-Theorie im Rahmen eines institutionenökonomischen Ansatzes, also um die Dimension der institutionellen Einbettung wirtschaftlichen und damit auch korrupten Handelns, geraten organisationsbezogene Loyalitäten sowie kulturspezifische normative und emotionale Motivationen rational handelnder Wirtschaftssubjekte in den Blick.

Institutionen werden dabei als Ausdruck von Verträgen betrachtet. Korrumpierter und Korrumpierender schließen stillschweigend einen Vertrag zur rationalen beiderseitigen Nutzenmaximierung.[16] Dem Agenten und dem Klienten, korrumpiertem Beamten und korrumpierendem Bürger, erscheint die korrupte Beziehung als ökonomische *win-win*-Situation infolge des ›Fühlungsvorteils‹ einer Netzwerkbeziehung zwischen ›Bekannten‹. Dieses scheinbare Nullsummenspiel geht aber auf Kosten eines Dritten, des durch den illegalen Vertrag ausgeschlossenen Prinzipals. Die Inszenierung eines Pseudomarktes schafft keinen Gewinn, sondern schöpft Renditen ab, die sich aus illegalen Quellen speisen.[17] Aus der Sicht des Prinzipals, hier des Staates und damit letztlich der Bürger, ist die korrupte Beziehung (und der ihr zugrunde liegende stillschweigende Vertrag) ein Verstoß gegen den offiziellen Vertrag zwischen Agent und Prinzipal, Beamten und Staat.

Aus einer ökonomischen Transaktion wird Korruption im Sinne eines illegalen, ja kriminellen Handelns erst im Hinblick auf den damit vollzogenen Vertragsbruch im Verhältnis zu einer dritten Partei, also unter Einbezug einer juristischen Tatsache. Hier stellt sich also die Frage, wie groß die Reichweite einer ökonomischen Erklärung von Korruption sein kann, wenn, so lehrt uns die Institutionenökonomie, der Vertragsbruch, das Wesen der Korruption, keine ökonomische, sondern eine normativ-rechtliche Kategorie ist. Im Grunde bestimmt die ökonomische Theorie auch in der Variante von Rose-Ackerman allein mögliche An-

15 Vgl. Rose-Ackerman: Corruption.

16 Das neue deutsche Antikorruptionsgesetz konstruiert als Indiz für Korruption dann auch das Vorhandensein einer ›Unrechtsvereinbarung‹, eines ›verschwiegenen Vertrages‹, den die Vertragspartner gar nicht haben aussprechen müssen, der aber ihr Handeln motiviert. Nicht die mehr oder weniger offensichtlichen Tatbestände Betrug, Unterschlagung, Bestechung etc., die in der Regel mit korruptem Handeln auftreten, sind an sich schon korruptes Verhalten. Dazu werden sie erst, wenn sie im Zusammenhang mit einem solchen ›verborgenen‹ oder ›verschwiegenen Vertrag‹ begangen werden. Korruption ist so gesehen ein Tatbestand zweiter Ordnung. Wegen ihres holistischen Charakters ist Korruption schwer dingfest zu machen und bereitet Juristen große Mühe, scheinbar größere Mühe als dem Alltagsverstand, wie die Reaktion auf aktuelle Fälle zeigt; vgl. Grüne: »Und sie wissen nicht, was es ist«.

17 Vgl. Priddat: Schwarze Löcher der Verantwortung.

reizstrukturen für Korruption oder, wie Albert O. Hirschman sagt, Korruptions*gelegenheiten*, aber nicht die Sache selbst.[18]

Juristen pflegen allerdings einen überraschenden Umgang mit Korruption. Ihnen ist das Phänomen viel zu diffus, um justitiabel zu sein. Im deutschen Recht werden nur abgrenzbare Tatbestände wie Amtsmissbrauch, Bestechung, Betrug, Unterschlagung, Untreue etc. geahndet.[19] Juristen wissen aber, dass der alltagssprachliche Ausdruck ›Korruption‹ durchaus eine Realität bezeichnet, nämlich die Verbindung der genannten Tatbestände zu einem über die Summe der Teile hinausgehenden Ganzen, das sich, wie gesagt, juristischem Zugriff entzieht. In Reaktion auf einen zivilgesellschaftlich und politisch initiierten Wertewandel wurde die Konstruktion einer ›Unrechtsvereinbarung‹ ins deutsche Recht eingeführt, die mit dem traditionellen Rechtsverständnis allerdings unverträglich ist.[20] Die Moralisierung der Korruption in Politik und Gesellschaft scheint das deutsche Rechtsverständnis zu verändern. Wir wollen nur so viel festhalten: Die Juristen behelfen sich mit der Konstruktion einer ›Unrechtsvereinbarung‹, also der Idee eines stillschweigenden, illegalen Vertrages.[21] Was ist darunter zu verstehen?

Hier hilft der Vorschlag des Soziologen Sighard Neckel weiter, der Korruption als unmoralischen Tausch bezeichnet.[22] Das Epitheton ›unmoralisch‹ ist hier das Wesentliche, denn die Erklärung von Korruption als Tausch[23] erfasst noch nicht das Eigentümliche des Phänomens.[24] Der grundsätzliche Irrtum beruht darauf, Korruption als Handlung, im Einzelnen dann als Tausch, als soziale Beziehung, Vertrag (zwischen Prinzipal und Agent) etc. zu verstehen. Dabei gerät außer Acht, dass Korruption ein negatives Werturteil über eine Handlung, einen Tausch, eine soziale Beziehung ist, nicht unmittelbar diese selbst. Korruption bestimmt sich nicht durch objektive, funktionale oder strukturelle Merkmale eines Objekts, Sachverhalts oder Ereignisses, sondern durch den sozialen Rahmen, in dem diese Verwendung stattfindet, also durch Sozialmoralen und normative Set-

18 Hirschman: Engagement und Enttäuschung, S. 135 f.

19 Vgl. Artikel 103 GG.

20 Gleiches gilt für die von Antikorruptionsexperten geforderte Strafbarkeit von Unternehmen, die dem Geist deutscher Rechtskultur und dessen heiligem Grundsatz individueller Schuldzurechnung widerspricht; vgl. Hetzer: Kapitulation vor der Korruption?, S. 12.

21 Zum Tatbestand der »Bestechung und Bestechlichkeit im geschäftlichen Verkehr« (§ 299 StGB) vgl. Pfefferle/Pfefferle: Korruption im geschäftlichen Verkehr, S. 15 ff.: »Notwendig ist also eine (angestrebte) Unrechtsvereinbarung, die auf die unlautere Bevorzugung eines anderen abzielt. Das bedeutet, dass der Vorteil gerade als Gegenleistung für eine unlautere Bevorzugung gefordert, angeboten, versprochen oder angenommen werden muss«. Allerdings wird auch festgestellt, dass es zu kurz greife, »wenn man Korruption nur als Tausch zwischen zwei Akteuren zu ihrem gegenseitigen Vorteil ansehen« (S. 1) würde. Zur Unrechtsvereinbarung bei § 332 StGB (Bestechung) vgl. Joecks: Studienkommentar StGB, S. 812. Für die juristischen Hinweise danke ich Samira Akbarian.

22 Vgl. Neckel: Der unmoralische Tausch.

23 Vgl. della Porta/Rose-Ackerman: Corrupt Exchanges.

24 Vgl. Fußnote 21.

tings. Korruption ist nicht so sehr auf der Ebene von Handlungen oder Beziehungen, sondern auf der der symbolischen Ordnung zu analysieren. Eine Soziologie der Korruption wäre dann im Sinne einer soziologischen Kritik der Urteilskraft zu konzipieren.

Bezugsgrößen der Theorie der Korruption als unmoralischer Tausch sind nicht mehr Wohlfahrt oder Recht und Gesetz, sondern die Grundregeln menschlichen Sozialverhaltens. Der mikroökonomische Ansatz wird hier also erweitert um eine Analyse der mikrosozialen Grundlagen menschlichen Rollenhandelns. Rollenhandeln ist die typische Form menschlichen Sichverhaltens in der Öffentlichkeit und orientiert an universalistischen Normen, die befolgt werden müssen, um die öffentliche Ordnung – zumal die einer pluralen und funktional differenzierten Gesellschaft – aufrechtzuerhalten.

Korruption tritt dann auf, wenn hinter dem Schleier eines an universalistischen Normen orientierten Rollenhandelns in der Öffentlichkeit ein partikularistisches Austauschverhältnis zwischen Privatpersonen eingerichtet wird. Die ambivalente Einstellung zur Korruption als verwerfliches, aber nur allzu menschliches und daher gebilligtes Verhalten gründet im widersprüchlichen Charakter der korrupten Beziehung.[25] Der widersprüchliche Charakter und damit die Möglichkeit der (Selbst-)Täuschung der Akteure rührt daher, dass auch eine korrupte Beziehung nur unter Anwendung elementarer Regeln der Sozialität überhaupt funktionieren kann. Eine korrupte Beziehung beruht wie jede soziale Beziehung auf dem Prinzip der Reziprozität, das besagt, dass eine Gabe erwidert, also für eine Leistung eine Gegenleistung gewährt oder (im Falle des Geldverkehrs) ein Preis gezahlt werden muss. Der Unterschied ist allerdings: Die Gabe bindet, Geld macht frei. Umgekehrt wiederum liegt die Kraft der Gabe darin, zwischen zwei Menschen ein Verhältnis des Vertrauens, der Zuneigung, Freundschaft oder Liebe zu stiften. Die Macht des Geldes liegt dagegen in der Versachlichung sozialer Beziehungen und dem ins Medium projizierten Systemvertrauen. Ist die soziale Beziehung im und durch den Gabentausch Selbstzweck, so ist sie im geldvermittelten Kauf nur Mittel der Kommunikation von ›Charaktermasken‹ zum Zweck individueller Nutzenmaximierung.

Im Falle der Korruption nun verlieren Geld und Gabe ihre Eindeutigkeit. Geld kauft nicht mehr eine Ware oder Leistung, sondern die Person. Die Beziehung wird zwar persönlich, die Person aber zur Sache. Im Unterschied zum Kauf, wo die soziale Beziehung anonym, sachlich und ohne dauerhafte Verpflichtungen abgewickelt wird, verpfändet sich der Korrumpierte als Person. Neckel nennt Korruption deshalb unmoralisch, weil hier etwas ›veräußert‹ wird, was nicht ›käuflich‹ ist, die ›Person‹, der Anstand, die Würde des Menschen. Sie ist nämlich das geheime Unterpfand der korrupten Beziehung. Person, Anstand, Würde sind aber

25 Vgl. auch Reiter: Lärmende Geschenke, S. 74.

unveräußerlich und nicht käuflich, weil sie das Grundvertrauen garantieren, auf dem überhaupt erst soziale Beziehungen wie ein Tauschverhältnis eingegangen werden. Setzt man also diese als Unterpfand eines Geschäfts ein, zerstört man die autonome Handlungsfähigkeit der sich verpfändenden Person. Dass es dazu kommt, wird nur verständlich in Anbetracht einer verschleierten Vermischung zweier Typen sozialer Beziehung und der ihnen jeweils entsprechenden Typisierung der Handelnden: Geschäft und Freundschaft.

Ein korrupter Beamter handelt unmoralisch, weil er, erstens, eine im Rahmen seiner Amtstätigkeit nach generalisierten Normen geregelte Klientenbeziehung *(sine ira et studio)* als persönliche Beziehung zu einem ›guten Bekannten‹ oder ›Freund‹ behandelt und sich dabei an partikularistischen Werten orientiert. Klienten müssen alle sachlich und gleich als ›Fälle‹ behandelt werden, Freunde und Verwandte dagegen persönlich und privilegiert.

In der korrupten Beziehung kollidieren diese beiden inkompatiblen Wertbezüge. Der Beamte handelt, zweitens, auch deshalb unmoralisch, weil er vorgibt, im Sinne einer Freundschaftsbeziehung zu handeln, aber diese im Rahmen einer Zweckbeziehung als Mittel einsetzt und durch diese instrumentelle Inanspruchnahme den Sinngehalt der Freundschaft aufgibt bzw. sich und dem anderen eine solche nur vortäuscht.

Der Korrumpierende wiederum handelt unmoralisch, weil er im Rahmen einer reinen Zweckbekanntschaft illegitimerweise einen Freundschaftsdienst verlangt, der gar nicht in der Freiheit der Freundschaft begründet ist, sondern im Zwang, der aus dem latent drohenden Verrat resultiert, also aus einer illegitimen Abhängigkeits- oder Machtbeziehung – und diese bedroht die Organisation, die ›unterwandert‹ wird. Der Korrumpierende ist ein unmoralischer Verführer, der sich als Freund tarnt. Nicht nur dass sich der Korrumpierte ökonomisch gesehen selbst schädigt, weil der Beamte als Steuerbürger letztlich für den Schaden, den er angerichtet hat, selbst mitaufkommen muss. Er macht sich auch rechtlich strafbar, weil er gegen seinen Arbeitsvertrag verstößt. Schließlich begibt sich der Korrumpierte in eine Abhängigkeitsbeziehung, die seine Handlungsfreiheit, in letzter Instanz seine persönliche Identität zerstört. Unmoral ist, in der Sprache der Philosophen, ein performativer Selbstwiderspruch, im Falle der Korruption durch die Inanspruchnahme einer allgemeinen Regel und die Exklusivität ihrer Anwendung.

Unmoral ist schließlich aber auch Selbstbetrug, der im Hinblick auf die Natur der korrupten Beziehung die moralische Identität und Persönlichkeit zerstört, damit das Fundament einer freien Gesellschaft. Diese Erklärung der Korruption als unmoralischer Tausch gibt Aufschluss über die mikrosoziale Binnenstruktur korrupter Sozialbeziehungen. Sie lässt uns erkennen, dass Korruption die Ausnutzung elementarer Strukturen des Sozialen ist und deshalb als etwas allzu menschliches erscheint, das nur schwer von Anstand und Moral unterschieden werden kann.

Die Theorie der Korruption als unmoralischer Tausch verknüpft eine universelle Grundregel menschlicher Sozialität (Reziprozität) mit dem historischen, nämlich modernen Konzept einer universalistischen Moral.

Ihrem Wesen und Anspruch nach universalistische Normen und Werte gelten nicht per se universell. Vormoderne, sogenannte traditionale Gesellschaften erheben universelle Geltungsansprüche für partikularistische Ansichten und Werte. Die Idee von Modernität ist, nur ihrem Wesen nach universalistischen Prinzipien (etwa dem Dekalog und den Menschenrechten) universelle Geltung zuzusprechen und partikularistische Werte (z. B. religiöser Art) als Privatsache anzusehen. Mit anderen Worten: Moralität ist Ausdruck einer Geisteshaltung, einer historischen Weltanschauung, und wir müssen daher klären, was die sozio-historischen oder kulturellen Geltungsbedingungen der moralischen Prinzipien sind, die im Modell der Korruption als unmoralischem Tausch in Anspruch genommen werden. Grundlegend, das hat sich bereits angedeutet, ist die moderne Unterscheidung von öffentlich und privat. Nach Albert O. Hirschman hat die moderne Vorstellung, strikt zwischen öffentlicher und privater Sphäre zu trennen, zur Folge, dass deren ›schamlose Vermengung‹ als Korruption gilt, die Max Weber noch wertfrei als Patrimonialismus beschrieben hat, der, wie bereits angedeutet, bis ins 19. Jahrhundert vorherrschte. Für das liberale Bürgertum ergänzten sich private Bereicherung und soziales Engagement noch auf angenehme Weise, was in Adam Smiths Metapher von der *invisible hand* ihre wissenschaftliche Legitimation fand. Außer bei Ökonomen findet diese metaphysische Idee einer prästabilierten Harmonie heutzutage wenige Anhänger. Ein Graben scheint aufgerissen. Lässt er sich schließen?

Korruption und Moderne (II)

Niklas Luhmann bietet hier einen Ausweg an. Er erklärt Korruption ebenfalls als Folge der funktionalen Differenzierung moderner Gesellschaften. Historisch zwangsläufig entsteht unter diesen Bedingungen ein Konflikt zwischen einer ins Private abgedrängten, archaischen Netzwerklogik und einer modernen Verfahrenslogik, die im öffentlichen Leben verpflichtend wird. Wie in der Theorie der Korruption als unmoralischer Tausch geht Luhmann von der solidaritätsstiftenden Wirkung der Gabe oder des Geschenks in Beziehungsnetzwerken aus, wie wir sie in traditionalen Gesellschaften finden. Korruption ist nach Luhmann nichts anderes als die moralisch negativ bewertete Fortexistenz solcher persönlicher, durch Gabentausch gestifteter Netzwerkbeziehungen in modernen funktional differenzierten Gesellschaften, deren formalrationale Systemlogiken mit der an materiellen Ansprüchen orientierten Netzwerklogik unverträglich sind. Für Luhmann ist Korruption aber nicht das Erbe oder der Einbruch des Archaischen in die Moderne, ihr ganz anderes, sondern eine Funktion und Folge der Moderne, nämlich der ihr eigentümlichen Leitdifferenz zwischen ›öffentlich‹ und ›privat‹.

Im Rahmen einer Soziologie der funktionalen Differenzierung wird das mikrosoziale Binnengeschehen zwischen Korrumpierendem und Korrumpiertem um die Figur des Dritten erweitert. Als Dritter figuriert bei Luhmann nicht das Opfer, der Prinzipal, sondern die Organisation. Die Motivation zum Handeln in korrupter Beziehung und der ihr immanente Wertekonflikt wird, so Luhmann, erst verständlich unter Berücksichtigung des Organisationsaspekts. Das hatte Rose-Ackerman auch schon behauptet und die Frage nach den Organisationsloyalitäten aufgeworfen. Allerdings ist ihr Organisationsbegriff aus soziologischer Sicht zu unspezifisch. Organisationen gehören zum einen einer spezifischen Sphäre an, sind z. B. Wirtschaftsorganisationen, politische Organisationen, staatliche Verwaltungsorganisationen, zivilgesellschaftliche Organisationen. Zum anderen beziehen sie sich aber gleichzeitig auch auf die Gesellschaft und die anderen Bereiche. Daraus ergeben sich zwangsläufig Zielkonflikte und Vermischungen der Semantiken.[26] Die Folge sind Kommunikationsstörungen und Unterbrechungen der Anschlusshandlungen in der Organisation. Wirtschaftsorganisationen handeln nicht nur ökonomisch, sondern z. B. auch politisch, so, wie umgekehrt politische Organisationen (z. B. Parteien) bei ihren Entscheidungen auch ökonomischen Einflüssen unterliegen. Die Einflussnahme ökonomischer Akteure auf die Politik und politischer Akteure auf die Wirtschaft gilt heutzutage als korrupt.

Im *principal-agent*-Modell wird Korruption auf einen Kontrollverlust des Prinzipals zurückgeführt, der sich aus Desinteresse oder Nichtwissen mitschuldig macht, sodass Korruption letztlich auf menschliche Schwäche zurückgeführt wird. Sighard Neckel zeigt die sozial-moralischen Wurzeln der Korruption auf und Albert O. Hirschman die sozio-kulturelle Formation einer ›öffentlichen Moral‹ oder eines Gemeinsinns, die Korruption als ideologischen Effekt hervorbringt. Luhmann kombiniert das strukturelle und das moralische Argument im Rahmen einer systemtheoretischen Erklärung. Wie Hirschman führt er Korruption nicht auf universell-anthropologische, sondern auf soziale Ursachen zurück: nämlich die Modernisierung der Gesellschaft. Korruption ist aber nicht wie in Huntingtons Theorie der Modernisierung Folge eines Strukturdefekts (Staats- und/oder Marktversagen: unvollständige Konkurrenz, Bürokratisierung, defekte Demokratie), sondern geradezu eine notwendige Nebenfolge der funktionalen Differenzierung oder der Komplexität moderner Gesellschaften sowie, in diesem Rahmen, Folge einer selektiven Selbstbeobachtung oder (Selbstbeschreibungs-)Semantik der Gesellschaftsmitglieder.

Auf dieser Grundlage lässt sich ein weiterer Streitpunkt in der wissenschaftlichen Diskussion über die Definition von Korruption aufklären. Für Luhmann ist

26 Ähnlich auch Engels: Politische Korruption und Modernisierungsprozesse, S. 42.

Korruption eine normative Kategorie, die sich aber wissenschaftlich wertfrei als Struktureffekt erklären lässt, nämlich als Abwertung von persönlichen Vertrauens- und Solidaritätsbeziehungen, wie sie durch traditionelle (›vormoderne‹) Netzwerke zwischen Verwandten und Bekannten bestehen, zugunsten unpersönlichen Systemvertrauens in formalen Organisationen und Expertensystemen. Organisationen eröffnen aber auch Chancen für ›persönliche Zurechnung‹ bei der Suche nach der Lösung *materialer* Probleme. Jenseits der Norm eröffnen sich gerade für den pflichtbewussten Beamten oder Angestellten Ermessens-, Entscheidungs- und Handlungsspielräume. Diese erweitern sich im Zuge der neoliberalen Verwaltungsreformen *(new public management)* und bieten zunehmend Korruptionsgelegenheiten. Ausgehend von der Einsicht, dass es sich bei Korruption zwar um ein moralisches Werturteil handelt, das aber Ausdruck eines Strukturkonflikts ist, zeigt Luhmann eine Möglichkeit auf, einer Moralisierung des Problems zu entkommen.[27]

Modernisierung der Korruption

Korruption ist aber nicht nur eine Folge der Modernisierung. Es gibt auch eine Modernisierung der Korruption selbst. In der Regel unterscheidet man zwei Grundtypen der Korruption, die man beliebig untergliedern kann: *petty corruption* und *grand corruption*, alltägliche Gelegenheits- und Bagatellkorruption und organisierte systemische Korruption. Klassische Beispiele für die alltägliche Bagatell- oder Gelegenheitskorruption sind das Bakschisch, das man, um einer Anzeige und teuren Strafe zu entgehen, als kleine Gefälligkeit entrichtet, wenn man bei Rot über die Ampel gefahren und von der Polizei erwischt worden ist, oder das kleine Schmiergeld, mittels dessen man eine Gaststättenkonzession oder Baugenehmigung erhält. Das kann in Rumänien funktionieren, aber sicherlich nicht in der Schweiz – was nun nicht so sehr mit den Einkommensunterschieden, sondern vielmehr mit der ›öffentlichen Moral‹ zu tun hat, zu der auch das Maß an Gesetzestreue zählt.

Grundzüge der *grand corruption* lassen sich, wenn auch nicht unbedingt mit ihr identisch, an der Mafia auf Sizilien erläutern. Drei Merkmale sind typisch für die mafiöse Form der strukturellen Korruption: (1.) sie ist organisiert; (2.) die Bestechung ist nur Teil einer Gesamtheit von kriminellen Tatbeständen wie Betrug, Unterschlagung, Erpressung, Vorteilsnahme usw.; und (3.) sie ist mit Gewalt

27 Vgl. Luhmann: Gesellschaft der Gesellschaft, S. 837, 929. Korruption erscheint dann nicht nur als Problem, sondern zunächst als Problemlösung; vgl. Reiter: Lärmende Geschenke; Tänzler/Maras/Giannakopoulos: The Social Construction of Corruption.

verbunden, eine Bedingung, die sie von *grand corruption* unterscheidet. Die Mafia in Sizilien, die Camorra in Neapel, die 'Ndrangheta in Kalabrien, die Yakuza in Japan, die chinesischen Triaden etc. sind traditionelle Netzwerke – sie nennen sich selbst Familie, Bruderschaft – mit einem eigenen Moralkodex, der nach den Regeln der direkten Reziprozität funktioniert: Auge um Auge, Zahn um Zahn ... Diese illegalen Netzwerke beruhen auf Patron-Klienten-Verhältnissen mit wechselseitigen, unkündbaren Vertrauens- und Verpflichtungsbeziehungen. Wir haben es hier also mit der Weiterexistenz vormoderner Sozialbeziehungen zu tun, die Max Weber Patrimonialismus nannte und die eine Art politische Haushaltswirtschaft darstellen, wie sie im großen Stil im Realsozialismus gepflegt wurde und mit deren Hinterlassenschaften postsozialistische Transformationsgesellschaften noch heute zu kämpfen haben. Zentrales Merkmal dieser Form strukturierter Korruption ist die Einheit von politischer und wirtschaftlicher Macht. So konnten wir in den letzten Jahren beobachten, wie in Osteuropa (z. B. in Russland unter Putin) die Mitglieder der alten und neuen Nomenklatura ihr soziales Kapital in ökonomisches Kapital konvertierten. Das Besondere an diesen illegalen postsozialistischen Netzwerken ist ihr Changieren zwischen gewaltfreier systemischer Korruption und Mafia, z. B., wenn die Grenzen zwischen Polizei und privatem Sicherheitsdienst oder Paramilitär verfließen wie in der Republika Serbska.

Auch in modernen westlichen Ländern wie Italien bedrohen mafiaähnliche Organisationen die Grundlagen der gesellschaftlichen Ordnung durch eine Verflechtung zwischen Politik und Wirtschaft. Allerdings gibt es einen gravierenden Unterschied: In Italien, aber auch in den USA können sich Wirtschaftsmagnaten wie Berlusconi ein politisches Amt kaufen, was als weniger anrüchig gilt als der umgekehrte Fall in Osteuropa. Der italienische Fall ist eine Mischung aus der traditionalen Form struktureller Korruption (kritisches Merkmal: Gewalt) mit einer modernen Form struktureller Korruption, wie wir sie aus Deutschland (etwa im Fall Siemens) kennen. Typisch für diese Form der Korruption ist der Beratervertrag. Beratung ist immer da vonnöten, wo ein Nichtwissen existiert – und das wird hier bewusst inszeniert durch sogenanntes *outsourcing*, das gleichzeitig das Risiko für die Organisationsmitglieder minimiert. Während der Patron, Pate, Oyabun (japanisch: Vater) alles weiß und, wie Roberto Saviano in seinem Buch über die Camorra schreibt, auch in der Gewissheit lebt, irgendwann bezahlen und wie ein Westernheld im Kugelhagel sterben zu müssen,[28] wissen Helmut Kohl und Herr von Pierer gar nichts und leben in Frieden bis ans Ende ihrer Tage. Die Täter, derer man habhaft wird, sind zum einen die Berater und zum anderen die mittleren Chargen, das operative Management, das sich die Finger schmutzig machen muss, damit die Hemden der Vorstände sauber bleiben können.

28 Vgl. Saviano: Gomorrha.

Wie Britta Bannenberg zeigen konnte, ist der typische Korrupte heute der Aufsteiger[29] – wie ja auch die Mafia oder die Yakuza zunächst politische Organisationen der sozial Benachteiligten waren, die zu illegalen Wirtschaftsunternehmen wurden. Aufsteiger sind risikofreudig und zeigen oft wenig soziales Verantwortungsbewusstsein. Ein traditionaler Moralismus, wie ihn noch die Unternehmer der liberalen Ära plagten, scheint im neuen Kapitalismus auch gar nicht mehr vonnöten zu sein. Hier herrscht keine Patron-Klienten-Beziehung, sondern ein rationaler Arbeitsvertrag zwischen Boss und Mitarbeiter. Allerdings wird dieses Arbeitsverhältnis, so zeigt sich bei genauerem Hinsehen, moralisch abgesichert durch eine eher militärische Form der Kameraderie. Bei Siemens sprach man von ›Siemens-Soldaten‹, die nur ihre Pflicht erfüllen und die im Gegenzug von der Organisation im Falle polizeilicher und gerichtlicher Verfolgung juristischen Beistand und Lohnfortzahlung auch im Falle der Arbeitslosigkeit wegen Gefängnisaufenthalt erwarten können. Was mit den sogenannten Beratern geschieht, interessiert die Organisation nicht, weil die Berater ja als *free lancer* auf eigenes Risiko arbeiten, sodass die Organisation für deren Arbeitsweise nicht verantwortlich ist.[30] Außerdem erfahren Organisationen wie Siemens auch im Falle eines Korruptionsskandals politische Rückendeckung. Die Bayerische Staatskanzlei drängte die Staatsanwaltschaft, das Verfahren einzustellen, um nicht ein deutsches Vorzeigeunternehmen zu schädigen.

Korruption von Normen und Normalität

Korruption gedeiht im Dunkeln. Das ist nur möglich, weil die Gesellschaft sich in der Regel über diese Schattenwelt in Stillschweigen hüllt. Aufmerksamkeit wird Korruption in Zeiten gesellschaftlichen Wandels zuteil. Korruption erfährt plötzlich eine andere Wahrnehmung, wird zum Gegenstand öffentlicher Debatten und es kommt zur Skandalisierung einschlägiger Fälle in den Medien. Der Grund ist, dass die mit dem sozialen Wandel verbundenen Strukturbrüche als Krise empfunden werden und die Wiederanpassung an die neue Situation einen Umbau der Wirklichkeitsdeutungen erzwingt. Entsprechend verändern Diskurse, das öffentliche Reden über Korruption, die gesellschaftliche Wahrnehmung und die handlungsleitende Einstellung der Akteure: Eine neue gesellschaftliche Definition des Phänomens setzt sich durch.

Das Phänomen ›Korruption‹ besitzt allerdings einen eigentümlichen Charakter. Das Beispiel der deutschen Justiz zeigt, dass der Ausdruck ›Korruption‹ hier nicht

29 Vgl. Bannenberg: Korruption in Deutschland.

30 Prototyp dieses Beraters war der kürzlich verstorbene (ehemalige) SPD-Politiker Wienand.

auf einzelne Tatbestände angewendet wird, die einen Normbruch darstellen, sondern zur Bezeichnung eines holistischen Phänomens gebraucht wird. Die Tatbestände werden als Vehikel eines Zusammenhangs verstanden, der mehr ist als die Summe seiner Teile und der auf einen verschwiegenen Vertrag verweist. Dieser verschwiegene Vertrag qualifiziert einzelne Tatbestände als Korruption, ist aber ermittlungstechnisch und juristisch kaum greifbar. Am korrupten Charakter der Tat wird deutlich, dass hinter der rechtlichen Norm, die durch Tatbestände wie Betrug, Unterschlagung, Untreue, Amtsmissbrauch etc. verletzt wird, eine soziale Normalität wirkt, an die Juristen appellieren, auch wenn sie gar nicht als Recht kodifiziert ist. Der Korruption konstituierende verschwiegene Vertrag ist ein *common-sense*-Konstrukt. Die neue gesellschaftliche Aufmerksamkeit für Korruption erzwingt eine Änderung der Gesetze und der Rechtspraxis, die einen Wandel im deutschen Rechtsverständnis und in der deutschen Rechtskultur herbeiführt.

Was sich hier im Bereich des Rechts zeigt, das kann auch in der Gesellschaft als Ganze beobachtet werden. Hier hilft der ethnologisch verfremdete Blick: In Rumänien funktioniert der Begriff ›Korruption‹ als ›catch-all-term‹ zur Bezeichnung aller durch die gesellschaftliche Transformation ausgelösten Krisenphänomene. Der Begriff ist moralisch aufgeladen, d. h., Korruption steht für alles Böse, für alles tagtäglich erfahrene Unrecht im neuen postsozialistischen Alltag, in erster Linie aber für die neuen sozialen Ungleichheiten, die als Bruch mit dem Gesellschaftsvertrag wahrgenommen werden.[31] Dieser Gesellschaftsvertrag bezieht sich nicht nur auf die durch die staatlichen Institutionen kontrollierte offizielle gesellschaftliche Praxis, sondern auch auf die inoffizielle Praxis in den aus sozialistischen Zeiten ererbten und an die neuen Verhältnisse adaptierten Umverteilungsnetzwerken, an denen einst alle Bürger partizipierten. Korruption in Rumänien wie anderen postsozialistischen Gesellschaften bedeutet Exklusion des Volkes von der Privatisierung des Staates und des gesellschaftlichen Eigentums – vornehmlich der einst ›volkseigenen‹ Betriebe, die zur Beute der sich aus der alten Nomenklatura rekrutierenden Klasse der *nouveaux riches* in Politik und Wirtschaft geworden sind. Auch in Deutschland hat sich die Einstellung zur Korruption im Zuge der neoliberalen Revolution seit den 90er Jahren des letzten Jahrhunderts gewandelt. Nicht etwa, weil sie zugenommen hätte (darüber lässt sich nur schwer Verbindliches sagen)[32], sondern weil dem Phänomen Aufmerksamkeit geschenkt wird; nicht so sehr aus juristischen, ökonomischen oder politischen Gründen – davon wird der einzelne Bürger persönlich nicht unmittelbar tangiert. Es ist nicht allein der illegal erworbene Vorteil als solcher, der die Gemüter erregt; denn solange man selbst noch davon profitiert, ganz im Sinne der ökonomischen Lehre von der

31 Vgl. Tänzler: Korruption als Metapher.

32 Der Ökonom Friedrich Schneider widmet sich seit Jahren der Aufklärung über die Schattenwirtschaft; vgl. etwa Schneider: Weltwirtschaftskrise, Schattenwirtschaft und Korruption.

invisible hand, die alle am Gewinn der sogenannten Leistungsträger teilhaben lässt, wird Korruption geduldet. Korruption ist Teil der Normalität und damit gebilligte gesellschaftliche Praxis. Erst wer von Korruption selbst nachteilig betroffen ist, ist nicht mehr gewillt, die illegale Handlung hinzunehmen; sie gilt fortan als illegitim, als Ungerechtigkeit und als Bruch des Gesellschaftsvertrags. Die Normalitätsvorstellung hat sich gewandelt, sodass Korruption als Normbruch thematisch wird. Der gesellschaftliche Diskurs zwingt das Recht, auf diese neue Sensibilität und die neue Wirklichkeitskonstruktion zu reagieren sowie den sich abzeichnenden neuen oder erneuerten Gesellschaftsvertrag auch rechtlich wirksam werden zu lassen. Ist diese soziologische Analyse des Phänomens Korruption und des neuen deutschen Korruptionsgesetzes richtig, dann werden Grenzen der aktuellen Tendenz zum sogenannten ›Richterrecht‹, einem allein von Rechtsexperten geschöpften Recht, sichtbar. Nicht Korruption als solche, aber das Reden darüber wird zum Ausdruck einer gesellschaftlichen Krise und der Veränderung gesellschaftlicher Praxis einschließlich rechtlicher Normen.

Literatur

Bannenberg, Britta: Korruption in Deutschland und ihre strafrechtliche Kontrolle. Eine kriminologisch-strafrechtliche Analyse, Neuwied 2002.

Berger, Peter L. / Luckmann, Thomas: Die gesellschaftliche Konstruktion der Wirklichkeit. Eine Theorie der Wissenssoziologie, Frankfurt a. M. 1968.

Beyme, Klaus von: Die parlamentarische Demokratie. Entstehung und Funktionsweise 1789–1999, Wiesbaden 1999.

Beyme, Klaus von: Russland zwischen Anarchie und Autokratie, Wiesbaden 2001.

Bourdieu, Pierre: Sozialer Sinn. Kritik der theoretischen Vernunft, Frankfurt a. M. 1987.

della Porta, Donatella / Rose-Ackerman, Susan (Hg.): Corrupt Exchanges, Baden-Baden 2002.

Engels, Jens Ivo: Politische Korruption und Modernisierungsprozesse. Thesen zur Signifikanz der Korruptionskommunikation in der westlichen Moderne, in: Niels Grüne / Simona Slanička (Hg.): Korruption. Historische Annäherungen, Göttingen 2010, S. 35–54.

Hetzer, Wolfgang: Kapitulation vor der Korruption?, in: Aus Politik und Zeitgeschichte 3–4/1009, S. 6–13.

Hirschman, Albert O: Engagement und Enttäuschung. Über das Schwanken der Bürger zwischen Privatwohl und Gemeinwohl, Frankfurt a. M. 1984.

Huntington, Samuel P.: Political Order in Changing Societies. New Haven 1968.

Huntington, Samuel P.: Modernization and Corruption, in: Arnold J. Heidenheimer / Michael Johnston / Victor T. LeVine (Hg.): Political Corruption. A Handbook, 2nd ed., New Brunswick/London 1993, S. 377–387.

Giddens, Anthony: Konsequenzen der Moderne, Frankfurt a. M. 1995.

Grüne, Niels: »Und sie wissen nicht, was es ist«. Ansätze und Blickpunkte historischer Korruptionsforschung, in: ders. / Simona Slanička (Hg.): Korruption. Historische Annäherungen, Göttingen 2010, S. 11–34.

Joecks, Wolfgang: Studienkommentar StGB. Buch XVI, 9. Aufl., München 2010.

Klaveren, Jacob von: Korruption im Ancien Regime, in: Christian Fleck / Helmut Kuzmics (Hg.): Korruption. Zur Soziologie nicht immer abweichenden Verhaltens, Königstein 1985, S. 92–104.

Krastev, Ivan: Shifting Obsessions. Three Essays on the Politics of Anticorruption, Budapest 2004.

Luhmann, Niklas: Die Gesellschaft der Gesellschaft, Frankfurt a. M. 1997.

Myrdal, Gunnar: Asian Drama – An Inquiry into the Poverty of Nations, Harmondsworth 1968.

Neckel, Sighard: Der unmoralische Tausch. Eine Soziologie der Käuflichkeit, in: ders.: Die Macht der Unterscheidung. Essays zur Kultursoziologie der modernen Gesellschaft, Frankfurt a. M. 1995, S. 82–90.

Pfefferle, Roland / Pfefferle, Simon: Korruption im geschäftlichen Verkehr. Schmiergeldzahlungen und die Folgen, Stuttgart 2010.

Priddat, Birger P.: Schwarze Löcher der Verantwortung: Korruption – die negative Variante von Public-Private-Partnership, in: Stephan A. Jansen / ders. (Hg.): Korruption. Unaufgeklärter Kapitalismus – Multidisziplinäre Perspektiven zu Funktionen und Folgen der Korruption, Wiesbaden 2005, S. 85–102.

Reiter, Uli: Lärmende Geschenke. Die drohenden Versprechen der Korruption. Velbrück 2009.

Rose-Ackerman, Susan: Corruption. A Study in Political Economy, New York 1978.

Saviano, Roberto: Gomorrha. Reise in das Reich der Camorra, München 2007.

Schneider, Friedrich: Weltwirtschaftskrise, Schattenwirtschaft und Korruption in Österreich und Deutschland. Umfang, Folgen, Gegenmaßnahmen – was wissen wir (nicht)?, in: Thomas Kliche / Stephanie Thiel (Hg.): Korruption. Forschungsstand, Prävention, Probleme, Lengerich 2011, S. 219–233.

Schweitzer, Hartmut: Vom Geist der Korruption. Theorie und Analyse der Bedingungen für Entstehung, Entwicklung und Veränderung von Korruption, München 2009.

Tänzler, Dirk: Cultures of Corruption. An Empirical Approach to the Understanding of Crime, Crime and Culture Project Discussion Paper No. 2, University of Konstanz 2007.

Tänzler, Dirk: Korruption als Metapher, in: Mittelweg 36. Zeitschrift des Hamburger Instituts für Sozialforschung, Nr. 37, 1/2008, S. 69–84.

Tänzler, Dirk / Maras, Konstadinos / Giannakopoulos, Angelos (Hg.): The Social Construction of Corruption in Europe, Farnham 2012.
Weber, Max: Wirtschaft und Gesellschaft. Grundriss der verstehenden Soziologie. Tübingen 1976.

Upendra Baxi

Towards An Aesthetics of Human Rights

1. A Walkabout

I would like to start with a walkabout, an immense expression that I learnt in our fight for Australian aboriginal rights, protesting all the way to Australian courts the confiscation of their ›Dreamtime‹ by the depredations of mining multinational corporations. ›Dreamtime‹ is cosmological time, the image and memory of which is preserved in ›now-time‹ by rituals and arts and practices of ›walkabout‹ on the land in which their ancestors walked and their spirits still do. Walkabout is not so much a visitation of the sacred sites (perigrinology) as inner journey of the soul. We sought to preserve in the first ever case in Australia [in *Millirrupum* vs. *Nabalco*] in the late Sixties the integrity of this civilizational notion. While the Federal Court agreed with our plea that the Gove Island aborigines had a distinctive notion of a normative legal order, and the Dreamtime was as its core, this did not provide any immunity from eminent domain powers of the state.[1] About twenty years later, in the famous decision *Mabo*, the Australian High Court went a lot further in affirming traditional rights of aboriginal communities to decide over their own lands. Likewise, in *Delgamuukw* v. *British Columbia* (1996) – a case with which I had a marginal association – the Supreme Court of Canada accepted as proof native title songs and dance ritually performed by the First Nations peoples.

In my research in art history, I found little mention of indigenous civilizations and their arts, their creativity which dares to imagine a cosmological conception of law and rights.

Now, my walkabout takes me to Kālidāsa (4th century C. E.), the epitome of Sanskrit literature and his classic play named as *Abnhignanam Shakutalam*, which fascinated Schopenhauer.[2] The dramaturgy of love between Prince Dushyant and Shankutala emerges variously. I refer here only to two moments. On beholding her the first time, the young Prince speaks to us thus: ›*Ayam me Netra Nirvana*‹ – beholding her beauty is the very experience of the liberation of vision. In a moment of their first parting, when Shankutala expresses apprehensions about their future reunion, Prince Dushyant tells her just this: ›*Atisneha Pap-*

1 Cf. Baxi: Lost dreamtime (being an inaugural address to Australian and New Zealand Law Teachers Association Conference at Hobart, 1972).

2 Cf., generally, Barua: Schopenhauer.

sanki‹, literally meaning that profound affection is always tinged with suspicions about the future (reunion). He offers this forest girl a royal ring as a credential of his love for her. As it happens, a curse of the sage ordains the loss of the ring and also amnesia of love on the part of the Prince.

Nirvana, this emancipation of vision, remains a necessary condition for understanding the imagination of different worlds of arts and human rights. Both remain always haunted by a ›fear and trembling‹ – the hermeneutic of suspicion. Put another way, the experience and expectation of *emancipation / nirvana* stands always haunted by the spectre of its endless deferral.

Centuries before Lacan, Kālidāsa thus finds a way to emplot a narrative of desire as an infinite lack; the horizon of emancipation consists in the reality of the betrayal of promise. Indeed, as J. Hans Miller reminds us, ›promise‹ makes sense only within the notion of ›betrayal‹.[3] At least this dialectic of promise/betrayal concerns the emancipatory promise of human rights (as we know them, or used to know them). And in addition, a question is raised: How may any understanding of the aesthetics of the non-European other enrich some postmodern aesthetics beyond the present-day impoverished images of ›multiculturalism(s)?

Another moment of my walkabout leads me to gesture towards the relation between ›expectation‹ and ›experience‹ in arts and human rights. This is rather an unexplored area. Yet, two thinkers have addressed it. In my introduction to Bentham's *Theory of Legislation* I explore his views of the relationship between law and expectations.[4] For Bentham, a wise legislator is one who does not dislocate expectations of peace and property (that is an order that maximizes the greatest happiness of the maximum number of people). Niklas Luhmann (who never read Bentham) makes a distinction between existential expectations which may not survive disappointment, and normative expectations which arise Phoenix-like from their ashes. The dreams of emancipation survive despite all the nightmares of human, and human rights, violation. It is in this sense, then, that we should grasp the great saying of the poet P. B. Shelly who said memorably that poets (and I add, human rights artists as well) are the ›unacknowledged legislators‹ of future worlds.

Leaving aside the exegetical criticism of my reading of Luhmann, the questions thus arising for arts concern the very *idea* of normative expectations (as applied to all or some works or genres of art), their *sources* (whose expectations may validate artistic representation), and their *strength* (their power to orientate artistic activity / performance).

In relation to the worlds of human rights, I am uncertain about existential disappointments as being outlasted by the narratives of normative expectations. In my activist experience, those exposed to the condition of ›living death‹ (to evoke a

3 Miller: Speech acts.

4 Cf. Baxi: Introduction.

poignant phrase of Giorgio Agamben) have nothing more to lose than the chain of expectations – the false promise that we call ›human rights.‹ For them, the talk of normative expectations remains a ›con trick‹ of power. I simply do not know, apart from the trauma, melancholia, forms of civic lamentation, and the accidental vicissitudes of activist human rights imagination, what the Phoenix-like character of normative expectations may signify!

2. Several Difficulties

The difficulties I face in ›structuring‹ this essay are enormous. I am not a student of the disciplinary tradition conventionally called ›aesthetics‹, much less a trained philosopher, nor am I endowed with what Alexander Gottlieb Baumgarten called the ›art of beautiful thinking‹. I already hear my esteemed preceptor Hans Kelsen saying severely to me that such disclaimers are superfluous in the first place.

Yet, a narrative of kinship between arts and human rights entails recourse to two kinds of courage, one regarded as admirable and other said to be deplorable – respectively the courage of conviction and the courage of confusion. I will display both in an equal measure in this essay in a quest of commonalities between the experience of arts and that of human rights. Somehow I am more at home with Baumgarten's notion of *campus confusionis,* or ›confusion's field‹, defending the experience of creating and receiving arts against the indictment of confusion.

I deploy the plural ›arts‹ against the singular ›the art.‹ Following Jacques Rancière, one ought to fully and frontally question the boundaries between ›art‹ and ›non-art‹, as he does in his fecund phrase ›the partition of the sensible‹. In real life one meets sculptors, painters, musicians, composers, authors for example, but not ›artists‹ as such.

Likewise, the expression – even a term of art – ›human rights‹ means many things to many people and even *nothing* to some! The problem here is not interpretive pluralism (the very imagination of freedom in arts and human rights thrive on carnivals of meaning) but rather the fact that that human rights (and arts) may mean *nothing* to some people, especially the vandals of political power. Concerning the polyvalent languages (semiotics/signifying systems) of human rights, I do not privilege human rights as languages of governance, or as normative/doctrinal languages, but rather as languages of resistance, even insurgency, in which the subaltern and subjugated persons and peoples question fundamental negations of their right to *be and to remain human.* Insurrectionary art forms and human rights artworks urge us to take social/human suffering seriously.

I believe that a narrative quest for a kinship between human rights and aesthetic experience remains both desirable and necessary, as the genre of law and literature/law as literature well demonstrates. Desirable because ›fine‹ as well as ›folk‹ artistic representations bring to us a vivid sensory experience of human and human rights violation more poignantly than tons of judicial and juridical prose; and necessary because the relationship between the artistic truth and the truth of human rights may not be always a *différend* (following Jean François Lyotard.)

By essaying these few remarks on the relatedness between works of art and of human rights, I do not remain entirely unmindful of the caution sounded by philosopher Markus Gabriel that we must not conflate ›co-relation‹ (here of arts and human rights) with ›identity‹.[5]

3. Four Questions

I raise at least four sorts of threshold questions, which I name respectively as *incommensurability*, *subject-formation*, *truth*, and *answerability* questions. I pose these briefly as follows, even as I do not explicitly address all of these.

The first question is just this: What, if any, conception of beauty may extend to the worlds of human rights? Underlying this concern is a distinction between ›normative beauty‹ on one side and the ›logic of sense‹,[6] on the other. One may as well extend the question: Does the notion of normative beauty extend to ›fine arts‹ as well, and if so in what ways?

The second question concerns the practices of selfhood: the emergences of an ›aesthesiological body‹ (to borrow a complex metaphor from Merleau-Ponty) and of human rights selfhood, even when not always the ›militant subject‹ in a Badiouan sense? What, put differently, may be said about experience, which in its protean senses is ›life‹, about the different forms of *Erleben*, the contrast between an imaginative experience and what we actually experience, a contrast that deepens the notions of selfhood/selfness? What histories of affect characterize these forms of inter-subjectivity in the spheres of the creative arts and human rights?

The third question concerns the ways of production of artistic truths, in ways that also speak to the idea of truth in human rights – a question that Pablo Picasso responded to by a famous assertion:

›We all know that art is not truth. Art is a lie that makes us realize truth, at least the truth that is given us to understand. The artist must know the manner whereby to convince others of the truthfulness of his lies.‹[7]

5 Cf. Gabriel/Žižek: Mythology, ch. 1.
6 Cf. Deleuze: The Logic of Sense.
7 Picasso: Statement, p. 264.

The fourth – the *answerability question* – emerges in terms of art's autonomy expressed to an extreme degree in the motto: ›art for art's sake‹, as if it might ever be the case that a pure being of a creative artist exists untainted by social context. In any event, such a pure being may not exist in the telos-infested acts/feats of human rights that constitute the worlds of human rights. This question of cultural production in both spheres brings to the fore the concerns about politics of aesthetics and aesthetics of human rights.

4. Towards a Human Right to Imagination?

I begin to address the incommensurability question with a suggestion: what is common to *creating* and *experiencing* art and human rights is the freedom of imagination.

The founder of the European ›history of arts‹ (because there exist the non-European others as well) Johann Joachim Winckelmann (1717–68) expressed the view that the development of art was intimately related with the political freedom that made them. If so, the very idea of human rights contributes in myriad modes to the condition of freedom – at least a necessary though not sufficient condition for the autonomy of art. One modal way of securing freedom stands provided by the arts and crafts of contemporary human rights, even when no international human rights declaration enshrines an individual and a collective right to imagination; yet this right indwells in several enunciated human rights – such as the right to freedom of speech and expression (immunity from the impunity of censorship), the right to freedom of conscience, and the rights of association, movement, further the right to work. True, the Universal Declaration of Human Rights acknowledges in Article 27 that:

›Everyone has the right freely to participate in the cultural life of the community, to enjoy the arts and to share in scientific advancement and its benefits [and] [e]veryone has the right to the protection of the moral and material interests resulting from any scientific, literary or artistic production of which he is the author‹. [8]

However, and despite the valiant efforts of the UNESCO which I do not detail, this enunciation has been read as a text assuring an early, yet fecund, recognition of the corporate rights to intellectual property. The right to ›freely‹ participate in the ›cultural life of the community‹ excludes from its ambit, as noted in the first section, the civilizational rights of the First Nations peoples; and even in some situations the exclusion of the embodied cultural articulation of immigrant sym-

8 http://www.udhr.org/UDHR/ (last accessed: 24.04.2013).

bolic identity in public places is being justified, as the jurisprudence of the EU so fully reveals.

All this is to say that international human rights regimes and even constitutional declarations present a troubled canvas for any derivative right to imagination – feats and performances of imaginative representational arts. If we were further to ask whose right it is, we do not just need to think of the question of human rights of art-workers but also of the right of readers, listeners, viewers, spectators; Ashish Rajadhyaksha, a leading Indian thinker of the Indian cinematic art reminds us of the complementarily of the right to create and the right to receive (see, hear, feel, share).[9] All this accords rather well with the insight of Winckelmann, who presciently anticipated contemporary aesthetics in stressing that ›beauty‹ in arts is not a precondition but rather the result of aesthetic contemplation of a kind of collaboration between the viewer and the creator. Temporal disjuncture between the artists and the public surely matters but not always decisively so; I may here only refer to Winckelmann's complex reading of *Laocoön*.[10]

5. ›Subjective Universality‹ and ›Normative Beauty‹

This is certainly not an occasion to discuss Immanuel Kant's philosophical aesthetics, even as a bare outline. Among other associated notions such as the relation between art and nature, the distinction between ›free‹ and ›dependant‹ beauty, ›disinterested judgement,‹ as a necessary condition of aesthetic experience and sensibility, the lack of limits on what may count as an object of beauty, and singularity of experience of beauty, I find specially arresting two distinctive conceptual personae. The first is the imagery of ›subjective universality‹ and the second the idea of ›normative beauty‹.

The idea of subjective universality is crucial both to the creation of works of art and human rights, and to their interpretation (re-creation.) Recall the observation in the *Third Critique:* ›there can be no rule according to which anyone is to be forced to recognize anything as beautiful‹;[11] Kant also famously (even notoriously) said that genius is the ›talent‹ that ›gives the rule to art‹.[12] Fully granting all that has been said about the notion of genius – from Hans Georg Gadamer to Jacques Rancière – I still remain fascinated by the notion of ›giving rule to art‹ as the ways of opening the chaos in oneself to the chaos in others. In *Zarathus-*

9 Cf. the notion of spectator rights in Rajadhyaksha: Indian cinema.

10 Cf. the analysis in Prettejohn: Beauty and art, pp. 25–29.

11 Kant: Critique, § 8.

12 Ibid., § 46.

tra, Nietzsche captures this moment in saying that ›you must have chaos in you to give birth to a dancing star‹.[13] I will turn to this notion a little more closely in the next section of the essay.

How may we further grasp the notion of subjective universality with that of giving ›rule to art‹ save via the idea of form or genre? The question here is not whether an artist provides us with a good or bad musical composition, painting, sculpture, picture, or performance, but rather the grammar of forms and genres. The realm of subjective universality stands thus already constrained by aesthetic canon. Even transgressive creations – such as ›installation art‹ or prose poems – make sense only when these forms/genres ›give rule to art.‹ Within each form, however, each author of artistic work remains free to practice the ›truth of his lies‹. Indeed, artistic truths test and tease the metaphysics (epistemology and ontology) of ›truth‹.[14]

The idea of being and remaining human and having rights constitutes also an aspect of subjective universality. The ›universality‹ of contemporary human rights consists in contesting the falsehoods entrenched by sovereign and public power. Going beyond the rather heavily stylized endless as well as counter-productive concerns about ›universality‹ and ›cultural specificity‹ and vernacular of human rights, I may here only summarily suggest a contrast between ›universal‹ and that something which may be named as ›universalizable.‹ The universal in human rights is always a work of ethical art; it is irredeemably aspirational; it is also a work of normative beauty. The notion that all humans have a right to dignity (equal recognition of their worth and respect towards their being) proclaims a truth of subjective/inter-subjective universality. The travails of its universalizability is captured best by Nelson Mandela's autobiography entitled *A Long Walk to Freedom.* Universalizability, put another way, remains a narrative ›aspect-dawning‹ of several ›walkabouts‹.

Here I evoke a rather difficult notion in Wittgenstein – the notion of ›noticing an aspect‹. Most generally put, seeing objects does not always entail noticing an aspect. We may see and yet remain ›aspect-blind‹. One may *perceive* things without *seeing* them; that is, one may make a ›perceptual report without being struck by the object concerned‹. Aspect dawning occurs when one *thinks* also that which one sees; ›it signals an *occupation* with the object which is the focus of experience.‹ Noticing an aspect is ›the act of interpreting objects as we see them‹.[15]

We come to a different understanding of aspect-dawning with Heidegger. Among his great insights was the notion of being as entities, enabling the grasp

13 Nietzsche: Zarathustra, p. 9.

14 Cf. Kieran/McIver Lopes: Knowing art.

15 Wittgenstein: Philosophical investigations, pp. 193 et seq. Cf. also Mulhall: On being in the world, p. 12.

of relation of being of things – objects, assemblages – and the being termed ›human‹. Being human always entails entering into relationships with the world of beingful things, a vast array of ›wordless objects‹, these non-human entities which remain ›ready-to-hand‹ (though never fully ›present-at-hand‹) for use and manipulation and for ›concernful dealings‹ by human beings.[16]

Provocatively, perhaps may I maintain that human rights aspirations encode trans-cultural forms of inter-subjectivity, even when some of the extant norms, standards, and instruments may seem to lack the potential of being universalizable? We may thus prefer to read the current waves of the ›Arab Spring‹: put another way, aspirational trans-cultural inter-subjectivities may continue to redefine the future of human rights (as we know them) in some specific historical and cultural conjectures and geopolitical contexts.

I am thinking here of Nobel Laureates such as Aung San Suu Kyi, Shirin Ebadi, and the three recipients of the 2011 Nobel Peace – Yemeni protester Tawakkul Karman, Liberian President Ellen Johnson Sirleaf and Liberian human rights campaigners Leymah Gbowee – and further the countless women awardees of the alternate Nobel Prize, the Right Livelihood Awards. Of course the auspices and the political contexts of such recognition remain contested and are even critiqued. Yet it remains the case that these remarkable figures testify to the resilience of belief in human rights values and test and tease the posited limits of university/universalizability of contemporary frameworks, standards, and norms of human rights.

No doubt, we encounter canons creating forms/genres of human rights – the typical distinctions between promissory/manifest social and economic human rights and civil and political rights, or the ›generations‹ of human rights. In this way, starkly put, not all human rights stand equally co-privileged; some remain more basic than others. Unlike the aesthetic canon, with its long pre-histories and histories, human rights canons furnish less robust instances. Put simply, there are yet to arrive on the scene of human rights genres and forms that regulate/sanction transgressive practices of imagining the future of human rights. Perhaps, narratives of contemporary human and modern/postmodern art may carry, even unfold, not too dissimilar stories.

The second aspect – of normative beauty – suggests that no prior rule determines which form and content human rights may assume or acquire; and further, that the imagination and the experience of human rights exceed sovereign or imperative acts of definition of whatever it may mean to say being human and having rights. I suggest summarily to direct the attention to many a multi-splendored aspirational cultural production of works of spectacular ›normative beauty‹ – to take a few contrasting examples: the Universal Declaration of Human Rights, the UNESCO emblem (turning swords into ploughshares), the recent Zapatista and

16 Cf. Mulhall: On being in the world, pp. 106–120.

Ogoni Peoples HR declarations and more recently the 2010 Cochabambaa Draft Declaration of the Rights of Mother Earth.[17]

Of course, there exists a prosaic, even when ›artful‹, instrumentally negotiated crafts-prisonship of human rights via which the play of state sovereignties limit – crib and confine – the artistic production of struggle-based imageries of what it may mean to say human and having rights. In a way, this marks a difference between human rights art-works and works of art.

I may not pursue here the aspect of normative beauty in arts for at least two reasons. For one thing, talk about normative beauty creates hierarchical distinctions between arts and non-arts; for another, this contradicts the non-didactic attributes of artistic creation, interpretation, and shared experience.

17 The Preamble of the Universal Declaration of the Rights of Mother Earth is an extraordinary articulation:

›We, the peoples and nations of Earth:

Considering that we are all part of Mother Earth, an indivisible, living community of interrelated and interdependent beings with a common destiny;

gratefully acknowledging that Mother Earth is the source of life, nourishment and learning and provides everything we need to live well;

Recognizing that the capitalist system and all forms of depredation, exploitation, abuse and contamination have caused great destruction, degradation and disruption of Mother Earth, putting life as we know it today at risk through phenomena such as climate change;

convinced that in an interdependent living community it is not possible to recognize the rights of only human beings without causing an imbalance within Mother Earth;

Affirming that to guarantee human rights it is necessary to recognize and defend the rights of Mother Earth and all beings in her and that there are existing cultures, practices and laws that do so;

Conscious of the urgency of taking decisive, collective action to transform structures and systems that cause climate change and other threats to Mother Earth;

Proclaim this Universal Declaration of the Rights of Mother Earth, and call on the General Assembly of the United Nation to adopt it, as a common standard of achievement for all peoples and all nations of the world, and to the end that every individual and institution takes responsibility for promoting through teaching, education, and consciousness raising, respect for the rights recognized in this Declaration and ensure through prompt and progressive measures and mechanisms, national and international, their universal and effective recognition and observance among all peoples and States in the world.‹

Article 1 affirms that ›Mother Earth is a living being‹ and is ›a unique, indivisible, self-regulating community of interrelated beings that sustains, contains and reproduces all beings.‹ Further, ›each being is defined by its relationships as an integral part of Mother Earth‹ and ›Mother Earth and all beings are entitled to all the inherent rights recognized in this Declaration without distinction of any kind, such as may be made between organic and inorganic beings, species, origin, use to human beings, or any other status.‹

The rights of each being are limited by the rights of other beings and any conflict between their rights must be resolved in a way that maintains the integrity, balance and health of Mother Earth.

(http://pwccc.wordpress.com/programa/; last accessed: 24.04.2013).

6. Chaosmos: The Ordering by Imagination

I would like to move to a different narrative trope, with Deleuze and Guattari who remind us that ›art … is not chaos but a composition of chaos that yields the vision or the sensation so that it constitutes, as Joyce says a chaosmos, a composed chaos – neither foreseen nor predetermined‹.[18]

›Chaosmos‹, then, is a site of *dis-ordered order.* The ordering occurs in arts via the grammar of forms – various distinctions that determine the boundaries between, for example, the orders/disorders of visual, performing and literal representations; the disorder emanates from the transgression of the canon and the authority of its custodians, by an individual or a collective of artists. That something known as ›art history‹ speaks to us both of art as conformity with the canon and resistance to it. I may not, for obvious reasons of professional incompetence, speak further to the troubled histories of art history.

How may one speak of the ›chaosmos‹ of human rights that seismically transforms our understandings of what it means to say being and remaining human – and associated images of law, power, and justice? Chaosmos of human rights parallels the three inherently conflicted ›Ws‹ of creative arts – the *wonder, world* and *work*. Max Weber reminds us that the capacity to be astonished is the source of all religions; much the same is true of the wonder of human rights that quest for the construction of the best possible normative world (here to follow Leibniz). Like arts, the chaosmos of human rights also creates new worlds of sensibility – *sensus communis*, as Gadamer variously describes this in his classic work *Truth and Method* following Herder's insistence on the ›cultivation of the human‹ where ›justice may be planted like a shoot‹[19] and Shaftesbury-like insistence on ›love of humanity‹.[20]

7. Inter-Corporeality or the Body in the Representational Worlds of Arts of Human Rights

Aesthetics, as Terry Eagleton reminds us, ›is born as a discourse of the body‹ and constitutes the ›first stirrings of a primitive materialism – of the body's long inarticulate rebellion against the tyranny of the theoretical‹.[21] The joys and pains of the body have been central to arts as well as to representations of the right to

18 Deleuze/Guattari: What is philosophy?, p. 204.
19 Gadamer: Truth and method, p. 25.
20 Ibid., p. 22.
21 Eagleton: Ideology, p. 13.

be and to remain human. Merleau-Ponty speaks to us of ›inter-corporeality‹, the ›thickness of the flesh‹ amongst the creators and receivers of artworks not as an ›obstacle‹ but as a ›means of communication‹. His favourite image, as we know well, is the ›justice of the flesh‹ and its relatedness to the ›flesh of the world.‹ In this intertwining emerge ›movement, touch, vision, applying themselves to the other and to themselves, return toward their source and, in the patient and silent labour of desire,‹ commencing the multiplex itineraries of the ›paradox of expression‹.[22] Merleau-Ponty speaks even of ›the aesthesiological body‹, raising for us the further question of how we may name the human rights bodies as representational forms. I suggest that ›justice‹ of/in the flesh and the flesh also remain salient in human rights as art-forms.

›Bodies‹ emerge in many different ways in arts and human rights. Not all religious traditions have access to a redemptive figuration of suffering on the Cross that animates Christian arts. And secular suffering, both in arts and human rights representations, remains deprived of charismatic human and social suffering. As far as I know, the fasting body of Mohandas Gandhi, the incarcerated body of Nelson Mandela and Aung San Suu Kyi, and the martyred body of Dr. Martin Luther King have not inspired ›great‹ works of art. Nor have, overall, the tortured and mangled bodies of those who resisted colonialism, imperialism and the Cold War found a secure niche in the European art-worlds. Commemorative art forms and works, no doubt, bring to view some Holocaustian forms of suffering as for example the Holocaust Museum at Berlin and very differently the Viet Nam memorial in Washington D.C and now some post 9/11 artworks.

Some named bodies thus become an object of officially authorized memorials; representations of un-unspeakable horrors of anonymous and amorphous individuals and communities of harm and hurt, including poignantly the politics of invisibility of the necessitous migrants, who become the new avatars of *homines sacri* – including some new sites of biopower and biopolitics, constituted today by the nameless victims who may be killed or otherwise violated with impunity by border-control bureaucracies and polices, even in the countries that claim to have invented forms and histories of the Enlightenment, crowd the landscapes of human rights, without at the same moment over-crowding that of the modern/postmodern art. Why this state may remain is a question that I must, in all fairness, return to their authors and critics!

As I fondly name them, the A-to-Z (Agamben to Žižek) club or hub as well (this naming carries its own complexities) conveys to us the representations of the human body/bodies as a constitutive aspect of state sovereign power. Important remains an image of the human body as a territory of state prowess. This is the principal message of Agamben's *Homo Sacer* suggesting that the ›Camp‹ is the new

22 Cf. Merleau-Ponty: The intertwining.

nomos of late modernity; of Arendt's notion of human rightlessness constituted by the inflictions of the loss of membership in a political community; of Elaine Scarry's gifted work *The Body in Pain* that speaks to us of the tormented body as a site of theological or state fabricated truths; and of Robert Cover's insistence that legal/human rights interpretation occurs on the ›plane of pain and death‹.

I may further mention here, bereft of any further elaboration, what Alain Badiou names the ›gunboat diplomacy‹ of the so-called humanitarian interventions – the war *on* terror, where some Northern initiatives go so far as to want only to destroy world's art treasures in Iraq, as surely as the destruction of the Bamiyan Buddhist statues by the Taliban regime in Afghanistan. I do not engage this aspect save to say that the ›new medievalism‹ of the wars *of* and *on* terror testifies to a menacing form of barbarity of power on both the dark sides of human rights hegemonic as well as the rebel subjects constituted by the forms of subaltern discourse.

8. Pre-Social, Martyred Bodies

Commoditization of human and social suffering is what characterizes arts as well as the arts and crafts of human rights. As concerns human rights imagery and discourse, I would like to refer to the photographic arts which display suffering in ways that both evoke human empathy as well as service and resource human rights NGO diplomacy, raising at the same moment concerns about how far artistic autonomy may proceed.

May I instance here the ›famous‹ photographic image by Kevin Carter of a dying young girl in Sudan?

Carter insisted on a view of artistic truth that knew no boundaries: for him what mattered decisively was the function of bringing alive the Hobbes-like depiction of the state of nature, the war of each against all. The ›truth‹ of the moment was all that mattered for him, even at the risk of an anguished indictment by two medical/cultural anthropologists of human rights – Arthur and Joan Kleinman – who lament variously the ›cultural appropriation‹ of suffering in our times‹.[23]

How may we receive/perceive this imagery? Note in this image the juxtaposition of an arid land, the figure of her ebbing away into a history of nothingness, and the bystander figure of a vulture inculcated in a watchful laziness which justifies, as it were, its otherwise predatory nature because it already ›knows‹ that it does not have to exert for its sure prey (the prey is already not also a prey). Both the predator and the victim here stand, as it were, de-naturalized in this artistic

23 Cf. Kleinman/Kleinman: The appeal of experience.

2: Kevin Carter: Famine in Sudan, 1993.

representation. The predator is sure of his prey and the listless prey seems to have little to offer for his exertions. The landscape of dying and death haunts the predator's (our) gaze. The excruciating end of a young life is already a *given* of the global politics *of* human rights – and I may also add of the politics *for* human rights, a form in which the commodification of dire human and social suffering serves as a resource both for human rights movements and markets.[24]

When may acts of ›*appropriation*‹ of human/social suffering not signify its ›*expropriation*‹? This, perhaps, poses the scandal of what I have named in this article the concern for answerability, both for the spheres of arts and human rights. Yet, taking (the other's) suffering seriously means that we are inclined to behave responsibly towards them, or at least towards their condition.

The notion of ›responsibility‹ however raises many imponderables. Jacques Derrida suggests that responsibility always preserves ›within itself a nucleus of irresponsibility or absolute unconsciousness‹.[25] Moreover, acting with full responsibility in one instance or situation entails the ›betrayal‹ and ›absolute sacrifice‹ of our other responsibilities.[26]

Taking seriously the ›radical singularity‹ of demands placed upon us by those whom we love or worship means that: ›I cannot respond to the call, the request,

24 Cf. Baxi: The future of human rights, especially chapters 7–9.
25 Derrida: The gift of death, p. 20.
26 Ibid., pp. 68 et seq.

the obligation, or even the love of another, without sacrificing the other other, the other others‹.[27] There is accordingly a certain degree of incommensurability between the particular (the singular other) and the ›universal‹ (duties of responsibility to suffering others.) Derrida is thus right to reproach those whom he calls ›the knights of responsibility‹[28] when they fail to recognize that acting responsibly (towards some) paradoxically involves behaving irresponsibly (towards others).

In so far as one may read Derrida clearly (an aporia in itself), what follows is not that we may not owe duties of responsibility to the suffering and vulnerable others but rather that the performance of such duties remains problematic when based on an easy ethic or ›crypto-theology‹. We need to recall always Derrida's maxim: ›What binds me to this one or that one, remains finally unjustifiable‹.[29] ›Unjustifiable‹ in the sense of ›undecidability‹ because the ›decision, if there is to be one, must advance toward a future that is not known, which cannot be anticipated‹.[30]

On other sites, some ethnographers have noted the representations of martyred bodies as a resource for the universality/universalizability of the contemporary representations of human rights. I refer here to an extraordinary meditation by Lori A. Allen, an ethnographer of the second Intifada, who offers ways of understanding reasons why ›social actors mobilize representations of people in states of acute physical and emotional distress as part of their political projects‹.[31] Human rights and social movement activists and mass media in Palestine routinely use images of ›martyred bodies‹ to reinforce the righteousness of their cause and to scandalize the conscience of humankind against the atrocious conduct of Israel, the most displayed being the photograph of ten-year-old Huda Ghalia crying besides the bodies of seven close relatives killed by Israeli shelling on a northern Gaza Strip beach on June 9, 2006.[32] This illustrates ›immediation‹ *not inter-mediation,* at play in affective and experience-based encounters, and further provides insight into the histories of affect via ›mechanics of suffering‹ in which (and in the words of Herder the ›sensitive chords are strung in harmony with those of others ... [whose] souls vibrate in unison‹.[33]

Especially remains poignant the Palestinian ›philosophy‹ of vision, indicated in the following observation:

›Although many academics in the last quarter of the 20th century may have rejected any notion of the body existing prior to social and semiotic categories (of gender, sex, or skin color), it is *exactly this conception of the presocial body – and, therefore, of the body that*

27 Ibid., p. 68.
28 Ibid., p. 65.
29 Ibid., p. 70.
30 Derrida: Nietzsche and the machine, p. 231.
31 Cf. Allen: Martyr bodies, p. 161.
32 Cf. ibid., p. 166.
33 Ibid., p. 169.

exists before or outside of social divisions – that Palestinians strive to hold on to. Theirs is an effort at creating intersubjectivity, conveying the force of the blow, and insisting on the humanity they share with their interlocutors. With the bodies of the martyred dead and injured, they show that they belong to the same sympathy-deserving category of the human‹.[34]

The linkages thus suggested also reinforce the critical importance of ›presocial‹ bodies in the spheres of human rights and arts; certainly, the idea of human dignity as a *grundnorm* of all human rights entails an equal regard for the moral worth of all embodied human persons. What dignity entails at the very least is the denial of its other – humiliation. All humans as embodiments of human rights are inherently equal, erasing the marks etched by politics of cruelty, emanating whether from state, state-like, or even state-transcendent entities.

In Lieu of a Conclusion: Politics, Arts, and Human Rights

I must end now but not without a summoning mention of the gifted work of Jacques Rancière concerning the materiality of both the ›politics of aesthetics‹ and the ›aesthetics of politics‹. Reflecting on his own itinerary of thought since his doctoral work *La Nuit des Proletaires (The Nights of Labor)*[35] he speaks of the ›core of the emancipation‹ of workers as an ›aesthetic revolution‹,[36] overthrowing their incapacity to ›voice their experience as common experience in the universal language of public argumentation‹.[37] Emancipation consists simultaneously in a repudiation of a ›certain kind of body‹ (formations of body – their ›presuppositions‹ and ›practices‹ – with the capacities and incapacities of that body).[38] Rancière links the workers‹ movement with the aesthetic revolution of the 19th Century C. E. thus as a move away from the representational plot, the representational connection of causes and effects to recast it as an ›aesthetic‹ plot, a matter of variation of perceptions, intensities and speeds, just as the novelists, from Flaubert to Virginia Woolf, did it for life and love stories.[39] Put further in his words, there exists a ›paradoxical link between the »separateness« of aesthetic experience and the framing of a political subjectivization‹.[40]

34 Ibid., p. 172 (emphasis added).

35 Subtitled as The workers' dream in nineteenth-century France. Cf. also Rancière: The aesthetic revolution and Rancière: The politics of aesthetics: The distribution of the sensible.

36 Rancière: From politics to aesthetics, p. 14.

37 Ibid., p. 13.

38 Ibid., p. 14.

39 Ibid.

40 Ibid., p. 15.

In what ways then we may speak of aesthetics, outside this paradoxical link? I may do no better than to quote copiously from Rancière:

›Art is not political owing to the messages and feelings that it conveys on the state of social and political issues. Nor is it political owing to the way it represents social structures, conflicts or identities. It is political by virtue of the very distance that it takes with respect to those functions. It is political insofar as it frames not only works or monuments, but also a specific space-time sensorium, as this sensorium defines ways of being together or being apart, of being inside or outside, in front of or in the middle of, etc. It is political as its own practices shape forms of visibility that reframe the way in which practices, manners of being and modes of feeling and saying are interwoven in a commonsense, which means a »sense of the common« embodied in a common sensorium‹.[41]

One may perhaps speak in the same way of arts and crafts of contemporary human rights. As I see it, an aesthetics of human rights is a *programmschrift* that continues to inter-weave *anew a new commonsense* – a new ›sense of the common‹. This way thus combines severally, even jointly, the insights of Antonio Gramsci and Jacques Rancière – a theme to think about on another occasion.

List of references

Allen, Lori A.: Martyr bodies in the media: Human rights, aesthetics, and the politics of immediation in the Palestinian intifada, in: American Ethnographist 36/1, 2009, pp. 161–180.

Barua, Arati (ed.): Schopenhauer and Indian philosophy, New Delhi 2008.

Baxi, Upendra: The lost dreamtime: Now forever lost. A critique of the Gove Island decision, typescript 1972.

Baxi, Upendra: Introduction to Jeremy Bentham, in: Jeremy Bentham: The theory of legislation, Bombay 1975, pp. xviii–xxiii.

Baxi, Upendra: The future of human rights, Delhi/Oxford 2008.

Deleuze, Gilles: The Logic of Sense, New York 1993.

Deleuze, Gilles/Guattari, Felix: What is philosophy?, New York 1996.

Derrida, Jacques: The Gift of death, Chicago 1995.

Derrida, Jacques: Nietzsche and the machine, in: Derrida, Jacques: Negotiations. Interventions and interviews 1971–2001, Stanford 2002, pp. 215–256.

Eagleton, Terry: The ideology of the aesthetic, Oxford 1990.

Gabriel, Markus/Žižek, Slavoj: Mythology, madness and laughter: Subjectivity in German idealism, London 2009.

41 Rancière: The politics of aesthetics.

Gadamer, Hans-Georg: Truth and method, London/New York 2006.

Kant, Immanuel: Critique of judgment, New York 2007.

Kieran, Matthew/McIver Lopes, Dominic: Knowing art. Essays in aesthetics and epistemology, Dordrecht 2006.

Kleinman, Arthur/Kleinman, Joan: The appeal of experience; the dismay of images: Cultural appropriations of suffering in our times, in: Daedalus 125, 1996, pp. 1–23.

Merleau-Ponty, Maurice: The intertwining – the chiasm, in: Merleau-Ponty, Maurice: The visible and the invisible, Evanston 1968, pp. 130–55.

Miller, J. Hans: (In)felicitous speech acts in Kafka's The Trial, http://www.usc.edu/dept/comp-lit/tympanum/4/miller.html (last accessed: 24.04.2013).

Mulhall, Stephen: On being in the world: Wittgenstein and Heidegger on seeing aspects, London 1990.

Nietzsche, Friedrich: Thus spoke Zarathustra, Cambridge 2006.

Picasso, Pablo: Statement, in: Chipp, Herschel B. (ed.): Theories of modern art: A sourcebook by artists and critics, Berkeley 1968, pp. 263–266.

Prettejohn, Elizabeth: Beauty and art: 1750–2000, Oxford 2005.

Rajadhyaksha, Ashish: Indian cinema in the time of celluloid: From Bollywood to the emergency, Bloomington 2009.

Rancière, Jacques: The nights of labor. The workers' dream in nineteenth-century France, Philadelphia 1989.

Rancière, Jacques: The aesthetic revolution and its outcomes: Emplotments of autonomy and heteronomy, in: New left review 14, 2002, pp. 133–151.

Rancière, Jacques: The politics of aesthetics. The distribution of the sensible, London 2004.

Rancière, Jacques: From politics to aesthetics, in: Paragraph 28/1, 2005, pp. 13–25.

Rancière, Jacques: The politics of aesthetics, http://www.16beavergroup.org/mtarchive/archives/001877print.html (last accessed 24.04.2013).

Wittgenstein, Ludwig: Philosophical investigations, Oxford 1953.

Pratiksha Baxi

On Interpreting Rape as Atrocity[1]

Nearly fourteen years after the enactment of the *Scheduled Castes and Scheduled Tribes (Prevention of Atrocities) Act, 1989* (hereafter, PoA Act), Indian parliamentarians raised questions about how judges in India distinguish between ›mere rape‹ and *rape-as-atrocity* during a discussion on the dismal implementation of the Act in 2003. Dr Manda Jagannath MP (Nagar Kurnool), for instance, pointed out that ›in Andhra Pradesh a number of rape cases are committed. In one particular case, the judge felt that the rape was committed because of »lust for sex« rather than thinking that the woman was a Dalit[2] woman. Why are only Dalit women chosen? Why are not women in one's family chosen for committing rape? They are also women. Be it a Dalit woman or a woman in an upper caste family, the anatomy of their bodies is the same‹.[3] It was not evident to the parliamentarian why judges did not recognise that Dalit women were not only stable targets of sexual violence, but also that historically, there had been a widespread toleration of violence against Dalit women. Further, judges do not recognise that men prefer to rape women belonging to specific classes or castes, which implies that rape is not about lust but about sexualised power.

Rape has been defined as an act of power, a conscious mechanism through which patriarchy maintains its domination over women. Rather than think of rape as a law-and-order problem, rape is seen as a form of political violence. Feminist theory has offered us ways of understanding rape as a scripted interaction between men of unequal status. Marcus has argued that rape is a manifestation

2 Das: Introduction, p. 10. The Constitution of India has specifically abolished untouchability. It lists the castes and tribes for which the state provides certain provisions, such as reservation of seats in the parliament and state legislatures, as well as posts in government institutions. Thus, Scheduled Caste and Scheduled Tribe is a juridical category. The Constitution also mentions Other Backward Classes (OBCs), who are also entitled to certain provisions in individual states. The Scheduled Castes communities are also referred to as Harijan. Harijan, which literally means ›people of God‹ is a contested category; cf. Mendelsohn and Vicziany: The Untouchables. I have preferred to use the word Dalit, to refer to communities formerly named as untouchables. Dalit, a word used in Marathi language, is defined as »ground« or »broken or reduced to pieces generally«. It has been associated with the radical politics of self-assertion and dignity. Dalit has encompassed the juridical categories Scheduled Caste and other backward classes (that are coterminous with so-called lower castes).

3 Lok Sabha Debates. Short Duration Discussions (RU: Regarding Atrocities on Dalits), 12 March 2003, p. 29, http://indiankanoon.org/doc/452722; last accessed on 12/10/2011.

of a gendered grammar of violence predicating men as subjects of violence and engendering women as subjects of fear and objects of violence.[4]

An atrocity, says Card, is a ›gross evil‹ or ›the widespread toleration of wrongfully perpetrated intolerable harm to individuals[5]‹. These atrocities, which inflict ›intolerable harm‹ are not ›a matter of a large number of victims‹ nor are these a ›sum of assaults‹[6]. Card believes that rape is an atrocity, which communicates ›an immediate message to women and girls [...] that we will have in our bodies only the control that we are granted by men and thereby in general only that control in our environments that we are granted by men‹[7]. This violence is ›enjoyed for its own sake‹ and in this sense, is ›recreational‹; yet it is also instrumental in ›sending a message‹ to all other women.[8] I use Card's definition of atrocity as a widespread toleration of intolerable harm in the context of Indian law, which distinguishes some crimes as atrocities.

The enactment of the PoA Act[9] inaugurated the distinction between crime and atrocity in Indian law. Atrocities are legally defined as those crimes listed under the PoA Act against a Scheduled Caste (hereafter, SC) or Scheduled Tribe (hereafter, ST), committed by a person(s) who is not SC or ST. This special law justifies the need for protective legislation to redress and prevent specific forms of degrading violence against these ›enumerative communities‹.[10]

Protectionist laws such as the PoA Act aim to infuse criminal law with constitutional ideals of substantive equality, by re-signifying previously stigmatised bodies as bearers of rights. As a special law, the PoA Act mandates the institution of a governmental apparatus to allow Dalits and tribals greater access to courts.

4 Cf. Marcus: Fighting Bodies, Fighting Word.

5 Card: The Atrocity Paradigm, p. 219.

6 Ibid., p. 217.

7 Card: Rape as a Weapon of War, p. 6.

8 Ibid., pp. 6 et seq.

9 The PoA Act was implemented on 30 January 1990. The characterization of cases under the PoA Act in judgments and public discourse varies. In Gujarat courts, the PoA Act is abbreviated as the *Atrocities Act* and the Judges characterized as *Special Atrocity Judges*. In other Courts, the PoA Act is characterized as the *SC/ST Act*. The manner in which I have abbreviated the Act retains the emphasis on the aim of the legislation to prevent and redress atrocities, rather than maintain the connotation that the legislation itself produces atrocities as indicated by the abbreviation, *Atrocities Act*.

10 The category *Scheduled Castes* replaced an earlier category, *Depressed Classes*, under the *Government of India Act* of 1935; cf. Das: Introduction; Galanter: The Abolition of Disabilities; Galanter: Competing Inequalities. As Das reminds us, ›initially untouchability was to be the criterion for the inclusions of castes into the list of Scheduled Castes‹; Das: Introduction, p. 10. Galanter has described the difficulties of arriving at a list, given the differences in the south and the north of India. The ›names of castes that were finally included in the state lists formed a kind of unity only through a »common relationship their members have with government«‹; Duskin cited in Das: Introduction, p. 19. This marked the generation of what Veena Das calls ›the conception of community as an enumerative community, which has a strong influence on processes of political representation‹; ibid., p. 10.

The PoA Act aspires to bring everyday and extraordinary violence against the Dalits and Adivasis – to use the categories of self-assertion used by the Scheduled Castes and Scheduled Tribes – to challenge structures of impunity and immunity. In this paper, I will argue that the exception is produced when the law institutes a series of hyper-technicalities to disarticulate atrocity.[11] Since the special apparatus exists in a field of power, it is dismantled by the police, prosecutors, defence lawyers and judges by deploying the rules formulated around the PoA Act. Far from withdrawing from or suspending law, there is a certain excess of technicalities, which create and maintain exceptional conditions of impunity and impunity.

I argue further that the judicial understanding of rape-as-atrocity is thin, and convictions of rape-as-atrocity are rare. However, we find some convictions in those cases of rape which accompany other forms of atrocities. These atrocities (read with the crime of rape) do not always communicate the gravitas of the experience of rape as a form of tolerated »intolerable harm«[12]. This is an additive approach – it adds specific forms of atrocity to the crime of rape. In doing so, it does not alter necessarily the meaning of rape. For women, the hollowing out of the PoA Act happens both at the level of naming and the doing of the law. The judicial archive then allows us to outline how caste or tribe gets occluded from the law as context, motive, intent and evidence.

11 Rao believes that ›exceptionalism is written into the Indian Constitution‹, which scripts Dalits and Adivasis ›as exceptional subjects‹ and ›legal exception … as a form of political inclusion‹; Rao: The Caste Question, p. 24. She derives her understanding of exception from Giorgio Agamben, for whom ›the state of exception is thus not the chaos that precedes order but rather the situation that results from its suspension‹ Agamben: Homo Sacer, p. 18. Agamben further states that ›since »there is no rule that is applicable to chaos«, chaos must first be included in the juridical order through a creation of a zone of indistinction between outside and inside, chaos and normal situation – the state of exception‹ ibid., p. 19. Critiquing this view of exception, Hussain argues that emergency or exception institutes, following Michael Foucault, a series of hyper-legalities marking ›the proliferation of regulations tactics that characterize the governmentality of the modern state and the operations of modern power‹; Hussain: Beyond Norm and Exception, p. 734. Hussain argues that ›the difficulty in using the theoretical paradigms of the state of exception is that its specific substantive and connotative associations are ones of decision and declaration, abeyance and suspension and an emptying out of set of rules from the governance. Even at Guantánamo, which seems such a clear example of a camp that is an extralegal zone, subject only to executive degree, we find not only an emptying out of law but an abundant use of technical distinctions, different regulations and multiple invocations of authority‹; ibid., p. 740.

12 Cf. Card: The Atrocity Paradigm.

The Emergence of Atrocity as a Juridical Category

S. R. Sankaran suggests that ›perhaps the term »atrocity« was used for the first time by the Commissioner of Scheduled Castes and Scheduled Tribes – a special Officer appointed under Article 338 (1) of the Constitution as it originally stood – in his Annual Reports in relation to crimes against the Scheduled Castes and Scheduled Tribes‹[13]. Mendelsohn and Vicziany trace some complex narratives: as an administrative category, »atrocity« was used as early as the Sixth Report published in 1956–7 when the Office of the Commissioner of SCs and STs began to maintain a record of the complaints. By the 21st Report of 1971–3, ›perceptions had changed. The much larger complaints section was re-styled »Cases of Atrocities and Harassment«, a nomenclature which seemed to fit mounting concern about violence done to Untouchables. In the variant form »Harijan atrocity«, this was a term that quickly slipped into the vernacular of Indian newspaper reportage and official documents as an omnibus identifier of the frequent violence suffered by Untouchables‹[14]. Mendelsohn and Vicziany argue that the evidence of atrocity, which was now part of administrative discourse, was also in response to the violence on Dalits due to their refusal to be ›passive victims‹, and ›as a reaction to the demands they are making or of their uptake of benefits provided by the state‹[15]. The category atrocity ›was routinized and bureaucratized at a time when wider political developments suggested that India as a whole was an increasingly violent society and therefore that the Untouchables were not such exceptional victims‹[16].

During the 1970s and 1980s, atrocities were documented as evidence of the systemic domination of Dalits, and over time the term came to be extended to include the crimes committed against the tribals as well. Studies such as the one conducted by the *Indian Bureau of Police Research and Development* in 1979 held that ›in order to constitute atrocity, there must be an element of cruelty or brutality, or wickedness in the commission of a particular offence, or it should have the background of having been committed with the view to teach the Harijans a lesson‹[17]. A study on the basis of a systematic collation of police complaints led sociologist Kamble to argue in the 1980s that the law did not adequately address instances of violence against the Dalits.[18] P. S. Krishnan, Special Commissioner for SC/ST, and Secretary, Ministry of Welfare mobilized the category »atrocity« to pioneer the formulation of the special law.[19]

13 Sankaran: Social Exclusion and Criminal Law, p. 128.
14 Mendelsohn and Vicziany: The Untouchables, p. 44 et seq.
15 Ibid., p. 45.
16 Ibid.
17 Cited in Baxi: Inhuman Wrongs, p. 137.
18 Cf. Kamble: The Scheduled Castes.
19 Also see Jaoul: The »Righteous Anger« of the Powerless.

A perusal of the parliamentary debates[20] indicates that the Bill was represented during these debates as a necessary and urgent legislation to address the growing atrocities against the SCs and STs as a result of social change engineered by governmental schemes and policies. The growing violence was constructed as backlash against new forms of social mobility and self-assertion. The clubbing together of SCs and STs was seen as natural. Both were seen as potentially vulnerable to systemic domination by caste Hindus. The legislators sought to classify as atrocities those forms of sexual violence that overtly targeted Dalit and tribal women, which were performative, repetitive and excessive. We find repeated allusion to the phrase ›teaching a lesson‹, both in legal and political discourse. ›Teaching a lesson‹ means to put individuals and communities ›in their place‹ – in the instance of women, their bodies literally forced beneath rapacious bodies – to transact power over despised and inferior communities. In the context of the PoA Act, ›teaching a lesson‹ becomes an operative term to distinguish rape as a penal crime from rape as an atrocity.

Classifying Crime and Atrocity

The PoA Act introduces a series of new classifications, which are relevant to understanding how rape is classified as atrocity. First, ›the provisions of the act come into play when the offender is not a Dalit or an adivasi[21]‹. A Dalit man cannot be prosecuted for committing rape on a tribal woman under the PoA Act, and such a charge must be prosecuted under the Indian Penal Code (henceforth, IPC).[22] Second, a list of atrocities is provided under s. 3 of the PoA Act, although ›no conceptual definition has been attempted[23]‹. Third, this does not mean that the offences under the IPC are excluded from the Act.[24] In other words, the language of atrocity seems to borrow from two sets of discourses – one from the existing definitions of crime and the other derived from the languages of suffering that are part of the repertoire of these targeted communities. The PoA Act thus led to a new modality of speaking about sexual violence and a new apparatus to address the articulation of rape-as-atrocity.

20 Dr. Rajendra Kumari Bajpai introduced the Bill. She was the then Minister of State of a new ministry of welfare introduced during the Rajiv Gandhi led government.

21 Agraval and Gonsalves: Dalits and the Law, p. 137.

22 See *T. Taranath & Anr. vs. State of A. P. & Ors*, 1999 (1) Crimes 188, cited in Naval Law of Prevention of Atrocities, p. 75.

23 Saxena: Report on Prevention of Atrocities, p. 27.

24 Cf. ibid,

The PoA Act mandates the establishment of special courts, appointment of special prosecutors and investigation of atrocities by police officers not below the rank of a Deputy Superintendent of Police (hereafter, DSP). The Special Courts were mandated in order to minimise the delay in hearing these cases. A Special Court is ›essentially a court of session and it can take cognisance of an offence when the case is committed to it by the Magistrate in accordance with the provisions of the Code of Criminal procedure[25]‹.

The *1995 Rules*, which operationalized the PoA Act, outline a number of features which include prevention of atrocities by naming certain areas as atrocity-prone, in such an area granting power to the state to cancel the arms licenses of all non-Dalits and non-tribals, and if necessary, provide arms licenses to the members of the Scheduled Castes and the Scheduled Tribes, to ensure safety and protection of all tribals and Dalits. It drew up rules for compensating victims of atrocity, including rape. Women whose modesty had been outraged or those who had been sexually exploited, for instance, were entitled to Rs 25,000 after the medical examination and Rs 25,000 after the trial. If the offence warranted a sentence of ten years or more, the victim would be compensated at least Rs 50,000. As per the Gujarat rules,[26] when a tribal or Dalit rape victim gets married, the government shall decree a sum of Rs 50,000 to the marrying couple. Compensation would now be available through specific procedures, which rested on proving the identity of the victim through governmental procedures of certification.

While the powerful victim-blaming discourse – that the PoA Act is *misused* in order to gain compensation – circulates in courtrooms, in fact survivors find it hard to access compensation.[27] The research conducted by Delhi-based NGO, *MARG*, for the Government of India on rape cases among Dalit and tribal women in Uttar Pradesh reveals that irrespective of age, marital status or circumstance, an overwhelming number of medico-legal reports read identically in Meerut District.[28] Tekchandani says, ›largely the medical reports say that no marks of external or internal injury are visible, vaginal smear report is negative, hymen tear is old, there is no bleeding, victim is used to sexual intercourse and no opinion about rape can be given[29]‹. Each report disingenuously mentions that all the victims have a mole on their cheeks, as a mark of identification. Such practices of forging medico-legal certificates are not recognised as state forgery by our courts. The language of compensation, instead of reparation, brings the PoA Act closer to languages of damages. Equally, the implementation of this regime of compen-

25 Narayana: The Scheduled Castes, p. 280; see also Saksena: Atrocities on Scheduled Castes.

26 http://www.sje.gujarat.gov.in/showpage.aspx?contentid=1630&lang=English; last accessed 20.8.2011.

27 Cf. Agrawal and Gonsalves: Dalits and the Law.

28 Cf. Tekchandani: Efficacy of the Enforcement System.

29 Ibid., p. 27.

sation oscillates between state practices of forgery and practices of illegibility as a mechanism of disarticulating atrocity.

By offering definitions of dignity, the PoA Act is equally directed at bodies and conducts, ›where rights may be understood as another resource that can be used to convince others how to behave[30]‹. It is not surprising that the Act has become both the site of intense contestation and a site of a politics of resistance. We cannot therefore ignore *talk* about the Act in the courts, which is equally directed at bodies and conducts. This talk demonstrates a specific »mentality« towards Dalit and tribal women, which aims to dismantle the govermentalization of access to courts of law. It is commonly believed that Dalit and tribal women lie about being raped to gain access to compensation. Defence lawyers routinely use the potential provisions for compensation as a resource to attack the credibility of the victim.[31] Thus, the definitions of dignity directed at bodies and conducts do not alter the structure of rape trials. The PoA Act itself has become a symbol of the very conflict that the legislation seeks to regulate.[32]

Challenge, Quash and Defer: *Sahjad Ansari vs. State of Jharkhand*

It may seem ironical that the constitutionality of the PoA Act has been challenged on the ground that it violates equality before the law and equal protection of the law. Indian courts have taken quite seriously the requirement that the fundamental right to equality disciplines the power of legislative action. I suggest that such challenges to the PoA Act became a routinized defence strategy to defer or quash the complaint of atrocity. I cite this observation from a hearing pertaining to a rape and atrocity trial, which was decided in the High Court of Patna (Ranchi Bench).[33] This case, *Sahjad Ansari vs. State of Jharkhand*[34], details a chilling account of gang rape, torture and homicidal death of a tribal young woman in November 1992 in Bihar (now Jharkhand).

On 5 November 1992, a young tribal woman boarded the Rajdhani Express

30 Hussain: Beyond Norm and Exception, p. 72.

31 In *Ramdas & Ors vs. State of Maharashtra*, the victim was accused of lodging a false complaint ›since the Pardhi community has an Association which gives a sum of Rs. 40,000 to the victims of such offences‹ MANU/SC/8626/2006 at para. 5.

32 See *State of Gujarat vs. Farukhbhai Ahmedbhai Shaikh (1997)2GLR1400.*

33 See *Banshilal Madholal Sarpanch vs. State of Madhya Pradesh and Anr.* MANU/MP/0242/1990. This was a constitutional referral, which clarified whether an accused could use the provisions of the Criminal Procedure Code relating to anticipatory bail when charged with offences under the *PoA Act*, including rape.

34 MANU/JH/0200/2007.

bus at Ranchi to go to her sister's house in Giddi. Sahjad Ansari, a bus conductor, drove up to the bus on a motorcycle with two other men. They forced the victim to get down from the bus, and abducted her.

›... the miscreants felled her down on the ground and committed gang rape on her. Thereafter, they took her forcibly to a coal mine at a distance of about one kilometer away from the house and on the way they threatened her with dire consequences if she reported the matter to any one and when she did not reply, one of them took out his belt and began lashing her with the belt. Later, the appellant Shahjad Ansari tied the neck of the prosecutrix with the belt and dragged her towards the coal mine and dumped her on the burning coal. Believing that she had died, the miscreants left the place. The prosecutrix suffered extensive burn injuries. Her clothes were totally burnt. Yet she was alive and by mustering courage, she walked towards a village located at a distance of about half a kilometer from the coalmines. She knocked at the door; the occupant of the house saw her and provided clothes to cover her body and took her to the nearest police station at Bhurkunda from where she was taken to hospital at Sayal and later she was shifted to Rajendra Medical College Hospital (RMCH) Ranchi ... The prosecutrix in course of her treatment at the RMCH, died after about 35 days of the occurrence.‹[35]

The post-mortem recorded the cause of the homicidal death as the complications that followed due to the burn injuries. On her deathbed, the victim gave her statement wherein she stated that she recognised one of the assailants as the bus conductor, Sahjad Ansari. At the time when she gave this statement, she could not sign the statement with her badly burnt hands and fingers, a point that would be obfuscated by the defence during the trial in a bid to question the veracity of the dead victim's unsigned statement which was treated as an FIR[36]-cum-dying declaration. The trial court judgment was pronounced on 12 February 2002.

35 Ibid. at para. 2.

36 FIR denotes the First Information Report, which is the record of the first information of a crime often given orally to a police officer. The term ›First Information Report‹ is not mentioned in the Criminal Procedure Code (CrPC). It derives its meaning from section 154 of the code, which holds that ›every information relating to the commission of a cognizable offence, if given orally to an officer in charge of a police station, shall be reduced to writing by him or under his direction, and be read over the information; and every such information, whether given in writing or reduced to writing aforesaid, shall be signed by the person giving it, and the substance thereof shall be entered in a book to be kept by such officer in such form as the State Government may prescribe in this behalf‹ (Ratanlal and Dhirajlal 2002:209). The section further holds that a copy of the information should be made available to the informer free of cost. In other words, the information regarding a cognizable offence has to be registered and the police have to initiate investigation. It has been held by the appellate courts that the ›refusal to record an F.I.R. on the ground that the place of crime does not fall within the territorial jurisdiction of the police station, amounts to dereliction of duty. Information about cognizable offence would have to be recorded and forwarded to the police station having jurisdiction‹ (Ratanlal and Dhirajlal 2002:211). The importance of lodging the F.I.R. promptly follows the procedure to ›obtain early information of alleged criminal activity, to record the circumstances before there is time for them to be forgotten or embellished and the report can be put in evidence when the informant is examined‹ (Ratanlal and Dhirajlal 2002:212).

The delay was in part created by fact that the accused in this case moved the High Court of Patna (Ranchi Bench) to quash the FIR lodged against them.[37] The accused succeeded in getting anticipatory bail and a stay on the proceedings when the Court admitted these applications for hearing – a fact that the Bench noted with surprise. The petitioner claimed that the allegations made in the FIR do not constitute an offence under the PoA Act. The petitioner claimed that s. 3 of the PoA Act violated Article 14 of the Constitution since such acts of atrocities are not punishable when committed by the members of Scheduled Castes or Scheduled Tribes.

The Court dismissed the application on the grounds that:

>›Providing special courts, prescribing special procedure and special legislation to protect the weaker sections of the society from the exploitation of the vested interests cannot be held to be an Act of discrimination within the ambit of Article 14 of the Constitution. As the offences or activities are so heinous or serious then those offences can be treated as a class by themselves and a special procedure may be provided for dealing with them or for their investigation and trial. Article 14 of the Constitution prohibits class legislation and does not prohibit reasonable classification for purposes of legislation.‹ [38]

On the issue of the quashing of the FIR, the Court noted the tendency to file applications for quashing of the FIR,[39] and rightly pointed out that the legal strategy to quash police investigation as the norm rather than an exception undermines the PoA Act. Justices G.B. Patnaik and P.K. Deb were ›pained to find this sort of maneuvering (*sic*)‹ held that ›this is a glaring example where the process of the Court has been abused and in such a heinous offence the accused persons are moving freely. The purpose of legislation enacting Act to prevent the weaker sections of the society from the exploitation by higher caste people will not be achieved if the Court entertains such applications and passes such orders, which emboldens the accused persons to commit such heinous acts‹.[40]

When the case was finally heard, the trial court found Sahjad Ansari guilty of kidnapping, rape, murder and atrocity committed on the ground that the victim was tribal in 2002. The Court acquitted the other two men. The High Court upheld the conviction and sentence meted out by the trial court in 2007. Although this case spans seventeen years, it is one of the few cases which names rape as atrocity. This case tells us that for rape to be atrocity, it does not need to deploy scale as a measure of atrocity. Nor is atrocity merely the sum of all assaults. Rather, what makes it atrocity is the intolerable and annihilating harm, which has historically found toleration and, even celebration.

37 *Kamal Nayan Narsaria alias Kamal Narsaria, Etc. Etc. vs. State of Bihar and Ors.* MANU/BH/0145/1995.

38 ibid. at para. 4.

39 ibid. at para. 5.

40 ibid. at para. 10.

On the Ground of

Whoever, not being a member of a Scheduled Caste or a Scheduled Tribe, commits any offence under the Indian Penal Code (45 of 1860) punishable with imprisonment for a term of ten years or more against a person or property *on the ground* that such person is a member of a Scheduled Caste or a Scheduled Tribe or such property belongs to such member, shall be punishable with imprisonment for life and with fine (emphasis added).

The atrocities justiciable under s. 3(2)(v) cited above are punishable with imprisonment for life and with fine. The feature critical to cases under s. 3(2)(v) of the Act is the necessity to prove that the woman was raped on the ground that she was a Dalit or tribal.[41] However, not all forms of rape against Dalit or tribal women are classified as atrocity, when such cases are read with s. 3(2)(v), PoA Act. In such rape trials, we find repeated acquittals on the ground of atrocity. In these cases, while Dalit and tribal women remain stable targets of sexual violence, this is not the basis for classifying rape-as-atrocity. Furthermore, courts institute a distinction between »mere lust« and »atrocity«[42].

Pappu Khan vs. State of Rajasthan[43] narrates the sordid story of a truck driver who raped one of the four tribal women who hitched a ride on his truck. A complaint was brought against the truck driver charging him of rape and s. 3(2)(v) of the PoA Act. The accused was found guilty of rape, but not of atrocity. Setting aside the conviction under the PoA Act, the Rajasthan High Court says ›[…] there is no evidence that he committed rape on her for the reason that she belonged to Scheduled tribe. He raped her without prejudice of caste to which she belongs only to satisfy his sexual desire.‹[44] From the perspective of the woman, however, these judgments de-sexualise caste or tribe as lived categories. For women, the experience of being raped is now further fragmented. Does a tribal woman experience rape as a woman or as a tribal? This additive logic acts on the totality of her social and experiential contexts to break it down into new categories – *mere rape* and *atrocity*.

41 We must note that the cases of gang rape listed above could have been prosecuted under s. 3(2)(v) of the *PoA Act*, which enhances the punishment, if it can be proven that the victim was raped on the ground of her identity. However, in cases where there is no *prima facie* evidence of targeted violence on the basis of identity or where the prosecution finds it difficult to prove this, those forms of rape, which attract minimum ten years punishment, are read with these different provisions under Section 3 of the Act.

42 Mangubhai and Irudayam tell us that a district Judge in Andhra Pradesh dismissed 39 rape cases read with section 3(2)(v) on the grounds that crimes had been committed for reasons of sexual lust or revenge rather than caste, in 1999 (2009: p. 152).

43 RLW 2001 551.

44 *Pappu Khan vs. State of Rajasthan* RLW 2001 at 556.

Hanamath and Ors. vs. State of Karnataka[45] upheld the conviction of gang rape of a Dalit girl of fifteen years. However, the Karnataka High Court held that the men who had gang raped the young girl did not commit the crime on the grounds that she was Dalit rather the rape was ›a lustful act of misguided youth‹.[46] By convicting the accused on the grounds of gang rape as a crime, the Court seemed to think that it is adequate to punish gang rape as that sexual excess that exists in their nature by virtue of being young men. The Court splintered the meaning of rape here by acknowledging that rape is »recreational« i. e., it pleasured the rapists. The Court, however, did not consider that this case communicated a message to all Dalit girls, whether or not it signalled an exchange between men of unequal status.

It is Revenge and Not Atrocity

Yet even when the violence is collective and spectacular judges make a distinction between revenge and atrocity. This distinction between crime and atrocity was dramatized in a special trial which recorded testimonies to the chilling violence that unfolded in Khairlanji, a village in Bhandara district, Maharashtra. By holding that this venal violence was not an atrocity, the Khairlanji trial did not bring closure to the collective outrage. Rather the dramatic hollowing out of the PoA Act suggests that the Bombay High Court created the grounds for the dominant caste to empty out the PoA Act in future. Hence, the account that follows is limited to the judicial narrative in the Bombay High Court when the case came on appeal.[47]

The Bombay High Court recounts for us eyewitness descriptions of what happened on that terrible evening on 26 September 2006. The eyewitnesses testified that thirty to forty people, mostly men, surrounded Bhaiyalal and Surekha Bhotmage's hut in Khairlanji. When Surekha Bhotmange tried to escape, she was chased by the accused. She was caught, beaten with chains, rods and kicked to death. The men returned to hunt for her children – Priyanka, Roshan and Sudhir – who were mercilessly beaten with chains and rods. Eyewitnesses saw their dead bodies being dragged to the road. Priyanka's naked body, along with the rest

45 See *Hanamath and Ors. vs. State of Karnataka*, MANU/KA/0600/2005.

46 Ibid. at para. 17.

47 *Central Bureau of Investigation through D.S.P., C.B.I.S.C.B. vs. Sakru Mahagu Binjewar (Original Accused No. 2) and Ors.* and *Shatrughna S/o Isram Dhande, Vishwanath S/o Hagru Dhande, Ramu S/o Mangru Dhande* and *Shishupal S/o Vishwanath Dhande vs. The Central Bureau of Investigation through its Dy. S.P., C.B.I., S.C.B* [Along with Criminal Appeal No. 763/2008] and *Central Bureau of Investigation, Special Crime Branch vs. Gopal Sakru Binjewar and Shishupal Vishwanath Dhande* [Along with Criminal Appeal No. 171/2009], MANU/MH/0893/2010.

of her slain family, was hoisted to a bullock cart. There are eyewitness accounts identifying the men who gathered the corpses to dispose them in a nearby canal.

These accounts which draw a terrifying picture of men shouting, abusing, chasing and killing the victims do not speak to activist reports of what happened to the victims. The charge of rape was not brought against the accused. It was local knowledge that the mother and daughter had been gangraped and paraded; and the genitals of the two young men crushed.[48] It was also widely known that Priyanka was raped after she was dead. Yet a police complaint on the grounds of rape, stripping and parading was not registered. The medical experts did not examine the dead bodies for evidence of sexual violence. It is commonly assumed that if a charge is not brought before the court, the violence did not happen. From cases reported in the mass sexual violence in the Gujarat pogrom of 2002, we know that a large number of cases of rape were not brought to trial and this was then the ground used to deny the fact of mass rape. In the instance of Khairlanji, the fact that rape was not brought to trial does not mean it did not happen. Rather, the sexualization of the violence is a trace that haunts the testimonies of different witnesses.

The sole survivor in the family, Bhaiyalal Bhotmange, saw the bare body of his daughter ›which was in a naked condition with many injuries in the hospital‹.[49] The following day, the bodies of his wife and son were brought to the hospital. The post-mortem, conducted hurriedly by a junior doctor, did not investigate or record signs of sexual violence. The High Court did not remark on the fact that a naked body of a woman should have created a suspicion of sexual violence and an examination ought to have been done to determine internal signs of injury. Nor did it pass any strictures or guidelines, as in other cases, against the police or medical experts for failing to have investigated the possibility of rape.

The case was handed over to the Central Bureau of Investigation (CBI), following the angry mass protests by Dalits in Maharashtra.[50] It is noteworthy that the CBI was unable to bring the charges of rape, parading, and stripping to trial. The CBI charged eleven men for offences punishable under ss. 302 (murder), 354 (outraging modesty), 449 (house trespass), 201 (causing disappearance of evidence), 148 r/w 149 (rioting), and 120B (criminal conspiracy) of the IPC. Apart from this, the CBI charged the accused of committing offences under Sections 3(1)(x), 3(1)(xi), 3(2)(v) and 3(2)(vi)[51] of the PoA Act. The Special Court in Bhandara, which examined thirty-six witnesses, acquitted three men of all the offences for which they

48 Cf. Teltumbde: Khairlanji.

49 MANU/MH/0893/2010 at 32A.

50 Cf. Jaoul: The »Righteous Anger« of the Powerless.

51 Whoever, not being a member of a Scheduled Caste or a Scheduled Tribe knowingly or having reason to believe that an offence has been committed under this Chapter, causes any evidence of the commission of that offence to disappear with the intention of screening the offender from legal

were charged. In September 2008, the Special Judge convicted and sentenced eight men for murder and rioting. Three men were acquitted. The judge awarded death sentences to six accused and life sentences to two accused. The accused were not found guilty of committing any offence under the PoA Act, nor were they found guilty for outraging modesty or dishonouring the women. The appeal against the death sentence was heard along with an appeal by the CBI against the acquittal of the convicted accused for the offences under the PoA Act. On 14 July 2010, the High Court upheld the trial judgment but mitigated the death sentence to life imprisonment with the direction that none of the accused would be released until he completed twenty five years of actual imprisonment including the period undergone. The appeal of the CBI failed.

The High Court insisted that the mob of thirty to forty men who surrounded Surekha Bhotmange and her helpless children did not conspire to murder them on the grounds of their caste. Rather, the court argued the accused had a personal enmity against Surekha Bhotmange and her daughter for agreeing to act as witnesses in a criminal case of assault by the accused men.[52] The Court deduced the motive from the immediate provocation for the attack. Teltumbde has pointed out that the group of men who belonged to the dominant caste (mainly Kunbis and Kalars) and who led the mob had targeted Surekha and her daughter for daring to act as witnesses against them in a criminal complaint of assault.[53] Released on bail, they returned to Khairlanji, with their supporters, as Teltumbde narrates, in a celebratory mood, with the intention to teach the Mahar family a lesson. Surekha and Priyanka Bhotmange were singled out since they had seen the assault on Siddharth Gajbhiye from a distance, and had rushed to take the severely injured man to hospital. They had identified the accused and were listed as witnesses against them. From Teltumbde we learn that this criminal complaint was lodged after a series of harassment and intimidation of the Bhotmange family.

Teltumbde provides us with a poignant account of the biography of the Bhotmange family, which I will summarise here briefly. Bhaiyalal Bhotmange and his wife Surekha moved to Khairlanji in 1989 to cultivate a piece of land they owned in the village. They worked hard to cultivate this land and rolled *bidis* to make ends meet. Their eldest son Sudhir who was partially visually challenged helped them farm. Their younger son Roshan had enrolled in a computer class. Their daughter Priyanka, a school topper, cycled everyday to junior college where she had a promising future. The dominant castes in the village, mainly OBC castes (such as *Kunabi*, *Teli*, *Kalar*, *Lodhi* and *Vadhai*), resented the upwardly-mobile

punishment, or with that intention gives any information respecting the offence which he knows or believes to be false, shall be punishable with the punishment provided for that offence.

52 MANU/MH/0893/2010 at para. 34 D.

53 Cf. Teltumbde: Khairlanji.

and assertive Bhotmanges, one of the four Dalit families in the village. The dominant castes wanted to build a road through their land. When the Bhotmanges resisted the everyday encroachment on their land, the destruction of their crops and trespass, there were a series of complaints. Although the police did not support the Bhotmages, they had an ally in the influential Siddharth Gajbhiye who was also a village *patil*, which is an honorary post affiliating a villager to a police station. The criminal complaint against the accused for assaulting Gajbhiye must then be located in the circuit of everyday harassment, complaints and reprisals.

A synchronic reading of the dispute rather than diachronic understanding of the dispute frames the motive as individual revenge rather than collective revenge, which defines atrocity. The legal framing of the event in standardized legal formats, which reads motive in a single event as a provocation to violence elides a reading of the ways caste materializes dominance over bodies, space, resources, memories and affect. Hence, the Court concludes that ›the incident had not occurred on account of caste hatred, but the incident occurred since the accused felt that they were falsely implicated in the crime of beating Siddharth Gajbhiye by Surekha and Priyanka‹.[54] The Court does not recognize that the dominant castes struggle to retain monopoly over the use (or abuse) of law, as a feature of caste domination. Why was it difficult for the court to accept that the assailants sexualized revenge?

When we read the judgment we really do not get to meet Surekha Bhotmange as an Ambedkarite. Rather, she is named as Mahar woman who got *herself* killed due to a history of enmity, which she created due to the force of her personality. The Court seemed to believe that sexual violence as display of caste dominance could be scripted only between men of unequal caste status, transactions over objectified women's bodies. Do women who resist caste dominance like Surekha Bhotmange deserve the protection of law, since in speaking out they stand outside male-defined notions of social order? The Bombay High Court seemed to think otherwise in its belief that ›the whole object was to take revenge against Surekha and Priyanka because the accused believed that they were falsely implicated and as such it is difficult to accept the prosecution version that offence under Section 3(1)(xi) of the Act is made out against the accused‹.[55] The Court was at pains to dissociate any suggestion of sexual atrocity from the framework of individual revenge.

The Bombay High Court accepted the prosecution's argument that since *Vidhyadharan vs. State of Kerala* had held that s. 3(1)(xi) of the Act is an aggravated form of offence under s. 354 IPC, knowledge that a woman's modesty is likely to be outraged is sufficient. Yet the High Court states that since the prosecution

54 This is also suggested by the defence argument that Surekha Bhotmange ›used to threaten people would be falsely implicated under the Atrocities Act‹ (MANU/MH/0893/2010 at para. 26).

55 MANU/MH/0893/2010 at para. 43 C.

did not appeal the acquittal under s. 354 IPC, it could not uphold convict under s. 3(1)(xi) of the Act. This is a perverse reading. The CBI did not need to appeal the acquittal under s. 354 IPC precisely since *Vidhyadharan vs. State of Kerala* it is clear that s. 3(1)(xi) is an aggravated offence. This perverse reading hollows out the stated objectives of the *PoA Act*. To name outraging modesty or dishonour would have meant acknowledging atrocity.

It was not as if there was no evidence before the court that the dead woman's body had been sexualized. This evidence is ironically used as one of the twelve aggravating circumstances against six accused, which convinced the trial court to award death penalty. We are told that the accused enjoyed the killings, were fearless in a mob's presence and thought of the killings as acts of heroism. Further, the Court notes that the ›accused Nos. 2, 3, 6 to 9 removed clothes of Priyanka before disposing her severely injured dead body and thereby wanted to get satisfaction to their sexual eyes at such extreme circumstances‹.[56] In constructing this case, as rarest of rare, gender is deployed to argue for aggravating circumstances, whereas the mitigating circumstances deploys caste, in as much as the trial court argues that caste hatred was not the ground of the violence.

The Khairlanji trial tells us that even though the law maintains its monopoly to punish crime, it does not displace the monopoly of the dominant caste to rape, parade and kill Dalit women. In not naming this violence as a caste crime, there are two messages – that the law will punish crime but simultaneously in doing so it will not displace caste domination. Sexual violence is central to caste domination; hence it is not even named. The heroism of the accused goes unchallenged when rape is not named as a caste crime. The trial is not a vehicle for communicating the violence of caste; rather, it becomes an occasion for de-politicising caste violence as an act of personal revenge and re-inscribing the public secret, by not naming what everyone knows.[57]

Documented and Undocumented Victims

Whoever, not being a member of a Scheduled Caste or a Scheduled Tribe, forcibly removes clothes from the person of a member of a Scheduled Caste or a Scheduled Tribe, or parades him naked or with painted face or body or commits any similar act which is derogatory to human dignity.

S. 3(1)(iii) of the *PoA Act*, cited above, criminalises one of the most dramatized forms of atrocity, which is based on a series of abnormal inversions. This section,

56 Ibid. at para. 45.
57 Cf. Taussig: Defacement.

a most under-utilised law, applies to both men and women in naming, parading and stripping as derogatory to the dignity of Dalits and tribals. Stripping and parading of men and women creates a public in which the victim is put on display as a degraded object, where the victim is stripped literally and symbolically of all that is social. This form of bareness inverses in abnormal ways the ways by which a person becomes social. Yet to enforce nudity on women in front of a sexualised public has a specific effect. It converts a public where women usually appear as regulated presences to a public where the nude body of the woman is made available to a voyeuristic public, in flesh to sexually degrade. Stripping of women, in other words, not only literally strips them of all that it means to be social, but the victim is made to believe that she is to blame for this violence.

Let us turn to a Supreme Court judgment delivered in January 2011, in the context of a stabilized and »ritualized« form of punishing a woman for caste transgression.[58] This was a trial involving a twenty-five years old pregnant Bhil woman (listed as Scheduled Tribe in Maharashtra) who was assaulted, stripped and paraded. We are told that she was in an »illicit« sexual relationship with the landlord's son, Vikram, and they had a child. Vikram's family, opposed to his relationship with a woman they considered socially inferior, arranged his marriage with a woman of their own caste. The four accused men, Vikram's relatives, went to her house to force her to break off her relationship with Vikram: each of them stripped her naked, abused her, beat her and then paraded her. She was dragged before the shop of the Sarpanch of the village and abused filthily – there were around hundred villagers watching this spectacle. At this time, Vikram came and rescued her, by giving her his *lungi* to cover her. He thereafter fetched her clothes and she covered herself by the roadside. Subsequently, she went with Vikram to file a police complaint. During the trial, almost every witness turned hostile, except the victim. Vikram confirmed that he was in a relationship with the victim and that they had a child but denied knowledge about what happened, in order to save his relatives. When the accused appealed their conviction, the Bombay High Court[59] noted that the accused were powerful men in the village and it was not surprising that the witnesses turned hostile. The victim's testimony was found to be truthful and convincing.

The four men were found guilty under s. 452 (house trespass), s. 354 (outraging modesty), s. 323 (voluntarily causing hurt) and s. 506 (2) (criminal intimidation to impute unchastity to a woman) read with s. 34 (act done by several persons in common intention), IPC and sentenced to suffer rigorous imprisonment (hereafter RI) for six months and fined a sum of Rs 1000. The accused were also sentenced to

58 *Kailas and Ors. vs. State of Maharashtra T. R. Taluka P.S.* MANU/SC/0011/2011.

59 From the Judgment and Order dated 10.03.2010 of the High Court of Bombay Bench at Aurangabad in Criminal Appeal No. 62 of 1998.

RI for one year and fined Rs 100 for the common intention to outrage the modesty of the tribal woman. They were further convicted for violating s. 3(1)(xi) of the PoA Act and sentenced to suffer RI for one year and fine of Rs. 100.

On appeal, the Bombay High Court acquitted the accused of atrocity. The High Court set aside the trial court's ruling on the fine and ordered each of the accused to pay Rs 5000 to the victim. The High Court believed that the compensation was inadequate ›considering that a lady was paraded naked on the village road on broad daylight. So, dishonour of a woman should have been taken seriously by the Additional Sessions Judge‹. [60] It is a puzzle why the Court did not minimally remark on the fact that the accused were not charged with committing an offence under s. 3(1)(iii) of the PoA Act on stripping and parading. In effect, the Bombay High Court does not recognise the sexual violence as atrocity but compensates the victim for the dishonour caused to her, by awarding her Rs 20,000 – *as if* upper caste women are also punished for sexual transgressions through identical forms of sexual humiliation by tribal men or Dalit men.

Why did the High Court not confirm atrocity? The Court admits that all the witnesses testified that the victim was Bhil and the cause of the violence emanated from caste norms, which forbid the alliance of a Dalit or tribal woman with an upper caste man. Despite this evidence, the Court said that the case for atrocity could not be made since the investigating officer did not procure a caste certificate. On appeal, the Supreme Court assailed the High Court for setting aside the conviction under the PoA Act. I quote:

›We are surprised that the conviction of the accused under the *Scheduled Cases and Scheduled Tribes (Prevention of Atrocities) Act, 1989* was set aside on hyper technical grounds that the Caste Certificate was not produced and investigation by a Police Officer of the rank of Deputy Superintendent of Police was not done. These appear to be only technicalities and hardly a ground for acquittal, but since no appeal has been filed against that part of the High Court judgment, we are now not going into it.‹[61]

Such hyper-technicalities make the distinction between an undocumented victim and a documented victim. It is the responsibility of the investigating officer to procure the *jati* (community) certificate,[62] which is issued by the government to citizens to establish their status as Scheduled caste or Scheduled tribe.[63] When the prosecution does not bother to furnish a caste certificate, an acquittal follows.[64]

60 MANU/SC/0011/2011 at para. 11.

61 Ibid. at para. 10.

62 The community (*jati*) certificate is often translated as caste certificate in English from the vernacular, even when the case refers to tribals.

63 In other cases, Courts have not placed their reliance on community certificates. See *Paranjothi vs. State*, Crl. A. No. 30 of 2003, Madras High Court.

64 In *Purno vs. State of Madhya Pradesh* charges of atrocity under s. 3(1)(xi) was dropped by the

The court demands the prosecution prove that the victim is a »documented victim«. A »documented victim« is a citizen who not only has to possess certification that she belongs to the SC or ST category but one whose documentary evidence is brought on record by a police, and authenticated in the courtroom. The evidence of caste domination must be materialised through the documentary practices of the state. The legal subject as Dalit or tribal is a product of the politics of such documentary practices. This hyper-technicality is read as bias.

The Supreme Court further critiques the very structure of the legal argument made on behalf of the accused on appeal as evidence of bias. The accused's counsel had argued that the victim's torn clothes produced as evidence ought to be disregarded since ›the people belonging to the Bhil community live in torn clothes as they do not have proper clothes to wear.‹[65] The Supreme Court sharply castigates such an allegation – and treats this argument as evidence of the ›mentality of the accused who regard tribal people as inferior or sub-humans. This is totally unacceptable in modern India.‹[66] The Court goes on to script a history of dignity for the Bhils by asserting that the ›Bhils are probably the descendants of some of the original inhabitants of India known as the »aborigines« or Scheduled Tribes (Adivasis), who presently comprise of only about 8 % of the population of India. The rest [sic!] 92 % of the population of India consists of descendants of immigrants. Thus India is broadly a country of immigrants like North America‹.[67] The Court further stated that ›despite this horrible oppression on them, the tribals of India have generally (though not invariably) retained a higher level of ethics than the non-tribals in our country. They normally do not cheat, tell lies, and do other misdeeds, which many non-tribals do. They are generally superior in character to the non-tribals. It is time now to undo the historical injustice to them.‹[68] This promise to undo historic injustice seems to promise a radically new jurisprudence – in this case, we begin with the judges analysing the structure of a legal argument as evidence of a »biased mentality« – and describing tribals as Adivasis.

High Court since the prosecution did not produce a »caste certificate« to prove that the victim was tribal (see MANU/CG/0087/2010).

65 MANU/SC/0011/2011 at para. 16.

66 MANU/SC/0011/2011 at para. 16.

67 MANU/SC/0011/2011 at para. 19.

68 MANU/SC/0011/2011 at para. 39.

Concluding Remarks

I have argued that the implementation of the *PoA Act* leans heavily towards dismantling the governmental apparatus that the Act brings into force through the routine refusal to name sexual violence as atrocity. I have identified several strategies by which the *PoA Act* is hollowed out of its meaning. Standardised judicial narratives distinguishing between mere rape and atrocity rest on stylised pictures of atrocity. Yet collective, spectacular and venal violence, attendant on a series of attacks, reprisals and complaints, has been classified as revenge, rather than atrocity. Far from converting ›the Dalit's structural negativity within the caste order into positive political content, and to make historic suffering and humiliation – the experience of being »ground down« and »broken« – central to the identity of Dalit‹, policing and prosecuting atrocity by and large is invested in denying political subjectivity to Dalit women.[69] When women like Surekha Bhotmange are identified as political subjects who author change, they are situated outside male-defined social order. The denial of political subjectivity finds dramatic performance in the special trial, communicating symbolically the inability of law to protect the rights of sexually brutalised Dalit and tribal women. The historic forms of discrimination against tribal and Dalit women have not inaugurated a new jurisprudence by treating women's trauma on its own terms. Instead, the constitutional meanings ascribed to atrocity are inversed by instituting a series of hyper-technicalities, instituting conditions of impunity and immunity.

***

I am deeply grateful to Käte Hamburger Kolleg *Recht als Kultur* for facilitating the writing of this paper, and to all colleagues, especially Professor Werner Gephart, Dr. Raja Sakrani, Dr. Doris Schweitzer, Professor Yoram Shachar, and Professor José M. González García, for stimulating and companionable conversations. I am extremely grateful to Dr. Jan Christoph Suntrup and Kathrin Muysers for editing this paper with meticulous care. I am also indebted to Uma Chakravarti, Upendra Baxi, Nicolas Jaoul, Deepak Mehta, Mani Shekhar Singh and Veena Das for insightful conversations helped enormously in writing this paper. This paper finds elaboration as Chapter 6 in my book, *Public Secrets of Law: Rape Trials in India* (OUP, Delhi).

69 Rao: The Caste Question, p. xii.

List of references

Agamben, Giorgio: Homo Sacer. Sovereign Power and Bare Life, Stanford 1995.

Agrawal, Girish / Colin Gonsalves: Dalits and the Law, New Delhi 2005.

Baxi, Upendra: Inhuman Wrongs and Human Rights. Unconventional Essays, Delhi 1994.

Card, Claudia: Rape as a Weapon of War, in: Hypatia, Vol. 11, No. 4 (Autumn 1996), pp. 5–18.

Card, Claudia: The Atrocity Paradigm Revisited, in: Hypatia, Vol. 19, No. 4 (Autumn 2004), pp. 212–222.

Das, Veena: Introduction. The Personal Sphere and its Articulation, in: Veena Das (ed.): The Oxford India Companion to Sociology and Social Anthropology, Vol. II, New Delhi 2003, pp. 1058–59.

Galanter, Marc: The Abolition of Disabilities. The Untouchability and the Law, in: J. M. Mahar (ed.): The Untouchables in Contemporary India, Tucson 1972, pp. 227–314.

Galanter, Marc: Competing Inequalities. Law and the Backward Classes in India, Berkeley 1984.

Government of India: The Scheduled Castes and Scheduled Tribes (Prevention of Atrocities) Act, 1989, Act 33 of 1989, dated 11 September 1989, New Delhi: Government of India (Bare Act).

Hussain, Nasser: Beyond Norm and Exception. Guantanamo, in: Critical Inquiry 33, Summer 2007, pp. 734–753.

Jaoul, Nicolas: The »Righteous Anger« of the Powerless. Investigating Dalit Outrage over Caste Violence, in: South Asia Multidisciplinary Academic Journal, Special Issue 2, 2008 (»Outraged Communities«. Comparative Perspectives on the Politicization of Emotions in South Asia), http://samaj.revues.org/document1892.html; last accessed 12/10/2011.

Jaoul, Nicolas: A Strong Law for the Weak. Dalit Encounters in a district court of Uttar Pradesh, Draft Paper 2011.

Kamble, N. D.: The Scheduled Castes, Delhi 1982.

Lok Sabha Debates, 12 March 2003, Page 29. Short Duration Discussions (RU: Regarding Atrocities on Dalits), http://indiankanoon.org/doc/452722; last accessed 12/10/2011.

Marcus, Sharon: Fighting Bodies, Fighting Words. A Theory and Politics of Rape Prevention, in: Judith Butler and Joan Scott (eds.): Feminists Theorize the Political, New York 1992, pp. 385–403.

Mendelsohn, Oliver and Mariko Vicziany: The Untouchables. Subordination, Poverty and the State in Modern India, New Delhi 2000.

Narayana, Pemmasani Sankara: The Scheduled Castes and Scheduled Tribes (Prevention of Atrocities) Act, 1989 & Rules, 1995 with Protection of Civil Rights Act, 1955 & Rules, 1977, Hyderabad 2011.

Naval, T. R.: Law of Prevention of Atrocities on the Scheduled Caste and Scheduled Tribe, New Delhi 2001.

Rao, Anupama: The Caste Question. Dalits and the Politics of Modern India, Los Angeles and Berkeley 2009.

Ranchhoddas, Ratanlal / Keshavlal Thakore Dhirajlal (edited by Y.V Chandrachud, V.R Manohar: The Code of Criminal Procedure (Act II of 1972) [1930], Nagpur 2002.

Saksena, H. S.: Atrocities on Scheduled Castes. The Law and the Realities, New Delhi 2010.

Sankaran, S. R.: Social Exclusion and Criminal Law, in: Kalpana Kannabiran / Ranbir Singh (eds.): Challenging the Rule(s) of Law: Colonialism, Criminology and Human Rights in India, New Delhi 2008, p. 121–141.

Saxena, K. B.: Report on Prevention of Atrocities against Scheduled Castes, Policy and Performance. Suggested Interventions and Initiatives for NHRC, New Delhi 2004.

Taussig, Michael: Defacement. Public Secrecy and the Labor of the Negative, Stanford 1999.

Tekchandani, Bharti: Efficacy of the Enforcement System in delivering Justice to Raped Scheduled Caste Women. A Report prepared for Scheduled Caste Development Wing, Ministry of Welfare, Government of India, New Delhi 1995.

Teltumbde, Anand: Khairlanji. A Strange and Bitter Crop. New Delhi 2008.

Otto Kallscheuer

Risiken normativer Kommunikation in der Globalisierung. Prolegomena für eine interkulturelle Diskussion

1. Was ist Globalisierung?

Am Beginn stehe hier *keine* Definition. Eine erklärende Theorie der Globalisierung, sei sie nun kausal oder funktional, sollte keine einzige oder einheitliche Dimension von ›Globalität‹ voraussetzen – oder gar *eine* (einzige) übergreifende weltgesellschaftliche ›Sphäre‹ als teleologisches Ergebnis sozialer Evolution postulieren: als Ziel/Ende der Geschichte.

Auch ›global‹ operierende Weltmarktimperative schaffen ja z. B. die Nationalstaaten als (sich verändernde) politische Steuerungszentren oder Konfliktarenen keineswegs ab.[1] Oder: Auch (wie immer im Einzelnen) ›metropolitan‹ oder ›multikulturell‹ geprägte Stadtöffentlichkeiten hören deshalb ja keineswegs auf, eine in ihrer demografischen Zusammensetzung, ihrer nationalen oder regionalen Färbung und kulturellen Mischung zugleich je spezifisch ›lokale‹ Kultur in *neighbourhood* oder Kiez zu verkörpern.[2]

Die Globalisierung ›gibt‹ es nicht – jedenfalls nicht als vereinheitlichende Dimension *der* Weltgesellschaft. Man muss vielmehr verschiedene mögliche Dimensionen von Globalität sorgfältig voneinander unterscheiden, um ihre kumulativen oder disgregativen Effekte (auf dem Weltmarkt, in den Modi politischer Steuerung, in den kulturellen Gestalten sozialer Lebenswelt) überhaupt wahrnehmen zu können. Der Sammelbegriff ›Globalisierung‹ verdunkelt diese Dynamiken eher, als sie zu erhellen.

1 Vgl. Sassen: Paradox des Nationalen.
2 Vgl. Appadurai: Production of Locality.

2. Historische Vorläufer und systemische Differenzierung

Natürlich kann es hier nicht darum gehen, die historischen Prämissen der zunehmend globalen Interaktion von Gesellschaften, Kulturen und Gruppen zu skizzieren[3] – diesseits, jenseits und quer zu den älteren politischen Einheiten (Imperien und Nationalstaaten). Doch seien wenigstens vier allgemeine Hinweise auf die Vieldimensionalität heutiger ›Globalisierung‹ erlaubt:

- auf ihre hochkulturellen (kognitiven, potenziell auch normativen) Voraussetzungen;
- auf die kapitalistischen Globalisierungsschübe des 19. Jahrhunderts;
- auf die Vielfalt der beteiligten Akteure und
- auf die Heterogenität der beanspruchten Medien.

Zunächst nämlich darf ein weitaus älterer, deshalb häufig vergessener Subtext jedes Globalisierungsdiskurses nicht unterschlagen werden. Die neuzeitliche Welterschließung im Allgemeinen, aber auch die aktuellen Entwicklungen ›der‹ Globalisierung finden vor einem Horizont (und *gegen* den Horizont[4]) von weitaus älteren, höchst unterschiedlichen Weltbildern statt, welche bereits eine Vorstellung der Welt (oder des Kosmos) als Ganzheit hatten – und damit auch eine ideelle Sicht auf alle ihre Bewohner, mit potenziell universalistischen Konsequenzen, entwickeln konnten.

Sie wurzeln in den hochkulturellen Weltbildrevolutionen der von Karl Jaspers so genannten ›Achsenzeit‹.[5] Ohne diese Innovationen im Denkhorizont wären weder missionarische Motivationen der monotheistischen (und anderer) ›Welt‹-Religionen vorstellbar noch die universalistischen Ethiken oder Weisheitslehren, die zu verschiedenen Zeiten und in ganz verschiedenen Hochkulturen auftraten (etwa in der hellenistischen Stoa oder im chinesischen Konfuzianismus).[6]

Die nach der jaspersschen Deutung in nur wenigen Jahrhunderten des ersten vorchristlichen Jahrtausends (der sogenannten ›Achsenzeit‹) in und von verschiedenen Hochkulturen gegenüber vorhergehenden mythischen Weltbildern und/oder archaischen Religionen vollzogene Entdeckung (oder Erfindung) der

3 Für einen Überblick siehe Osterhammel: Internationale Geschichte; das monumentale Opus desselben Autors *Die Verwandlung der Welt. Eine Geschichte des 19. Jahrhunderts* eignet sich natürlich nicht als Überblick, ist aber für jede Diskussion über Globalisierung Pflichtlektüre.

4 Zu dieser Denkfigur der ›Selbstbehauptung‹ siehe Blumenberg: Legitimität der Neuzeit.

5 Der wichtigste neuere Beitrag zu dieser von Karl Jaspers in *Ursprung und Ziel der Geschichte* inaugurierten und später von Shmuel N. Eisenstadt zivilisationstheoretisch (re)interpretierten Unterscheidung ist Bellah: Religion in Human Evolution.

6 In dieser irreduziblen Pluralität der zivilisatorischen Ausgangspunkte für eine gemeinsame humanistische Verständigung liegt wohl die eigentliche Intuition der jaspersschen Vorstellung von verschiedenen – parallelen, doch voneinander unabhängigen (!) – ›achsenzeitlichen‹ Durchbrüchen in der Menschheitsgeschichte.

›Transzendenz‹[7] ermöglichte nämlich zugleich auch einen neuen Bezug auf das Menschsein: die Überschreitung der Binnenperspektiven des jeweiligen Gruppenhorizonts, der je eigenen ethnischen oder kulturellen Identitäten. Wie immer auch das fragliche Jenseits bestimmt werden mochte – ob als unveränderliches Sein ewiger Wesenheiten, als radikal jenseitiger Gott, als ›Nirwana‹ (o.Ä.) –, mit dem ›achsenzeitlichen‹ Schritt zur denkbaren Welt-Transzendenz wird *eo ipso* umgekehrt auch die Welt *als ganze* zum möglichen Horizont der Betrachtung. Und erst über diesen (indirekten) Perspektivwechsel werden dann auch, sozusagen im Rückschluss, *alle* menschlichen Weltbewohner zu möglichen Objekten unserer Zuneigung, zu Nutznießern von Einsichten und Adressaten von Normen.[8] (Doch Vorsicht: ob es dann ›die‹ so transzendierte Welt auch *gibt*, das ist dann schon wieder eine andere Frage ...[9])

Nota bene: Ein expliziter Universalismus der innerweltlichen Ethik und/oder der religiösen Verkündigung folgt(e) aus dieser Entdeckung (oder Erfindung) der Transzendenz nicht notwendigerweise. Der ethische Universalismus ist keine evolutionär zwangsläufige Konsequenz eines transzendenten Gesichtspunktes, ›die‹ Welt (als ganze, überhaupt) ›einklammern‹ zu können. Und doch: Ohne die Denk*möglichkeit* einer nicht allein über die eigene Gruppe hinausgreifenden, sondern alle Welt überhaupt transzendierenden Hinsicht (eines *God's eye-view* oder eines ›Blicks von nirgendwo‹)[10] hätte sich ein prinzipiell an alle *gentes* richtender Universalismus der *missio* wohl kaum entwickeln können.[11] Und ein religiöser Universalismus konnte dann seinerseits zum Ideal oder Legitimationsmuster politischer, ökonomischer, kultureller Expansion in einem Weltsystem werden. (Doch erneut Vorsicht: Solche Legitimation war nie widerspruchsfrei zu haben. Zum einen kann schließlich ein religiös konzipierter Universalismus leicht mit der multiethnischen oder multireligiösen Natur größerer politischer Einheiten in Konflikt geraten; zum anderen wird sich auch die mit einem Impe-

7 Im Sinne von Bellah: Religious Evolution, v.a. S. 33 f.; vgl. auch Jaspers: Chiffern der Transzendenz.

8 So (mit etwas anderen Worten) bereits Bergson: Les deux sources, S. 28 f.: »[L]'amour de l'humanité est indirect et acquis [...]; car c'est seulement à travers Dieu, en Dieu, que la religion convie l'homme à aimer le genre humain; comme aussi c'est seulement à travers la Raison [...], que les philosophes nous font regarder l'humanité pour nous montrer l'éminente dignité de la personne humaine, le droit de touts au respect.«

9 Vgl. dazu jetzt die vergnüglichen Exerzitien von Markus Gabriel: Warum es die Welt nicht gibt.

10 Siehe Thomas Nagel: Blick von Nirgendwo.

11 Oder der endzeitlichen Vereinigung aller Völker wie in den Visionen Deuterojesajas – hier ist es Gott selbst, der am Ende der Geschichte die Welt im Frieden seiner Herrschaft vereint. Aber auch die teleologische Ausrichtung der Heilsgeschichte (i.S. Karl Löwiths: Weltgeschichte und Heilsgeschehen) setzt einen archimedischen Punkt jenseits der Welt voraus, von dem aus die Sammlung aller Völker um die Friedensstadt Jerusalem beobachtet und bestätigt werden kann.

rium identifizierte religiöse Orthodoxie leicht gegen dessen weltliche Führung oder Machteliten richten.[12])

Zum Zweiten muss jede kausale (oder auch funktionale) Theorie ›der‹ Globalisierung mehrere neuzeitliche, recht unterschiedliche und auch zeitlich keineswegs parallele, doch im 20. Jahrhundert zusammenkommende historisch-politische Prozesse auseinanderhalten:

– die globalen (weltsystemischen) Dimensionen einer sich erweiternden *kapitalistischen* Handels-, Produktions-, Akkumulations-, Investitionsweise;
– die politischen wie ökonomischen, infrastrukturellen wie kulturellen Konsequenzen der *Kolonial*ära, die ja mit einem gewissermaßen posthumen Sieg der westlichen Variante(n) des abtretenden Imperialismus über seine östlichen Konkurrenten (Osmanisches Reich, russisches Imperium, Reich der Mitte) endete;[13]
– die strukturellen Konsequenzen (Erfolge und Scheitern) der *postkolonialen* Nationalismen der zweiten Hälfte des 20. Jahrhunderts, auch im Vergleich zu ihrem vermeintlichen Modell des (westlichen) Nationalstaates;[14]
– die jedenfalls in ihrer Quantität neuen *weltweiten Migrationsbewegungen* seit ca. einem halben Jahrhundert, sowohl innerhalb des ›globalen Südens‹ als auch zwischen der nördlichen und südlichen Hemisphäre;[15]
– die neue Qualität der *elektronischen* Kommunikationsmittel (welche schließlich an der Schwelle zum 21. Jahrhundert mit dem *Internet* einen neuen Qualitätssprung erreichen) …

All diese historischen Prozesse – bzw. die ›Logiken‹ von Kapitalismus, Imperialismus, Nationalismus, die Konsequenzen alter und neuer transnationaler wie interkontinentaler Migrationsströme und die Revolution der elektronischen Kommunikationsmittel – wirkten nun keineswegs stets kumulativ, einander wechselseitig verstärkend und in dieselbe Richtung treibend. Die Annahme *einer* »alles Stehende und Ständische« nur immer weiter auflösenden, verdampfenden, verflüssigenden Tendenz, auf die zwei revolutionäre Rheinländer angesichts der Niederlage der liberalen und sozialen Revolutionen im Europa von 1848 ihre Hoffnung setzten, hat sich keineswegs umstandslos bewahrheitet. (Es war freilich nicht zuletzt diese Annahme, die dem *Kommunistischen Manifest* über seine beachtli-

12 Siehe dazu die instruktiven Erörterungen in verschiedenen Kapiteln des Überblickswerks von Burbank/Cooper: Empires in World History (v.a. das 3. Kapitel, S. 61ff.); vgl. auch Osterhammel: Verwandlung der Welt, S. 1258ff.

13 Eine Bilanz, die mit dem Aufstieg des (spät- oder post-)kommunistischen China möglicherweise im Verlauf des 21. Jahrhunderts noch korrigiert werden muss.

14 Dieser Punkt wird heute im postkolonialen Denken der sogenannten ›Subaltern Studies‹ zu Recht betont; vgl. dazu Chakrabarty: Europa als Provinz.

15 Charakterisiert v.a. durch die neue Dimension der ›Urbanisierung‹ der Weltbevölkerung in Mega-Cities und ›global slums‹; vgl. Davis: Planet der Slums.

chen prognostischen Qualitäten hinaus seinen epochemachenden Charakter als Globalisierungsprophetie verlieh.[16]) Vielmehr trug und trägt ›die‹ Globalisierung immer auch zu Momenten ihrer eigenen Blockierung bei: zu ökonomischem wie kulturellem Protektionismus, zur Neu- bzw. Wiedererfindung von ›alten‹ und sich nunmehr in einem *auch* transnationalen Kommunikationsfeld *neu* bildenden und politisch definierenden ›kulturellen Identitäten‹. Man denke an die Erfindung der *Hindutva*-Identität, -Bewegung und -Ideologie im Indien des 20. Jahrhunderts oder heute an die retrospektive Neuentdeckung und den Export des Konfuzianismus als Weltbild der »harmonischen Gesellschaft« im spätkommunistischen China. Auch das in unterschiedlichen Milieus Mitteleuropas posthum wiederentdeckte »christliche Abendland« verkörpert zugleich aktuelle Ängste.[17]

Zum Dritten gilt es daher stets, die Vielzahl von konkurrierenden, oft einander bekämpfenden Akteuren ›der‹ (und *in* der) Globalisierung im Auge zu behalten: Dies sind heute nicht mehr nur die klassischen institutionellen Akteure allein, Nationalstaaten (und nationale Befreiungsbewegungen), Wirtschaftsunternehmen (und auf sie bezogene Organisationen und Verbände wie die Gewerkschaften). Längst stehen und entstehen daneben neue, transnational vernetzte Menschenrechts- oder Umweltorganisationen sowie politisch-kulturelle Bewegungen im ›globalen Süden‹; neben den auf die Staatenwelt bezogenen inter- und supranationalen Organisationen gibt es ein wachsendes inter- und transnationales, zwar politisch reguliertes, doch nicht mehr staatlich institutionalisiertes Feld von Nichtregierungsorganisationen, das durchaus auch als eine Art Markt beschrieben werden kann: als Forum, auf dem um internationale Aufmerksamkeit geworben, um moralische Definitionsmacht gerungen, aber auch um Gelder und Projektfinanzierungen gekämpft wird.

Auf diesem Markt mischen zunehmend auch alte wie neue (oder modernisierte) weltreligiöse Akteure mit, die sich dabei natürlich noch eigener Kommunikationswege und Machtstrukturen bedienen: von den charismatischen Wegen des Heiligen Geistes im pfingstlichen Protestantismus über die internationale Hierarchie der *Una Sancta* bis hin zu Propagandisten einer imaginären *Ummah* auf sich multiplizierenden transnationalen salafistischen *Websites* … All diese Akteure ringen, verhandeln, kämpfen miteinander in ganz verschiedenen Arenen um ökonomische Entwicklungsoptionen, um politischen Einfluss und moralische Definitionsmacht. Und nur in der Arena dieser Konflikte lässt sich dann auch ›Globalisierung‹ verorten: nicht als *ein*sinniger, teleologisch orientierter Prozess, sondern als stets changierende Resultante vielfältiger Kräfteverhältnisse und Entwicklungspfade.

16 Zu diesem Aspekt des *Kommunistischen Manifests* von Karl Marx und Friedrich Engels darf ich auf eigene Bemerkungen verweisen, u. a. zur Religion als Faktor von Globalisierung Kallscheuer: The West, the Rest, and the Prophet.

17 Vgl. dazu Kallscheuer: Zukunft des Abendlandes.

Dabei bedeutet viertens ›Globalität‹ für verschiedene soziale Handlungsmuster, Institutionen und Medien sozialer Interaktion je etwas anderes. Man vergleiche beispielsweise nur die Funktion zweier zugleich globalisierter und spezialisierter Märkte: einerseits den transkontinentalen, doch i. d. R. weiterhin familiär verwalteten Heiratsmarkt von muslimischen Indern (oder indischstämmigen Migranten) zwischen Mumbai, Greater London und New York – andererseits den globalen Investment-, Wertpapier-, Aktienmarkt an den Börsen Frankfurts, Tokios, der City of London und der Wallstreet von Manhattan. Auch wenn beide Märkte via *World Wide Web* kommunizieren, so dient im Fall des ethnisch spezialisierten muslimischen Heiratsmarkts dessen ›Globalisierung‹ zunächst vor allem der Aufrechterhaltung einer in den westlichen Ankunftsländern dieser Migranten ohne seine elektronische Modernisierung (*Websites* und spezialisierte Netzwerke im Internet) möglicherweise gefährdeten kulturellen und religiösen Identität. Durch die Verkoppelung aller kontinentalen und nationalen Wertpapierbörsen zu einem virtuell integrierten Aktienmarkt hingegen bildete sich tatsächlich eine globale, weltweit in ›Echtzeit‹ operierende Bewertungssphäre heraus – mit dem Zinssatz als einheitlichem Indikator für Erfolg und Scheitern. Und es liegt auf der Hand, dass die Kommunikation auf einem ethnisch-religiös spezialisierten Markt für familiäre Ehre, Wohlergehen und Nachkommenschaft nicht nur völlig anderen (religiösen, ethischen, pragmatischen) Kriterien folgen wird als die Verhandlungen und Entscheidungen auf dem synchronisierten Wertpapiermarkt. Auch die Zeitrhythmen beider globalisierter Märkte sind der Natur der getauschten Obligationen gemäß völlig verschieden.

3. Begegnung, Konkurrenz und ›Clash‹ normativer Kulturen

Man muss solche teilweise gegenläufigen Prozesse ›globaler‹ Kommunikation zunächst unterscheiden, um dann die in ihrem Zusammenwirken auftretenden Synergien oder Konflikte, wechselseitigen Beschleunigungen oder gegenseitigen Blockaden bilanzieren zu können. Erst so lassen sich auch die regional durchaus unterschiedlichen Grade, Intensitäten und Reichweiten von ökonomischer, politischer und kultureller ›Globalität‹ dechiffrieren: globale ökonomische Imperative, internationale Rechtsnormen und Vereinbarungen, regionale und transnationale politische Institutionen, Handlungsfelder und Akteure, interkulturelle Konfliktmuster und Kommunikationsmedien.

Globalisierung als Vereinheitlichung gibt es auch in der Kultur nicht – auch nicht als Novum des späten 20. Jahrhunderts. Neu ist – in der Tat – die globale Präsenz der audiovisuellen Medien, neu ist die virtuelle Gleichzeitigkeit digitaler elektronischer Kommunikation im Internet. Doch kommt es auch im ›globalen

Dorf‹ keineswegs zu einer einheitlichen Kultur, vielmehr vervielfältigen sich die (auch normativ) konkurrierenden Kulturen in allen Regionen der Welt noch weiter – und auch dies keineswegs synchron, sondern lokal ungleichmäßig.

Was bedeutet dies alles nun für die Interaktion fremder Rechtskulturen? Diese sind i. d. R. unverständlich ohne die Einbettung in die sozialmoralischen Plausibilitäten ihrer Gesellschaften (zu den Wurzeln der Legitimität des Rechts, zu seiner Anwendung, zu den Grenzen des Rechts, seinen Ambivalenzen und Grauzonen …). Eine weltweit immer direkter, also in ganz verschiedenen Staaten (auch jenseits ihres Entstehungskontexts) ›lokal‹ präsente Kommunikation und Konkurrenz gegensätzlicher rechtlicher, ethischer wie religiöser Kulturen beeinflusst damit rückwirkend auch die normative Bewertung der jeweils eigenen Lebensweise – in der Konfrontation mit anderen, fremden oder neuen sozialmoralischen Kontexten. Ihre Bewährung (mit guten Gründen) in der interkulturellen Auseinandersetzung um die normative Plausibilität eigener wie fremder Lebensformen, Rechtsnormen oder Maßstäbe humaner Exzellenz versteht sich nicht mehr von selbst. Und diese Situation ist es dann, die – in zweiter Instanz – auch Fragen nach einer möglichen höherstufigen normativen Interpretation aufwirft: Wie ließe sich eine indirekte, reflexive *Second-order*-Integration von *prima facie* gegensätzlichen normativen Kulturen denken – oder praktizieren?[18]

Nun führt zweifellos die Rechtskommunikation als Kommunikation *zwischen* den einander in lokalen oder regionalen Konflikten begegnenden Rechtskulturen unweigerlich zu Konsistenzfragen. Impliziert sie doch zugleich eine *innerhalb* solcher »Geltungskulturen«[19] stattfindende wertende Kommunikation übereinander. Dabei rufen interkulturell umstrittene konkrete Rechtsnormen unweigerlich nach einem erweiterten Blick auf den jeweiligen Kontext sozialer Plausibilität – und jeder interkulturelle Konflikt um Rechte, die elementare soziale Lebensformen wie Ehe und Familie regulieren, involviert unweigerlich die Begegnung und häufig kontroverse Bewertung kontrastierender ›Sittlichkeiten‹: von verschiedenen sozialmoralischen Traditionen von idealem anständigen Leben und vortrefflicher (tugendhafter) menschlicher Existenz.[20] Eine solche (hermeneuti-

18 Beides ist nicht notwendigerweise dasselbe. Es mag im Gegenteil in bestimmten Traditionen zu den Bedingungen der pragmatischen Koexistenz gehören, normative Differenzen gerade *nicht* explizit zu machen – andere entwickelten eigene ›Kulturen der Ambivalenz‹, wie dies etwa die jesuitische Kasuistik der frühen Neuzeit tat (die uns heute nur mehr durch ihre vernichtende Kritik in Blaise Pascals *Kleinen Briefen aus der Provinz* in Erinnerung ist), wie es aber auch weite Bereiche der muslimischen Rechtstradition taten, die heute sowohl von westlichen Juristen als auch von neopuritanischen Fundamentalisten falsch verstanden werden. Vgl. dazu allgemein Bauer: Kultur der Ambiguität.

19 Vgl. Gephart: Law as Culture, S. 12, 15 ff. und passim.

20 Die Begegnung mit einer ›fremden‹ sozialmoralischen Hintergrundkultur kann übrigens auch die Begegnung mit der eigenen, fremd gewordenen Vergangenheit sein. Dies zeigt sich derzeit in zahlreichen europäischen Ländern an der Auseinandersetzung um das Rechtsinstitut der Ehe; 2012 zeigten Fernsehbilder katholische Aktivisten mit dem napoleonischen *Code Civil* in der Hand, die in

sche, kulturanthropologische) Erweiterung des Verstehenshorizonts bestimmter legaler Normen dürfte aber ihre interkulturelle Akzeptanz, ihre Tolerierung und Anpassung in fremden Kulturen eher erschweren.

Dabei verändert das Wissen um das Bestehen alternativer und u. U. gegensätzlicher Weltanschauungen, Lebensformen und Zivilisationsnormen bereits das normative Gesamtbild. Charles Taylor spricht in diesem Zusammenhang von einem ›Supernova-Effekt‹,[21] den das bloße Wissen um eine Vielfalt von zueinander alternativen Weltanschauungen, Religionen, Moralauffassungen mit sich bringe: Jeder normative Kontext kann durch die bloße Existenz von Alternativen brüchig werden.

Dieser Umstand nun betrifft das Forschungsprogramm des Käte Hamburger Kollegs *Recht als Kultur* – so, wie ich es verstehe – ganz direkt. Denn ›cultural clashes‹ zwischen gegensätzlichen normativen Kulturen präsentieren nun eine dramatische hermeneutische Alternative: Lässt sich ein Konflikt zwischen den Geltungsansprüchen verschiedener und gegensätzlicher Rechtsordnungen und Moralauffassungen einfach nur ›wertfrei‹ *feststellen*?[22] Betrifft ihre Koexistenz innerhalb einzelner Gesellschaften somit nur einen *modus vivendi*? Oder gibt es (›höherstufige‹) Normen als Ordnungsmuster, nach denen diese Gegensätze bewertet, nach denen ihr Konflikt entschieden werden könnte?

Wie lassen sich Normenkonflikte regulieren, wenn die unvereinbaren Normen aus verschiedenen religiösen Kulturen oder Zivilisationen stammen? Wenn sie unter dem Einfluss verschiedener Religionen entstanden sind? Oder wenn sie aus verschiedenen Perioden derselben Kultur stammen? (Aber ist sie dann noch dieselbe?[23])

Paris wider die Pläne der sozialistischen Regierung zur Einführung der Homo-Ehe demonstrierten: Bedeutet die rechtliche Gleichstellung homosexueller Lebensgemeinschaften mit der klassischen, heterosexuellen Ehe und Familie (bis hin zum ›Recht‹ auf eigene, per Surrogatschwangerschaft oder In-vitro-Fertilisation zur Welt gebrachte Kinder) nur eine Erweiterung der ansonsten unveränderten Institution Ehe – oder ihre Zerstörung?

21 Taylor: Secular Age, passim.

22 Dass wir mit diesen Fragen wieder bei Max Weber angekommen sind, muss ja kein Nachteil sein; vgl. Gephart: Law as Culture, S. 19 ff.

23 Auch die Vergangenheit kann zur Fremdheit werden: *The past is just another country.* Und der bloße Hinweis, dass eine (gesetzliche oder ethische) Norm ›von gestern‹ sei, ist ja noch kein hinreichendes Argument gegen sie.

4. Cuius regio – eius religio?

Zudem lassen sich heute solche Konflikte nicht mehr einfach territorial lösen, wie dies im frühneuzeitlichen Konfessionalismus Europas geschah: durch die Zuordnung einer Religion (oder auch ›zivilisatorischen Tradition‹) zu einem Territorialstaat – oder auch zu einer Gruppe von Staaten, die sich dazu nur noch auf eine Art kulturellen ›Schengen-Raum‹, etwa des (nach)christlichen Europa, verständigen müssten.[24] Denn Nationen, die in der Lage sein wollen, nur über die ›Außenhaut‹ miteinander zu kommunizieren, müssten sich ja zuvor erst gegeneinander abschließen und nach innen wie kompakte Organismen organisieren. So träten sie nur an ihren Außengrenzen miteinander in Kontakt und gegebenenfalls in Konflikt – durch Handel oder durch Krieg.

Dies entspricht *grosso modo* einer Konstellation, wie sie die Anfänge des modernen Völkerrechts beschreiben: Die Ausweitung des Handels galt dabei als Mittel gedeihlichen Kontakts und zivilisierten Konflikts, bei dem beide Seiten nur gewinnen können. Im Krieg hingegen kann es nicht nur zur Verletzung oder Tötung der individuellen Krieger kommen, sondern auch zum Tode des gesamten staatlichen Organismus. Einander zuvor äußerliche Gesellschaften geraten miteinander in Konflikt; dabei unterwerfen einige Gesellschaften andere, eignen sie sich gewissermaßen an – damit aber ›töten‹ sie diese als eigenständige Organismen, als Souveräne mit eigenem Gemeinwillen.[25]

In dieser Vision des intergesellschaftlichen Kontakts werden der ›süße Handel‹ (Montesquieu) und das Medium des Rechts zu zivilisierenden Instanzen der Staatenwelt: Zu Wasser und zu Lande statuiert das *Ius gentium* auch jenseits der Staatsgrenzen die Differenz von Handel und Krieg, zwischen kommerzieller Öffnung und imperialer Eroberung. Nur die (völker)rechtlich gehegte Gewalt – etwa wider Piraten als ›Feinde der Menschheit‹ – trägt zur Zivilisierung des internationalen Naturzustandes bei; sie verwandelt das im hobbesschen Naturzustand zwischenstaatlicher Beziehungen potenziell beständige Schlachtfeld der internationalen Sphäre in einen rechtlich regulierten Raum: ökonomisch in einen Marktplatz und in politischer Perspektive zunehmend in eine Föderation von Republiken – einen ›großen Völkerbund‹ (Immanuel Kant).

24 Eine der Wurzeln für den publizistischen Erfolg des ›Zivilisationsparadigmas‹ des Harvard-Politologen Samuel P. Huntington (u. a. ders.: Clash of Civilizations) lag in der geheimen Analogie seiner Unterteilung der *Post-Cold-War*-Welt in acht (religiös fundierte) Zivilisationszonen mit dem frühneuzeitlichen konfessionalistischen (›westfälischen‹) Staatensystem – nunmehr auf einer größeren, weltpolitischen Ebene. Doch die neuralgischen Zivilisationskonflikte finden heute nicht mehr zwischen (vermeintlich homogenen) Staaten und Reichen statt, sondern innerhalb der westlichen wie der östlichen Welt selbst, in den Metropolen des Nordens wie des ›globalen Südens‹; vgl. auch das dritte Kapitel (Drei Reiche – wie viele Zivilisationen?) in Kallscheuer: Zukunft des Abendlandes, S. 47–72.

25 So die radikale Deutung Jean-Jacques Rousseaus, vgl. ders.: Prinzipien des Krieges.

5. Katakomben und Parallelgesellschaften

Doch die verschiedenen, miteinander konkurrierenden kulturellen, ethischen und religiösen Traditionen lassen sich in heutigen Einwanderungsgesellschaften keinem bloßes ›Außen‹ der jeweiligen Gesellschaft oder Nation mehr zuweisen. Die Kontakte, Kommunikationen und Konflikte zwischen gegensätzlichen Sittlichkeiten und juridischen ›Geltungskulturen‹ (Werner Gephart) finden ja nicht in erster Linie an den Staatsgrenzen statt, sondern innerhalb der Einwanderungsgesellschaften selbst.[26] Welche nun sind die Bedingungen der Artikulation, Konfrontation, Vermittlung gegensätzlicher normativer Kulturen? Versuchen wir, historische Modellen der Konfliktlösung zwischen normativen Codes des ›sozialen Willens‹ konkurrierender Gruppen grob typologisch zu ordnen. Bei einem Konflikt zwischen (nur) zwei Kulturen oder Religionsgemeinschaften lassen sich dann (mindestens) drei idealtypische Varianten unterscheiden – Varianten, zwischen denen dann durchaus Übergänge denkbar sind (und die in der historischen Wirklichkeit auch stattgefunden haben).

Verdrängung: Das wäre ein Konflikt (›clash of normative cultures‹), bei dem nur einer der beiden normativen Codes überlebt. Die andere, unterlegene Minderheitskultur wird ausgelöscht, ihre Anhänger passen sich an die herrschende Kultur an; oder sie gehen in den Untergrund (in die Katakomben), oder aber sie werden ins Exil verdrängt. – Beispiele sind uns etwa aus den europäischen Religionskriegen der frühen Neuzeit geläufig: Man denke an die calvinistischen Hugenotten, die in Frankreich nach der Rücknahme des Toleranzedikts von Nantes (1685) in den Untergrund gedrängt wurden oder in der Schweiz, in den Niederlanden, in Preußen oder der Neuen Welt ihr Refugium fanden.

Parallelgesellschaft: Die unterlegene Kultur oder Religion verlässt zwar nach einiger Zeit die Katakomben, aber fordert die Dominanz der herrschenden Sitten und Bekenntnisse nicht offen heraus. Es kommt vielmehr zu einer (mehr oder minder bewussten) Entkoppelung zwischen *Binnen*normen und *Außen*verkehr, etwa zwischen dem eigenen Religionsgesetz und den Gesetzen eines un- oder fremdgläubigen Königreichs.[27] Die Interaktion der Gruppe nach außen, unter Beachtung der

26 Übrigens auch in den Auswanderungsländern: Die ökonomischen wie die kulturellen Impulse transnationaler Migration wirken in *beide* Richtungen; die Erfahrungen der Migranten im Ankunftsland werden – spezifisch gefiltert (etwa durch familiäre Netzwerke) – auch in die Herkunftsländer rückvermittelt.

27 Reiches Material zu den dabei möglichen Varianten normativer Interpretation und Legitimation findet sich im zweiten Band der kommentierten Quellensammlung von Walzer/Lorbeerbaum/Zohar: Jewish Political Thought, siehe v. a. im Kapitel 16 die Traktate zur »moral coexistence« mit Heiden bzw. zum gebotenen Verhalten von Juden in heidnischen (christlichen, muslimischen) Staaten.

herrschenden Normen und Regelungsmodi, wird hierbei strikt von ihrer Binnenkommunikation getrennt – und im Extremfall speziellen Funktionsträgern (aus der Gruppenelite) anvertraut. Deren sozialmoralische »Zweisprachigkeit« (also ihre Fähigkeit, den herrschenden Code zu bedienen, *ohne* sich dadurch moralisch seinen Normen zu unterwerfen) sichert eine internormative Koexistenz ohne normative Kommunikation. – Beispiele finden sich vor allem in multinationalen oder multireligiösen Imperien, etwa den *millets* im Osmanischen Reich. Hier war die Trennung zwischen innen und außen gewissermaßen offizielle, explizite Geschäftsgrundlage: Die jeweilige ethnisch-religiöse Elite war für die normative Selbstverwaltung der Gruppe zuständig; und nach außen waren ihre Religionsführer zugleich die Ansprechpartner der Hohen Pforte. Weitere historisch praktizierte Modelle ließen sich etwa in den Mughal-Reichen im Indien des 16. Jahrhunderts oder auch in der Praxis des *Indirect rule* im Britischen Empire finden.

Kontamination: Die machtpolitisch unterlegene Sozialmoral unterwandert die größere, siegreiche, aber inkonsistente (oder korrumpierte o. Ä.) Moral der Herrschenden. – Das bekannteste Beispiel ist der Sieg des Christentums im Römischen Reich. Dieser Aufstieg aus den Katakomben zur Reichsreligion[28] führte dann zu einer Reinterpretation der herrschenden normativen Ordnung selbst – etwa zur Legitimation der *Pax Romana* im Lichte der Heilsgeschichte.[29] Vermutlich knüpfen sogar aktuelle Ängste vor einem ›Eurabia‹ oder islamisch unterwanderten Europa noch indirekt an diesen Präzedenzfall an.

6. Normativer Pluralismus und Tugendethik

Für die aktuelle Weltgesellschaft wäre nun aber auch diese oder eine ähnliche Idealtypisierung noch hochgradig unterkomplex, dies schon aufgrund der exponenziell wachsenden Anzahl der Teilnehmer, Interpreten und Schiedsrichter in der Arena des Konflikts normativer Kulturen. Zum einen ist ja heute allen Beteiligten der längst *de facto* bestehende *sittliche Pluralismus* (in) der Weltgesellschaft durchaus bewusst, ohne dass er deshalb bereits ohne Weiteres *de jure* akzeptiert, als legitim angesehen würde. (Im Gegenteil kann dieses Wissen um die kulturelle Kontingenz der eigenen, absoluten Heilslehre zur politischen Radikalisierung oder religiösen ›Fundamentalisierung‹ führen.) Und diese Konkurrenz

28 Für eine eigene Interpretation erlaube ich mir, auf das letzte Kapitel (Fremde Götter) meines Buchs *Gottes Wort und Volkes Stimme* zu verweisen; Kallscheuer: Gottes Wort, S. 149–169.

29 Siehe Eusebius' *Kirchengeschichte* und Orosius' *Historia Adversus Paganos*. Nach der Plünderung Roms durch Barbaren musste daher Augustinus diese Identifizierung von Heils- und Reichsgeschichte mit seiner Deutung der *Civitas Dei* zurücknehmen bzw. ausdifferenzieren.

zahlreicher, zueinander alternativer sozialmoralischer Sittlichkeiten bzw. missionierender (und »Welt«-)Religionen lässt sich nicht mehr auf eine antagonistische (»Nullsummen«-)Alternative zwischen zwei Polen reduzieren: etwa zwischen herrschender und beherrschter normativer Ordnung, zwischen Missionaren oder Kolonisatoren und Eingeborenen, zwischen Norden und Süden etc.

Zum anderen findet die Konkurrenz normativer Ordnungen heute vor dem Hintergrund einer weltweit fortgeschrittenen *funktionalen Ausdifferenzierung* der sozialen Systeme von Herrschaft, Wirtschaft, Kultur statt. Diese beeinflusst die jeweiligen moralischen Normen, religiösen Identitäten und sozialen Sittlichkeiten auch dann, wenn ihre Träger sie *explizit* nicht anerkennen (wollen). Es geht in interzivilisatorischen Deutungskonflikten schließlich nicht nur (a) um die putative Gegensätzlichkeit konkreter Normen in dieser oder jener Verhaltensdimension (für diesen oder jenen Sozialbereich, ob Familien- oder Geschäftsmoral oder politische Loyalität). Strittig ist vielmehr häufig bereits (b) die Frage der relativen Zuständigkeit dieses oder jenes funktional-spezifischen Normensystems (bzw. seiner Fachleute, Interpreten und Autoritäten).

Somit kann bereits die Frage nach der Zuordnung eines Konfliktbereichs zur Sphäre des Rechts oder der Moral, der Familie oder der politischen Gemeinschaft zum möglichen Konfliktfeld zwischen verschiedenen normativen Traditionen werden. An sich ist auch dies natürlich keine prinzipiell neue Schwierigkeit. Man denke nur an die klassische Frage nach der erlaubten (oder ›anständigen‹) Höhe des Zinssatzes: Ist hier eher die Kirche (oder die Moraltheologie) zuständig, der Markt (die Wirtschaftswissenschaft) oder das politische System (die Staatsräson)? Und wer (welches soziale System, welche Funktionselite) entscheidet über diese Kompetenzzuweisungen?[30] Doch wenn solche ohnehin umkämpften Grenzen zwischen dem moralisch Anständigen, dem politisch Gebotenen, dem sozial Verantwortlichen usw. dann auch noch von ganz verschiedenen, konkurrierenden und gegensätzlichen sozialmoralischen oder religiösen Traditionen je anders gezogen werden, dann multiplizieren sich auch die Kontingenzen und potenziellen Konflikte.

Wie nun können solche zivilisatorischen Konflikte verstanden werden? Wie lassen sie sich entscheiden – oder auflösen? Dass es eine inhärente Logik (oder Tendenz) zur fortschreitenden normativen Rationalisierung geben möge – die ›Vernunft in der Geschichte‹ (Georg Wilhelm Friedrich Hegel), die sich wechselseitig verstärkenden zivilisatorischen Lernprozesse bei der ›Erziehung des Menschengeschlechtes‹ (Gotthold Ephraim Lessing) – das war die Hypothese der aufklärerischen westlichen Geschichtsphilosophie. Und ein weltweiter ›Fortschritt im Bewusst-

30 Auch innerhalb unserer eigenen, christlichen Kultur wurden diese Fragen bekanntlich zu unterschiedlichen Zeitpunkten – und in Ost- und Westchristenheit – durchaus unterschiedlich behandelt.

sein der Freiheit‹ (Hegel) bleibt wohl bis heute ihre perspektivische Hoffnung.[31] Auch ihre soziologischen Nachfolgetheorien, die klassischen Modernisierungstheorien, ob liberaler oder marxistischer Prägung, setzten ja zumeist eine langfristige transkulturelle Überlegenheit der okzidentalen Rechtstradition einfach voraus. Diese traf sich schließlich in wichtigen Punkten mit der kapitalistischen Marktrationalität. Die individualistischen Grundbegriffe der westlichen Rechtskultur galten – je nach Deutung – entweder als *funktional* ›wahlverwandt‹ mit den Kommunikationsmustern und Erfolgsbedingungen marktwirtschaftlichen Verhaltens oder eben als *sittlich* ›wahlverwandt‹ mit einer universalistisch-inklusiven Menschenrechtsmoral. Auch die solidaristischen oder sozialistischen Rechtsnormen zweier großer politischer Familien der westlichen politischen Kultur – der christlichen Demokraten und Sozialdemokraten –, deren Herausbildung durchaus konfliktreich war, konnten noch in diese interpretative Matrix eingeordnet werden: sie galten entweder als funktionale Ergänzungen des Marktsystems oder als seine ethische Korrektur.

Im Gegensatz dazu weisen viele postkoloniale Deutungen von interzivilisatorischen Begegnungen und dabei auftretenden normativen Konflikten jede Behauptung eines Rationalitätsvorrangs der westlichen Rechtstradition als pure Hegemonialideologie zurück.[32] Dasselbe postkoloniale Verdikt trifft i. d. R. auch die Annahme (oder Hoffnung), aus der Formalisierungs- und Universalisierungslogik moderner Verfahrens- und Vernunftethiken rechtsnormative und sozialmoralische Perspektiven entfalten zu können, welche dann ihrerseits interkulturell anschlussfähig wären. Der theoretischen Annahme einer prinzipiellen *Inkompatibilität* nichtwestlicher normativer Grundauffassungen (wie muslimische Menschenrechte, asiatische Werte etc.) mit den Rationalitätsbehauptungen der westlichen Moderne folgt damit gewissermaßen die politische Aufforderung zur *Non-Kollaboration* – zur Zurückweisung aller Inklusionshoffnungen oder Freiheitsversprechen der nachaufklärerischen Kultur- und Sozialphilosophie des Westens.

Im Ergebnis scheinen bei beiden derzeit vorherrschenden Hermeneutiken interzivilisatorischer Konfrontation die Fehldeutungen normativer Konflikte zwischen gegensätzlichen Rechtskulturen geradezu vorprogrammiert – ihre Schlussfolgerungen entsprechen einander geradezu spiegelbildlich in ihrer Contra-Position: Auf inklusivistisch eingestellte westlich-liberale oder sozialistische Versuche, auch Kulturkonflikte noch als Element historischer Lernprozesse zu verstehen,

31 Allerdings haben sich die dabei unterstellten Verknüpfungen zwischen moralischem und kognitivem (›postmetaphysischem‹) Fortschritt inzwischen sehr gelockert; auch das Verhältnis zwischen Religions-, Philosophie- und Freiheitsgeschichte wird in der westlichen Fortschrittsphilosophie heute recht unterschiedlich konzeptualisiert. Man vgl. die Haltung Richard Rortys in seinem letzten Buch *Philosophie als Kulturpolitik* mit der Kontroverse von Jürgen Habermas und Charles Taylor in dem Band Mendieta/VanAntwerpen: Religion und Öffentlichkeit.

32 Typisch für diese Haltung ist etwa Nandy: Fortschritt.

antworten postkoloniale Denker damit, dass sie auf grundbegrifflicher und ethischer Inkompatibilität zwischen der westlichen, ehedem imperialistischen und allen anderen, ›subalternen‹ Zivilisationen insistieren. (Einige bedienen sich dabei freilich eifrig der Begrifflichkeiten oder Theorietechniken des ›westlichen‹ Dekonstruktivismus.)

Gibt es einen anderen, aussichtsreicheren Zugang zur Deutung gegensätzlicher Kulturen normativer Geltung aus unterschiedlichen Zivilisationen? Er dürfte wohl nicht ausschließlich an gegensätzlichen Rechtsnormen und der Verallgemeinerbarkeit ihrer Begründungen ansetzen. Auch moralische und menschenrechtliche Revolutionen – wie die Abschaffung der atlantischen Sklaverei – gewannen ihre Triebkraft schließlich nicht primär aus der Macht verallgemeinerbarer Argumente, sondern durch eine Neucodierung von durchaus traditionellen Vorstellungen von (nationaler, sozialer, persönlicher) *Ehre*.[33] Konflikte zwischen verschiedenen religiösen oder zivilisatorischen Traditionen betreffen stets zugleich unterschiedliche kulturelle ›Tiefenstrukturen‹ (Charles Taylor) der *Wahr*-Nehmung von Ehre und Würde, Tugendhaftigkeit und Maß im Verhältnis von Individuum, Gemeinschaft und Welt (oder ›Kosmos‹).

Und auch die erfolgreiche funktionale Ausdifferenzierung der (oder einer) Rechtsordnung unterliegt schließlich nichtrechtlichen Bewertungen: Was dieselbe Rechtsnorm bedeutet, kann je nach Land, Tradition, Religion ganz verschieden verstanden werden. So mag etwa im interkulturellen Austausch eine ›Sphärenzuweisung‹ dieser oder jener Streitfrage gefunden/vereinbart werden – etwa durch neue Zuständigkeiten in einer eigens dazu emendierten Rechtsordnung. Doch häufig beginnt der sozialmoralische Konflikt erst dann, wenn er die Ebene der Rechtsnormen verlässt – oder indem er diese mit religiöser, moralischer, ästhetischer u. a. Bedeutung ›auflädt‹.

Nun werden innerhalb der westlichen Moralphilosophie solche – zugleich normativ und deskriptiv ›dichten‹[34] – Hinsichten moralischer und rechtlicher Konflikte zumeist unter dem Rubrum der *Tugendethik* thematisiert. Deren Relevanz ist zwar auch innerhalb der westlichen akademischen Philosophie der letzten Jahrzehnte zum Gegenstand einer Neubewertung geworden – jedenfalls gegenüber den in den letzten vier Jahrzehnten, ca. seit John Rawls' *Theory of Justice* (1971) vorherrschenden eher prozeduralistischen oder aber im Gegenzug utilitaristischen Moralphilosophien. Heute hingegen werden in der praktischen Philosophie auch Hinsichten ethischer Vortrefflichkeit im Lebensvollzug und Lebensplan wieder

33 Vgl. dazu Appiah: Honor Code.

34 Verstanden im Sinne von Geertz: Interpretation of Cultures, insb. das erste Kapitel *Thick Description: Toward an Interpretative Theory of Culture*, S. 3–30; vgl. auch die Verwendung dieser Begrifflichkeit im Kontext der politischen und Moralphilosophie bei Walzer: Thick and Thin.

erörtert.[35] Auf interkulturelle Debatten wurde die Tugendethik bisher jedoch selten bezogen. Doch könnte gerade an Konstanz und Wandel kulturell spezifischer Vorstellungen menschlicher Exzellenz (oder Tugend: *areté*) untersucht werden, wo es zwischen ihrer westlichen (christlichen und säkularen) Ausprägung und islamischen und fernöstlichen Traditionen Sollbruchstellen, Anschlusspunkte oder gemeinsame Schnittmengen gibt, die bei jeder Kommunikation zwischen den verschiedenen Rechtskulturen berücksichtigt werden müssen.

Auf der Ebene einer interkulturellen oder interreligiösen ›Tugendkommunikation‹ gibt es ebenso Übereinstimmungen (denken wir an Tugenden wie Mut oder Freigebigkeit) wie Inkompatibilitäten (denken wir an fernöstliche Tugenden der Weltabkehr im Kontrast zu westlichen Tugenden der Weltgestaltung). Welche Bedeutung hätte hier ein ›Overlapping consensus‹ (Rawls)? Wieweit ist die reziproke Anerkennung kontrastierender Tugendcodes möglich? Oder könnte im Gegenteil das explizite Ausbuchstabieren von ethischen oder anthropologischen Tiefendifferenzen einen u. U. pragmatisch zu lösenden Konflikt um rechtliche Grundnormen noch zusätzlich verschärfen, verdoppeln oder ›sittlich aufladen‹? Sollten deshalb ethische oder anthropologische Differenzanalysen vielleicht sogar besser vermieden werden?

***

Nun, es gibt durchaus philosophische Traditionen der Tugendkommunikation, in denen sich eine interkulturelle Zivilisierung des »Moral sense« anders denken und weniger verbissen praktizieren ließe. Im Westen etwa bei den Skeptikern und ›Sentimentalisten‹ der Aufklärung auf beiden Seiten des Ärmelkanals, bei Shaftesbury und Hume, bei Montaigne und Montesquieu – im Osten etwa bei Konfuzius und Mencius.[36] Doch diese erforderten eine eigene Analyse.

35 Dies ist zum einen das Verdienst der Arbeiten Alasdair MacIntyres, zum anderen aber auch einer Neubesinnung auf die moralphilosophischen Einsichten David Humes, wie sie etwa in den Arbeiten Annette Baiers explizit und eher implizit und indirekt auch von Richard Rorty vorgenommen wird (vgl. Rorty: Human Rights).

36 Vgl. Jullien: Dialogue sur la morale.

Literatur

Appadurai, Arjun: The Production of Locality, in: Peter Beyer (Hg.): Religion im Prozeß der Globalisierung, Würzburg 2001, S. 99–123.
Appiah, Kwame Anthony: The Honor Code. How Moral Revolutions Happen, New York 2010.
Bauer, Thomas: Die Kultur der Ambiguität. Eine andere Geschichte des Islam, Berlin 2012.
Bellah, Robert N.: Religious Evolution, in: The Robert Bellah Reader, Durham/London 2006, S. 23–50.
Bellah, Robert N.: Religion in Human Evolution, Cambridge (Mass.), 2011.
Bergson, Henri: Les deux sources de la morale et de la religion, Paris 1932.
Blumenberg, Hans: Die Legitimität der Neuzeit, Frankfurt a. M. 1988.
Burbank, Jane / Cooper, Frederick: Empires in World History. The Politics of Difference, Princeton (N. J.) 2010.
Chakrabarty, Dipesh: Europa als Provinz, Frankfurt a. M. / New York 2010.
Davis, Mike: Planet der Slums, Berlin 2007.
Geertz, Clifford: The Interpretation of Cultures, New York 1973.
Gabriel, Markus: Warum es die Welt nicht gibt, Berlin 2013.
Gephart, Werner: Law as Culture, Bonn/Frankfurt a. M. 2010.
Huntington, Samuel P.: The Clash of Civilizations, in: Foreign Affairs, 106, Sommer 1989, S. 176–189.
Jaspers, Karl: Die Chiffern der Transzendenz, Basel 2011.
Jaspers, Karl: Ursprung und Ziel der Geschichte, München 1963.
Jullien, Francois: Dialogue sur la morale, Paris 1995.
Kallscheuer, Otto: Gottes Wort und Volkes Stimme, Frankfurt a. M. 1994.
Kallscheuer, Otto: The West, the Rest, and the Prophet, in: Constellations. An International Journal of Critical and Democratic Theory, Frühling 1999, S. 222–233.
Kallscheuer, Otto: Zur Zukunft des Abendlandes, Springe 2009.
Löwith, Karl: Weltgeschichte und Heilsgeschehen. Die theologischen Voraussetzungen der Geschichtsphilosophie, Stuttgart / Weimar 2004.
Mendieta, Eduardo / VanAntwerpen, Jonathan (Hg.): Religion und Öffentlichkeit, Berlin 2012.
Nagel, Thomas: Der Blick von Nirgendwo, Frankfurt a. M. 1992.
Nandy, Achis: Fortschritt, in: Hans Joas (Hg.): Vielfalt der Moderne – Ansichten der Moderne, Frankfurt a. M. 2012, S. 53–65.
Osterhammel, Jürgen: Internationale Geschichte, Globalisierung und die Pluralität der Kulturen, in: Wilfried Loth / ders. (Hg.): Internationale Geschichte, München 2000, S. 387–407.
Osterhammel, Jürgen: Die Verwandlung der Welt. Eine Geschichte des 19. Jahrhunderts, München 2009.

Rorty, Richard: Human Rights, Rationality, and Sentimentality, in: Shute, Stephen / Hurley, Susan (Hg.): On Human Rights. The Oxford Amnesty Lectures 1993, New York 1993, S.111–134.

Rorty, Richard: Philosophie als Kulturpolitik, Berlin 2008.

Rousseau, Jean-Jacques: Prinzipien des Krieges, in: Deutsche Zeitschrift für Philosophie, Jg. 58, H. 2, 2010, S. 307–317.

Sassen, Saskia: Das Paradox des Nationalen, Frankfurt a. M. 2008.

Taylor, Charles: A Secular Age, Cambridge (Mass.) 2007.

Walzer, Michael: Thick and Thin. Moral Argument At Home and Abroad, Notre Dame (Indiana) 1994.

Walzer, Michael / Lorbeerbaum, Menachem / Zohar, Noam J. (Hg.): Jewish Political Thought. Bd. II: Membership, New Haven 2003.

Dritter Teil

Jenseits des Rechts:
Über das schwierige Verhältnis zur Religion

Christian Waldhoff

Der Wahrheitsanspruch der Religion und die Relativität des Rechts

Ein Wahrheitsanspruch gehört zum Proprium vieler Religionen. Das Recht verfolgt demgegenüber einen anderen Absolutheitsanspruch:[1] Seine *Inhalte* sind – von ganz grundlegenden, in elementaren Grundrechtsverbürgungen entschiedenen Fragen abgesehen – ›relativ‹ angesichts der prozeduralen Gemeinwohlverwirklichung im politischen Prozess in der Demokratie, der zur Rechtsetzung führt.[2] Gerade die parlamentarische Demokratie ist von beiden großen Kirchen (zu) lange als Staatsform des Relativismus verkannt, ja bekämpft worden.[3] Die Rechtsordnung ist demgegenüber in ihrem *Geltungsanspruch* ›absolut‹.[4]

1. Wahrheitsansprüche auf unterschiedlichen Ebenen

Religiöse Wahrheitsansprüche beziehen sich auf Glaubensinhalte, auf die ›Sinnfrage‹. Das gilt zumindest für die monotheistischen Religionen.[5] Nach christlichem Verständnis[6] ist Gott ›Wahrheit‹, seine Rede ist ›wahrhaftig‹, d. h. verlässlich. Glaubenswahrheit ist offenbarte Wahrheit und damit der Erkenntnis vorgege-

1 Auf das Verhältnis von Religion und Politik bezogen ähnlich Fischer: Zukunft einer Provokation; freilich könnten auch für das Recht, genauer: im Rechtssystem ›Wahrheitsprobleme‹ diskutiert werden, so etwa ganz allgemein in dem Feld Wahrheit – Wissen – Macht, oder die Problematik ›prozessualer Wahrheit‹, d. h. die Verbindlichkeit von Sachverhaltsfeststellungen etwa in der Beweiserhebung als juristisch relevante Tatsachenfeststellung; vgl. eigenwillig dazu etwa Foucault: Wahrheit.

2 Grundlegend Lepsius: Erkenntnistheoretische Notwendigkeit; ferner Böckenförde: Demokratie, Rdnr. 40, 56 und öfter; Badura: Parlamentarische Demokratie, vor allem Rdnr. 27ff.; Volkmann, in: Friauf/Höfling (Hg.): Berliner Kommentar zum Grundgesetz, Art. 20 (4. Teil), Rdnr. 24 und öfter; Badura: Staatsrecht, Rdnr. D 9, F 11.

3 Näher Waldhoff: Katholizismus und Verfassungsstaat; ders.: Kirchen und das Grundgesetz.

4 Zur Rechtsgeltung im Überblick Röhl/Röhl: Allgemeine Rechtslehre, §§ 37, 40.

5 Die im deutschen Bereich v. a. von Jan Assmann formulierte ›Monotheismusthese‹ verbindet einen rigiden Wahrheitsanspruch mit einem latenten Gewaltpotenzial als ›Preis des Monotheismus‹; vgl. nur Assmann: Mosaische Unterscheidung, zum Wahrheitsbegriff dort S. 23ff.; Kritik etwa durch Spaemann: Streit; Angenendt, Toleranz und Gewalt, S. 88ff.; Schieder: Sind Religionen gefährlich?, S. 69ff.

6 Vgl. nur Müller/Werbick: Wahrheit. Philosophie- und theologiegeschichtlich; dies.: Wahrheit. Systematisch-theologisch; Jüngel: Wahrheit. Begriff und Problematik; ders.: Wahrheit. Fundamen-

ben, Verkündigung erweist sich als Bezeugung dieser Wahrheit. Zugang zu dieser Wahrheit bietet der Glaube. In der Welt vollziehen sich Wahrheits- und Glaubensanspruch in der und durch die Kirche. Der damit regelmäßig verbundene universalistische Wahrheitsanspruch[7] ist freilich seit Descartes, Kant und Nietzsche u. v. a. m. relativiert und kontextualisiert: Der religiöse Wahrheitsanspruch ist bestreitbar und er ist vielfältig bestritten worden. Ein moderneres theologisches Verständnis sieht demgegenüber Wahrheit als gelebte Wahrheit, fragt nach der Wahrheit einer bestimmten Lebensweise, sodass auch eine gewisse Pluralität von (auch religiösen) Wahrheitsverständnissen denkbar wird.

Derartige Wahrheitsfragen stellen für den Staat ein Tabu dar: Der Staat darf und kann nicht zu Wahrheits- und Glaubensfragen i. e. S. Stellung nehmen. Dafür fehlen ihm die Zuständigkeit und die Fähigkeit. Würde der Staat – mittels seiner Rechtsordnung – diese Schranke durchbrechen, bestünde die Gefahr totalitärer Zustände, denn dies bedeutete einen wahrlich umfassenden Zugriff auf die Bürger, insbesondere auf deren innere Freiheit. Staat und Religion befinden sich folglich in einem Verhältnis unauflöslicher ›Koexistenz‹, ihre ›Systemansprüche‹ liegen ›quer‹ zueinander. Wie stets in solchen Situationen stellen sich Fragen der Letztentscheidung.[8] Staat und Recht fragen – zumindest in einer freiheitlichen Verfassungsordnung – nicht nach ›Wahrheit‹, sondern danach, was allgemeinverbindlich ›gilt‹ und wer dies in Konfliktsituationen feststellen darf.

2. Die Instrumente der Koordination zwischen Religion und Recht

Das Verhältnis des Staates zur Religion bildet sich in der Verfassung in zwei Säulen ab:[9] Durch das Individualgrundrecht der Glaubens- und Religionsfreiheit (Art. 4 Abs. 1 und 2 GG) wird jedem Einzelnen die Freiheit in Sachen der religiösen und weltanschaulichen Orientierung in – sowohl im historischen als auch im aktuellen Vergleich – außerordentlich großzügiger Weise gewährleistet. Dies ist in bester liberaler Tradition eine Freiheit vom Staat, nicht eine Freiheit, von religiöser Betätigung durch die Mitbürger verschont zu bleiben. Daher stellt ein Kreuz auf einem Gotteshaus, auf dem Feld des Landwirts oder im Vorgarten eines Privathauses juristisch kein Problem dar, über Kreuze in Schulzimmern und

taltheologisch; Landmesser: Wahrheit. Neues Testament; Großhans: Wahrheit. Dogmatisch und ethisch; ders.: Wahrheit. Religionsphilosopisch.

7 Näher Angenendt: Toleranz und Gewalt, S. 190 ff.

8 Vgl. Quaritsch: Kirchen und Staat; Muckel: Staatliche Letztentscheidung.

9 Vgl. etwa Waldhoff: Zukunft des Staatskirchenrechts, S. 92 ff.

Gerichtssälen lässt sich diskutieren.[10] Sogar das äußere Handeln, das innerlich religiös angeleitet ist, genießt grundsätzlich den Schutz des Rechts.[11]

Daneben tritt als zweite Säule das institutionelle Staatskirchenrecht, das Religion und Kirche als institutionellen Tatbestand wahrnimmt. Die entsprechenden Vorschriften sind aus der Weimarer Reichsverfassung von 1919 in das Grundgesetz 1949 übernommen worden (Art. 140 GG). Sie stellten schon nach dem Ersten Weltkrieg einen Kompromiss zwischen der damals noch weitgehend agnostischen, wenn nicht atheistisch orientierten Sozialdemokratie[12] und dem politischen Liberalismus[13] auf der einen Seite sowie den konservativen bzw. konfessionellen Parteien (hier vor allem dem Zentrum) auf der anderen Seite dar.[14] Dieser Kompromiss wurde 1948/49 – freilich in einem religiös-weltanschaulich wenig veränderten Umfeld[15] – erneuert und so zum ›doppelten Kompromiss‹: Abschaffung der Staatskirche unter gleichzeitiger Betonung eines besonderen, öffentlichen Status von Kirchen und Religionsgemeinschaften.[16] Diese bleiben Körperschaften des öffentlichen Rechts bzw. können diesen Status unter bestimmten Voraussetzungen erwerben. Der Staat gewährt die Autonomie der Religionsgemeinschaften ›im Rahmen der für alle geltenden Gesetze‹ und kooperiert in den sogenannten gemeinsamen Angelegenheiten von Staat und Kirche[17] mit den Religionsgemeinschaften (Religionsunterricht in öffentlichen Schulen; theologische Fakultäten an staatlichen Universitäten; staatliche Hilfe beim Einzug von Kirchensteuer; Seelsorge in Gefängnissen, in der Bundeswehr, in staatlichen Krankenhäusern; Staatsleistungen an die Kirchen und Religionsgemeinschaften usw.). Zum Kompromiss gehörte und gehört auch, dass die weltanschaulichen Gemeinschaften, die ja zumeist eine dezidiert antikirchliche oder antireligiöse Ausrichtung pflegen, prinzipiell gleichgestellt sind.[18] Ergänzt und abgesichert wird dieses Rechtsregime, das durch Kooperation und Koordination gekennzeichnet ist, durch ein dichtes Netz an Verträgen zwischen Staat und Kirchen.[19]

Wie sind diese beiden Säulen des Religionsverfassungsrechts zu verstehen, welches Verhältnis haben sie zueinander? Das Grundrecht der Religionsfreiheit reiht sich in die Geschichte der Grund- und Menschenrechte seit dem 18. Jahrhundert ein. Es war historisch Minderheitenrecht: Angehörige von Minderheitsreligionen

10 Dazu etwa Waldhoff: Kreuz als Rechtsproblem.

11 BVerfGE 24, 236.

12 Allgemeine Charakterisierung bei Huber: Verfassungsgeschichte, S. 227 ff.

13 Allgemeine Charakterisierung ebd., S. 177 ff., 209 ff.

14 Vgl. etwa Gusy: Weimarer Reichsverfassung, S. 321 ff.

15 Vgl. Waldhoff: Kirchen und Grundgesetz.

16 Vgl. von Campenhausen/de Wall: Staatskirchenrecht, S. 31 ff., 40 f.

17 Zu diesen vgl. von Campenhausen/de Wall: Staatskirchenrecht, S. 196–251.

18 Vgl. von Campenhausen/Unruh, in: von Mangoldt/Klein/Starck: Kommentar zum Grundgesetz, Bd. 3, 6. Aufl. 2010, Art. 137 WRV, Rdnr. 275–280.

19 Vgl. Hollerbach: Vertragliche Grundlagen des Staatskirchenrechts.

sowie Agnostiker und Atheisten sollten geschützt werden. Der Staat schützt hier Glauben und Religion um ihrer selbst willen. Ganz anders beim institutionellen Staatskirchenrecht: Hier haben wir eine spezifisch deutsche Ausgestaltung vor uns, die 1919 nach dem Sturz der Monarchie notwendig wurde, als auf protestantischer Seite das Staatskirchentum mit der Revolution wegfiel. Auch der demokratische Verfassungsstaat wollte nicht auf einen besonderen Status – etwa der Öffentlichkeit – von Religion verzichten, Religion und Kirche werden hier auch unter einem Nützlichkeitsparadigma gesehen; Religionspflege seitens des Staates dient durchaus auch staatlichen Zielen. In dem erfolgreichsten Satz, der diesen Zusammenhang auf den Begriff bringt, sagt Ernst-Wolfgang Böckenförde: »Der freiheitliche Verfassungsstaat lebt von Voraussetzungen, die er selbst nicht garantieren kann«, will er nicht seine Freiheitlichkeit verlieren.[20] Verhielt sich der Staat anders, kam es stets zu Unfreiheit, ja zu totalitären Katastrophen: im sogenannten Kulturkampf Ende des 19. Jahrhunderts, in der Religions- und Weltanschauungspolitik des Nationalsozialismus wie auch in der Religionspolitik der DDR. Manchen Satz, würde er aus dem Zusammenhang gerissen, könnte man nicht auf den ersten Blick einem preußischen Kultusminister 1878, einem NS-Ideologen oder einem Staatssekretär für Kirchenfragen in der DDR 1960 eindeutig zuordnen – so austauschbar sind teilweise die Sichtweisen (ohne die historischen Kontexte gleichsetzen zu wollen).

Zu den aktuellen Problemen des Religionsverfassungsrechts gehört die Tatsache, dass diese institutionellen Regeln auf die Großkirchen 1919/1949 zugeschnitten wurden, ohne dass damit irgendwer diskriminiert werden sollte, dass sie aber auf die Strukturen des Islam schlichtweg schlecht passen. Um gleichwohl etwa islamischen Religionsunterricht an Schulen erteilen oder islamische Theologie an staatlichen Universitäten unterrichten zu können, behilft man sich für eine Übergangszeit mit Ersatzkonstruktionen, die ich im Prinzip begrüße – erhoffe ich mir durch die (und sei es auch zunächst provisorische) Einbeziehung des Islam in das deutsche Religionsverfassungsrecht eine Stabilisierung desselben und die Zufuhr neuer Legitimität, indem Zukunftsfähigkeit bewiesen werden kann. Mit dem Individualgrundrecht der Religionsfreiheit als Minderheitenrecht gibt es ohnehin keine wirklichen Probleme.

Mit den beiden Säulen des deutschen Religionsverfassungsrechts ordnet sich das Grundgesetz in der Mitte der prinzipiell denkbaren Modelle ein:[21] Auf der einen Seite finden wir (noch) staatskirchliche Ausgestaltungen (wie etwa in England und teilweise den skandinavischen Staaten, aber auch in Griechenland), auf der anderen Seite sehen wir mit Frankreich und den USA (die Türkei stellt einen Sonderfall dar) das laizistische Modell, das der Religion jeden öffentlichen

20 Böckenförde: Entstehung des Staates, S. 112.

21 Vgl. von Campenhausen/de Wall: Staatskirchenrecht, S. 338–357.

Auftrag abspricht und selbst die Kommunikation zwischen Staat und Religion untersagt.[22] Beide Extremmodelle haben sich nicht bewährt: Das Staatskirchentum passt – meist an Monarchien gebunden – nicht in unsere Zeit und könnte im republikanischen Verfassungsstaat auch kaum gerechtfertigt werden; das laizistische Modell stößt an Grenzen, wenn etwa der französische Präsident mit Vertretern der nordafrikanischen Einwanderer reden will und muss und dann – nach strenger Lesart – auf Moscheegemeinden und deren Geistliche kaum zutreten dürfte. Das vermittelnde deutsche staatskirchenrechtliche Modell, das ähnlich auch in Österreich, Belgien, Italien und zahlreichen anderen Staaten verwirklicht ist, bewahrt die säkulare Legitimation von Herrschaftsgewalt bei individueller Religionsfreiheit und pluralistischem Gesellschaftsmodell, ohne die Eigenarten des Religiösen zu verkennen oder zu ignorieren; damit wird zugleich ein Beitrag zur Pflege von Verfassungsvoraussetzungen geleistet, ohne diese Voraussetzungen staatlicherseits zu vereinnahmen.[23]

3. Die religiös-weltanschauliche Neutralität des Staates als Konzept zum Ausgleich zwischen den unterschiedlichen ›Wahrheitsansprüchen‹

Was bedeutet in diesem Konzept die religiös-weltanschauliche Neutralität des Staates? Die religiös-weltanschauliche Neutralität des Staates wirkt wie eine das gesamte Religionsrecht beherrschende Übernorm.[24] Das Bundesverfassungsgericht hat auf diesen Topos in seiner neueren Judikatur ständig zurückgegriffen und aus einer Zusammenschau verschiedener Grundgesetznormen das Konzept einer ›wohlwollenden‹, ›freundlichen‹ oder ›fördernden‹ Neutralität entwickelt.[25] Dies bietet dann die Hintergrundfolie für die zumeist grundrechtliche Argumentation. Zu überprüfen ist, ob das wirkmächtige Modell des religiös-weltanschau-

22 Zu den unterschiedlichen Modellen Mückl: Europäisierung des Staatskirchenrechts, S. 59 ff.

23 Vgl. Heckel: Zukunftsfähigkeit, S. 342 f.; Waldhoff: Neue Religionskonflikte, S. D 49 f.

24 Heinig: Verschärfung der oder Abschied von der Neutralität?, S. 1136 ff., dort auch instruktiv zur ›Geschichte‹ und Genese des Neutralitätsparadigmas als rechtsdogmatischer Argumentationsfigur; kritische Erwiderung dazu Huster: Neutralität ohne Inhalt?, S. 354 ff.; Schlusswort: Heinig: Verschleierte Neutralität, S. 357 ff.; zur Gefahr der Überlastung des Religionsrechts mit ›Schlagwörtern‹ oder ›Großformeln‹ Schlaich: Neutralität, S. 129; Möllers: Religiöse Freiheit, S. 49 f.

25 Vgl. nur BVerfGE 108, 282 (300); zur Verdichtung der Neutralität aus Einzelbestimmungen der Verfassung zuletzt BVerfGE 123, 148 (178): »Aus dem Grundsatz der religiösen und weltanschaulichen Neutralität des Staates, der sich aus einer Zusammenschau der Art. 4 Abs. 1, 3 Abs. 3, 33 Abs. 3, 140 GG i. V. m. Art. 136 Abs. 1, 4 und 137 Abs. 1 WRV ableiten lässt, folgt …«; zur historischen Entwicklung aus der cura religionis Müller-Volbehr: Positive Religionspflege, S. 367 ff.; zur jüngeren Anwendungsgeschichte Heinig: Verschärfung der oder Abschied von der Neutralität?, S. 1137 f.

lich neutralen Staates, das in historischer Perspektive als Antwort auf die konfessionellen Bürgerkriege einen konfessionellen Hintergrund besitzt,[26] auch angesichts der Ablösung der *Konfessions*- durch eine nun entstehende *Religions*differenz unverändert tragfähig bleibt bzw. was es in dieser Konstellation bedeutet.[27]

a) Unterschiedliche Neutralitätsmodelle

Die religiös-weltanschauliche Neutralität des Staates erscheint in der aktuellen verfassungsrechtlichen Diskussion als *das* zentrale Argument bei der Lösung religionsrechtlicher Konflikte. Diese vielbeschworene Formel büßt ihre friedensstiftende Wirkung jedoch zusehends ein, wenn sie zu einem Abbau der generellen Normativität der Rechtsordnung führt, sofern also glaubensgeleitetes Verhalten von dieser nicht mehr gesteuert werden könnte.[28] Dabei sollte nicht verkannt werden, dass es sich bei der Neutralität des Staates zwar in der Rechtsprechung des Bundesverfassungsgerichts um eine verfassungsrechtsdogmatische Konstruktion handelt, die durch eine Zusammenschau einschlägiger Grundrechtsgehalte gewonnen wird,[29] der jedoch die historische Realität nur bedingt entspricht: Nach den gewaltsamen Auseinandersetzungen der konfessionellen Bürgerkriege entsteht in den deutschen Territorien geradezu gegenteilig der *konfessionelle* Staat. Vor allem die Carl-Schmitt-Schule gründet ihr Staatsverständnis zu einem guten Teil auf die Konstruktion, der frühneuzeitliche Staat habe sich als neutrale Macht angesichts der konfessionellen Bürgerkriege im Gefolge der Reformation formiert.[30] Allenfalls auf der Ebene des Alten Reiches entwickeln sich jedoch Parität und in einem vormodernen Sinne vielleicht auch ›Neutralität‹, während die Prozesse der Staatsbildung in Deutschland grundsätzlich auf der Ebene der Territorien voranschritten.[31] Der wohl bekannteste Religionssoziologe der Gegenwart, José Casanova, spricht hinsichtlich dieser »Basiserzählung der modernen Trennung von Religion und Politik« von einem »historischen Mythos«[32]. Es

26 Vgl. vorrangig Böckenförde: Entstehung des Staates, S. 112.

27 Zur Variabilität dieses staatskirchenrechtlichen Topos von Campenhausen: Verfassungsstaat und Religion, S. 77.

28 Vgl. Volkmann: Risse in der Rechtsordnung, S. 8.

29 Vgl. besonders deutlich BVerfGE 19, 206 (216): »Das Grundgesetz legt durch Art. 4 Abs. 1, Art. 3 Abs. 3, Art. 33 Abs. 3 GG sowie durch Art. 136 Abs. 1 und 4 und Art. 137 Abs. 1 WRV i. V. m. Art. 140 GG dem Staat ... weltanschaulich-religiöse Neutralität auf.« Zuletzt BVerfGE 123, 148 (178). Grundsätzlich dazu Schlaich: Neutralität; Huster: Ethische Neutralität des Staates, S. 47 ff. zum konstruktiven Charakter dieses idealtypischen strategischen Modells; allgemein zu rechtssatzmäßigen Verdichtungen von Neutralität im Verfassungsrecht auch Voßkuhle: Rechtsschutz gegen den Richter, S. 101 f.

30 Vgl. Dreier: Kanonistik und Konfessionalisierung, S. 6 ff.

31 Vgl. zur Kritik ebd., S. 6 ff.; Huster: Ethische Neutralität des Staates, S. 49 ff.

32 Casanova: Das Problem der Religion, S. 7 (9 f.); vgl. auch Heinig: Verschärfung der oder Ab-

liegt der Verdacht nahe, dass aus der Wirkmächtigkeit dieser Konstruktion eine Überbetonung bzw. Fehldeutung der staatlichen Neutralität resultiert, dass das Prinzip verfassungsrechtsdogmatisch absolut gesetzt,[33] dass aus einem hintergründigen Prinzip eine subsumtionsfähige Regel gemacht wird. Demgegenüber ist in der Literatur zu Recht darauf hingewiesen worden, dass Neutralität nicht mit schematischer Gleichbehandlung identifiziert werden kann.[34] Neutralität des Staates bedeutet nicht Bindungslosigkeit, sondern eher gegenteilig »Konsequenz einer ethischen und rechtlichen Bindung« in Form einer »respektvollen Nicht-Identifikation«[35].

Zudem ist die ›Neutralität‹ auf den verschiedenen Stufen der Rechtsordnung zu unterscheiden: Die Verfassung darf sich ›Neutralitätsverstöße‹ erlauben, da es keinen ihr vorgelagerten verfassungs*rechtlich* relevanten Neutralitätsbegriff geben kann.[36] Tatsächlich finden sich durchaus ›Neutralitätsverstöße‹ im Grundgesetz: Das jüngst vom Bundesverfassungsgericht eindrucksvoll entfaltete Gebot des Sonntagsschutzes in Art. 140 GG i. V. m. 139 WRV bevorzugt den Sonntag als den im Christentum arbeitsfreien Tag im Sinne einer Mehrheitsentscheidung zur Zeit der Verfassungsgebung. Das Bundesverfassungsgericht sieht darin zu Recht kein grundsätzliches Problem.[37] Auch die Tatsache, dass die ›geborenen‹ Körperschaften nach Art. 137 Abs. 5 Satz 1 WRV von vornherein ihren Status behalten durften, stellt eine Privilegierung dar, gegen die auf der Ebene der Verfassung juristisch jedoch nichts einzuwenden ist. Es wäre auch demokratietheoretisch schwierig, der verfassungsgebenden Gewalt derartige Entscheidungen zu versagen.[38] Mit anderen Worten: Die staatliche Neutralität ist keine Meta- oder Übernorm, die sogar

schied von der Neutralität?, S. 1136: »Metanarrativ des deutschen Staatskirchenrechts«; Gärditz: Säkularität und Verfassung.

33 In der Tendenz etwa Britz: Einfluss christlicher Tradition auf die Rechtsauslegung, S. 1127.

34 Vgl. etwa Badura: Schutz von Religion und Weltanschauung, S. 82f.; Classen: Religionsrecht, Rdnr. 128.

35 Bielefeldt: Muslime, S. 16f.; ähnlich Droege: Neutralität, Sp. 1623f.

36 Vgl. etwa Steiger: Religion und Religionsfreiheit, S. 111ff.; zur grundsätzlichen rechtlichen Ungebundenheit der verfassungsgebenden Gewalt mit weiteren Nachweisen Waldhoff: Entstehung des Verfassungsgesetzes; vgl. jetzt jedoch die Entscheidung des EGMR zur bosnischen Verfassung (Urteil v. 22.12.2009, Sejdić und Finci v. Bosnien und Herzegowina): dazu Martens: Bosniens Verfassung.

37 BVerfG, JZ 2010, 137 Tz. 141f.: »Art. 139 WRV ist damit ein religiöser, in der christlichen Tradition wurzelnder Gehalt eigen ...«; Tz. 149: »Die Pflicht des Staates zu weltanschaulich-religiöser Neutralität steht einer Konkretisierung des Schutzgehalts des Art. 4 Abs. 1 und 2 GG durch Art. 139 WRV nicht entgegen. Denn die Verfassung selbst unterstellt den Sonntag und die Feiertage, soweit sie staatlich anerkannt sind, einem besonderen staatlichen Schutzauftrag und nimmt damit eine Wertung vor, die auch in der christlich-abendländischen Tradition wurzelt und kalendarisch an diese anknüpft.« Kritisch Classen: Anmerkung; vgl. ferner Janz/Rademacher: Islam und Religionsfreiheit, S. 707.

38 Vgl. Möllers: Demokratie, Rdnr. 96 und öfter.

der Verfassung vorgelagert wäre und der für die Auslegung und Anwendung der Verfassung Leitlinien entnommen werden könnten.[39]

Bei dem Argumentationstopos der religiös-weltanschaulichen Neutralität des Staates zeigt sich erneut die Gefahr, dass aus ›Zusammenschauen‹ konkreter Verfassungsnormen Oberkategorien mit normativem Anspruch konstruiert werden, die in ihrer Anwendung auf konkrete Rechtsfragen eine ungeahnte Eigendynamik entwickeln und von den ihnen zugrunde liegenden Rechtsnormen selbst ablenken.

b) Die ›fördernde‹ Religionsneutralität des Grundgesetzes

Aus Respekt vor unterschiedlichen, im Ganzen jedoch bejahten religiösen oder weltanschaulichen Sichtweisen hat der Staat auf eine Kompetenz in Fragen umfassender Sinnorientierung zu verzichten.[40] Der Rekurs auf Art. 137 Abs. 3 WRV kann hier weiterhelfen, da durch diese Norm zum einen eine gewisse Objektivierung des berücksichtigungsfähigen Selbstverständnisses ermöglicht wird,[41] zum anderen über die Schranke des ›für alle geltenden Gesetzes‹ die notwendige Kompatibilität mit der Gesamtrechtsordnung wirksamer gesichert werden kann. Spätestens an dieser Stelle wird auch zu berücksichtigen sein, ob das *Handeln* von Religionsgemeinschaften – nicht deren Glaubens- oder Religionsinhalte – mit Grundwertungen unserer *Verfassungsrechts*ordnung übereinstimmt. Die Nichtidentifikation beschränkt sich ausschließlich auf Glaubens- oder Religionsinhalte, nicht auf eine Bewertung des Handelns von Religionsgemeinschaften ›nach außen‹ am Maßstab der Rechtsordnung – dieses ist durchaus Gegenstand rechtlicher Bewertung: »Es ist dem religiös-weltanschaulich neutralen Staat verwehrt, Glauben und Lehre als solche zu bewerten. Maßgeblich ist vielmehr das tatsächliche Verhalten der Religionsgemeinschaft.«[42] Gegenüber Religionsgemeinschaften können die Werte der alles andere als ›wertfreien‹ Verfassungsordnung freilich nur als Rechtsnormen und nicht als Bekenntnis zu oder gegen eine Religion in Stellung gebracht werden. Damit kommt es auch nicht darauf an, ob das berücksichtigungsfähige religiöse Selbstverständnis eine konkrete Tradition in Deutschland oder unter den ›heutigen Kulturvölkern‹ besitzt, sondern ob es in seinen Handlungen mit den Grundwertungen der Verfassungsordnung im Einklang steht.[43] Das

39 In der Tendenz freilich in diese Richtung Sacksofsky: Religiöse Freiheit, S. 20 ff.

40 Vgl. Bielefeldt: Muslime, S. 17; Droege: Neutralität, Sp. 1624.

41 Vgl. Classen: Religionsrecht, Rdnr. 158: gruppenbezogener Religionsbegriff zur Einschränkung der vollständigen Subjektivierung.

42 BVerfGE 102, 370 (397).

43 Vgl. Hufen: Regelungsspielraum, S. 578. Zu den Gefahren kritisch-differenziert Bock: Religionsfreiheit, S. 447 ff.; Jeand'Heur/Korioth: Staatskirchenrecht, Rdnr. 96 f.

Religionsrecht des Grundgesetzes kennt insofern keinen »Kulturvorbehalt«, die Neutralität darf nicht per se »kulturalistisch vereinnahmt« werden.[44] Vergleichskriterium ist somit nicht die nationale Religions- und Frömmigkeitsgeschichte, sondern es ist – wiederum bezogen auf das Handeln der konkreten Religionsgemeinschaft – die Übereinstimmung mit Grundwertungen von Rechtsnormen bzw. der Rechtsordnung insgesamt: ›Kulturadäquanz‹ wird ersetzt durch (auf die Auswirkungen, nicht auf die Inhalte bezogene) ›Verfassungskompatibilität‹, die isolierte Anknüpfung an das Recht soll inhaltliche Entscheidungen in Glaubensfragen vermeiden.[45] Da freilich Grundlagen unserer (Verfassungs-)Rechtsordnung kulturell und damit auch religiös geprägt und fundiert sind,[46] führt eine solche Vorgehensweise in der Tat dazu, dass wesentliche Bestandteile etwa der Glaubensüberzeugungen der christlichen Kirchen insofern eher kompatibel sind, ohne dass darin eine durch inhaltliche Stellungnahme des Staates zu den betroffenen Religionen liegende Diskriminierung zu sehen ist.[47] Durch den Rekurs auf objektiv-verbindliche Rechtsnormen kann nicht von einer unzulässigen Diskriminierung anderer Religionen gesprochen werden. Hierin läge zugleich eine Grenze im Verhältnis zu einer zu strikt interpretierten weltanschaulich-religiösen Neutralität des Staates.[48] Der Staat identifiziert sich nicht mit derjenigen Religi-

44 Bielefeldt: Muslime, S. 48 ff.; Möllers: Religiöse Freiheit, S. 71 f.; teilweise abweichend Hillgruber: Staat und Religion; ders.: Muslimischer Kulturimport, S. 538 ff.

45 Dies hält Britz: Einfluss, S. 1127, für nicht ausreichend, um einer schematischen Neutralität zu genügen, die allerdings nicht aus dem Verfassungstext hergeleitet wird und auch nicht herleitbar wäre.

46 In jeweils unterschiedlichen Zusammenhängen BVerfGE 41, 29 (64); 93, 1 (22); Tomandl (Hg.): Der Einfluss des katholischen Denkens auf das positive Recht; Waldhoff: Kirchliche Selbstbestimmung, S. 985; Classen: Religionsrecht, Rdnr. 132 ff.; Schwarz: Christlich-abendländisches Fundament; Dreier: Kanonistik und Konfessionalisierung, S. 18 ff.; allgemein zum Christentum als Kulturfaktor Isensee: Erwartungen an die Kirche, S. 106 ff.; kritisch Huster: Neutralität des Staates, S. 214 ff.

47 Im Ansatz ganz ähnlich – bei dann allerdings unterschiedlichen Schlussfolgerungen – das Konzept der ›Selektivität des Neutralitätsgebotes‹ bei Huster: Neutralität des Staates, S. 112 ff.; ders.: Bedeutung des Neutralitätsgebotes, S. 115: »Wenn die religiös-weltanschauliche Neutralität des Staates mit zentralen normativen Prinzipien der politischen Ordnung verbunden ist, kann es sich immer nur um eine selektive Neutralität handeln. Dass der neutrale Staat keineswegs ›allgemein‹ und ›allen‹ normativen Grundentscheidungen indifferent gegenübersteht, folgt schon daraus, dass ... zumindest die staatliche Neutralität selbst energisch verteidigt wird ...«; mit teilweise anderem Akzent spricht Uhle: Staat – Kirche – Kultur, S. 63 ff., vom »Grundkonsens des kirchen- und staatskirchenrechtlichen Verständnisses über das Verhältnis von Kirche und Staat im Recht der Gegenwart«.

48 Vgl. Grzeszick: Verfassungstheoretische Grundlagen, S. 146: »Die Neutralität des Staates ist nur ein durch Auslegung einzelner Verfassungsrechtssätze gebildeter Grundsatz und vermag deshalb entgegenstehende Verfassungsnormen mit nicht neutralem Regelungsgehalt nicht vollständig zu überspielen. Zum anderen kann aus dem Gebot der Neutralität des Staates höchstens ein Verbot der unmittelbaren Bewertung von Religion durch den Staat gefolgert werden. Würde man ein generelles Verbot der Bewertung von Religion durch den Staat annehmen, dürfte dieser in der Konsequenz die Religion ausübenden Bürger und Gemeinschaften überhaupt nicht beschränken, da dies stets eine Rechtfertigung verlangt, die eine Bewertung anhand säkularer Maßstäbe und Folgen bzw. Wirkungen erfordert.« Vgl. auch Huster: Neutralität des Staates, S. 115; Heinig: Ordnung der Freiheit, S. 251; ders.: Verschärfung der oder Abschied von der Neutralität?, S. 1140.

onsgemeinschaft, deren Verhalten (nicht deren Lehre) sich in größerem Ausmaß als verfassungskompatibel erweist; es werden nicht religiöse Lehren oder Inhalte bewertet, die ›Wahrheitsfrage‹ bleibt tabu;[49] dafür fehlt dem Staat Fähigkeit und Kompetenz. Wenn dies mit dem Schlagwort von der ›Begründungsneutralität‹[50] bezeichnet wird – ›Auswirkungsneutralität‹ ist nach der hier vertretenen Konzeption ohnehin ausgeschlossen –, ist das nur insoweit zutreffend, als es um die Behandlung der Religion bzw. Religionsgemeinschaft ›als Religionsgemeinschaft‹ bzw. ›Religion‹ geht: Hier darf der Staat jenseits von in der Verfassung selbst vorgenommenen Unterscheidungen nicht mit dem Rückgriff auf Religionsinhalte differenzieren. »Es ist dann Aufgabe der unterschiedlichen Bekenntnisse und Lebensformen, sich mit und innerhalb dieser Ordnung zu arrangieren. Das wird manchen leichter, anderen dagegen nur sehr schwer gelingen; und letztere werden ein Gefühl der Benachteiligung haben. Dies ist aber ein Irrtum, weil keine Überzeugung und keine Lebensform einen Anspruch darauf haben kann, dass die politische und gesellschaftliche Ordnung in einer Weise eingerichtet wird, die ihren Bedürfnissen in besonderer Weise entgegenkommt.«[51] Die Durchsetzung der Rechtsordnung jenseits der konkreten Adressierung von Religionen oder Religionsgemeinschaften gehört demgegenüber zur genuinen staatlichen Fähigkeit und Kompetenz. *Hier* kann es auch keine Begründungsneutralität geben, denn Rechtsnormen als in Rechtsform gegossene politische Entscheidungen verzichten selbstverständlich nicht auf Begründungen, die auch zu Wert-, Weltanschauungs- und Religionsfragen Stellung nehmen können.

Das Bundesverfassungsgericht folgt implizit dieser Ausrichtung von Neutralität und hat aus den staatskirchenrechtlichen Normen diese Neutralität, die in der Weimarer Zeit mit dem bekannten Diktum von Ulrich Stutz noch semantisch unglücklich als ›hinkende Trennung‹ von Staat und Kirche beschrieben wurde, als wohlwollende, als ›fördernde Neutralität‹ entwickelt. Dieses Konzept ist – entgegen anderslautenden Vermutungen[52] – auch angesichts der religiösen Pluralisierung nicht obsolet geworden. Die Entwicklung genauerer, anwendbarer Kriterien dieser Neutralitätskonzeption bildet allerdings auch hier weiterhin ein Desiderat. Hier hat der demokratisch unmittelbar legitimierte Gesetzgeber das Erstzugriffs- und Entscheidungsrecht.[53] Das ›religiöse Minimum‹ wird über das Grundrecht der Religionsfreiheit gewahrt.[54]

49 Vgl. bereits BVerfGE 33, 23 (29): »Dem Staat ist es verwehrt, … den Glauben oder Unglauben seiner Bürger zu bewerten.«

50 Huster: Neutralität des Staates, S. 118.

51 Ebd.

52 Vgl. etwa ebd., S. 126.

53 Zu diesem Problem ebenfalls wieder ebd., S. 127f.

54 Dem stünde die anders konnotierte Aussage in BVerfG, DÖV 2007, 202 (203), dass Art. 4 GG nicht lediglich den Schutz eines ›religiösen Existenzminimums‹ gewähre, nicht entgegen; zum religiösen Existenzminimum in wiederum anderem Kontext BVerfGE 81, 58 (66).

c) *Keine ›Kulturvorbehalte‹*

Ein tief sitzendes Unbehagen an der ›kulturfremden‹ Religion des Islam in der deutschen Gesellschaft hat zu Interpretationsansätzen von Neutralität und Staatskirchenrecht geführt, die zwischen kulturadäquaten und kulturfremden Religionen auf rechtsdogmatischer Ebene differenzieren[55] – eine Unterscheidung, die nach Aufgabe der sogenannten Kulturadäquanzformel in der Rechtsprechung des BVerfG[56] als überwunden galt. Spätestens seit 1918/19 ist Deutschland jedoch rechtlich gesehen – kulturell mag anderes gelten – kein ›christlicher Staat‹ mehr.[57] Das war zentraler Inhalt des Kompromisses, der zu den Weimarer Staatskirchenartikeln führte, wie es sinnfällig nicht nur die konsequente Verwendung des Begriffs der ›Religionsgesellschaft‹ statt ›Kirche‹ in den Art. 135 ff. WRV zeigt, sondern auch die Gleichstellung der die Religionskritiker und Atheisten repräsentierenden ›Weltanschauungen‹ durch Art. 137 Abs. 7 WRV. Ganz unabhängig von der hier verhandelten Problematik birgt der Kulturbegriff in Bezug auf Recht, insbesondere auf Rechtsdogmatik, gravierende, letztlich wahrscheinlich unlösbare Probleme; es sollte daher zumindest in rechts*dogmatischem* Kontext auf ihn verzichtet werden.[58] Der Grundfehler der Vertreter eines ›Kulturvorbehalts‹ im deutschen Religionsrecht liegt darin, dass unbestreitbare Verfassungs*voraussetzungen* in das geltende Recht transportiert werden.[59] In den Worten Martin Heckels: »Verfassungsvoraussetzungen und Verfassungserwartungen sind nicht selbst Inhalt und Geltungsbedingung des Verfassungsrechts, dessen Normen folglich nicht erlöschen, wenn ihre Voraussetzungen und Erwartungen entfallen oder trügen. Und vor der expliziten Normierung der ungeschriebenen Geltungsvoraussetzungen und Wirkungserwartungen warnen selbst ihre Verfechter, weil dies den Sinn einer freiheitlichen weltlichen Ordnung paternalistisch beengt und verfremdet. Erst recht gilt dies von einer Überfrachtung der Verfassung durch

55 Vgl. mit je unterschiedlicher Argumentation Hillgruber: Muslimischer Kulturimport, S. 538; ders.: Staat und Religion, S. 67 ff.; Kirchhof: Freiheit der Religion; Uhle: Staat – Kirche – Kultur; ders.: Kulturelle Identität; Ladeur/Augsberg: Toleranz – Religion – Recht; dies.: Mythos vom neutralen Staat; grundsätzlich zu dem Zusammenhang Graf: Wiederkehr der Götter, S. 203 ff.

56 Verwendung der Formel in BVerfGE 12, 1 (4).

57 In der Tendenz anders Hillgruber: Staat und Religion, S. 43 ff. und öfter.

58 Grundlegend und überzeugend Möllers: Pluralität der Kulturen, der zeigt, dass die Überführung rechtlicher Konflikte in kulturelle Identitäten wenn nicht zu einer Kategorienverwechslung, so doch zu gewaltiger Unschärfe führt; das bedeutet freilich zugleich, dass bei der Rechtsanwendung nicht nur nicht ›kulturell‹ benachteiligt, sondern auch nicht ›kulturell‹ privilegiert werden sollte bzw. darf. Verfassungsrechtliche Setzungen sind dabei stets kulturell geprägt – hier sind, wie oben im Haupttext bereits gezeigt wurde, auch ›Diskriminierung‹ und ›Privilegierung‹ grundsätzlich zulässig; vgl. ferner ders.: Demokratie, Rdnr. 63.

59 Gegen eine Dogmatisierung von Verfassungsvoraussetzungen und Verfassungserwartungen eingehend Möllers: Staat als Argument, S. 256 ff.; auf das Religionsrecht bezogen ders.: Religiöse Freiheit, S. 49 f., 51 f. und passim.

ihre Interpretation im Sinne partikularer religiöser, rechts- und kulturpolitischer Vorstellungen.«[60]

d) *Kulturelle / religiöse Prägung von Recht zwischen Auslegungs- und Auswirkungsneutralität*

Recht als in Normen gegossene politische Entscheidungen kann im demokratischen Verfassungsstaat schon im Ausgangspunkt nicht ›neutral‹ oder wertfrei sein.[61] Rechtsstaatlichkeit erfordert allerdings, dass diese Normen mit juridischer Sachlogik angewendet werden. Vorverständnisse, politische und auch religiöse Überzeugungen, die so Eingang in Rechtsnormen gefunden haben, werden durch ihre Transformation in Rechtsnormen, die nach den Regeln der Jurisprudenz lege artis anzuwenden und gegebenenfalls auch durchzusetzen sind, gleichsam neutralisiert. Es kann kaum bestritten werden, dass zahlreiche Inhalte der deutschen Rechtsordnung durch religiöse und weltanschauliche Positionen und Vorverständnisse, größtenteils allerdings sublimiert in politischen Konzepten, geprägt sind.[62] Es stellt in gewisser Weise eine Tragik des Christentums dar, dass viele seiner Grundgedanken in die weltliche Sphäre diffundiert sind und – teilweise – als Rechtsnormen im neuen Kontext fungieren.[63] Dieser große Erfolg dürfte einen Anteil an seiner abnehmenden Attraktivität haben.

›Als Rechtsnormen‹ werden die erwähnten politischen Zielvorstellungen freilich in die juridische Sachlogik überführt und insofern neutralisiert. Wolfgang Reinhard sieht letztlich den modernen, d.h. europäischen Staat der Neuzeit als solchen als säkularisiertes religiöses Datum.[64] Die Ansicht, durch die Figur des säkularen Staates sei die Rechtsordnung ›wertfrei‹ und der Staat ergebe sich einem – wie auch immer zu verstehenden – ›Relativismus‹, war bereits ein Grundirrtum

60 Heckel: Zukunftsfähigkeit, S. 342 f.; zuvor ähnlich bereits Waldhoff: Zukunft des Staatskirchenrechts, S. 90 ff.; prägnant Heinig: Verschärfung der oder Abschied von der Neutralität?, S. 1139: »Genese und Geltung der Verfassungsordnung sind streng zu unterscheiden, ebenso Verfassungserwartungen und Verfassungsbestimmungen.«

61 Auf demokratische Rechtsetzung bezogen eindringlich Möllers: Religiöse Freiheit, S. 57; vgl. auch Holzke: Neutralität.

62 Vgl. Hilgendorf: Religion, Recht und Staat, S. 364 ff.; Müller: Religion und Strafrecht; pointiert zugespitzt bei Leisner: Geglaubtes Recht.

63 Dazu muss nicht auf die hegelsche Figur der ›Verweltlichung‹ i.S. des Wirklichwerdens des Reiches Gottes in der Welt zurückgegriffen werden; vgl. Jaeschke: Christlicher Staat.

64 Reinhard: Geschichte der Staatsgewalt, S. 239: »... ist die europäische politische Kultur im Guten wie im Bösen auf Dauer vom Christentum und der Kirche geprägt, auch wo man das nicht wahrhaben will ..., mit der Folge, dass der europäische Staat im Gegensatz zu anderen Arten von Gemeinwesen selbst in seiner säkularsten Variante religiösen Charakter hat.« Vgl. auch Loschelder: Christentum, S. 18.

der rechtswissenschaftlichen Positivismuskritik im 20. Jahrhundert.[65] Werden Rechtsnormen diskriminierungsfrei auf religiös imprägnierte Sachverhalte angewendet, kann es zwar in den Auswirkungen zu unterschiedlichen Ergebnissen kommen, je nachdem welche Religion betroffen ist;[66] darin kann jedoch grundsätzlich kein Neutralitätsverstoß erblickt werden. Das weltanschaulich-religiöse Bekenntnis, das dem Staat verwehrt bleibt, ist durch ein ›rechtsethisches Bekenntnis‹ ersetzt.[67] Kategorial falsch wäre es, stattdessen auf das Konzept der Auswirkungsneutralität abzustellen, da damit die Gleichheit des Gesetzes als eines zentralen Legitimitätskonzepts der Rechtsordnung infrage gestellt wäre.[68] Anders ausgedrückt: Dass sich die gleiche Rechtsnorm bei Anwendung auf unterschiedliche Sachverhalte verschieden auswirkt, liegt in der Natur der Sache. Allein darin kann – sofern nicht durch die abstrakt-generelle Rechtsnorm als solche, d. h. in der Begründung diskriminiert wird – keine Verletzung der weltanschaulich-religiösen Neutralität des Verfassungsstaats gesehen werden. Die Neutralitätskonzeption religiösen und weltanschaulichen Fragen gegenüber ist nicht als Auswirkungsneutralität gefasst.[69]

4. Offene Fragen

In diesem, jenseits aller Streitpunkte, im Prinzip bewährten und auch zukunftsfähigen Arrangement stellen sich vorrangig zwei ungelöste Fragen: Wann liegt eigentlich eine Religion oder eine Religionsgemeinschaft vor? Hier ist nicht nur an Vereinigungen wie Scientology zu denken, deren Einordnung auch in der deutschen Judikatur schwankt;[70] auch die zunehmende Individualisierung von Religion trägt Züge einer Entgrenzung in sich. Die Diskussion darüber, ob die außerordentlich weite Ausdehnung des Schutzbereichs des Individualgrundrechts auf Religionsfreiheit, wie sie v. a. in der sogenannten Lumpensammlerentscheidung aus dem Jahr 1968 vom Bundesverfassungsgericht anerkannt wurde,[71] auf Dauer noch tragfähig sein kann, ist die rechtswissenschaftliche Reaktion auf die Veränderung einer zunächst religiös/konfessionell vergleichsweise homogenen Si-

65 Vgl. nur Lepsius: Gegensatzaufhebende Begriffsbildung; auf die hier vorliegende Problematik bezogen Bielefeldt: Muslime, S. 16 ff.

66 Vgl. etwa Loschelder: Christentum, S. 20.

67 Vgl. Bielefeldt: Muslime, S. 20 f.

68 In diese Richtung freilich Britz: Einfluss; Sacksofsky: Religiöse Freiheit, S. 29; vgl. wie im Haupttext auch Möllers: Religiöse Freiheit, S. 79: »Gesetzliche Tatbestände müssen nicht so ausgelegt werden, dass sie auf die Praktiken aller Religionen gleich gut anwendbar sind.«

69 Das verkennt etwa Hilgendorf: Religion, S. 379 ff.

70 Näher Diringer: Scientology.

71 BVerfGE 24, 236.

tuation hin zu neuer Unübersichtlichkeit.[72] Die zweite Zukunftsfrage kreist um die ungelöste Abgrenzung zwischen religiös und kulturell motiviertem Handeln. Religion ist stets Kulturfaktor, aber nicht jedes kulturell angeleitete Handeln ist auch religiös motiviert. Den weitreichenden Schutz verfassungsrechtlicher Verbürgungen genießen jedoch nur wirklich religiös motivierte Handlungen. Eine aktuelle Debatte verdeutlicht dieses Problem:[73] Die Beschneidung männlicher Kinder ist im Judentum sicherlich religiös geboten, verlangt doch die einschlägige Offenbarungsschrift eindeutig diese Handlungsweise; ob im islamischen Kulturkreis Entsprechendes gilt, scheint zweifelhaft zu sein.[74]

Literatur

Angenendt, Arnold: Toleranz und Gewalt. Das Christentum zwischen Bibel und Schwert, 2. Aufl., Münster 2007.

Assmann, Jan: Die Mosaische Unterscheidung, München 2003.

Badura, Peter: Der Schutz von Religion und Weltanschauung durch das Grundgesetz, München 1989.

Badura, Peter: Die parlamentarische Demokratie, in: Josef Isensee / Paul Kirchhof (Hg.): Handbuch des Staatsrechts der Bundesrepublik Deutschland, Bd. 2, 3. Aufl., Heidelberg 2004, § 25.

Badura, Peter: Staatsrecht, 5. Aufl., München 2012.

Bielefeldt, Heiner: Muslime im säkularen Rechtsstaat, Bielefeld 2003.

Bingener, Reinhard / Heinig, Hans Michael: »Es geht bei der Beschneidung nicht nur um Brauchtum«, in: Frankfurter Allgemeine Zeitung, Nr. 150 vom 30. Juni 2012, S. 5.

Bock, Wolfgang: Die Religionsfreiheit zwischen Skylla und Charybdis, in: Archiv des öffentlichen Rechts 123 (1998), S. 444–475.

Böckenförde, Ernst-Wolfgang: Die Entstehung des Staates als Vorgang der Säkularisation, in: ders.: Recht, Staat, Freiheit, Frankfurt a. M. 1991, S. 92–114.

Böckenförde, Ernst-Wolfgang: Demokratie als Verfassungsprinzip, in: Josef Isensee / Paul Kirchhof (Hg.): Handbuch des Staatsrechts der Bundesrepublik Deutschland, Bd. 2, 3. Aufl., Heidelberg 2004, § 24.

Britz, Gabriele: Der Einfluß der christlichen Tradition auf die Rechtsauslegung als verfassungsrechtliches Gleichheitsproblem?, in: Juristenzeitung 2000, S. 1127–1133.

72 Vgl. die Darstellung der Diskussion bei Waldhoff: Zukunftsfähigkeit, S. 68 ff.

73 Vgl. als Schlaglichter aus der Tagespresse nur Bingener/Heinig: Beschneidung; Türcke/Schloemann: Einschneidende Gotteserfahrung; Walter: Beschnitten.

74 Vgl. Rohe: Islamisches Recht, S. 342 f.

von Campenhausen, Axel: Der heutige Verfassungsstaat und die Religion, in: Joseph Listl / Dietrich Pirson (Hg.): Handbuch des Staatskirchenrechts der Bundesrepublik Deutschland, Bd. 1, 2. Aufl., Berlin 1994, § 2.

von Campenhausen, Axel / de Wall, Heinrich: Staatskirchenrecht, 4. Aufl., München 2006.

Casanova, José: Das Problem der Religion und die Ängste der säkularen europäischen Demokratien, in: ders.: Europas Angst vor der Religion, Berlin 2009, S. 7–30.

Classen, Claus Dieter: Religionsrecht, 2. Aufl., Tübingen 2015.

Classen, Claus Dieter: Urteilsanmerkung, in: Juristenzeitung 2010, S. 144–146.

Diringer, Arnd: Scientology, Frankfurt a. M. 2003.

Dreier, Horst: Kanonistik und Konfessionalisierung – Marksteine auf dem Weg zum Staat, in: Juristenzeitung 2002, S. 1–13.

Droege, Michael: Artikel »Neutralität«, in: Evangelisches Staatslexikon, Stuttgart 2006, Sp. 1620–1624.

Fischer, Karsten: Die Zukunft einer Provokation. Religion im liberalen Staat, Berlin 2009.

Foucault, Michel: Die Wahrheit und die juristischen Formen, Frankfurt a. M. 2003.

Friauf, Karl-Heinrich / Höfling, Wolfram (Hg.): Berliner Kommentar zum Grundgesetz. Loseblattsammlung, Stand des Gesamtwerks: 44. Lieferung November 2014.

Gärditz, Klaus F.: Säkularität und Verfassung, in: Otto Depenheuer / Christoph Grabenwarter (Hg.): Verfassungstheorie, Tübingen 2010, § 5.

Graf, Friedrich-Wilhelm: Die Wiederkehr der Götter, München 2004.

Grzeszick, Bernd: Verfassungstheoretische Grundlagen des Verhältnisses von Staat und Religion, in: Hans Michael Heinig / Christian Walter (Hg.): Staatskirchenrecht oder Religionsverfassungsrecht?, Tübingen 2007, S. 131–152.

Großhans, Hans-Peter: Artikel »Wahrheit. Dogmatisch und ethisch«, in: Hans Dieter Betz et al. (Hg.): Religion in Geschichte und Gegenwart, Bd. 8, 4. Aufl., Stuttgart 2005, Sp. 1252–1254.

Großhans, Hans-Peter: Artikel »Wahrheit. Religionsphilosophisch«, in: Hans Dieter Betz et al. (Hg.): Religion in Geschichte und Gegenwart, Bd. 8, 4. Aufl., Stuttgart 2005, Sp. 1254–1256.

Gusy, Christoph: Die Weimarer Reichsverfassung, Tübingen 1997.

Heckel, Martin: Zur Zukunftsfähigkeit des deutschen »Staatskirchenrechts« oder »Religionsverfassungsrechts«, in: Archiv des öffentlichen Rechts 134 (2009), S. 309–390.

Heinig, Hans Michael: Ordnung der Freiheit – das Staatskirchenrecht vor neuen Herausforderungen, in: Zeitschrift für evangelisches Kirchenrecht 53 (2008), S. 235–254.

Heinig, Hans Michael: Verschärfung der oder Abschied von der Neutralität?, in: Juristenzeitung 2009, S. 1136–1140.

Heinig, Hans Michael: Schlusswort: Verschiedene Neutralitäten, in: Juristenzeitung 2010, S. 357–360.

Hilgendorf, Eric: Religion, Recht und Staat. Zur Notwendigkeit einer Zähmung der Religion durch das Recht, in: Wissenschaft, Recht und Religion. Festschrift für Hans Albert zum 85. Geburtstag, Berlin 2006, S. 359–383.

Hillgruber, Christian: Der deutsche Kulturstaat und der muslimische Kulturimport, in: Juristenzeitung 1999, S. 538–547.

Hillgruber, Christian: Staat und Religion, Paderborn 2007.

Hollerbach, Alexander: Die vertraglichen Grundlagen des Staatskirchenrechts, in: Joseph Listl / Dietrich Pirson (Hg.): Handbuch des Staatskirchenrechts der Bundesrepublik Deutschland, Bd. 1, 2. Aufl., Berlin 1994, § 7.

Holzke, Frank: Die »Neutralität« des Staates in Fragen der Religion und Weltanschauung, in: Neue Zeitschrift für Verwaltungsrecht 2002, S. 903–913.

Huber, Ernst-Rudolf: Deutsche Verfassungsgeschichte seit 1789, Bd. 6: Die Weimarer Reichsverfassung, Stuttgart 1981.

Hufen, Friedhelm: Der Regelungsspielraum des Landesgesetzgebers zum »Kopftuchstreit«, in: Neue Zeitschrift für Verwaltungsrecht 2004, S. 575–578.

Huster, Stefan: Die ethische Neutralität des Staates, Tübingen 2002.

Huster, Stefan: Die Bedeutung des Neutralitätsgebotes für die verfassungstheoretische und verfassungsrechtliche Einordnung des Religionsrechts, in: Hans Michael Heinig / Christian Walter (Hg.): Staatskirchenrecht oder Religionsverfassungsrecht?, Tübingen 2007, S. 107–130.

Huster, Stefan: Neutralität ohne Inhalt?, in: Juristenzeitung 2010, S. 354–357.

Isensee, Josef: Verfassungsstaatliche Erwartungen an die Kirche, in: Heiner Marré / Johannes Stüting (Hg.): Die Verantwortung der Kirche für den Staat (= Essener Gespräche zum Thema Staat und Kirche, 25), Münster 1991, S. 105–146.

Jaeschke, Walter: Staat aus christlichem Prinzip und christlicher Staat, in: Der Staat 18 (1979), S. 349–374.

Janz, Norbert / Rademacher, Sonja: Islam und Religionsfreiheit. Die religiöse und weltanschauliche Neutralität des Staates auf dem Prüfstand, in: Neue Zeitschrift für Verwaltungsrecht 1999, S. 706–713.

Jeand'Heur, Bernd / Korioth, Stefan: Grundzüge des Staatskirchenrechts, Stuttgart 2000.

Jüngel, Eberhard: Artikel »Wahrheit. Begriff und Problematik«, in: Hans Dieter Betz et al. (Hg.): Religion in Geschichte und Gegenwart, Bd. 8, 4. Aufl., Stuttgart 2005, Sp. 1245–1246.

Kirchhof, Paul: Die Freiheit der Religion und ihr unterschiedlicher Beitrag zu einem freien Gemeinwesen, in: Burkhard Kämper / Hans-Werner Thönnes (Hg.):

Religionen in Deutschland und das Staatskirchenrecht (= Essener Gespräche zum Thema Staat und Kirche, 39), Münster 2005, S. 105–146.

Ladeur, Karl-Heinz / Augsberg, Ino: Toleranz – Religion – Recht, Tübingen 2007.

Ladeur, Karl-Heinz / Augsberg, Ino: Der Mythos vom neutralen Staat, in: Juristenzeitung 2007, S. 12–18.

Landmesser, Christof: Artikel »Wahrheit. Neues Testament«, in: Hans Dieter Betz et al. (Hg.): Religion in Geschichte und Gegenwart, Bd. 8, 4. Aufl., Stuttgart 2005, Sp. 1248–1251.

Leisner, Walter: Geglaubtes Recht, in: Dem Staate, was des Staates – der Kirche, was der Kirche ist. Festschrift für Joseph Listl zum 70. Geburtstag, Berlin 1999, S. 115–128.

Lepsius, Oliver: Die gegensatzaufhebende Begriffsbildung, München 1994.

Lepsius, Oliver: Die erkenntnistheoretische Notwendigkeit des Parlamentarismus, in: Martin Bertschi et al. (Hg.): Demokratie und Freiheit, Stuttgart 1999, S. 123–180.

Loschelder, Wolfgang: »... in einem vom Christentum geprägten Lande«, in: Recht als Medium der Staatlichkeit. Festschrift für Herbert Bethge zum 70. Geburtstag, Berlin 2009, S. 17–38.

von Mangoldt, Hermann / Klein, Friedrich / Starck, Christian: Kommentar zum Grundgesetz, 3 Bde., 6. Aufl. München 2010.

Martens, Michael: Bosniens Verfassung ist menschenrechtswidrig, in: Frankfurter Allgemeine Zeitung vom 13. Januar 2010.

Möllers, Christoph: Staat als Argument, München 2000.

Möllers, Christoph: Pluralität der Kulturen als Herausforderung an das Verfassungsrecht?, in: Horst Dreier / Eric Hilgendorf (Hg.): Kulturelle Identität als Grund und Grenze des Rechts, Stuttgart 2008, S. 223–244.

Möllers, Christoph: Demokratie – Zumutung und Versprechen, Berlin 2008.

Möllers, Christoph: Religiöse Freiheit als Gefahr?, in: Veröffentlichungen der Vereinigung der deutschen Staatsrechtslehrer 68, Berlin 2009, S. 47–87.

Muckel, Stefan: Religiöse Freiheit und staatliche Letztentscheidung. Die verfassungsrechtlichen Garantien religiöser Freiheit unter veränderten gesellschaftlichen Verhältnissen, Berlin 1997.

Mückl, Stefan: Europäisierung des Staatskirchenrechts, Baden-Baden 2005.

Müller, Jochen: Religion und Strafrecht – Christliche Einflüsse auf Normenbestand, Dogmatik und Argumentationsstrukturen des deutschen Strafrechts, Würzburg 2008.

Müller, Klaus / Werbick, Jürgen: Artikel »Wahrheit. Philosophie- und theologiegeschichtlich«, in: Lexikon für Theologie und Kirche, Bd. 10, 3. Aufl., 2001, Sp. 929–935.

Müller, Klaus / Werbick, Jürgen: Artikel »Wahrheit. Systematisch-theologisch«, in: Lexikon für Theologie und Kirche, Bd. 10, 3. Aufl., 2001, Sp. 935–938.

Müller-Volbehr, Jörg: Positive Religionspflege, in: Zeitschrift der Savigny-Stiftung für Rechtsgeschichte, Kanonistische Abteilung 117 (2000), S. 367–385.

Quaritsch, Helmut: Kirchen und Staat. Verfassungs- und staatstheoretische Probleme der staatskirchenrechtlichen Lehre der Gegenwart, in: Der Staat 1 (1962), S. 175–197, 289–320.

Reinhard, Wolfgang: Geschichte der Staatsgewalt. Eine vergleichende Verfassungsgeschichte Europas von den Anfängen bis zur Gegenwart, München 1999.

Röhl, Klaus F. / Röhl, Hans Christian: Allgemeine Rechtslehre, 3. Aufl., Köln 2008.

Rohe, Mathias: Das islamische Recht, 2. Aufl., München 2009.

Sacksofsky, Ute: Religiöse Freiheit als Gefahr?, in: Veröffentlichungen der Vereinigung der deutschen Staatsrechtslehrer 68, Berlin 2009, S. 7–46.

Schieder, Rolf: Sind Religionen gefährlich?, Berlin 2008.

Schlaich, Klaus: Neutralität als verfassungsrechtliches Prinzip, Tübingen 1972.

Schwarz, Kyrill-Alexander: Das christlich-abendländische Fundament des Grundgesetzes als Topos der Verfassungsinterpretation, in: Die Ordnung der Freiheit. Festschrift für Christian Starck zum 70. Geburtstag, München 2007, S. 419–434.

Spaemann, Robert: Ein Streit, der nicht mehr aus der Welt zu schaffen ist, in: Frankfurter Allgemeine Zeitung, Nr. 280 vom 2. Dezember 2003, S. L 11.

Steiger, Heinhard: Religion und Religionsfreiheit im neutralen Staat, in: Staatsphilosophie und Rechtspolitik. Festschrift für Martin Kriele zum 65. Geburtstag, München 1997, S. 105–122.

Tomandl, Theodor (Hg.): Der Einfluß des katholischen Denkens auf das positive Recht, Paderborn 1970.

Türcke, Christoph / Schloemann, Johann: Einschneidende Gotteserfahrung, in: Süddeutsche Zeitung, Nr. 146 vom 27. Juni 2012, S. 11.

Uhle, Arnd: Freiheitlicher Verfassungsstaat und kulturelle Identität, Tübingen 2004.

Uhle, Arnd: Staat – Kirche – Kultur, Berlin 2004.

Volkmann, Uwe: Risse in der Rechtsordnung, in: Frankfurter Allgemeine Zeitung vom 11. März 2004, S. 8.

Voßkuhle, Andreas: Rechtsschutz gegen den Richter, München 1993.

Waldhoff, Christian: Kirchliche Selbstbestimmung und Europarecht, in: Juristenzeitung 2003, S. 978–986.

Waldhoff, Christian: Die Zukunft des Staatskirchenrechts, in: Burkhard Kämper / Hans-Werner Thönnes (Hg.): Die Verfassungsordnung für Religion und Kirche in Anfechtung und Bewährung (= Essener Gespräche zum Thema Staat und Kirche, 42), Münster 2008, S. 55–106.

Waldhoff, Christian: Die Kirchen und das Grundgesetz nach 60 Jahren, in: Christian Hillgruber / ders. (Hg.): 60 Jahre Bonner Grundgesetz – eine geglückte Verfassung?, Göttingen 2010, S. 151–172.

Waldhoff, Christian: Neue Religionskonflikte und staatliche Neutralität: Erfordern weltanschauliche und religiöse Entwicklungen Antworten des Staates? Gutachten D zum 68. Deutschen Juristentag, München 2010.

Waldhoff, Christian: Die Entstehung des Verfassungsgesetzes, in: Otto Depenheuer / Christoph Grabenwarter (Hg.): Verfassungstheorie, Tübingen 2010, § 8.

Waldhoff, Christian: Katholizismus und Verfassungsstaat, in: Jahres- und Tagungsbericht der Görres-Gesellschaft zur Pflege der Wissenschaft 2011, S. 43–67.

Waldhoff, Christian: Das Kreuz als Rechtsproblem, in: Kirche und Recht 2011, S. 153–174.

Walter, Christian: Beschnitten, in: Frankfurter Allgemeine Zeitung, Nr. 160 vom 12. Juli 2012, S. 6.

Sadik J. Al-Azm

Civil Society and the Arab Spring[1]

Through the discussion of the Arab civil society question and the Arab Spring, I hope to be able to shed some light on the nature of the upheavals that have suddenly hit a number of key Arab countries – after a long period of stagnation and decay – and also illuminate the recent historical background and social context of what has come to be known as the Arab Spring.

The commotion over »civil society« and »civil government« heated up and asserted its immediacy and relevance in the mid-seventies of the last century – particularly in Egypt, Syria and Lebanon, with important contributions coming from North African thinkers and intellectuals. The most famous instance was the »debate« and exchange of letters between two very prominent Arab thinkers and public intellectuals,[2] one in Morocco and the other one in Egypt on the topic of secularism in the Arab World.

Since the term »secularism« in Arabic got associated with atheism and anti-clericalism, the term »civil« gained dominance as a euphemism for secularism, for a secular form of government, for a mild kind of separation of state, power politics and law on the one hand from Islam as a faith and religion on the other.

In the middle of the seventies of the last century, particularly after the October War of 1973 between Israel on one side and Egypt and Syria on the other, it became evident that the earlier Arab politico-cultural consensus of nationalism, populism and Arab socialism put together and presided over by President Nasser of Egypt had broken down catastrophically and dissipated.

Naturally, various forms of Islam, Islamism and Jihadism rushed in to fill the resulting political and cultural vacuum. At the time, it seemed that the only acting agents in key Arab societies, particularly Egypt and Syria, were the military regimes with their martial law and state of siege condition on the one side and armed insurrectionary Islam with its demands for the immediate application of Shari'a law (the martial law of the Islamists) and the powerful slogan, then, ›Islam is the solution‹, on the other. It was at this critical juncture that the concepts and practices of »civil society« and »civil government« imposed themselves as the only practical way out of that destructive dead lock. This is the occasion on which the Arab concerns and discourses on »civil society« and »civil government«

1 Ebenfalls abgedruckt in: Sadik Al-Azm: Is Islam Secularizable?, Berlin 2014, Gerlach Verlag.
2 Hanafi/Al-Jabiri: The Dialogue of the Mashreq and Maghreb.

intensified and felt to be a most urgent and pressing matter for avoiding worst case scenarios.

The working definition of »civil society«, then, took the form of two negatives: A society of equal citizens run and managed neither by martial law authorities nor by Shari'a law Islamists à la Iran.

The working definition of a »civil government« said at the time: a government that is positively neutral vis-à-vis the religions, sects, confessions and ethnicities that make up the people of countries like Iraq, Syria and Lebanon, for example.

In the continuing Arab concerns over these issues, the concept of »civil society« is not only a descriptive category, but has for us, and especially at present, a critical content and a political cutting edge. This is why John Locke, Georg Wilhelm Friedrich Hegel, Karl Marx and Antonio Gramsci figure so prominently in these discussions and are quoted and re-quoted as focal reference points for validation and persuasion.

By the mid-eighties of the last century, a new quasi-consensus had emerged concerning the way out of the impasse that had been reached between the oppression by the militaristic state, on one hand, and the random violence of the Islamist and Jihadist opposition, on the other. This quasi-consensus embraced the notion of »civil society« plus a number of allied values and practices usually attendant on it, such as the primacy of citizenship, some respect for human rights, some form of an independent judiciary and a more attentive attitude to things like civil rights and liberties.

This new consensus flowered for the first time politically and in practice in the short-lived Damascus spring of 2000–2002 and in the important documents it produced and propagated, in the civil society movement it sparked and in its »Charter 99« declaration (named after the famous civic initiative in communist Czechoslovakia known as charter 77, 1976–1992). All of which formed kind of a prelude and dress rehearsal for the later outburst of the Arab Spring, its aspirations, values, demands and slogans.

A fundamental distinction drawn by the civil society movement is between »civil society« on top and »Ahly society« below. Ahly society is characterized by the primacy of primordial relations and forms of social organization such as kinship, blood ties, clan, tribe village, ethnicity, religious sect and so on, each with its »Asabiyya«. The concept of Asabyya comes from Ibn Khaldoun and is usually translated as »group solidarity«. But the term »solidarity« is too weak really for our purposes here, as it fails to communicate the powerful charge of fanaticism and intransigence that needs to be added to the English »solidarity« before approximating the Arabic »Asabiyya«.

Historically, Arab civil societies emerged slowly out of Ahly society and tend to float on top of the latter. The main agency for this emergence has been the modern colonial and post-colonial state, with modern legislation and law acting as effective forces of socio-economic change and modernization. As is well noted, in civil society the primordial kinds of ties tend to erode and get diluted in favour of more utilitarian approaches and forms of social interaction.

I mention all this, because the Muslim Brothers and Islamists in the Arab world willfully obfuscate this distinction by speaking and acting as if civil society is all society especially in places like Egypt and Syria – thus intentionally absorbing back whatever civil society now exists on top into the deep sea of Ahly society below. For Ahly society is the political province proper of Islamism and Islamists as this is where their popular constituencies and sources of strength really reside. This is why they speak loudly and accept firmly democracy as majority rule but fall completely silent on democracy as minority rights. In this sense, »the return of Islam« may be seen as Ahly society lashing back at this thing in-the-making that we call Arab civil society and its novelties via organizations and instruments like the Muslim Brothers Gama'a and its sisters and offshoots.

For the Arab martial law regimes, the very mention of the word »civil« is anathema, as the first association that comes to the mind of an Arab when the word »civil« is mentioned (Madani, from the medina) is: »not military«. These regimes have intentionally worked on fragmenting whatever civil society we may have achieved in countries like Iraq and Syria, fragmenting it along the lines of the primordial divisions of Ahly society by energizing the latent »Asabiyyas« of those divisions, all in order to render any kind of popular organized opposition unthinkable. This is why the Damascus Spring and its civil society movement were so swiftly and brutally crushed. In the end, both military rule and Islamic Shari'a law rule use, abuse and exploit Ahly society for their own purposes and interests and they do it always at the expense of emerging civil society and in ways detrimental to civil society.

Furthermore, thinking of Arab civil society in terms of the way out of the impasse of the martial law state pitted against the Shari'a law violent opposition and as a mediating autonomous and relatively neutral sphere between Ahly society and its fissures and Asabbiyas on the one hand and the militaristic state on the other, is akin to the way European theoreticians and philosophers accounted, once upon a time, for »civil society« as a sphere of human activity, interaction and relations which is neither the province of the traditional private household nor the province of the modern state with its increasing public functions. Hegel identified this new sphere with »bourgeois society« tout court, while Durkheim understood it in terms of a new division of labour between the public sphere of the state per se and the private sphere of the household as such, regarding the whole new arrangement as distinctive of modern Europe. Gramsci would have thought that a vibrant civil society is the best protection and guarantee against a grab of power by the more regressive elements and forces in society.

In current Western discussions of civil society, the emphasis is on NGOs, voluntary associations, churches, mosques, clubs, charities, self-help groups, professional associations, trade unions, various interest groups and so on, all as the decisive constituents of the meaning of civil society. For example, in his work on civil society in the Middle East, Augustus R. Norton gives the following definition of civil society:

›Civil society is the mélange of *autonomous* associations, guilds, unions, interest groups, clubs, social institutions and political parties which provide a *buffer* between the individual and the power of the state‹.[3]

This definition is too static and too mature for giving an accurate account of the civil societies that are still in-the-making in the Arab World. Many of the elements mentioned in Norton's definition tend to be more a part of Arab Ahly society rather than civil society proper. Furthermore, Norton's definition overlooks completely the critical content in our use of the concept of civil society and blunts its political cutting-edge. Basing himself on this kind of conception of civil society, the anthropologist Dale Eickelman goes very far in his enthusiasm for proving (against Western sceptics like Earnest Gellner) that civil society does really exist in Middle Eastern countries. Eickelman goes so far as to affirm that under the Buyid dynasty of 10th and 11th century Iraq and Iran a vibrant civil society existed and functioned.

For Eickelman, also, civil society is equivalent to the presence of institutions, autonomous from the state, which maintain orderly economic and political relations depending on forms of informal association and so on.[4]

Carrying the concept of civil society as we understand and promote it now all the way back to 10th and 11th century Iraq and Iran is a gross abuse of the term that renders the idea of civil society totally useless for present Arab purposes. The grand divisions of classical Islamic society were free vs. slave, Muslim vs. non-Muslim, man vs. woman and plebeian vs. patrician. Does it make sense to speak of »civil society« under the reign of such ancient social divisions and classifications? Again, if 10th and 11th century society in Iraq and Iran is to be seriously described as »civil society« then what is so hot and so novel about this thing we call »civil society« in the Arab World? Why all the commotion? Why all the sound and fury? We may as well have stayed where we were in the 10th century as Arabs and Iranians. Add to that the silent implication that our history is incapable of producing anything genuinely new on this score and which is not simply the continuation of what once existed in some classical phase of history or period of time. Here, Norton and Eickelman show themselves to be good *salafis* in wanting to justify the present by invoking continuity with the deep past and by calling for support on the presumed longevity of what we have had and what we are today.

3 Norton: Introduction, p. 7.

4 Cf. Eickelman: Foreword.

As an Arab, I understand that in highly atomized Western societies, it would be natural to think of civil society in term of NGOs, clubs, churches, mosques, voluntary associations of all kinds, as these tend to bring the separate social atoms together and promote a sense of community. But this is not a big problem at all in Arab and Middle Eastern societies. For example, what is most interesting and crucial for the promotion of civil society in the Arab World is the idea and practice of »citizenship« which takes the form of a movement from Sunni to citizen, from ethnic minority to citizen, from ›Alawi, Durzi, Ismaeli to citizen, from woman as a ›Awra (something shameful to be hidden and covered) in Ahly society to woman as an equal citizen of civil society. All this is absent in Norton's definition of civil society while, it all becomes quite absurd transporting this baggage back to 10th century Iraqi and Iranian societies, à la Eickelman.

In other words, it is best to confess from the outset that the struggle for a functioning civil society in the Arab World is neither a restoration of something that was once there nor an extension of it, but the instituting of something genuinely new where, for example, the old merchant classes and Bazari types of Ahly society are transformed into something resembling a modern bourgeoisie.

For purposes of contrast and comparison, let me note that when the Muslim Brothers organization or Gama'a (as they insist on calling themselves) was first formed in the late twenties of the last century, they purposely and intentionally anchored themselves in the pre-civil, pre-citizen identities of the Egyptian people. This practice continues to the present moment.

Furthermore, towards the end of the cold war, the bulk of the Arab left – including most communist parties – became the most ardent and eloquent defenders of civil society, its role and the kind of programs and practices attendant on the idea. This was not a purely opportunistic move on the part of the big segment of the left, but a retreat to the second line of defence against what that left saw as the creeping Medievalism of the Islamists, Jihadists and Taliban types on the one hand, and the oppression of the martial law states we have lived under, on the other.

At its prime, the Arab Spring was the finest hour of the various youthful Arab civil societies on hand from Tunis, to Cairo, to Sana'a, to Benghazi, to Manama but not to Damascus where the Tahrir Square experience proved impossible. Above all the Tahrir Square masses defeated the dynastic principle of Arab presidents passing power to their offspring and secured, in principle, the victory of the democratic idea of the electoral circulation of power, all encapsulated in the shout ›La tamdeed, la tajdeed, la tawrith‹ reverberating throughout the Arab World's Tahrir Squares, which translated freely says:

A big NO to the mechanical extension of the president's term of power and another big NO to the automatic renewal of the president's tenure in power and a still bigger NO to the Arab presidents' irrepressible desire to pass power to their sons and relatives. In other words, down with the republic of cousins in the Arab

World. In this, various Arab civil societies finally found their voice and are busy asserting it.

Conspicuously absent from the Arab Spring and from its Tahrir Squares and revolutionary forces were the traditional cries, slogans, demands and banners of good old Arab nationalism, especially as we have known them during their heyday in the early post-colonial era of the last century and after.

So, just as no banner was raised anywhere from Tunis, to Cairo, to Tripoly, to Sana'a and to Homs, Syria, saying ›Islam is the solution‹, similarly, no banner was in sight either saying ›Arab Unity is the solution‹ or ›Pan-Arabism is the solution‹.

All the Tahrir Square shouts, cries, demands, slogans and goals expressed typical civil society values and aspirations, they all centred on freedom, on rights, on dignity, integrity, democracy, transparency, equality and so on. All this had been very carefully and systematically formulated, raised and presented in the documents produced by the Damascus Spring and its civil society movement.

Most importantly, the Tahrir Square experiences showed how for the first time ever the charisma of the revolutionary moment shifted from the usual Arab concentration on a single or unrivalled leader, to the flow and diffusion of the assembled masses in those many Arab Tahrir Squares, making the congregation the true charismatic moment of the revolution and of change. Indeed it was a charismatic moment of collective self-assertion and speaking truth to power, heedless of the risks and dangers attendant on such a move.

This important development is new for us Arabs and for our modern social and political history. It is civil society's main contribution to the moment. Thus, the Tahrir squares in Tunis, Cairo, Sana'a and Benghazi were all characterized by the immense participation of women and the visible presence of children, boys and girls; this, in extremely conservative societies and very prudish cities.

Add to that the various forms of art, innovative types of expression, music, performances, songs, plays, dances, balloons, prayers, satirical cartoons, sarcastic comments and critical graffiti. Generally, all of that done with comfortable faces, despite the whole sale use of aggressive thugs, deadly militias, indiscriminate repression and live ammunition. Actually, there was a carnivalesque spirit and practice in all these packed squares, in the Bakhtinian sense of carnival mocking and deflating the pretensions of high power and oppression – all of which is certainly unheard of in the history of modern Arab political protest.

It bears mention here that civility and tolerance were abnormally at their peak in these Tahrir Squares. I will cite one example: while Egypt has been known for a while now for Muslim-Christian confessional clashes, killings, church burnings and such, the Cairo Tahrir square was the exact opposite throughout the twenty days it took to push President Mubarak out. During this charismatic moment, you could see Christian priests with their distinctive garb, hats and crosses conducting Coptic religious ceremonies, while right next to them an Imam leading rows of

Muslims in prayer without a trace of tension or interference. Similarly, crowded Cairo is notorious for the harassment of women, still it has been noted that no case of sexual harassment was reported and no complaint raised throughout the Tahrir square experience there.

It is interesting as well, that the Arab Spring revolutions did not raise the banners of »revolutionary legitimacy« to justify themselves or resort to »revolutionary justice« to deal with their foes as happened in Iran with the success of the Islamic Revolution there. The Arab Spring revolutions appealed, instead, to typical civil society concepts as »constitutional legitimacy« and to ordinary »due process justice« to deal with their foes. This is a major break with a history of Arab military coups d'états that invariably designated themselves as »Revolutions« and that justified their seizure of power by appeal to »revolutionary legitimacy« and dealt with their foes in terms of special courts and extra judicial proceeding.

In Syria, the Tahrir square experience proved impossible because of the ferocity of the military repression. Still, the revolution there is accused of being spontaneous, leaderless and lacking in strategy. This is so, because here again the charismatic moment of the revolution saw a shift from the old leaderships of organized vanguard parties, inspired single leaders and unrivaled singular heroic personalities to the youthful local coordinating committees known as the *Tansiquiyyat*. It was these local coordinating committees that led and energized the street power of the revolution and were responsible for sustaining the on the whole civil, non-violent side of the uprising against military rule, martial law and the police state that Syria has been for the last half century. Given the spontaneity of these committees, still they have been able to knit themselves into a national network continually in touch with similar activists in Syria and the Arab World as well as in the wide world beyond, using with great expertise the most up-to-date electronic forms of communication to further their revolutionary agenda. They have been able, as well, to frustrate the military regime's efforts to block and suppress the flow of information. They achieved that by sustaining a steady flow of real-time images and vital pieces of information concerning what is actually taking place on the ground all around the country and practically around the clock.

On the military side, the fighting local equivalents of the coordinating committees, through their very dispersion all over Syria, forced the regime's storm troops to spread themselves very thin all over the country at the same moment, which led to their scattering and exhaustion, having to shuttle suddenly from Der'a in the extreme south all the way up to the Turkish border in the north and then back again to the middle and south of the country once more. This is why we hear that a rural town like Der'a was invaded, occupied and then evacuated by these storm troops, at least 20 times during less than 15 months.

As for the Free Army of Syria, I would like to underline that Europe and the United States did a lot of soul searching during the second half of the last century on the question of whether higher orders – especially higher military orders – do absolve those so-commanded from responsibility for their actions. The defectors from the Syrian army (to form the Free Army of Syria) are spontaneously and without too much reflection living up to the norm that higher orders to commit crimes and atrocities do not in any way absolve those so-commanded from responsibility for their actions and deeds. They live up to it, by refusing superior orders to shoot at and bomb villages like their own villages, folks like their own folks and city quarters like their own city quarters. This is the ethical meaning both of their defection and of putting their life and the lives of their families and relatives at great risk by refusing to obey higher orders of this kind. We should thank our stars, as Syrians, that the Syrian army is still a conscription and people's army and not a professional army. These officers and soldiers have my highest respect and deserve recognition and the greater respect of Europe and the West, in general.

Still to be noted here is that in post-revolutionary Egypt and Tunisia, the spirit and charisma of the Tahrir Square experiences are certainly not dead, but continue to struggle against great odds, to make a better future for the two countries. In fact, if only 20 to 30 percent of this spirit and charisma gets routinised in the ordinary life of these societies, then immense progress would have been undoubtedly achieved.

This should be evident from the fact that when the then newly elected President Mohamed Moursi in Egypt, impatient with the messy due process procedures of a democratic transitional stage towards stability and normalcy, arrogated to himself absolutist powers and immunities putting himself and his presidency beyond any accountability, half of Egypt suddenly erupted in anger at and protest against any hint of the possible reproduction of Egypt's traditional despotism and despotic rulers – thus showing, in the process, that Egypt did not just consist of Muslim Brothers, Salafis, fundamentalists and religious fanatics but also a of a crystallising energetic civil society.

This civil society eruption was so intense and pervasive that President Moursi quickly had to withdraw this absolutist decree and rush the other way to make sure his controversial draft of the constitution passes the plebiscite. In spite of the heavy Islamic rhetoric and Shari'a justifications only a fraction of the electorate took part in the plebiscite and the draft of the constitution was approved by a rather insignificant margin while Cairo returned a resounding NO to this constitution. In other words, for the first time ever the ruler of Egypt is denied a mandate to steer the country and run it as he sees fit – certainly an earth shaking development in both past and present Arab politics from above and Arab politics from below. Again, it was civil society's finest hour.

I will end by some additional explanatory remarks about the Arab Spring and the revolution in Syria:

The Arab Spring simply means the return of politics to people and of people to politics after a very extended estrangement on account of a prolonged confiscation and monopolization of all politics in key Arab countries by small cliques of military elites and their cronies, especially their business cronies.

In Syria, the Arab Spring is the popular attempt to retrieve the republic from the usurping military hereditary dynasty, a dynasty that declared itself الى الأبد, i.e. forever and to eternity and that is putting in practice its motto ›Assad or we incinerate البلد, i.e., burn the country. Now, Assad's scorched earth war-policies are on exhibit everywhere around the World.

The point here is to put an end once and for all to سورية الأسد i.e., Assad's Syria, and simply go forward to »The Republic of Syria« without any additional modifiers and/or qualifiers.

On another note, the international system, at present, deals with Syria predominantly in terms of grand geopolitics, high strategy, great power conflicts of vital interests and so on, without much attention to the internal springs and dynamics of the revolution itself, something I am trying to emphasize. This approach is very palpable in the Western media as well. A segment of the left (Arab and international) buys into a version of this approach by seeing a universal Western imperialist plot or conspiracy against the only regime in the area that still stands up to Israel and remains a stumbling block in imperialism's way to the total domination of the Middle East, its countries and resources.

This way Syria and the revolt of its people are seen only as pawns in this grand game of nations, while the reality of long term and mounting oppression is at best neglected and at worst dismissed as irrelevant.

For example, when president Obama publicly and openly drew the red line at Assad's use of chemical weapons, this was perceived in Syria and the Arab World in general as an extremely cynical way of saying to Assad: You can continue killing them with everything you have except chemical weapons. Still, when chemical weapons were actually used, Obama modified his red line to mean: »Systematic and extensive use of chemical weapons« and not just the mere use of chemical weapons.

Similarly, the international dealings with and discourses over Syria expressed a lot of concern over the minorities of the country and over their rights (Kurds, Christians, Alawis, Druzes, Ismaelis, Turkomen, Syrcassians and so on), this at a time when the Sunni Arab majority of the country is getting a savage beating from the storm troops, militias and scud missiles of a small militarized minority that has an absolute monopoly on the power and wealth of the country. Now, all the villages, towns, cities, city quarters that have been bombed, destroyed and often razed to the ground are of the Arab Sunni majority. The minority communities, villages, towns and cities have remained fairly safe and relatively untouched until this moment. The absolute majority of the 100,000 or so killed so far, of the wounded, of the permanently impaired, of the disappeared and vanished, of the imprisoned and tortured are predominantly from among the Arab Sunni majority as well. The millions of Syrians who have become internal and external refugees, who are exiled and/or displaced persons are also of the Sunni majority. So, what is trampled under foot in Syria right now, in this supposed grand game of nations, is the majority itself and its rights, about which no one seems to speak outside Syria. Add to that the silent – but false – assumption that the Sunni majority is just waiting for the right moment to attack the minorities of the country and to persecute and oppress them. Under these circumstances, all Syria now needs rights, protection, concern and attention and not just its minorities.

Actually, this international discourse over Syria's minorities and the protection of their rights at a time when the Sunni majority is under brutal attack and exposed to savage repression takes me back to the Europe of the 19th century and to what was then called the »Eastern Question« with its famous gunboat diplomacy, where every European power worth its salt, then, was searching for a minority in our part of the world to adopt and protect: France the local Roman Catholics and Alawis, Russia the local Greek Orthodox, Britain the few local Anglicans and Protestants along with the Druze minority, and so on.

I would not be exaggerating if I say that the militarized security agencies of Syria (the fearful Mukhabarat) saw themselves like an invincible granite block where anything that bumps into it crumbles to dust very quickly. The Syrian jailed intellectuals and prisoners of conscience have all testified, after their release, that after their detention the interrogating and torturing officers would give them the following final advice: ›Why do you bother to criticize, oppose and protest, when you know we are a solid invincible block with a will of steel that crushes anything and anyone that stands in its way. Go find something more profitable to do than to dabble with this kind of hopeless politics and opposition‹.

Now, the most important achievement of the Syrian revolution so far, is to have reduced, at great sacrifice, this arrogant, insolent and merciless granite block to a shadow of itself, to a ghost of what it had thought of itself and its invincible powers, reduced to a trifle of what it once imagined itself and wanted others to imagine it. This is why Assad had to call in the Hezbollah militias from Lebanon and the paramilitary Shi'a organizations from Iraq and Iran to bolster his deteriorating position and weakening hold on the country. This is why, also, his storm troops, Hezbollah and the other fighting militias managed to occupy a small rural town like Qusair near Homs, only after such an extended siege, in spite of their far superior numbers and their surplus of fire power.

Here, I do not mean to make light of the growth of extremism and its dangers for Syria and its future, particularly religious extremism, but to emphasize that extremism, religious or otherwise, is not a one-sided affair in the Syrian situation.

Of course the longer Bashar Assad and his police state cling to power and continue to use their Mig and Sokhoy airplanes, their ballistic missiles and scuds against Syria's population, its cities, villages, farms and forests, the greater the dangers of growing extremisms of all kinds, not least of which is religious extremism. For, in our societies, in moments of great peril, extreme danger and crisis people turn to God. This turn brings solace and consolation on the one hand and it brings holy revenge, militant jihadism and desperate suicidism on the other. The high tension Islam that the Syrian Revolution is living through now promotes to no end the recruitment of Islamists, Muslim brothers, Jihadis, Talibanis and suicide bombers among Syria's Youth. Discourses about the need for stability and continuity in a post-Assad Syria mean simply to decapitate the murderous system, by removing Bashar, but leaving the criminal police state beneath intact.

We keep hearing all the time about how complicated, complex, sensitive and touchy the situation is in Syria. But, then, what is so complicated, complex, sensitive and touchy about a ruthless, highly militarized minoritarian regime manned and supported by a small minority sect using all the up-to-date heavy weapons of war available to crush the revolt of the country's majority?

This is why it is incorrect and inaccurate to describe what is going on in Syria as a civil war. In the generalized civil war of Lebanon, the communities, sects, factions and fractions of the country attacked and fought each other very ferociously while the state pretty much helplessly stood by. In Syria, and contrary to the Lebanon model, the Druzes are not about to attack their Sunni neighbors in Horan, nor are the Sunna preparing to invade Ismaeli territories, nor are the Ismaelis readying themselves to violently settle old scores with the Alawi community and so on.

To be noted as well is that in spite of the fact that the victims of the many massacres perpetrated in various parts of Syria were all Sunni, still, no massive retaliatory attacks against Alawi villages by Sunni villagers and/or soldiers were reported, although it is well known that many of the murderers came out from some of those Alawi villages.

Extremism is almost always attributed to and associated with the opposition, but extremism and its evils are hardly ever attached or attributed to the regime itself, its storm troops and marauding militias, this, in spite of its obviousness.

Whatever extremism comes out of the revolution, it remains hardly anything in comparison with the extremism of a regime and power block that showers its people with poison gas and chemical weapons.

List of references

Eickelman, Dale F.: Foreword, in: Augustus Richard Norton (ed.): Civil Society in the Middle East, Vol. 2, Leiden 1996, p. ix–xiv.

Hanafi, Hasan / Al-Jabiri, Mohamed Abed: The Dialogue of the Mashreq and Maghreb, Beirut 1989.

Norton, Augustus Richard: Introduction, in: idem (ed.): Civil Society in the Middle East, Vol. 1, Leiden 1995, p. 1–25.

Antonella Ratti*

Symbols of Contention in the ECtHR Case-Law: Rethinking the Relationship between Religion and Secularism

1. The Secularization Paradigm: Revision or Re-enchantment?

The secularization paradigm is widely acknowledged to have represented a major source of inspiration in social theory and historical research as well as, more generally, in the modern Western intellectual life. Following the classical Weberian insight on the disenchantment of the world [die Entzauberung der Welt] as a key feature of modern Western societies – where men appeared ›destined to live in a godless and prophetless time (...)‹[1] – secularization has long been depicted as a one-way process involving, first and foremost, a progressive ›diminution in the social significance of religion‹[2]. More precisely, ›with the emergence of modern »rational« science and the advanced capitalist order‹ – which contributed to gradually detach from religion and the divine all the domains of human action – a process of functional differentiation among the various spheres of life (economic, political, intellectual, aesthetic and erotic) occurred[3], breaking the previous cultural unity and leading to endless value-conflicts within society that any religious or spiritual authority could have no longer claimed to resolve[4]. Religion –

* I wish to thank sincerely Prof. Dr. Werner Gephart, Director of the Käte Hamburger Kolleg *Recht als Kultur*, and Dr. Raja Sakrani, Research Coordinator at the Käte Hamburger Kolleg *Recht als Kultur*, for their invaluable guidance, supervision and helpful discussions on the first stage of this paper. I also wish to thank Prof. Dr. Sam Whimster, Senior Fellow at the Käte Hamburger Kolleg *Recht als Kultur*, for his support and precious suggestions. I am also grateful to the Senior Fellows of the Käte Hamburger Kolleg *Recht als Kultur* whose inspiring lectures in the »Forum Law as Culture« were determinant for the accomplishment of this paper and further researches.

1 Weber: Science as a Vocation, p. 153.

2 Wilson: Religion in Sociological Perspective, p. 149. Cf. also Tenbruck: The Problem of Thematic Unity in the Works of Max Weber, p. 319.

3 Cf. Gephart: La sfera religiosa, p. 98 (underlining that the differentiation of society into numerous spheres of life or objectified forms of rationality that Max Weber explored lies at the very heart of the ›occidental rationalization‹ and of its constant tension between this and otherworldly life); on secularization in terms of differentiation cf. amplius Parsons: Societies: Evolutionary and Comparative Perspectives, pp. 22–25.

4 Cf. Gane: Max Weber and Postmodern Theory, p. 15. Cf. also Fenn: Max Weber on the Secular: a Typology, p.161 (arguing that ›The process of secularization is more, however, than disenchant-

once endowed with sacred mystery and power – was thus deprived of its early overarching character and cast out into a subsystem, an autonomous sphere. The shrinking scope of religious hegemony here referred to – implying ›such things as, the sequestration by political powers of the property and facilities of religious agencies; the shift from religious to secular control of various of the erstwhile activities and functions of religion; the decline in the proportion of their time, energy and resources which men devote to supra-empirical concerns; the decay of religious institutions (…) and the gradual replacement of a specifically religious consciousness (…) by an empirical, rational, instrumental orientation (…)‹[5] – has thus been for a long time accompanied by the conviction of the steady decline of religion's prestige and influence, insofar as, in the face of growing scientific rationality, religion would have been treated only ›as one among many competing claims to authority‹[6], unless divested of even such a role. Likewise, in the field of law a natural progression from sacred to secular sources of legitimation was expected, for law was not given anymore through a divine revelation; rather, it stood for a rational operation which is legitimated by its own legality, i. e. ›by positive enactment according to certain formal procedures‹[7].

However, while sociologists in the Durkheimian line of analysis – to whom religion is best understood as a body of collective representations providing social control, cohesion and purpose to a society[8] – have never squarely endorsed the secularization paradigm, given the related risk of social disintegration, even its most passionate advocates have later had to reckon with what has been labelled as one of its greatest challenges ›in its long history‹[9], insofar as it was time ›to carry the secularization doctrine to the graveyard of failed theories‹[10]. Dealing with the rise of religious fundamentalism throughout the world and its defence

ment. The single universe of discourse, held together by a Platonic concept, has fractured in a multiplicity of universes, each with its own rules, methods and objects of concern‹).

5 Wilson: Religion in Sociological Perspective. Cf. also similarly Berger: The Sacred Canopy, p. 134 (defining secularization as ›the process by which sectors of society and culture are removed from the dominations of religious institutions and symbols (…) secularization is more than a socio-structural process. It affects the totality of cultural life and of ideation, and may be observed in the decline of religious content in the arts, in philosophy, in literature and, most important of all, in the rise of science as an autonomous thoroughly secular perspective on the world‹).

6 Swatos, Jr./Christiano: Secularization Theory, p. 212.

7 Modak-Truran: Secularization, Legal Indeterminacy, and Habermas's Discourse Theory of Law, p. 77; Weber: Economy and Society, p. 37.

8 Cf. Nisbet: Emile Durkheim, p. 78 (setting forth that ›Religion, to be sure, is not, for Durkheim, a primary or absolute force. Society alone has the metaphysical attributes of absoluteness and omnipotence in explanations of man's conduct and thought. If religion exerts directive force on the mind, it is only because it is an especially intense manifestation of the collective mind. Indeed, Durkheim's general conclusion on religion is that religious representations are collective representations … The authority of religion is, basically, the authority of society … Religion is society, but it is a focus of those aspects of society which are endowed with sacredness‹).

9 Norris/Inglehart: Sacred and Secular, p. 3.

10 Stark: Secularization R.I.P., p. 270.

of a radical theocracy, the proliferation of New Religious Movements, the ongoing expansion of Pentecostalism and Mormonism and the continued popularity of churchgoing in the United States[11], secularization theory ›has come under growing criticism‹[12], given the lack of empirical evidence for an all-encompassing notion that mainly rested on ›the expectation of religious receding influence‹[13]. Hence, by taking cognizance of the status of religion in our present-day globalized world[14] – which, in bringing ›normative cultures closer together‹[15], clearly shows that the Western historical experience of secularization cannot stand for a global theory[16] – many scholars have come to revise their previous interpretations[17], rejecting a unilinear and hegemonic model of modernization and the tendency to link it to the secularization pattern[18]. Although regarding ›the very process of institutional differentiation‹ as the core of the secularization thesis – which can still be retained to the extent it is constitutive of Western modernity[19] – sociologists have, nonetheless, mainly re-examined a theory that had rather turned itself into a ›doctrine‹[20] and have admitted, therefore, its mythical overtones[21] and historical

11 The idea of the ›American exceptionalism‹ has well developed in sociological discussions since Alexis de Tocqueville's observations on the prominence of religion in American public life: cf. Turner: Religion and Modern Society, p. 141.

12 Norris/Inglehart: Sacred and Secular.

13 Hadden: Toward Desacralizing Secularization Theory, p. 587.

14 Cf. Davie: Prospects for Religion in the Modern World, p. 458 (putting aside the traditional Western approach, the author looks at those ›parts of the world dominated by other world faiths – the hugely varied Islamic nations, the competing religious traditions of the Middle East, the Sikhs and Hindus of the Indian sub-continent and the great diversity of Eastern religions‹ – in order to reformulate the basic assumptions of the theory). Reservations about the Weberian path of secularization as offering only one possible perspective over secularization in the West had been already expressed by Turner: Weber and Islam, pp. 158–159.

15 Gephart: Law as Culture, p. 17; cf. also Göle: European Self-Presentations and Narratives Challenged by Islam, p. 107.

16 Cf. Casanova: Rethinking Secularization, p. 9 (emphasizing that since ›the traditional theory of secularization works relatively well for Europe, but not for the United States‹ and ›most importantly … for other world religions or other parts of the world … one needs to historicize and contextualize all categories, refocus the attention beyond Europe and North America, and adopt a more global perspective‹).

17 Cf. Berger: The Desecularization of the World, p. 2.

18 Cf. McGuire: Religion: the Social Context, p. 249 (stressing that ›the concept of secularization itself is not very useful because it typically implies a unilinear historical development – inevitable decline of religion and/or religiosity‹); cf. also Wittrock: Modernity: One, None, Many?, p. 57 (stating that ›it would be deeply misleading to describe the formation of modernity as involving a uniform process of secularization‹).

19 Cf. Casanova: Public and Private Religions, p. 18; Tschannen: Les théories de la secularization, p. 63; Oommen: Religion as a Source of Violence, pp. 168 et seq. (arguing that ›In the Christian West structural differentiation and progressive autonomization of different dimensions of society have been accepted as »progress« and the route to modernization … At present a »good society« is conceived as one in which independent spaces are available to the state, civil society and market …‹).

20 Hadden: Toward Desacralizing Secularization Theory, p. 588.

21 Cf. Casanova: Public Religions in the Modern World, p. 19 (highlighting that ›In any case, the old theory of secularization can no longer be maintained. There are only two options left: either, as

embeddedness[22]. The ›unexhausted force‹ of religious traditions worldwide[23] has thus unveiled the normative-teleological character of a notion developed by the European Enlightenment as a general universal process[24].

Within this new theoretical framework, prominent German thinkers, such as Jürgen Habermas, Ernst-Wolfgang Böckenförde and the former pope Benedict XVI, have engaged themselves in a well-known discussion on the place of religion in the so-called ›post-secular‹ society, trying to offer an alternative way of approaching secularization in the contemporary world. In particular, the Frankfurt philosopher – who had already confessed in 1991 to have ›subsumed rather too hastily the development of religion in modernity with Max Weber under the »privatization of the powers of faith«‹[25] – has reconsidered his earlier conceptions, insofar as religious beliefs can still be important sources of meaning, identity and solidarity[26]. According to this view, the unfinished dialectic of our own Western secularization process[27] – which involves a permanent dualism between the religious and the secular[28] – cannot but imply that religious attitudes ›are independent forms of rationality which the secular societal discourse not only has to relate to as abstract phenomena, but forms of rationality which demand respect by virtue of their role as responsible contributions to the societal discourse‹[29]. Similarly, former pope Benedict's criticism of the triumph of a positivistic and instrumental use of reason and the subsequent ›dictatorship of relativism‹ which directly proceeds from viewing the truth claims of religion as merely subjective and divisive, has called for a new understanding of the relationship between the latter and the secular, harking back to the Christian origin of the Enlightenment culture[30]. More specifically, Joseph Ratzinger's investigation into the doubtful self-sufficiency of

seems the present inclination of most sociologists of religion, to discard the theory altogether once it is revealed to be an unscientific, mythological account of the modern world, or to revise the theory in such a way that it can answer both its critics and the questions which reality itself has posed‹).

22 Cf. Arkoun: Religion et société d'après l'exemple de l'Islam, p. 24 (by questioning that ›l'évacuation totale du sacré‹ from society has ever existed, the author underlines that the crucial divide between Muslim societies – which ›maintiennent la fiction d'une compénétration irréductible du religieux, du social et du politique‹ – and the secular European ones lies in the fact that the latter have produced ›une bourgeoisie d'affaires assez puissante pour imposer une séparation juridique du pouvoir politique et de l'Autorité spirituelle‹, regarded as necessary ›pour prendre le pouvoir‹ and ›opposer à la classe ou aux classes rivales un nouveau système de valeurs‹).

23 Cf. Habermas: An Awareness of What is Missing, p. 18.

24 Cf. Casanova: Secularization Revisited, pp. 17 et seq.

25 Habermas: Religion in der Öffentlichkeit, p. 141 (according to this former perspective, religion is not allowed to have a seat in the public sphere as a communicative space, given the fragmented character of its universal claims).

26 Cf. Cooke: Salvaging and Secularizing the Semantic Contents of Religion, p. 189 (acknowledging the remarkable shift in Habermas's thinking).

27 Cf. Habermas: Glauben und Wissen, p. 11.

28 Cf. Parsons: The System of Modern Societies, p. 52.

29 Hovdelien: Post-Secular Consensus?, p. 112.

30 Cf. Ratzinger: Without Roots, p. 128.

the secular to provide the public domain for the foundational values a State needs in order to survive[31], partakes with Habermas the suggestion for a ›self-reflective transcending of a secularist self-understanding of Modernity‹, which thus ought to be ›epistemically adjusted‹ to the continued existence of religious values[32]. However, it has been correctly observed that even the recent debate about post-secularism[33] – and the concomitant reconceptualisation of religion's legitimacy to stand in the public arena – are still entrenched in a Western-centric approach that does not detach itself from ›the peculiarities of the European experience of secularization‹[34]. Hence, while, on one side, the secularization paradigm is under critical scrutiny – insofar as in the context of a post-secular society secular reason needs to cast aside a general intellectual bias and hostility to religion[35] – on the other side, that paradigm is strikingly re-enchanted, for it is still used as an analytical tool in order to test ›other‹ religions (mainly Islam) compatibility with the imaginary of a secular and rational Western world[36]. It still functions as an identity-marker which aims at reinforcing the irreconcilable difference between an alleged secular ›self‹ and a religious (non-Christian) ›other‹.

The aforementioned contradiction is well recognized today in the struggle for public display of religious symbols in the European public sphere, which is the main concern of this paper. Indeed, religious symbols are certainly a great catalyst for the current debate on the so-called ›return‹ of religion: on one hand, the way individuals still attach importance to religious rituals and symbols to mark their identity and peculiar moments of their lives mostly works at dismantling the secularization industry; on the other hand, the latter is sharply defended when confronted with symbols or practices which identify other forms of allegiance and

31 Ratzinger: Values in a Time of Upheaval, p. 68 (underlining that ›the State is not itself the source of truth and morality. It cannot produce truth from its own self by means of an ideology based on people or race or class or some other entity. Nor can it produce truth via the majority … the State must receive from outside itself the essential measure of knowledge and truth with regard to that which is good‹). Cf. also Böckenförde's popular remark: ›Der freiheitliche, säkularisierte Staat lebt von Voraussetzungen, die er selbst nicht garantieren kann‹: Böckenförde: Die Entstehung des Staates als Vorgang der Säkularisation, p. 93.

32 Habermas: Religion in the Public Sphere, p. 2 (pointing out that ›seen in terms of world's history, Max Weber's »Occidental rationalism« now appears to be the actual deviation‹).

33 Cf. amplius Habermas/Ratzinger: The Dialectics of Secularization; Böckenförde: Diritto e secolarizzazione.

34 Turner: Religion and Modern Society, p. 147.

35 Cf. Greenawalt: Religious Conviction and Political Choice, p. 6. Cf. also Mincheva: »Critical Islam« Debating, pp. 1 et seq. (stressing that ›Unlike the Enlightenment reason that, in the insanities of world wars, the hell of concentration camps, and the unbridled, morally problematic technologization of society, seems to have failed to fulfill modernity's promise of emancipation, religion reappears in the Western public discourse as both an ultimate recourse to sanity and an individual path to salvation‹).

36 Cf. Turner: Religion and Modern Society, p. 67 (arguing that the resulting polarity harks back to ›Weber's own civilizational analysis‹).

challenge secularization's claim to universality. ›Suspect‹ religious symbols[37], in particular, ›remind those who are in power that others living within the same borders hold different worldviews‹[38], which do not necessarily match with allegedly modernizing patterns.

Legal controversies surrounding this topic have primarily involved the judicial arena, which has arguably become the crucial site of conflict resolution among overlapping systems of values and bodies of law in the wake of late-20th-century, increasing pluralism[39]. More precisely, in a context where Parliaments are no longer considered as ›the supreme instance‹[40] that can manage emerging issues within multicultural societies, courts, indeed, have come to play an active role in shaping all the disputes that may arise on. From this perspective, the European Court of Human Rights (ECtHR) is a worthy proving ground for evaluating the major trends which are here discussed. Nonetheless, as it will be further explored later, its decisions concerning the public display of religious symbols have proven to reproduce the binary construction referred to above, i. e. of a Western, modern, secular ›self‹ against a religious and traditional ›other‹. It has been argued that such a totalizing secular logic – which still depicts religion as a divisive factor that needs to be handled through the denial of certain forms of religious expression in the public sphere – has been challenged in the Grand Chamber's final ruling on Italian crucifixes[41]. Through an alternative reading of the judgement, this paper will try to show, however, how this cultural bias is still prevailing in Strasbourg Court's case-law on religious symbols. To this aim, it will conduct a critical analysis of the European Court of Human Rights' crucifix decision with reference both to the principle of secularism and to the artificially orchestrated distinction between active (non-secularized) and passive (secularized) religious symbols.

2. The ECtHR's Crucifix Judgement. Background and Legal Reasoning

On 18 March 2011, the Grand Chamber of the European Court of Human Rights delivered its long-awaited judgement on the display of crucifixes in Italian public school classrooms[42]. Rejecting the Court's Second Section former decision – accord-

37 Danchin: Suspect Symbols, p. 1.

38 Dundes Renteln: Visual Religious Symbols and the Law, p. 1590.

39 Cf. Teitel: Humanity Law, p. 701.

40 Van Hoecke: European Legal Cultures in a Context of Globalisation, p. 92.

41 Cf. Martínez-Torrón: Freedom of Religion in the European Convention on Human Rights, p. 353.

42 ECtHR, *Lautsi v. Italy*, 18 March 2011, Application No. 30814/06 (overruling the former deci-

ing to which public schools must not be places of ›missionary activities‹ and must ›refrain from imposing beliefs, even indirectly‹, on impressionable schoolchildren, given the State's duty of religious ›neutrality and impartiality‹[43] – the Grand Chamber ruled in favour of the maintenance of the religious symbol, though admitting that non-Catholic pupils ›may see‹ in its presence ›an infringement of the rights they derive from‹ the provisions enshrined in Articles 9 of the Convention and 2 of Protocol No. 1[44]. The facts that originated the application against the Italian State are well known; they will therefore be summarized briefly in order to understand the arguments brought about by the Court in its legal reasoning.

The case started in April 2002, when an Italian mother of Finnish origins (Soile Lautsi) asked the school board of the middle school attended by her two children in Abano Terme (Padua) for the removal of the crucifix from their classroom, being its presence in contrast with her secular values. Following the school board's refusal, she challenged the decision before the Administrative Tribunal of the Veneto Region, arguing that the display of the crucifix in the school constituted a violation either of the Italian principle of secularism (laicitá) or of Article 9 of the European Convention. The Administrative Tribunal denied, however, the request, on the basis that the presence of the disputed symbol was even justified and rooted in the principle of secularism[45]. According to the judge, the crucifix is not merely the symbol of Catholicism; it is the symbol of the Italian cultural identity. More precisely, as the High Administrative Court – confirming on appeal

sion issued by the Court's Second Section on 3 November 2009: ECtHR, *Lautsi v. Italy*, 3 November 2009, Application No. 30814/06, holding unanimously that the presence of crucifixes in Italian State-school classrooms constituted a violation of Article 2 of Protocol No. 1 – right to education, which encompasses the right of parents to ensure such education and teaching in conformity with their own religious and philosophical convictions – taken jointly with Article 9 of the European Convention – right to freedom of thought, conscience and religion, which includes the right to be free from coerced religious participation or observance). In accordance with Article 43 of the Convention, on 28 January 2010 the Italian government asked for the case to be referred to the Grand Chamber. Cf. Evans: Freedom of Religion, p. 11 (pointing out that ›where the Chamber believes that the matter raised in a case before it involves serious questions about the interpretation of the Convention, it may refer the case to a Grand Chamber of seventeen judges. The Grand Chamber may also hear cases that have already been heard by Chambers at the request of one of the parties if the Grand Chamber considers that the case raises sufficiently serious questions of interpretation‹).

43 ECtHR, *Lautsi v. Italy*, 3 November 2009, §§ 47–48.

44 ECtHR, *Lautsi v. Italy*, 18 March 2011, § 78.

45 *TAR Veneto*, Sec. III, 22 March 2005, Decision No. 1110, § 12.4, in *Foro It.*, III, 2005, p. 329. Before delivering its judgment, the Tribunal submitted the case to the Constitutional Court. However, the latter dismissed the request – refraining from deciding whether the mandatory display of a crucifix was justified under the Italian Constitution – on the basis of its incompetence to review the constitutionality of administrative provisions (since those concerning the exhibition of crucifixes in Italian public school classrooms date back to pre-constitutional laws: cf. Royal Decree 20 April 1924, No. 965, Article 118, and Royal Decree 26 April 1928, No. 1297, Article 119), having jurisdictions only on statutory laws (Cf. Corte Costituzionale, Court Order 15 December 2004, No. 389 at 1074): cf. Pugiotto: La Corte messa in croce, p. 284.

the decision – put it, the crucifix ›expresses, in a symbolic yet adequate way, the religious origins of toleration, of reciprocal respect, of the valorization of persons, their rights, respect of freedom and the autonomy of individual conscience in relation to the secular authority, and the rejection of any form of discrimination‹[46]; ›it would be‹ therefore ›something of a paradox to exclude a Christian sign from a public institution in the name of secularism, one of whose distant sources is precisely the Christian religion‹[47].

The ›astonishing‹ cultural argument upheld by Italian administrative jurisdictions in order to positively rule on the legitimacy of the display of the crucifix in State school classrooms – and the related transfiguration of the crucifix into a national-secular symbol ›incorporated within the civil law‹ [48] – found his way to Strasbourg, though under different terms. Indeed, according to the Grand Chamber, while it has to ›be pointed out that States have responsibility for ensuring, neutrally and impartially, the exercise of various religions, faiths and beliefs‹[49], the ›great diversity‹ they reveal – mainly ›in the sphere of cultural and historical development‹[50] – ›speaks in favour of‹ an approach which considers the presence of religious symbols in school classrooms as ›a matter falling within the margin of appreciation of the respondent State‹[51]. Moreover, although it is undeniable that the display of a sign like the crucifix – ›which (...) undoubtedly refers to Christianity‹ – ends up with giving ›preponderant visibility in school environment‹ to the »country's majority religion«, the Court retains that its exhibition ›is not in itself sufficient, however, to denote a process of indoctrination on the respondent State's part and establish a breach of the requirements of Article 2 of Protocol No. 1‹[52]. After all, in the opinion of the Court, ›a crucifix on a wall is an essentially passive symbol (...) particularly having regard to the principle of neutrality‹[53].

Many contrasting commentaries and public reactions arose after the Grand Chamber's decision. Among its advocates, the ruling has been welcomed as ›a great victory for Europe‹[54]. According to this point of view, Europe has correctly refused ›to deny its own identity by rejecting the suppression of Christianity in the name of Human Rights‹, whose culture is supposed to be exploited by a radical and exclusive secularism, aiming at breaking Europe's ›unity of moral and spiritual

46 Consiglio di Stato, 13 February 2006, Decision No. 556, p. 776.

47 TAR Veneto, § 11.9.

48 Urbinati: Laïcité in reverse, p. 17. In a critical perspective, cf. also Pasquali Cerioli: La laicità nella giurisprudenza amministrativa, p. 261; Ruotolo: La questione del crocifisso.

49 ECtHR, *Lautsi v. Italy*, 18 March 2011, § 60.

50 Id., § 68.

51 Id., § 70.

52 Id., § 71.

53 Id., § 72.

54 Puppink: ECLJ: the Lautsi Crucifix decision.

value‹, Europe's core, Christian identity[55]. Similarly, distinguished legal scholar Joseph H. H. Weiler has pointed out – arguing in the appeal brought against the judgement of the Second Chamber on behalf of eight intervening States (Armenia, Bulgaria, Cyprus, the Russian Federation, Greece, Lithuania, Malta and the Republic of San Marino) – that in the European landscape, secularism ›is not an empty category which signifies absence of faith‹; the State may nonetheless define itself and its public spaces through the religious heritage, symbols and collective identity of its people[56]. Indeed, since the debate on the Preamble of the Treaty establishing a Constitution for Europe and on references to God and Europe's Judeo-Christian roots[57], the question of whether Europe can be defined as a community of values has been arguably connected to a new understanding of the role of religion (mainly Christianity) as ›a cultural system‹[58] and to the related overcoming of ›a particular sort of Enlightenment thinking‹, based on a secular interpretation of human rights ›in which God has disappeared‹[59]. While until the Eighties a certain secular narrative of human rights had long been triumphing in most schools of political philosophy and legal theory, leading to the complete marginalization of religion as a source of understanding[60], the late 20th and early 21st centuries marked the emergence of a new scientific approach to the study of law and religion[61] and a positive acknowledgement of the relationship between religious faith and human rights – once profoundly investigated[62] – became indispensable in order to grasp the challenges of an ever growing religious and cultural pluralism brought about by globalization and intensifying migrations.

In delivering its judgment on the public display of Italian crucifixes among intense discussions on religion's capacity to reshape an alleged secular Europe's identity – and, additionally, on the meaning and role of a renewed Christian, civil

55 Ibid.

56 Weiler: Editorial, Lautsi: Crucifix in the Classroom Redux.

57 Cf. amplius D'Onorio: Religions et constitutions en Europe, pp. 715–736; Mandry: Instrument of Mobilization, pp. 257–284.

58 Geertz: Religion as a Cultural System, pp. 87–125.

59 Boeve: Europe in Crisis, p. 212.

60 Cf. Henkin: Religion, Religions and Human Rights, pp. 229–239; Freeman: The Problem of Secularism, pp. 375–400.

61 Cf. Witte, Jr.: Law and Religion, p. 445 (looking at the interdisciplinary legal study movement – developed by American jurists against legal positivism in an effort to ›refigure the roots and routes of legal analysis, to render more holistic and realistic our appreciation of law …‹ – the author affirms that the quest for a new paradigm in the legal field squarely comes from the fact that ›religion, in sundry forms, has proved its resilience and inevitability. Over the course of the twentieth century, religion defied the wistful assumptions of the Western academy that the spread of the Enlightenment reason and science would slowly eclipse the sense of the sacred and the sensibility of the superstitious … Yet another great awakening of religion is upon us – now global in its sweep and frightening in its power‹).

62 Cf. Joas: Max Weber and the Origin of Human Rights, p. 12.

religion on which spiritual unity and social cohesion can be rebuilt[63] – the Strasbourg Court had to strike, apparently, a difficult balance between the protection of the individual right to freedom of conscience and the simultaneous recognition of specific institutional and cultural realities that determine the place of religion in society. Prominent Italian commentators have severely criticized the Court's refraining from ruling in a manner that would have imposed a departure from national preferences[64] and have questioned the resulting neglect of ›the requirements of State neutrality‹, both in terms of ›exclusive‹ and ›inclusive‹ neutrality[65]. The hands-off position of the European judge and the subsequent concession that Convention member countries possess a relevant margin of appreciation in shaping the principle of neutrality according to their own specific religious traditions, can be certainly explained in terms of peculiar institutional and cultural factors. In the following paragraphs, however, the virtues of this unbalanced attitude of judicial restraint will be questioned and will be compared with the opposite judicial activism in interpreting the meaning of religious symbols.

63 Cf. Ventura: The Changing Civil Religion of Secular Europe, p. 947 (debating whether human rights can still ›be considered the European civil religion‹ and, ›if so, what is the role of religion, particularly Christianity, in this civil religion‹). Cf. also Ferrari: Civil Religions: Models and Perspectives, p. 749 (underlining how the notion of civil religion – which had originated with Rousseau, who argued that ›no State has ever been founded without religion serving as its base‹ [Jean Jacques Rousseau: On the Social Contract, p. 99] and then had been popularized by sociologist Robert Bellah in a famous article, Civil Religion in America, pp. 1–21, for an understanding of the American civil religion ›as the subordination of the nation to ethical principles that transcend it in terms of which it should be judged‹, and more generally understood as a ›cluster of historically rooted values and principles [that] constitutes the framework within which national identity is redefined and changes can take place without breaking too sharply with the past‹ – ›resurfaced‹ in the Old continent after waves of immigration from the south and the east of the world, asking for a redefinition of ›a nucleus of values able to create … spiritual unity and social cohesion‹); cf. more carefully Göle: Islam in European Publics, p. 143 (suggesting that as ›European [Christian] heritage becomes a source for the essentialization of European identity‹, then ›the European project suffers in its claim for pluralism‹).

64 Cf. Pinelli: Esposizione del crocifisso nelle aule scolastiche e libertà di religione; Mancini: La sentenza della Grande Camera sul crocifisso, p. 425; Conforti: Crocifisso nelle scuole; Ferrari/Pollicino: The Impact of Supranational Laws on the National Sovereignty of Member States, p. 48.

65 Pierik/Van der Burg: The Neutral State and the Mandatory Crucifix, p. 271 (stressing that ›*exclusive neutrality* contends that the State should be completely blind to religious and cultural differences, and every religious or cultural expressions, both in terms of arguments, organizations and symbols, should be excluded from the public sphere. *Inclusive neutrality*, on the other hand, maintains that, both in political discussions and in laws and government policies, there is room to take account of religious and cultural differences. Citizens are free to express and organize themselves in the public sphere on a religious or cultural basis and the State supports some religious and cultural activities. In this version, neutrality implies that the State should not unfairly privilege or discriminate against some religions or views of life‹).

3. The Margin of Appreciation Doctrine: Taking Majoritarian National Patterns Seriously?

The Strasbourg Court has certainly assumed an increasing role in enforcing human rights throughout Europe, given the European Convention on Human Rights' ambition to ›create a space for a non-political normativity in the form of human rights that would be opposable to the politics of States‹[66]. More precisely, the Court can be better positioned among those ›instances juridiques et politiques supranationales produisant des réglementations qui prétendent et parviennent souvent à s'imposer aux Etats nationaux‹[67]: norms and institutions of one legal system are challenged by individuals seeking justice against their own State.

According to Professor Martínez-Torrón, the Strasbourg Court is ›probably the court that enjoys most authority and prestige around the globe in the realm of human rights‹; given its longstanding struggle in their defence, ›it has set standards of protection that have had an impact far beyond European borders‹[68]. It is well known, however, that despite such a broad consensus, multidisciplinary approaches to human rights – aiming at revising ›essentially contested concepts‹ within an increasing cultural pluralism – have stressed the need for context-specific interpretations of the latter, which rather advert to the cultural norms and distinctive features of the society concerned. Within the European Convention framework, the ›margin of appreciation doctrine‹[69] – a core element in the Court's jurisprudence from its inception – can be arguably considered as the jurisdictional device par excellence that aims at acknowledging and respecting these indisputable realities. The doctrine – whose origins can be traced back to the early decisions of the European Commission of Human Rights with regard to emergency situations – is depicted as an interpretive principle designed to provide a certain level of flexibility to Contracting States, who do not relinquish their sovereignty by signing the European Convention[70]. On the contrary, given the subsidiary nature of the mechanism established by the Convention for the enforcement of its

66 Koskenniemi: Human Rights, Politics and Love, p. 33.

67 Colliot-Thélène: Après la souveraineté, p. 15.

68 Martínez-Torrón: The (Un)Protection of Individual Religious Identity in the Strasbourg Case-Law, pp. 1 et seq.; cf. also Teitel: Humanity Law, p. 698 (underlining ›the current reliance on the jurisprudence of the European Court of Human Rights‹ in US constitutional case-law); cf. amplius Teitel: Humanity's Law.

69 Cf. amplius Delmas-Marty: The European Convention for the Protection of Human Rights; Benvenisti: Margin of Appreciation, Consensus, and Universal Standards, p. 843.

70 Cf. Benvenisti: Margin of Appreciation, Consensus, and Universal Standards, p. 845 (highlighting that ›The margins doctrine initially responded to concerns of national governments that international policies could jeopardize their national security. This may explain the initial application of the doctrine in the context of derogations from treaty obligations due to self-proclaimed states of national emergency‹). On the origins of the doctrine, cf. O'Boyle: The Margin of Appreciation and Derogation under Article 15, p. 23.

provisions[71], national governments are afforded a wide ›measure of discretion‹[72] – though subjected to European supervision[73] – as to the manner in which they implement the rights enshrined in the Convention, being ›in principle in a better position‹ than an international tribunal to appraise local needs and conditions[74]. This is the reason why national decision-making bodies are allowed to have ›plural ways to address‹ complex issues[75] like those concerning the relationship between State and religion[76]. Given the great diversity of Church-State models in the Council of Europe, any attempt to fashion uniform requirements would be neither legitimate nor feasible for the European Court. Thus, despite its primary task in defining common standards for the protection and promotion of human rights, the Strasbourg Court has never conceived of such a role as a denial of traditional values and of the ›legitimate cultural variety‹[77] of member countries. To this aim, the margin of appreciation doctrine represents ›the means by which relativism‹ – appearing to be a structural characteristic of the divided ›Europe's House‹[78], with its diverse backgrounds and national religious sentiments still stemming from the Reformation[79] – finds ›its way in the Convention jurisprudence‹[80], especially when the Court is asked to deal with ›certain political sensitive issues‹[81]. None-

71 ECtHR, *Handyside v. United Kingdom*, 7 December 1976, Application No. 5493/72, §48 (maintaining that ›The machinery of protection established by the Convention is subsidiary to the national systems safeguarding human rights. The Convention leaves to each Contracting State, in the first place, the task of securing the rights and freedoms it enshrines‹). On the subsidiary nature of the control of the Court cf. amplius Carozza: Subsidiarity as a Structural Principle of International Human Rights Law, p. 38.

72 The term *discretion* first appeared in place of the current *margin of appreciation* in the *Greece v. United Kingdom* case (Application No. 176/56, Yearbook European Commission on Human Rights, 1959, p. 174): the Commission stated that Member States ›should be able to exercise a certain measure of discretion in assessing the extent strictly required by the exigencies of the situations‹.

73 The Court has emphasized on many occasions that the State power to regulate ›... goes hand in hand with a European supervision. Such supervision concerns both the aim of the measure challenged and its necessity; it covers not only the basic legislation but also decision applying it, even one given by an independent court‹ (ECtHR, *Handyside v. United Kingdom*, §49).

74 ECtHR, *Handyside v. United Kingdom*, §48 (declaring that ›By reason of their direct and continuous contact with the vital forces of their countries, State authorities are in principle in a better position than the international judge ... to make the initial assessment‹ as to the enforcing of the Convention).

75 Evans/Thomas: Church-State Relations in the European Court of Human Rights, p. 723.

76 Cf. Benvenisti: Margin of Appreciation, Consensus, and Universal Standards, p. 846 (explaining that ›the percolation of the doctrine into areas devoid of security consideration‹ has been justified, on one side, ›on notions of subsidiarity and democracy‹, on the other side, in the name of ›the wishes of each society to maintain its unique values and address its particular needs‹).

77 Mahoney: Marvellous Richness of Diversity or Invidious Cultural Relativism?, p. 4.

78 McCulloch: Reformation.

79 Cf. Berman: Law and Revolution II, p. 61 (stressing that the Reformation transformed the Old continent ›from a society of plural secular polities within a single ecclesiastical State into a society of plural Christian confessions, each identified politically with one or more particular secular States‹).

80 Sweeney: Margins of Appreciation, p. 461.

81 Dzehtsiarou/Greene: Legitimacy and the Future of the European Court of Human Rights,

theless, while religious and cultural pluralism has arguably acquired a normative meaning within the ECtHR's jurisprudence – being intrinsically tied to democracy[82] – such reverence to national differences has been increasingly interrogated; it would end up, indeed, with undermining an effective transnational protection of fundamental freedoms of thought, conscience and religion against the backdrop of majoritarian national patterns. That is why the *Lautsi II* judgement was expected to ›be an important step forward in taking minority rights seriously, even when this requires a rethinking of traditional domestic equilibria‹[83]. Accordingly, those who stress the crucial role that international human rights bodies can play as a remedy of some of the inherent deficiencies of the national, democratic systems[84], have warned that ›giving undue deference to local conditions, traditions and practices‹, will inevitably turn into ›a pernicious »variable« geometry of human rights‹[85], by inevitably exposing them to the will of a ruling majority[86]. As the European Court of Human Rights itself has firmly declared, ›democracy does not simply mean that the views of a majority must always prevail: a balance must be achieved which ensures the fair and proper treatment of minorities and avoids any abuse of a dominant position‹[87].

Given these remarks, should the Strasbourg Court have offered a different solution to the Italian crucifix case? In taking into account the peculiarities of the Italian situation, should it have more deeply investigated the last two decades of jurisprudence of the Italian Constitutional Court on the principle of secularism and the centrality it has come to acquire within the Italian legal system[88]?

p. 1713. Cf. also Hoffman/Ringelheim: Par-delà l'universalisme et le relativisme, pp. 141 et seq. (setting forth that ›la reconnaissance d'une marge étendue dans les matières »culturellement sensibles«‹ – which often lies behind the assessment made by the Court upon the absence of a European consensus – ›semble a priori contribuer à la preservation de la diversité culturelle puisqu'elle laisse à l'Etat le soin d'établir un juste equilibre entre les particularités culturelles de la société qu'il représente et les exigences des droits humains‹).

82 ECtHR, *Kokkinakis v. Greece*, 25 May 1993, Application No. 14307/88, § 31.

83 Mancini: The Crucifix Rage, p. 26.

84 Cf. Benvenisti: Margin of Appreciation, Consensus, and Universal Standards, pp. 847 et seq. (arguing that ›absent political influence and faced with prevalent resentment, minorities rely upon the judicial process to secure their interests‹). Cf. also Beatty: The Ultimate Rule of Law, pp. 44 et seqq.; Guazzarotti: Giudici e Minoranze Religiose, p. 198.

85 Lord Lester of Herne Hill: Universality Versus Subsidiarity, pp. 73–76.

86 Cf. Karst: First Amendment, the Politics of Religion and the Symbols of Government, p. 526. Cf. *contra* Sweeney: Margins of Appreciation, p. 474 (justifying the margin of appreciation doctrine as ›a structured, meaningful, but ultimately conditional recognition of Contracting Parties' complex thickly constituted morality‹).

87 ECtHR, *Valsamis and Efstratiou v. Greece*, 18 December 1996, Application No. 21787/93, § 27; *Folgerø and Others v. Norway*, 29 June 2007, Application No. 15472/02, § 84.

88 Conversely, in the *Leyla Sahin* case (*Leyla Sahin v. Turkey*, 10 November 2005, Application No. 44774/98) the Court fully endorsed the Turkish Constitutional Court interpretation of secularism in order to uphold the ban on the wearing of religious insignia in universities.

4. The Italian Path to Secularism: The Leading Role of the Constitutional Court's Interpretation

While legal scholars arguably agree that there is no uniform concept of secularism[89], given the multiple meanings it has experienced in its historically specific articulations[90], the individual right to freedom of conscience and religion – together with Church autonomy based on the separation of Church and State – have been considered, nonetheless, as the core elements of a notion which appears to be closely connected to ›certain fundamental values of constitutionalism‹[91]. And if ›the principle of individual freedom‹, in particular, has been the main character of Italian secularism since its inception in the liberal tradition[92], a brief reconstruction of the Italian path to secularism as a constitutional principle can prove useful in order to readdress the discussion on the crucifix case within the frame of the Italian legal, political and cultural context.

It is well known that ›the textual affirmation of secularism‹ in law or constitution is not decisive in order to assess the secular character of a legal system, being rather the former the final result of divisive disputes ›between forces resisting neutralization of the public space and other social forces that used constitutional law to consolidate their victory‹[93]. In Italy, in the aftermath of the Second World War, compelling issues of social cohesion and of institutional and economic reorganization certainly led the political parties represented in the Constituent Assembly – in charge of drafting the new constitution – to put aside temporarily other issues, such as the constitutional recognition of the principle of secularism. More precisely, in a country historically divided between a strong religion (Catholicism) and weak institutions, there was a tacit consensus among the drafters that the new constitutional order could not have come to be irrespective of the cementing role of Catholicism. In this sense, the constitutional standing which Patti Lateranensi[94] was thus given would have subordinated the destiny of the fledgling

89 Cf. Taylor: Modes of Secularism, p. 31.

90 Cf. Barghava: Rehabilitating Secularism, p. 108 (arguing that ›contextual secularism‹ means that ›secularism is contextual not only because it captures the idea that the precise form and content of secularism will vary from one to another context and from place to place but also because it embodies a certain model of contextual moral reasoning. It does because of its character as a multivalue doctrine‹).

91 Sajó: Constitutionalism and Secularism, p. 2404; cf. also Alicino: Constitutionalism as a Peaceful »Site« of Religious Struggles, p. 3.

92 Ercolessi: Italy: the Contemporary Condition of Italian Laicità, p. 10.

93 Sajó: Constitutionalism and Secularism, p. 2405 (with reference, in particular, to the French and Turkish experiences).

94 Article 7 of the Italian Constitution: ›The State and the Catholic Church are, each within its own order, independent and sovereign. Their relations are regulated by the Lateran Pacts. Changes to the Pacts accepted by both parties do not require the procedure for constitutional amendment‹). The Lateran Treaties – signed by the Italian government and the Vatican in 1929 – brought to an

democracy ›to the objectives and non-negotiable values of a single church‹[95]. Despite ›the original sin of Italian political history‹ here referred to[96], the progressive secularization of the Italian society[97], the profound changes occurring within the Catholic Church in the 1960s by the experience of the aggiornamento[98] and, furthermore, the signing of the new Concordat between the Italian State and the Holy See in 1984 – which completely replaced the 1929 provisions, declaring that the confessional principle once stated was no longer in force – paved the way to the emergence of the principle of secularism among the ›supreme principles of the constitutional order‹ as well as a ›profile of the form of the State delineated in the constitutional Charter of the Republic‹[99]. Indeed, a milestone sentence issued by the Constitutional Court in 1989 contributed to opening a new season in the acknowledgement of secularism as the guarantor of the ›religious peace‹ which was once attributed to the ›benevolent umbrella of the Catholic Church‹[100]. The constitutional judge endorsed the above-mentioned cultural and legal shift and declared the multiple constitutional foundation of the principle of secularism from a combined interpretation of Articles 2, 3, 7, 8, 19 and 20 of the Constitution[101].

It is certainly not a coincidence that the Court delivered the principle for the first time in the domain of education, being asked to determine whether the teaching of the Catholic religion in public schools was consistent with the constitutional text[102]. Emile Durkheim reminds us that educational institutions play, indeed, ›an essentially social function‹ in fostering collective ideals and in transmitting

end the so-called ›Roman question‹ and recognized the Holy See as a sovereign State; they also reaffirmed the old principle of the Article 1 of the Albertine Statute of 4 March 1848, according to which the Catholic Apostolic Roman religion is the only one religion of the State. Cf. amplius Margiotta Broglio: Italia e Santa Sede dalla grande guerra alla conciliazione.

95 Ferrari: Civil Religion in Italy, p. 841; cf. also De Gasperi: Atti Assemblea Costituente, p. 2453 (stressing that the success of the new republican regime strongly hinged on the maintenance of the ›religious peace‹ that the Lateran Pacts had brought about).

96 Ferrari: Civil Religion in Italy, p. 844.

97 Cf. Ercolessi: Italy: the Contemporary Condition of Italian Laicità, p. 13.

98 Cf. Casanova: Public Religions Revisited, p. 101; Basso: Per la revisione dei Patti lateranensi, p. 138.

99 *Corte costituzionale*, Ruling 12 April 1989, No. 203.

100 Ferrari: Civil Religion in Italy, p. 847.

101 *Corte costituzionale*, Ruling 12 April 1989, No. 203, cit. Article 2 safeguards the inviolable rights of the person, both as an individual and in the social groups where human personality is expressed; Article 3 protects equality and non-discrimination based on, among others, religious grounds; Article 7 recognizes the principle of the separation of Church and State; Article 8 provides for the equal freedom of all religious denominations; Articles 19 and 20 guarantee freedom of religion as an individual right (besides the institutional dimension).

102 More precisely, the Court's reasoning focused on the following issues: whether such a religious subject was in conformity with the non-religious model of the Italian State and whether it constituted a form of discrimination for students who refused it: *Corte costituzionale*, Ruling 12 April 1989, No. 203, § 4. Cf. also *Corte costituzionale*, Ruling 14 January 1991, No. 13 (stating that while, on one side, teaching religious education in public schools is one of the characters of the principle of secularism – since the latter has to be understood in an affirmative way, through the expression of

to young people sentiments of moral unity and civic duty in increasingly divided societies[103]. This remark – which immediately leads us back to the bitter conflict that during the late 19th century opposed the French Third Republic and its internal competitor for sovereignty (i.e. the Catholic Church)[104] – may help explain why current battles over the place of religion in public spaces still revolve around ›les établissements scolaires‹[105]. In Italy, religious instruction in public schools was among the privileges that the reconciliation with the Papacy contributed to restore on behalf of the Catholic Church after the Liberal Era[106]. When dealing with the issue with reference to the principle of secularism, the Constitutional Court made it clear that the principle does not imply ›indifference towards religion‹, but, on the contrary, ›a duty of the State to safeguard religious liberty, in a context of confessional and cultural pluralism‹[107], thus refusing to adopt a notion which would have entailed the banishment of religion from public schools. Indeed, in the opinion of the constitutional judge, the secular attitude of the State-community ›does not require ideological and abstract theorizations of neutrality, hostility or confessionalism of the State-person or of its leaders toward the religion in itself or any religious belief, but it aims at fulfilling the concrete needs of the civil and religious conscience of the citizens‹[108].

Many scholars have never overlooked the fact that a positive, ›friendly‹ interpretation of the constitutional principle of secularism – in ›mono-religious democracies‹ such as Italy or in those countries where religious (Christian) denominations historically played an important function in social life[109] – can easily turn into a denial of equal standing in the public sphere to all the competing world views[110].

religious beliefs in the public sphere – on the other side, the position of non-religious people must be absolutely protected and the choice of conscience to attend or not the classes considered).

103 Durkheim: Education and Sociology, p. 80; cf. also amplius Fenton: Durkheim and Modern Sociology, pp.143–174.

104 Cf. Asad: Reflections on Laïcité and the Public Sphere; cf. also Chauvin: Laïcité scolaire et protections des élèves, p. 10.

105 Milot: La laïcité, p. 11.

106 Cf. Wolff: Catholicism, Fascism, and Italian Education, p. 4 (pointing out that ›one of the chief instruments for the perpetuation of a religious or political ideology is naturally that of education‹. Accordingly, ›the question of the training of Italian youth especially during the Fascist period became a central bone of contention between the Church and the Party‹, both of them struggling for the same purpose of winning ›the minds and hearts of the youth‹. The strategy ›taken by Mussolini's first government in order to soften the Church's hostility to the State‹ – and to diminish the influence of the growing Partito Popolare on the Curia – consisted of, among others, restoring the crucifix in courtrooms and classrooms and making ›religious instruction in Catholic dogma compulsory in the lower grades of all State schools‹).

107 *Corte costituzionale*, Ruling 12 April 1989, No. 203, cit.

108 Id., § 7.

109 Cf. Stepan: The Multiple Secularisms of Modern Democratic and Non-Democratic Regimes, p. 123 (with reference to the German ›positive accomodation‹ model).

110 Cf. Lariccia: La laicità delle istituzioni repubblicane, p. 93; cf. also Urbinati: Laïcité in reverse, p. 18.

One may ask, indeed, whether the delivery of this notion – revealing a benevolent openness of the State towards religion, as opposed to any ideological or comprehensive stance[111] – and the related acknowledgment of the ›rôle social de la religion‹[112] was only a peculiar form of ›legal fiction‹[113] in order to maintain the status quo. However, following decisions of the Italian constitutional judge have rather emphasized ›impartiality‹ and ›equidistance‹ – i. e. ›neutrality‹ – as a core component of the principle. In the classical liberal doctrine, the notion of neutrality encompasses the State's commitment to generally withdrawing from competing conceptions of the good, since there is no basis upon which moral or religious conflicts can be resolved[114]. Neutrality is thus respected when the modern secular State acts in accordance with the claim for non-identification with regard to religious faith. The Italian Constitutional Court has progressively unfolded a definition of laicitá as implying, above all, neutrality of public institutions, according to which – in the spirit of the constitution[115] – the State, despite endowing religions with important public functions, does not identify with any religious groups and treat them all in an even-handed and impartial way[116].

As a consequence, the constitutional judge first dismantled the Italian system of criminal protection of religions, insofar as the latter provided for a different and stronger protection in favour of the Catholic sensitiveness, which was once justified in the light of the majority of Italian citizens' Catholic religious creed[117]. According to the Court, ›(...) the number of adherents to this or that religious de-

111 Cf. Roy: Secularism Confronts Islam, pp. 1 et seq. (tracing back the origins of the French ›militant *laïcité*‹ to 1905, when the ›war against private Catholic education‹ burned). Cf. also Tortarolo: Il laicismo, p. 7.

112 Milot: La laïcité: une façon de vivre ensemble, p. 18.

113 I refer to Maine's masterful description of legal fictions, according to which legal fictions ›satisfy the desire for improvement, which is not quite wanting, at the same time they do not offend the superstitious disrelish for change which is always present‹: Maine: Ancient Law, p. 24.

114 Cf. Larmore: Political Liberalism, p. 339; cf. also Ladeur: The Myth of the Neutral State and the Individualization of Religion, p. 2445.

115 Rodotà: Alla ricerca della laicità perduta, p. 56; cf. also Moro: Atti Assemblea Costituente, p. 2042 (declaring, in his memorable speech to the Constituent Assembly, that ›there is no authentic democracy where the State is not in the service of human being ... where the State does not respect those social formations [such as religious groups] within which the individual realizes and completes his or her own personality‹).

116 Cf. also *BVerfG*, 2 *BvR* 1436/02, 24 September 2003 (in the landmark decision on the case of Fereshta Ludin – an Afghan-born German citizen who had been denied a teaching post in a State school in Stuttgart because of her refusal to take off her veil in the classroom – the German Federal Constitutional Court declared that it is through an openness to religious plurality and diversity that ›the liberal [freiheitliche] state of the Grundgesetz redeems its commitment to religious and philosophical neutrality‹: § 43).

117 *Corte costituzionale*, Ruling 18 October 1995, No. 440; Ruling 14 November 1997, No. 329; Ruling 20 November 2000, No. 508; Ruling 1 July 2002, No. 327; Ruling 29 April 2005, No. 168 (the Court does not refer anymore to the quantitative standard and chooses for the equal protection of every individual's conscience).

nomination does not play any role (...) nor the bigger or smaller reaction to the violation of the rights of one denomination or another (...) the protection of the religious feelings of any individual is imperative regardless of the religious denomination one belongs to (...)‹[118]. More precisely, in its first decision on the issue – the No. 440 of 1995[119] – the Constitutional Court, partially striking down a provision of the penal code sanctioning offenses to ›God and the persons and symbols venerated by the State religion‹ (Article 724 of the Italian Code of Criminal Procedure), declared unconstitutional the discrimination between religions in terms of their protection envisaged by the 1930s' penal code – when Catholicism was the official religion of the State – having regard to the fundamental principles of equality of every citizen without distinction of religion (Article 3 of the Italian constitution) and of equal freedom of every religious denomination before the law (Article 8 of the Italian constitution), which both the principle of secularism implies. The remarkable assertion made by the Court – that the State has to guarantee ›the equal protection of the conscience of every person who believes in a faith (...)‹, regardless of its religious or secular character – is one of the most interesting for the purposes of the present discussion. It is difficult, indeed, to reconcile such a statement with Strasbourg Court's assertions in *Lautsi* that ›the applicant's subjective perception‹ – according to which the display of the crucifix in the classroom of the State school formerly attended by her children violates her right to ensure their education and teaching in conformity with her own philosophical convictions – ›is not in itself sufficient to establish a breach of Article 2 of Protocol No. 1‹ of the Convention and that ›by prescribing the presence of crucifixes (...) the regulations confer on the country's majority religion preponderant visibility in the school environment‹[120]. While, on one hand, the concept of the ›*passive*‹ use of the religious symbol[121] (which will be further discussed later) has proved useful to navigate this apparent tension, it cannot be neglected, on the other hand, that the European judge's relying on the national authorities' margin of appreciation – which has undoubtedly constituted, together with the passivity of the crucifix, one of the key elements around which the Court has based its reasoning – has not meant to endorse the Italian Constitutional Court's constitutionally-based understanding of secularism in terms of equal protection of all world views[122]. Indeed, from the latter's interpretation it follows that even the personal endorsement of

118 *Corte costituzionale*, Ruling 20 November 2000, No. 508, cit.

119 *Corte costituzionale*, Ruling 18 October 1995, No. 440, cit. The ruling represented a watershed in the constitutional jurisprudence in comparison with previous judgments (cf. rulings 125/1957, 79/1958, 39/1965, 14/1973, 188/1975), considering the wider social consequences once engendered by the offenses to Catholicism in order to legitimate its different protection. Cf. Randazzo: La Corte apre al giudizio di uguaglianza tra confessioni religiose?, p. 1843.

120 ECtHR, *Lautsi v. Italy*, 18 March 2011, §§ 66 and 71.

121 Id., § 72.

122 On the contrary, in the *Leyla Sahin* judgement the ECtHR deferred to the Turkish Constitu-

the principle of secularism can be regarded as a reasonable justification for the refusal to hold a public office during election operations under the influence of a crucifix. In this sense, the Italian Court of Cassation[123] affirmed that the presence of the contested religious symbol in the school – where ballots had been held – is not consistent with the Italian constitution, since it infringes on both the principle of laicitá and the individual freedom of conscience[124], which deserves special protection as ›the deepest reflection of the universal idea of human dignity‹[125]. This judgement, rather than endorsing – as it has been argued[126] – a concept of secularism which is no more neutral than religion and, like in the French version, functions as ›a comprehensive or religious conviction‹[127], put itself, indeed, on the path signed by the constitutional judge. According to this view, any violation of the principle of secularism which takes place through the exhibition of crucifixes in polling stations would originate an inner conflict between the civil duty to perform a public office and the moral duty to comply with a command of the own conscience[128]. Hence, the Constitutional Court also declared illegitimate the oath formula provided in Article 238 of the Code of Civil Procedure, prescribing that the oath had to be taken ›before the divinity and the men‹[129]. More recently the

tional Court's interpretation of secularism in conceptualizing the Islamic veil as incompatible with the principle.

123 *Corte di Cassazione*, IV *Sez. pen.*, Decision 1 March 2000, No. 439, p. 846. The case concerned a condemnation for refusing to serve as a secretary in a polling station on the basis that a crucifix was displayed there. The Court of Cassation upheld the appeal, arguing that in a secular State the neutrality of the place where voters cast their ballots has to be guaranteed. Cf. Di Cosimo: Simboli religiosi nei locali pubblici, p. 1130.

124 Sicardi: Il principio di laicità nella giurisprudenza della Corte costituzionale, p. 501 (underlining the strong relationship existing in the Constitutional Court's jurisprudence between the principle of secularism and ›the full and equal protection of freedom of conscience, as a fundamental freedom of the individual‹).

125 *Corte costituzionale*, Ruling 19 December 1991, No. 467, p. 3805 (dealing with the issue of the conscientious objection to military service).

126 Pin: Laicità e Islam in Italia, p. 166.

127 Modak-Truran: Secularization, Legal Indeterminacy, and Habermas's Discourse Theory of Law, p. 220 (referring to the French law prohibiting the use of religious symbols in public schools, the author observes that ›French secularism ... prescribes comprehensive demands on French citizens that conflict with traditional religious practices‹).

128 Freedom of conscience is particularly protected even by Article 9 ECHR, although the article does not specifically refer to conscientious objection: cf. Martínez-Torrón: The (Un)Protection of Individual Religious Identity in the Strasbourg Case-Law, p. 24. The author – with reference to the Grand Chamber's decision *Bayatyan v. Armenia* (7 July 2011, Application No. 23459/03), concerning the application lodged by an Armenian citizen and Jehovah's Witness, who was sentenced to two and a half years of prison for having refused to comply with his military service on the basis of his own conscience – points out that freedom of conscience enjoys a specially protected status under ECHR ›when there is a »*serious and insurmountable conflict*« with legal duties and is based on a »*conviction or belief of sufficient cogency, seriousness, cohesion and importance*«‹.

129 *Corte costituzionale*, Ruling 8 October 1996, No. 334 p. 2919. Similarly in *Buscarini v. San Marino* (ECtHR, *Buscarini and others v. San Marino*, 18 February 1999, Application No. 24645/94), the ECtHR found that the obligation upon parliamentarians to take an oath on the Gospel – irrespective

Court of Cassation, handling the case of Luigi Tosti – a Jewish judge who had been first convicted and then banned from his office for one year for having refused to serve in courtrooms given the presence of the crucifix[130] – acknowledged that the thesis carried out by the judge ›has a substantial dignity and should deserve an in-depth consideration‹, especially with regard to the ›constitutional principle of laicitá and the similar constitutional guarantee of freedom of conscience and religion‹[131].

A ›positive secularism‹, in the meaning of the Italian constitution, thus goes hand in hand with the promotion and maximization of all systems of belief and opinion, without embracing one in particular, even when representing the country's majority religion[132]. The jurisprudential move towards the abandonment of the numerical standard as the decisive element in order to justify legal norms (and, therefore, to assess the legitimacy of the display of crucifixes in Italian State classrooms) on non-comprehensive grounds[133], had been fully espoused by the Court's Second Section in *Lautsi I*. The latter made it clear, indeed, that the presence of the disputed symbol may give schoolchildren the perception of being educated in an environment marked by a specific religion, with the additional risk of conveying them a message of exclusion, a message that the religious beliefs of the majority are more worthy of recognition and respect than those of other students who cannot identify with that symbol[134]. Accordingly, in his dissenting

of the fact that this oath belonged to the historical tradition of the Republic of San Marino – entailed a breach of Article 9 of the Convention, requiring the applicants, two elective representatives of the people, ›to swear allegiance to a particular religion‹ (§ 39).

130 *Corte di Cassazione*, VI *Sez. pen.*, Decision 10 July 2009, No. 28482. The Court overturned the former decision of the Tribunal of L'Aquila (Criminal Division, Ruling 18 November 2005), confirmed by the Court of Appeal (Criminal Division, Ruling 23 May 2007) – which sentenced the judge to jail for failing to carry out his official duties at the courthouse in the town of Camerino from May 2005 to January 2006 – arguing that the judge's refusal to hold hearings while a crucifix was hung on courtrooms' walls had not determined any disruption of the good functioning of the public administration (he had been indeed substituted by another judge). In a subsequent ruling delivered on 14 March 2011 (No. 5924), however, the Court of Cassation stated that Tosti's removal from office, issued by the Disciplinary Division of the Superior Council of the Judiciary in 2010, was wholly ›correct‹, rejecting the judge's argument that the presence of the crucifix entails a breach of the principle of secularism as well as of freedom of religion and conscience. Finally, on 5 July 2012, the Court of Appeal of L'Aquila acquitted the judge of the charge of failure to official acts.

131 In the light of the above-mentioned constitutional provisions, the Court of Cassation mainly questioned the administrative nature of the Ministry of Justice Circular of 29 May 1926, No. 2134/1867 – declaring the compulsory exhibition of the crucifix, ›near the portrait of His Majesty the King‹, in the courtrooms – and the following violation of the rule of law of administrative action: cf. Ruotolo: La questione del crocifisso.

132 *Corte costituzionale*, Ruling 20 November 2000, No. 508, cit.

133 Cf. *contra* Witte, Jr./Arold: Lift High the Cross? p. 52 (according to the authors, it would be only ›an acceptable democratic reflection of [Italy's] majoritarian Catholic culture‹).

134 ECtHR, *Lautsi v. Italy*, 3 November 2009; in a comparative perspective cf. also *Santa Fe Independent School District v. Doe*, 530 U.S. 290, 2000, Justice Stevens for the Court, quoting *Lynch v. Donnelly*, 465 U.S. 668, 1984, Justice O'Connor, concurring (holding that ›School sponsorship of

opinion in *Lautsi II* Judge Malinverni wondered how it ›can be maintained that the States‹ – upon which is imposed, according to Article 2 of Protocol No. 1 of the Convention, a duty to ›respect‹ the right of parents to ensure education and teaching in conformity with their own religious and philosophical convictions – ›properly comply with that positive obligation where they mainly have regard to the beliefs held by the majority‹[135]. In the Grand Chamber's indoctrination test, however, the crucial feature in this perspective is the notion of the passivity of the crucifix which, as such, exerts less ›influence on the pupils [than] … didactic speech or participation in religious activities‹[136]. Why, however, did the Court go beyond the framed question it was asked to settle – whether the rights guaranteed by the Convention had been violated – and end up with delivering a judgement about the significance of the symbol?

5. Active vs. Passive Religious Symbols: What Lies Beneath

The constitutive power of symbols and their capacity ›to open up levels of meaning, reality and being that would otherwise be closed to us‹[137] have been recognized by many observers in the social sciences. Pointing on their ›integrating‹ nature ›for social groups as for individuals‹[138], scholars have described symbols as ›*useful* for the cohesion of a group, *necessary* to the communication and communion among individuals, *indispensable* for the permanence of collective feeling‹[139]. Within this general frame, religious symbols function in particular, according to American anthropologist Clifford Geertz, as a vehicle ›to synthesize a people's ethos (…) and their world view (…) their most comprehensive ideas of order‹[140]. Since they

a religious message is impermissible because it sends the ancillary message to members of the audience who are nonadherents that they are outsiders, not full members of the political community, and the accompanying message to adherents that they are insiders, favored members of the political community‹. The Supreme Court dealt with a policy adopted by a public school board in Texas permitting student-led prayers at high-school football games – in an earlier case, *Lee v. Weisman*, 1992, the Court had prohibited school-sponsored prayers beyond the classroom setting, ruling that public schools could not invite clergy to offer prayers during graduation ceremonies – declaring it invalid under the Establishment Clause. According to the Supreme Court, the true purpose and the inevitable effect of the policy were in fact to continue, promote, and endorse the longstanding practice of school-sanctioned prayers at the games, with the effect of promoting or endorsing religion).

135 ECtHR, *Lautsi v. Italy*, 18 March 2011, Dissenting opinion, Judge Malinverni, § 1.

136 Ibid.: § 72.

137 Kay: Paul Tillich's Hermeneutic of Religious Symbols, p. 63.

138 Ibid.: p. 66.

139 Paoletti: The Cult of Images, p. 84.

140 Geertz: Religion as a Cultural System, p. 89. Cf. also theologian Tillich: Systematic Theology p. 240 (underlining that ›Religious symbols are double-edged. They are directed toward the infinite which they symbolize and toward the finite through which they symbolize it. They force the infinite

epitomize the common bond (Zusammengehörigkeit), they are particularly useful in complex societies, as strong guarantors of social order[141]. It follows that sacred symbols act as markers in any community in order to distinguish its members from those of other communities, by drawing the classical dichotomy of ›us and them‹, and they are assumed to play a central role for the very survival of individuals' identities[142]. However, as a phenomenon of ›identitarian inflation‹ can be observed under those peculiar circumstances when the encounter with ›other‹ cultures rekindles the existential anxiety about being deprived of the reassuring way we perceive ourselves in relation to the rest of the world[143], religious symbols ›can easily turn into catalysts of aggression because they express and generate a primitive intellectual and relational level of human development‹[144].

Given these premises, it is not surprising that discussions over religious symbols have raised great attention in the field of jurisprudence during the last years. Religious symbols' capacity of maintaining collective memory, of conveying sentiments of unity and inclusiveness, has undoubtedly assumed an increasingly importance in contemporary globalized societies, where individuals usually feel ›bereft and alone‹, lacking ›the psychological support provided by more traditional settings‹[145]. As an attempt to recreate a lost sense of security against the destabilizing effects of changing patterns, current struggles for the public use of religious signs arguably reveal the wider potential of religion for ›providing a picture of totality, unity and wholeness‹ to individuals' current anxieties[146], where the nation-State – weakened by the progressive growth of regional supranational structures and worldwide globalization[147] – fails.

The *Lautsi* case here discussed – together with other ECtHR's decisions on religious symbols – clearly falls within this broader framework: the mandatory exhibition of crucifixes in Italian State-school classrooms – which had originally raised only legal issues – has soon become an identitarian one. In the Italian gov-

down to finitude and the finite up to infinity. They open the divine for the human and the human for the divine‹).

141 Cf. Azzoni: La duplice trascendenza del simbolo, p. 36.

142 Cf. Gephart: Memory and the Sacred, p. 129; Dundes Renteln: Visual Religious Symbols and the Law, p. 1575.

143 Cf. Pizzorno: Il velo della diversità, p. 289 (according to the author, it is in response to these developments that groups may revive rituals, doctrines, symbols or ideologies which can bolster their self-esteem). Cf. also Kinvall: Globalization and Religious Nationalism, p. 756 (stressing that ›symbols, memories, myths‹ are able to ›sustain trauma and feed into the continued demonization of the other while sacralizing the self‹).

144 Mancini: The Power of Symbols and Symbols as Power, p. 2630.

145 Giddens: Modernity and Self-Identity, p. 33.

146 Kinvall: Globalization and Religious Nationalism, p. 759.

147 Cf. Van Hoecke: European Legal Cultures in a Context of Globalisation, p. 94. Cf. also Auslander: Bavarian Crucifixes and French Headscarves, p. 283 (suggesting – in her comparative analysis of the debates surrounding Islamic headscarves and crucifixes – that these controversies are symptomatic of crises of national identity and sovereignty in contemporary European States).

ernment's view, the display of the symbol attests the close relationship ›between the State, the people and Catholicism attributable to the historical, cultural and territorial development of Italy and to a deeply rooted and long-standing attachment to the values of Catholicism‹[148], which ends up with supplying ›the cultural and ethical principles on which full citizenship is based‹[149]. Notwithstanding the evocative power of the sign – possessing such an identity-linked value – the Strasbourg Court has qualified its display as ›mere silent and passive‹[150]. However, as suggested by Professor Frank S. Ravitch in his fascinating inquiry into religious symbolism cases decided by the United States Supreme Court, ›any legal approach to religious objects should account for the fact that they are not just passive »things«‹; they rather hold a range of powerful messages for all observers, believers and nonbelievers[151]. As a consequence, any ›task of deriving meaning from such objects may seem impossible‹[152] and, furthermore, the result of an arbitrary act[153], given the multiplicity of meanings that can be associated with them[154].

The German Federal Constitutional Court, in a deeply contested decision issued in 1995, popularly known as the ›crucifix-ruling‹, dealt with the same problem, when it found incompatible with the constitutional negative religious freedom of non-Christian students and parents – as well as with the State's neutrality man-

148 ECtHR, *Lautsi v. Italy*, 18 March 2011, § 36.

149 Ferrari: Civil Religions, p. 753.

150 Cf. ECtHR, 18 March 2011, Concurring opinion, Judge Bonello, § 3.2. Cf. Ungureanu, Between Pluralism and Majoritarianism, p. 42 (pointing out that the Strasbourg Court has ›uncritically‹ adopted one of the main arguments carried out by the Italian government). Cf. also Buratti, L'uso della storia nella giurisprudenza della Corte Europea dei Diritti dell'Uomo, p. 12, (questioning the simplistic acceptance by the Grand Chamber of the Italian government's reconstruction of the historical background regarding the mandatory exhibition of crucifixes in public spaces as ›purely formalistic‹, a mere ›list of norms that have developed through time‹).

151 Cf. Karst: First Amendment, the Politics of Religion and the Symbols of Government, pp. 507–508 (in severely evaluating governmental deployments of religious symbols – given the ›far greater capacity to polarize‹ they convey – the author accordingly remarks that ›when the official display of a religious symbol is the whole point of the governmental action, one group is instantly and prominently identifiable as the winner and another group as the loser – with the winner taking all ... It is easy for winners and losers alike to see the symbol not only as a statement about what the ... school stands for but also as a recognition of who is in charge: ... »This is our school«‹).

152 Frank S. Ravitch: Religious Objects as Legal Subjects, p. 1066 (further underlining that ›when the object displayed is tied to the dominant faith in a given area its display by government is especially suspect, because the power of the object is particularly salient in such a context‹).

153 Cf. Asad: Reflections on Laïcité and the Public Sphere, p. 2; Asad: Trying to Understand French Secularism, p. 504 (criticizing the work of the Stasi Commission – headed by former minister Bernard Stasi and charged in December 2003 with reporting to the French government on the issue of secularity in schools – as consisting of an ›inquiry [which] sought to bring »private« concerns, commitment, and sentiments into »public« scrutiny in order to assess their validity for a secular Republic‹).

154 Cf. Scharffs: The Role of Judges in Determining the Meaning of Religious Symbols, in Temperman (ed.), The Lautsi Papers, p. 37; cf. also ECtHR, *Lautsi v. Italy*, 18 March 2011, Concurring opinion, Judge Power: ›... in principle, symbols (whether religious, cultural or otherwise) are carriers of meaning. They may be silent but they may, nevertheless, speak volumes‹.

date with respect to religion – a ministerial regulation of the Land of Bavaria, providing for the display of crucifixes on classroom walls in public schools[155]. It referred, indeed, to the ›appellant character‹ (appellativen Charakter) of the cross in order to grasp the expressive strength of the sign, whose exhibition – though not involving any direct coercion to identify with or practise a particular religion – has, nonetheless, an undue impact on young children, who still have to engage in critical thinking[156]. Alongside the Bundesverfassungsgericht's interpretation of the crucifix as a religious symbol connected with a specific religion[157], the *Lautsi II* judgment – though it could look different at first sight – moves toward the same direction. Indeed, declaring the passivity of the symbol cannot but entail the attribution of meaning[158].

The ›jurispathic‹ power here described – which courts, as recently observed, reveal in choosing among ›multiple meanings‹[159] – appears even more striking in Strasbourg Court's case-law when confronted with comparable statements concerning the Islamic headscarf. Both in *Dahlab v. Switzerland*[160] and *Leyla Sa-*

155 *BVerfGE* 93, 1 1 *BvR* 1087/91 (Kruzifix), 1995. An English translation of the decision can be found at the following website: http://www.utexas.edu/law/academics/centers/transnational/work_new/german/case.php?id=615.

156 Id. For the German legal debate on this ruling cf. amplius Waldhoff: Das Kreuz als Rechtsproblem, p. 153; Heckel: Das Kreuz im öffentlichen Raum, p. 453; Häußler: Schulkreuze im säkularen Staat, p. 461; Walter: From the Acceptance of Interdenominational Christian Schools to the Inadmissibility of Christian Crosses in the Public Schools, p. 165.

157 Cf. Waldhoff: Das Kreuz als Rechtsproblem (stressing that such an interpretation ›ist schon deshalb heikel, weil damit Deutungen religiös-theologischer Natur vorgenommen werden, für die dem Staat sowohl die Kompetenz, als auch die Fähigkeit fehlen‹).

158 Cf. *contra* Scharffs: The Role of Judges in Determining the Meaning of Religious Symbols, p. 54 (arguing that ›The Grand Chamber exercised what Alexander Bickel described as passive virtue, refusing to exceed the bound of its expertise‹).

159 Scharffs: Creation and Preservation in the Constitution of Civil Religion, p. 996 (following legal scholar Robert Cover's masterful assumption, as developed both in Cover: Nomos and Narrative and Cover: Violence and the Word – according to which judges' power to decide among various meanings can be defined as ›jurispathic‹, since ›legal interpretation always takes place in the shadow of coercion‹ – the author suggests that courts should not engage themselves in complex activities of definition of the very nature of symbols). As to the complex relationship between power and interpretation, for power manifests itself and becomes effective in interpretation practices, cf. amplius Stoellger: Deutungsmacht und Deutungsmachtkonflikte zwischen Recht und Religion*: Ergebnisse eines Forschungsprojektes*, lecture given at the Käte Hamburger Kolleg *Forum Recht als Kultur*, 10 July 2012.

160 ECtHR, *Dahlab v. Switzerland*, 15 February 2001, Application No. 42393/98 (declaring inadmissible the application of a Swiss primary-school teacher, converted to Islam, who had been prohibited from wearing the headscarf when teaching to her students, following a cantonal law aimed at preserving the secular character of public schools: ›The Court accepts that it is very difficult to assess the impact that a powerful external symbol such as the wearing of a headscarf may have on the freedom of conscience and religion of very young children. The applicant's pupils were aged between four and eight, an age at which children wonder about many things and are also more easily influenced than older pupils. In those circumstances, it cannot be denied outright that the wearing of a headscarf might have some kind of proselytizing effect, seeing that it appears to be imposed on

hin v. Turkey[161] – respectively dealing with the wearing of the headscarf by the teacher of a primary school of the Swiss Canton of Geneva and by a medical student of the Istanbul University – the Court portrayed the veil as a ›powerful external symbol‹, to the extent that it is at loggerheads ›with the principle of gender equality‹ and seems hard ›to reconcile with the message of tolerance, respect for others and, above all, equality and non-discrimination‹ under the European Convention. Again, in *Dogru* and *Kervanci* cases, concerning two twelve-year-old French female students who refused to take their headscarf off when attending physical education and sports classes, the ECtHR justified the domestic authorities' denial of admission to those classes on the basis that the contested symbol is capable to produce ›a general atmosphere of tension within the school‹[162]. It has been pointed out that in finding a danger of pressure or of proselytizing when an individual – being a school teacher or a student – wears a headscarf, but not when it is the State that officially displays a majority religious symbol in public spaces[163], the European judge carries out a very questionable ›approach of double standards on the issue of religious symbols‹[164]. One may wonder why, indeed, only in a country like Turkey – where the majority of the population adheres to a particular religion, i. e. the Islamic faith – banning certain manifestation of majoritarian religious belonging aims at preventing from exerting pressure on those who do not practise that religion, without breaching Article 9 § 2 of the European Convention. Moreover, while on one side the passivity of the crucifix – though secularized and trivialized in its spiritual content – stands for a victory over secularism[165], on the other side the Islamic veil is perceived, and even explicitly described, as a threat

women by a precept which is laid down in the Koran and which … is hard to square with the principle of gender equality …‹).

161 ECtHR, *Leyla Sahin v. Turkey*, cit., § 111 (stating that the restriction of the applicant's religious freedom – based on university's rules that banned the use of headscarves by women as well as beards by men – was ›necessary in a democratic society‹ in the meaning of Article 9 § 2 ECHR).

162 ECtHR, *Dogru v. France*, 4 December 2008, Application No. 27058/05 and *Kervanci v. France*, 4 December 2008, Application No. 31645/04, § 74.

163 The dissenting opinion in *Lautsi II* makes the point very clearly, underlining that in the case of a teacher wearing a headscarf ›the teacher in question may invoke her own freedom of religion, which must also be taken into account, and which the State must also respect. The public authorities cannot, however, invoke such a right‹: ECtHR, *Lautsi v. Italy*, 18 March 2011, Dissenting opinion, Judge Malinverni, § 6.

164 Ronchi: Crucifixes, Margin of Appreciation and Consensus p. 296. Cf. also similarly Mancini: La sentenza della Grande Camera sul crocifisso, p. 427.

165 From a comparative perspective, cf. critically Blake: Pyrrhic Victories (discussing US federal courts' rejection of Establishment Clause claims against the display of a Latin cross on a public property – US Supreme Court, *Salazar v. Buono*, 130 S Ct. 1803, 1813, 2010 – on the ground that in these contexts the symbol is not actually religious, the author points out that these decisions ›undermine the sanctity of religion by desacralizing fundamental religious symbols‹). Cf. also provocatively Fish: When Is a Cross a Cross? (arguing that *Salazar* is the ›latest chapter of this odd project of saving religion by emptying it of its content‹).

to the latter, as an anti-modern symbol, which stands for the immutability and backwardness of religion.

The European Court of Human Rights thus ends up with perpetuating the more or less strong anti-Muslim bias in several European countries, reproducing well-established narratives of a civilized, democratic and rationalized West – together with its Christian secularized symbols – against a traditional, fundamentalist and anti-modern Islam[166], as paradigmatically embodied by the headscarf. That is why *Lautsi II* cannot yet be considered as ›a turning point in the Strasbourg case law‹, given the ›more inclusive notion of the neutrality‹ of the public realm[167] – a notion which does not encompass a strict separation between religion and public life as a democratic model in a multicultural society – it has come to provide in comparison to prior decisions which failed to correspond with the Court's stated interest in promoting religious pluralism. It may be regarded rather as a turning point in Article 9 jurisprudence the decision issued by the Fourth Section of the European Court of Human Rights on the much-discussed case of Nadia Eweida, concerning the right of a Christian worker – a flight attendant at British airways who was sent home in 2006 after refusing to remove or conceal a cross that she was wearing around her neck at work – not to be discriminated in her workplace because of the commitments of her faith and conscience[168]. Nonetheless, while the case of Mrs. Eweida has arguably given an important recognition to individuals' desires to manifest their religion publicly – for freedom of

166 Cf. also ECtHR *Refah Partisi v. Turkey*, 13 February 2003, Applications Nos. 41340/98, 41342/98, 41343/98 and 41344/98, Kovler Judge, Concurring (expressing his concern over the Grand Chamber's uncritical espousal of ›terms borrowed from politico-ideological discourse such as »Islamic fundamentalism«, »totalitarian movements« [and] »threat to the democratic regime«‹).

167 Martínez-Torrón: The (Un)Protection of Individual Religious Identity in the Strasbourg Case-Law, p. 25. Cf. *contra* Mancini, Lautsi II: la rivincita della tolleranza preferenzialista, (stressing that the Grand Chamber's ruling in *Lautsi* rather reveals elements of continuity with earlier ECtHR's case law – such as *Otto-Preminger Institut v. Austria*, 20 September 1994, Application No. 13470/87 and *Wingrove v. Unity Kingdom*, 25 November 1996, Application No. 17419/90 decisions, concerning limitations to freedom of expression, when religious feelings of the majoritarian religion are at stake – where important restrictions to basic rights were justified in order to safeguard the religious sentiments of the Christian majority).

168 *Eweida & others v. United Kingdom*, 15 January 2013, Applications Nos. 48420/10, 59842/10, 51671/10 and 36516/10. The judgment also covered three other cases brought by Christian applicants: Shirley Chaplin, a geriatric nurse who was taken off ward duties after her hospital decided that her crucifix necklace posed a health and safety threat to patients; Lillian Ladele, a registrar for Islington Council in London who lost her job for refusing to perform civil partnerships, and Gary McFarlane, a Bristol relationship counselor who was sacked by Relate after he said on a training course he might have had a conscientious objection to giving sex therapy advice to same-sex couples. The Court rejected their discrimination claims: on one hand, the removal of Mrs. Chaplin's necklace was deemed necessary to protect the health and safety of nurses and patients, on the other hand, Mrs. Ladele and Mr. McFarlane's appeals were dismissed on the grounds that both Islington Council and Relate were bound by duties not to discriminate against their clients, so that they could not support staff who refused to work with same-sex couples.

religion includes the freedom to bear witness to one's religious belief ›in words and deeds‹[169] – as to the three other unsuccessful applicants, Christians rights supporters have rather highlighted the secular stance of the European Court of Human Rights[170]. In his written submission to the Court on behalf of Mr. McFarlane, the former Archbishop of Canterbury, Lord Carey, has observed that ›The secular human rights agenda has gone too far; and the Convention is losing legitimacy in many Contracting States. Many noble words such as »*human rights*« are seen as little more than a political agenda. The *human rights agenda* is now seen as anti-moral agenda; the Court must restore its prestige by recognition of traditional religious values‹[171].

The investigation on Strasbourg Court's case-law on religious symbols – via the new theoretical insights from the debate on the post-secular society and on the overcoming of the secularization paradigm – has aimed to show that under conditions of growing religious pluralism, judges should refrain from sanctioning binding and over-politicized interpretations of symbols or from creating new ones[172], though behind the shield of formally correct decisions. They should refrain from freezing meanings that are best left contestable and open to constant renegotiation. As Nilüfer Göle suggested with regard to the Islamic veil, the headscarf, assumed to be in modern contexts as a ›symbol of backwardness, ignorance and subservience for Muslim women (…) fights back to become, once again, as it has thought to be in the Islamic past, a symbol of distinction and prestige for urban Muslim women‹[173], the same women who were at the forefront of protest-marching and running social-media campaigns from the very beginning of what became known as the Arab Spring.

If we are willing to redefine secularism and its biases in the encounter with the religious ›other‹, if we are willing to acknowledge religion's contribution to the structure of an open and plural secular order, we cannot but recognize these social realities. However, this finally begs the opening question of this concluding paragraph: what lies beneath the overinflated dichotomy between active and passive religious symbols. What a Muslim woman wears on her head is portrayed as

169 Id., § 80.

170 Pigott: Analysis: Milestone left in Christian-secular debate.

171 *Ladele & McFarlane v. United Kingdom*, available at: http://www.christianconcern.com/sites/default/files/McFarlane_Submission_of_Lord_Carey.pdf.

172 In a contested ruling issued by the Cologne regional court in 2012, ritual circumcision was overtly described as a ›sichtbares Zeichen der Zugehörigkeit zum Islam‹: LG Köln, *Beschneidung*, Ruling of 7 May 2012, No. 151 Ns 169/11, Neue Juristische Wochenschrift (NJW), p. 2128.

173 Göle: The Voluntary Adoption of Islamic Stigma Symbols, p. 821; cf. also Turner: Religion and Modern Society, p. 290 (pointing out that ›the meaning of the veil will vary significantly according obviously to the status of women in any given society‹); Sakrani: Die Präsenz islamischer Traditionen im öffentlichen Raum, p. 215.

an active symbol to the extent that it embodies a form of ›cultural resistance‹[174] to the European secular, modernizing and homogenizing project; it unsettles the taken-for-granted equation between secularism and individual freedom and, furthermore, acts as a reminder that, in the age of globalism, modernity, rather than secularization, has entailed pluralisation: pluralisation of religions, of lifestyles, of symbols, of alternative ways of being modern[175]. Such pluralisation, however, has not to be conceived of as implying the dissolution of secularism as the best guarantor against religious divisiveness; conversely, it can strengthen mutual recognition and intercultural exchange, within the ongoing process of understanding the *other*'s traditions, practices and conceptions of individuality.

Acknowledgements

This is a revised version of the lecture given at the Käte Hamburger Kolleg »Forum Law as Culture« on January 24, 2012.

List of references

Alicino, Francesco: Constitutionalism as a Peaceful »Site« of Religious Struggles, in: Global Jurist, Vol. 10, Issue 1, 2010, pp. 1–34.

Arkoun, Mohammed: Religion et société d'après l'exemple de l'Islam, in: Studia Islamica, 55, 1982, pp. 5–59.

Asad, Talal: Reflections on Laïcité and the Public Sphere, in: Social Science Research Council, Items And Issues, Vol. 5, 3, 2005, http://www.ssrc.org/workspace/images/crm/new_publication_3/%7ba11f41f4-3160-de11-bd80-001cc477ec70%7d.pdf, last accessed 10.5.2012.

Asad, Talal: Trying to Understand French Secularism, in: Hent De Vries/Lawrence E. Sullivan (eds.): Political Theologies: Public Religions in a Post-Secular World, New York 2006, pp. 494–526.

Auslander, Leora: Bavarian Crucifixes and French Headscarves: Religious Signs and the Postmodern European State, in: Cultural Dynamics, Vol. 12, No. 3, 2000, pp. 283–309.

174 Waldron: One Law for All?, p. 15.

175 Cf. amplius Eisenstadt: Multiple Modernities. Cf. also Ridola: I diritti di cittadinanza, il pluralismo ed il »tempo« dell'ordine costituzionale europeo, p. 119.

Azzoni, Giampaolo: La duplice trascendenza del simbolo, http://www-3.unipv.it/deontica/opere/azzoni/simbolo.pdf, last accessed 18.4.2012.

Barghava, Rajeev: Rehabilitating Secularism, in: Craig Calhoun, Mark Juergensmeyer and Jonathan VanAntwerpen (eds.): Rethinking Secularism, Oxford 2011, pp. 92–113.

Basso, Lelio: Per la revisione dei patti lateranensi, in: Id.: Scritti sul cristianesimo, Casale Monferrato 1983, pp.138–144.

Beatty, David B.: The Ultimate Rule of Law, Oxford 2004.

Bellah, Robert: Civil Religion in America, in: Daedalus, Winter 1967, Vol. 96, No. 1, pp. 1–21.

Benvenisti, Eyal: Margin of Appreciation, Consensus, and Universal Standards, in: New York University Journal of Law and Politics, 1999, pp. 843–847.

Berger, Peter L.: The Desecularization of the World: A Global Overview, in: Id. (ed.): The Desecularization of the World: Resurgent Religion and World Politics, Washington, D.C. 1999, pp. 1–18.

Berger, Peter L.: The Sacred Canopy: Elements of a Sociological Theory of Religion, New York 1969.

Berman, Harold J.: Law and Revolution, II: The Impact of the Protestant Reformations on the Western Legal Tradition, Cambridge 2003.

Blake, William D.: Pyrrhic Victories: How the Secularization Doctrine Undermines the Sanctity of Religion, in: Journal of Church and State, 2011, http://jcs.oxfordjournals.org/content/early/2011/11/14/jcs.csr111.short?rss=1, last accessed 5.9.2012.

Böckenförde, Ernst-Wolfgang: Die Entstehung des Staates als Vorgang der Säkularisation, in: Säkularisation und Utopie, Ernst Forsthoff zum 65. Geburtstag, Stuttgart 1967, pp. 75–94.

Böckenförde, Ernst-Wolfgang: Diritto e secolarizzazione. Dallo stato moderno all'europa unita, Bari, Laterza, 2010.

Boeve, Lieven: Europe in Crisis: a Question of Belief or Unbelief? Perspectives from the Vatican, in: Modern Theology, Vol. 23, No. 2, April 2007, pp. 205–227.

Buratti, Andrea: L'uso della storia nella giurisprudenza della corte europea dei diritti dell'uomo, in: Associazione Italiana Dei Costituzionalisti, 2, 2012, pp. 1–18, http://www.associazionedeicostituzionalisti.it/articolorivista/l-uso-della-storia-nella-giurisprudenza-della-corte-europea-dei-diritti-dell-uomo, last accessed 24.5.2012.

Camil, Ungureanu: Between Pluralism and Majoritarianism: the European Court of Human Rights on Religious Symbols and Education, in: Ricard Zapata-Barrero / Anne R. Van Ewijk (eds.): Sphere of Diversities. From Concept to Policy, Barcelona 2011, pp. 35–44.

Carozza, Paolo G.: Subsidiarity as a Structural Principle of International Human Rights Law, in: American Journal of International Law, 2003, 97, pp. 38–79.

Casanova, José: Public and Private Religions, in: Social Research, Vol. 59, No. 1, 1992, pp. 17–58.

Casanova, José: Public Religions in the Modern World, Chicago 1994.

Casanova, José: Public Religions Revisited, in: Hent De Vries (ed.): Religion. Beyond the Concept, New York 2008, pp. 101–119.

Casanova, José: Rethinking Secularization: A Global Comparative Perspective, in: The Hedgehog Review, Spring/Summer 2006, pp. 7–22.

Casanova, José: Secularization Revisited. A Reply to Talal Asad, in: David Scott/Charles Hirschkind (eds.): Powers of the Secular Modern. Talal Asad and His Interlocutors, Stanford 2006, pp. 12–30.

Chauvin, Nicolas: Laïcité scolaire et protections des élèves, in: La Revue Administrative, 50e Année, No. 295, 1997, pp. 10–20.

Colliot-Thélène, Catherine: Après la souveraineté: que reste-t-il des droits subjectifs?, in: Eurostudia, Vol. 2, No. 2, 2006, pp. 1–21.

Conforti, Benedetto: Crocifisso nelle scuole: una sentenza che lascia perplessi, 24 march 2011, http://www.affarinternazionali.it/articolo.asp?id=1705/, last accessed 15.2.2012.

Cooke, Maeve: Salvaging and Secularizing the Semantic Contents of Religion. The Semantic Contents of Religion: the Limitations of Habermas's Postmetaphysical Proposal, in: International Journal of Philosophy, 60, 2006, pp. 187–207.

Cover, Robert: The Supreme Court: 1982 Term: Foreword: Nomos and Narrative, in: Harvard Law Review, 97, 1983, pp. 4–68.

Cover, Robert: Violence and the Word, in: Yale Law Journal, 95, 1986, pp. 1601–1629.

D'Onorio, Joël-Benoît: Religions et constitutions en Europe. A propos d'un préambule contesté, in: Revue du Droit Public, 3, 2006, pp. 715–736.

Danchin, Peter G.: Suspect Symbols. Value Pluralism as a Theory of Religious Freedom in International Law, in: the Yale Journal of International Law, 33, 2008, pp. 1–61.

Davie, Grace: Prospects for Religion in the Modern World, in: The Ecumenical Review, Vol. 52, Issue 4, 2000, pp. 455–464.

Delmas-Marty, Mireille: The European Convention for the Protection of Human Rights. International Protection versus National Restrictions, Dordrecht 1992.

Di Cosimo, Giovanni: Simboli religiosi nei locali pubblici: le mobili frontiere dell'obiezione di coscienza, in: Giurisprudenza Costituzionale, 2000, pp. 1121–1141.

Dundes Renteln, Alison: Visual Religious Symbols and the Law, in: American Behavioral Scientist, Vol. 47, 12, 2004, pp. 1573–1596.

Durkheim, Emile: Education and Sociology, Glencoe 1956.

Dzehtsiarou, Kanstantsin/Greene, Alan: Legitimacy and the Future of the European Court of Human Rights. Critical Perspectives from Academia and Practitioners, in: German Law Journal, Vol. 12, 10, 2011, pp. 1707–1715, http://www.germanlawjournal.com/pdfs/vol12-no10/pdf_vol_12_no_10_1707-1715_articles_dzehtsiarou_greene.pdf, last accessed 20.8.2012.

Eisenstadt, Shmuel N.: Multiple Modernities, in: Daedalus, Winter 2000, pp. 1–29.

Ercolessi, Giulio: Italy. The Contemporary Condition of Italian Laicità, in: Barry A. Kosmin / Ariela Keysar (eds.): Secularism, Women and the State: the Mediterranean World in the 21st Century, Hartford, ISSSC, 2009.

Evans, Carolyn / Thomas, Christopher A.: Church-State Relations in the European Court of Human Rights, in: Brigham Young University Law Review, 2006, pp. 699–726.

Evans, Carolyn: Freedom of Religion under the European Convention on Human Rights, Oxford 2001.

Fenn, Richard K.: Max Weber on the Secular. A Typology, in: Review of Religious Research, Vol. 10, 3, 1969, pp. 159–169.

Fenton, Steve: Durkheim and Modern Sociology, Cambridge 1984.

Ferrari, Alessandro: Civil Religion in Italy: a Mission Impossible?, in: The George Washington International Law Review, Vol. 41, 2010, pp. 839–859.

Ferrari, Silvio: Civil Religions: Models and Perspectives, in: The George Washington International Law Review, 41, 2010, pp. 749–763.

Franco Ferrari, Giuseppe / Pollicino, Oreste: The Impact of Supranational Laws on the National Sovereignty of Member States, with Particular Regard to the Judicial Reaction of UK and Italy to the New Aggressive Approach of the European Court of Human Rights, in: Comparative Law Review, Vol. 2, 2011, 2, pp. 1–63.

Freeman, Michael: The Problem of Secularism in Human Rights Theory, in: Human Rights Quarterly, Vol. 26, 2, 2004, pp. 375–400.

Gane, Nicholas: Max Weber and Postmodern Theory: Rationalization versus Re-Enchantment, New York 2002.

Geertz, Clifford: Religion as a Cultural System, in: Id.: The Interpretation of Cultures. Selected Essays, London 1993, pp. 87–125.

Gephart, Werner: La sfera religiosa come luogo della razionalizzazione occidentale. La logica delle »sfere« nel processo di razionalizzazione e globalizzazione, in: Giuseppe Di Costanzo / Gianfranco Pecchinenda / Rossella Savarese (eds.): Max Weber. Un nuovo sguardo, Milano 2007.

Gephart, Werner: Law as Culture. For a Study of Law in the Process of Globalization From the Perspective of Humanities, Käte Hamburger Kolleg / Centre For Advanced Study Law as Culture, Frankfurt a. M. 2010.

Gephart, Werner: Memory and the Sacred. The Cult of Anniversaries and Commemorative Rituals in the Light of the Elementary Forms, in: Nicholas J. Allen, William S. F. Pickering and William Watts Miller (eds.): On Durkheim's Elementary Forms of Religious Life, New York 1998, pp. 127–135.

Giddens, Anthony: Modernity and Self-Identity: Self and Society in the Late Modern Age, Cambridge 1991.
Göle, Nilüfer: European Self-Presentations and Narratives Challenged by Islam. Secular Modernity in Question, in: Encarnación Gutiérrez Rodríguez / Manuela Boatca / Costa Sérgio (eds.): Decolonizing European Sociology. Transdisciplinary Approaches, Farham 2010, pp. 103–115.
Göle, Nilüfer: Islam in European Publics. Secularism and Religious Difference, in: The Hedgehog Review, 2006, pp. 140–145.
Göle, Nilüfer: The Voluntary Adoption of Islamic Stigma Symbols, in: Social Research, Vol. 70, 3, 2003, pp. 809–828.
Greenawalt, Kent: Religious Conviction and Political Choice, New York 1988.
Guazzarotti, Andrea: Giudici e minoranze religiose, Milano 2001.
Habermas, Jürgen / Ratzinger, Joseph: The Dialectics of Secularization. On Reason and Religion, translated by Brian Mcneil, C.R.V. San Francisco 2006.
Habermas, Jürgen: An Awareness of What Is Missing. Faith and Reason in a Post-Secular Age, translated by Ciaran Cronin, Malden, MA 2010.
Habermas, Jürgen: Glauben und Wissen, Frankfurt a. M. 2005.
Habermas, Jürgen: Religion in der Öffentlichkeit. Kognitive Voraussetzungen für den ›Öffentlichen Vernunftgebrauch‹ religiöser und säkularer Bürger, in: Id.: Zwischen Naturalismus und Religion, Frankfurt a. M. pp. 119–154.
Habermas, Jürgen: Religion in the Public Sphere, in: European Journal of Philosophy, 14, 2006, pp. 1–25.
Hadden, Jeffrey K.: Toward Desacralizing Secularization Theory, in: Social Forces, Vol. 65, No. 3, 1987, pp. 587–611.
Häußler, Ulf: Schulkreuze im säkularen Staat, in: Zeitschrift für Evangelisches Kirchenrecht, 1998, pp. 461–492.
Heckel, Martin: Das Kreuz im öffentlichen Raum – Zum ›Kruzifix-Beschluss‹ des Bverfg, in: Deutsches Verwaltungsblatt, 1996, pp. 453–482.
Henkin, Louis: Religion, Religions and Human Rights, in: The Journal of Religious Ethics, Vol. 26, No. 2, 1998, pp. 229–239.
Hoffman, Florian / Ringelheim, Julie: Par-delà l'universalisme et le relativisme: la Cour européenne des droits de l'homme et les dilemmes de la diversité culturelle, in: Revue Interdisciplinaire D'études Juridiques, 52, 2004, pp. 109–142.
Hovdelien, Olav: Post-Secular Consensus? On the Munich-Dialogue between Joseph Ratzinger and Jürgen Habermas, in: Australian E-Journal of Theology 18.2, August 2011, http://aejt.com.au/2011/volume_18/issue_2/?article=374413, last accessed 5.7.2012.
Joas, Hans: Max Weber and the Origin of Human Rights. A Study on Cultural Innovation, IIIS Discussion Paper, No. 145, May 2006, http://Papers.Ssrn.Com/Sol3/Papers.Cfm?Abstract_Id=923846, Last Accessed 30.3.2012.

Karst, Kenneth L.: First Amendment, the Politics of Religion and the Symbols of Government, in: Harvard Civil Rights-Civil Liberties Law Review, Vol. 27, 1992, pp. 503–530.

Kay, Warren A.: Paul Tillich's Hermeneutic of Religious Symbols. A Theological-Philosophical Investigation, North Andover, Mass., 1992.

Kinvall, Catarina: Globalization and Religious Nationalism: Self, Identity and the Search for Ontological Security, in: Political Psychology, Vol. 25, 5, 2004, pp. 741–767.

Koskenniemi, Martti: Human Rights, Politics and Love, in: Mennesker & Rettigheter, 4, 2001, pp. 33–45.

Ladeur, Karl Heinz: The Myth of the Neutral State and the Individualization of Religion. The Relationship between State and Religion in the Face of Fundamentalism, in: Cardozo Law Review, 30, 2009, pp. 2445–2471.

Lariccia, Sergio: La laicità delle istituzioni repubblicane, in: Democrazia e Diritto, 44, No. 2, 2006, pp. 89–110.

Larmore, Charles: Political Liberalism, in: Political Theory, 18, 1990, pp. 339–360.

Lord Lester Of Herne Hill: Universality Versus Subsidiarity: a Reply, in: European Human Rights Law Review, 1998, pp. 73–81.

Mahoney, Paul: Marvellous Richness of Diversity or Invidious Cultural Relativism?, in: Human Rights Law Journal, 1998, pp. 1–6.

Maine, Henry S.: Ancient Law. Its Connection with the Early History of Society and Its Relation to Modern Ideas, London 1905.

Mancini, Susanna: La sentenza della grande camera sul crocifisso: è corretta solo l'opinione dissenziente, in: Quaderni Costituzionali, 2, 2011, P. 425–427.

Mancini Susanna: Lautsi II: La rivincita della tolleranza preferenzialista, http://www.forumcostituzionale.it/site/images/stories/pdf/documenti_forum/giurisprudenza/corte_europea_diritti_uomo/0015_mancini.pdf, last accessed 22.8.2012.

Mancini, Susanna: The Crucifix Rage: Supranational Constitutionalism Bumps against the Counter-Majoritarian Difficulty, in: European Constitutional Law Review, 6, 2010, pp. 6–27.

Mancini, Susanna: The Power of Symbols and Symbols as Power. Secularism and Religion as Guarantors of Cultural Convergence, in: Cardozo Law Review, Vol. 30, No. 6, 2009, pp. 2629–2668.

Mandry, Christof: Instrument of Mobilization or a Bridge towards Understanding? Religion and Values in the Reform Process of the European Union, in: Journal of Religion in Europe, 2, 2009, pp. 257–284.

Margiotta Broglio, Francesco: Italia e santa sede dalla grande guerra alla conciliazione, Bari/Roma 1966.

Martínez-Torrón, Javier: Freedom of Religion in the European Convention on Human Rights under the Influence of Different European Traditions, in: Mary

Ann Glendon / Hans F. Zacher (eds.): Universal Rights in a World of Diversity, Vatican City 2012, pp. 329–355.
Martínez-Torrón, Javier: The (Un)Protection of Individual Religious Identity in the Strasbourg Case-Law, in: Oxford Journal of Law and Religion, 2012, pp. 1–25.
Mcculloch, Diarmaid: Reformation: Europe's House Divided 1490–1700, London 2003.
Mcguire, Meredith: Religion: the Social Context, Belmont CA 1997.
Milot, Micheline: La Laïcité: une façon de vivre ensemble, in: Théologiques, Vol. 6, 1, 1998, pp. 9–28.
Mincheva, Dilyana: »Critical Islam«. Debating / Negotiating Modernity, in: Journal of Religion and Society, Vol. 14, 2012, pp. 1–15.
Modak-Truran, Mark C.: Secularization, Legal Indeterminacy, and Habermas's Discourse Theory of Law, in: Florida State University Law Review, Vol. 35, 73, 2007, pp. 73–118.
Nisbet, Robert A.: Emile Durkheim. Makers of Modern Social Science, Englewood Cliffs, N. J. 1976.
Norris, Pippa / Inglehart, Ronald: Sacred and Secular: Religion and Politics Worldwide, New York 2004.
Oommen, Tharaileth Koshy: Religion as a Source of Violence – a Sociological Perspective, in: The Ecumenical Review, Vol. 52, Issue 2, 2001, pp. 168–179.
Pallotta, Gino: La battaglia per l'articolo 7 e i comportamenti delle forze politiche alla costituente, in: Studi per il ventesimo anniversario dell'assemblea costituente, Vol. 2 (Le Libertà Civili E Politiche), Firenze 1969.
Paoletti, Giovanni: The Cult of Images. Reading Chapter VII, Book II of the Elementary Forms, in: Nicholas J. Allen / William S. F. Pickering / William Watts Miller (eds.): On Durkheim's Elementary Forms of Religious Life, New York 1998, pp. 78–91.
Parsons, Talcott: Societies. Evolutionary and Comparative Perspectives, Englewood Cliffs, N. J. 1966.
Parsons, Talcott: The System of Modern Societies, Englewood Cliffs, N. J. 1971.
Pasquali Cerioli, Jlia: La laicità nella giurisprudenza amministrativa: da principio supremo a »simbolo religioso«, in: Angelo Barba (ed.): La Laicità del Diritto, Roma 2010, pp. 261–284.
Pierik, Roland / Van Der Burg, Wibren: The Neutral State and the Mandatory Crucifix, in: Religion and Human Rights, 6, 2011, pp. 267–272.
Pigott, Robert, Analysis: Milestone left in Christian-secular debate, http://www.bbc.co.uk/news/uk-21037173.
Pin, Andrea: Laicità e Islam in Italia: una questione di metodo, Padova 2010.
Pinelli, Cesare: Esposizione del crocifisso nelle aule scolastiche e libertà di religione (osservazione a corte europea dei diritti dell'uomo – grande chambre,

Lautsi contro Italia, 18 marzo 2011), in: Osservatorio sul rispetto dei diritti fondamentali in Europa, http://europeanrights.eu/, 10 may 2011, last accessed 15.2.2012.

Pizzorno, Alessandro: Il velo della diversità. Studi su razionalità e riconoscimento, Milano 2007.

Pugiotto, Andrea: La corte messa in croce dal diritto vivente regolamentare, in: Roberto Bin / Giuditta Brunelli / Andrea Pugiotto / Paolo Veronesi (eds.): La laicitá crocifissa? Il nodo costituzionale dei simboli religiosi nei luoghi pubblici, Torino 2004, pp. 284–291.

Puppink, Grégor: ECLJ. The Lautsi Crucifix Decision. A Great Victory for Europe, http://eclj.org/releases/read.aspx?guid=eb293b8f-4b82-4359-9741-46578ff4ef19&s=eur18 march 2011, last accessed 12.2.2012.

Randazzo, Barbara: La corte apre al giudizio di uguaglianza tra confessioni religiose?, in: Giurisprudenza Costituzionale, 3, 1998, pp. 1843–1867.

Ratzinger, Joseph: Values in a Time of Upheaval, transl. by Brian Mcneil, San Francisco 2006.

Ratzinger, Joseph: Without Roots. The West, Relativism, Christianity, Islam, New York 2007.

Ravitch, Frank S.: Religious Objects as Legal Subjects, in: Wake Forest Law Review, Vol. 40, 2005, pp. 1011–1085.

Ridola, Paolo: I diritti di cittadinanza, il pluralismo ed il »tempo« dell'ordine costituzionale europeo. Le »tradizioni costituzionali comuni« e l'identità culturale europea in una prospettiva storica, in: Diritto romano attuale, 2003, 9, p. 109.

Rodotà, Stefano: Alla ricerca della laicità perduta, in: Micromega, 4, 2000, pp. 52–61.

Ronchi, Paolo: Crucifixes, Margin of Appreciation and Consensus. The Grand Chamber Ruling in Lautsi V. Italy, in: Ecclesiastical Law Journal, 13, 2011, pp. 287–297.

Rousseau, Jean-Jacques: On the Social Contract [1762], edited and translated by Donald A. Cress, Indianapolis 1983.

Roy, Olivier: Secularism Confronts Islam, translated by George Holoch, New York 2007.

Ruotolo, Marco: La questione del crocifisso e la rilevanza della sentenza della corte europea dal punto di vista del diritto costituzionale, http://www.costituzionalismo.it/articoli/330/, last accessed March 2012.

Sajó, András: Constitutionalism and Secularism. The Need for Public Reason, in: Cardozo Law Review, 30, 2009, pp. 2401–2429.

Sakrani, Raja: Die Präsenz islamischer Traditionen im Öffentlichen Raum. Widerstreitende Konzepte von »privatem« und »öffentlichem« Raum, in: Alexander Heit / Georg Pfleiderer (eds.): Religions-Politik II. Zur pluralistischen Religionskultur in Europa, Zürich 2012, pp. 187–226.

Scharffs, Brett G.: Creation and Preservation in the Constitution of Civil Religion, in: The George Washington International Law Review, Vol. 41, 2010, pp. 985–1000.

Scharffs, Brett G.: The Role of Judges in Determining the Meaning of Religious Symbols, in: Jeroen Temperman (ed.): The Lautsi Papers: Multidisciplinary Reflections on Religious Symbols in the Public School Classroom, Leiden 2012, pp. 35–58.

Sicardi, Stefano: Il principio di laicità nella giurisprudenza della corte costituzionale (e rispetto alle posizioni dei giudici comuni), in: Diritto Pubblico, 2, 2007, pp. 501–570.

Stark, Rodney: Secularization R.I.P., in: Sociology of Religion, Vol. 60, 3, 1999, pp. 249–273.

Stepan, Alfred: The Multiple Secularisms of Modern Democratic and Non-Democratic Regimes, in: Craig Calhoun / Mark Juergensmeyer / Jonathan VanAntwerpen (eds.): Rethinking Secularism, Oxford 2011, pp. 114–144.

Swatos, Jr., William H. / Christiano, Kevin J.: Secularization Theory. The Course of a Concept, in: Sociology of Religion, Vol. 60, 3, 1999, pp. 209–228.

Sweeney, James A.: Margins of Appreciation. Cultural Relativity and the European Court of Human Rights in the Post-Cold War Era, in: The International and Comparative Law Quarterly, Vol. 54, April 2005, P. 459–474.

Taylor, Charles: Modes of Secularism, in: Barghava Rajeev (ed.): Secularism and Its Critics, New Delhi 2005.

Teitel, Ruti: Humanity Law. A New Interpretive Lens on the International Sphere, in: Fordham Law Review, Vol. 77, Issue 2, 2008, pp. 667–702.

Teitel, Ruti: Humanity's Law, Oxford 2011.

Tenbruck, Friedrich H.: The Problem of Thematic Unity in the Works of Max Weber, in: British Journal of Sociology, 31, 3, 1980, pp. 316–351.

Tillich, Paul: Systematic Theology, Vol. I, Chicago 1951.

Tortarolo, Edoardo: Il Laicismo, Roma / Bari 1998.

Tschannen, Olivier: Les théories de la secularization, Geneve 1992.

Turner, Bryan S.: Religion and Modern Society. Citizenship, Secularization and the State, Cambridge 2011.

Urbinati, Nadia: Laïcité in Reverse. Mono-Religious Democracies and the Issue of Religion in the Public Sphere, in: Constellation, Vol. 17, Issue 1, March 2010, pp. 4–21.

Van Hoecke, Mark: European Legal Cultures in a Context of Globalisation, in: Jerzy Stelmach / Tomasz Gizbert-Studnicki (eds.): Law and Legal Cultures in the 21st Century. Diversity and Unity, 23rd World Ivr Congress Of Philosophy Of Law and Social Philosophy, 1–6 August 2007, Krakow 2007, pp. 82–93.

Ventura, Marco: The Changing Civil Religion of Secular Europe, in: The George Washington International Law Review, 41, 2010, pp. 947–961.

Waldhoff, Christian: Das Kreuz als Rechtsproblem, in: Kirche und Recht, 2011, pp. 153–174.

Waldron, Jeremy: One Law for All? The Logic of Cultural Accommodation, in: Wash. & Lee Law Review, Vol. 59, No. 3, 2002, pp. 3–34.

Walter, Christian: From the Acceptance of Interdenominational Christian Schools to the Inadmissibility of Christian Crosses in the Public Schools, in: Brugger Winfried / Karayanni Michael (eds.): Religions in the Public Sphere: A Comparative Analysis of German, Israeli, American and International Law, 2007, pp. 165–180.

Weber, Max: Economy and Society, Vol. 1, Berkeley 1978.

Weber, Max: Science as a Vocation [1919], in: Hans H. Gerth / Charles Wright Mills: From Max Weber. Essays in Sociology, London 1974.

Weiler, Joseph H. H.: Editorial, Lautsi: Crucifix in the Classroom Redux, in: European Journal of International Law, Vol. 21, 1, 2010, http://www.ejiltalk.org/lautsi-crucifix-in-the-classroom-redux/, last accessed 12.2.2012.

Wilson, Bryan: Religion in Sociological Perspective, Oxford / New York 1982.

Witte, Jr., John / Arold, Nina Louisa: Lift High the Cross? Contrasting the New European and American Cases on Religious Symbols on Government Property, in: Emory International Law Review, Vol. 25, 2011, pp. 5–55.

Witte, Jr., John: Law and Religion. The Challenges of Christian Jurisprudence, in: University of St. Thomas Law Journal, Vol. 2, 2005, 2, pp. 439–452.

Wittrock, Björn: Modernity: One, None, Many? European Origins and Modernity as a Global Condition, in: Daedalus, Multiple Modernities, Vol. 129, 1, 2000, pp. 31–60.

Wolff, Richard J.: Catholicism, Fascism, and Italian Education from the Riforma Gentile to the Carta Della Scuola 1922–1939, in: History of Education Quarterly, 1980, pp. 3–26.

Sami Bostanji

Le droit tunisien du statut personnel « entre Terre et Ciel »

1 – Dans son ouvrage sociologie du droit, Max Weber souligne que l'activité des groupements, sur le terrain juridique, se décompose en deux termes : la création du droit, d'une part, et la découverte du droit, d'autre part[1].

Sous le vocable de « création du droit », se trouve représentée l'opération d'édiction des normes juridiques, alors que la formule « découverte du droit » vise l'application des normes édictées aux situations concrètes qui lui sont subordonnées[2].

Détaillant ces questions, Weber explique, un peu plus loin, que la création du droit et la découverte du droit peuvent être ou bien rationnelles ou bien irrationnelles. L'irrationalité de ces activités se manifeste, sur le plan formel, lorsque sont employés des moyens qui ne peuvent être contrôlés par la raison, telle que la consultation d'oracles par exemple. Elle se manifeste également, sur le plan matériel, lorsque la décision est déterminée non pas par des normes générales, mais plutôt par des évaluations très concrètes du cas particulier, des évaluations qui peuvent être d'ordre éthique, religieux, sentimental ou politique[3].

La rationalité des activités s'illustre sur le plan formel, dès lors que les règles juridiques sont articulées de manière logique et cohérente comme c'est le cas, par exemple, dans le cadre des Codes. D'un point de vue matériel, cette rationalité se vérifie du moment que le droit est agencé conformément à des concepts juridiques et appliqué sous la forme de règles abstraites[4].

Au-delà de cette coupe originelle, l'observation du droit positif révèle des cas singuliers où la création du droit s'opère de manière rationnelle et la découverte du droit se fait de manière irrationnelle. Le droit tunisien du statut personnel constitue à cet égard un exemple topique de cette approche hybride des activités juridiques. Aussi, assiste-t-on à une discordance entre un Code du statut personnel qui s'aligne sur les canons de la modernité et une jurisprudence qui, dans son application des textes de ce Code, oscille entre deux référents très dissemblables. D'un côté, elle fait appel à l'ordre islamique, à ses principes, ses règles, ses valeurs

1 Cf. Weber : Sociologie du droit, p. 38.
2 Ibid.
3 Ibid., p. 42
4 Ibid.

et ses symboles et d'un autre côté, elle n'hésite pas à mettre en jeu le paradigme des droits fondamentaux, tel qu'édifié dans les systèmes occidentaux.

Le Code tunisien du statut personnel se présente comme une véritable exception dans la sphère des législations gouvernant le droit de la famille dans les pays arabo-musulmans[5]. Adoption d'un contenant moderne en la matière, reconnaissance d'un caractère national aux dispositions de statut personnel, interdiction de la polygamie[6], consécration non équivoque du caractère solennel de l'acte de mariage[7], affirmation du droit de la femme de consentir à son mariage[8], reconnaissance du caractère nécessairement judiciaire du divorce[9]…, il s'agit là d'autant d'éléments innovateurs qui prennent leurs distances par rapport aux solutions du droit musulman classique qui a gouverné la matière pendant de longs siècles.

L'œuvre amorcée à l'aube de l'indépendance va être poursuivie par touches successives par des textes qui, tantôt intégreront le corpus du Code du statut personnel[10], tantôt se contenteront d'une simple juxtaposition à ce texte[11]. Mais dans tous les cas, le législateur ne se départira jamais de deux idées forces : la promotion de l'égalité homme/femme et la protection de l'enfant.

2 – Perçu en Occident comme un modèle de développement de la société par le droit[12], le Code tunisien du statut personnel a bénéficié d'un accueil mitigé dans

5 Sur ce Code, cf. notamment, Colomer : Le Code du statut personnel tunisien ; Lagrange : Le législateur tunisien et ses interprètes, spc. pp. 20 et s. ; Borrmans : Statut personnel et famille au Maghreb ; Charfi : Le droit tunisien de la famille ; Mezghani : Réflexions sur les relations ; Chekir : Le statut des femmes ; Ben Halima : Religion et statut personnel en Tunisie ; Bouguerra : Le Code Tunisien du statut personnel ; Meziou : Approche critique du Code du statut personnel. Adde plus récemment, Ben Jemia : Non-discrimination religieuse ; Charfi : Le statut personnel tunisien.

6 Article 18 du Code du statut personnel

7 Article 4 du Code du statut personnel

8 Article 3 du Code du statut personnel

9 Article 30 du Code du statut personnel

10 Voir à titre d'exemple, la réforme en vertu de laquelle fut introduite au sein de l'ordre juridique tunisien la technique du Radd (ajout de l'article 143 bis en vertu de la loi du n° 59-77 du 19 juin 1959). Voir sur cette question, Ben Taleb : Le Radd en matière successorale ; Meziou : Approche iconoclaste du droit des successions ; adde, la modification apportée à l'article 31 par la loi n° 81–7 du 18 février 1981 qui admet la réparation du préjudice matériel subi par la femme divorcée « sous forme de rente payable mensuellement et à terme échu à l'expiration du délai de viduité ». Pour une étude générale de cette loi, voir Meziou : Féminisme et Islam ; adde encore, la loi n° 93-74 du 12 juin 1993 portant modification des articles 2, 6, 12, 23, 28, 32, 43, 44, 46, 53 bis, 60, 67, 153 du Code du statut personnel et ajoutant l'article 32bis aux dispositions du Code. Cette loi s'efforce d'accentuer l'idée de l'égalité entre les sexes dans les rapports familiaux. Sur cette réforme, voir notamment, Bouraoui : Droit de la famille et relations familiales.

11 Voir à titre d'exemple la loi n° 57-3 du 1er août 1957 réglementant l'état civil (JORT n°s 2 et 3 des 30 juillet et 2 août 1957) ; adde, la loi n° 58-27 du 4 mars 1958 relative à la tutelle publique, à la tutelle officieuse et à l'adoption (JORT n° 19 du 7 mars 1958) ; adde encore, la loi n° 98-75 du 28 octobre 1998 relative à l'attribution d'un nom patronymique aux enfants abandonnés ou de filiation inconnue (JORT du 30 octobre 1998, p. 2119) telle que modifiée et complétée par la loi n° 2003-51 du 7 juillet 2003 (JORT du 8 juillet 2003, pp. 2107–2108).

12 En 1958, J. Benoist-Méchin y voyait « les prémices d'un printemps arabe » (Benoist-Méchin :

les pays arabo-musulmans. Si elle est décriée par les traditionalistes qui y voient une hérésie vouée à l'échec[13], « l'exception tunisienne » est souvent invoquée par les adeptes d'une modernisation des sociétés arabes, à l'appui de leur plaidoyer pour une remise en cause de l'ordre établi au sein de ces collectivités[14].

3 – Sur le plan interne, l'adoption, en 1956, du Code du statut personnel constitue un geste à forte résonnance historique, sociale et politique. La promulgation de ce texte véhicule indéniablement le souci de rompre avec le passé, par l'instauration d'une société nouvelle animée par des valeurs culturelles, des mœurs et un mode de vie qui se démarque du modèle traditionnel multiséculaire[15].

A l'aube de l'indépendance, la nouvelle élite politique au pouvoir n'allait point se contenter de gérer la société en assurant la sauvegarde de ses valeurs et de sa sécurité. A la faveur d'une légitimité politique solidement conquise dans sa lutte contre la colonisation, cette élite était mue par une volonté inébranlable de changer la société dont elle avait la charge, quitte à opérer des passages en force dans des zones longtemps couvertes par l'ombre du sacré. Le moment était propice, car l'action de cette élite politique se situait à une date charnière dans l'histoire du pays, date qui marquait la construction d'un Etat nouveau sur le socle érigé par le colonialisme. On se trouvait ainsi au seuil d'une phase qui annonçait, progressive-

Un printemps arabe) ; A. Colomer le qualifiait de « monument législatif » (Colomer : Le Code du statut personnel tunisien, p. 117); adde plus récemment, Lequette : Le conflit de civilisations.

13 Voir en ce sens, l'opuscule rédigé par l'ancien Président de la Fédération Islamique de Médine, Abdelaziz Ben Abdallah Ben El Baz : Hokmo El Islam.

Dans sa virulente réponse aux idées développées par le Président Habib Bourguiba dans son discours du 18 mars 1974 (voir le texte de ce discours in Hajji : Bourguiba et l'Islam, pp. 225–246.), El Baz s'attaque, entre autres, à la question de l'interdiction de la polygamie en droit tunisien qu'il juge comme étant contraire aux prescriptions de la Sharia. A cet effet, il précise que l'interprétation qui a été donnée du verset coranique en cause (Sourate IV, « Les femmes », Verset 3) est totalement erronée et révèle « une grande ignorance », car « aucune personne ne peut interpréter le livre sacré dans un sens contraire à celui qui en a été donné par le prophète et ses compagnons et ce, d'autant plus qu'une telle interprétation a fait l'objet de l'unanimité des musulmans. Il ajoute, dans ce contexte, que le prophète est ici le mieux placé pour interpréter le livre de Dieu et pour apporter meilleur conseil aux gens et que du moment qu'il s'est autorisé le mariage avec plus d'une femme et qu'il l'a permis pour l'ensemble de sa communauté, tout en ordonnant aux hommes d'être équitables à l'égard de leurs femmes et en les mettant en garde contre une éventuelle préférence pour l'une d'elles, il est alors inadmissible qu'un gouvernant (la personne visée est ici Bourguiba) ou un homme de science puissent affirmer le contraire de ce qui a été antérieurement dit par le prophète et ses compagnons, dires qui, par ailleurs, ont fait l'objet de l'unanimité des jurisconsultes musulmans » (El Baz : Hokmo El Islam, p. 34 et s).

14 Abou Zid : Le droit du statut personnel en Tunisie ; Gannagé : Le relativisme des droits de l'homme, spc. pp. 113 et s. ; adde Gannagé : A propos de « l'absolutisme » des droits fondamentaux, spc. n° 22.

15 Quelques jours avant la promulgation du Code du statut personnel, Bourguiba avait mis en lumière cette idée en soulignant que le Code constitue « une réforme radicale, voire une révolution de certains usages régnant dans le pays et contraires à l'esprit de justice et d'équité caractéristiques de l'humain » (Journal El Amal, 11 Août 1956, p. 1).

ment mais sûrement, la déstructuration de l'ancienne société et la restructuration d'une nouvelle collectivité. C'est un moment privilégié dans l'histoire d'un pays, car l'avènement d'un tel fait est souvent le prélude d'importantes mutations. La promulgation du Code du statut personnel signe, de manière fulgurante, « l'entrée de l'Etat dans la société[16] ». Alors que « la société traditionnelle vivait son droit selon un modèle d'évolution qui laissait les choses se faire par un ajustement graduel … avec l'indépendance on passe à une intervention visible du système politico-administratif dans les domaines qui étaient précédemment autoguidés et hors de portée de l'action politique ou d'un contrôle délibéré[17] ». Dans cette perspective, le droit sort de son rôle statique, où il apparaît comme un simple outil de médiation entre intérêts et valeurs dissemblables au sein d'une société déterminée, pour se transformer en un vecteur du changement social[18]. La fonction dynamique du droit atteint ici la plénitude de son expression.

4 – Cet état révèle une importante césure par rapport au passé quant aux rôles respectifs attribués aux politiques et aux jurisconsultes dans l'administration des affaires de la collectivité. En effet, pour la première fois, les politiques s'approprient un terrain longtemps réservé aux jurisconsultes[19] : l'élaboration de lois appelées à gouverner la société[20]. Mieux encore, supplantés par les politiques dans la fonction de dire le droit, les jurisconsultes vont être également évincés sur le terrain de l'appréciation de la compatibilité de la nouvelle loi, relative au statut personnel à la *Sharia*.

« Le test de compatibilité » va se faire par les politiques qui s'approprient ainsi un nouveau rôle au sein du nouvel Etat-nation.

5 – Contesté par le bastion conservateur qui y voit une usurpation de pouvoir, ce nouveau rôle est défendu par Habib Bourguiba, le chef de file du mouvement moderniste, en des termes non équivoques :

« Comme vous, je suis musulman, leur répond publiquement Bourguiba. Je respecte cette religion pour laquelle j'ai tout fait, ne serait-ce qu'en sauvant cette terre

16 Ben Achour : Une révolution par le droit ?, spc. p. 208.

17 Ibid., pp. 207–208.

18 Ben Achour : Droit et changement social ; adde, Mezghani : Droit et évolution ; adde encore, Charfi : Rapport de synthèse.

19 Cf. Charfi : Islam et liberté, pp. 131–132.

20 Rappr. Charfi : Influence de la religion, spc. p. 373. L'auteur note que « dans le système musulman classique, seuls les Ulémas disaient la loi ; droit et religion étaient donc entièrement confondus. A partir du moment où l'autorité politique se donne le droit de légiférer, le droit acquiert une certaine autonomie par rapport à la religion. Cette autonomie est formellement au moins, plus grande lorsque la loi est l'œuvre d'assemblées élues comme c'est le cas dans la plupart des pays musulmans, car, alors, la source du droit n'est plus la religion, mais la volonté du peuple ».

d'Islam de l'humiliation coloniale ... De par mes fonctions et mes responsabilités, je suis qualifié pour interpréter la loi religieuse[21] ».

Pareilles affirmations ne font qu'attiser les réserves du clan opposé essentiellement composé de Zeitouniens. Aux discours dithyrambiques prononcés en faveur du Code par Bourguiba et ses alliés[22] succédèrent les réticences de ses détracteurs qui, sans rejeter en bloc l'ensemble de la réforme, contestèrent ses dispositions les plus emblématiques[23]. La joute politique autour du Code était ainsi amorcée.

6– C'est dire que l'élaboration d'un Code du statut personnel ne se résume pas en l'édification d'un corpus de règles ordonnées de manière rationnelle et couvrant

21 Habib Bourguiba, Extraits de discours, cités par Bessis/Belhassen : Bourguiba, p. 14.

22 Voir infra n° 42.

23 Pour une étude synthétique de ces positions réservées à l'égard du Code du statut personnel, voir Bouzghiba : Le mouvement de codification, pp. 389–397.

Sous ce rapport, il est intéressant de relever les réserves de l'une des figures de proue du courant traditionaliste, le Sheïkh Djaït qui fut, avant l'indépendance, à la tête de la Commission chargée de codifier le statut personnel tunisien à la lumière des deux principaux rites du droit musulman classique qui étaient pratiqués par la majorité de la population tunisienne: les rites malékite et hanéfite. Mais cette codification qui a été élaborée en collaboration avec d'éminents Ulémas n'a jamais vu le jour en raison des réticences des autorités politiques françaises à son égard (Sur cette codification et les raisons de son avortement, voir Bouzghiba : Le mouvement de codification, pp. 295 et s.).

Dans un article publié le lendemain de l'adoption du Code du statut personnel et dont le titre (« Je m'en lave les mains ») laisse apparaître sa position de démarcation par rapport au nouveau Code, le Sheïkh Djaït écrit : « Le Code du statut personnel que j'ai élaboré ... n'est pas du tout celui qui a été promulgué en août. Certes, celui-ci reproduit des articles du premier Code, mais il en a modifié un certain nombre et en a ajouté d'autres en négligeant la plupart. J'ai signalé que l'adaptation aux temps modernes ... n'est pas incompatible avec l'Islam, mais quant aux dispositions expressément édictées par le Coran et la tradition du Prophète, je n'ai jamais prétendu qu'elles étaient susceptibles d'évolution ou de modification : j'ai au contraire affirmé qu'elles étaient fondamentales en insistant sur la nécessité de les préserver. Plusieurs articles du Code n'ont donc pas reçu mon adhésion. J'ai même signalé mon désaccord sur plusieurs points dans deux lettres adressées au Ministre de la Justice, respectivement le 11 août et le 20 août 1956 et précisé par là même les dispositions qui devaient être modifiées ou supprimées dans la mesure où elles étaient incompatibles avec la loi sharaïque ; il s'agit des dispositions des articles 14, 18, 19, 21, 30, 35 et 88... ».

Il faut toutefois signaler, dans ce contexte, la position favorable à l'égard du Code du Sheïkh Fadhel Ben Achour. Ce dernier soutiendra le Code comme une interprétation possible de l'Islam inspiré de la tradition réformiste de Mohamed Abdou et de Quacem Amine (Le Code du statut personnel, Archives personnelles, non publiées, citées par Ben Achour : Une révolution par le droit ?, p. 216, note 21).

Bourguiba ne manquera pas d'approuver ce renfort de taille venu d'un milieu hostile à son œuvre innovatrice. Laissant sur ce point la parole au Président Bourguiba : « J'entrai donc en contact avec le Sheïkh Fadhel Ben Achour qui alliait à l'intelligence les ressources d'une vaste expérience résultant de sa connaissance de la langue française, de ses nombreux voyages, de son érudition et d'un esprit résolument tourné vers le progrès et la science. Des divergences essentiellement formelles nous avaient quelquefois opposés. Soucieux de clarté, je rejetai toute espèce de formalisme, pour condamner et interdire la polygamie, sans ambiguïté aucune. Nous tombâmes, en définitive, d'accord sur toutes les questions notamment, les successions et le divorce. Il était à ce point convaincu du bien fondé de l'œuvre entreprise qu'il s'en était fait l'ardent défenseur itinérant auprès de tous les pays musulmans. Il puisait ses arguments dans les versets mêmes du Coran » (Cité par El-Ganari : Bourguiba, p. 298).

un domaine assez étendu[24]. Un Code du statut personnel, c'est un projet de société et il n'est pas rare qu'un tel projet se transforme en un lieu de confrontation entre des franges de la société qui ne partagent pas la même conception de la famille et les mêmes vues des relations qui s'intègrent dans ce groupement[25]. Cette divergence tient ici d'une imprégnation de valeurs éthiques, culturelles et éducatives dissemblables.

M. Yadh Ben Achour évoque de manière lumineuse ce phénomène. Il souligne à cet effet que:

> « L'année 1956 … c'est l'année unique où deux groupes d'élite coexistent avec, pour chacun, une éthique et un mode d'être extérieur particuliers …
> L'un est le groupe descendant, érodé par sa soumission forcée à l'étranger, les crises de légitimité et les rapports ambigus qu'il entretenait avec le corps social entier. C'est le groupe de l'éthique des préférentialistes, constitué par les Zitouniens qui encadraient le champ du savoir traditionnel, d'une partie du droit officiel et d'une partie du pouvoir beylical (gouvernemental, administratif et judiciaire) …
> Le deuxième est le groupe montant animé par un Parti de masse, moderne, à l'éthique universaliste, bénéficiant d'une légitimité populaire urbaine incontestable et décidé à renverser les valeurs et les ordres qui les sous-tendent …[26] ».

7 – L'avantage allait vite tourner en faveur du second groupe. Naviguant sur une vague de légitimité incontestable et s'appuyant sur le charisme d'un leader hors pair, celui-ci sut profiter de ses atouts pour offrir à la Tunisie un Code qui allait aussitôt devenir la véritable « Constitution civile » du nouvel Etat. La société tunisienne entre ainsi de plain-pied dans la modernité.

En dépit de ce succès éclatant, le clan victorieux n'a pas manqué de ménager le modèle traditionnel. Aussi, va-t-on chercher à ancrer les nouvelles dispositions de ce Code par rapport à la Sharia en s'efforçant de montrer que mêmes ses solutions qui paraissent les plus hérétiques vis-à-vis du droit musulman classique ne sont, à la réflexion, qu'une relecture des textes sacrés avec des lentilles contemporaines; cette voie étant devenue praticable grâce à la réouverture de la porte de l'*Ijtihad*.

Cette démarche reste révélatrice d'un certain état d'esprit. Aussi modernes soient-elles, les nouvelles solutions intégrées dans le Code du statut personnel vont être rattachées par leurs instigateurs à la *Sharia*. Le regard extérieur est frappé par ce « concordisme »[27] qui s'illustre à travers « la référence constante aux

24 C'est la définition juridique communément admise du terme Code. Rappr. Cornu: Vocabulaire juridique, V. « Code », p. 159.

25 Pour des exemples récents, voir les débats qui ont précédé et accompagné les dernières réformes du droit de la famille au Maroc et en Algérie. Cf. Bostanji: La Sharia, pp. 137 et s.

26 Ben Achour: Une Révolution par le droit?, pp. 206–207.

27 Le terme est utilisé par la doctrine afin de mettre en exergue le souci constant des autorités

sources coraniques dans l'exégèse officielle ou officieuse des nouveaux textes »[28]. La modernité des nouvelles solutions est une modernité médiate. L'ancrage du Code ne peut se défaire de l'anneau céleste. Dans leurs présentation et explication des nouvelles dispositions législatives, les autorités politiques passent par le détour de la Sharia, « une Sharia trahie en quelque sorte par le passé proche »[29] et qui se trouverait rétablie dans l'œuvre du législateur. L'action de celui-ci s'assimile, à leurs yeux, à une œuvre purificatrice qui vient débarrasser le modèle traditionnel des scories qui ne cessaient de s'accumuler et de se greffer à lui au fil du temps[30].

8 – La logique qui anime cette voie s'appuie sur la *Sharia* afin de ne pas délégitimer l'œuvre accomplie auprès d'une collectivité profondément marquée par le sceau du sacré. Par là même, on s'efforce de favoriser l'accueil de la nouvelle législation auprès de ces destinataires en apaisant leur crainte de voir, une matière qui jette ses racines dans les profondeurs de l'âme populaire, prendre ses distances par rapport aux solutions traditionnelles.

Cette démarche procède d'une certaine conception des rapports entre droit et société. Dans cette vision, la société est perçue non pas comme un groupement quantitatif d'individus, mais plutôt comme une somme de représentations conscientes et inconscientes, comme un ensemble de liens qui transforment un groupement d'individus en une société[31]. Si l'on veut favoriser la pénétration effective des nouvelles lois innovatrices dans la société, les réformes doivent être intériorisées par la

politiques de faire coïncider les nouvelles solutions en matière de statut personnel avec les prescriptions charaïques (Lagrange : Le législateur tunisien et ses interprètes, p. 20 et s.).

28 Ibid.

29 Djaït : La personnalité et le devenir arabo-islamiques, p. 143.

30 Avec du recul on s'aperçoit que ce « concordisme » n'est point spécifique à l'expérience tunisienne. On le retrouve chaque fois qu'un pays arabe entame une réforme du statut personnel qui altère peu ou prou les solutions traditionnelles. Les discours qui ont accompagné les dernières réformes des Codes marocain et algérien de la famille versent tous en ce sens.

Voir à propos de l'exemple marocain, le Préambule du Dhahir chérifien n° 1-22-04 en date du 3 février 2004 portant promulgation du Code de la famille, Bulletin Officiel n° 5358 du 6 octobre 2005, pp. 667 et s. ; Préambule reproduit dans l'ouvrage de Foblets/Carlier : Le Code marocain de la famille, pp. 382–387. Adde sur cette question, El Hajjami : La condition juridique des femmes au Maroc.

En vertu de l'ordonnance du 27 février 2005, le législateur algérien a réformé le Code de la famille de 1984. M. Kamel Saïdi note que « le législateur s'est empressé de justifier les amendements apportés non par le respect des instruments internationaux ratifiés par l'Algérie, mais par la méthode de l'Ijtihad afin de conforter le courant conservateur » (Saïdi : La réforme du droit algérien de la famille, p. 119). Voir également dans le même sens les déclarations du Président de la Commission de réforme du Code algérien de la famille qui souligne que le législateur n'a pas touché aux dispositions relevant directement de la Sharia. Quotidien d'Oran, 11 juillet 2004.

On retrouve la même attitude en Egypte où on cherchera à légitimer la loi du 29 janvier 2000 organisant certaines formes et procédures du contentieux relatif au statut personnel, en montrant qu'elle est en parfaite symbiose avec la Sharia (Bernard-Maugiron : Quelques développements récents, pp. 382 et s.).

31 Hajji : Bourguiba et l'Islam, p. 51.

collectivité à laquelle elles sont destinées[32]; et cette intériorisation n'a de véritable chance d'aboutir que si l'œuvre projetée évite les brusques ruptures par rapport au passé. C'est précisément dans un tel dessein que les concepteurs du Code tunisien du statut personnel chercheront à ancrer ses principales innovations par rapport à la *Sharia*. Ainsi, s'illustre la continuité par rapport au système antérieur.

9 – Cet effet d'optique que cherchent à créer les politiques n'annihile pas pour autant toutes les réserves à l'égard du texte adopté. L'entrée de celui-ci dans le champ du droit positif n'est pas toujours synonyme de la précellence des solutions voulues par le législateur. Défait sur le terrain de l'élaboration du texte, il n'est pas rare de voir le mouvement conservateur revenir à la charge lors de la mise en jeu du texte en question[33]. L'application judiciaire du droit écrit s'avère souvent comme une nouvelle occasion pour le courant traditionnaliste pour faire valoir ses revendications et imposer sa propre conception de la norme juridique en cause. L'œuvre des juges apparaît dès lors comme capitale dans la détermination des contours définitifs de la règle posée par le législateur. Faut-il rappeler à ce propos que la règle écrite est une proposition simple abstraite ; « elle se réalise, dans la vie concrète, à travers l'activité des assujettis, qu'elle guide et oriente. Mais ce passage de l'un à l'autre comporte souvent des intermédiaires, toutes les autorités de fait ou de droit qui participent à la vie sociale ; c'est ce que Hauriou appelait dans une acception très large, l'administration du droit. La manière dont ces intermédiaires entendent la loi, l'interprètent en vue de son application, influe sur la portée effective de la loi ; la pratique de ces autorités participe à la formation du droit dans la mesure où chacun dispose d'une certaine marge d'autonomie »[34]. Sous un prisme contentieux, « le pouvoir judiciaire a la maîtrise de tout le droit substantiel. Et dans la mesure où il dispose d'une autonomie … il peut modeler le sens de la loi, lui apporter de véritables modifications ou compléments »[35]. Cette maîtrise du droit substantiel

32 Dans son discours du 15 décembre 1961, Bourguiba évoque cette question en ces termes : « L'important n'est pas d'élaborer des lois ; ce qui importe le plus c'est que ces lois pénètrent dans la vie du peuple, qu'elles puissent convaincre les esprits et qu'elles soient intériorisées par les citoyens ». H. Bourguiba, Extraits du discours du 15 décembre 1961, cité par Hajji : Bourguiba et l'Islam, p. 51.

33 M. Sélim Jahel évoque ce phénomène en termes de « réactivation de la Sharia » au plan de la pratique juridique. Il précise à cet égard que : « l'ordre juridique dualiste qui caractérise aujourd'hui tous les Etats musulmans pose des problèmes délicats de coordination entre la Charia et le droit positif étatique ; on observe que dans bien des cas où ce dernier paraît avoir vocation à s'appliquer, il est refoulé à l'avantage de la Charia. Le phénomène est fréquent en matière de statut personnel. On le rencontre même en Tunisie, pays qui est pourtant censé avoir répudié les règles discriminatoires dans le droit de la famille ; elles réapparaissent dans certaines décisions de ses tribunaux » (Jahel : L'actualité du droit, pp. 41 et s.).

Pour des exemples de « réactivation de la Sharia » à l'encontre du droit positif dans les ordres juridiques des pays arabes, voir Botiveau : Loi islamique et droit dans les sociétés arabes, pp 240 et s.

34 Hébraud : Le juge et la jurisprudence, pp. 333–334.

35 Ibid., p. 334.

est encore plus importante en matière de statut personnel, dans la mesure où «la charge idéologique» reste très significative au sein de cette discipline qui demeure le réceptacle de valeurs morales, culturelles et sociales du groupement qu'elle régit.

10 – Appelé à interpréter les normes textuelles du Code du statut personnel, à combler ses lacunes ou encore à adapter ses standards juridiques au gré des espèces, le juge tunisien a besoin de plus que de simples règles techniques qui assurent la jonction entre les faits et le droit. Il a besoin d'un modèle de référence qui traduit une certaine conception des rapports entre conjoints, une certaine conception des rapports entre ascendants et descendants; en somme, il a besoin d'un modèle qui exprime une certaine conception du groupement familial. Dans sa mise en jeu des textes du statut personnel, le travail du juge requiert un référentiel[36] qui éclaire, inspire et oriente la mise en jeu des normes du droit écrit. Ce référentiel se révèle comme le repère du juge dans la concrétisation de la règle juridique.

11 – On a pu observer dans la pratique judiciaire, une nette propension des juridictions du fond et de la Cour régulatrice à recourir à un référentiel traditionnel qui comprend non seulement l'ensemble des règles et principes du droit musulman classique, mais également les valeurs de l'Islam que les juges n'hésitent pas à mettre au premier plan pour expliquer et justifier leurs solutions[37]. Un tel maniement des règles du Code du statut personnel confère à ses solutions une «couverture traditionaliste» qui rompt avec l'esprit innovateur de ce texte et neutralise la volonté de changement voulue par ses rédacteurs. Maîtrisé lors de l'élaboration des textes du statut personnel, le modèle traditionnel revient ici en force par le canal de la pratique judiciaire en imposant ses propres vues et ses propres concepts. Le poids du passé semble être ici fort significatif et détermine, de ce point de vue, le choix des juges quant à l'option faite en faveur du référentiel historique[38].

12 – Toutefois, le tableau est loin d'être monolithique, car depuis quelque temps ce modèle est entré en concours avec un référentiel moderne; certaines juridictions du fond n'hésitant pas à faire appel aux droits fondamentaux[39] consignés au sein de la Constitution et de certains textes internationaux, en vue d'éclairer la mise en jeu des normes du Code du statut personnel. Portée par la vague de ferveur qui s'est manifestée lors des dernières décades à l'égard des droits fondamentaux,

36 Le terme référentiel renvoie à «un ensemble d'éléments formant un système de références». Dictionnaire Le petit Larousse, Librairie Larousse 1980, V. «Référentiel», p. 782.

37 Voir sur ce point, la jurisprudence citée en matière de garde.

38 Cf. Deprez: Pérennité de l'Islam.

39 Sur la notion de droits fondamentaux, voir Cabrillac/Frison Roche/Revet: Droits et libertés fondamentaux; voir également, Picard: Droits fondamentaux. Adde Collectif: Les droits fondamentaux: inventaire et théorie générale.

la jurisprudence tunisienne n'hésite pas à irriguer ses solutions en se ressourçant à cette dernière notion[40]. Celle-ci comprend un ensemble hétéroclite de droits et libertés innés et inaliénables qui bénéficient à toute personne en raison de leur caractère « essentiel » tant à l'ordre juridique qui les porte qu'à l'humanité de leurs titulaires[41]. Aussi, existe-t-il, à côté des droits subjectifs qui s'appliquent à des personnes qui se trouvent dans des situations particulières, des droits qui s'appliquent à toute personne sans égard à sa nationalité, son sexe, sa couleur, sa religion, l'origine de sa naissance … ; des droits dont l'importance, la prééminence et la primordialité appellent leur assujettissement à un régime juridique privilégié[42].

Ces droits intimement liés à la personne trouvent, sur le terrain du statut personnel, un terrain favorable à leur éclosion, car à la différence des autres normes qui visent les personnes de manière médiate à travers leurs biens[43] ou à travers leurs activités[44], les règles de cette discipline visent précisément la personne en tant que telle – fréquemment dans ses rapports familiaux mais parfois sous un rapport purement individuel[45]. L'éclairage des dispositions du Code du statut personnel à la lumière des droits fondamentaux change la perspective et l'aiguillage des règles de ce texte qui se trouvent projetées dans une logique moderne dans la conception de la famille et des rapports entre ses différents membres. Coulées dans un moule sécularisé, les règles du Code proposent des solutions qui bannissent de l'ordre juridique toute solution qui prône une discrimination en raison de la religion, du sexe ou de l'origine de la naissance. On se trouve dès lors en présence de solutions totalement opposées à celles qui résultent de la mise en jeu du référentiel traditionnel.

40 Sur la pénétration des droits fondamentaux dans l'œuvre jurisprudentielle, voir de manière générale, Ghazouani : Extraits de jurisprudence.

41 Voir Picard : Droits fondamentaux, p. 548.

42 Pour une analyse spécifique à la matière de statut personnel, voir la note de Souhayma Ben Achour sous l'arrêt n° 120 de la Cour d'appel de Tunis, en date du 6 janvier 2004, JDI, 4, 2005, pp. 1193 et s. ; adde, Ben Achour : Figures de l'altérité, pp. 838 et s.

A cet égard, il est à noter que les droits fondamentaux concernent non seulement les rapports verticaux entre individus et puissance publique, mais aussi les rapports horizontaux comprenant les relations des individus entre eux.

Sur un autre plan, les droits et libertés fondamentaux sont protégés et contre le pouvoir exécutif et contre le pouvoir législatif. Par ailleurs, les droits fondamentaux sont garantis non seulement en vertu de la loi, mais surtout de la Constitution ou des textes internationaux ou supranationaux. Enfin, la protection des droits fondamentaux nécessite, pour être assurée contre les pouvoirs exécutif et législatif en application des textes constitutionnels (ou internationaux), qu'en soient chargés, non plus seulement les juges ordinaires, mais aussi les juges constitutionnels et même les juges internationaux. Voir Favoreu : Universalité des droits fondamentaux et diversité culturelle, p. 48.

43 C'est le cas du droit des biens.

44 C'est le cas du droit des obligations.

45 Voir sur ce dernier point, les dispositions du livre X du Code du statut personnel (articles 153 à 170 du Code du statut personnel) relatives à l'interdiction et à l'émancipation.

13 – En présence de cette donne, on ne peut que rester perplexe face à cette fébrile oscillation de l'œuvre jurisprudentielle entre référentiel traditionnel et référentiel moderne. Les mêmes règles donnent des solutions contraires suivant que l'on se place sous la coupe de l'un ou l'autre de ces référentiels.

Source d'incohérences patentes au sein de l'ordre juridique, cette situation est périlleuse car elle porte en germe la déliquescence du ferment essentiel de tout système digne de ce nom: la cohésion des normes. D'où la nécessité de chercher une solution à ce conflit en vue de recomposer une logique d'ensemble qui permet de parer aux conduites erratiques de l'organe judiciaire (II). Mais avant d'évoquer cette dernière question, il convient, tout d'abord, d'identifier les termes de ce conflit (I).

I – Constat de la tergiversation

14 – Dans son application du Code du statut personnel, la position du juge tunisien oscille entre conservatisme et modernisme. Alors que certains juges éclairent les dispositions du Code du statut personnel à la lumière du référentiel islamique, d'autres choisissent la voie des droits fondamentaux.

A ce propos, il est à constater que ce double mouvement ne correspond pas à une succession chronologique de deux modèles, mais plutôt à un concours de référentiels lors de la mise en jeu des normes relatives au statut personnel[46]. L'irruption récente d'une mouvance, perceptible notamment chez les juges du fond qui fondent leur interprétation du Code sur des textes véhiculant des droits fondamentaux, n'a pas empêché la survivance du modèle traditionnel qui trouve encore audience auprès de nombreux juges[47].

A la vérité, ces deux démarches se juxtaposent au sein de l'ordre juridique et entrent, au gré des espèces en concurrence. Il convient dès lors de scruter la teneur de cette tergiversation (A) avant d'analyser, en second lieu, les raisons de ce phénomène juridique (B).

46 Contra Souhayma Ben Achour qui voit dans les décisions de la Cour d'appel de Tunis et de la Cour de cassation, respectivement en date du 6 janvier 2004 et du 20 décembre 2004, les prémices d'un revirement jurisprudentiel qui viendrait remettre en cause la mouvance traditionaliste en la matière (cf. note 41, spc. pp. 1201 et s.).

47 Voir à titre d'exemple, l'arrêt de la Cour de Cassation n° 9658-2005 en date du 8 juin 2006 (inédit). Rappr. dans le même sens, l'arrêt de la Cour de cassation n° 4487-2006 en date du 16 janvier 2007 (inédit). Ces décisions s'inscrivent dans une position contraire aux jugements et arrêts qui font la part belle aux droits fondamentaux (voir sur cette dernière question, infra n°s 27 et s.).

A – Manifestations de la tergiversation :

15 – Lorsque la puissance normative du droit écrit s'affaiblit, le juge est appelé à intervenir pour en déterminer le sens, en combler les lacunes ou encore l'adapter aux besoins de la situation concrète qui lui est soumise. A cet effet, certains juges vont recourir au référentiel islamique, alors que d'autres se tourneront vers les droits fondamentaux.

Sans prétention d'exhaustivité, il serait intéressant de puiser dans l'œuvre jurisprudentielle quelques « échantillons » représentatifs de ce mouvement alternatif afin de mieux saisir la dialectique qui anime l'ordre juridique tunisien.

1°) L'appel au référentiel islamique lors de la mise en jeu des solutions du Code

16 – L'éclairage des solutions du Code par référence au modèle traditionnel intervient tantôt pour clarifier des dispositions ambigües ou des notions à contenu variable entérinées par ce texte (a), tantôt pour combler ses lacunes, voire même imposer, dans certains cas, des solutions qui vont à l'encontre de la lettre et de l'esprit des dispositions du Code du statut personnel (b).

A – L'APPEL AU RÉFÉRENTIEL ISLAMIQUE PAR LE CODE

17 – Lorsque la charge normative du droit écrit faiblit, les juges n'hésitent pas à faire valoir les prescriptions du droit musulman classique. Il en est ainsi lorsque le droit écrit devient flou ou encore lorsqu'il se présente sous un aspect mou.

Le droit écrit flou: l'interprétation des dispositions du Code

18 – L'appel au référentiel islamique trouve droit de cité, tout d'abord, en vue d'interpréter le sens ambigu d'une disposition textuelle. Dans l'arrêt Houria[48], la Cour de cassation interprète les dispositions de l'article 88 du Code du statut personnel par référence aux solutions prévues par le droit musulman classique. Dans sa rédaction arabe, ce texte édicte que « l'homicide volontaire est l'une des causes d'indignité successorale ». Au regard de la Cour régulatrice, la mention de l'homicide volontaire en tant qu'empêchement successoral intervient ici à titre purement indicatif. La formule employée par ce texte suggère de compléter la liste des indignités successorales par référence au droit musulman, lequel droit constitue, au regard de la Cour, la source exclusive du Code du statut personnel. Vingt ans plus tard, la Cour de cassation confirme cette position dans l'arrêt Louise Charlotte[49] en déclarant comme « manifestement non sérieux » le moyen invoqué par les au-

[48] Cass. civ. n° 3384, du 31 janvier 1966, RJL, 1967, p. 37, RTD, 1968, p. 115, note E. G. de Lagrange.
[49] Cass. civ. n° 10610 du 13 février 1985, RJL, 1993, numéro de novembre, p. 102.

teurs du pourvoi suivant lequel la disparité de culte ne doit pas être considérée en droit tunisien comme une cause d'interdiction à la successibilité du moment qu'elle n'a pas été explicitement mentionnée par les dispositions de l'article 88 du Code du statut personnel. Une récente décision de la Cour de cassation[50] a consolidé cette position en soulignant, de manière non équivoque, que l'article 88 du Code du statut personnel doit être interprété par référence au droit musulman. Elle précise dans ce contexte que l'indignité successorale prévue par l'article 88 n'est point limitative en la matière et que le texte en question supporte l'ajout d'autres empêchements consacrés par le *Fiqh* telles que la disparité de culte ou l'apostasie. L'interprétation du texte de l'article 88, ajoute-t-elle, suppose le recours à l'intention du législateur, comme le préconise l'article 532 du COC, laquelle intention s'est nécessairement orientée dans ce cas vers le droit musulman classique eu égard au fait que ce corpus a constitué la source matérielle qui a inspiré les rédacteurs du Code du statut personnel.

19 – C'est également dans le sillage de cette mouvance conservatrice que s'inscrit un jugement du Tribunal de première instance de Tunis en date du 3 décembre 2007[51]. Les faits de l'espèce sont assez singuliers. Ils révèlent la présentation par une femme d'une demande en divorce pour préjudice, motif pris que son mari qu'elle a épousé en 1994 a abjuré la foi musulmane pour se convertir au christianisme depuis le mois de mars 2007.

Le Tribunal accueille sa demande de divorce pour préjudice et condamne l'époux à lui verser une réparation symbolique (millime symbolique) pour le dommage moral qui l'a affectée suite à cette situation. Pour le reste, le jugement du tribunal de première instance de Tunis confirme les mesures provisoires prises par le juge de la famille, à savoir l'attribution du droit de la garde à la mère avec l'admission au profit du père d'un droit de visite pour la journée du dimanche ; de même qu'il prononce la condamnation de l'époux à verser au profit de ses enfants une pension alimentaire de l'ordre de cinq cents dinars.

Selon les juges du Tribunal de première instance, l'abandon par l'époux de la religion musulmane qui unissait les deux conjoints au moment de la conclusion du mariage, constitue pour l'épouse un préjudice; le changement de confession du mari altérant une condition substantielle qui a déterminé l'épouse à consentir au mariage. Elle ajoute, par ailleurs, à l'appui de sa position, que l'époux étant devenu apostat du fait de sa conversion au christianisme, on se trouve alors en présence d'un empêchement religieux et juridique prévu par l'article 5 du Code du statut personnel, lequel empêchement met obstacle à la pérennité du lien matrimonial

50 Arrêt de la Cour de Cassation n° 9658-2005 en date du 8 juin 2006 (inédit). Rappr. dans le même sens, l'arrêt de la Cour de cassation n° 4487-2006 en date du 18 janvier 2007 (inédit).

51 Jugement du Tribunal de première instance de Tunis n° 65760 en date du 3/12/2007 (inédit).

entre les deux conjoints. Afin d'étayer sa position, elle précise que si la Convention de New-York du 10 décembre 1962 sur le consentement au mariage, l'âge minimum du mariage et l'enregistrement du mariage autorise une femme tunisienne musulmane à épouser un non musulman, elle ne l'oblige point à rester dans les liens du mariage en cas d'apostasie de l'époux.

Ce faisant, le Tribunal de première instance de Tunis opte clairement pour une approche de l'article 5 du Code du statut personnel à la lumière du droit musulman classique, le terme « mawanaa chariaa », étant entendu ici comme renvoyant non seulement aux empêchements juridiques prévus par la loi de 1956, mais également aux empêchements religieux entérinés par le droit musulman[52], au rang desquels figure l'apostasie.

Cette décision surprend à plusieurs égards. Tout d'abord, elle revient à une lecture traditionaliste de l'article 5 du Code du statut personnel qui se trouve en porte-à-faux avec certaines récentes décisions en la matière[53], attestant encore une fois de l'inconstance du droit positif à l'égard des référentiels d'interprétation de ce Code.

Ensuite, elle souligne que la conversion de l'époux tunisien au christianisme est constitutive d'un préjudice qui justifierait la demande de divorce de l'épouse conformément à l'article 31, paragraphe 2 du Code tunisien du statut personnel. Or, de ce point de vue, il semble difficile d'admettre un tel raisonnement. Sauf à tomber dans une contradiction patente, il est difficile de soutenir que l'idée de la conversion de l'époux est constitutive de préjudice pour son épouse alors même que la liberté de conscience est expressément garantie par l'article 5, alinéa 4 de la Constitution ? On peut certes comprendre la surprise d'une épouse qui apprend que son mari a abandonné sa religion d'origine pour embrasser une autre confession; on peut également comprendre sa décision de rompre le lien matrimonial qui les unit. Mais il paraît difficile d'admettre, comme le fait le tribunal, que l'époux puisse être sanctionné des suites de son exercice d'une liberté fondamentale garantie par la Constitution. S'il est vrai que le droit de l'épouse de demander le divorce est un droit intangible, comme l'a rappelé à plusieurs reprises la jurisprudence tunisienne[54], il est aussi vrai qu'un tel droit ne peut être exercé au mépris des droits et libertés fondamentaux garantis à l'époux par la Constitution. L'accueil par le Tribunal de l'action en divorce pour préjudice paraît d'autant plus contestable

52 Voir déjà en ce sens, Cass. civ. du 27 juin 1973, Bull. civ, 1973, p. 21.

53 Voir notamment en ce sens, Cour d'appel de Tunis, arrêt n° 120, 6 janvier 2004; Cass. civ., n° 3843/2004, 20 décembre 2004 et la note sous ces deux arrêts de Souhayma Ben Achour (cf. note 41).

54 Voir notamment sur cette question, l'arrêt de la Cour d'appel de Tunis du 6 novembre 1959 qui affirme: « la loi italienne qui n'admet pas le divorce se heurte aux exigences de l'ordre public lequel commande de ne pas priver la femme de nationalité tunisienne de l'exercice de l'un des droits fondamentaux à elle reconnus par la législation tunisienne ... », RTD, 1962, pp. 35 et s., note J-M Verdier; adde dans le même sens, Cass. Civ. n° 17297 du 16 juin 1987, Bull. civ., 1987, pp. 223 et s.; Tribunal de première instance de Tunis, Jugement n° 3799 en date du 19/11/1991, RTD, 1993 (partie en langue arabe), pp. 429 et s., note N. Gara.

qu'on a du mal à cerner en l'espèce le préjudice subi par l'épouse. En effet, il est traditionnellement admis que le préjudice susceptible de servir de base à une telle demande ressort généralement du manquement par un conjoint aux obligations pécuniaires (obligation alimentaire) et/ou extra-pécuniaires (obligation de traiter son conjoint avec bienveillance, obligation de vivre en bon rapport avec lui, obligation de cohabitation ...) découlant du mariage, de sorte que la pérennité du lien matrimonial soit sérieusement mise en difficulté[55]. Sous ce rapport, on a du mal à cerner, dans le cas de l'espèce, le préjudice subi par l'épouse. L'affirmation par le Tribunal suivant laquelle cette conversion constitue un manquement de la part de l'époux aux obligations qu'il s'est engagé à respecter au moment de la conclusion du mariage est fort ambigüe. En effet, la conclusion de l'acte de mariage est génératrice d'un certain nombre d'obligations à la charge des deux époux[56]; or dans cette liste d'obligations rien ne laisse préfigurer l'inclusion d'une obligation pour le conjoint de se maintenir dans sa religion d'origine. Les questions inhérentes à la conviction religieuse relèvent du for intérieur de chaque personne; elles sont mues par une idée force: la liberté de conscience et il semble antinomique d'imposer, dans cette sphère privée, un devoir là où la liberté est de mise. Sur un autre plan, il paraît difficile de suivre le raisonnement des juges lorsqu'ils évoquent l'altération d'une condition substantielle du mariage sans laquelle l'épouse n'aurait jamais consenti au mariage. Il s'agit ici d'une simple conjecture qui ne trouve appui nulle part. Rien n'atteste en l'espèce que la confession musulmane de l'époux ait été un élément déterminant lors de la conclusion du mariage. Mieux encore, cette question n'a peut-être pas effleuré l'esprit de l'épouse au moment de la célébration du mariage. Faut-il y voir alors une condition implicite du droit positif sans laquelle le mariage ne peut perdurer? Rien n'est moins sûr dès lors que l'ordre juridique tunisien a intégré dans les hautes strates de sa pyramide des normes, des solutions non discriminatoires qui convergent toutes vers le principe de la liberté de choix du conjoint, sans égard à sa religion[57].

Au-delà de ces remarques, il est légitime d'émettre des doutes sur la rectitude juridique de la référence faite par le tribunal à l'article 5 du Code du statut personnel pour étayer l'action en divorce pour préjudice. En effet, à supposer, même à titre d'hypothèse, que l'apostasie constitue au regard de l'ordre juridique tunisien un empêchement au mariage, seule la sanction de la nullité pouvait frapper le mariage en cause dans la mesure où la conversion de l'époux au christianisme altère,

55 Sur cette question, voir Belknani: Le divorce et le préjudice. pp. 43 et s.

56 Ibid.

57 Voir en ce sens, l'article 1 de la Convention de New-York sur le consentement au mariage, l'âge minimum de mariage et l'enregistrement des mariages (Convention ratifiée par la Tunisie en vertu de la loi n° 67-41 du 21 novembre 1967). Adde, l'article 16 paragraphe b) de la Convention de Copenhague sur l'élimination de toutes les formes de la discrimination à l'égard des femmes (Convention ratifiée en vertu de la loi n° 85-68 du 12 juillet 1985).

dans cette perspective, une condition substantielle de la formation du mariage, en l'occurrence l'obédience musulmane de l'époux. Comme le prévoit l'article 22 du Code du statut personnel « est nulle et de nul effet, sans qu'il soit besoin de recourir au divorce, l'union visée à l'article précédent ». Or, parmi les unions visées par l'article 21 du Code se trouvent celles qui sont conclues « en contravention des dispositions de l'alinéa 1 de l'article 5 ». Au regard de ces données, l'appel à l'article 5 du Code du statut personnel ne peut que fonder une demande en annulation du mariage et paraît, de ce fait, inapproprié à servir de support à une demande de divorce.

A suivre l'analyse de la doctrine musulmane, l'obédience musulmane du mari est non seulement une condition nécessaire à la formation de l'acte de mariage de la femme musulmane, mais également un élément indispensable à la pérennité de l'union conjugale en cause. Si cet élément venait à disparaître, en cours de mariage, le rapport matrimonial serait du coup systématiquement annulé[58].

Bien que la sanction de l'inobservation des conditions de formation du mariage s'apprécie normalement au moment de la conclusion du lien du mariage, le droit musulman classique déroge à cette règle en admettant que l'apostasie de l'époux, ultérieure à son mariage avec une Musulmane, rétroagit pour vicier la formation du lien matrimonial. Louis Milliot écrit à cet effet que « si l'un des époux, Musulman, abjure et se fait Chrétien ou Juif, le mariage est dissout immédiatement ... On se trouverait dès lors en présence du mariage entre une femme musulmane et un Chrétien ou un Juif ; or, la femme musulmane ne peut être mariée qu'à un Musulman[59] ».

Si une telle rétroactivité semble inhabituelle au regard des techniques juridiques modernes, elle semble trouver son explication, dans cette hypothèse, dans la gravité de l'acte d'apostasie au regard du droit musulman classique[60]. Sévèrement sanctionné sur le terrain pénal[61], cet acte emporte, par ailleurs, la mort civile de la personne qui a abjuré sa foi avec comme conséquences : une incapacité absolue de jouissance qui frappe l'apostat, la dépossession de ses biens et l'anéantissement de l'acte de mariage qui le lie à une femme musulmane en raison de l'avènement d'un élément dirimant au maintien du lien conjugal : l'abandon par l'époux de la confession musulmane[62].

En somme, à s'en tenir à une approche conforme au droit musulman classique, seule la sanction de l'annulation de l'acte de mariage était praticable en l'espèce.

58 Abou Zohra : Le statut personnel, p. 277.

59 Milliot : Introduction à l'étude du droit musulman, spc. n° 351, p. 346.

60 Cf. Charfi : Islam et liberté, Le malentendu historique, pp. 78 et s. Pour une application en droit positif comparé de cette solution, voir les différentes séquences de l'affaire Abou Zeïd devant la justice égyptienne, in Egypte/Monde arabe, n° 34, 2e semestre 1998.

61 Ces sanctions sont la peine de mort pour l'homme et l'emprisonnement pour la femme. Abou Zohra : Le statut personnel, p. 100.

62 Schacht : Introduction au droit musulman, p. 140.

Dans cette perspective, la femme ne peut normalement prétendre à une réparation du préjudice qu'elle invoque[63].

Enfin, l'affirmation par le Tribunal de première instance de Tunis que le texte de la Convention de 1962 n'oblige pas la femme à rester dans les liens du mariage en cas d'apostasie de l'époux, est fort contestable. En effet, ce texte international ne couvre pas dans son champ d'application la question de la dissolution du mariage, il se propose exclusivement d'insister sur l'exigence de libre consentement des époux au mariage, la nécessité pour les Etats contractants de fixer un âge minimum au mariage et de prévoir des solennités minima lors de la conclusion du mariage (présence d'une autorité compétente lors de la célébration du mariage et de témoins) et après sa conclusion en veillant, notamment, à l'inscription de cet acte sur un registre officiel. Par conséquent, il est difficile de prendre appui sur cet instrument pour déduire au profit de la femme la possibilité de rompre le lien matrimonial pour préjudice en raison de l'abandon par l'époux de sa religion d'origine. Outre le fait qu'elle force la lettre de la Convention, cette démarche semble contraire à une idée force qui anime ses stipulations, idée qui consiste à rejeter toutes sortes d'atteintes aux droits de l'homme et aux libertés fondamentales, y compris les atteintes fondées sur une méconnaissance des convictions religieuses des personnes impliquées au rapport de mariage[64].

Convaincues de l'enracinement du Code du statut personnel dans le moule traditionnel du droit musulman, les juridictions tunisiennes rejettent dans l'ensemble de ces décisions toute interprétation qui s'éloignerait des canons de ce droit. Cette tendance conservatrice de la Cour de cassation est également perceptible lors de la mise en jeu des standards du Code.

Le droit écrit mou : la clarification des standards du Code

20 – L'un des apports du Code du statut personnel est d'avoir rompu avec le mode classique d'attribution de la garde de l'enfant en cas de divorce des deux parents. Alors que le droit musulman fixe une liste préétablie déterminant dans l'ordre les dévolutaires du droit de garde de l'enfant[65], le Code opte dans son article 67 pour

[63] Voir en ce sens les dispositions de l'article 22 du Code tunisien du statut personnel qui aborde la question des effets du mariage nul en des termes restrictifs.

[64] Il est à noter à cet égard que le Préambule de la Convention de New-York du 10 décembre 1962 rappelle, de manière non équivoque, l'ancrage de cette Convention dans la logique des droits et libertés fondamentaux. Aussi, les rédacteurs de cet instrument prennent-ils soin de rappeler en premier lieu que « Les Etats contractants :

Désirant, conformément à la Charte des Nations-Unies, favoriser le respect universel et effectif des droits de l'homme et des libertés fondamentales pour tous, sans distinction de race, de sexe, de langue ou de religion.

Rappelant que l'article 16 de la Déclaration universelle des droits de l'homme stipule que :

« À partir de l'âge nubile, l'homme et la femme, sans aucune restriction quant à la race, la nationalité ou la religion, ont le droit de se marier et de fonder une famille … »

[65] En droit musulman, la dévolution de la hadhana obéit aux règles suivantes :

une solution plus pragmatique consistant à donner au juge un pouvoir discrétionnaire dans l'attribution de ce droit qui s'exerce au regard de l'intérêt de l'enfant[66]. L'article 67 du Code dispose à cet effet que le juge confie la garde à l'un des deux époux ou à une tierce personne « en prenant en considération l'intérêt de l'enfant ». Notion délibérément indéfinie, l'intérêt de l'enfant appelait son adaptation par la jurisprudence au gré des espèces. Sous couvert de contrôle de l'ordre public au sens du droit international privé, la Cour régulatrice va, à maintes reprises, conférer à la notion d'intérêt de l'enfant une coloration religieuse en faisant appel au référentiel islamique. Aussi, refuse-t-elle d'accueillir des décisions étrangères attribuant la garde d'un enfant à sa mère étrangère non-musulmane vivant à l'étranger[67], amenant ainsi au maintien de l'enfant auprès de son père domicilié sur le territoire tunisien au motif que « … l'enfant est d'obédience musulmane puisqu'il est né d'un père tunisien musulman. Il est donc incontestable que le déplacement de l'enfant dans un environnement qui diffère du sien dans sa religion, sa nation et sa civilisation présente le danger de le déraciner des ses attributs originels …[68] ». Cette même idée est reprise avec plus de vigueur par une autre décision qui affirme que l'attribution de la garde à la mère française vivant en France amène au « déracinement de l'enfant du milieu dans lequel il a grandi et dont il parle et écrit la langue ; de même qu'elle conduit à rompre avec les coutumes et les traditions de ce milieu ; de même encore, cette solution emporte le fâcheux inconvénient de détacher l'enfant de son milieu arabe et musulman ; ce qui est susceptible de

« 1) Les femmes doivent être préférées aux hommes. La hadhana appartient d'abord à la mère. Si la mère vient à mourir avant que les enfants aient atteint l'âge où normalement cesse la hadhana ; si la mère est frappée de déchéance ou si elle a renoncé à son droit, la hadhana passe alors à certains parents.

2) Parmi les femmes, celles de la ligne maternelle doivent être préférées à celles de la ligne paternelle.

3) À défaut de femmes, la garde est dévolue aux parents asab, c'est-à-dire aux parents mâles du mari, et à défaut d'asab, aux parents mâles de la ligne maternelle.

4) La personne parente au degré le plus rapproché l'emporte sur celle d'un degré plus éloigné.

5) Entre personnes parentes au même degré, la parenté germaine l'emporte sur la parenté utérine, qui l'emporte sur la parenté consanguine.

6) Entre parents du même degré et du même lieu, le juge doit attribuer la Hadhana à la personne qui lui paraît la plus digne de la recueillir.

7) A défaut de parente ou de parent en situation de recueillir la Hadhana, elle est alors attribuée au magistrat qui règle la question de la garde de l'enfant au mieux des intérêts de ce dernier » (Milliot : Introduction à l'étude du droit musulman, pp. 403–404).

66 Cette rupture par rapport à l'ancien droit est consommée en vertu de la loi du 3 juin 1966 portant modification des articles 57, 64 et 67 du Code du statut personnel (JORT, n° 24, en date du 3 juin 1966). Cette loi abroge la solution prévue au sein de l'ancien article 57 du Code du statut personnel qui, s'inspirant du droit musulman classique, déterminait suivant un ordre préétabli la liste des personnes dévolutaires du droit de garde de l'enfant en cas de séparation des deux parents (Voir la version originelle de l'article 57 du Code de statut personnel. JOT, 28 décembre 1956, spc. p. 1745).

67 Pour une étude détaillée de cette jurisprudence, voir Ben Achour : Enfance disputée, pp. 225 et s.

68 Cass. civ., arrêt n° 2000 en date du 15 mai 1979, Bull. civ., I, 1979, p. 227 ; RJL, 1980, n° 10, p. 79.

faire de lui un exilé permanent qui se trouve en rupture à la fois avec sa religion (il devient donc un apostat) et de sa patrie[69] ».

21 – L'appréciation de l'intérêt de l'enfant est faite ici *in abstracto* par référence à des éléments culturels et religieux. Le poids de la tradition est tellement fort qu'il amène les juges à délaisser une appréciation casuistique du standard en cause au profit d'une approche dogmatique qui fait la part belle aux valeurs du modèle traditionnel. On se retrouve donc en présence d'une conception identitaire de l'intérêt de l'enfant ; une conception dominée par un communautarisme outrancier. Le bien-être de l'individu est ici exclusivement subordonné à son appartenance et son intégration à l'*Umma*. L'intérêt de l'enfant est définitivement figé. Il est focalisé sur le maintien de l'enfant dans un environnement arabo-musulman. Cette considération est à elle seule suffisante, aux yeux des juges, pour assurer l'intérêt de l'enfant[70]. Cette position apparaît comme une réminiscence du communautarisme religieux qui a longtemps prédominé en terre d'Islam[71]. Dans cette logique

69 Sourate III (La famille d'Imran), Verset 110.

70 Les formules employées par la Cour de cassation dans d'autres décisions ne laissent sur ce point aucun doute : « S'il s'avère que l'attribution de la garde à la mère présente le danger d'élever l'enfant dans un environnement autre que son environnement arabe et musulman, il devient alors nécessaire de faire prévaloir l'intérêt de l'enfant sur l'intérêt de sa mère » (Cass. civ., arrêt n° 69523 en date 4/01/1999, RJL, I, 2002, pp. 167 et s. ; RTD, 2001 [partie en langue arabe], pp. 201 et s., note Malek Ghazouani). Une motivation similaire est reprise dans une autre décision où elle admet : « qu'il ne peut être fait grief aux juges du fond d'avoir refusé l'exequatur du jugement français qui a attribué la garde de l'enfant à sa mère dès lors qu'elle n'est pas de confession musulmane, qu'elle est domiciliée à l'étranger et que l'ordre public international exige que l'enfant soit élevé dans un environnement arabe et musulman » (Cass. civ., Arrêt n° 72212 en date du 22/09/1999, [Inédit].).

71 Certes, une décision du 2 mars 2001 adopte une conception objective de l'intérêt de l'enfant en affirmant que « lors de l'attribution de la garde, l'intérêt de l'enfant doit être pris en considération en premier lieu sans égard à tout autre élément. L'attribution de la garde à la mère étrangère domiciliée en Belgique ne heurte en rien l'ordre public et n'est pas contraire à la politique législative de la Tunisie » (RJL, I, 2002, pp. 183 et s. ; RTD, 2001 [partie en langue arabe], pp. 201 et s., note Malek Ghazouani).

Toutefois, cette position semble être sérieusement battue en brèche par une jurisprudence ultérieure à cette dernière décision, laquelle jurisprudence réintroduit l'élément religieux dans l'appréciation de l'aptitude des père et mère à bénéficier de la garde de leurs enfants. Aussi, peut-on lire dans une décision de la Cour de cassation en date du 24 Octobre 2002 que : « les juges du fond ont motivé leur décision d'attribuer la garde de l'enfant à son père par le fait que cet enfant préfère rester avec son père qui s'est converti à l'Islam et qui a convolé en seconde noce avec une femme de nationalité tunisienne … les juges du fond estimant que pareille situation est de nature à procurer à l'enfant une vie stable tant sur le plan matériel que sur le plan moral.

En motivant leur décision de la sorte, les juges du fond ont sauvegardé l'intérêt de l'enfant … » (Cass. civ., arrêt no 18182 du 24 Octobre 2002, [Inédit]).

Dans une décision du Tribunal de première instance de Tunis en date du 8 décembre 2003 on peut lire que : « l'intérêt de l'enfant nécessite eu égard à son jeune âge qu'il vive avec sa mère même si cette dernière est appelée à résider à l'étranger. La nationalité tunisienne de la mère et sa confession musulmane font de sorte que l'enfant ne soit pas éloigné de l'environnement tunisien et arabo-musulman … » (Tribunal de première instance de Tunis, Jugement no 46026 du 8 décembre 2003, [Inédit]).

Cf. Aldeeb Abu-Sahlieh : L'impact de la religion sur l'ordre juridique, p. 46. L'auteur souligne :

on prêchait l'idée que l'intérêt de tout musulman est de vivre au sein de « la meilleure communauté qu'on ait fait surgir pour les hommes[72] ». Cette attitude préférentialiste, prédominante en Terre d'Islam, est pérennisée par les juges de l'ordre juridique tunisien. Cette démarche est fort contestable. Elle intègre – par la voie de l'appréciation de l'intérêt de l'enfant sous le rapport de l'ordre public au sens du droit international privé –, une référence à la communauté religieuse qui est étrangère à la construction du droit international privé contemporain. Comme le relève pertinemment M. Jean Deprez :

« Les communautés sont ignorées du droit international privé. Or voici des systèmes islamiques qui préfèrent à la référence étatique, qu'elle soit nationale ou territoriale, le rattachement à une entité purement sociologique qui n'entre dans aucun des cadres connus du droit international privé. La solution se situe en porte-à-faux par rapport aux réalités du monde contemporain, telles qu'elles sont perçues par le droit dans l'organisation des relations internationales.

C'est raisonner comme si le monde aujourd'hui était composé d'entités telles que l'Islam, la chrétienté ... alors que l'actuelle société internationale ignore, au moins sur le plan du droit, cette répartition confessionnelle et s'attache surtout à la réalité politique des Etats ...[73] »

B – L'appel au référentiel islamique au-delà du Code

22 – Profitant des déficiences de l'œuvre législative, les juges n'hésitent pas à réactiver le modèle traditionnel pour combler les lacunes du Code. Mais l'attachement de certains juges au référentiel classique va au-delà de cet aspect puisque certains magistrats vont jusqu'à forcer la lettre et l'esprit du Code pour imposer les vues du droit musulman classique au cas d'espèce qui leur est soumis.

« Alors que la société préislamique était dominée par le critère d'assabiya, lien de sang, la nouvelle communauté qu'établit Mahomet est une communauté à critère religieux. Mahomet évacue avec plus ou moins de succès, l'organisation tribale et réalise sur le plan de la foi seule, une fraternité. Désormais, l'Arabie connaît la discrimination dont souffre la société arabe jusqu'à aujourd'hui. L'Islam de Médine, de ce point de vue, ressemble au christianisme sous Constantin. C'est une religion d'Etat. La communauté de Mahomet, dans cet Etat se considère comme « la meilleure communauté qu'on ait fait surgir pour les hommes » ».

72 Rappr. Charfi : Influence de la religion, p. 413. L'auteur rappelle que « lorsque le mari ou le père est musulman,... le droit musulman régit l'ensemble de la famille et impose, en particulier, que l'enfant soit élevé dans la religion musulmane. Cette dernière conséquence, ajoute-t-il, est de la plus haute importance aux yeux des Ulémas puisqu'il est tout à fait exclu qu'un enfant issu d'un musulman puisse être élevé dans une autre religion. Pour prendre la mesure de l'importance de cette règle, il suffit de citer l'exemple de l'enfant trouvé ... S'il ya un doute, s'il a été trouvé dans une ville où il y a ne serait-ce qu'un musulman, s'il y a une chance pour que l'enfant soit issu d'un musulman, il doit être élevé dans la religion musulmane ».

73 Deprez : Droit international privé, pp. 346–347.

Le comblement des lacunes du Code

23 – À la différence de certaines législations de pays arabes qui reconnaissent au droit musulman classique le rang de source subsidiaire de leur droit positif en matière de statut personnel[74], le législateur tunisien n'a pas édicté de dispositions particulières à propos de cette question. Il a laissé à la jurisprudence le soin d'édifier son propre système de comblement des lacunes du Code. Certains juges n'hésiteront pas à recourir au droit musulman en vue de pallier au *vacuum iuris* du Code. C'est ainsi que dans un arrêt en date 22 décembre 1993[75], la Cour d'appel de Tunis confirme le jugement du tribunal de première instance de Tunis du 8 février 1993 qui a rejeté la demande d'un transsexuel visant à obtenir une décision de justice qui autoriserait l'officier de l'état civil à changer son prénom, à l'origine masculin (Sami), par un prénom féminin (Samia) et à modifier sur ses registres l'indication concernant le sexe de l'intéressé. Après avoir rappelé le silence des textes à propos de cette question, la juridiction d'appel affirme la nécessité de recourir en la matière au droit musulman en sa qualité de source du droit positif tunisien du statut personnel. Faisant valoir en la matière les règles et principes de la *Sharia*[76], la Cour d'appel s'oppose à toute modification de ses éléments de l'état civil se rapportant au sexe. A l'appui de sa position, elle souligne, tout d'abord, que le changement de sexe volontairement opéré ne peut être que déploré et rejeté dans la mesure où il s'inscrit à l'encontre de la volonté divine. Elle précise, à cet égard, que l'ordre naturel des choses repose sur un équilibre préétabli par Dieu entre le nombre des hommes et celui des femmes. Or, changer volontairement de sexe – dont la conséquence inéluctable est de faire basculer la balance d'un côté ou d'un autre – ne saurait s'analyser qu'en une volonté délibérée de rompre cet équilibre préétabli et de perturber l'ordre naturel des choses.

Certes, ajoute-t-elle, un principe du droit musulman classique implique que «les nécessités lèvent les interdits», il n'en reste pas moins qu'en l'espèce, rien ne justifiait l'état de nécessité dans la mesure où l'intervention chirurgicale qui a permis à l'intéressé d'acquérir les apparences morphologiques du sexe opposé n'était pas, au regard de l'expertise ordonnée par le tribunal, inéluctable et que le déca-

74 Voir à titre d'exemple, l'article 400 de la Moudawana marocaine qui dispose que «pour tout ce qui n'a pas été expressément énoncé dans le présent Code, il y a lieu de se référer aux prescriptions du rite malékite et/ou aux conclusions de l'effort jurisprudentiel (Ijtihad), aux fins de donner leur expression concrète aux valeurs de justice, d'égalité et de coexistence harmonieuse dans la vie commune que prône l'Islam».

75 Cour d'appel de Tunis, arrêt n° 10298 du 22 décembre 1993, RJL, 1994, n° 1, Janvier, pp. 109 et s.; adde RTD, 1995, pp. 145 et s., note R. Jélassi; adde encore, Redissi/Ben Abid: L'affaire Samia.

76 Dans cette décision, la Cour d'appel de Tunis n'hésite pas à recourir directement aux prescriptions du Coran et de la Sunna (ensemble de propos et d'attitudes attribués au prophète) pour étayer sa motivation. Aussi, évoque-t-elle le Verset 8 de la Sourate 13 suivant lequel: «Dieu sait ce que porte chaque femelle et la durée de sa gestation». De même, qu'elle se réfère à un hadith du Prophète en vertu duquel «Dieu maudit les hommes qui ressemblent aux femmes et les femmes qui en font autant pour ressembler aux hommes».

lage entre le sexe vécu et le sexe d'origine aurait pu être traité par un traitement psychologique adéquat.

Cette position allait être adoptée par la Cour de cassation en 2005[77] qui, s'alignant sur les décisions des juges du fond, réfuta, de manière explicite, la demande faite par une personne en vue de changer les mentions de son état civil (sexe et prénom) suite à une opération chirurgicale emportant l'ablation de ses traits physiologiques féminins originels et l'acquisition par elle des apparences physiques d'une personne de sexe masculin. Après avoir brièvement rappelé les principes de stabilité et d'intangibilité de l'état civil de la personne, la Cour fonde directement sa position sur un verset coranique[78]. Le culturalisme atteint dans ce cas son point culminant puisque l'appel à un verset sommaire du Coran suffit à la Cour pour asseoir de manière définitive sa position hostile à l'égard du syndrome du transsexualisme. Aucun effort n'est déployé pour aborder la question sous l'angle des règles d'interprétation et de comblement des lacunes du système juridique tunisien, ni même pour se référer à la jurisprudence antérieure en la matière[79]. Tout se passe comme si le texte sacré figurait de manière indiscutable parmi les sources génératrices du droit au sein de l'ordre juridique et suffisait par là même, à sceller de manière probante le sort du contentieux en cause en l'absence de disposition législative sur le point litigieux. Les sources du droit positif se trouvent *brevitatis causa* totalement remodelées.

En somme, la piste du droit musulman empruntée par la Cour en vue de pallier au vide législatif du Code conduisait aussi bien dans ses solutions de principe que ses solutions exceptionnelles à débouter l'intéressé de sa demande de modification de son état civil.

Le « forçage » des notions du Code

24.– Il est des cas où l'appel par les juges au référentiel islamique se fait aux dépens des dispositions claires du Code. Dans cette hypothèse, le modèle historique refait surface pour supplanter les solutions prévues par le modèle en vigueur. La lettre du Code est alors malmenée au profit d'une approche traditionnelle de la question. Aussi, les juges tunisiens ont-ils refusé de conférer à l'aveu du père le rang de mode de preuve indépendant et autonome de la paternité légitime, alors même que le texte de l'article 68 du Code du statut personnel autorise pareille solution. A cet égard, il est à rappeler que cet article prévoit que la filiation est établie non seulement par la preuve du mariage, mais également par l'aveu du père ou le

77 Cass. n° 2828- 2005 en date du 15/12/2005 (inédit).

78 « Ne convoitez point ces biens que certains d'entre vous, plus favorisés, ont reçus en dons de Dieu. Aux hommes reviendra une juste part des mérites que leurs œuvres leur ont valu et aux femmes sera dispensée de même la part de récompense qui leur revient. Ayez recours à Dieu pour implorer Sa grâce, Dieu est informé de toute chose. » (Sourate des Femmes, Verset 32).

79 Cf. supra note n° 73.

témoignage de deux ou plusieurs personnes honorables. Ce faisant, le législateur tunisien ouvrait, en 1956, la voie de l'établissement de la filiation paternelle aux enfants nés hors mariage afin qu'ils puissent intégrer, fût-ce *a posteriori*, la catégorie des enfants légitimes. Sous cet aspect, le texte se démarque de la doctrine des jurisconsultes musulmans, généralement hostile à l'idée de l'établissement d'une filiation en dehors de tout lien matrimonial.

25– Méconnaissant cette alternative, la jurisprudence va marginaliser l'aveu en tant que mode autonome de preuve de la filiation en subordonnant son efficience tantôt à l'établissement préalable du lien de mariage[80], ce qui est de nature à rendre son rôle superfétatoire, tantôt à la nécessaire exigence pour l'auteur de l'aveu de taire les origines illicites de la naissance de l'enfant[81]. Dans ce dernier cas, l'aveu est exprimé de manière simple et abstraite; son auteur devant se contenter de déclarer que l'enfant est le sien et qu'il désire le rattacher à sa *filiation*. Si, pour une raison ou pour une autre, la nature illicite de la naissance apparaît de manière ostentatoire, l'aveu devient alors, au regard des juges, inopérant. Héritée du droit musulman[82], cette solution assurait la protection de l'enfant par l'établissement de sa filiation, sans pour autant révéler au grand jour les relations sexuelles hors mariage de ses parents. L'enfant se trouvait ainsi protégé par l'établissement de sa filiation et les apparences sauves par la non-révélation des ses origines[83].

Ce compromis de mauvaise conscience réduit sensiblement l'apport de l'aveu dans l'établissement de la filiation paternelle. La lettre et l'esprit du texte se trouvent ici déjoués par une jurisprudence beaucoup plus soucieuse d'assurer la pérennité des solutions de la *Sharia* que du respect des dispositions du droit positif et de la volonté du législateur.

80 Tribunal de première instance de Sfax, Jugement civil n° 12192 en date du 26 juillet 1971, (inédit), cité par Bouguerra: Le juge tunisien, pp. 64–65.

81 Voir à titre d'exemple, Cass. civ., n° 2183 en date du 31 décembre 1963, RTD, 1963–1965, p. 49, note E. G. De Lagrange; adde Cass. civ., n° 1352 en date du 2 janvier 1979, Bull. civ., 1979, I, p. 11; adde encore, Cass. civ. n° 3712 en date du 12 mars 1981, Bull. civ., 1981, I, p. 99.

82 Abou Zohra: Le statut personnel, pp. 454 et s.

83 Bouguerra explique cette solution en soulignant que le but est ici «de laisser croire en l'existence d'un mariage; fût-il purement imaginaire …» (Bouguerra: Le juge tunisien, p. 71). Le souci de protéger l'enfant par l'établissement de son naçab à la suite de l'aveu du père (l'Istilhak) trouve sa limite dans la révélation des origines illicites de sa conception. La présomption de mariage qui résulte de l'aveu du père est battue en brèche dès lors que ces origines s'extériorisent. L'hostilité des jurisconsultes musulmans à l'égard des relations hors mariage retrouve alors toute sa vigueur puisque l'enfant ne peut prétendre, dans ce cas, à l'établissement de sa filiation paternelle. A l'appui de cette solution, les Ulémas n'hésitent pas à se référer au Coran: «Si vous commettez un péché quelconque, tâchez de ne point le révéler» ou aux propos du prophète qui aurait affirmé «L'enfant appartient au lit; l'amant doit être lapidé». Voir également à ce sujet, Bouguerra: Le juge tunisien, p. 71.

26– Un autre exemple du dépassement de la lettre des textes du Code du statut personnel par les juges peut être tiré d'une singulière décision de la Cour d'appel de Tunis en date du 30 novembre 2005[84]. Dans cet arrêt, la Cour annule un contrat de mariage conclu par un époux à l'article de la mort. A cet effet, elle évoque, en premier lieu, le consentement vicié de l'époux lors de la conclusion du mariage, avant de faire appel par la suite à une solution bien connue du droit musulman classique qui frappe de nullité le mariage conclu par une personne au cours de sa dernière maladie[85]. Or, si la première partie de la motivation est acceptable dans la mesure où elle s'adosse sur des dispositions clairement établies par le Code dans ses articles 3 et 21, la seconde partie de la motivation l'est beaucoup moins, dans la mesure où elle amène à greffer une solution importée du droit musulman classique sur les textes de droit positif et à ajouter par là même, un cas de nullité du mariage non prévu par le législateur. Eu égard aux fâcheuses conséquences qu'emporte la nullité d'un mariage et l'état d'instabilité qu'il crée dans le corps social, le législateur a cherché à endiguer ses cas en mentionnant, de manière limitative, les hypothèses d'une telle sanction au sein de l'article 21 du Code du statut personnel et l'article 36 de la loi du 1er août 1957 réglementant l'état civil[86]. Dans aucun de ces textes, il n'est fait mention de la nullité d'un mariage conclu au cours de la dernière maladie. L'ajout d'un cas de nullité du mariage non prévu par la loi est ici d'autant plus regrettable qu'il s'inscrit en porte-à-faux avec les efforts patents du législateur depuis la promulgation du CSP de renforcer le lien matrimonial aussi bien dans son existence que dans son essence[87]. Affirmé en dehors de tout support textuel, cet appel à l'institution de la dernière maladie en vue d'annuler le mariage est, par ailleurs, très discutable, sur le terrain de la stricte orthodoxie juridique, car l'imminence de la mort de l'un des futurs époux ne constitue pas, au regard du droit positif tunisien, un obstacle dirimant à la conclusion de l'acte de mariage. Mieux encore, l'article 5, alinéa 2 de la loi du 3 novembre 1964 portant institution d'un certificat médical prénuptial[88] semble faciliter la conclusion de tels contrats en dispensant les futurs époux de la production d'un tel certificat « en cas de péril imminent de mort de l'un d'eux ». L'acte de mariage conclu par un époux dont la mort est imminente n'est pas nécessairement un acte suspect. Il peut se présenter comme un acte de gratification à l'égard du futur conjoint qui n'a cessé d'apporter son assistance et son soutien à la personne malade, durant toute la période où elle avait besoin d'assistance. C'est dire que l'appel au droit musulman est ici critiquable, tant sur le plan de la rectitude juridique que de l'opportunité

84 Cour d'appel de Tunis, arrêt n° 26267 en date du 30/11/2005 (inédit).

85 Milliot : Introduction à l'étude du droit musulman, spc. p. 314, n° 308.

86 Loi n°57-3 du 1er Août 1957 réglementant l'état civil (JORT n°s 2 et 3 des 30 et 2 Août 1957).

87 Cf. Bostanji : L'incidence de la constitution, pp. 305 et s.

88 Loi n° 64-46 du 3 novembre 1964, portant institution d'un certificat médical prénuptial, JORT n° 53 du 3 novembre 1964, p. 1275.

pratique. L'évocation d'un vice de consentement avéré aurait pu dispenser dans le cas de l'espèce un détour inapproprié par le droit musulman. Il reste que cette démarche en dit long sur la manière de raisonner de certains juges qui font une association d'idées systématique entre Code du statut personnel et droit musulman et n'hésitent pas à recourir aux solutions de ce dernier droit pour consolider leur raisonnement. Le droit musulman demeure donc toujours en suspens dans l'esprit du juge tunisien. Il intervient lorsque le droit écrit devient flou, mou ou lacunaire, mais il intervient également dans certains cas pour imposer ses vues et sa manière de voir, contre et outre les textes de droit positif. La force de pénétration du modèle traditionnel atteint ici la plénitude de son expression.

Mais depuis quelque temps, cette mouvance est prise à contre-pied par certaines décisions des juges du fond qui n'hésitent pas à interpréter les textes du Code du statut personnel sur la base des droits fondamentaux consignés au sein de la Constitution et certaines Conventions internationales.

2°) La pénétration des droits fondamentaux dans l'œuvre jurisprudentielle

27 – Dans un jugement en date du 29 juin 1999[89], le Tribunal de première instance de Tunis refuse de faire jouer l'interdiction imposée par le droit musulman aux musulmanes d'épouser des non-musulmans[90]. Pour contrer cette solution, les juges invoquent le droit fondamental de toute personne de choisir librement son conjoint. L'ambiguïté qui pesait sur la rédaction arabe du texte de l'article 5 du Code du statut personnel[91] est ainsi levée par un appel aux solutions consignées au sein de la Convention de New-York du 10 décembre 1962 sur le consentement au mariage, l'âge minimum du mariage et l'enregistrement du mariage[92]. Aussi, celle-ci prévoit-elle, dans son préambule, qu'à « partir de l'âge nubile, l'homme et la femme sans aucune restriction quant à la race, à la nationalité ou la religion ont le droit de se marier et de fonder une famille. Ils ont des droits égaux au regard du mariage, durant le mariage et lors de sa dissolution ». L'approche de l'article 5 du Code du statut personnel, par référence au droit conventionnel, va permettre, en l'espèce, au tribunal de s'écarter d'une mouvance hostile, au sein de l'ordre juridique tunisien, à la conclusion de tels actes juridiques[93] et de neutraliser par là même, l'élément religieux en tant qu'indice d'appréciation de la validité du mariage.

89 Tribunal de première instance de Tunis, jugement n° 26-855 en date du 29 juin 1999, RTD, 2000, pp. 403 et s., note Souhayma Ben Achour.

90 Pour une étude générale de l'état de cette question en droit positif tunisien, voir Chedly : Le mariage de la musulmane.

91 Voir à ce sujet la note n° 48.

92 Sur cette Convention, voir Durupty : La Convention de New-York.

93 Cette hostilité se manifeste tant sur le terrain judiciaire que dans le champ administratif.

28 – Dans d'autres décisions, les juges n'hésiteront pas à recourir à la Constitution pour puiser dans le principe d'égalité entre les citoyens toutes les ressources nécessaires pour « normaliser » ces mariages mixtes entre musulmanes et non-musulmans. Dans cette perspective, l'arrêt de la Cour d'appel de Tunis en date du 6 janvier 2004[94] affirme que l'intégration de l'élément religieux parmi les empêchements contenus dans l'article 5 du CSP conduit à contredire l'article 6 de la Constitution qui garantit l'égalité entre les citoyens, ce qui a pour conséquence de créer des catégories de droits différents entre citoyens, en accordant aux hommes la liberté d'épouser des non-musulmanes sans accorder cette même liberté aux femmes.

Sur le terrain voisin de l'interprétation de l'article 88 du Code du statut personnel, certaines juridictions du fond n'hésiteront pas à recourir à ce même raisonnement en faisant valoir la piste des droits fondamentaux. Dans un jugement en date du 18 mai 2000[95], le Tribunal de première instance de Tunis condamne toute interprétation entérinant une discrimination religieuse à l'égard de la question des empêchements successoraux. A cet effet, les juges hissent l'étendard de la liberté de culte garantie aussi bien par l'article 5 de la Constitution ainsi que par les dispositions des pactes jumeaux de 1966[96]. Mieux encore, le Tribunal de première instance de Tunis appuie sa démarche hostile à une approche discriminatoire de l'article 88 par un renvoi aux articles 2, 16 et 18 de la Déclaration universelle des droits de l'Homme de 1948. Si le visa de la Constitution et des pactes jumeaux de 1966 s'inscrit dans une perspective positiviste, l'appel à la Déclaration universelle des droits de l'Homme surprend dans la mesure où ce texte présente une valeur

Dans un arrêt en date du 27 juin 1973, la Cour régulatrice interprète le terme « Chariaa » utilisé dans la version arabe de l'article 5 du Code du statut personnel dans le sens d'un renvoi aux empêchements prévus par la Sharia (Bull. civ., 1973, p. 21).

Par ailleurs, une circulaire du Secrétariat d'Etat de l'intérieur en date du 17 mars 1962 interdit formellement aux officiers de l'Etat civil de célébrer un mariage entre une musulmane et un non-musulman. Cette interdiction s'appuie directement sur l'article 5 du Code du statut personnel qui est appréhendé ici à la lumière du référentiel historique (Recueil des textes et circulaires relatifs à l'état civil, au nom et au livret de famille, Ministère de l'Intérieur, IORT, 1976, p. 82). Une circulaire du Ministère de la Justice en date du 5 novembre 1973 verse dans le même sens. Elle explique à cet effet que « le législateur a admis que la disparité de culte constitue un empêchement charaïque et a visé à préserver l'identité musulmane de la famille musulmane ». Elle ajoute que « les mariages conclus en Tunisie ou à l'étranger par des Tunisiennes musulmanes avec des non-musulmans contredit la politique législative tunisienne » (RJL, novembre, 1973, n° 9, p. 83).

94 Cour d'appel de Tunis, arrêt n° 120 en date du 6 janvier 2004, JDI, 2005, pp. 1193 et s., note Souhayma Ben Achour.

95 Tribunal de première instance de Tunis, jugement n° 7602 en date du 18 mai 2000, RTD, 2000, (partie en langue arabe), pp. 247 et s., note A. Mezghani.

96 Il s'agit du Pacte international relatif aux droits civils et politiques et le Pacte international relatif aux droits économiques, sociaux et culturels. Ces deux Pactes sont en date du 16 décembre 1966 et ont été ratifiés par la loi n° 68-30 du 29 novembre 1968 (JORT n° 51 des 29 novembre-3 décembre 1968). Ces textes ont été publiés par le décret n°83-1098 du 21 novembre 1983 (JORT n° 79 du 6 décembre 1983).

uniquement déclaratoire. Le souci pressant de protéger la liberté de culte a sans doute amené les juges dans cette affaire à « faire étalage » de l'ensemble des textes régissant la question sans se soucier de cerner de près le degré de leur positivité au sein de l'ordre juridique. On retrouve dans ce sillage les idées développées par les adeptes d'une conception objectiviste des droits fondamentaux. S'inscrivant dans la logique de la doctrine jusnaturaliste, les tenants de cette approche soulignent que les droits fondamentaux reçoivent leur normativité de la valeur des prérogatives qu'ils consacrent[97]. Ces droits s'imposent aux *« jurislateurs »* non pas en raison de leur intégration au sein d'une norme formelle de l'ordre juridique, d'origine constitutionnelle, conventionnelle ou légale, mais plutôt en raison de leur contenu qui est jugé prééminent et fondamental pour cet ordre ainsi que pour les titulaires de ces droits[98].

29 – Dans le même registre, on retrouve cette idée de protection de la liberté de culte, dans un arrêt de la Cour d'appel de Tunis en date du 14/06/2002[99] où il est affirmé dans un attendu de principe, que le respect de la liberté de culte garantie par l'article 5 de la Constitution est en porte-à-faux avec la consécration de la disparité de culte en tant qu'empêchement successoral. La subordination de l'acquisition d'un droit pécuniaire à la religion musulmane de son titulaire emporte, au regard de la Cour, un risque de remise en cause du principe du libre choix de la religion d'appartenance. Soucieux de conserver sa quote-part successorale, un héritier potentiel peut être tenté d'opérer une conversion simulée à l'Islam. Une certaine pression pécuniaire est ici exercée sur une question qui relève normalement du seul apanage de la conscience individuelle. La Cour d'appel corrobore sa position en ajoutant que la reconnaissance de la disparité de culte en tant qu'empêchement successoral conduit à la violation du principe d'égalité entre les citoyens et ce en créant deux catégories de Tunisiens : une première catégorie qui jouit de la plénitude de ses droits successoraux et une seconde catégorie qui ne peut venir à la succession de son auteur. Les personnes appartenant à cette dernière catégorie se trouveront donc sanctionnées pour la simple et unique raison d'avoir exercé librement le choix de leur culte. Cette motivation est d'ailleurs reprise par l'arrêt rendu par cette même juridiction en date du 6 janvier 2004[100]. Saisie d'un pourvoi contre cette dernière décision, la Cour de cassation fait montre, pour sa part, d'un libéralisme qui lui est inhabituel sur ce terrain. Aussi, admet-elle que la Cour d'appel de Tunis a correctement interprété les articles 5 et 88 du Code du statut

97 Pour une étude de cette approche des droits fondamentaux, voir Picard : Droits fondamentaux, pp. 548–549.
98 Ibid.
99 Inédit.
100 Arrêt précité.

personnel et que cette interprétation est en parfaite adéquation avec les principes contenus au sein de la Constitution tunisienne[101].

30– On lira également, dans ce même contexte, avec beaucoup d'attention, deux singulières décisions rendues par le Tribunal de première instance de Manouba respectivement en date du 28 octobre 2003[102] et du 2 décembre 2003[103]. Dans ces deux décisions, le tribunal prononce l'établissement de la filiation d'un enfant né hors mariage en se référant à l'article 68 du Code du statut personnel[104]. Prenant à contre-pied une jurisprudence hostile à l'extension de ce texte à la filiation hors mariage, ces décisions optent pour une lecture innovante de l'article susmentionné. Elles soulignent à cet égard que ce texte relatif à la preuve de la filiation présente une structure ouverte puisque outre la cohabitation, l'aveu du père et le témoignage de deux ou plusieurs témoins honorables, ce texte supporte l'ajout d'autres moyens de preuve fiables de la filiation, tels que les tests d'analyse génétique qui peuvent attester de manière certaine du rattachement biologique d'un enfant à son père. Pour marquer leur rupture par rapport à la jurisprudence antérieure, ces décisions n'hésitent pas à adopter une interprétation extensive de l'article 68 du Code du statut personnel en précisant que la généralité des termes de cette disposition permet de couvrir aussi bien les cas d'établissement de la filiation légitime que ceux d'établissement de la filiation naturelle. Cette lecture est autorisée par un appel aux droits fondamentaux. Aussi, le tribunal de Manouba fait-il valoir

101 Cass. civ., arrêt n° 3843/2004 en date du 20 décembre 2004, JDI, 2005, pp. 1193 et s., note Souhayma Ben Achour. Compr. Cass. civ., n° 4105 en date du 19 juin 2006, Bull. civ., 2006, pp. 235 et s.

C'est la première fois que la Cour de cassation affirme, de manière directe, une position favorable à la question de l'héritage du successible non-musulman. Si dans son arrêt de 2004, la position de la Cour de cassation reste assez feutrée (elle se voile de l'argument de l'appréciation souveraine de la question par les juges du fond pour appuyer de manière discrète mais certaine la position de faveur à l'égard de l'héritage du successible non-musulman), la Cour régulatrice affirme dans son arrêt de 2006 une position favorable à la question de la successibilité entre deux personnes de cultes différents. Après avoir souligné dans une première phase que la fille du de cujus est présumée être, en l'espèce, musulmane dans la mesure où elle est née d'un père musulman et qu'aucun élément du dossier n'est venu réfuter cette présomption, elle ajoute, dans un second temps, que dans tous les cas, les dispositions du droit tunisien n'ont pas entériné expressis verbis la disparité de culte en tant qu'empêchement successoral … ; ce qui est de nature, en principe, à fermer la voie à une interprétation de l'article 88 du Code du statut personnel menée à la lumière du droit musulman classique.

Faut-il pour autant y voir les signes d'un revirement prochain dans la position de la Cour de cassation qui s'appuierait dans cette perspective sur le relais des droits fondamentaux pour consolider son opinion sur ce point ?

Rien n'est moins sûr, d'autant plus qu'une dizaine de jours auparavant (8 juin 2006), cette même chambre de la Cour de cassation avait affirmé la solution contraire en adoptant une motivation qui va dans le sens de la consécration par le droit tunisien de la disparité de culte en tant qu'empêchement successoral (Décision inédite).

102 Tribunal de 1re instance de Manouba, jugement n° 16198 en date du 28 octobre 2003 (inédit).

103 Tribunal de 1re instance de Manouba, jugement n° 16189/53 en date 2 décembre 2003 (inédit).

104 L'article 68 du Code du statut personnel énonce à cet effet : « La filiation est établie par la cohabitation, l'aveu du père ou le témoignage de deux ou plusieurs témoins honorables ».

le droit fondamental de tout enfant à l'établissement de sa filiation sans égard à l'origine de sa naissance. L'article 6 de la Constitution ainsi que l'article 2, paragraphe 2 de la Convention de New-York du 20 novembre 1989 relative aux droits de l'enfant ratifiée par la loi du 29 novembre 1991[105] viennent ici en appui pour consolider cette approche éclectique de l'article 68 du Code du statut personnel. Cette activation des droits fondamentaux permet de bouleverser le sens traditionnellement donné par les juges tunisiens à ce texte. En même temps, elle autorise son adéquation avec une idée force qui traverse en filigrane le Code tunisien du statut personnel: la protection de l'enfant. L'originalité de ces deux décisions est d'autant plus évidente qu'elle emporte une solution en totale rupture par rapport au droit musulman classique, à savoir l'instauration d'un statut égalitaire entre l'enfant légitime et l'enfant naturel.

31 – Certains auteurs verront dans ces décisions empruntant la voie des droits fondamentaux «un tournant dans l'histoire de la jurisprudence tunisienne»[106], d'autres y percevront l'indice d'une condamnation définitive des solutions fondées sur des discriminations religieuses dans les matières matrimoniale et successorale[107] ou encore, y détecteront les prémices d'une conception sécularisée de la famille[108].

Au regard de l'évolution de la question devant les juridictions tunisiennes, ces pronostics s'avèrent, en réalité, fort optimistes dans la mesure où cette approche moderne des textes du Code du statut personnel est loin de faire, aujourd'hui, l'unanimité devant nos tribunaux. La valse-hésitation de la jurisprudence continue, sous ce rapport, de plus belle. Aussi bien les juridictions du fond que la Cour de cassation n'ont point hésité, dans certaines affaires récentes, à revenir à une lecture traditionnelle des textes du Code du statut personnel[109], mettant ainsi entre parenthèses cette séquence jurisprudentielle ouverte sur les droits fondamentaux. Les référentiels traditionnel et moderne apparaissent plutôt sous un rapport de

105 Suivant ce paragraphe: «... Les Etats parties prennent toutes les mesures appropriées pour que l'enfant soit effectivement protégé contre toutes formes de discrimination ou de sanction motivées par la situation juridique ... de ses parents ...».

Ce faisant, les juges du Tribunal de première instance Manouba admettent le caractère self-executing de la Convention de New-York relative aux droits de l'enfant, c'est-à-dire son applicabilité directe devant les tribunaux de l'ordre judiciaire.

106 A. Mezghani (cf. note 96), note sous le jugement du Tribunal de première instance de Tunis en date du 18 mai 2000, p. 270.

107 Souhayma Ben Achour (cf. note 41), note sous les arrêts de la Cour d'appel de Tunis du 6/1/2004 et de la Cour de cassation du 20 décembre 2004, p. 1201 et s.

108 Ben Achour: Figures de l'altérité, pp. 838 et s.

109 Voir à titre d'exemple, l'arrêt de la Cour de Cassation n° 9658-2005 en date du 8 juin 2006 (inédit). Rappr. dans le même sens, l'arrêt de la Cour de cassation n° 4487-2006 en date du 18 janvier 2007 (inédit). Adde encore, la décision du Tribunal de première instance de Tunis du 3 décembre 2007 (inédite).

concurrence qui entretient une situation fort singulière : une situation où, au sein d'un même ordre juridique et dans une même discipline, une logique confessionnelle dérivant du paradigme historique cohabite avec une logique laïque portée par l'essor des droits fondamentaux dans les ordres juridiques modernes. Leur alternance amène à créer une situation de flottement où aucun des deux modèles n'est à même de s'imposer, de manière définitive, aux dépens de l'autre.

Afin de mieux explorer ce phénomène, il importe alors d'en analyser les raisons.

B– Explications de la tergiversation

32– La tergiversation constatée trouve son explication dans la cohabitation de deux logiques différentes qui marquent de manière concomitante l'ensemble du corps social. La première est orientée vers le passé avec pour point de repère les valeurs de l'ancien système alors que la seconde est tournée vers le présent et l'avenir et trouve son élément d'ancrage dans les valeurs humanistes qui portent l'élan de la modernité.

Cette cohabitation de modèles dissemblables n'est à la vérité que l'aspérité de soubassements culturels, sociologiques et politiques qui oscillent entre deux paradigmes d'inspiration différente.

1°) Les considérations d'ordre culturel

33– Longtemps marqué par le sceau de la religion, le système éducatif tunisien allait subir une importante mutation à la fin du XIXème siècle. L'année 1875 marque la création du Collège Sadiki par le grand réformateur Kheïreddine[110]. L'enseignement traditionnel zeïtounien entrait ainsi en concours avec des enseignements modernes qui faisaient la part belle aux sciences exactes et aux langues étrangères. Une nouvelle manière de penser et raisonner était ici introduite. « Les sadikiens avaient pour patrie la Tunisie et comme modèle le siècle européen des Lumières »[111]. Ce nouvel esprit va marquer, de manière indélébile, l'élite tunisienne qui va lutter pour l'indépendance du pays et œuvrera par la suite à la construction de l'Etat moderne.

L'indépendance de la Tunisie va accentuer ce mouvement de modernisation. La coexistence des deux systèmes d'enseignement va céder le pas à une prédominance du système moderne sur le système traditionnel. Les premières années de l'indépendance marquent, en effet, le démantèlement du système d'enseignement

110 Guellouz/Masmoudi/Mongi Smida : Histoire générale de la Tunisie, p. 420.

111 Charfi : Islam et liberté, p. 213.

traditionnel et la marginalisation de son rôle sur le plan éducatif. Le modèle moderne va se généraliser aux différents stades de l'enseignement. Les études juridiques n'échappèrent pas à la règle. Les enseignements furent très tôt alignés sur le modèle français tant sur le plan cognitif que sur le plan méthodologique. Cette perspective de l'évolution ouvrait naturellement la voie à la pénétration de nouvelles valeurs humanistes qui s'affirmaient comme le corollaire indissociable d'une vision moderne de la discipline juridique.

34– Pourtant la nouvelle donne n'éliminera pas toute trace du passé. La modernisation des textes du statut personnel et celle de l'enseignement du droit n'empêcheront point la survie du référentiel islamique dans l'œuvre jurisprudentielle.

Certains y verront la marque de certains juges formés à l'aune de l'ancien système qui chercheront à faire revivre le modèle traditionnel dès lors que l'occasion se présentera[112]. M. Mohamed Charfi observe à cet égard que «... Le Code du statut personnel a été adopté dès les premiers mois de l'indépendance avec le contenu révolutionnaire que l'on sait. Les magistrats presque tous de formation traditionnelle, l'ont mal reçu. Bien sûr, ils ne se sont pas mis hors la loi. Ils l'ont appliqué dans ses dispositions les plus claires et les plus importantes: abolition de la polygamie et de la répudiation ... Mais dès qu'une disposition prêtait à équivoque et exigeait une interprétation, ils en ont profité pour revenir au droit musulman ...[113]».

35– Pour intéressante qu'elle soit, cette explication ne résiste pas à la contre-épreuve. Pour s'en convaincre, il suffit d'évoquer l'arrêt Hourria[114], arrêt emblématique de la mouvance conservatrice, qui a été rendu sous la présidence de Mohamed Loussaïef, juge de formation sadikienne ayant suivi un cursus moderne au stade de l'enseignement supérieur. Par ailleurs, l'accession à la judicature de juristes formés au sein des nouvelles facultés de droit qui dispensent un enseignement moderne du droit n'a pas endigué la survivance du modèle traditionnel lors de l'interprétation des textes du statut personnel. C'est dire que la question de la formation des juges ne saurait à elle seule expliquer le poids de la tradition en la matière. Cette dernière attraction semble également trouver son attache au regard d'un phénomène qui imprègne de manière profonde le soubassement culturel de la collectivité.

112 Inversement, on a pu constater que certains juges Zeitouniens prenaient dans certains cas leurs distances par rapport à des solutions largement admises dans le droit musulman classique. Dans une récente étude publiée dans le journal Essarih, M. Mohamed Salah Ayari défend le droit de l'épouse chrétienne ou juive de venir à la succession de son mari musulman. Journal Essarih (en langue arabe) du 18 octobre 2007, p. 9.

113 Charfi: Islam et liberté, pp. 216–217; adde dans le même sens Bouguerra: Le juge tunisien, p. 22.

114 Arrêt précité.

M. Mohamed Abed El Jaberi, philosophe marocain, évoque de manière intéressante cet aspect en soulignant l'impact du *fiqh* sur la contexture de l'intellect arabe :

« La civilisation arabo-musulmane, affirme-t-il, est une civilisation de fiqh au même titre que la civilisation hellénique fut une civilisation de philosophie et que la civilisation occidentale est une civilisation de savoir et de technologie. Il suffit d'observer la production intellectuelle de cette civilisation tant sur le plan quantitatif que sur le plan qualitatif pour se rendre compte de l'impact fondamental de cette science, au point que l'on peut affirmer que le fiqh fut la chose la mieux partagée entre les personnes relevant de la société arabo-musulmane. Dans ces conditions, conclut-il, il semble normal que son influence soit aussi forte non seulement sur le comportement « pratique » des individus et de la collectivité, mais également sur le plan du comportement intellectuel de cette société, c'est-à-dire dans sa manière de penser et sa production intellectuelle [115]. »

Cette imprégnation de l'intellect arabe par le *Fiqh* ne peut être éliminée d'un seul trait par cinquante ans d'oeuvre réformatrice sur le terrain du statut personnel. Elle permet aussi d'expliquer comment le référentiel islamique survit toujours de *manière latente* dans l'esprit des juges en dépit d'une modernisation de *surface* de l'enseignement et des textes gouvernant la matière.

La cohabitation de deux éléments culturels d'inspiration différente autorise une meilleure compréhension du balancement sporadique du corps judiciaire entre le poids de la tradition et la tentation de la modernité. Ce premier aspect de l'explication du phénomène de tergiversation de l'œuvre jurisprudentielle est relayé par la dichotomie de la réalité sociologique.

2°) Les considérations d'ordre sociologique

36 – L'appel aux droits fondamentaux par certains juges reflète la position d'une frange du corps social tunisien. En quête de modernité, cette frange cherche à concrétiser ses aspirations par l'emprunt de valeurs que véhicule ce nouveau mo-

[115] El Jaberi : La formation de l'esprit arabe, p. 96. Voir également dans le même sens, Y. Ben Achour qui observe que « le droit musulman (Fiqh) a acquis dès le troisième siècle hégirien, la précellence dans le champ de la science académique. La théologie et la philosophie, sans disparaître, ont perdu leurs titres de noblesse. Les sciences chaudes ont décliné par rapport à la science froide.

Le droit érigé, en souverain des sciences, mit pratiquement à son service les sciences littérales, comme la grammaire et les disciplines linguistiques …

Les trois premiers siècles hégiriens ont été des temps de créativité et de dissidences, dominés par les sciences de la nature et les sciences dialectiques et contemplatives (philosophie, mathématique, théologie). L'univers culturel était un univers éclaté. Cette situation prit fin, avec l'édification inconsciente d'une culture moniste dont les instruments principaux furent le Fiqh (droit)et le Fiqh el lugha (science linguistique) » (Ben Achour : Droit et changement social, pp. 137–138).

dèle. Ravivée par la sécularisation de l'enseignement, la fibre moderniste, projette en la matière une vision de la société tunisienne qui est en nette rupture avec le modèle traditionnel. L'ambition du changement l'emporte ici, fût-ce au prix du bouleversement d'un ordre juridique multiséculaire. Dans cette optique, on abandonne le finalisme religieux qui caractérise l'approche du droit musulman pour épouser des valeurs qui répugnent à toute discrimination et rejettent toute restriction obsolète aux libertés matrimoniales. Une organisation rationnelle de la vie de l'individu et du groupement familial est ici de mise. Dire qu'il n'est question ici que d'un mimétisme juridique traduisant un alignement sur les modèles occidentaux, par le jeu d'un simple effet de mode, est quelque peu simpliste dans la mesure où ce mouvement prend en charge les profondes mutations qui ont affecté, depuis plusieurs années, la famille traditionnelle.

Ainsi, on va assister dès les premières années de l'indépendance à la substitution progressive d'un modèle familial *nucléaire, exogamique et monogamique* à la famille traditionnelle présentant, de manière générale, les caractères d'un groupement patriarcal, endogamique et polygamique. Cette évolution qui stigmatise l'éclatement des structures traditionnelles trouve son explication dans plusieurs facteurs intervenus lors des premières années de l'accession de l'Etat tunisien à la souveraineté et accentués lors des dernières décennies.

37 – La concentration des activités industrielles et commerciales au sein des grandes villes a favorisé un exode rural massif et une urbanisation assez importante de la population. Il s'en est suivi une remise en cause certaine de l'ancien tissu social avec une tendance à l'émiettement des structures nombreuses conduisant par là même, à l'effritement du modèle patriarcal de la famille[116]. Par ailleurs, la généralisation de l'enseignement a favorisé l'accès de la femme au marché de l'emploi. De ce fait, la femme tunisienne a troqué son statut de ménagère contre celui d'un agent économique à part entière. Le large accès de la femme à l'éducation et à l'emploi va contribuer à ancrer un profond changement des mentalités et des comportements[117]. Dans ce nouveau contexte, caractérisé par la mixité et par une plus grande liberté des individus, le conjoint sera généralement choisi et non pas imposé par le père. L'allégement de la pression familiale fera de sorte que ce choix s'opérera souvent en dehors du cercle familial. Du coup le mariage exogamique est devenu le paradigme prédominant au sein de la société tunisienne. Enfin, un volontarisme étatique, orienté vers la promotion de l'égalité des sexes et une approche homogène du groupement familial, mettra un terme à une conception polygamique de la famille au profit du modèle monogamique.

116 Charfi: Le droit tunisien de la famille, pp. 21 et s.
117 Ibid.

38– Au sein de cette nouvelle configuration de la famille, un double mouvement va *crescendo* se préciser. D'une part, la femme revendique les mêmes droits que l'homme. D'autre part, on assiste au sein de cette nouvelle cellule à une altération du sens des rapports familiaux. De proche en proche, ces relations ne sont plus conçues en fonction de ceux qui agissent, décident et prennent des responsabilités, «ils sont désormais centrés autours des enfants dont il faut favoriser le développement en leur double qualité d'êtres faibles et porteurs d'espoirs»[118]. Au regard de cette dernière considération, le droit contemporain de la famille est qualifié comme étant «un droit pédocentrique[119]».

On se rapproche progressivement de l'idée défendue par le Doyen Carbonnier suivant laquelle: «la famille ne serait plus aujourd'hui, cette entité distincte de ses membres, c'est plutôt en chacun de ses membres qu'il y a une partie de sa personnalité qui est familiarisée»[120]. On s'achemine dès lors vers une situation où le statut de l'individu prédomine sur l'intérêt du groupement familial. Par une sorte «d'effet funiculaire», «la montée de la personne correspond ici à une descente de la famille[121]».

39– Cette «individualisation de la famille» véhicule dans son sillage l'atomisation du droit objectif en droits subjectifs[122]. «Le raisonnement a ici pour point de départ les droits subjectifs, le droit objectif se recomposera par la suite comme un réseau de droits subjectifs[123].» Aujourd'hui, le terme droit de la famille est souvent éclipsé au profit d'autres vocables comme les droits de l'enfant[124], les droits de la femme[125],

118 Mayer: Evolution du statut de la famille, p. 458.

119 Carbonnier: Droit civil. Les personnes, n° 110.

120 Carbonnier: Flexible droit, p. 150.
Dans le droit fil de cette assertion, ce même auteur observe que «la famille est aujourd'hui conçue moins comme une institution qui vaudrait par elle-même que comme un instrument offert à chacun pour l'épanouissement de sa personnalité» (Carbonnier: Essais sur les lois, p. 171).

121 Terré/Fenouillet: Droit civil, n° 4, p. 3.

122 Le Doyen Carbonnier évoque ce phénomène en termes de «pulvérisation du droit en droits subjectifs» (Carbonnier: Droit et passion du droit, p. 121).

123 Ibid.

124 Cf., La loi n° 98-75 du 28 octobre 1998 relative à l'attribution d'un nom patronymique aux enfants abandonnés ou de filiation inconnue (JORT du 30 octobre 1998, p. 2119) telle que modifiée et complétée par la loi n° 2003-51 du 7 juillet 2003 (JORT du 8 juillet 2003, pp. 2107–2108).

125 Cf., La loi n° 81-7 du 18 février 1981 qui admet la réparation du préjudice matériel subi par la femme divorcée «sous forme de rente payable mensuellement et à terme échu à l'expiration du délai de viduité». Pour une étude générale de cette loi, voir Meziou: Féminisme et Islam; adde encore, la loi n° 93-74 du 12 juin 1993 portant modification des articles 2, 6, 12, 23, 28, 32, 43, 44, 46, 53 bis, 60, 67, 153 du Code du statut personnel et ajoutant l'article 32 bis aux dispositions du Code. Cette loi s'efforce d'accentuer l'idée force de l'égalité entre les sexes dans les rapports familiaux. Sur cette réforme, voir notamment, Bouraoui: Droit de la famille et relations familiales à la lumière des dernières réformes juridiques.

les droits des grands-parents[126], les droits des créanciers des aliments[127], les droits de la mère titulaire du droit de garde[128], les droits des donataires[129]… L'approche adoptée est une approche pragmatique. L'élaboration des règles du droit de la famille ne se fait plus, aujourd'hui suivant une conception d'ensemble de ce groupement. La démarche adoptée consiste plutôt à isoler une question limitée à propos de laquelle se rencontre un besoin jugé manifeste pour un membre de la famille tout en s'efforçant de lui apporter des solutions propres et ponctuelles. Le petit droit éclipse ici le Grand Droit. Pareil contexte rend propice le recours aux droits fondamentaux qui véhiculent des droits innés et inaliénables au profit des membres de la famille, des droits qui intéressent la personne en soi. En somme, le courant jurisprudentiel qui y fait appel prend en charge une réalité indéniable du droit tunisien de la famille, une réalité où les droits subjectifs des membres du groupement familial apparaissent au premier plan de la discipline.

40 – Illustration d'une profonde mutation sociologique, ce courant moderne n'est qu'une facette d'un tableau judiciaire à deux visages. L'autre versant de ce tableau demeure sous l'emprise des pesanteurs du passé. L'attraction du modèle traditionnel s'appuie ici sur des considérations d'ordre sociologique. Le droit du statut personnel touche la personne dans son intimité, dans sa vie quotidienne, dans ce qu'elle a de plus cher. Bien mieux, creuset de valeurs morales, sociales et religieuses qui marquent l'originalité d'une collectivité déterminée, le droit du statut personnel jette ses racines dans les profondeurs de l'âme populaire. A ce titre il constitue un segment indéfectible de l'identité de la collectivité qu'il gouverne[130]. Au sein de cette discipline, la modernité altère la surface du droit positif : le droit écrit, mais n'a pas la puissance nécessaire pour sceller de manière définitive les soubassements sociologiques de la collectivité dans le sens d'un changement radical. Sur ce terrain, les résistances sont encore grandes et le poids de la tradition

126 Cf., La loi n° 10-2006 en date du 6 mars 2006 qui détermine les modalités d'attribution d'un droit de visite aux grands-parents, en cas de décès du parent de l'enfant (JORT, 10 mars 2006, p. 1013).

127 Cf., La loi n° 93-65 du 5 juillet 1993 portant création d'un fonds de garantie de la pension alimentaire et de la rente de divorce (JORT n° 62 du 20 août 1993, p. 1301).

128 Cf., La loi n° 2008-20 du 4 mars 2008, portant amendement de certaines dispositions du code du statut personnel (JORT, 11 mars 2008, p. 883). Cette loi établit un droit de maintien dans les lieux au profit de la titulaire de la garde lorsque le père, propriétaire du local d'habitation, est astreint à la loger avec l'enfant. En cas de cession ou d'hypothèque du logement, le père est tenu, sous peine de sanctions pénales, de mentionner ce droit dans le titre établissant la cession ou l'hypothèque.

129 Cf., La loi n° 69-2006 du 28 octobre 2006 qui dispense l'assujettissement des donations faites entre ascendants et descendants et entre conjoints au taux d'enregistrement proportionnel (JORT, 3 novembre 2006, p. 4549).

130 Bostanji : La Sharia, pp. 135–136. M. Fulchiron note à cet égard que « la famille est le lieu de l'intimité des personnes, le lieu des identités les plus profondes … parce qu'elle exprime les valeurs essentielles d'une société ; parce qu'elle traduit ce qui fonde toute société : le système de parenté » (Fulchiron : La famille, p. 479).

reste fort important. Ce mouvement risque même d'être exacerbé par une propension nettement perceptible lors des dernières années au sein des sociétés arabo-musulmanes, à percevoir l'Islam en tant que valeur refuge. Les tensions politiques entre l'Occident et le monde islamique au cours des dernières années portent en germe une crispation identitaire qui ouvre la voie royale à une consolidation du modèle traditionnel.

41 – Balayée par des vents contraires, l'œuvre d'interprétation illustre la complexité de la réalité sociologique au sein de laquelle s'intègre la discipline du statut personnel, une réalité qui prend la forme d'une caisse de résonance où s'agitent des valeurs différentes, voire antinomiques et qui se trouve être le terrain de confrontation entre les forces de conservation et les forces du changement. La matière constitue à cet égard un observatoire idéal de l'hétérogénéité des valeurs qui animent la société tunisienne et le fidèle miroir des oppositions qui la secouent. Elle révèle aussi une effervescence caractéristique des sociétés en transition[131].

Eu égard aux importantes transformations qu'elle a subi, la société tunisienne ne peut rester insensible aux sirènes de la modernité, mais en même temps, cette collectivité n'est pas en mesure, compte tenu des pesanteurs du passé, de rejeter en bloc et d'un seul trait le modèle traditionnel[132]. Comme le relèvent M. Ali Mezghani et Mme Kalthoum Meziou-Douraï, « le discours identitaire qui se prévaut du patrimoine n'inscrit pas le Droit dans l'histoire. Le système de normativité où se confondent droit, religion et morale est a-historique. Il reste à l'abri du temps et cherche à se prémunir contre le changement[133] ». Ici plus qu'ailleurs la résistance des forces traditionnelles aux sirènes de la modernité demeure assez farouche.

Cette situation génère une anomie sociale. Celle-ci se présente comme un état de la société qui se caractérise par « la perte des desseins et de la discipline, les conduites désordonnées et erratiques, la non intériorisation des règles sociales, les conflits autour des règles[134] ».

Au sein de cette société tiraillée entre deux paradigmes différents, le droit apparaît comme un champ de bataille où se heurtent deux projets de la société. Deux conceptions du droit entrent alors en conflit : une conception identitaire où le droit apparaît comme le reflet d'une identité à coloration religieuse, à laquelle se juxtapose une conception instrumentale où la matière juridique se révèle comme

131 Sur les traits caractéristiques de ces sociétés, voir Mezghani / Meziou-Douraï : L'égalité entre hommes et femmes, pp. 85 et s.

132 M. Virally observe à ce propos qu'« il s'établit dans tout ordre juridique une tension entre des forces de conservation et des forces de changement … dont la résultante est telle que cet ordre ne peut immobiliser définitivement les normes qui le constituent et ne peut pas davantage se renouveler intégralement du jour au lendemain : cette transformation permanente, c'est ce qu'on nomme la continuité du droit » (Virally : La pensée juridique, p. 188).

133 Mezghani / Meziou-Douraï : L'égalité entre hommes et femmes, pp. 85 et s.

134 Ben Achour : Droit et changement social, p. 151.

un moyen d'assurer un changement social dans la perspective d'une meilleure adhésion aux valeurs de la modernité. L'état d'anomie sociale se répercute nécessairement sur le terrain du droit : « les anciennes règles perdent leur pouvoir, les nouvelles restent prisonnières d'un milieu pathologique où règnent l'hypernormativité, l'idéalité, l'incompatibilité, la dévalorisation. Et le droit devient, en fin de compte, un lieu de confrontation autour duquel s'organisent des stratégies d'acteurs[135]. »

Cette fluctuation entre tradition et modernité est également entretenue au sein de l'ordre juridique par l'ambivalence du discours politique.

3°) Les considérations d'ordre politique

42 – En dépit de la modernité qui caractérise l'ossature et la substance du Code du statut personnel, l'Etat maintiendra une représentation du statut personnel par référence au modèle traditionnel. Dans sa présentation du Code du statut personnel, M. Ahmed Mestiri qui cumulait à l'époque les fonctions de Secrétaire d'Etat à la justice et de Président de la Commission chargée d'élaborer le Code du statut personnel, avait précisé dans des communiqués qui ont précédé ou accompagné la promulgation de ce texte, que les prescriptions du Code avaient été, dans leur ensemble, puisées dans le droit musulman et que même les nouveautés par rapport à la législation antérieure, qui y avaient été incorporées, n'étaient guère en contradiction avec les préceptes fondamentaux des textes coraniques[136]. Pour sa part, le Président Bourguiba ne cessait de répéter dans ses discours que le Code est loin d'avoir marginalisé la religion tout en mettant l'accent sur l'originalité de la méthode employée qui consistait à revenir aux « sources pures de l'Islam » afin

135 Ibid.

136 Voir le texte du communiqué de M. Ahmed Mestiri en date du 3 août 1956 relatif à l'abolition des tribunaux charaïques et à la promulgation du Code du statut personnel, in La justice dix ans après, Publications du Secrétariat d'Etat à la Justice, 1966, pp. 175 et s.

Voir également le texte du communiqué de M. Ahmed Mestiri en date du 17 août 1956, in Infos Juridiques (partie en langue arabe), 24–25 mai 2007, p. 29.

On lira avec attention, dans ce même contexte, la lettre en date du 13 février 1966 adressée par M. Ahmed Mestiri au journal algérien « Révolution africaine ». Cette lettre est une réponse à un article publié au sein de ce même journal dans lequel son auteur évoque l'expérience tunisienne en matière de statut personnel en termes d'expérience laïque qui est en totale rupture avec le droit musulman classique. Selon l'auteur de cet article, la promulgation du Code tunisien du statut personnel marque le passage du droit tunisien du statut personnel « du malékisme au kémalisme ». Dans sa réplique à cet article, M. Ahmed Mestiri souligne les profondes divergences qui séparent l'expérience tunisienne de l'expérience turque en la matière. Alors que la première est restée attachée à l'esprit du modèle traditionnel tout en cherchant à adapter ses règles aux besoins et aux exigences d'une société qui aspire à la modernité, la seconde tourne totalement le dos au paradigme islamique, préférant une modernisation directe de sa société qui fait fi de l'héritage du passé.

Voir le texte de cette réponse publié dans le journal El Mawkif, n° 397, 16 mars 2007, p. 12.

d'y dégager les solutions qui seraient en accord avec les nouvelles exigences de la société tunisienne[137].

Cette perception du Code du statut personnel sera réitérée au sein du Pacte national[138]. Peu de temps après le départ de Bourguiba, les principaux acteurs de la vie politique tunisienne ont signé une sorte de déclaration politique dénommée, Pacte national, qui fixe les objectifs politiques, sociaux et économiques devant servir de *leitmotiv* à la politique du gouvernement en place. Ici encore se confirme la teinte religieuse mais éclairée dans la présentation du Code. Il y est clairement affirmé que les réformes du statut personnel « visent à libérer la femme et à l'émanciper conformément à une aspiration fort ancienne dans notre pays se fondant sur une règle solide de l'Ijtihad et sur les objectifs de la Sharia et de son ouverture aux exigences de l'époque et de l'évolution ». Ce même texte ajoute que « L'Etat tunisien se doit de veiller sur cette orientation rationnelle qui procède de l'Ijtihad et d'œuvrer pour que l'Ijtihad et la rationalité aient clairement leur impact sur l'enseignement, les institutions religieuses et les moyens d'information ».

43 – Cette approche « concordiste » des textes du statut personnel relève de l'opportunisme politique. Eu égard à la sensibilité de la fibre religieuse dans les sociétés arabo-musulmanes, tout écart par rapport au modèle traditionnel délégitime l'action des gouvernants et voue leurs projets à l'échec. Dans ces pays, la légitimité d'une solution afférente au statut personnel ne découle pas du fait qu'elle a été élaborée par une autorité légitime (représentative de la population ou autre), elle se juge plutôt à l'aune de sa fidélité aux sources sacrées et à sa conformité à la stricte orthodoxie sharaïque[139] ; et même lorsque l'Etat s'efforce de moderniser la société

137 Bourguiba : Discours prononcé le 29 juin 1966.

138 Voir le texte de ce Pacte in Recueil des textes relatifs à l'organisation politique et aux libertés publiques, Publications de l'IORT, 2002, pp. 13 et s.

139 Un Code de la famille n'est pas une simple loi. Au-delà de son aspect normatif, il véhicule toute une conception de la société. Ces considérations font du droit du statut personnel, un terrain privilégié de confrontation entre modernistes d'une part, et traditionalistes d'autre part. Ces derniers s'opposent fermement, au nom du respect de la loi sharaïque, à toute volonté de changement prôné par le clan des modernistes et n'hésitent pas à peser de tout leurs poids pour faire basculer l'issue de la bataille de leur côté (manifestation dans les rues dès l'annonce d'un projet de réforme, pressions politiques sur les gouvernants, mise en jeu de techniques juridiques et judiciaires pour annihiler l'effet de toute loi qui leur semble contraire à la Sharia [voir l'exemple de la loi Jihane en Egypte]). Compte tenu de l'audience de ce courant auprès des masses populaires qui restent profondément attachées à la religion et par ricochet, auprès des gouvernants qui ne peuvent faire fi de la fibre religieuse de leurs peuples, le conservatisme, en la matière, reste prédominant dans les pays arabes. Tout décalage – aussi minime soit-il – par rapport à la loi islamique est appelé à être rattaché à la religion en vue de pondérer les ardeurs conservatrices du clan traditionaliste. En présentant la nouvelle loi marocaine de 2004 portant réforme du Code de la famille, le premier ministre marocain, Idriss Jetou, fait écho de manière implicite mais certaine à ces tensions politiques tout en cherchant à les apaiser. « Ces réformes, souligne-t-il, ne doivent pas être perçues comme la victoire d'un clan sur un autre ; elles doivent être considérées comme un acquis pour tous les Marocains ». Cf. le Préambule du Dhahir chérifien, n° 1-22-04 en date du 3 février 2004 portant promulgation du Code de la famille, Bulletin

par une réforme importante de la matière du statut personnel, il cherchera à récupérer pour son propre compte le référentiel islamique en vue de profiter de l'audience de ses symboles auprès des masses [140] et d'éviter une brusque rupture qui risque de compromettre l'effectivité de ces textes. Comme le souligne M. Deprez «le droit ne se ramène pas aux règles juridiques déclarées positives à un moment donné ... il est politique et il est une politique. Sous cet angle, le droit est conditionné par les données politiques de la société concernée»[141].

44 – Paradoxalement, le même texte servira au régime tunisien d'étendard à l'action de modernisation par l'Etat du mode de vie de la collectivité qu'il prend en charge. Le Code du statut personnel est, en effet, brandi comme l'exemple d'une modernisation possible d'une société arabo-musulmane par la réforme de son statut personnel. L'Etat ne cesse d'exalter son exploit et en fait la façade de la modernité du régime politique.

La multiplication tant en Tunisie[142] qu'à l'étranger[143], lors de l'année 2006, des festivités organisées à l'occasion du cinquantenaire du Code du statut personnel offrent une illustration édifiante de ce mouvement. Des colloques, des conférences et des symposiums chercheront à mettre en valeur cet aspect du Code en faisant les louanges de l'expérience tunisienne en la matière.

L'ambivalence de ce discours politique entretient et nourrit le conflit de référentiels lors de l'interprétation des dispositions du Code du statut personnel. En effet, l'ancrage des prescriptions innovatrices du Code par référence au droit musulman maintient le lien ombilical avec le référentiel classique. Cette démarche favorise une représentation du statut personnel qui est en étroite corrélation avec le passé

Officiel n° 5358 du 6 octobre 2005, pp. 667 et s.; Préambule reproduit dans l'ouvrage de Foblets/Carlier: Le Code marocain de la famille, pp. 382–387.

140 Camau: La Tunisie, p. 65.

141 Deprez, Pérennité de l'Islam, p. 325.

142 On peut citer à titre d'exemple, le symposium international organisé à Tunis les 12 et 13 décembre 2006 sur le thème: «Modernité, développement et droits de l'homme: quelle interaction avec le Code du statut personnel en Tunisie?», voir le compte rendu de ce symposium in La Presse, Vendredi 15 décembre 2006, p. 4; adde, la Conférence du ministre de la Justice et des droits de l'homme en date du vendredi 22 décembre 2006 sur «Le Code du statut personnel, législation et application», voir le compte rendu de cette conférence in La Presse, Samedi 23 décembre 2006, p. 4.

143 Voir le Colloque organisé le 21 novembre 2006 par l'Université de la Sorbonne dans le cadre de la célébration du cinquantenaire du Code tunisien du statut personnel.

Dans une allocution prononcée à cette occasion, M. Philippe Séguin, Président de la Cour des Comptes, a relevé que le Code tunisien du statut personnel participe d'un vaste programme de modernisation sociale qui porte aujourd'hui ses fruits. Le conférencier a ajouté à cet égard que «le choix de la Tunisie, celui d'une société d'équilibre entre son identité arabe, un islam serein et l'ouverture au progrès, doit être salué car il est à la fois courageux et fructueux». Mettant en relief la modernité de ce texte, M. Séguin a souligné qu'«à l'heure où l'on s'interroge et où l'on s'insurge face aux régressions des droits des femmes, c'est un message d'espoir que nous adresse la Tunisie à travers son Code du statut personnel». Voir le compte rendu de ce Colloque in La Presse, Vendredi 24 novembre 2006, pp. 1 et 4.

et légitime dans l'esprit de certains juges le recours au droit musulman en vue d'éclairer les dispositions de ce texte.

45– L'exaltation de la modernité du Code par les politiques autorise l'irruption, lors de la phase de sa mise en oeuvre, de valeurs humanistes qui constituent le corollaire indissociable de tout élan de modernisation du droit.

En somme, le concours de référentiels dans l'application judiciaire du Code du statut personnel n'est que le reflet de valeurs socio-culturelles dissemblables qui animent la société tunisienne, et constitue, sur le terrain juridique, le prolongement du discours de compromis que tiennent les autorités politiques. L'Etat entretient cette « mixture » et la valorise comme un trait distinctif de l'expérience tunisienne en la matière. Or, s'il est vrai qu'une telle approche de la discipline a permis la médiation entre des valeurs divergentes d'une société en pleine mutation favorisant ainsi la réception du Code par ses destinataires, il est aussi vrai que la coexistence au sein de l'ordre juridique de deux logiques aussi divergentes est susceptible de pérenniser un conflit de référentiels porteur de contradictions intenables au sein du système juridique tunisien. Cette situation met en péril la constance et la cohérence des solutions applicables en matière de statut personnel. La recomposition d'une logique d'ensemble apparaît dès lors comme une perspective incontournable.

C'est déjà évoquer la phase de réflexion autour du phénomène de tergiversation.

II – Réflexion autour de la tergiversation

46– La réflexion autour du phénomène de tergiversation sera menée en deux temps.

Le premier terme de la réflexion sera réservé à la critique de la démarche jurisprudentielle en la matière (A), laquelle réflexion sera relayée dans un second temps par une proposition qui vise à recomposer une logique d'ensemble dans le domaine concerné (B).

A – Réflexion critique

47– La concurrence de référentiels précédemment décrite emporte de sérieux désagréments. En effet, non seulement cette situation est porteuse d'une incertitude des droits subjectifs, mais elle est également source d'incohérence du droit objectif.

1°) Incertitude des droits subjectifs

48 – Au-delà d'une dissemblance de nature, les deux référentiels en concours conduisent souvent sur le terrain de leur mise en jeu à des solutions divergentes quant aux droits subjectifs reconnus aux justiciables. Alors que l'appel au droit musulman classique fait souvent obstacle à la naissance de droits subjectifs en raison de la religion de la personne, de son sexe ou encore de l'origine de sa naissance, le recours aux droits fondamentaux élimine toute sorte de discrimination en raison de la religion, autorisant, par là même, la constitution du droit subjectif litigieux.

Le recours à ces deux modèles, de manière alternative, perturbe la prévisibilité des solutions. Les justiciables ne sont plus en mesure de connaître, à l'avance et de manière certaine, la substance de leurs droits. Les juristes les plus rompus aux subtilités du statut personnel ne peuvent plus aujourd'hui faire état d'une position précise du droit positif tunisien à l'égard de certaines questions: la femme musulmane peut-elle se marier avec un non-musulman? La femme non-musulmane peut-elle prétendre, en cas de divorce, à la garde de son enfant né d'un mariage avec un musulman et qui vit avec elle dans un pays étranger? Un non-musulman peut-il hériter d'un auteur musulman? Un non-musulman peut-il adopter un musulman?

Face à ces différentes questions, on se trouve en présence d'une sorte de loterie judiciaire où la solution finale du litige se trouve subordonnée aux prédispositions du juge saisi à accueillir un modèle ou son opposé. La sécurité juridique est tantôt sacrifiée sur l'autel de la tradition, tantôt sur celui de la modernité[144].

49 – Dans tous les cas, cette hésitation sacrifie un élément essentiel de la justice: la prévisibilité des solutions. Elle laisse en souffrance «le droit de tout individu à la certitude du droit»; autrement dit, le droit de toute personne de savoir à l'avance ce à quoi elle peut prétendre.

[144] Cette situation pathologique atteint un degré caricatural lorsqu'en l'espace de dix jours, la même chambre de la Cour de cassation rend deux décisions, aux antipodes l'une de l'autre, sur la question de l'incidence de la disparité de culte sur les droits successoraux des héritiers.

Dans son arrêt du 8 juin 2006, la huitième chambre de la Cour de cassation souligne de manière directe que l'interprétation de l'article 88 du Code du statut personnel doit se faire au regard des solutions du droit musulman classique qui constitue une source principale du droit tunisien du statut personnel, notamment en matière successorale. Cette démarche l'amène naturellement à reconnaître que la disparité de culte entre le de cujus et sa conjointe constitue, en l'espèce, un empêchement successoral dirimant (Cass. civ., Affaire n° 9658.2005 en date du 8 juin 2006, inédit).

Quelques jours plus tard, cette même chambre refuse dans une décision en date du 19 juin 2006 d'entériner tout argument invoquant la disparité de culte en tant qu'empêchement successoral. Elle précise à cet égard que «le droit tunisien ne fait pas de référence expresse à la disparité de culte en tant qu'empêchement successoral» (Cass. civ., Affaire n° 4105 en date du 19 juin 2006, Bull. Partie Civile, 2006, pp. 235 et s.).

Il ya de quoi dérouter les juristes les plus avertis !!!

Pour une étude générale sur les divergences de position entre les chambres de la Cour de cassation, voir notamment, Ben Halima: Divergences dans la jurisprudence, pp. 135 et s.

« Où va ce droit dans lequel il n'est plus rien de stable ni de sûr ? Où accrocher désormais les certitudes nécessaires[145] ? » Ce cri de désarroi lancé par le Doyen Carbonnier il y a quelques décennies, semble être à ce propos d'une actualité brûlante. Au gré des espèces, les juges « donnent et reprennent » à un rythme frénétique qui ne fait qu'accroître l'imprévisibilité des solutions et augmenter « la part du droit dans l'angoisse contemporaine »[146].

Cette fluctuation de la jurisprudence favorise les chicanes procédurières car elle permet à une partie mal intentionnée de s'infiltrer dans la brèche créée par cette oscillation des solutions en vue de faire valoir la position qui lui est favorable. Cela amène à allonger et à compliquer les procédures judiciaires et à retarder, de manière préjudiciable à une bonne administration de la justice, l'issue du procès.

50 – L'incertitude qui pèse sur les droits subjectifs en question affecte même le terrain non contentieux. Le domaine des actes juridiques où le maître mot est stabilité juridique s'en ressent dans certains cas. On peut aisément comprendre la gêne qui saisit un époux tunisien d'obédience musulmane souhaitant disposer *post mortem* d'une partie de ses biens en faveur de son épouse française et de confession catholique. Le sort de l'acte en question dépend du statut successoral que reconnaît le droit positif à l'épouse. Or, c'est précisément sur cette question – celle de la vocation successorale du non-musulman – que le flou persiste en raison d'une évolution jurisprudentielle « en dents de scie ». Cette donne interdit toute certitude quant au sort à réserver à l'acte en question.

Au regard du courant jurisprudentiel qui admet la vocation successorale du non-musulman, le legs consenti en faveur de l'épouse est en principe inefficient en vertu de la règle suivant laquelle on ne peut disposer par testament en faveur d'un héritier[147].

En revanche, si on se place du côté du camp opposé, l'épouse catholique ne peut venir à la succession de son mari musulman, elle perd dans ce cas sa qualité d'héritière et le legs consenti en sa faveur peut alors déployer ses effets dans la limite du tiers du patrimoine du testateur[148].

145 Carbonnier : La part du droit.

146 Ibid.

147 Directement inspiré du droit musulman classique, l'article 179 alinéa 1 du Code du statut personnel énonce : « On ne peut disposer en faveur d'un héritier ... ».

Certes, cette règle connaît une dérogation dès lors que les héritiers consentent au legs après le décès du testateur (179 alinéa 2 du Code du statut personnel), mais force est de constater qu'un tel consentement demeure assez hypothétique en pratique, compte tenu de l'antinomie des intérêts du légataire et des autres héritiers.

148 L'article 179 alinéa 1 du Code du statut personnel dispose dans ce contexte : « ... on ne peut non plus disposer de plus du tiers de son patrimoine ». Cette dernière solution vise le testament consenti en faveur d'une personne qui n'a pas la qualité de successible.

C'est dire l'impact pathologique de cette oscillation de la jurisprudence sur le sort de certains actes impliquant des personnes de confessions différentes. On se trouve dans une situation où les incertitudes du droit objectif rejaillissent par ricochet sur les droits subjectifs et font naître dans l'esprit de l'individu un sentiment d'insécurité juridique. Pis encore, cette situation diffuse une incohérence inacceptable au sein du droit objectif.

2°) L'incohérence du droit objectif

51 – Cette incohérence s'illustre et dans la contradiction des décisions de justice et dans les difficultés d'articuler les différentes solutions de l'ordre juridique.

A – Incohérence sur le terrain judiciaire : la contradiction des décisions de justice

52 – La juxtaposition de deux référentiels animés par une logique antinomique emporte des oppositions dont l'onde de choc se ressent intensément au sein du système judiciaire. En effet, rien n'est aussi préjudiciable pour l'appareil de justice que la contradiction des décisions qu'il rend à propos des mêmes questions. Cette situation affaiblit sa crédibilité auprès des justiciables : censé être le dernier rempart contre l'injustice, les tribunaux se muent, au regard de cette donne, en canaux de diffusion de l'arbitraire. L'image de la justice auprès des justiciables risque d'être sérieusement entamée. Le droit perd alors sa sacralité et son statut de rempart contre l'arbitraire et l'inconstance.

Ce phénomène est amplifié par la pérennité du référentiel traditionnel au sein de l'ordre juridique. Cette survivance du modèle traditionnel met à mal les principes de base à partir desquels s'articulent les solutions du droit positif et offre l'insupportable spectacle d'un hiatus entre le droit voulu par l'Etat et le droit voulu par certains juges imprégnés par une culture revivaliste[149].

B – Incohérence sur le terrain juridique : difficultés d'articulation des normes du système juridique

Ces difficultés d'articulation des normes du système juridique trouvent leur source non seulement dans la méconnaissance de principes directeurs généraux du système juridique tunisien mais aussi dans la marginalisation d'un principe directeur spécifique à la matière de statut personnel : l'indifférence des solutions juridiques à l'élément religieux.

149 Ben Achour : Société, Etat et cohérence du droit, pp. 200–201.

53– Méconnaissance des principes directeurs du système juridique
Par principes directeurs, il faut entendre les normes générales qui fixent les orientations essentielles de l'ordre juridique. Ces normes irriguent l'ordre juridique en déterminant les contours à respecter lors de l'élaboration des textes juridiques et de leur mise en œuvre. Elles guident le législateur dans son effort de « confection des lois » et éclairent le juge lors de son application du droit. Ces normes « sont incontestablement les poutres maîtresses de tout l'édifice juridique »[150]. Leur respect offre une certaine garantie de l'homogénéité et de la cohérence de l'ordre juridique. En ce sens, elles participent de l'essence même de toute construction juridique rationnelle et l'autorisent à bénéficier du label de système juridique[151].

Sous ce rapport, le recours au droit musulman classique en vue d'éclairer les normes du Code tunisien du statut personnel grippe les mécanismes soigneusement édifiés par le système juridique, dans la mesure où il fait fi des principes directeurs au sein de l'ordre juridique tels que les principes de liberté, d'égalité et de capacité.

Dans les décisions précédemment analysées[152], les juges de la Cour d'appel de Tunis ont expressément réfuté les arguments des parties favorables à une interprétation des articles 5 et 88 du Code du statut personnel par référence au droit musulman classique en faisant valoir l'idée qu'une telle approche de ces dispositions heurtaient des principes directeurs du système juridique, en l'occurrence le principe de *liberté de culte* et le principe *d'égalité des citoyens*.

Dans leur motivation, les juges du fond se sont efforcés de démonter le système instauré par la jurisprudence Hourria et de montrer à quel point une approche conservatrice des textes du Code du statut personnel entamait la cohérence d'un ordre juridique gouverné par les principes de *liberté de culte* et *d'égalité des citoyens*. Le raisonnement fut magistralement mené par les juges qui n'hésitèrent pas à faire jouer la hiérarchie des normes en rappelant l'ancrage de ces deux principes dans les strates élevées de la pyramide des normes (Constitution et textes internationaux), orientant de ce fait l'interprétation des textes du Code du statut personnel vers un modèle plus respectueux de la rationalité du système juridique.

54– Dans le prolongement de ces idées, on pourrait ajouter que la jurisprudence conservatrice bouleverse un autre principe fondateur, à savoir *le principe de capacité*.

Lorsqu'un juge vient à affirmer un empêchement matrimonial ou successoral en raison de la disparité de culte, il place le débat sur le terrain de la jouissance de

150 Bergel : Théorie générale du droit, p. 99.

151 Rappr. avec la définition adoptée par Cornu : Vocabulaire Juridique, V. « Système » : « ensemble de règles considérées sous le rapport de ce qui en fait la cohérence …»

152 Arrêt de la cour d'appel de Tunis en date du 06/01/2004 ; rappr. arrêt de la Cour d'appel de Tunis du 14 juin 2002, précité.

certains droits. Dire qu'une personne n'a pas le droit de se marier avec une autre personne, ou qu'elle n'a pas le droit de venir à la succession de son conjoint, ou encore qu'elle n'a pas le droit d'établir sa filiation, revient à créer une incapacité de jouissance à l'égard de ces personnes. Or, cette attitude prohibitive est interdite au regard d'une règle bien établie au sein de l'ordre juridique suivant laquelle toute incapacité doit être expressément consacrée par la loi. L'article 3 du COC énonce à cet effet : « Toute personne est capable d'obliger et de s'obliger sauf si elle est déclarée incapable par la loi ». Au regard de ce texte qui adopte le principe de capacité, il ressort clairement que toute dérogation à ce principe doit être prévue par la loi. En somme, l'incapacité doit être écrite dans la norme légale et non pas déduite par le juge.

Affirmée au sein du Code des obligations et des contrats à propos des incapacités d'exercice, cette interdiction s'étend *a fortiori* aux incapacités de jouissance. Dans la logique du système juridique, *le principe est la capacité* et l'exception, c'est l'incapacité qui devrait être expressément prévue par la loi. Cette dialectique est à respecter lors de l'interprétation des règles de droit. Elle fixe les limites des pouvoirs d'interprétation et de création par le juge de la norme de droit. En consacrant les incapacités de jouissance précitées sans délégation expresse de la loi, la mouvance jurisprudentielle traditionaliste méconnaît le principe de capacité ; elle y déroge sans autorisation légale explicite. S'inscrivant en porte-à-faux avec la norme de référence (le principe de capacité), l'éclairage du droit musulman classique emporte une approche négationniste de la jouissance de certains droits : inaptitude à succéder, à se marier, à prétendre à la filiation ... et cause, de ce fait, une grave entorse à l'ordonnancement rationnel du système juridique.

Sur un autre plan, la référence au droit traditionnel, lors de l'interprétation des dispositions du statut personnel, bat en brèche un principe directeur en matière de statut personnel : le principe de l'indifférence des solutions du Code à l'élément religieux.

55 – Méconnaissance d'un principe directeur du droit du statut personnel : l'indifférence des solutions juridiques à l'élément religieux

A la différence de nombreux pays arabes qui connaissent des systèmes de statut personnel, pluri-juridictionnels et pluri-législatifs à coloration confessionnelle[153], le système tunisien se caractérise par son unité non seulement sur le plan juridictionnel, mais aussi sur le plan législatif.

Rationae personae, le *Code du statut personnel s'applique,* depuis la loi du 27 septembre 1957, *à tous les tunisiens quelle que soit leur confession*[154]. Il est dominé

153 Pour une typologie de ces systèmes, cf. Bostanji : La Sharia, pp. 125 et s.

154 Cette loi apporte des changements fondamentaux. Tout d'abord elle supprime à dater du 1er octobre 1957, les tribunaux rabbiniques dont les compétences sont dévolues aux tribunaux de droit

par *le principe de l'indifférence de ses solutions à l'élément religieux.* Il s'agit là d'un principe directeur qui traverse en filigrane la matière de statut personnel en imposant à ses dispositions une teinte indifférente à la confession des sujets du droit. Le bénéfice des droits subjectifs reconnus par le code du statut personnel n'est pas subordonné à la religion de leur titulaire.

Certes, ce principe a été dicté à certains égards par des considérations liées à la décolonisation[155], mais il participe, également et surtout, de la volonté d'affermir les assises d'un Etat-nation fraîchement souverain, soucieux d'affirmer l'unité de sa population par le droit. Il est à la fois le vecteur et le reflet d'un élan de modernisation de la matière qui rompt avec le passé par l'affirmation d'une identité nationale, au lieu et place d'une identité religieuse. Aussi, la démarche adoptée marque-t-elle le passage en la matière d'un système juridique articulé autour d'un communautarisme religieux vers un système juridique étatique où tous les litiges de statut personnel sont soumis aux tribunaux de droit commun qui appliquent à tous les tunisiens, quelle que soit leur confession, les mêmes règles : celles qui sont intégrées au sein du Code du statut personnel.

La réinsertion par une jurisprudence conservatrice de l'élément religieux dans l'interprétation des dispositions du Code du statut personnel va perturber sérieusement cette logique. La résurgence d'un finalisme religieux lors de la mise en œuvre des dispositions du Code entraîne la consécration de discriminations en raison de la religion et autorise des solutions qui fissurent la perspective originelle dans laquelle s'inscrit le texte de 1956. Suivant cette jurisprudence, un découpage religieux supplante le découpage initialement national sur le terrain de la jouissance des droits. Du coup, certains ressortissants tunisiens se trouveront privés du bénéfice de certains droits du fait de leur confession non musulmane. Animée par un soubassement religieux, cette solution se trouve en porte-à-faux avec la politique législative tournée vers un statut personnel national. Encore une fois apparaît le décalage entre le droit voulu par l'Etat et le droit appliqué par certains juges.

commun. Cette disposition a pour effet de clore en Tunisie l'ère des juridictions religieuses (Nizard : Le droit international privé tunisien, p. 105). A compter de cette date, tous les Tunisiens, sans distinction de confession, relèveront des tribunaux de droit commun. Sur un autre plan, cette loi abroge l'article 3 du décret de promulgation du Code du statut personnel, de sorte que ce Code s'applique désormais aux Tunisiens israélites ; le deuxième alinéa de l'article premier du décret du 12 juillet 1956 relatif au statut personnel des étrangers est également abrogé, de sorte que les dispositions du droit civil français cessent de s'appliquer aux Tunisiens non musulmans et non israélites. Tous les Tunisiens, quelles que soient leur origine et leur confession, se trouvent désormais assujettis à un statut personnel unique dont les règles sont édictées par le Code du 13 août 1956 (ibid.).

155 Cette démarche permettait de faciliter les négociations concernant la dévolution de la compétence des tribunaux français aux tribunaux tunisiens. Elle rassurait les français sur le fait que leurs anciens justiciables, devenus tunisiens à la faveur des nouvelles règles de la nationalité édictées par le Code de la nationalité de 1956, ne seront pas soumis à un code religieux. Bien au contraire, ils allaientt être soumis à un Code national où toute discrimination en raison de la religion se trouvait bannie. Cf. M. Nizard, Thèse précitée, spc. p. 99 et s.

Contraint de plier sur le terrain de l'élaboration de la loi sous l'effet d'une forte pression politique, le courant conservateur revient à la charge lors de l'application de la loi pour couler celle-ci dans le moule du modèle traditionnel. Cette attitude mine le système juridique par des incohérences qui entament l'adhérence entre les divers éléments du corpus juridique.

La recomposition de la logique d'ensemble du système s'avère du coup nécessaire, car l'application judiciaire du Code du statut personnel serait profondément mutilée si elle continuait à ignorer les fins ultimes du système juridique en général et de la discipline du statut personnel en particulier. La perspective étant ainsi fixée, il convient dès lors d'explorer le sens de cette recomposition.

B – Réflexion prospective

56 – Le postulat de départ est ici de réconcilier l'ordre juridique avec une organisation rationnelle de ses normes. Il s'agit ici de reconsidérer la matière dans le respect des principes directeurs généraux et spécifiques qui commandent ses solutions.

En vue de réaliser cet objectif, deux voies divergentes se présentent à l'interprète des dispositions du Code du statut personnel. La première propose la réforme du modèle traditionnel par l'adaptation de la Sharia aux nouvelles exigences de la société, alors que la seconde plaide purement et simplement pour le dépassement du paradigme classique. Au caractère aléatoire de la première, s'oppose l'aspect réaliste de la seconde.

1°) La voie contestée

57 – Cette voie cherche à éviter toute rupture par rapport au modèle traditionnel. Certes, elle vise à se démarquer des solutions du droit musulman classique en la matière. Mais l'approche adoptée reste rattachée au discours religieux : c'est une démarche qui est tournée, pour l'essentiel, vers la précellence de l'esprit des sources sacrées dans l'élaboration des règles juridiques.

Aussi certains auteurs insistent-ils sur la nécessité d'élaguer le modèle traditionnel en faisant prévaloir l'esprit des sources sacrées au détriment des solutions retenues par les *Fuquahas*[156]. Dans la mesure où celles-ci ne sont en fin de compte qu'une lecture conjoncturelle et circonstanciée de la loi sharaïque, rien n'interdi-

[156] Voir à ce propos, Charfi : Le droit tunisien de la famille, pp. 27 et s. ; adde Bouguerra : Le juge tunisien, pp. 171 et s. ; adde encore Lequette : Le conflit de civilisation, pp. 222 et s.

Cette idée est exposée de manière plus feutrée par Lagrange : Le législateur tunisien et ses interprètes, p. 24.

rait d'opter pour une démarche qui prend ses distances par rapport au droit musulman classique tel qu'élaboré par les jurisconsultes musulmans, mais sans totalement se départir de la *Sharia*. Dans cette voie, on procédera par une approche évolutive des textes sacrés de sorte à les faire coïncider avec les besoins, les attentes et les aspirations de la société contemporaine. Le droit musulman serait en quelque sorte réinventé par une adaptation de la *Sharia* aux exigences actuelles de la collectivité. Suivant cette perspective, le juge serait appelé à « interpréter de manière rationnelle et scientifique des textes coraniques, à faire prévaloir l'esprit du Coran sur sa lettre, à dégager les principes fondamentaux qui constituent l'essence de l'Islam et les faire prévaloir sur les détails de l'application qui peuvent le contredire »[157]. Citant Averroès, M. Bouguerra ajoute dans cette voie que « toute solution conforme à l'esprit rationnel qui viendrait contredire le sens apparent d'une disposition coranique présume, de façon irréfragable, que cette disposition accepte l'interprétation »[158] ; ce qui devrait amener à établir le sens de la norme sharaïque au regard des exigences de la nouvelle dimension spatio-temporelle dans laquelle elle se trouve projetée.

De prime abord, cette démarche offre un avantage certain: elle évite une césure complète avec le passé. L'atout est de taille dans une matière où le vécu occupe une place primordiale aux yeux des juges et des destinataires du droit de la famille. Dans l'absolu, c'est la posture idéale dans laquelle on peut se placer pour assurer l'évolution du cadre juridique de la discipline, sans remettre en cause l'héritage culturel qui la marque profondément.

58– Il n'en reste pas moins que les meilleures intentions ne font pas toujours les meilleurs raisonnements sur le terrain juridique. Cette approche de la mise en jeu des règles du Code du statut personnel présente de sérieux éléments d'incertitude qui fragilisent ses arguments.

Le premier volet des incertitudes concerne la qualification de l'autorité appelée à assurer le nouveau formatage des règles charaïques en la matière. Au regard des adeptes de cette tendance, il appartiendra au principal administrateur du droit du statut personnel, le juge, d'assurer l'*aggiornamento* du modèle traditionnel. Sans renier les potentialités évolutives des sources sacrées, cette idée demeure d'une mise en oeuvre fort aléatoire, car pour réformer le droit musulman classique, encore faut-il que ces juges aient été formés et aguerris aux règles, principes et méthodes de ce droit dont les spécificités et les subtilités échappent certainement aux juristes qui n'y sont pas initiés. Encore faut-il aussi que ces magistrats soient prêts intellectuellement pour consentir à la réalisation de l'objectif affiché. Sous le bénéfice de ces remarques, une foule de questions surgit : nos juges sont-ils prêts à

157 Bouguerra : Le juge tunisien, p. 172.
158 Ibid.

assumer une telle entreprise alors qu'ils n'ont pour seul bagage – au meilleur des cas – que quelques semaines d'enseignement de droit musulman qui remontent à leur première année de droit ? Cela peut-il être suffisant pour entamer une réforme de cette ampleur sur un corpus aussi étoffé et aussi complexe ? L'oeuvre projetée ne dépasse-t-elle pas leur formation juridique tant sur le plan cognitif que sur le plan méthodologique ? A supposer cette formation acquise, qui peut garantir une lecture de la Sharia par les juges dans le sens souhaité, c'est-à-dire dans le sens d'une prise en charge des impératifs de la modernité ?

Indépendamment de ces considérations, la démarche réformatrice laisse en suspens des aspects déterminants de l'œuvre projetée. Comment va se faire cette réforme ? Quels sont les moyens qui seront mis en en jeu pour atteindre les objectifs recherchés ? Quels sont les points d'ancrage et de référence qui autoriseraient cette modernisation du droit musulman classique ? Comment procéder à la refonte d'un corpus dont les éléments sont aussi disparates et hétérogènes ? Jusqu'où le référentiel traditionnel peut-il absorber les nouvelles aspirations de la collectivité ? Qui serait le garant de la rectitude et de l'efficience de l'adaptation souhaitée ?

Il s'agit là d'autant d'interrogations qui restent à ce jour sans réponse convaincante de la part des partisans de cette mouvance.

Sur un autre plan, on mesure aisément la complexité de la tâche du juge dans le cadre de cette perspective. La mise en jeu des règles du Code tunisien du statut personnel nécessiterait de sa part un effort à double détente. Appelé à interpréter les dispositions de ce Code, à combler ses lacunes ou encore à mettre en œuvre ses standards juridiques, le juge serait appelé, en amont, à adapter les normes charaïques qui lui servent de référentiels, avec toutes les difficultés d'ordre subjectif et objectif que cela comporte. Quand on pense au travail colossal que requiert un tel engagement, on ne peut que rester dubitatif à l'égard du pragmatisme de cette voie. Celle-ci semble, en tous les cas, mal s'accommoder d'une justice déjà amoindrie par la pléthore des affaires et de l'encombrement des tribunaux qui y est corollaire.

Enfin, le troisième élément d'incertitude est le moment où cette réforme est appelée à être mise en place. Depuis le temps qu'on en parle, cette réforme tarde à arriver. Elle rappelle à certains égards, l'Arlésienne d'Alphonse Daudet : beaucoup de monde en parle mais personne ne la voit.

Entre-temps, les incohérences et les incompatibilités se multiplient au sein de l'ordre juridique plaçant justice et justiciables dans une position fort délicate.

A suivre ces éléments, une mutation prochaine du droit musulman classique dans le sens d'une meilleure prise en charge des valeurs modernes de la société demeure hypothétique.

Entre l'attente d'une réforme aléatoire sinon hypothétique et l'action dans le but de recomposer la logique du système établi par le Code, la seconde voie semble être la plus appropriée car elle reposerait sur des textes intégrés au sein du droit positif et qui se trouveraient, de ce fait, directement praticables.

2°) La voie proposée

59 – De manière préliminaire, il faut admettre que « le formatage islamique » des normes du Code tel que pratiqué par les juges tunisiens ne peut correspondre qu'à une phase intermédiaire de l'évolution du droit tunisien du statut personnel ; une étape qui a permis l'accompagnement, dans un premier temps, de certaines dispositions du Code du statut personnel présentant un décalage par rapport aux solutions communément admises dans le droit musulman classique. Cette manière de procéder était empruntée en vue de pondérer les *écarts* observés par rapport à un modèle pluriséculaire et faciliter l'accueil des nouvelles normes par leurs destinataires.

Emportant le sérieux risque de délitement des normes de l'ordre juridique[159], cette phase médiane ne peut perdurer davantage. La modernité médiate qu'elle véhicule entretient, en effet, l'illusion du maintien d'un lien ombilical assez fort avec le modèle traditionnel et trouble par là même, l'articulation rationnelle du système juridique[160]. Il est temps d'assumer pleinement la modernité du Code tunisien du statut personnel.

Beaucoup plus que le rattachement à un modèle traditionnel, ce qui importe aujourd'hui c'est l'adéquation des réponses qu'apporte le droit de la famille aux besoins actuels de la société tunisienne. Or, il a été clairement établi que l'on s'éloigne sensiblement de cette voie du moment que l'on réactive l'approche traditionnelle lors de la mise en jeu des dispositions du Code du statut personnel[161]. Cette piste nous mène vers un droit, inconstant, disloqué et contradictoire; un droit déliquescent qui ne peut correspondre aux attentes de la collectivité qu'il est appelé à régir. De surcroît, on a pu noter les difficultés réelles d'une adaptation des sources charaïques telle que préconisée par les tenants d'une réforme du paradigme classique, difficultés qui hypothèquent sérieusement la crédibilité de cette option.

60 – Pour s'extraire de ces dédales, seule la voie de la cohérence semble être dans l'immédiat appropriée en vue de la réalisation d'un droit compact et homogène ; un droit où les solutions législatives et les décisions jurisprudentielles se rencontrent en toute harmonie ; un droit où les objectifs de modernité qui ont animé le législateur de 1956 ne seraient pas sacrifiés par les juges au nom d'un ancrage irréfléchi à la tradition ; en définitive, un droit qui est perçu comme un instrument fondamental de l'évolution et du progrès de la société.

N'est-ce pas là la finalité ultime des concepteurs du Code du statut personnel[162]?

159 Cf. supra nos 47 et s.

160 Ibid.

161 Cf. supra nos 16 et s.

162 Bourguiba ne disait pas autre chose lorsqu'il affirmait que « les magistrats doivent se sentir plus solidaires de la Nation et de son destin. Ils doivent œuvrer avec abnégation et enthousiasme pour son

La méthode d'interprétation

61 – Sauf à méconnaître l'essence même de l'ordre juridique, le modelage par le juge des normes du Code doit être orienté en ce sens. La méthode de *l'interprétation systémique* semble être bien indiquée pour mener à bien cette tâche. Par approche systémique de l'interprétation des textes[163], il faut entendre une démarche qui se fonde sur l'analyse de l'ordre juridique comme un système cohérent de règles et de principes. Selon cette doctrine, le système juridique est l'ensemble structuré, organisé et interdépendant des règles et des mécanismes qui s'appliquent dans une société[164]. En ce sens, les nombreuses règles qui composent un système juridique doivent avoir un sens lorsqu'on les considère ensemble[165]. Ce qui doit le dominer c'est la cohérence des éléments qui le composent ou mieux une qualité d'organisation. L'analyse « systémale » du droit repose sur la formule suivante : « Tout se tient[166] ». Dans cette optique, l'interprétation est basée sur « l'idée que le système juridique est logique et rationnel, qu'il ne comporte pas de contradictions, d'antinomies, de rédactions incorrectes ». Qui plus est, cette manière d'appréhender les textes juridiques « suppose à la fois la cohérence de la règle et la cohérence des règles entre elles. Elle se fonde sur la combinaison des différents textes, l'économie de la loi, l'interdépendance des diverses matières et des principes généraux du droit ». Ainsi présentée, l'approche systémique détermine le sens d'un texte en fonction de sa compatibilité avec d'autres textes de la même matière ou de matières différentes, avec des principes généraux du droit, voire avec les valeurs fondamentales qui régissent une société ou encore avec les dispositions des traités internationaux ou les principes fondamentaux de la société internationale. Le juge devient ici « le dépositaire des principes fondamentaux » et « le garant de la cohérence de l'ordre juridique[167] ».

Lorsque le Code du statut personnel adopte le principe de l'indifférence de ses solutions juridiques, il devient incohérent d'y réintroduire l'élément religieux en vue de tronquer la jouissance de certains droits par certaines personnes en raison de leur conviction religieuse. De même, lorsque le système juridique est dominé

relèvement … ils doivent jouer le rôle d'un élément moteur, d'un rouage important de l'édifice social. Nous avons besoin de leur contribution. S'ils savent tirer parti de toutes les possibilités de l'important secteur où s'exercent leurs activités, ils contribueront certainement au succès de la Nation et à la réalisation de ses objectifs. Ces préoccupations sont à l'ordre du jour dans les pays évolués et hautement industrialisés … » (Bourguiba : Le rôle du juge et la mission de justice, p. 22).

163 Le terme interprétation doit être entendu ici lato sensu. Au regard d'une approche extensive, interpréter un texte englobe « tous les procédés intellectuels qui servent à déterminer et à préciser le sens d'une disposition légale pour en rectifier les imperfections, en combler les lacunes, en résorber les contradictions, l'adapter aux exigences actuelles en précisant sa portée dans une situation particulière » (Bergel : Méthodologie juridique, p. 232).

164 Ibid., p. 254.

165 Maccormick : Raisonnement juridique, p. 181.

166 Bergel : Méthodologie juridique, p. 255

167 Ost/Van de Kerchove : Interprétation.

par les principes de liberté, d'égalité et de capacité, il devient irrationnel d'affirmer sur le terrain judiciaire des incapacités de jouissance établies sur la base de discrimination religieuse. Entre deux interprétations possibles d'un même texte, c'est évidemment celle qui est compatible avec son contexte et, plus largement, avec l'esprit et l'architecture du système juridique qu'il faut retenir. Quant à l'interprétation qui crée, maintient ou accentue des incohérences ou encore celle qui favorise les discontinuités entre ces normes, il convient dans une telle logique de la rejeter. Dans ce dessein, l'interprétation doit se faire sur le lit des principes directeurs généraux et spécifiques de l'ordre juridique.

La cohérence est une valeur salvatrice pour l'ordre juridique. Elle autorise la recomposition de ses normes dans un sens rationnel qui met fin à la loterie de l'arbitraire.

Modalités de mise en œuvre de la méthode adoptée

62 – Le vecteur général de l'évolution étant déterminé, il reste à préciser les modalités de sa mise en œuvre. Celle-ci pourrait se concrétiser par *une généralisation de l'appel au référentiel des droits fondamentaux* dans l'interprétation des textes du statut personnel. Il est question ici d'appréhender l'interprétation dans un sens qui favorise une protection accrue des droits individuels dans le domaine du statut personnel. Le sens à donner aux textes obscurs, le comblement des lacunes du droit écrit ainsi que l'adaptation des règles souples doivent être tournés vers le respect des droits innés et inaliénables des individus : le droit de toute personne de choisir librement son conjoint, le droit de tout enfant à l'établissement de sa filiation, le droit de l'enfant d'être éduqué et protégé dans les meilleures conditions, le droit de l'héritier à un traitement juridique égalitaire qui réfute toute sorte de discrimination …

Cette démarche autorise la reconstitution des solutions de l'ordre juridique de manière harmonieuse et coordonnée. Elle rétablit le lien entre le statut personnel et les principes forces qui gouvernent l'ordre juridique; de même qu'elle permet de couler la matière du statut personnel dans le moule de la modernité créé et voulu par le législateur, moule qui allait être ultérieurement affiné par des dispositions constitutionnelles et des textes internationaux ratifiés par la Tunisie. Enfin, cette position a pour bienfait de mettre l'ordre juridique à l'abri de décalages troublants et injustifiés entre les solutions ayant une valeur légale et celles qui s'inscrivent dans les paliers supérieurs de la pyramide des normes.

63 – Encore faut-il légitimer cette approche en montrant l'aptitude du système juridique à s'émanciper du modèle traditionnel. L'œuvre n'est pas insurmontable surtout lorsqu'on sait que le lien entre le statut personnel et le droit musulman classique n'est pas aussi indissociable que ne l'affirment certains auteurs.

D'une part, l'article 1 de la Constitution auquel il est souvent fait référence tant en doctrine que dans les décisions judiciaires à l'appui de l'adoption du modèle traditionnel n'est point déterminant dans ce domaine[168].

C'est un texte purement déclaratif qui constitue une sorte de mise au point du contexte général que les nouvelles dispositions constitutionnelles sont appelées à prendre en charge[169]. L'article 1 véhicule un effet d'annonce; l'annonce à la fois d'une rupture et d'une continuité par rapport à l'ancien système.

Ce texte évoque la *rupture* par rapport au passé sur le plan de l'organisation politique. Elle se traduit par le passage d'une monarchie sous protectorat français à un Etat-Nation indépendant organisé suivant un mode républicain. Mais cette même disposition véhicule l'idée que la rupture consommée sur le terrain de l'organisation politique n'entame pas l'essence de la communauté tunisienne dans la mesure où le nouvel Etat est articulé autour d'une nation cimentée par des éléments fédérateurs classiques : la langue arabe et la religion musulmane.

La *rupture* vient exalter la souveraineté fraîchement acquise du nouvel Etat.

Quant à la référence aux éléments de *continuité*, elle permet de rassurer la population tunisienne que le nouveau fait politique n'emporte pas une subversion sur le passé puisque la société tunisienne reste soudée par les segments traditionnels, en l'occurrence la langue et la religion. Dans ce contexte, la religion musulmane apparaît comme l'un des éléments fédérateurs de la nation qui est le socle fondamental de la nouvelle organisation étatique.

Sauf à forcer les termes du texte de l'article 1 de la Constitution, il est difficile d'y voir une norme constitutive d'un référent juridique sur le plan de l'élaboration de la loi, de son interprétation ou du comblement de ses lacunes. On est loin des affirmations solennelles consignées au sein de certaines Constitutions arabes qui font de la *Sharia* une des sources principales de la législation[170], une source principale du droit positif[171] ou encore la principale source du droit positif comme le précise l'article 2 de la Constitution égyptienne.

D'autre part, l'idée suivant laquelle le Code du statut personnel doit être interprété conformément au droit musulman classique car il est inspiré de ce droit prête le flanc à la critique à plusieurs égards[172]. Tout d'abord, il faut souligner que ce Code a subi d'autres influences, notamment occidentales, influences nettement perceptibles dans sa « chair ». On se contentera à ce propos de citer les dispositions du Code du statut personnel concernant le formalisme qui enveloppe la naissance

168 L'article 1 de la Constitution prévoit que « la Tunisie est un Etat libre, indépendant et souverain ; sa religion est l'Islam, sa langue l'arabe et son régime la République ».

169 Rappr. Belaïd : Commentaire de l'article 1 de la Constitution, p. 6.

170 Voir en ce sens la Constitution koweïtienne.

171 Art. 2 de la Constitution du Bahreïn du 14 février 2002.

172 Voir à titre d'exemple, les références qui sont faites au droit musulman classique dans l'arrêt de la Cour de cassation tunisienne, n° 9658-2005 en date du 8 juin 2005, précité; adde, l'arrêt de la Cour d'appel de Tunis n° 26267 en date du 30/11/2005, précité ; adde encore, l'arrêt de la Cour d'appel de Tunis n° 10298 en date du 22 décembre 1993, précité …

du lien matrimonial ainsi que sa dissolution, l'adoption d'un modèle familial monogamique, l'affirmation du caractère nécessairement judiciaire de la dissolution du lien matrimonial ainsi que l'attribution de la garde en cas de séparation des parents au regard de l'intérêt de l'enfant ...

Ensuite, il paraît difficile d'affirmer qu'un texte puisse être interprété à la lumière de ses sources matérielles. Cette assertion pèche par son excès. L'identification de la source matérielle d'une norme permet de mieux cerner ses contours, de mieux saisir ses traits distinctifs mais n'appelle point l'ancrage de son interprétation par rapport au modèle influent. S'il devait en être ainsi, il faudrait interpréter les règles du Code des obligations et des contrats inspirées du BGB par référence au droit allemand, celles qui sont inspirées du Code civil français par référence au droit français et celles découlant du droit suisse par référence à ce dernier droit. Au regard d'un principe général intangible, l'interprétation est dictée par les règles de l'ordre juridique qui établit la norme en question[173]. Elle est commandée par les besoins et les aspirations spécifiques de cet ordre juridique. La norme empruntée à un modèle déterminé est donc appelée à une acculturation dans son nouvel environnement en vue d'en embrasser les exigences et les particularités[174].

D'aucuns seraient tentés, en l'absence de règles écrites relatives à l'interprétation au sein du Code du statut personnel, de se rabattre sur les règles d'interprétation contenues dans le Code des obligations et des contrats dans ses articles 532 et suivants. Ils seraient tentés dans cette perspective de légitimer le recours au droit musulman classique au stade de l'interprétation *stricto sensu* des dispositions du statut, personnel, ou encore de s'appuyer sur la notion d'« intention du législateur » retenue par l'article 532 du Code des obligations et des contrats. Ils seraient également tentés de recourir à l'analogie et aux règles générales du droit prévues par l'article 535 du Code des obligations et des contrats, lesquelles solutions sont susceptibles d'entraîner dans leur sillage l'appel au modèle traditionnel. Cette approche suscite certaines réserves.

S'il est traditionnellement enseigné que les législations spéciales demeurent en dehors de leur champ d'intervention soudées au droit commun, il est aussi vrai que la jonction entre ces deux catégories de textes risque de poser de sérieux problèmes en pratique. En effet, textes de droit commun et législations spéciales sont non seulement séparés par une divergence de plume, mais se trouvent également animés par un esprit dissemblable. Ces considérations expliquent que les règles générales insérées au sein du COC n'ont pas toujours vocation à s'appliquer mécaniquement,

173 Ejus est interpretari legem cujus est condere (A celui qui a le pouvoir de faire la loi, le pouvoir de l'interpréter); sur cet adage, voir Roland/Boyer: Adages du droit français, pp. 194 et s.

174 Le terme acculturation est défini par M. Norbert Rouland comme « l'ensemble des processus suivant lesquels les systèmes de normes juridiques, les comportements des acteurs et leurs représentations sont construits ou modifiés par les contacts et interpénétrations entre cultures et sociétés » (cf. Alland/Rials: Dictionnaire de la Culture Juridique, p. 4).

aveuglément, pour interpréter ou fournir les éléments nécessaires au comblement des lacunes des lois particulières[175]. Les règles de droit commun n'interviennent que dans la mesure où elles ne rompent pas l'harmonie des statuts spéciaux[176]. Sollicitées en vue de servir de support au droit musulman classique au sein de la matière de statut personnel, les règles du Code des obligations et des contrats mettent à mal l'harmonie de la matière en l'infiltrant d'un élément religieux que la loi de 1956 a cherché à neutraliser. Le recours aux règles du Code des obligations et des contrats s'avère dans cette hypothèse comme un élément perturbateur de la cohérence du droit de la famille et devrait, de ce fait, être évité. Cette perturbation est d'autant plus saillante que le socle sur lequel repose le droit de la famille, en l'occurrence l'acte de mariage, n'est pas un contrat comme les autres. S'il est vrai qu'il se forme par un échange de consentement entre un homme et une femme, il ne se contente pas d'engendrer de simples rapports de créancier à débiteur[177]. Il comprend des singularités évidentes qui le distinguent des autres actes juridiques. La société y est directement intéressée dans la mesure où il traduit sa propre conception de l'union homme/femme. «Son extériorité, sa durée et sa gravité font de lui un projet ritualisé, solennisé, juridique qu'un homme et une femme offrent à la société non seulement pour procréer mais également en vue d'en contrôler les conséquences …[178]» L'implication de la société dans la conception de ce contrat, le caractère intuitu personae prononcé qui le caractérise, la singularité de son objet, les solennités qui accompagnent sa formation et sa dissolution, la prédominance du caractère d'ordre public des règles juridiques qui le gouvernent …, sont autant d'éléments qui l'éloignent des autres contrats civils et rendent mal aisée la transposition mécanique à son égard des règles d'interprétation forgées essentiellement en contemplation des contrats à portée exclusivement pécuniaire.

64 – Confronté à cette donne, le juge doit choisir ses référentiels en matière d'interprétation des textes du statut personnel en considération de la nécessité de cohérence des solutions de l'ordre juridique, cohérence dont il est en tant que principal administrateur du droit en la matière, à la fois le dépositaire et le garant. A ce titre, il lui appartiendra de montrer la voie à adopter, une voie où le «système juridique ne serait plus un simple catalogue de solutions apportées à des questions souvent embarrassantes et toujours parfaitement hétérogènes mais plutôt comme un ensemble organisé dans lequel les règles sont posées en contemplation les unes des autres et au sein duquel les solutions se conditionnent mutuellement»[179].

175 Bostanji: Confrontation des sources du droit privé, p. 586.
176 Ibid.
177 Carbonnier: Droit civil. Introduction, p. 1141.
178 Ibid., p.1137.
179 Lequette: Ensembles législatifs, pp. 163 et 164.

Dans l'immédiat, seul un appel généralisé aux droits fondamentaux contenus au sein de la Constitution ou dans les textes internationaux est à même de répondre aux exigences d'harmonie de l'ordre juridique sur le terrain du statut personnel. Toutefois, un tel mouvement risque d'être purement illusoire s'il n'est pas assorti des mesures d'accompagnement idoines.

Les mesures d'accompagnement

65 – Le décalage entre le droit voulu par le législateur et la persistance de la référence au modèle traditionnel lors de la mise en œuvre des dispositions du Code du statut personnel vient rappeler que l'aptitude du droit au changement social ne peut se suffire d'un effort législatif car elle dépend, en aval, d'autres forces susceptibles de le créer. Cette aptitude dépend surtout de la réceptivité des valeurs véhiculées dans le texte légal par les organes qui sont amenés à mettre en jeu la loi, c'est-à-dire les organes qui sont appelés à donner au Code de 1956 une seconde vie en le confrontant aux faits[180]. La césure entre la position du législateur et la position de certains juges révèle que la réforme législative du statut personnel en Tunisie ne s'est pas accompagnée d'une transformation endogène des valeurs de la société réceptrice[181]. Les réticences manifestées à l'égard des droits fondamentaux expliquent la pérennité de ce décalage.

Pour vaincre de telles réticences, il paraît nécessaire d'œuvrer davantage pour un ancrage plus fort de la culture des droits fondamentaux afin de favoriser une meilleure diffusion des valeurs de la modernité par les destinataires du Code. A cet effet, il importe de rectifier certains préjugés qui se dressent en obstacle à une assimilation de ces normes. Le regard porté par une frange de notre société sur ces droits fondamentaux n'est certainement pas étranger à cette situation. Une certaine méfiance à l'égard des droits fondamentaux marque encore les esprits. Cette défiance s'articule autour de deux propositions qui sont loin d'être convaincantes.

66 – La première proposition est d'ordre général. Elle découle d'une suspicion viscérale à l'égard de ces droits. Catalogués comme des valeurs occidentales, « leur normalisation » au sein de notre société amènerait, aux yeux de leurs détracteurs, une aliénation culturelle à l'égard de l'Occident et la déliquescence des soubassements éthiques, culturels, moraux et religieux d'une civilisation arabo-musulmane pluriséculaire[182].

Ce genre de réflexion repose sur un postulat erroné. Comme le souligne à juste titre M. Charfi, « aucune civilisation ne peut prétendre à une paternité exclusive à l'égard des droits de l'Homme … La philosophie grecque et plus tard la religion

180 Ben Achour: Société, Etat, Cohérence du droit, p. 178.
181 Ibid.
182 Cf. Salah: La mondialisation vue par l'Islam, p. 31.

chrétienne y ont certainement contribué. Du côté de l'Islam, l'impératif de justice maintes fois affirmé dans le Coran, le principe d'égalité absolue dans les droits et les devoirs entre les hommes quelles que soient leur origine et leur fortune, l'amélioration de la condition de l'esclave et l'encouragement à son affranchissement constituent des étapes importantes … il est vrai cependant que la Révolution française de 1789, avec notamment la célèbre Déclaration des droits de l'Homme et du Citoyen, l'adoption de la Constitution américaine et la déclaration des droits de l'Homme qui l'a accompagnée à la même époque, l'évolution du parlementarisme britannique, ont constitué des apports modernes décisifs … Il n'empêche que sans vouloir nier l'apport des uns et des autres et notamment l'apport de l'Occident au cours des deux derniers siècles, nous pouvons relever aujourd'hui une tendance à la mondialisation … une civilisation universelle en gestation[183]».

L'ordre juridique tunisien offre aujourd'hui la meilleure illustration à ces propos puisqu'il adhère aux principaux textes internationaux relatifs aux droits de l'homme[184]. A la vérité, le droit de toute personne de choisir librement son conjoint, le droit de tout enfant d'établir sa filiation quelle que soit l'origine de la naissance, le droit de tous les citoyens à un traitement égalitaire sur le terrain de la jouissance des droits inhérents à leur statut personnel, sans égard à leur religion … constituent un noyau incompressible de normes qui expriment les fondements intangibles de la société[185]. Il témoigne qu'il est, dans toute société, «des points sur lesquels celle-ci ne saurait transiger sans se perdre[186]». Qui plus est, ces normes forment un palier minimum au-dessous duquel il est difficile de se placer sans remettre en cause l'essence même de l'ordre juridique: son homogénéité.

67 – La seconde objection est plus ciblée. Elle repose sur l'idée que les droits fondamentaux constituent un élément de fragilisation de la famille. En faisant valoir les droits individuels de manière aussi saillante, la famille se dilue et devient une coque vide inapte à remplir l'important rôle qui lui est dévolu au sein de la société. Cette objection n'est pas irréfutable, car s'il est vrai que l'on assiste de nos jours à une atomisation du droit de la famille en droits subjectifs, un tel phénomène dénote d'une nouvelle conception de la famille où l'individu prend le des-

183 Charfi, L'influence de la religion, pp. 333–334.

184 Ratification du Pacte international relatif aux droits économiques, sociaux et culturels et du Pacte international relatif aux droits civils et politiques en date du 16 décembre 1966 (loi n° 68-30 du 29 novembre 1969, JORT, n° 51 des 29 novembre – 3 décembre 1968); ratification de la Convention internationale sur l'élimination de toutes les formes de la discrimination à l'égard des femmes (loi n° 85-68 du 12 juillet 1985); ratification de la Convention sur les droits de l'enfant (loi n° 91-92 du 29 novembre 1991); ratification de la Convention sur le consentement au mariage, l'âge minimum de mariage et l'enregistrement des mariages (loi n° 67-41 du 21 novembre 1967).

185 Lequette: Le droit international privé, n° 200, p. 120.

186 Lequette: Le droit international privé, n° 199, p. 120.

sus sur le groupement. Sans être spécifique au droit tunisien[187], ce changement de perspective, imposé par les impératifs d'une nouvelle organisation sociale, n'a rien d'effrayant dès lors que les intérêts des membres du groupement familial sont, dans un tel contexte, soigneusement protégés et que les principes sacro-saints sur lesquels reposent la vie sociale ne s'en trouvent point affectés. Décrier un droit qui s'efforce d'apporter une protection accrue à ses destinataires, c'est faire injure à un objectif cardinal de la matière juridique. Par ailleurs, dire que la famille est devenue de nos jours une coquille vide inapte à remplir le rôle qui lui est dévolu est quelque peu démesuré. Se présentant de nos jours comme la somme des intérêts de ses membres, la famille demeure, en dépit de l'altération de sa configuration traditionnelle, comme un relais incontournable qui autorise une régulation sociale minima. Au sein de notre société, elle reste malgré tout ce noyau fédérateur autour duquel s'organise la vie de la collectivité et sans lequel, celle-ci verserait dans un chaos total.

Bibliographie

Abou Zid, Nasr Hamed : Le droit du statut personnel en Tunisie : entre la laïcité présumée et les racines du patrimoine islamique (en langue arabe), in : Revue Kaouther, pp. 263 et s.

Abou Zohra, Mohamed : Le statut personnel (en langue arabe), Le Caire 1964.

Aldeeb Abu-Sahlieh, Sami Awad : L'impact de la religion sur l'ordre juridique : cas de l'Egypte. Non musulmans en pays d'Islam, Fribourg 1979.

Alland, Denis / Stéphane Rials (dir.) : Dictionnaire de la Culture Juridique, Paris 2003.

Belaïd, Sadok : Commentaire de l'article 1 de la Constitution, in : Association Tunisienne de droit constitutionnel : Commentaire de la Constitution tunisienne article par article, Tunis 2000, pp. 1 et s.

Belknani, Fazwi : Le divorce et le préjudice (en langue arabe), Mémoire de DEA en droit privé, Tunis 1988.

Ben Achour, Sana : Figures de l'altérité : à propos de l'héritage du conjoint non musulman, in : Mouvements du droit contemporain. Mélanges offerts au Professeur Sassi Ben Halima, Tunis 2005, pp. 823 et s.

Ben Achour, Souhayma : Enfance disputée. Les problèmes juridiques relatifs aux droits de garde et de visite après divorce dans les relations franco-maghrébines, Tunis 2004.

[187] Sur les manifestations de ce phénomène en droit français, voir Terré/Fenouillet : Droit civil, p. 3.

Ben Achour, Yadh : Droit et changement social. L'exemple tunisien, in : Revue générale des procédures, 1989, pp. 133 et s.

Ben Achour, Yadh : Une révolution par le droit ? Bourguiba et le Code du statut personnel, in : Yadh Ben Acour : Politique, religion et droit dans le monde arabe, Tunis 1992, pp. 203 et s.

Ben Achour, Yadh : Société, Etat et cohérence du droit (Essai sur l'anomie juridique), in : Yadh Ben Achour : Politique, religion et droit dans le monde arabe, Tunis 1992, pp. 177 et s.

Ben Halima, Sassi : Divergences dans la jurisprudence de la Cour de cassation, in : La cassation. Actes du Colloque organisé à la Faculté de droit et des sciences politiques du 4 au 7 avril 1988, Tunis 1989, pp. 135 et s.

Ben Halima, Sassi : Religion et statut personnel en Tunisie, Revue tunisienne de droit, 2000, pp. 107 et s.

Ben Jemia, Monia : Non-discrimination religieuse et Code du statut personnel, in : Droits et Culture. Mélanges en l'honneur du Doyen Y. Ben Achour, Tunis 2008, pp. 261 et s.

Ben Taleb, Ahmed : Le Radd en matière successorale (en langue arabe), in : Actualités juridiques tunisiennes, 6, 1992, pp. 53 et s.

Benoist-Méchin, Jacques : Un printemps arabe, Paris 1958.

Bergel, Jean-Louis : Théorie générale du droit, 2e édition, Paris 1989.

Bernard-Maugiron, Nathalie : Quelques développements récents dans le droit du statut personnel en Egypte, Revue internationale de droit comparé, 2, 2004, pp. 355 et s.

Bessis, Sophie / Souhayr Belhassen : Bourguiba. Tome 2 : Un si long règne (1957–1989), Paris.

Borrmans, Maurice : Statut personnel et famille au Maghreb, Thèse dactyl., Université de Paris, Faculté des lettres et des sciences humaines, Paris 1969–1970.

Bostanji, Sami : L'incidence de la constitution sur les nouvelles solutions des conflits de lois (Etude de droit international privé de la famille), in : Mouvements du droit contemporain. Mélanges offerts au Professeur Sassi Ben Halima, Tunis 2005, pp. 281 et s.

Bostanji, Sami : La Sharia est-elle l'unique source de droit dans les pays arabes ?, in : Heloïsa Vihena de Araujo (éd.) : Dialogue Amérique du Sud – Pays Arabes, Brasilia 2005, pp. 81 et s.

Bostanji, Sami : Confrontation des sources du droit privé : le Code des obligations et des contrats à l'épreuve des législations spéciales, in : Mohamed Kamel Charfeddine (éd.) : Livre du centenaire du Code des obligations et des contrats (1906–2006), Tunis 2006, pp. 537 et s.

Botiveau, Bernard : Loi islamique et droit dans les sociétés arabes. Mutations des systèmes juridiques du Moyen-Orient, Paris / Aix-en-Provence 1993.

Bouguerra, Mohamed Moncef : Le juge tunisien et le droit du statut personnel, in : Actualités juridiques tunisiennes, 14, 2000, pp. 7 et s.

Bouguerra, Mohamed Moncef : Le Code Tunisien du statut personnel, un Code laïc ?, in : Mouvements du droit contemporain. Mélanges offerts au Professeur Sassi Ben Halima, Tunis 2005, pp. 529–582.

Bouraoui, Soukeina : Droit de la famille et relations familiales à la lumière des dernières réformes juridiques, Revue tunisienne de droit, 1993, pp. 119 et s.

Bourguiba, Habib : Le rôle du juge et la mission de justice, Discours prononcé le 25 juillet 1965 à Monastir, in : La Justice, dix ans après. Publications du Secrétariat d'Etat à la justice, Tunis 1966, pp. 13 et s.

Bourguiba, Habib : Discours prononcé le 29 juin 1966 à l'occasion de la fête du Mouled, in : Revue IBLA, 1966, pp. 265 et s.

Bouzghiba, Mohamed Ben Brahim : Le mouvement de codification du droit musulman en Tunisie (1857–1965) (en langue arabe), Tunis 2003.

Cabrillac, Rémy / Marie-Anne Frison Roche / Thierry Revet (éd.) : Droits et libertés fondamentaux, Paris 1997.

Camau, Michel : La Tunisie, Paris 1989.

Carbonnier, Jean : Flexible droit, 2e édition, Paris 1971.

Carbonnier, Jean : Essais sur les lois, Paris 1979.

Carbonnier, Jean : La part du droit dans l'angoisse contemporaine, in : Jean Carbonnier : Flexible droit, Pour une sociologie de droit sans rigueur, 6e édition, Paris 1988, pp. 167 et s.

Carbonnier, Jean : Droit civil. Les personnes, les incapacités, Paris 1992.

Carbonnier, Jean : Droit et passion du droit sous la Ve République, Paris 1996.

Carbonnier, Jean : Droit civil. Introduction, Les personnes, La famille, l'enfant, le couple, Paris 2004.

Charfi, Mohamed : Le droit tunisien de la famille entre Islam et modernité, Revue tunisienne de droit, 1973, pp. 1 et s.

Charfi, Mohamed : Influence de la religion dans les pays musulmans, in : Recueil des cours de l'Académie de droit International de la Haye, 1987, III, Tome 203, pp. 329 et s.

Charfi, Mohamed : Rapport de synthèse, in : Droit et environnement social au Maghreb, CNRS / Fondation du roi Abdelaziz Saoud, Paris/Casablanca 1989, pp. 335.

Charfi, Mohamed : Islam et liberté. Le malentendu historique, Paris 1998.

Charfi, Mohamed : Le statut personnel tunisien entre la loi et la jurisprudence (en langue arabe), in : Droits et Culture. Mélanges en l'honneur du Doyen Y. Ben Achour, Tunis 2008, pp. 425 et s.

Chedly, Lotfi : Le mariage de la musulmane avec un non-musulman entre les textes et leurs interprétations (en langue arabe), in : Droits et Culture. Mélanges en l'honneur du Doyen Y. Ben Achour, Tunis 2008, pp. 441 et s.

Chekir, Hafidha : Le statut des femmes entre les textes et les résistances : le cas de la Tunisie, Tunis 2000.

Colomer, André : Le Code du statut personnel tunisien, in : Revue algérienne, tunisienne et marocaine de législation et de jurisprudence, 1957, pp. 115 et s.

Collectif : Les droits fondamentaux. Inventaire et théorie générale : colloque de Beyrouth, 6 et 7 novembre 2003, Bruxelles 2005.

Cornu, Gérard (dir.) : Vocabulaire juridique, Paris 2002.

Deprez, Jean : Pérennité de l'Islam dans l'ordre juridique au Maghreb, in : Islam et Politique au Maghreb, Table Ronde du Centre de recherches et d'études sur les sociétés méditerranéennes, Aix en Provence, Juin, 1979, Paris 1981, pp. 315 et s.

Deprez, Jean : Droit international privé et conflits de civilisations, in : Recueil des cours de l'Académie de droit International de la Haye, IV, 1988, pp. 19 et s.

Dictionnaire Le petit Larousse, Paris 1980.

Djaït, Hichem : La personnalité et le devenir arabo-islamiques, Paris 1974.

Durupty, Michel : La Convention de New-York du 10 décembre 1962 sur le consentement au mariage, l'âge minimum du mariage et l'enregistrement du mariage, in : Revue tunisienne de droit, 1968, pp. 45 et s.

El Baz, Abdelaziz Ben Abdallah Ben: Hokmo El Islam (en langue arabe), Diffusion de la fédération islamique, Médine, 1401 de l'hégire.

El-Ganari, Ali : Bourguiba, Le Combattant suprême, Paris 1985.

El Hajjami, Aïcha : La condition juridique des femmes au Maroc et la question du référentiel, in : Droits et Culture. Mélanges en l'honneur du Doyen Y. Ben Achour, Tunis 2008, pp. 301 et s.

El Jaberi, Mohamed Abed : La formation de l'esprit arabe (en langue arabe), Beyrouth 2002.

Favoreu, Louis : Universalité des droits fondamentaux et diversité culturelle, in : L'effectivité des droits fondamentaux dans les pays de la communauté francophone, Colloque international de l'île Maurice, 29 septembre – 1er Octobre 1993, Montréal 1994, p. 48.

Foblets, Marie-Claire / Carlier, Jean-Yves : Le Code marocain de la famille, Bruxelles 2005.

Fulchiron, Hugues : La famille face à la mondialisation, in : Eric Loquin / Catherine Kessedjian (éd.) : La mondialisation du droit, Dijon 2000, pp. 479 et s.

Gannagé, Léna : Le relativisme des droits de l'homme dans l'espace méditerranéen, Regard du Proche-Orient sur la reconnaissance en France des répudiations de droit musulman, Revue internationale de droit comparé, 2006, 1, pp. 101 et s.

Gannagé, Léna : A propos de « l'absolutisme » des droits fondamentaux, in : Mélanges Hélène Gaudemet-Tallon, Paris 2008, pp. 265 et s.

Ghazouani, Malek : Extraits de jurisprudence relatifs aux droits fondamentaux, Revue tunisienne de droit, 2002, pp. 1 et s.

Guellouz, Ezzedine / Abdelkader Masmoudi / Mongi Smida : Histoire générale de la Tunisie, Tome III, Les temps modernes (1534–1881), Tunis 2007.
Hajji, Lotfi : Bourguiba et l'Islam, Tunis 2004.
Hébraud, Pierre : Le juge et la jurisprudence, in : Mélanges offerts à Paul Couzinet, Toulouse 1981, pp. 329 et s.
Jahel, Sélim : L'actualité du droit en pays de Chari'a, Petites Affiches, 13 juillet 2005, 138, pp. 41 et s.
Lagrange, Eméritienne de : Le législateur tunisien et ses interprètes, Revue tunisienne de droit, 1968, pp. 11 et s.
Lequette, Yves : Ensembles législatifs et droit international privé des successions, in : Travaux du Comité français de droit international privé, 1983–1984, pp. 163 et s.
Lequette, Yves : Le conflit de civilisations à la lumière de l'expérience franco-tunisienne, in : Mélanges offerts au Professeur Sassi Ben Halima, Tunis 2005, pp. 175 et s.
Lequette, Yves : Le droit international privé et les droits fondamentaux, in : Rémy Cabrillac / Marie-Anne Frison Roche / Thierry Revet (éd.) : Droits et libertés fondamentaux, 13e édition, Paris 2007, pp. 99 et s.
Maccormick, Neil : Raisonnement juridique et théorie du droit, Paris 1996.
Mayer, Danièle : Evolution du statut de la famille en droit international privé, Clunet, 104, 1977, pp. 447 et s.
Mezghani, Ali : Réflexions sur les relations du Code du statut personnel avec le droit musulman classique, Revue tunisienne de droit, 1975, II, pp. 53 et s.
Mezghani, Ali : Droit et évolution des structures socio-économiques : quelques remarques à partir de l'expérience tunisienne, in : Droit et environnement social au Maghreb, CNRS / Fondation du roi Abdelaziz Saoud, Paris/Casablanca 1989, pp. 217 et s.
Mezghani, Ali / Kalthoum Meziou-Douraï : L'égalité entre hommes et femmes en droit successoral, Tunis 2006.
Meziou, Kalthoum : Féminisme et Islam dans la réforme du Code du statut personnel du 18 février 1981, Revue tunisienne de droit, 1984, pp. 253 et s.
Meziou, Kalthoum : Approche critique du Code du statut personnel, in : Mélanges offerts au Doyen Abdelfattah Amor, Tunis 2005, pp. 815–828.
Meziou, Kalthoum : Approche iconoclaste du droit des successions, in : Mélanges offerts au Professeur Sassi Ben Halima, Tunis 2005, pp. 907 et s.
Milliot, Louis : Introduction à l'étude du droit musulman, Paris 1953.
Nizard, Maurice : Le droit international privé tunisien en matière de statut personnel, Thèse dactyl., Faculté de droit et des sciences économiques de Paris, Paris 1968.
Ost, François / Michel van de Kerchove : Interpretation, in : Vocabulaire fondamental du droit, Paris 1990, p. 186.

Picard, Etienne : Droits fondamentaux, in : Denis Alland / Stéphane Rials (dir.) : Dictionnaire de la culture juridique, Paris 2003, p. 544 et s.

Redissi, Hamadi / Slah Eddine Ben Abid : L'affaire Samia ou le drame d'être « autre », in : Anne Marie Moulin (éd.) : Islam et révolutions médicales. La labyrinthe du corps, Marseille / Paris 2013, pp. 237 et s.

Roland, Henri / Laurent Boyer : Adages du droit français, Paris 1999.

Saïdi, Kamel : La réforme du droit algérien de la famille : pérennité et rénovation, in : Revue internationale de droit comparé, 1, 2006, pp. 119 et s.

Salah, Mahmoud Mohamed : La mondialisation vue par l'Islam, in : Archives de philosophie du droit : La mondialisation entre illusion et utopie, Tome 47, Paris 2003, pp. 27 et s.

Schacht, Joseph : Introduction au droit musulman, Paris 1983.

Terré, François / Dominique Fenouillet : Droit civil. Les personnes, la famille, les incapacités, 7e édition, Paris 2005.

Virally, Michel : La pensée juridique, Paris 1960.

Weber, Max : Sociologie du droit, Paris 1986.

Daniel Witte

Umstrittene Grenzen: Das Feld der Macht als Ort von Deutungskämpfen um Recht und Religion

Der 2002 verstorbene französische Soziologe Pierre Bourdieu zählt zu den meistrezipierten Sozialwissenschaftlern des 20. Jahrhunderts, und die von ihm über mehrere Jahrzehnte entworfene Habitus-Feld-Theorie stellt mittlerweile eines der meistdiskutierten und am häufigsten angewandten soziologischen Paradigmen der Gegenwart dar.[1] Entwickelt (und stetig *weiter*entwickelt) wurde dieser theoretische Bezugsrahmen v. a. im Zuge einer Reihe von (meist empirischen) Einzelstudien zu unterschiedlichen ausdifferenzierten Ordnungen moderner Gesellschaften: Kunst[2], die Wissenschaften[3], Politik[4], Wirtschaft[5] oder Medien[6] werden hier als ›Felder‹ beschrieben, die trotz unterschiedlicher Inhalte bestimmten verallgemeinerbaren Regelmäßigkeiten folgen und Orte sozialer Praktiken und Auseinandersetzungen sind.

Im Rahmen des vorliegenden Beitrags sollen einige der Grundideen der Habitus-Feld-Theorie für das spannungsvolle Verhältnis von Recht und Religion fruchtbar gemacht werden. In einem ersten Schritt werden hierzu die wichtigsten Grundbegriffe von Bourdieus Theorie eingeführt (I). Im zweiten Teil wird der feldtheoretische Blick auf die Religion gelenkt, die im vorliegenden Zusammenhang insofern von besonderer Bedeutung ist, als der Feldbegriff wesentlich aus einer Rekonstruktion der systematischen Religionssoziologie in Max Webers *Wirtschaft und Gesellschaft* gewonnen wurde (II). Im Anschluss werden Bourdieus Überlegungen zum juridischen Feld präsentiert, wie sie sich insbesondere in seinem Beitrag über die ›force du droit‹ von 1986, aber auch in einer Reihe von kleineren, verstreuten Arbeiten finden (III). Der vierte Abschnitt geht auf einen Theoriebaustein ein, der die Studien zu den verschiedenen Teilfeldern moderner

1 Vgl. nur zuletzt die zwei Bände von Bernhard/Schmidt-Wellenburg (Hrsg.): Feldanalyse als Forschungsprogramm.

2 Vgl. insb. Bourdieu: Die Regeln der Kunst.

3 Vgl. insb. Bourdieu: Homo academicus, ferner auch die Beiträge in Bourdieu: Vom Gebrauch der Wissenschaft.

4 Vgl. v. a. die Beiträge in Bourdieu: Das politische Feld.

5 Vgl. Bourdieu: Das ökonomische Feld.

6 Vgl. v. a. Bourdieu: Über das Fernsehen.

Gesellschaften übergreift und damit ihre gesellschaftstheoretische Klammer bildet: Im ›Feld der Macht‹ sind es die Verhältnisse unterschiedlicher Felder zueinander, die Gegenstand sozialer Auseinandersetzungen sind, und damit nichts weniger als die Grundstruktur von Gesellschaft selbst (IV). Dass sich diese Auseinandersetzungen wesentlich als Deutungskämpfe manifestieren, soll im fünften Abschnitt mit Blick auf die Felder von Recht und Religion deutlich gemacht werden. Zu berücksichtigen ist hierbei insbesondere, dass die Machtbalancen zwischen verschiedenen Teilordnungen und ihren jeweiligen Akteuren im Vergleich von Nationalgesellschaften großen Varianzen unterliegen und damit auf ›Differenzierungskulturen‹ verweisen, die erst im Zuge eines vergleichenden empirischen Forschungsprogramms näher zu bestimmen wären (V). Abschließend wird argumentiert, dass die Habitus-Feld-Theorie in besonderer Weise geeignet erscheint, um ein solches Forschungsprogramm theoretisch zu orientieren und praktisch anzuleiten.

I. Zu einigen Grundbegriffen der Habitus-Feld-Theorie

In Bourdieus Soziologie werden Akteure und deren Praktiken über ihre je spezifische *Position* und *Relation* zu anderen Akteuren beschrieben. Für die empirische Beschreibung derartiger Zusammenhänge führte Bourdieu den Begriff des *sozialen Raums* ein; einen solchen konstruierte er für die französische Gesellschaft der 1970er Jahre in seinem wohl bekanntesten Werk über die *Feinen Unterschiede*.[7] Soziale Felder entwarf er aus einer differenzierungstheoretischen Perspektive als Segmente des sozialen Raums, die eine ihnen eigene, mit spezifischen Interessen korrespondierende Struktur und damit eine relative Autonomie gegenüber der Gesamtgesellschaft aufweisen: »Die Theorie der Felder beruht auf der Feststellung […], daß in der sozialen Welt ein fortschreitender Differenzierungsprozeß stattfindet. […] Dieser Differenzierungs- oder Verselbständigungsprozeß führt […] zur Entstehung von Universen, die unterschiedliche, nicht aufeinander reduzierbare ›Grundgesetze‹ haben […] und Austragungsorte für besondere Formen von Interesse sind.«[8]

Soziale Felder sind in Bourdieus Untersuchungen die ›Arenen‹ *sozialer Praxis*, sozialer Kämpfe, sozialer Reproduktion und sozialen Wandels. Der *Kampf* innerhalb eines Feldes ist wesentlich von der Auseinandersetzung zwischen zwei antagonistischen Polen geprägt: Strategien der Besitzstandswahrung und des Machterhalts, der Reproduktion bestehender Strukturen und der Sicherung der

7 Vgl. Bourdieu: Die feinen Unterschiede (orig.: La distinction, 1979).
8 Bourdieu: Ist interessenfreies Handeln möglich?, S. 148.

eigenen Position auf der einen, des Kampfes um relativen Zugewinn an Ressourcen und Machtpositionen, der Veränderung bestehender Strukturen und der Verbesserung der eigenen Position auf der anderen Seite. Bourdieu fasst diese fundamentale, allen Feldern innewohnende chiastische Struktur begrifflich als »Gegensatz zwischen *Orthodoxie und Häresie*«[9]. Der Begriff des *Kapitals* macht diese Gegensatzbeziehungen greifbar: Je spezifische Kapitalia strukturieren ein Feld und beschreiben Positionen im Feld über Kapitalvolumen und -zusammensetzung.[10] Zusätzlich wirken Kapitalia über Anerkennungsökonomien als *symbolisches Kapital*,[11] insoweit das in ihnen angelegte Potenzial auf Machtausübung als legitimes anerkannt wird. Akteure haben also nicht nur aufgrund ihrer Kapitalausstattung eine vorteilhafte Position im Feld, sondern auch (oder erst) durch deren symbolische Überhöhung auf dem Wege von Anerkennungsakten. Über den relativen Wert unterschiedlicher Kapitalsorten lassen sich zudem die Machtverhältnisse *zwischen* verschiedenen Feldern makrosoziologisch konkretisieren: Bourdieu spricht in diesem Zusammenhang von Konversionschancen bzw. möglichen *Wechselkursen* zwischen verschiedenen Kapitaltypen.[12]

Gleichwohl eint alle Akteure eines Feldes der Glaube an seine Interessensobjekte. Bourdieus im Anschluss an die Phänomenologie Husserls entwickelter Begriff der *doxa* umreißt die Gesamtheit dieses ›Meinungswissens‹, das sich im Grenzbereich von normativen Glaubensinhalten, symbolischen Repräsentationen und empirischen Wissensbeständen verorten lässt; die Frage also, was eigentlich das Feld und eine in ihm legitime Praxis *ist* und sein *soll*. Die *doxa* schließt somit all jenes scheinbar *›selbstverständliche‹* Wissen ein, das Akteure über die soziale Welt bzw. den Raum oder das Feld teilen, in dem sie Positionen einnehmen. Sie bildet einen spezifischen Glaubens- und Meinungshorizont, der die Geschichte der Feldkämpfe in der Gegenwart aktualisiert und Denkbares von Undenkbarem, Diskutables von Indiskutablem, Umkämpftes von dem Kampf Entzogenem unterscheidet. Die jeweiligen Interessensobjekte werden nach Bourdieu durch eine feldspezifische *libido* ›besetzt‹,[13] und analog produziert jedes Feld seine eigene *illusio* – den unhintergehbaren Glauben an den Wert des Spieles, seine Regeln und Siegprämien sowie eine gemeinsam geteilte, stillschweigende Anerkennung

9 Bourdieu: Die Regeln der Kunst, S. 329.

10 Die geläufigsten Kapitaltypen sind fraglos ökonomisches, kulturelles und soziales Kapital (vgl. sehr grundlegend Bourdieu: Ökonomisches Kapital, kulturelles Kapital, soziales Kapital) sowie das symbolische Kapital als deren durch Anerkennung induzierter Aggregatzustand. Darüber hinaus führt Bourdieu nach Bedarf und insbesondere für einzelne Felder spezifische Kapitaltypen ein (so etwa das juridische oder das wissenschaftliche), die in der Regel wohl am ehesten als Unterformen des kulturellen Kapitals verstanden werden können.

11 Vgl. z. B. Bourdieu: Staatsgeist, S. 108 f.

12 Vgl. z. B. Bourdieu/Wacquant: Die Ziele der reflexiven Soziologie, S. 129.

13 Vgl. etwa ebd., S. 128; Bourdieu: Die Regeln der Kunst, S. 68, 456; Bourdieu: Meditationen, S. 173.

ihrer Geltung. Das angesprochene Regelwerk eines Feldes oder zumindest seine ›Grundnorm‹, die über die jeweils umkämpften ›Gewinne‹ bestimmt, bezeichnet Bourdieu als *nomos*. Dieser bringt die sachliche Logik des Feldes auf einen (tautologischen) Begriff und legt etwa fest, dass es im ökonomischen Feld um Geschäft und Profit, nicht aber um Wahrheit oder Recht geht.

Felder erzeugen inkorporierte, kohärente Wahrnehmungs-, Beurteilungs- und Handlungsschemata, die als *Habitūs* der Praxis der jeweiligen Akteure zugrunde liegen und sich in ihrer Gesamtheit als (Dis-)Positionen gegenüber dem, was in einem jeweiligen Feld ›auf dem Spiel steht‹, verstehen lassen. Akteure weisen ein subtiles Gespür für die Logik des Feldes auf, das sie »im richtigen Moment das Richtige tun läßt, ohne das, was zu tun war, und erst recht nicht die Regel, die die Generierung des richtigen Verhaltens erlaubt hat, thematisieren zu müssen«[14]. Bourdieu bezeichnet dieses Gespür als *praktischen Sinn* oder auch als den ›Sinn für das Spiel‹, vergleichbar dem aus Erfahrung, Routine und Vertrautheit mit dem Spiel resultierenden intuitiven Sinn eines Sportlers, der bereits die richtige Position im Spielfeld einzunehmen weiß, bevor es zum entscheidenden Spielzug kommt.

Die Geschichte der *Ausdifferenzierung* von Feldern fasst Bourdieu als einen Prozess der *Autonomisierung*. ›Autonomie‹ wird dabei als eine *Variable* verstanden: Insofern lassen sich Felder als soziale »Mikrokosmen«[15] hinsichtlich des Ausmaßes unterscheiden, in dem sie über eine *relative Autonomie* gegenüber dem übergeordneten Makrokosmos sowie gegenüber anderen Feldern verfügen. Die Autonomie eines Feldes entspricht so dem »Ausmaß, in dem seine eigenen Normen und Sanktionen sich [...] durchsetzen«[16], also innerhalb des Feldes Geltung besitzen und von externen Kriterien und Logiken unabhängig sind. Am Beispiel des Kunstfeldes unterscheidet Bourdieu hier zwischen zwei »Hierarchisierungsprinzipien: dem heteronomen Prinzip, das diejenigen begünstigt, die das Feld ökonomisch und politisch beherrschen [...], und dem autonomen Prinzip (zum Beispiel dem *L'art pour l'art*)«[17]. Der Prozess der Ausdifferenzierung eines Feldes wird dabei als Herausbildung eines autonomen Pols gefasst, der dem heteronomen Pol gegenübersteht.[18] Die Autonomie eines Feldes ist dann umso größer, je mehr das feldinterne Hierarchisierungsprinzip – vertreten durch die Akteure des autonomen Pols – von außen einwirkende Kräfte gleich einem Prisma ›bricht‹ und in seine eigene Logik übersetzt:[19] Der »Übersetzungs- oder *Brechungs*effekt«[20] eines

14 Bourdieu: Die Praxis der reflexiven Anthropologie, S. 257.
15 Bourdieu: Meditationen, S. 30.
16 Bourdieu: Die Regeln der Kunst, S. 344.
17 Ebd., S. 344, Hervorh. im Orig.
18 Vgl. ebd., S. 340ff.
19 Vgl. ebd., S. 344.
20 Ebd., S. 349, Hervorh. im Orig.

Feldes wird somit zum Gradmesser seiner Autonomie. Am Beispiel der Wissenschaften lässt sich diese Hierarchisierung auch als *Zensur* beschreiben: »Je autonomer [...] ein Feld ist, je näher also an einem reinen und vollständigen Wettbewerb, desto eher ist dort die Zensur eine rein wissenschaftliche, die rein gesellschaftliche Eingriffe (amtliche Verfügungen, sanktionierte Karrieren usw.) ausschließt. Soziale Zwänge nehmen hier immer mehr die Form logischer Zwänge an und umgekehrt: um sich [im Feld der Wissenschaft; D. W.] Geltung zu verschaffen, muß man Gründe geltend machen, um den Sieg davonzutragen, müssen Beweise und Gegenbeweise triumphieren«[21]. Nochmals anders gewendet erscheint der Prozess der Ausdifferenzierung so als ein »*Reinigungs*prozeß«[22], in dem das Feld zunehmend auf seinen *nomos* fokussiert und solche Kalküle ausscheidet, die außerhalb seiner Eigenlogik liegen.[23]

Autonomie und Heteronomie werden so in der Regel als ein wechselseitig aufeinander verweisendes Begriffspaar gedacht, wobei – in Ermangelung eines anderen ›Außen‹ – untertheoretisiert ist, *wovon* ein jeweiliges Feld eigentlich autonom ist.[24] Zu einer objektiven Relationierung der *jeweils feldspezifisch* eingeforderten Autonomie der Felder bedarf es daher einer Identifikation der gesamtgesellschaftlichen Machtrelationen, die immer auch ein heteronomes Beherrschtsein spezifischer Felder implizieren. Bourdieu führt an dieser Stelle die Konzepte der strukturellen *Homologie* sowie der *Intrusion* ein.[25] Homologie beschreibt Feldverhältnisse über Entsprechungen von Positionen in verschiedenen Feldern, wie zum Beispiel der Positionen von Autoren und ihren Lesern. Intrusion bezeichnet das erfolgreiche Vordringen der Logik eines Feldes in die Praxis eines anderen, wie zum Beispiel die Ökonomisierung der Wissenschaft. Ein drittes theoretisches Konzept, das der Analyse von Felderrelationen dient, bildet das unten noch zu erläuternde ›Feld der Macht‹. Bevor hierauf näher eingegangen wird, sollen aber zunächst Grundzüge der bourdieuschen Perspektiven auf die Felder von Religion und Recht vorgestellt werden.

21 Bourdieu: Vom Gebrauch der Wissenschaft, S. 28.

22 Bourdieu: Zur Genese der Begriffe Habitus und Feld, S. 74, Hervorh. im Orig.

23 Die Parallelen zu Bruno Latour, der ja gerade in Praktiken der ›Übersetzung‹ und der ›Reinigung‹ das Signum moderner Gesellschaften ausmacht, wären hier erst noch zu reflektieren; vgl. Latour: Wir sind nie modern gewesen, S. 19ff.

24 So auch Schudson: Autonomy from What?

25 Vgl. zum Theorem der strukturellen Homologie z. B. Bourdieu: Klassenstellung und Klassenlage, S. 46; Bourdieu: Die feinen Unterschiede, S. 365f.; Bourdieu: Die Regeln der Kunst, S. 291; dazu Swartz: Culture & Power, S. 129ff.; sowie zum Begriff der Intrusion v. a. Bourdieu: Im Banne des Journalismus.

II. Zurück zu Weber und darüber hinaus: Von der Geburt des Feldbegriffs aus dem Geist der weberschen Religionssoziologie

Ist man den empirischen Detailreichtum und die theoretische Raffinesse etwa von Bourdieus Studien zu Kunst oder Wissenschaft gewohnt, müssen die knappen Schriften über das religiöse Feld zunächst enttäuschen.[26] Nun wäre es aber gleichsam nicht fair, die gleichen Maßstäbe an die genannten Arbeiten anzulegen: Sowohl die *Regeln der Kunst* als auch der *Homo academicus* sind Werke eines reifen Autors, der sich auf mehrere Jahrzehnte empirischer Forschung und parallel erfolgender Theorieentwicklung stützen kann, während die beiden zentralen Beiträge zur Religion[27] Frühwerke darstellen, in denen der Feldbegriff überhaupt erstmals (und noch in Grundzügen) als systematisches theoretisches Konzept entfaltet wird.

Entwickelt wird der Begriff im Anschluss an Max Webers systematische Religionssoziologie im Zweiten Teil von *Wirtschaft und Gesellschaft*. ›Religion‹ wird dort als eine spezifische »Art von Gemeinschaftshandeln«[28] begriffen, um sodann bemerkenswert zügig zur Frage nach den Trägergruppen und -schichten und damit zur Frage nach der ›sachlichen Spezialisierung‹ innerhalb der religiösen Sphäre überzugehen: Der historischen Ausdifferenzierung von Tätigkeiten, aber auch von Gemeinschaften und Verbänden (insb. politischen) entspricht nämlich eine Ausdifferenzierung von ›Spezialgöttern‹, die für die jeweils korrespondierenden Kollektive ›zuständig‹ sind – so etwa Jahwe, der prototypische »Sondergott des politischen Verbandes«[29] –, und natürlich haben »ebenso die beruflichen Vergesellschaftungen [...] ihre Spezialgottheiten oder Spezialheiligen«[30]. Die Bildung von Weltreichen sowie interne Systematisierungs- und Rationalisierungsprozesse beförderten nun ihrerseits die Etablierung monotheistischer Glaubenssysteme, die insofern historisch ›unwahrscheinliche‹ Konstruktionen darstellen, als sie zunächst einer Reihe von Interessen zuwiderlaufen: sowohl denjenigen der auf einzelne Gottheiten spezialisierten Priesterkasten als auch solchen der religiösen ›Laien‹, deren lebensweltliche spirituelle Bedürfnisse eigentlich mit der Omni-

26 Das folgende Kapitel stellt eine gekürzte und überarbeitete Fassung dar von Witte: Auf den Spuren der Klassiker, Kap. VI, 4, S. 391 ff.

27 Bourdieu: Une interprétation de la théorie de la religion, hier zit. nach Bourdieu: Eine Interpretation der Religion; sowie Bourdieu: Genèse et structure du champ religieux, hier zit. nach Bourdieu: Genese und Struktur des religiösen Feldes. Vgl. als eine der wenigen systematischen und umfassenderen Würdigungen der Beiträge Bourdieus zur Religion Dianteill: Pierre Bourdieu et la religion.

28 Weber: Religiöse Gemeinschaften, S. 1.

29 Ebd., S. 10.

30 Ebd., S. 12.

potenz abstrakter ›Universalgötter‹ nur schwer zu befriedigen sind.[31] Damit erfolgt hier zum einen bereits zu Beginn der weberschen Beschäftigung mit dem Religiösen eine unmittelbare Anbindung der Entwicklung von (religiösen) Sinnsystemen an divergierende Interessenlagen im weiteren (und an ökonomische Verhältnisse im engeren) Sinne; zum anderen wird hier eine scharfe Unterscheidung zwischen ›Priestern‹ und religiösen ›Laien‹ vorgenommen, die für das Verständnis seiner Religionssoziologie von zentraler Bedeutung ist.

An genau diesem Punkt setzt nun Bourdieus Weber-Lesart ein, die in dieser Kontrastierung die »Grundabsicht des Weberschen Forschungsprogramms«[32] ausmacht und aus dem Folgenden ein System von Relationen deduziert, das die Protagonisten der religiösen Sphäre in einem Spannungsverhältnis zueinander verortet, in dem vor allem die ›Professionellen‹ (Priester, Zauberer und Propheten) um die Gunst und Zuwendung der ›Laien‹ buhlen. In einer irritierenden Volte behauptet Bourdieu hier, gegen die durch ihre idealtypologische Methode zu unflexible Betrachtungsweise Webers eine *interaktionistische* Lesart in Anschlag bringen zu müssen, um dem Gegenstand gerecht zu werden.[33] Auch wenn sich Bourdieu hier offenbar auf sicherem Boden glaubt und meint, für seine ›interaktionistische‹ Re-Lektüre Webers diesen selbst als Gewährsmann heranziehen zu können:[34] Es herrscht weitgehend Einigkeit darüber, dass Bourdieu hier eine äußerst »eigenwillige«[35] Lesart Webers vorlegt (und zudem eine – gewollt oder ungewollt – provokative Verzeichnung der Theorie symbolischer Interaktion selbst). Tatsächlich ist bei Weber von einer »Mitwirkung«[36] der Laien an den zunächst ja von Priestern ausgehenden ›Entwicklungstendenzen‹ der Religionen die Rede, vom ›Mit- und Gegeneinanderwirken‹[37] der verschiedenen Kräfte und von den »gegenseitigen Beziehungen von Priestern, Propheten und Nichtpriestern«[38].

Die Konsequenz, welche für Bourdieu aus dem ›interaktionistischen‹ Blick auf die Religion folgt, ist gleichsam in programmatischem Ton verfasst: »Die Untersuchung der Logiken der *Interaktionen*, die sich zwischen den in Opposition zueinander stehenden Akteuren abspielen, muß der Konstruktion der objektiven Beziehungen zwischen den *Positionen* untergeordnet werden, die von diesen Akteuren

31 Vgl. ebd., S. 15.

32 Bourdieu: Eine Interpretation der Religion, S. 12.

33 Im Wortlaut: »Man muß diese verschiedenen Passagen nur einmal einander gegenüberstellen und ihnen so ihre volle Bedeutung geben, um daraus durch einen ersten Bruch mit der expliziten Methodologie Max Webers eine Vorstellung von den Beziehungen zwischen den religiösen Akteuren zu entwickeln, die man *interaktionistisch* (so wie man heute von *symbolischem Interaktionismus* spricht) nennen könnte« (ebd., S. 14, Hervorh. im Orig.).

34 Vgl. ebd., S. 14.

35 Egger et al.: Vom Habitus zum Feld, S. 161. »Ausgesprochen eigentümlich« befindet auch Bongaerts: Max Weber, S. 59.

36 Weber: Religiöse Gemeinschaften, S. 19.

37 Vgl. ebd., S. 27.

38 Ebd., S. 35.

innerhalb des *religiösen Feldes* eingenommen werden, einer Struktur, welche die Formen der Interaktion wie auch die Vorstellungen bestimmt, die sich die Akteure davon machen.«[39] Die »strikt ›interaktionistische‹ Sichtweise sozialer Beziehungen« liefert daher für Bourdieu auch ein klassisches *obstacle épistémologique*, gerade weil sie die Latenz und Relationalität objektiver (Feld-)Strukturen übersieht: »Sie reduziert die Relationen zwischen den Positionen auf die Ebene ›intersubjektiver‹ und ›interpersoneller‹ Beziehungen zwischen den Akteuren, welche diese Positionen einnehmen.«[40] Den ›Sinn‹ der religiösen Praxis aufschließen kann aber erst eine feldtheoretische Betrachtungsweise, die genau diese Leerstellen schließt und an diesem Punkt in die Untersuchung eingeführt wird: »Nur die Konstruktion des religiösen Feldes als Gesamtsystem der objektiven Relationen zwischen den Positionen führt uns zum Kern der direkten Interaktionen zwischen den Akteuren sowie der Strategien, die sie gegeneinander verfolgen können«[41].

Im Folgenden entwirft Bourdieu entlang des weberschen Kapitels sukzessive ein marktförmiges Modell des religiösen Feldes,[42] in dem die Anbieter von Heilsgütern um die Nachfrage der Laien konkurrieren. Dabei stehen die sogenannten ›magischen‹, nämlich vor allem stärker situativ und objektbezogen ausgerichteten, insofern also ›direkteren‹ Interessen den genuin ›religiösen‹ Interessen gegenüber, die auf Webers Begriff von ›Kultur‹ verweisen, nämlich umfassende Sinnstiftungsbedürfnisse bezeichnen sowie die damit einhergehenden Angebote an Sichtweisen auf die Welt, an Rechtfertigungslogiken und Legitimitätsbegründungen – die »Theodizeen sind immer auch Soziodizeen«[43]. Insbesondere aus diesem Punkt – der in religiösen Sinnsystemen mitgelieferten Legitimationen spezifischer Gesellschaftsstrukturen, Ungleichheiten und Positions- sowie Statusverteilungen – leitet Bourdieu nun die »schon fast wunderliche Harmonie«[44] von Ideen und Interessen ab, die er wenig später in Form der Homologiehypothese ausarbeiten und systematisch für andere Felder fruchtbar machen wird. Im Folgeaufsatz über *Genese und Struktur des religiösen Feldes* findet diese Überlegung ihren programmatischen Abschluss: »In Wirklichkeit geht die Anpassung des *religiösen Angebotes* als die Gesamtheit der religiösen Dienstleistungen und Heilsgüter, welche die unterschiedlichen Instanzen je nach Position in der Struktur der religiösen Kräfteverhältnisse, also in Abhängigkeit von ihrem religiösen Kapital [sic!], zu produzieren und anzubieten gehalten sind, und der den verschiedenen

39 Bourdieu: Eine Interpretation der Religion, S. 14f., alle Hervorh. im Orig.

40 Ebd., alle Hervorh. im Orig.

41 Ebd., alle Hervorh. im Orig.

42 Die grafische Abbildung des religiösen Feldes (ebd., S. 16) ist an einer Schlüsselstelle annotiert mit »objektives Tauschverhältnis: religiöse Dienstleistung gegen Macht«. Vielleicht ist es kein Zufall, dass die doch deutlich an Parsons' ›double interchanges‹ erinnernde Form der Darstellung in späteren Arbeiten nicht wieder aufgegriffen wird.

43 Bourdieu: Genese und Struktur des religiösen Feldes, S. 70f.

44 Bourdieu: Eine Interpretation der Religion, S. 21.

Laienkategorien eigenen Nachfrage nach Dienstleistungen und Heilsgütern aus der Homologie zwischen den Stellungen der Produzenten in der Struktur des Produktionsfeldes und den von den Konsumenten ihrer Produkte eingenommenen Positionen im sozialen Raum hervor«[45].

Die eigentliche Pointe des ersten Weber-Aufsatzes sowie die Spitze, die dessen Religionssoziologie hier aufgesetzt wird, offenbart sich allerdings erst in der Eingangspassage des Absatzes über die ›Konkurrenz um religiöse Legitimität‹: »Die Konkurrenz um die religiöse Macht verdankt ihre Besonderheit [...] dem Umstand, daß bei ihr das *Monopol der legitimen Aus*übung der Macht auf dem Spiel steht, dauerhaft und tiefgreifend Einfluß auf die Praxis und Weltsicht der Laien zu nehmen, indem sie ihnen einen *religi*ösen Habitus aufzwingt und einprägt, also eine dauerhaft verallgemeinerte und übertragbare Disposition, in Übereinstimmung mit den Prinzipien einer quasi systematischen Sicht der Welt und des Daseins zu handeln und zu denken«[46]. Damit wird eine gegenüber Weber nochmals deutlichere herrschaftstheoretische Dimension in die Analyse eingezogen, die zugleich den Raum für ein Resümee eröffnet, das den Charakter einer Blaupause trägt: »Die materielle und symbolische Kraft, die die unterschiedlichen Instanzen [...] in ihrem Kampf um das Monopol auf die legitime Ausübung der religiösen Macht mobilisieren können, variiert je nach Zustand des Feldes in Abhängigkeit von ihrer *Position innerhalb der objektiven Struktur der spezifisch religiösen Autoritätsbeziehungen*, also in Abhängigkeit von der Autorität und Macht, die sie vorher in diesem Kampf haben erringen können. *Religiöse Legitimität* zu einem gegebenen Zeitpunkt ist nichts anderes als der Zustand der spezifisch religiösen Kräfteverhältnisse zu eben diesem Zeitpunkt, und damit das Resultat von vorangegangenen Kämpfen um das Monopol der legitimen Ausübung religiöser Gewalt«[47]. Streicht man in dieser Formulierung das Adjektiv ›religiös‹, so erhält man bereits eine recht präzise Skizze der allgemeinen Logik der Feldtheorie.

Der wenige Monate später erscheinende Text über *Genese und Struktur des religiösen Feldes* nimmt die aus der Weber-Interpretation gewonnenen Elemente auf, entwickelt die dort vorgestellte Deutung weiter und verdichtet sie schließlich zu einem noch stärker generalisierten, umfassenderen und systematischeren Begriff des ›religiösen Feldes‹. Auch in Abgrenzung zu Durkheim wird Weber hier noch einmal als ein Theoretiker des Religiösen vorgestellt, der von einer aus der Sicht herrschender Klassen legitimatorischen und ordnungsstiftenden Funktion der Religion, ihres Beitrags zur »Domestizierung der Beherrschten« (Weber) nämlich, ausgeht.[48] Der weberschen »Systematisierung und Ethisierung« (Bourdieu) der

45 Bourdieu: Genese und Struktur des religiösen Feldes, S. 77, Hervorh. im Orig.

46 Bourdieu: Eine Interpretation der Religion, S. 23, beide Hervorh. im Orig.

47 Ebd., S. 25.

48 Wobei ›Legitimation‹ bzw. ›Legitimierung‹ hier immer im Sinne einer Soziodizee zu verstehen ist, die, aus privilegierten Positionen heraus formuliert, insbesondere auf die Naturalisierung

Glaubensinhalte wird ein der Rationalisierung komplementärer Prozess der Ausdifferenzierung und Autonomisierung des Feldes zur Seite gestellt,[49] und die »Monopolisierung der Verwaltung von Heilsgütern«[50] wird in eine »Enteignung«[51] gewendet, in der die »Laien [...] ihres religiösen Kapitals [...] beraubt«[52] werden.[53] Die durkheimsche Dualkosmologie von ›Heiligem‹ und ›Profanem‹ wird in akteur- *und* strukturtheoretische Kategorien übersetzt, nämlich auf Inhaber von Monopolen über Heilsgüter und ›Profane‹, also religiös Unkundige, sowie auf die jeweiligen Institutionen und Kraftpole des Feldes angewendet,[54] und schließlich aus dieser Zwangsheirat von Durkheim und Weber ein bereits fast vollständiges Modell von Orthodoxen und Häretikern abgeleitet, das für die Feldtheorie von so eminenter Bedeutung werden sollte.[55] Besondere Aufmerksamkeit erfährt dabei ferner die Diskussion des prophetischen Charismas und seiner Auswirkungen auf die Entwicklung des Feldes: »Die symbolische Macht, über die derjenige Prophet als unabhängiger Heilsunternehmer ohne jegliches Ausgangskapital und ohne eine andere Bürgschaft oder Garantie als seine ›Person‹ verfügt, der neuartige Heilsgüter produzieren und verbreiten möchte, die auch zur Diskreditierung der alten dienen können, hängt einerseits davon ab, ob er die möglicherweise vorhandenen häretischen Interessen bestimmter Gruppen oder Klassen von Laien dank des Konsekrationseffektes mobilisieren kann, den einzig der Umstand der Symbolisierung und der Explizitmachung bewirkt, andererseits, ob er einen Beitrag zur Umkehrung der etablierten (also priesterlichen) symbolischen Ordnung und zur symbolischen Ordnung dieses Umsturzes der Ordnung, also der Desakralisierung des Sakralen und zur Sakralisierung des Sakrilegs als revolutionärer Überschreitung leisten kann«[56]. Hier ist nun bereits der oben angesprochene »Konflikt zwischen Orthodoxie und Häresie«[57] angelegt und mit ihm der Zusammenhang von Statik und Wandel, Besitzstandswahrung und Umsturzstrategien, der etwa in den *Regeln der Kunst* zu einem Kernstück der Feldtheorie als allgemeiner Gesellschaftstheorie werden soll. Wie nun allerdings der damit im Raum stehende Befund – die Ableitung und Entfaltung nämlich einer Theorie der *Gesellschaft*

ebendieses Privilegs verweist sowie darauf, dass die »Ausgeschlossenen die Legitimität ihres Ausgeschlossenseins anerkennen« (Bourdieu: Genese und Struktur des religiösen Feldes, S. 86).

49 Vgl. ebd., S. 53.

50 Ebd., S. 56.

51 Ebd., S. 57.

52 Ebd., Hervorh. weggel.

53 Für eine Differenzierung möglicher Formen von ›spirituellem Kapital‹, der Unterteilung des kulturellen Kapitals in inkorporierte, objektivierte und institutionalisierte Formen folgend, vgl. Verter: Spiritual Capital, S. 159 ff.

54 Vgl. Bourdieu: Genese und Struktur des religiösen Feldes, S. 63 f.

55 Ebd., S. 66.

56 Ebd., S. 81 f.

57 Ebd., S. 87.

aus einer soziologischen Beobachtung des *religiösen* Feldes – gesellschaftstheoretisch interpretiert werden kann, muss an anderen Orten diskutiert werden.[58]

III. Jenseits von Formalismus und Instrumentalismus: Bourdieus Blick auf das juridische Feld

Pierre Bourdieu, so die diesbezügliche Einschätzung Remi Lenoirs, »never directly made law a part of his research agenda, although he was far from ignoring it«[59]. In der Tat war sein Verhältnis zum Recht, um es vorsichtig zu formulieren, von offensichtlichen Ambivalenzen geprägt. Umfangreichen Untersuchungen verschiedenster Felder steht eine eher stiefmütterliche Behandlung des juridischen Feldes entgegen, die sich im Wesentlichen auf einen Artikel von 1986 beschränkt.[60] Gleichwohl war Bourdieu nicht um polemische Urteile verlegen, etwa wenn es darum ging, die Juristen als »Wächter einer kollektiven Heuchelei«[61] zu brandmarken oder das Recht auf einen Reflex gesellschaftlicher Machtstrukturen zu reduzieren.[62] Derartige Vereinfachungen überraschen insofern, als doch die *Idee* des Rechts, seine Funktionsweise, seine Beziehung zu anderen Feldern und seine Äquivalente in den Kern von Bourdieus Verständnis der Sozialwelt und seiner Soziologie hineinführen.

Um seine eigene Perspektive auf das Recht zu positionieren, identifiziert Bourdieu zwei grundlegende, seiner Ansicht nach aber gleichermaßen kurzsichtige Zugänge: Weder die ›formalistische‹ Sichtweise, die das Recht gleichsam internalistisch und autark als autonome Sinnprovinz ohne direkte Abhängigkeiten von anderen gesellschaftlichen Teilbereichen konzipiert, noch die sogenannte ›instrumentalistische‹ Perspektive, in der das Recht externalistisch auf seine Rolle als Herrschaftstechnik reduziert wird, seien geeignet, ein angemessenes Verständnis des Rechts zu gewinnen.[63] ›Recht‹ sei gegenüber derartigen Vereinseitigungen vielmehr zu verstehen als Zusammenspiel der Ergebnisse symbolischer Kämpfe zwischen Akteuren einerseits und der relationalen Struktur der durch diese Akteure besetzten Positionen andererseits. Erst in der Zusammen-

58 Was freilich lohnenswert erschiene, insbesondere vor dem Hintergrund einer Fehlrezeption, die in Bourdieus Feldtheorie einen – in besonders schlimmen Verzeichnungen auch noch: marxistisch fundierten – Ökonomismus ausmachen will.

59 Lenoir: Pierre Bourdieu and the Law, S. 8.

60 Vgl. Bourdieu: La force du droit.

61 Bourdieu: Les juristes, gardiens de l'hypocrisie collective.

62 So heißt es zumindest noch im *Entwurf*, das Recht mache »nichts anderes, als den Stand des Kräfteverhältnisses […] aufzuzeichnen« (Bourdieu: Entwurf einer Theorie der Praxis, S. 364; vgl. auch Bourdieu: Sozialer Sinn, S. 243).

63 Vgl. Bourdieu: La force du droit, S. 3.

schau beider Dimensionen, der umkämpften symbolisch-normativen Ordnung sowie der sozialstrukturellen Ordnung komplementärer Positionen, in der ebenjene Rechtsordnung hervorgebracht wird, offenbart sich der Ort der gesellschaftlichen Produktion von Recht als ein ›juridisches Feld‹.[64]

Die Schlüsselkompetenz aller Praktiken innerhalb dieses Feldes und damit die wertvollste Ressource für seine Akteure stellen nun die inkorporierten, objektivierten, erkannten und anerkannten Fähigkeiten dar, die im Umgang mit juristischen *Texten* und ihren Interpretationen eingesetzt werden. Die Verfügung über diese Untersorte kulturellen Kapitals markiert den juristischen Experten im Unterschied zu allen übrigen Akteuren, die ihm gegenüber als Laien erscheinen. Aus diesem Blickwinkel verschmilzt die ›heilige‹ Autorität juristischer Texte mit der daraus abgeleiteten Autorität ihrer Interpretationen, ihrer Interpreten und dem Recht schlechthin.[65] Die geradezu ›magische‹ Macht des Rechts, die *force du droit*, wird in mehr oder weniger sprachlich verfasster Praxis produziert, reproduziert und stetig gesteigert, was für Bourdieu auf zwei konstitutive Charakteristika der juridischen Sprache zurückverweist: erstens den Effekt der *Neutralisierung*, der partikulare Interessen verschleiert und die Idee eines freischwebenden transzendentalen Subjektes evoziert, das im Namen einer höheren Gerechtigkeit ›Recht spricht‹; zweitens den Effekt der *Universalisierung*, der die raumzeitliche Kontingenz positiven Rechts verdeckt und der jeweils geltenden Rechtsprechung einen Anstrich allgemeiner Faktizität verleiht, die von ebenjenen sozialräumlichen und zeitlichen Bindungen abgelöst scheint und stattdessen auf einen imaginären bzw. rein fiktiven moralisch-normativen Konsens verweist.[66]

Statik und Dynamik des Feldes beruhen nun auf der strukturellen Feindschaft zwischen den Theoretikern des Feldes auf der einen Seite und seinen »auf die Anwendung beschränkten«[67] Praktikern auf der anderen: Dabei referiert die »reine, doktrinale Konstruktion« der hierauf »eingeschworenen«[68] Rechtstheoretiker entweder auf Traditionen oder bereits bestehende Praktiken, weshalb Bourdieu an diesem Pol das konservative und konservierende, prinzipiell statische Moment des Feldes ausmacht, während die dynamischen Kräfte des Feldes aufseiten der Rechtsanwender, nämlich in Praktiken der Auslegung und Interpretation verortet werden. Eine »Kette der Legitimation«[69] bindet beide Pole und die sie besetzenden Akteure wechselseitig aneinander, was im Effekt zu einer im durkheimianischen

64 Vgl. ebd., S. 3f.
65 Vgl. ebd., S. 4f.
66 Vgl. ebd., S. 5.
67 Eigene Übersetzung; orig.: »limitées à l'application« (ebd., S. 6).
68 Eigene Übersetzung; orig.: »vouées à la pure construction doctrinale« (ebd.).
69 Eigene Übersetzung; orig.: »chaîne de légitimité« (ebd., S. 7).

Sinne organischen »Teilung symbolischer Herrschaftsarbeit«[70] führt und wesentlich zur sozialen Geltung von Recht beiträgt.

Wie lässt sich diese doch noch sehr rudimentäre Skizze des juridischen Feldes nun im Anschluss an die oben vorgestellten Grundannahmen der Feldtheorie anreichern? Zunächst darf das durch ›Pole‹ strukturierte ›Feld‹ des Rechts keineswegs auf die Logik eines ›Kräftefeldes‹ im physikalischen Sinne reduziert werden: (Rechts-)Soziologie ist gerade kein »Kapitel der Mechanik«[71], und Felder werden ebenso als »Kampffelder« gedacht, auf denen um Wahrung oder Veränderung der Kräfteverhältnisse gerungen wird«[72]. Insofern stellt die juridische Praxis immer *auch* eine Strategie dar zugunsten der eigenen Herrschaftsposition im Feld, oder alternativ: einen Versuch zur Verbesserung dieser Position. Unter Verweis auf die dritte Metapher des ›Spielfeldes‹ lässt sich dies nochmals plausibilisieren: Zentral für den Spielverlauf sind zu jedem gegebenen Zeitpunkt nicht nur die relativen Positionen und Ressourcen der beteiligten Akteure, sondern ebenso die *Regeln* des Spiels selbst, die ein wesentliches Objekt der Anstrengungen bilden. Das juridische Feld liefert hier geradezu ein Paradigma der sozialen Welt: Die Interpretationen von Recht, die Entscheidungen über Richtig und Falsch, Legalität und Legitimität und die Rechtsprechung über konformes und deviantes Verhalten zielen nicht lediglich auf ihren jeweiligen Gegenstand ab, sondern ebenso auf die Bekräftigung und Verbesserung der eigenen Position, von der aus das Argument Ausdruck erlangt. Fragen des Verfahrensrechts können in diesem Zusammenhang genannt werden, und Bourdieu selbst lässt keinen Zweifel daran, dass Konflikte über die Normalisierung normativer Systeme in diesem Licht symbolischer Kämpfe verstanden werden müssen.

Mit Blick auf die das juridische Feld (mit-)konstituierende Kapitalstruktur scheint es interessant, dass auf beiden Polen das jeweils spezifische kulturelle Kapital primär auf dem Wege juristischer Ausbildung generiert wird, seine Akkumulation also in das akademische Feld verweist. Was die Pole voneinander unterscheidet, ist dann vor allem die Qualität und Quantität symbolischen Kapitals, das sie in Anspruch nehmen können. Das Prestige des Staatsanwalts oder des Richters etwa ist in erster Linie Resultat der gegenwärtigen Position in den Feldern der Politik oder der Verwaltung; das Ansehen eines Rechtsphilosophen oder eines Professors für öffentliches Recht hängt ab von seiner relativen Position im akademischen Feld. Das Feld des Rechts zapft insofern sowohl das akademische als auch das bürokratische oder politische Feld an und erscheint dabei gleichsam als hochgradig heteronom bestimmt. Auch wenn Vorgriffe auf die unten noch vorzustellende Idee von Differenzierungskulturen vermieden werden sollten:

70 Eigene Übersetzung; orig.: »division du travail de domination symbolique« (ebd., S. 6).

71 Bourdieu: Leçon sur la leçon, S. 74.

72 Ebd.

An diesem Punkt ist offensichtlich, dass das hier genannte Verhältnis der Felder von Recht, (Rechts-)Wissenschaft, Bürokratie und Politik ein ganz spezifisches ist, das primär für westliche Gegenwartsgesellschaften Geltung beanspruchen kann – und auch dort zeigen sich möglicherweise deutliche Differenzen, etwa im Vergleich der kontinentaleuropäischen Tradition mit dem angloamerikanischen Common Law, das in seiner Ausprägung als Fall- und Richterrecht ganz andere Hierarchien zwischen den affizierten Feldern privilegieren mag.

Der *nomos* des juridischen Feldes, oder doch zumindest seine ›Grundnorm‹, ist schnell umrissen: Wie bereits Simmel vermerkt, stellt der juridische Konflikt den reinsten Typus von Konflikt überhaupt dar. Er ist markiert durch den Anspruch reiner Objektivität, ohne dabei durch externe Einflüsse abgelenkt oder moderiert zu werden.[73] Diese Vorstellung findet sich bei Bourdieu wieder, wo der »Eintritt in das juridische Universum« »die stillschweigende Akzeptanz des Grundgesetzes des juridischen Feldes impliziert, seiner konstitutiven Tautologie, die besagt, dass über die in ihm stattfindenden Konflikte nur [noch] *juridisch*, d. h. nach den Regeln und Konventionen des juridischen Feldes entschieden [›gerichtet‹] werden kann«[74]. Dabei beinhaltet die notwendige Akzeptanz des juridischen *nomos* stets auch die Bereitschaft, sich an der juridischen Konstruktion der Welt zu beteiligen: Nur Gegenstände und ›Fälle‹, die in der Vergangenheit als solche konstituiert worden sind, können überhaupt zum legitimen Gegenstand des juridischen Diskurses werden.[75]

Die Frage nach der *illusio*, nämlich dem Glauben an das Recht und seine Geltung, erhält damit eine paradoxale Form, soweit es die Experten des juridischen Feldes betrifft: Das Feld basiert auf Annahmen, die es selbst durch seine eigene Funktionsweise produziert und reproduziert. Auf diese Weise erklärt sich die Beobachtung, dass sowohl »die reinsten Konstruktionen des Rechtsgelehrten«[76] als auch die alltäglichen »Entscheidungen des gewöhnlichen Richters«[77] [sic!] in Übereinstimmung stehen mit »der deduktiven Logik, die der spiritualistische Point-d'honneur des professionellen Juristen ist«[78]. Ohne diese mächtige, aber (oder gerade: *weil*) stillschweigend wirkende Überzeugung, dass die alltägliche

73 Vgl. Simmel: Der Streit, S. 305 f.

74 Eigene Übersetzung, Hervorh. durch Verf.; orig.: »Du fait qu'elle implique l'acceptation tacite de la loi fondamentale du champ juridique, tautologie constitutive qui veut que les conflits ne puissent y être réglés que juridiquement, c'est-à-dire selon les règles et les conventions du champ juridique, l'entrée dans l'univers juridique s'accompagne d'une redéfinition complète de l'expérience ordinaire, et de la situation même qui est l'enjeu du litige« (Bourdieu: La force du droit, S. 10).

75 Vgl. ebd.

76 Eigene Übersetzung; orig.: »les constructions les plus pures du juriste« (ebd., S. 7).

77 Eigene Übersetzung; orig.: »actes de jurisprudence du juge ordinaire« (ebd.).

78 Eigene Übersetzung; orig.: »la logique déductiviste qui est le ›point d'honneur spiritualiste‹ du juriste professionnel« (ebd.). Der ›spiritualistische Point-d'honneur‹ ist ein Zitat aus der berühmten Einleitung zu Marx: Zur Kritik der Hegelschen Rechtsphilosophie, S. 378.

juristische Praxis auf das Engste verknüpft ist mit erhabenen Idealen und dem *esprit du corps juridique*, der an ihnen haftet, würde vieles von dem, was sich innerhalb des Feldes ereignet, bedeutungslos scheinen. Die *illusio* wird damit zum Kitt der juridischen Gesellschaft.

Das Konzept einer feldspezifischen *doxa* lenkt indes den Blick auf die internen Konflikte des Feldes. Die häufig formulierte Kritik an Bourdieu, er fokussiere zu stark auf Reproduktionslogiken und lasse zu wenig Spielraum für soziale Veränderungen innerhalb der Felder, geht prinzipiell fehl.[79] Im Fall der theoretischen Skizze, mit der Bourdieu das Rechtsfeld bedacht hatte, mag dieser Vorwurf aber durchaus zutreffen. Der juridische Sprechakt, durch den spezifische Sicht- und Teilungsprinzipien der Welt in Geltung gesetzt werden, muss, um erfolgreich zu sein, auf ebenjene Sicht- und Teilungsprinzipien rekurrieren, die in der sozialen Welt bereits etabliert und anerkannt sind.[80] Er ist insofern mit der Proklamation des Bestehenden als etwas Universellem und Offiziellem beinahe identisch und trägt auf diese Weise zur Aufrechterhaltung der bestehenden Ordnung bei. Das Feld des Rechts transformiert Orthodoxie in *doxa*, den rechten Glauben in eine besondere Form des »unmittelbaren Einverständnisses«[81], das so selbstevident scheint, dass »die Norm als solche sich selbst *als Norm* [gerade] durch ihre Einhaltung abschafft«[82].

Das eigentliche Problem entsteht nun an dem Punkt, an dem heterodoxe Meinungen ins Spiel kommen. Es scheint in der Tat möglich, dass Akteure Sichtweisen besitzen, die von der doxischen Meinung der etablierten Ordnung abweichen, doch räumt ihnen die Logik des Feldes nur wenig Raum ein, sich erfolgreich durchzusetzen, denn »der Kult des Textes, das Primat der Doktrin und der Exegese, d. h. zugleich derjenige der Theorie und der Vergangenheit, gehen einher mit der Weigerung, der Jurisprudenz auch nur den geringsten schöpferischen Wert anzuerkennen«[83].

Dieses Urteil scheint paradigmatisch für Bourdieus Bild des juridischen Feldes; es scheint zugleich hochgradig problematisch, da übersimplifizierend. Derjenige Mechanismus, der bei Bourdieu üblicherweise für feldinterne Dynamiken bis hin zu symbolischen Revolutionen eingesetzt wird – die Opposition von Orthodoxie und Heterodoxie –, wird im Fall des juridischen Feldes auf ein Maß verkürzt, auf

79 Wie Wacquant völlig richtig notiert, lautet der Schlüsselbegriff zu Bourdieus Soziologie ›Kampf‹, nicht ›Reproduktion‹ (vgl. Wacquant: Pierre Bourdieu; Wacquant: Zwischen Soziologie und Philosophie, S. 64f.).

80 Vgl. Bourdieu: La force du droit, S. 13.

81 Eigene Übersetzung; orig.: »adhésion immediate« (ebd., S. 17).

82 Eigene Übersetzung; orig.: »comme accomplissement de la norme qui s'abolit en tant que telle dans son accomplissement« (ebd.).

83 Eigene Übersetzung; orig.: »le culte du texte, le primat de la doctrine et de l'exégèse, c'est-à-dire à la fois de la théorie et du passé, vont de pair avec le refus de reconnaître à la jurisprudence la moindre valeur créatrice« (ebd., S. 18).

dem die Idee internen Wandels zur Farce verkommt, und zwar aufgrund der Konzeption der juridischen Eigenlogik selbst. Während die Möglichkeit interner Konflikte *innerhalb* der antagonistischen Pole durchaus Erwähnung findet (so etwa in der Form des Konflikts zwischen unterschiedlichen Interpretationen bestimmter Texte oder als Konflikte zwischen öffentlichem und Privatrecht), mündet die doch allzu stark vereinfachende Argumentation an diesem Punkt in die Annahme einer Homologie der Habitūs beteiligter Akteure. Die zugrunde liegende Homologie der Interessen, die nach Bourdieu die Akteure an ihre eigene Herkunft, an strukturell verwandte Akteure in anderen Feldern sowie ihre jeweiligen Strategien knüpft, führt dazu, dass sich seine Perspektive auf die Konfrontationen innerhalb des Feldes ebenjener anzunähern droht, die er selbst als ›instrumentalistische‹ zum Kritik- und Ausgangspunkt seiner Untersuchung gemacht hatte. Das Recht wird damit reduziert auf ein schlichtes Herrschaftsinstrument und ein Mittel zur Repräsentation und Durchsetzung von Interessen.

IV. Feldtheorie als Gesellschaftstheorie: Zu Bourdieus Konzept des ›Felds der Macht‹

Einen *gesellschafts*theoretischen Zuschnitt erhält Bourdieus feldtheoretischer Ansatz allerdings im engeren Sinne erst durch die Verknüpfung der unterschiedlichen Felder mit einem gesamtgesellschaftlichen ›Makrokosmos‹. Während das Verhältnis von sozialem Raum und unterschiedlichen Feldern in der Literatur in der Regel als unklar ausgewiesen wird, bleibt das Konzept des ›Felds der Macht‹, das genau jene Verknüpfung zu leisten hat, typischerweise gänzlich unberücksichtigt. Vor dem Hintergrund dieser Vernachlässigung eines Schlüsselkonzeptes erklärt sich allerdings auch erst die Skepsis, mit der Bourdieus Ansatz mitunter beäugt wird, wenn es um seine Reichweite als *Theorie der modernen Gesellschaft* geht.

Zugegebenermaßen wird der Begriff des *champ du pouvoir* bei Bourdieu selbst eher *en passant* eingeführt und nicht hinreichend systematisch entwickelt.[84] An seiner Bedeutung für die Verklammerung der ansonsten isoliert stehenden Felder

[84] Nach dem Feld der Religion, das von Bourdieu vor allem in frühen Schriften und mit einem noch nicht systematisierten Begriffsapparat untersucht worden war, und dem Feld des Rechts, dessen Analyse aus ganz anderen Gründen unterkomplex geblieben sein mag, rückt damit nun – als drittes Kernelement dieses Beitrags – ein ebenfalls nur rudimentär entwickeltes und gerade deshalb noch weiter *zu entwickelndes* Konzept in den Blick. Insofern wäre das hier nur angedeutete Projekt einer systematischen Untersuchung von Recht, Religion und Feld der Macht zugleich eine gute Gelegenheit, der Aufforderung Wacquants nachzukommen, »mit Bourdieu [...] über Bourdieu hinaus und gegen ihn zu denken, wann immer es nötig ist« (Wacquant: Vorwort, S. 14).

und ihrer Analysen (und damit für die Theoriearchitektur als Ganze) lässt Bourdieu jedoch keinen Zweifel. Um die Struktur und Funktionsweise eines Feldes angemessen analysieren zu können, so heißt es wiederholt, sei es unumgänglich, seine relative Autonomie zu erfassen;[85] Feldanalyse habe daher stets zu beginnen mit der Bestimmung der Relation eines gegebenen Feldes zum Feld der Macht.[86] Dem Feld der Macht liegt dabei die oben bereits angeklungene Idee zugrunde, dass die verschiedenen Kapitalsorten, die in den unterschiedlichen Feldern der Gesellschaft zum Einsatz kommen, grundsätzlich wechselseitig ineinander konvertierbar sind und sich diese Konvertierungschancen in der Form von ›Wechselkursen‹ beschreiben lassen.[87] Das Feld der Macht stellt nun genau jenen Ort dar, an dem um diese Wechselkurse zwischen verschiedenen Kapitalsorten gerungen wird.[88] Unauflöslich verknüpft mit dieser Auseinandersetzung um den relativen Wert der für die jeweiligen Felder konstitutiven Kapitalsorten – und damit um ihr hierarchisches Verhältnis zueinander – ist der Kampf um die internen Hierarchisierungsprinzipien der Felder selbst.

Soziale Felder sind auf diese Weise wechselseitig voneinander abhängig; gemeinsam bilden sie »eine Einheit«, nämlich das (Meta-)Feld der Macht.[89] Dabei neigt Bourdieu dazu, dieses »Feld der Felder«[90] elitensoziologisch zu konstruieren oder doch zumindest unter Berücksichtigung lediglich der kapitalstarken Pole der jeweiligen Einzelfelder: So heißt es etwa in bezeichnender Weise, die Intention hinter der Einführung des Begriffes sei es gewesen, den bis zu diesem Punkt dominanten Begriff der ›herrschenden Klasse‹ samt seiner ›marxistischen und funktionalistischen Implikationen‹ abzulösen.[91] Das Feld der Macht wird dann entsprechend gedacht als »der Raum der Kräftebeziehungen zwischen Akteuren oder Institutionen, deren gemeinsame Eigenschaft darin besteht, über das Kapital zu verfügen, das dazu erforderlich ist, dominierende Positionen in den unterschiedlichen Feldern [...] zu besetzen«[92]. In seiner großen Studie über den *Staatsadel* zeigt Bourdieu beispielhaft, wie in den französischen ›Kaderschmieden‹ ein elitärer Habitus formiert und über verschiedene Felder hinweg von Generation zu Generation vererbt wird. Der korrespondierende *esprit de corps*,[93] der in Frankreichs *grandes écoles* generiert wird, stiftet eine unsichtbare Verbindung zwischen (insbesondere) politischen, administrativen und juristischen ›Kadern‹

85 Vgl. nur Bourdieu: The Political Field, the Social Science Field, and the Journalistic Field, S. 33; Bourdieu: Strukturalismus und soziologische Wissenschaftstheorie, S. 36.
86 Bourdieu/Wacquant: Die Ziele der reflexiven Soziologie, S. 136f.
87 Vgl. ebd., S. 129f.
88 Vgl. ebd.; Wacquant: From Ruling Class to Field of Power, S. 24ff.
89 Bourdieu: Sur l'État, S. 311.
90 Vgl. Schmitz/Witte/Gengnagel: Pluralizing Field Analysis.
91 Wacquant: From Ruling Class to Field of Power, S. 20f.
92 Bourdieu: Die Regeln der Kunst, S. 342.
93 Vgl. Bourdieu: Der Staatsadel (orig.: La noblesse d'État. Grandes écoles et esprit de corps, 1989).

und wird so zu einer wesentlichen Grundlage des Staates und der in ihm praktizierten symbolischen ›Teilung der Herrschaftsarbeit‹, die oben bereits zwischen praktischem und theoretischem Pol des juridischen Feldes behauptet wurde und somit über Feldergrenzen hinweg verlängert wird.[94]

Mit den Kämpfen um Wechselkurse zwischen feldspezifischen Kapitalsorten wird das Feld der Macht damit zugleich zum Schauplatz der Auseinandersetzung über die Frage, welche Ressourcen als legitimes symbolisches Kapital erkannt und anerkannt werden. Die Fähigkeit, über diese Frage ein legitimes und im Ergebnis anerkanntes Urteil zu treffen, lässt sich wiederum als ressourcenabhängig beschreiben: Im Feld der Macht wird damit »eine Art von Metakapital« geschaffen und umkämpft, ein »Kapital, das die besondere Eigenschaft hat, Macht über das Kapital auszuüben«[95]. Damit aber ist die Kampfzone des Felds der Macht längst auf elementare Voraussetzungen von Sozialität ausgeweitet: Auf dem Spiel stehen hier nicht lediglich fiktive Austauschraten, sondern die Kategorien der Wahrnehmung, die Schemata des Denkens und des Handelns der Mitglieder einer Gesellschaft selbst. Soziale Kämpfe im Allgemeinen und die das Feld der Macht konstituierenden im Besonderen stellen insofern Kämpfe um »Benennungsmacht«[96] dar, sie sind *Kämpfe um die Durchsetzung einer ganz spezifischen als der (einzig) legitimen Sicht der sozialen Welt.*[97]

Aus der Perspektive des Felds der Macht gilt es damit, das Ausmaß zu bestimmen, in dem ein gegebenes Feld in der Lage ist, Anerkennung für die ihm eingeschriebene *illusio* zu finden, dass die in ihm umkämpften Objekte von Wert sind. Auf den Leitbegriff des *nomos* gewendet, bedeutet dies zugleich, eigene Weltsichten und Unterscheidungsprinzipien als allgemein legitime durchsetzen zu können. In den (pascalschen) *Meditationen*[98] verhandelt Bourdieu den *nomos* dabei explizit in einer gesamtgesellschaftlichen Perspektive: Als wesentliches Ziel sozialer Konflikte erscheint so die Durchsetzung der eigenen, *feldspezifisch* geprägten Perspektive auf die soziale Welt (sowie der Teilungs- und Unterscheidungsprinzipien, die dieser Perspektive unterliegen) als einer allgemeinen und legitimen Sichtweise.

Die Durchsetzung eines partikularen *nomos* (also z. B. der Tautologie ›Geschäft ist Geschäft‹, einschließlich der Grundannahme, dass es Praktiken gibt, die sich als ›Geschäft‹ bezeichnen und von anderen Sphären der sozialen Welt, also etwa von Familie oder Moral, abgrenzen lassen, einschließlich auch der ihm zugrunde

94 Eine Anwendung dieser Perspektive auf das ›Feld der Macht‹ auf die norwegische Gesellschaft findet sich bei Hjellbrekke et al.: The Norwegian Field of Power Anno 2000; Hjellbrekke/Korsnes: Quantifying the Field of Power.

95 Bourdieu: Über den Staat, S. 347.

96 Bourdieu: Sozialer Raum und ›Klassen‹, S. 23; vgl. Bourdieu: Wie eine soziale Klasse entsteht, S. 123 ff.

97 Vgl. Bourdieu: Sozialer Raum und ›Klassen‹, S. 23.

98 Bourdieu: Meditationen (orig.: Méditations pascaliennes, 1997).

liegenden Philosophie, laut der bestimmte oder vielleicht sogar die meisten Dinge in legitimer Weise mit ›Geld‹ käuflich sind, usf.) jenseits seines Herkunftsfeldes kann als zentrales strategisches Ziel in den Kämpfen innerhalb des Machtfeldes gelten; dieses In-Geltung-Setzen eines feldspezifischen *nomos* über die Grenzen seiner Herkunft hinaus geht dabei Hand in Hand mit der Durchsetzung der entsprechenden Kapitalsorte(n). Die relative Dominanz des ökonomischen Feldes etwa, um bei diesem Beispiel zu bleiben, lässt sich an dem Ausmaß ablesen, in dem sein *nomos* in anderen Feldern als anerkennungsfähig gilt und ökonomisches Kapital entsprechend als Ressource einsetzbar ist.

Einige für das Feld der Macht grundlegende Überlegungen sind damit benannt. Gegenüber der oben angesprochenen elitensoziologischen Engführung des Begriffes scheint allerdings eine Modifikation vonnöten, und zwar nicht zuletzt um das Konzept an die Fundamente der Theoriearchitektur anschlussfähig zu halten.[99] Anders formuliert: Die vorliegenden Konzeptualisierungen des Machtfeldes sind gegenüber methodologischen und theoretischen Imperativen der Soziologie Bourdieus inkonsistent. ›Macht‹ muss mit Bourdieu (wie im Übrigen mit den meisten soziologischen Machttheoretikern[100]) streng relational gedacht werden, also stets als ein spezifisches Kräfteverhältnis zwischen Akteuren und nicht als eine personale Eigenschaft, die ein Einzelakteur ›besitzt‹ oder nicht. In gesamtgesellschaftliche Machtverhältnisse sind damit letztlich alle Akteure verstrickt, obschon freilich die Balancen ganz unterschiedliche sein können; gleichsam unplausibel erscheint vor diesem Hintergrund aber die Reduktion des Machtfeldes auf die Eliten unterschiedlicher (Teil-)Felder, also das ›obere Quartil‹ des sozialen Raumes. Nicht nur aus gesellschaftstheoretischen Gründen scheint es allerdings problematisch, dass die innerhalb eines Feldes jeweils beherrschten Akteure – Konsumenten, Laien, Amateure, Zuschauer usf. – sowie ihre Relationen zu den professionellen Produktionspolen des Feldes nicht systematisch abgebildet und integriert werden. Auf diese Weise wird dem Eindruck Vorschub geleistet, dass Feldanalyse lediglich eine Perspektive auf die Spitzen der Gesellschaft (Unternehmer, Politiker, Professoren etc.) sei und dass zugleich eine konzeptuelle Exklusion der (realiter ohnehin) Exkludierten betrieben werde.

Mit Blick auf die oben skizzierte Herkunft des Feldbegriffes aus der weberschen Religionssoziologie, in der das ›Feld‹ erstmals als das System der Beziehungen zwischen Priestern und Laien konstituiert wurde, scheint diese Beschränkung allerdings keineswegs nötig, ja nicht einmal der bourdieuschen Soziologie inhärent, und so finden sich in seinen Arbeiten zu einzelnen Feldern auch immer wie-

99 Zu der hier vorgeschlagenen Modifikation demnächst ausführlicher Schmitz/Witte/Gengnagel: Pluralizing field analysis.

100 Vgl. nur Elias: Was ist Soziologie?, S. 77, 97; Crozier/Friedberg: Macht und Organisation, S. 17; Sofsky/Paris: Figurationen sozialer Macht, S. 9.

der Hinweise auf die Bedeutung der Laien.[101] Auch die Distinktionskämpfe der *Feinen Unterschiede*[102] spielen sich im gesamten sozialen Raum ab – die Akteure der oberen, mittleren und unteren Klassen sind gleichermaßen unfähig, sich den sie umfassenden Machtrelationen zu entziehen. Bourdieus gesamte Theorie der symbolischen Herrschaft schließlich basiert auf der von Weber herkommenden Idee, dass Herrschaft nicht ›top-down‹, sondern stets ›von unten‹, nämlich über die Anerkennung ihrer Legitimität durch die Beherrschten konstituiert wird[103] – eine Einsicht, die durch die Reduktion des Feldes der Macht auf ein ›Feld der Herrschenden‹ dramatisch unterlaufen wird.

Um das analytische Potenzial der Feldtheorie auszuschöpfen, ist es deshalb notwendig, diese systematisch um die Berücksichtigung der Positionen, Dispositionen und Praktiken der jeweils kapitalschwächeren Akteure zu erweitern, also den Konsumenten, Wählern, Lesern und Rezipienten, Gläubigen, Zuschauern und Laien einen Ort zuzuweisen, und dies gleichermaßen in der Konstruktion einzelner, ausdifferenzierter Felder wie auch in der Analyse des Feldes der Macht als eines Metafeldes. Dieses Feld der Macht wird nicht durch die Relationen mächtiger Akteure aus unterschiedlichen Teilfeldern der Gesellschaft allein konstituiert, sondern aus der weiteren Relationierung mit den relativ ›Machtlosen‹ der einzelnen Ordnungen, die für die Reproduktion der Kapitalverhältnisse und die Prozesse der Aushandlung von Wechselkursen von ebenso großer Bedeutung sind wie ›professionelle Produzenten‹ kultureller Güter. In Visualisierungen gedacht, müsste damit jedes einzelne Feld – einschließlich des Feldes der Macht – als transparente ›Folie‹ vorgestellt werden, die in voller Größe auf den sozialen Raum projiziert wird – analog zum ›Raum der Lebensstile‹ in den *Feinen Unterschieden*.[104]

Unter ungleichheitstheoretischen Aspekten betrachtet, wird somit deutlich, dass Elitensoziologie und Soziologie der Exklusion zwei lediglich analytisch unterscheidbare Perspektiven auf eine einzige Macht- und Verteilungsstruktur darstellen, Exklusionsprozesse also nie isoliert untersucht werden können, sondern stets relational und unter Berücksichtigung derjenigen Schließungsprozesse in und von Elitenetzwerken analysiert werden müssen, deren direkte Resultate sie sind.[105] Für die feldtheoretische Perspektive wiederum lässt sich der Zugewinn der hier vorgeschlagenen Modifikation illustrieren unter Rückgriff auf die Idee der *illusio*, welche die Einzelfelder und die in ihnen stattfindenden Kämpfe trägt

[101] Vgl. nur Bourdieu: Das politische Feld, S. 49; Bourdieu: Über das Fernsehen, S. 35 ff., 68 ff., 75 f.; Bourdieu: Die Regeln der Kunst, S. 395 ff.

[102] Vgl. Bourdieu: Die feinen Unterschiede.

[103] Auch hierzu nun Witte: Auf den Spuren der Klassiker, S. 361 ff., 410 ff.

[104] Vgl. einerseits Bourdieu: Die feinen Unterschiede, S. 211–219; andererseits für eine Multiplizität von Feldern nochmals Witte: Auf den Spuren der Klassiker, S. 93 ff.

[105] Vgl. ähnlich auch Kronauer: Exklusion, S. 131 ff.; anknüpfend v. a. an Castel: Nicht Exklusion, sondern Desaffiliation, sowie Castel: Die Fallstricke des Exklusionsbegriffs.

und ermöglicht: Die mit Streitfällen vor Gericht ziehenden Parteien beispielsweise sind als Laien des ›champ juridique‹ für dessen *illusio* konstitutiv, und zwar genau in dem Maße, in dem sie mit Eintritt in das Rechtsfeld *erwarten*, dass von nun an ›Konflikte nur noch *juridisch* gelöst werden können‹[106]. Der religiöse Laie, der sich in ein Interaktionsverhältnis mit den Verwaltern von Heilsgütern begibt, kann sich ein zynisches Verhältnis diesen Gütern gegenüber noch viel weniger erlauben als die Priester selbst. Der Glaube an den Wert und die unhintergehbare Wahrhaftigkeit des Spieles wird damit von Laien und Zuschauern mindestens im gleichen (wenn nicht in noch viel größerem) Maße getragen und reproduziert wie von den jeweiligen Experten und Leistungsrollenträgern. Diese mögen bis zu einem bestimmten Punkt gar ein zynisches Verhältnis zum Spiel in genuin ›professioneller‹ Weise habitualisieren. Wenn Korruption im Recht aber erst von Klägern oder Angeklagten aufgedeckt und erkannt, Prophetie erst von Jüngern als Scharlatanerie enttarnt wird, dann bricht die *illusio* zusammen und wird das Spiel als Spiel sichtbar, wird die *illusio* als Illusion demaskiert. Dies genau ist die Stunde der sozialen Apostasie.

Mit der hier vorgeschlagenen Anpassung des Konzepts eines Feldes der Macht rücken schließlich die machtunterlegenen Akteure auch als aktive Produzenten in den Blick, und zwar gleichermaßen in einzelnen gesellschaftlichen Feldern wie auch im übergreifenden Feld der Macht, sind sie doch mit ihrem praktischen Handeln ebenso an der Produktion von kulturellen Gütern,[107] der Reproduktion von Machtbalancen sowie dem Kampf um Wechselkurse und Austauschraten beteiligt. Nicht nur der religiöse Prophet, sondern (gerade) auch der gläubige Laie hat ein Interesse an der Aufrechterhaltung des Wertes religiösen Kapitals und der Konservierung des Heiligen, und wer vor Gericht um sein gutes Recht streitet, hat ebenso ein legitimes Interesse daran, dass Gerichtsurteile nicht in naher Zukunft wieder z. B. durch ökonomisches Kapital oder militärische Gewalt ›kassiert‹ werden – wobei es eben genau jene Praktiken des ›Glaubens‹ und des ›Vor-Gericht-Ziehens‹ sind, die den Wert religiösen und juristischen Kapitals konstituieren und aufrechterhalten und dabei anderen Praktiken, etwa der wissenschaftlichen Lektüre oder der außergerichtlichen Mediation, entgegenstehen. Der Kampf um Metakapital kann also gar nicht sinnvoll als Elitenprojekt allein beschrieben und

106 Vgl. oben, S. 370.

107 Hier scheint die relationale Perspektive der fernöstlichen Philosophie näher zu stehen als dem ohnehin verabschiedeten okzidentalen Schöpfermythos: So hat Günter Blamberger gezeigt, dass die chinesische ›creatio in situ‹ modernen Vorstellungen von Kreativität als einer kollektiven und kontextuellen Praxis viel näherkommt als überholte ›ex nihilo‹-Konzeptionen, wie sie idealtypisch immer wieder vermeintlichen Titanen wie Goethe oder Shakespeare unterschoben wurden (und werden) (so Blamberger in seinem Vortrag *Farewell to Genius? On myths, current concepts and practices of creativity in West and East* im Rahmen der vom Käte Hamburger Kolleg »Recht als Kultur« organisierten Tagung *Globalität im Reflexionsraum der Käte Hamburger Kollegs*, 25.–26. April 2013).

verstanden werden: Die Differenzierungsstruktur einer Gesellschaft ist immer das Resultat von Praktiken *aller* ihre Machtrelationen konstituierenden Akteure.

V. Deutungskämpfe in Feldern der Macht: Vorüberlegungen zu einem Forschungsprogramm

Abschließend sollen nun, anknüpfend an die bis hier skizzierten Überlegungen, die Konturen eines Forschungsprogramms angedeutet werden, das sich den vielfältigen Verschränkungen und Wechselwirkungen unterschiedlicher Felder moderner Gesellschaften zuwendet. Im Theoriediskurs sachlicher Differenzierung liefert dieser Themenbereich traditionell ebenso problematische wie grundlegende Fragen, von Webers ›Kampf der Götter‹[108] über Luhmanns axiomatische Behauptung der operativen Geschlossenheit von Teilsystemen[109] bis hin zu Münchs Theorem der Interpenetration,[110] mit dem eine ganze Gesellschaftstheorie auf der Frage nach dem Verhältnis unterschiedlicher gesellschaftlicher Teilbereiche zueinander fundiert wird. Bourdieus feldtheoretisches Instrumentarium hält an genau diesem Punkt eine Reihe unausgeschöpfter Potenziale bereit: Zu diesen zählen die bereits angesprochenen Homologieeffekte und das Konzept von Intrusionsstrategien, aber eben auch das Feld der Macht, das einen dritten Mechanismus der Verklammerung unterschiedlicher Felder darstellt. Mit ihm rückt ein von klassischen Differenzierungstheorien *nach Weber* häufig unterschlagenes Faktum in den Vordergrund, dass nämlich die Differenzierungsstruktur von Gesellschaften (im Plural!) erstens eine variable und damit zweitens eine stets auch umkämpfte Struktur ist, die das Objekt härtester sozialer Auseinandersetzungen stellt und damit letztlich als historisch kontingent erscheinen muss.[111] Damit wird der Blick frei gemacht für unterschiedliche *Differenzierungskulturen*, in denen Felder nicht nur in unterschiedlichem Maße ausdifferenziert, d. h. also: autonom sind, sondern in denen auch die Grenzen von und zwischen Feldern unterschiedlich gezogen werden und die ganz unterschiedliche Teilfelder privilegieren, also

108 Vgl. Weber: Wissenschaft als Beruf, S. 17, 20f.; Weber: Der Sinn der »Wertfreiheit«, S. 507f.

109 Vgl., differenzierend und für die Ebene von Funktionssystemen, nur Luhmann: Die Politik der Gesellschaft, S. 355.

110 Grundlegend Münch: Über Parsons zu Weber; ausführlicher Münch: Die Struktur der Moderne.

111 Weber war sich der Widersprüchlichkeit und des agonalen Charakters von Differenzierungsprozessen freilich bewusst (vgl. nur Weber: Zwischenbetrachtung). Für eine an Webers Begriff der ›Sphäre‹ anknüpfende differenzierungstheoretische Perspektive vgl. Gephart: Sphären als Orte der okzidentalen Rationalisierung, sowie Gephart: Grundelemente einer Theorie sozialer Sphären, der gerade die Frage unterschiedlicher ›Sphärenverhältnisse‹ in den Vordergrund rückt. Vgl. ferner auch Schwinn: Differenzierung ohne Gesellschaft.

über sehr verschiedenartige Hierarchisierungsverhältnisse der jeweiligen gesellschaftlichen Teilbereiche verfügen. All dies – genau dies! – ist Gegenstand der sozialen Kämpfe im Feld der Macht, die sich damit wesentlich (wenn auch wohl nicht ausschließlich) als *Deutungskämpfe* über die soziale Wirklichkeit interpretieren und analysieren lassen.[112] Zwei hier nur kursorisch zu behandelnde aktuelle Beispiele sollen diese Idee umkämpfter Differenzierungskulturen verdeutlichen: der Streit um die – zum Zeitpunkt des Verfassens dieses Beitrages bereits wieder außer Kraft gesetzte – ägyptische Verfassung von 2012 sowie der Diskurs um das Beschneidungsurteil, das ebenfalls im Jahr 2012 vom Landgericht Köln gefällt worden war.

Nach der ägyptischen Revolution vom Januar und Februar 2011 wurde zunächst am 30. März 2011 eine Übergangsverfassung in Kraft (und damit die Verfassung von 1971 außer Kraft) gesetzt, die dann am 26. Dezember 2012 von einer neuen Verfassung abgelöst wurde. Erarbeitet wurde diese neue Verfassung der Republik Ägypten von einer verfassungsgebenden Versammlung, die aufgrund ihrer wesentlich von islamistischen Kräften (insb. Anhängern der Muslimbruderschaft und Salafisten) dominierten Zusammensetzung bereits früh auf innerägyptische und internationale Kritik stieß; die gerichtliche Überprüfung der Rechtmäßigkeit der Versammlung wurde von Präsident Mursi im November 2012 verhindert, was zu erneuten Ausschreitungen führte.

Sofern sich Gesellschaften nun hinsichtlich ihrer Differenzierungsmuster unterscheiden lassen, liegt es nahe, dass sich diese Muster in verfassungsrechtlichen Regelungen niederschlagen, ›Verfassungen‹ gar als Indikatoren und Spiegel der »Konstitution der Gesellschaft«[113] gelesen werden können, und in der Tat gerann der Streit um die Neuausrichtung und Zukunft Ägyptens wesentlich im Streit um den Wortlaut der neuen Verfassung. Insofern ist es dann nicht verwunderlich, dass die federführenden Akteure – neben den vielfach diskutierten Änderungen etwa hinsichtlich der Rechte von Frauen oder des Schutzes religiöser Minderheiten – sehr gewissenhaft dafür Sorge trugen, die Autonomie- und Hierarchieverhältnisse zwischen den Feldern von Politik, Recht, Religion und Wissenschaft zu eigenen Gunsten zu verändern und festzuschreiben. So privilegiert die Verfas-

112 Vgl., gar nicht unähnlich, Florian: Dokumentarische Feldanalyse. Damit ist ferner bereits die mögliche Nähe zu diskursanalytischen Ansätzen aufgerufen (vgl. i. d. S. Jäger/Jäger: Deutungskämpfe). Unter den Arbeiten, die sich mit Konzepten der ›Deutungsmacht‹ auseinandersetzen, sind diejenigen von Philipp Stoellger hervorzuheben, die nun auch im DFG-Graduiertenkolleg 1887 »Deutungsmacht: Religion und belief systems in Deutungsmachtkonflikten« paradigmatische Wirkungen entfalten; vgl. nunmehr v. a. Stoellger (Hrsg.): Deutungsmacht.

113 Vgl. Giddens: Die Konstitution der Gesellschaft; verstanden dort aber wohl weniger als Zustands- denn als Prozessbegriff. Vgl. in diesem Zusammenhang aus der Vielzahl wichtiger Studien aus dem Umfeld des SFB 804 zu »Transzendenz und Gemeinsinn« sowie dem Dresdner Zentrum für Verfassungs- und Demokratieforschung neben den grundlegenden Schriften von Hans Vorländer auch die jüngst erschienene Arbeit von Schmidt: Verfassungskultur und Verfassungssoziologie.

sung von 2012[114] in einem vollständig neu eingefügten Artikel 4 die Ulama der Al-Azhar-Universität in Kairo in bislang unbekanntem Maße: Die Universität, so sieht es das Dokument vor, »handles all its affairs without outside interference. It leads the call into Islam and assumes responsibility for religious studies and the Arabic language in Egypt and the world. *The Azhar's Body of Senior Scholars is to be consulted in matters pertaining to Islamic law (sharia)*«[115]. Dieser überaus dehnbare Begriff des ›Islamic law‹ aber gewährt den Inhabern religiösen Kapitals – islamischen Theologen – nach allgemeiner Ansicht potenziell äußerst weitreichende und möglicherweise letztinstanzliche Befugnisse in Gesetzgebung und Rechtsprechung der neuen Republik. Damit ist ›Recht‹ als ›islamisches Recht‹ codiert,[116] wird der Wechselkurs genuin staatlich-juristischen Kapitals gegenüber islamisch-rechtlichem (und damit primär religiösem) eindeutig zugunsten des letzteren festgesetzt und die Autonomie von islamischer Theologie und ›orthodoxen‹ religiösen Experten auf ein Höchstmaß gesteigert – Al-Azhar agiert ausdrücklich »without outside interference« –, dies auf Kosten des juridischen Feldes, dem so bereits auf der Verfassungsebene eine heteronome Logik eingeschrieben werden sollte. In diesem Licht ist es auch nicht überraschend, sondern im Gegenteil leicht erklärbar, warum neben Journalisten gerade Richter zu den am deutlichsten vernehmbaren Stimmen der (zu diesem Zeitpunkt: ›häretischen‹) Opposition zählten, und es nimmt insofern auch keineswegs wunder, dass diese Verfassung noch am Abend des 3. Juli 2013, dem Tag, an dem Präsident Mursi durch das ägyptische Militär entmachtet worden war, offiziell außer Kraft gesetzt wurde. Der Kampf um die ägyptische Verfassung, der zugleich ein Kampf ist um die ägyptische Gesellschafts*ordnung*, um die Autonomie bzw. den Einfluss relativ eigenständiger Teilbereiche und damit um die Bedeutung von Begriffen wie ›Staat‹, ›Recht‹ und ›Religion‹ schlechthin, dieser Kampf ist damit aber freilich keineswegs beendet, sondern lediglich auf unbestimmte Zeit ausgesetzt.

Auch in der jüngeren Vergangenheit der Bundesrepublik wurde über das Verhältnis von Recht und Religion gestritten, wenngleich hier die gesellschaftliche Grundordnung wohl weniger fundamental infrage gestellt war. Gleichwohl ging es auch im Streit um die ›Beschneidung von Knaben‹ um grundsätzliche Fra-

114 Der Verfassungstext wird im Folgenden zitiert nach der englischen Übersetzung von Nivien Saleh, die online abrufbar ist.

115 O. V.: The 2012 Constitution of Egypt, Part One, Chapter 1, Article 4, Hervorh. durch Verf.

116 Flankiert v. a. auch durch den neuen Artikel 219, in dem es heißt: »The principles of Islamic law (*sharia*) include general evidence, the foundational principles of Islamic jurisprudence (*usul al-fiqh*), the relieable sources from among the Sunni schools of thought (*madhahib*)« (ebd., Part Five, Chapter 2, Article 219). Noch deutlicher und im anvisierten Ergebnis drastischer offenbart sich der hier dargestellte Versuch der ›Durchsetzung (und man muss ergänzen: *Festschreibung*) einer legitimen Sicht der sozialen Welt‹ in der letztlich nicht durchgesetzten Entwurfsfassung, in der die »principles of Islamic law« eindeutig als »the main source of legislation« und Al-Azhar als »the final authority in the interpretation thereof« (o. V.: Draft of the Constitution, Chapter 1, Article 2) bezeichnet werden.

gen nach dem Stellenwert des Religiösen gegenüber dem juridischen Feld eines sich säkular wähnenden Staates, also um Fragen der *Felderverhältnisse*, was aus dem Blick gerät, wenn die Diskussion als Auseinandersetzung um kollidierende Grund*rechte* allein betrachtet wird. Den Ausgangstatbestand bildet bereits ein systemischer Übergriff, wenngleich freilich ein völlig legitimer: Ein Bochumer Rechtswissenschaftler hatte sich von 2008 an mit strafrechtlichen Aspekten der Zirkumzision befasst und seine Überlegungen – die im Ergebnis die Beschneidung von Jungen aus medizinisch nicht indizierten, also z. B. religiösen Gründen als eine verfolgbare Straftat, nämlich als gefährliche Körperverletzung nach § 224 StGB, und die Einwilligung der Sorgeberechtigten als nicht rechtfertigend wirkend beurteilt hatten –, zum Teil gemeinsam mit Medizinern, publiziert.[117] Die kulturell, insbesondere religiös begründete Beschneidung von Jungen blieb allerdings, weitgehend unbeschadet von der damit angestoßenen Debatte, vielerorts Praxis. Im Herbst 2010 kam es dann nach der Beschneidung eines vierjährigen Jungen durch einen Kölner Allgemeinmediziner zu Komplikationen. Der Junge wurde in der Universitätsklinik behandelt. Deren Leitung verständigte die Polizei, die Staatsanwaltschaft erhob daraufhin, auf die zuvor genannten Publikationen Bezug nehmend, gegen den Arzt Anklage wegen gefährlicher Körperverletzung.

Die vermutlich vorwiegend *religiös* motivierte *medizinische* Handlung wurde damit zu einem *juristischen* Gegenstand. Dieser Akt des ›case making‹ gehört zu den regulären Praktiken des Juridischen und stellt insofern freilich auch keinen illegitimen ›Übergriff‹ dar. *Ob* es sich bei dieser oder anderen Handlungen tatsächlich um einen juristischen Tatbestand im engeren, d. h. im Sinne eines Unrechtstatbestands handelt, kann erst im Ergebnis, also etwa nach der Urteilsverkündung, bestimmt werden. Gesellschaftstheoretisch nicht unbedeutend bleibt aber zunächst die Feststellung, dass die Tatsache, dass eine spezifische Praxis *überhaupt* unter juristischen Gesichtspunkten beobachtet und behandelt wird und *ergo* auch im juridischen Feld stattfindet, nicht analytisch aus dieser Praxis ableitbar ist, sondern selbst das Ergebnis ganz konkreter Praktiken, hier: rechtswissenschaftlicher Publikationen und einer Klage der Staatsanwaltschaft, darstellt.

Das vorläufige Resultat ist bekannt: In zweiter Instanz entschied das Landgericht Köln am 7. Mai 2012, dass die Beschneidung von Jungen aus religiösen Gründen als Körperverletzung zu bewerten und somit strafbar sei. Juridisch prozessierbar und kommunikabel wurde der ›Fall‹ durch die Abwägung der hier angeblich kollidierenden Grundrechte, insbesondere dem Recht des Kindes auf körperliche Unversehrtheit und Selbstbestimmung und dem Recht der Eltern auf Erziehung und Religionsfreiheit. Dabei wäre möglicher- und beispielsweise zu

117 Erstmalig bei Putzke: Die strafrechtliche Relevanz der Beschneidung von Knaben; vgl. ferner v. a. Putzke: Juristische Positionen zur religiösen Beschneidung, sowie Stehr/Putzke/Dietz: Zirkumzision bei nicht einwilligungsfähigen Jungen.

diskutieren, ob die genuin religiöse Färbung der Gegenposition aus dieser Perspektive überhaupt noch sichtbar gemacht werden kann oder ob nicht gerade die Engführung der Religionsfreiheit mit dem entsprechenden Grundrecht *der Eltern* und ihre Zurückstellung hinter das »Interesse des Kindes«[118] – definiert wohl aus der Sicht des Landgerichts Köln – bereits eine juridisch imprägnierte Interpretation darstellt.[119] Das auch in der Urteilsbegründung zitierte Argument der Sozialadäquanz[120] hätte wohl auch zu berücksichtigen, dass, wie Neureither scharf formuliert, durch das Urteil des Landgerichts »nun die Ausübung eines schlechthin konstituierenden religiösen Gebots für eine gesamte Religionsgemeinschaft ausgeschlossen«[121] wird.[122] Das Fazit Neureithers markiert dann auch treffend den schmalen verfassungsrechtlichen Grat, auf dem wandelt, wer die Grenze zwischen subjektiven Rechten und religiösen Pflichten allein im Medium des Rechts zu bestimmen sucht: »Das geltende Verfassungsrecht hat sich ein hoch anspruchsvolles Programm zur Beantwortung der Frage gegeben, ob Religion vor Recht oder Recht vor Religion geht. Ihm kann weder die Aussage ›Religion vor Recht‹ noch die Aussage ›Recht vor Religion‹ entnommen werden. Vielmehr gilt: Recht *und* Religion. Die konkrete Zuordnung im Einzelfall ist dabei nicht vorgegeben. Sie wird stets aufs Neue ermittelt. Dem LG Köln ist diese Zuordnung im Fall der religiösen Beschneidung eines nicht einwilligungsfähigen, weil vierjährigen Jungen nicht gelungen«[123]. Damit wird aber die Entscheidung über das letztlich immer hierarchische Verhältnis von rechtlichem und religiösem Feld in die gebundenen Hände von Akteuren gelegt, die ebenjenes erstgenannte Feld bevölkern, was mit fast zwingender Gewissheit zu einem Bias führen muss, der sich in Urteilen wie dem hier angesprochenen niederschlägt. Solange Akteure des juridischen Feldes das Religiöse primär *als ein Recht* zu fassen gezwungen sind – und dies sind sie aus verfassungsrechtlichen Gründen –, kann nur die juridifizierbare Seite der Religion, nicht aber deren genuine Dignität als eigenständige Sphäre mit einer eigenständigen Logik adressiert werden. Zumindest gilt dies, solange nicht, wie im oben genannten Fall, das Recht selbst der Religion untergeordnet wird – dies genau markiert aber die kulturelle Differenz von Differenzierungskulturen.

Neben der eigentlichen Begründung des Urteils ist aber auch der öffentliche Diskurs interessant, der sich im Umfeld des Falles entwickelt hatte. So hatten im

118 Landgericht Köln, 151 Ns 169/11, 7. Mai 2012.

119 So ist es wohl nicht einmal ein Zufall, dass Bourdieu gerade »en bon père de famille« anführt als Paradebeispiel für die den Rechtsbetrieb fundierenden, häufig orthodoxen, regelmäßig fiktionalen und kontingenzverschleiernd wirkenden »valeurs transsubjectives présupposant l'existence d'un consensus étique« (Bourdieu: La force du droit, S. 5).

120 Vgl. grundlegend hierzu Exner: Sozialadäquanz im Strafrecht.

121 Neureither: Religion vor Recht? Recht vor Religion?

122 Was möglicherweise auch für die muslimische Gemeinschaft Geltung haben könnte; gemeint ist hier von Neureither allein das Judentum.

123 Ebd., Hervorh. im Orig.

Juli 2012 auf der Internetseite der FAZ »mehrere Mediziner und Juristen«[124] in einem offenen Brief an die Bundesregierung appelliert und gefordert, in der Beschneidungsdebatte »jetzt schnell Rechtssicherheit«[125] herzustellen.[126] Gefordert wird also »*Rechts*sicherheit« – nicht etwa mehr Akzeptanz für oder ein besseres Verstehen von religiösen Traditionen. So wird dann auch nicht nur der innerjuristische Diskurs, sondern schon sein öffentlich-massenmedialer Vorhof den Leitideen und Kategorien des juridischen Feldes unterworfen, wenn etwa den »religiösen Traditionen oder dem Recht auf Religionsausübung« attestiert wird, dass sie die Beschneidung »nicht widerspruchsfrei begründen« könnten. ›Widerspruchsfreie Begründung‹ allerdings – zumindest im hier gemeinten Sinne – ist wohl auch nicht das Anliegen von Religion. Flankiert wird diese juristische Kolonisierung des Diskurses durch das Register der ›Wissenschaftlichkeit‹, worunter hier freilich die Medizin allein verstanden wird: Das »Leid« beschnittener Knaben sei »mittlerweile in empirischen Studien ausreichend belegt«[127] – ein Paradebeispiel für die von Bourdieu so häufig gescholtene selbstlegitimatorische Scheinobjektivität, für einen ›Wissenschaftseffekt‹, der durch die Anrufung typischerweise nicht näher benannter ›Studien‹ und ›Statistiken‹ erzielt werden soll.[128]

In dieser Einmütigkeit über die geeigneten Grundlagen eines wahrhaft ›rationalen‹ Diskurses überrascht es dann auch nicht mehr, wenn der offene Brief in der Forderung mündet, »die Debatte auf wissenschaftlicher und rechtlicher Grundlage«[129] zu führen (also explizit nicht auf der Grundlage *religiöser* Empfindungen und Argumente, wobei nochmals angemerkt werden darf, dass unter ›wissenschaftlich‹ wohl ›medizinisch‹, nicht ›theologisch‹, ›religionswissenschaftlich‹ oder ›soziologisch‹ verstanden werden kann) und endlich die »Erkenntnisse« der – wie könnte es anders kommen – »Hirn- und Präventionsforschung«[130] zu berücksichtigen. Um den Eindruck der Polemik zu vermeiden: Der hier zitierte Brief wurde unterzeichnet von einer außerordentlich homogenen Gruppe von schätzungsweise 700 Medizinern und Juristen, Hirn- und Präventionsforschern, Inhabern desjenigen Kapitals, das offenbar alleinig geeignet erscheint, die Diskussion auf rationale Fundamente zurückzuführen, Vertretern derjenigen Felder auch, die hier direkt oder indirekt verstrickt sind in den Kampf um ihre eigene

124 Franz: Offener Brief zur Beschneidung.

125 Ebd.

126 Freilich ist auch dies nur *eine*, hier exemplarisch behandelte Stimme in einem polyphonen Diskurs, in dem neben Juristen und Medizinern auch etwa Politiker, die Kirchen, Journalisten und viele weitere zu berücksichtigen wären. Genau deshalb ist aber der Anspruch interessant, mit dem hier geradezu stellvertretend für die menschliche Vernunft schlechthin geurteilt wird und der ebenjenen ›Universalisierungseffekt‹ für sich nutzt, den Bourdieu für das Feld des Rechts postuliert hatte.

127 Ebd.

128 Vgl. nur Bourdieu: Homo academicus, S. 72 ff.; Bourdieu: Die Wissenschaftlichkeitsrhetorik.

129 Franz: Offener Brief zur Beschneidung.

130 Ebd.

Autonomie und die Hierarchisierungsverhältnisse im Feld der Macht. Dieser Kampf nimmt hier sehr deutlich die Form eines Kampfes um Benennungsmacht an, in dem es um den epistemischen und kommunikativen Zuschnitt des Tatbestandes und der ihn betreffenden Debatte geht: Ist die Beschneidung selbst erst als medizinisch-wissenschaftlicher und rechtlicher – nicht primär religiöser oder kultureller – Tatbestand markiert, erübrigen sich Diskussionen über legitime Argumente und formale Zuständigkeiten beinahe von selbst. Prozesse genau dieser Art sind gemeint, wenn mit Bourdieu von ›Zensur‹ gesprochen wird oder von der ›Ausscheidung‹ feldexterner Logiken im Prozess der ›Reinigung‹ und ›Autonomisierung‹.

Immerhin: Über die unmittelbare Homologie der vorgetragenen Positionen mit den Positionen der Unterzeichner in ganz bestimmten Sektoren ganz bestimmter Felder und den damit einhergehenden Kapitalbeständen und Kämpfen im Feld der Macht hatte sich der Erstunterzeichner des offenen Briefes, der Düsseldorfer Mediziner Matthias Franz, wenigstens keine Illusionen gemacht. Zur Unterzeichnung eingeladen war lediglich ein kleiner, aber nicht weniger sorgsam ausgewählter Teil der Gesellschaft – in dieser Reihenfolge: »alle Mediziner, Juristen, Ärzte, Psychologen, Wissenschaftler und Verbände«[131].

Schluss

Die vorangegangenen Ausführungen sind skizzenartig: Sie sind unvollständig und tentativ, viele lose Enden müssen erst noch zusammengeführt werden, Konzepte und implizite Hypothesen bedürfen der Ausarbeitung, der Systematisierung und – mehr als alles andere – der Überprüfung an empirischem Material. Erst in dieser Konfrontation kann sich zeigen, welche Begriffe, Theoreme und Überlegungen sich als wirklich fruchtbar erweisen und welche möglicherweise fallengelassen, ergänzt, modifiziert oder ersetzt werden müssen. Gleichsam scheinen die hier präsentierten Elemente vielversprechend, wenn die umkämpfte Ordnung der Teilbereiche moderner Gesellschaften als Variable verstanden und diese Variabilität unter dem Begriff der Differenzierungskulturen zusammengefasst werden soll. Das ›Feld der Macht‹ liefert ein mächtiges Schlüsselkonzept, um diesen Dynamiken systematisch nachzugehen – wenn es über seine nur rudimentäre Gestalt im Werk Bourdieus hinaus weiterentwickelt und im oben genannten Sinne (oder auch in andere Richtungen) modifiziert wird. Auch eine Integration von feldtheoretischer Perspektive und diskursanalytischen Methoden scheint vielversprechend;[132]

131 Ebd.

132 Vorarbeiten in diese Richtung etwa von Diaz-Bone: Kulturwelt, Diskurs und Lebensstil;

die beiden hier nur touchierten Fallbeispiele stellen vielleicht einen verschämten Wink in diese Richtung dar.

Exemplarisch zu verstehen ist ferner auch die Beobachtung des Verhältnisses von Recht und Religion. Eine systematische Beschäftigung mit dem Feld der Macht hätte fraglos auch diese Felder zu berücksichtigen – aber natürlich auch Politik und Wirtschaft, die Wissenschaften und Künste, die Medien usw. Diese zunächst primär differenzierungstheoretische Perspektive wäre wiederum nicht nur konsequent um die Dimension sozialer Ungleichheit zu erweitern (die ja in vielfacher Hinsicht den Ausgangspunkt von Bourdieus Überlegungen darstellt und sich über den Feldbegriff – dies stellt ja gerade eine seiner Stärken als differenzierungstheoretisches Grundkonzept dar – gleichsam ›von selbst‹ einfügt), sondern ebenso um eine supranationale Dimension globaler Vergesellschaftung, die auch den multiplen Verzahnungen und Reibungen unterschiedlicher Gesellschaften und Differenzierungskulturen mit- und aneinander gerecht wird und globale Benennungskämpfe zu adressieren weiß. Ein derart umfassender Versuch zur Verknüpfung der ›drei Soziologien‹[133] dürfte überhaupt nur mittel- oder langfristig, wohl auch nur arbeitsteilig gelingen, und vor Allmachtsfantasien im Sinne einer soziologischen Vermessung der Welt kann nur gewarnt werden. Angesichts der doppelten Blindheit alternativer Angebote auf dem gegenwärtigen Stand der Differenzierungstheorie – einer strukturellen Blindheit gegenüber realen sozialen Ungleichheiten und kulturellen Differenzen gleichermaßen – mag dieser Versuch aber vielleicht doch der Mühe wert sein. Allein die Konturen eines solchen Programmes anzudeuten, war das Ziel dieses Beitrages.

Literatur

Bernhard, Stefan / Schmidt-Wellenburg, Christian (Hrsg.): Feldanalyse als Forschungsprogramm 1. Der programmatische Kern, Wiesbaden 2012.

Bernhard, Stefan / Schmidt-Wellenburg, Christian (Hrsg.): Feldanalyse als Forschungsprogramm 2. Gegenstandsbezogene Theoriebildung, Wiesbaden 2012.

Bongaerts, Gregor: Max Weber, in: Gerhard Fröhlich / Boike Rehbein (Hrsg.): Bourdieu-Handbuch. Leben – Werk – Wirkung, Stuttgart/Weimar 2009, S. 57–60.

Bourdieu, Pierre: Das ökonomische Feld, in: ders. et al.: Der Einzige und sein

Schmidt-Wellenburg: Managementberatung; Hamann: Der geisteswissenschaftliche Bildungsdiskurs.

133 Vgl. Witte: Zur Verknüpfung von sachlicher Differenzierung und sozialer Ungleichheit.

Eigenheim. Schriften zu Politik und Kultur 3, hrsg. von Margareta Steinrücke, Hamburg 1998, S. 162–204.
Bourdieu, Pierre: Das politische Feld. Zur Kritik der politischen Vernunft, Konstanz 2001.
Bourdieu, Pierre: Der Staatsadel, Konstanz 2004.
Bourdieu, Pierre: Die feinen Unterschiede. Kritik der gesellschaftlichen Urteilskraft, Frankfurt am Main 1987.
Bourdieu, Pierre: Die Regeln der Kunst. Genese und Struktur des literarischen Feldes, Frankfurt am Main 2001.
Bourdieu, Pierre: Die Wissenschaftlichkeitsrhetorik: Beitrag zu einer Analyse des Montesquieu-Effekts, in: ders.: Was heißt sprechen? Zur Ökonomie des sprachlichen Tausches, 2., erweiterte und überarbeitete Auflage, Wien 2005, S. 189–198.
Bourdieu, Pierre: Eine Interpretation der Religion nach Max Weber, in: ders.: Das religiöse Feld. Texte zur Ökonomie des Heilsgeschehens, hrsg. von Stephan Egger, Andreas Pfeuffer und Franz Schultheis, Konstanz 2000, S. 11–37.
Bourdieu, Pierre: Entwurf einer Theorie der Praxis auf der ethnologischen Grundlage der kabylischen Gesellschaft, Frankfurt am Main 1979.
Bourdieu, Pierre: Genèse et structure du champ religieux, in: Revue française de sociologie, Jg. 12, Nr. 3, 1971, S. 295–334.
Bourdieu, Pierre: Genese und Struktur des religiösen Feldes, in: ders.: Das religiöse Feld. Texte zur Ökonomie des Heilsgeschehens, hrsg. von Stephan Egger, Andreas Pfeuffer und Franz Schultheis, Konstanz 2000, S. 39–110.
Bourdieu, Pierre: Homo academicus, Frankfurt am Main 1992.
Bourdieu, Pierre: Im Banne des Journalismus, in: ders.: Über das Fernsehen, Frankfurt am Main 1998, S. 103–121.
Bourdieu, Pierre: Ist interessenfreies Handeln möglich?, in: ders.: Praktische Vernunft. Zur Theorie des Handelns, Frankfurt am Main 1998, S. 137–157.
Bourdieu, Pierre: Klassenstellung und Klassenlage, in: ders.: Zur Soziologie der symbolischen Formen, Frankfurt am Main 1974, S. 42–74.
Bourdieu, Pierre: La force du droit. Eléments pour une sociologie du champ juridique, in: Actes de la recherche en sciences sociales, Nr. 64, September 1986, S. 3–19.
Bourdieu, Pierre: Les juristes, gardiens de l'hypocrisie collective, in: François Chazel/Jacques Commaille (Hrsg.): Normes juridiques et régulation sociale, Paris 1991, S. 95–99.
Bourdieu, Pierre: Meditationen. Zur Kritik der scholastischen Vernunft, Frankfurt am Main 2001.
Bourdieu, Pierre: Ökonomisches Kapital, kulturelles Kapital, soziales Kapital, in: Reinhard Kreckel (Hrsg.): Soziale Ungleichheiten [Soziale Welt, Sonderband 2], Göttingen 1983, S. 183–198.

Bourdieu, Pierre: Sozialer Raum und ›Klassen‹, in: ders.: Sozialer Raum und ›Klassen‹. Leçon sur la leçon. Zwei Vorlesungen, Frankfurt am Main 1985, S. 7–46.

Bourdieu, Pierre: Sozialer Sinn. Kritik der theoretischen Vernunft, Frankfurt am Main 1993.

Bourdieu, Pierre: Staatsgeist. Genese und Struktur des bürokratischen Feldes, in: ders.: Praktische Vernunft. Zur Theorie des Handelns, Frankfurt am Main 1998, S. 91–136.

Bourdieu, Pierre: Strukturalismus und soziologische Wissenschaftstheorie. Die Unerlässlichkeit der Objektivierung und die Gefahr des Objektivismus, in: ders.: Zur Soziologie der symbolischen Formen, Frankfurt am Main 1974, S. 7–41.

Bourdieu, Pierre: The Political Field, the Social Science Field, and the Journalistic Field, in: Rodney Benson / Erik Neveu (Hrsg.): Bourdieu and the Journalistic Field, Cambridge (Mass.) / Malden 2005, S. 29–47.

Bourdieu, Pierre: Über das Fernsehen, Frankfurt am Main 1998.

Bourdieu, Pierre: Über den Staat. Vorlesungen am Collège de France 1989–1992, Frankfurt am Main 2014.

Bourdieu, Pierre: Une interprétation de la théorie de la religion selon Max Weber, in: Archives europénnes de sociologie, Jg. 12, Nr. 1, 1971, S. 3–21.

Bourdieu, Pierre: Vom Gebrauch der Wissenschaft. Für eine klinische Soziologie des wissenschaftlichen Feldes, Konstanz 1998.

Bourdieu, Pierre: Wie eine soziale Klasse entsteht, in: ders.: Der Tote packt den Lebenden. Schriften zu Politik und Kultur 2, hrsg. von Margareta Steinrücke, Hamburg 1997, S. 102–129.

Bourdieu, Pierre: Zur Genese der Begriffe Habitus und Feld, in: ders.: Der Tote packt den Lebenden. Schriften zu Politik und Kultur 2, hrsg. von Margareta Steinrücke, Hamburg 1997, S. 59–78.

Bourdieu, Pierre / Wacquant, Loïc J. D.: Die Ziele der reflexiven Soziologie. Chicago-Seminar, Winter 1987, in: dies.: Reflexive Anthropologie, Frankfurt am Main 1996, S. 95–249.

Castel, Robert: Die Fallstricke des Exklusionsbegriffs, in: Mittelweg 36, Jg. 9, Heft 3, 2000, S. 11–25.

Castel, Robert: Nicht Exklusion, sondern Desaffiliation. Ein Gespräch mit François Ewald, in: Das Argument 217, 1996, S. 775–780.

Crozier, Michel / Friedberg, Erhard: Macht und Organisation. Die Zwänge kollektiven Handelns, Königstein/Taunus 1979.

Dianteill, Erwan: Pierre Bourdieu et la religion. Synthèse critique d'une synthèse critique, in: Archives de sciences sociales des religions, Jg. 47, Nr. 118, 2002, S. 5–19.

Diaz-Bone, Rainer: Kulturwelt, Diskurs und Lebensstil. Eine diskurstheoretische Erweiterung der Bourdieuschen Distinktionstheorie, 2. Auflage, Wiesbaden 2010.

Egger, Stephan / Pfeuffer, Andreas / Schultheis, Franz: Vom Habitus zum Feld. Religion, Soziologie und die Spuren Max Webers bei Pierre Bourdieu, in: Pierre Bourdieu: Das religiöse Feld. Texte zur Ökonomie des Heilsgeschehens, hrsg. von Stephan Egger, Andreas Pfeuffer und Franz Schultheis, Konstanz 2000, S. 131–176.

Elias, Norbert: Was ist Soziologie?, 10. Auflage, Weinheim und München 2004.

Exner, Thomas: Sozialadäquanz im Strafrecht. Zur Knabenbeschneidung, Berlin 2011.

Florian, Michael: Dokumentarische Feldanalyse. Zur Rekonstruktion symbolischer Machtkämpfe im Vorfeld des Enron-Skandals, in: Stefan Bernhard / Christian Schmidt-Wellenburg (Hrsg.): Feldanalyse als Forschungsprogramm 1. Der programmatische Kern, Wiesbaden 2012, S. 265–288.

Franz, Matthias: Offener Brief zur Beschneidung: »Religionsfreiheit kann kein Freibrief für Gewalt sein«, FAZ.NET vom 21.07.2012, online unter: http://www.faz.net/offener-brief-zur-beschneidung-religionsfreiheit-kann-kein-freibrief-fuer-gewalt-sein-11827590.html (letzter Zugriff: 25.10. 2013).

Gephart, Werner: Einleitung: Grundelemente einer Theorie sozialer Sphären. Die Religion im Prozess von Scheidung, Durchmischung und Differenzierung der Sphären, in: Georg Pfleiderer (Hrsg.): Sphärendynamik I. Zur Analyse postsäkularer Gesellschaften, Baden-Baden 2011, S. 11–57.

Gephart, Werner: Sphären als Orte der okzidentalen Rationalisierung. Zu einer vergessenen Metapher in Max Webers Rationalisierungsthese, in: Hans-Jürgen Aretz / Christian Lahusen (Hrsg.): Die Ordnung der Gesellschaft. Festschrift zum 60. Geburtstag von Richard Münch, Frankfurt am Main 2005, S. 125–160.

Giddens, Anthony: Die Konstitution der Gesellschaft. Grundzüge einer Theorie der Strukturierung, Frankfurt am Main / New York 1988.

Hamann, Julian: Der geisteswissenschaftliche Bildungsdiskurs der preußischen Universitätsreform. Versuch einer wissenssoziologischen Feld- und Diskursanalyse, in: Stefan Bernhard / Christian Schmidt-Wellenburg (Hrsg.): Feldanalyse als Forschungsprogramm 1. Der programmatische Kern, Wiesbaden 2012, S. 345–380.

Hjellbrekke, Johs / Le Roux, Brigitte / Korsnes, Olav / Lebaron, Frédéric / Rosenlund, Lennart / Rouanet, Henry: The Norwegian Field of Power Anno 2000, in: European Societies, Jg. 9, Nr. 2, 2007, S. 245–273.

Hjellbrekke, Johs / Korsnes, Olav: Quantifying the Field of Power in Norway, in: Karen Robson / Chris Sanders (Hrsg.): Quantifying Theory: Pierre Bourdieu, New York 2009, S. 31–45.

Jäger, Margarete / Jäger, Siegfried: Deutungskämpfe. Theorie und Praxis Kritischer Diskursanalyse, Wiesbaden 2007.

Kronauer, Martin: Exklusion. Die Gefährdung des Sozialen im hoch entwickelten

Kapitalismus, 2., aktualisierte und erweiterte Auflage, Frankfurt am Main/ New York 2010.

Latour, Bruno: Wir sind nie modern gewesen. Versuch einer symmetrischen Anthropologie, Frankfurt am Main 2008.

Lenoir, Remi: Pierre Bourdieu and the Law: An Intellectual and Personal Encounter, in: Retfærd, Jg. 29, Nr. 3/114, 2006 [Special Issue: »Pierre Bourdieu: From Law to Legal Field«], S. 7–22.

Luhmann, Niklas: Die Politik der Gesellschaft, hrsg. von André Kieserling, Frankfurt am Main 2000.

Marx, Karl: Zur Kritik der Hegelschen Rechtsphilosophie. Einleitung, in: Marx-Engels-Werke (MEW), Bd. 1, 9. Auflage, Berlin 1974 [1844], S. 378–391.

Münch, Richard: Über Parsons zu Weber: Von der Theorie der Rationalisierung zur Theorie der Interpenetration, in: Zeitschrift für Soziologie, Jg. 9, Heft 1, 1980, S. 18–53.

Münch, Richard: Die Struktur der Moderne. Grundmuster und differentielle Gestaltung des institutionellen Aufbaus der modernen Gesellschaften, Frankfurt am Main 1992.

Neureither, Georg: Religion vor Recht? Recht vor Religion?, online unter: http://www.verfassungsblog.de/de/religion-vor-recht-recht-vor-religion/ #.UhyoUD95eRQ (letzter Zugriff: 25.10.2013).

o. V.: Draft of the Constitution of the Arab Republic of Egypt, up to date as of 20 September 2012, online unter: http://www.constitutionnet.org/files/2012.09.20_-_draft_constitution_-_english.pdf (letzter Zugriff: 25.10.2013).

o. V.: The 2012 Constitution of Egypt, translated by Nivien Saleh, with Index, online unter: http://niviensaleh.info/constitution-egypt-2012-translation/ (letzter Zugriff: 25.10.2013).

Putzke, Holm: Die strafrechtliche Relevanz der Beschneidung von Knaben. Zugleich ein Beitrag über die Grenzen der Einwilligung in Fällen der Personensorge, in: ders. et al. (Hrsg.): Strafrecht zwischen System und Telos. Festschrift für Rolf Dietrich Herzberg zum siebzigsten Geburtstag, Tübingen 2008, S. 669–709.

Putzke, Holm: Juristische Positionen zur religiösen Beschneidung, Besprechung von OLG Frankfurt a. M., Beschl. v. 21.8.2007 (4 W 12/07), in: Neue Juristische Wochenschrift (NJW), 2008, S. 1568–1570.

Schmidt, Rainer: Verfassungskultur und Verfassungssoziologie. Politischer und rechtlicher Konstitutionalismus in Deutschland im 19. Jahrhundert, Wiesbaden 2012.

Schmidt-Wellenburg, Christian: Managementberatung und der diskursive Wandel des Managementfeldes, in: Stefan Bernhard / ders. (Hrsg.): Feldanalyse als Forschungsprogramm 2. Gegenstandsbezogene Theoriebildung, Wiesbaden 2012, S. 25–58.

Schmitz, Andreas / Witte, Daniel / Gengnagel, Vincent: Pluralizing Field Analysis: Toward a Relational Constitution of the Field of Power, in Begutachtung.
Schwinn, Thomas: Differenzierung ohne Gesellschaft. Umstellung eines soziologischen Konzepts, Weilerswist 2001.
Schudson, Michael: Autonomy from What?, in: Rodney Benson / Erik Neveu (Hrsg.): Bourdieu and the Journalistic Field, Cambridge (Mass.) / Malden 2005, S. 214–223.
Simmel, Georg: Der Streit, in: ders.: Soziologie. Untersuchungen über die Formen der Vergesellschaftung [= Georg Simmel Gesamtausgabe, Band 11], hrsg. von Otthein Rammstedt, Frankfurt am Main 1992 [1908], S. 284–382.
Sofsky, Wolfgang / Paris, Rainer: Figurationen sozialer Macht. Autorität – Stellvertretung – Koalition, Frankfurt am Main 1994.
Stehr, Maximilian / Putzke, Holm / Dietz, Hans-Georg: Zirkumzision bei nicht einwilligungsfähigen Jungen: strafrechtliche Konsequenzen auch bei religiöser Begründung, in: Deutsches Ärzteblatt, 2008, S. 1778–1780.
Stoellger, Philipp (Hrsg.): Deutungsmacht. Religion und belief systems in Deutungsmachtkonflikten, Tübingen 2014.
Swartz, David L.: Culture & Power. The Sociology of Pierre Bourdieu, Chicago / London 1997.
Verter, Bradford: Spiritual Capital: Theorizing Religion with Bourdieu against Bourdieu, in: Sociological Theory, Jg. 21, Nr. 2, 2003, S. 150–174.
Wacquant, Loïc J. D.: Pierre Bourdieu, in: Rob Stones (Hrsg.): Key Sociological Thinkers, New York 1998, S. 215–229.
Wacquant, Loïc J. D.: Vorwort, in: Pierre Bourdieu / ders.: Reflexive Anthropologie, Frankfurt am Main 1996, S. 10–15.
Wacquant, Loïc J. D.: Zwischen Soziologie und Philosophie. Bourdieus Wurzeln, in: Boike Rehbein / Gernot Saalmann / Hermann Schwengel (Hrsg.): Pierre Bourdieus Theorie des Sozialen. Probleme und Perspektiven, Konstanz 2003, S. 59–65.
Wacquant, Loïc J. D.: From Ruling Class to Field of Power. An Interview with Pierre Bourdieu on La Noblesse d'État, in: Theory, Culture & Society, Jg. 10, Nr. 3, August 1993, S. 19–44.
Weber, Max: Wirtschaft und Gesellschaft. Die Wirtschaft und die gesellschaftlichen Ordnungen und Mächte. Nachlaß, Teilband 2: Religiöse Gemeinschaften, Studienausg. der Max-Weber-Gesamtausgabe, Band I/22-2, hrsg. von Hans G. Kippenberg, Tübingen 2005.
Weber, Max: Wissenschaft als Beruf, in: ders.: Wissenschaft als Beruf – Politik als Beruf, Studienausg. der Max Weber-Gesamtausgabe, Bd. I/17, hrsg. von Wolfgang J. Mommsen und Wolfgang Schluchter in Zusammenarbeit mit Birgitt Morgenbrod, Tübingen 1994 [1917/19], S. 1–23.

Weber, Max: Der Sinn der »Wertfreiheit« der soziologischen und ökonomischen Wissenschaften, in: ders.: Gesammelte Aufsätze zur Wissenschaftslehre, hrsg. von Johannes Winckelmann, 7. Auflage, Tübingen 1988 [1917/22], S. 489–540.
Weber, Max: Zwischenbetrachtung: Theorie der Stufen und Richtungen religiöser Weltablehnung, in: ders.: Gesammelte Aufsätze zur Religionssoziologie I, 9. Auflage, Tübingen 1988 [1920], S. 536–573.
Witte, Daniel: Auf den Spuren der Klassiker. Pierre Bourdieus Feldtheorie und die Gründerväter der Soziologie, Konstanz/München 2014.
Witte, Daniel: Zur Verknüpfung von sachlicher Differenzierung und sozialer Ungleichheit: Perspektiven im Anschluss an Pierre Bourdieus Theorie der Felder, in: Martina Löw (Hrsg.): Vielfalt und Zusammenhalt. Verhandlungen des 36. Kongresses der Deutschen Gesellschaft für Soziologie in Bochum und Dortmund 2012, Frankfurt am Main/New York 2014 (CD-ROM).

Vierter Teil

Entzauberung und Rückkehr von »Schuld«: Im Spannungsfeld von Recht und Religion

Philipp Stoellger

Im Zirkel von Schuld und Sünde. Die Unsichtbarkeit der Schuld als Problem ›bildgebender Verfahren‹

non enim iusta operando iusti efficimur,
sed iusti fiendo et essendo iusta operamur.
Luther[1]

opus non facit personam,
sed persona facit opus ... fides facit personam.
Luther[2]

1. Lizenz zur Distanz

Wie kann man von Schuld *sprechen*? Wie könnte man, ohne vor allem die *eigene* zu bekennen, sodass das Reden zum Bekenntnis würde, zum öffentlichen gar, mit dem die Zuhörer oder Leser peinlich berührt würden, als müssten sie ungewollt und ungewählt einer Beichte zuhören oder, *horribile dictu*, aus Versehen einer Nachmittagstalkshow zusehen? Um von Schuld zu sprechen, ohne gleich zu bekennen, bedarf es einer *Distanz* und einer *Lizenz* zur Distanz. Nur bleibt selbige stets prekär und ambivalent, in Schuldfragen zumal. Denn Distanznahme *kann* Neutralität oder gar Indifferenz prätendieren, als wäre man frei von jeder Schuld, im wissenschaftlichen Jenseits von Gut und Böse beispielsweise. So ist jede Neutralität eine prekäre Prätention, auch im europäischen Kontext.

Daher ist der bessere Sinn von Distanz nicht die Behauptung (als *wäre* man neutral), sondern die kritische, *regulative* Funktion eines Ideals: Um überhaupt darüber reflektieren zu können und sich für die Zeit der Reflexion zeitweilig aus der Verstrickung in Schuld zu lösen (ohne Erlösung zu beanspruchen), bedarf es einer hypothetischen Position, von der aus man von Schuld distanziert zu sprechen sucht. Die Abgründe des Sprechens angesichts der Shoah machen ja nur zu

1 Luther: WA 56, S. 255, 18 f.
2 Luther: WA 39/I, S. 283, 9.18 f.

deutlich, wie prekär solche Distanz der Reflexion bleibt – aber wie unerlässlich sie auch ist, wenn man zu sprechen sucht *malgré tout*.

Die regulative Funktion der Distanz zur Ermöglichung dessen wird in der Regel an Institutionen delegiert: Nicht die Person ist neutral (der Richter, der Beichtvater, der Wissenschaftler), und sei es nur methodisch und vorübergehend, sondern die institutionelle Rolle schreibt und mutet einem diese Funktion zu: das Gericht, die Beichte, die Wissenschaft. Ob die Person dieser Rolle oder Funktion gerecht wird, ist stets eine zweite Frage (in der Schuldfragen auftauchen).

Wissenschaftlich von Schuld zu handeln – kann auch in Fragen der Pflicht und Schuldigkeit der Wissenschaften führen, wozu es genug zu sagen gäbe. Die akademischen Freiheiten, sofern es sie noch gibt und sie auch gebraucht, in Anspruch genommen werden, sind ein ebenso hohes wie gefährliches Gut. Allerdings, dass man 2008 vergaß, ihren 850. Geburtstag zu feiern,[3] ist bemerkenswert – als wären sie längst still verstorben und ruhten in Frieden.

[3] 1158 erließ Kaiser Barbarossa auf dem Ronkalischen Reichstag das Scholarenprivileg in seiner *Authentica habita*. In der Vollmacht kaiserlicher Gnade wird den Scholaren zu Bologna das Privileg zugestanden, in Rechtsfragen direkt dem Kaiser unterstellt zu sein; Codex Giustiniano, Cod. 4, 13. Der kaiserliche Schutz vor kirchlichem Zugriff ermöglichte die Gründung von *universitates*, in denen die Scholaren Stadt und Kirche eigenständig gegenübertreten konnten (im Unterschied zu Kloster- und Domschulen). »Quod principi placuit legis habet vigorem«, lehrten die Digesten Justinians; Dig. I, 4, 1; vgl. Inst. 1, 2, 6. Dem entspricht der Grundsatz: »Princeps legibus solutus est«; Dig. I, 3, 31. Aber das Rechtsverständnis des Mittelalters reservierte den *Souveränitätsbegriff* für *Gott*, der die Schöpfung nach seinem freien Willen geordnet hat. Fürsten dagegen hatten nicht das Recht, nach eigenem Gefallen Recht zu setzen. Sie waren nicht im absoluten Sinne souverän. Nur ein Kaiser galt, kraft göttlicher Inspiration, als Inhaber der absoluten Deutungsmacht der Gesetze: »tam conditor quam interpretes legum«; Cod. I, 14, 12. Wenn aber die Autorität des Kaisers von der Autorität der Gesetze (kraft ihrer göttlichen Setzung) abhängt, entsteht ein elementarer Deutungskonflikt, in dem sich ein Machtkonflikt manifestiert zwischen göttlicher und *kaiserlicher Souveränität*. Souverän ist, wer so frei und mächtig ist, über die Gesetze zu entscheiden. Der Kaiser hatte eine Position über und *außer* dem positiven Recht inne, wurde in seiner Souveränität aber durch Naturrecht und göttliches Recht eingeschränkt und musste sich *postum* vor Gott für seine Rechtspraxis rechtfertigen. Die Harmonie des *utrumque ius*, göttlichen und weltlichen Rechts, galt als *prästabiliert* durch die Souveränität Gottes. Aber zu Lebzeiten, im Horizont von Welt, Geschichte und Kultur, *galt* faktisch, *was dem Kaiser gefiel*.

Wenn der Kaiser absolute Souveränität über das positive Recht beanspruchte, musste dieser Machtanspruch legitimiert werden. Nur wäre die *Legitimierung* zugleich eine *Limitierung*, wenn sie von *höherer* Stelle erfolgt wäre. Aus dieser prekären Lage hätten ihn die Bologneser Legisten nur befreien können, sofern sie ihrerseits frei gegenüber Kaiser *und* Papst gewesen wären. Diese Freiheit sprach ihnen das Scholarenprivileg zu, das deshalb als Urstiftung der akademischen Freiheiten gilt. Barbarossa beanspruchte im Gegenzug ein absolutes Gesetzgebungsrecht, für dessen Anerkennung die *quattuor doctores*, die Bologneser Legisten, später viel gescholten wurden. Er beanspruchte nicht nur die Rechtsauslegungssouveränität, sondern auch die Rechts*setzungs*souveränität. *Akademische Freiheiten im Tausch gegen die Anerkennung des iustinianischen Absolutismus*, so kann man die *Lösung* des Deutungsmachtkonflikts verdichten, mit der die Differenz von kirchlicher Schule und staatlicher Universität entstand.

2. Ein juristisches Sprachproblem

Es ist zweifellos ein Gewinn des modernen Rechtsverständnisses, nicht Vergebung zu versprechen. Schuld als Verstoß gegen ein Gesetz wird sanktioniert (von *sanctio*: Heilung, Billigung). Aber weder wird *de jure* geheilt noch gebilligt, sondern lediglich die Ordnung gehütet und aufrechterhalten, indem sie durchgesetzt wird, wenn ihre Verletzung nicht ungestraft bleibt. So werden Vergehen gegen die Rechtsordnung *im Namen des Volkes* nicht vergeben, sondern bestraft. Und die Strafe hat den nicht gering zu schätzenden Gewinn, auf Vergeltung zu verzichten. Aber Strafe bleibt fern von Vergebung. Dem, der seine Strafe abgesessen hat, hat niemand vergeben. Und daran könnte ein gewissenhafter Straftäter verzweifeln.

In der Sprache der *Schuld* ist daher ein Modell präsent und wirksam, das mit Nietzsches Problem verwandt ist.[4] *Es scheint, als würden wir die Frage nach Vergebung nicht los, solange wir noch von Schuld sprechen.* Die juristische Rede von Schuld weckt Phantomschmerzen mit der Frage nach der Überwindung von Schuld. Wenn Schuld festgestellt bzw. wenn jemand schuldig gesprochen wird – wer ist dann für ihre Tilgung oder Vergebung zuständig? Weder Tilgung noch Vergebung, weder Wiedergutmachung noch Erlösung (der Täter wie der Opfer) von der Schuld fällt in die Kompetenz des Rechts. Insofern ist Recht *soteriologisch impotent* (oder salonfähiger formuliert: für Vergebungsfragen inkompetent). Daher gibt es für den Schuldigen auch nur Strafe, vielleicht Behandlung und Resozialisierung (der *reconciliatio* verwandt), aber nur Freilassung, nicht einen Freispruch (wie das Rechtfertigungsurteil imputativ gedacht wurde). Somit könnte man nur im Zirkel von Schuld und Strafe verbleiben. Wie man dem entkommen will, ist in der Logik des Rechts nicht ersichtlich (gäbe es nicht Ansätze zu einer pädagogischen oder therapeutischen Wende des *Strafvollzugs*?).

Derrida erörterte in seinem vielleicht wichtigsten Text zum Thema der *Gabe*, in dem Artikel *Le siècle de pardon (Das Jahrhundert der Vergebung)*,[5] das irritierende Phänomen, dass die *Rhetorik* der *Vergebung* allgegenwärtig sei, auch in politischen Kontexten. Die schnell aufgerufenen *Verbrechen gegen die Menschheit* würden allerorts im globalisierten Kontext Vergebungsbedarf provozieren und damit auch entsprechende Vergebungsrituale. Dass damit das eigentliche *Problem* von Vergebung übersprungen werde (das Unvergebbare), ist der eine Aspekt. Was allerdings bei Derrida hermeneutisch unbeachtet blieb, ist die schweigende und ungeklärte Voraussetzung einer Rhetorik der *Schuld*, die erst den Vergebungsbedarf weckt. Wie *Vergebung* ein aus den *abrahamitischen* Religionen überkom-

4 »Ich fürchte, wir werden Gott nicht los, weil wir noch an die Grammatik glauben«; Nietzsche: Götzen-Dämmerung, S. 78.

5 Vgl. Derrida: Jahrhundert der Vergebung.

menes Erbe ist, so auch die damit gegebene Voraussetzung von Schuld, sei sie vergebbar oder unvergebbar.

Schuld ist ein *cultural pattern*, ein Modell, das in historische und politische Kontexte übertragen wird, nicht selten auch, um aus stipulierten Schuldverhältnissen Kapital zu schlagen; oder aber umgekehrt daran zu gewinnen, indem man sich auf die Seite der Opfer stellt und damit sich selbst exkulpiert. Dass man damit die Opfer von Neuem *okkupieren* könnte, sei nur zu bedenken gegeben. Psychologen sprechen hier von *Negatividentifikation* (mit den Opfern), die die eigene Täterschaft, und sei sie nur eine Disposition, verdeckt.

Zur prekären Logik von Schuld gehört eine Geste auf andere: Auf *die Schuld der anderen* zu zeigen, wird bei aller Berechtigung zum Problem, wenn nicht die eigene gesehen wird. Der Balken vor dem eigenen Auge führt in Schuldfragen schnell zu Sehschwächen.

3. Begriffsgeschichtlicher Rückblick

Werner Gephart vermutet, dass *Schuld eine protestantische Erfindung* sei. Nun, ohne zu wissen, was zu dieser feinen Vermutung führt, sei zunächst an die Begriffsgeschichte erinnert. Denn Schuld in ihrer Prägung seit Luther hat ihre Vorgeschichten, die sie nicht als protestantisches Privileg erscheinen lassen.

Hebräisch gibt es fünferlei zu unterscheiden:

1. *Pescha* ist das *Verbrechen, Vergehen,* Sünde und die *Untat* (Gen 31,36; Ex 22,8). Die Begriffsgeschichte dessen beginnt in rechtlichen Zusammenhängen (Gen 50,17; 1 Sam 25,28; Gen 31,36 u. ö.) und wurde in kultische Zusammenhänge übertragen. Theologisch i. e. S. wird es, wenn sich Untaten gegen Jahwes Recht richten und sein Gericht provozieren. Dann ist *Pescha* Ausdruck für Sünde (in Synonymie zu *Ḥatta*).[6]

2. *Ḥatta* ist das *Verfehlen eines Ziels*, daher übertragen gebraucht für ethische oder rechtliche Verfehlungen (des Bundes bzw. der Gesetzeserfüllung).

3. *Awon* ist *Vergehen* (Dan 4,24) und *Verkehren* (verkehrt sein), wörtlich als Beugen und Krümmen. Es kann ebenso Ausdruck für Sünde sein wie für Rechts-

6 »Wenn einer den andern einer Veruntreuung beschuldigt, es handle sich um Rind oder Esel oder Schaf oder Kleider oder um etwas, was sonst noch verlorengegangen ist, so soll beider Sache vor Gott kommen. Wen Gott für schuldig erklärt, der soll's seinem Nächsten zweifach erstatten.« (Ex 22,8); vgl. weiterhin Gen 31,36 f.: »Und Jakob wurde zornig und schalt Laban und sprach zu ihm: Was hab ich Übles getan oder gesündigt, dass du so hitzig hinter mir her bist? Du hast all meinen Hausrat betastet. Was hast du von deinem Hausrat gefunden? Lege das her vor meinen und deinen Brüdern, dass sie zwischen uns beiden richten«.

beugung (Hi 33,27). Als Bestimmtheit von Taten zieht die entsprechende Schuld Strafe nach sich im Tat-Folge- bzw. Tun-Ergehens-Zusammenhang.[7]

4. *Rascha* heißt *schuldig sein* als Oppositum zu gerecht (*zadiq*). Es meint üble Gedanken, Worte und Werke, Freveltaten. Es ist sowohl profan wie auch sakral verwendbar (was im Alten Testament ohnehin selten zu trennen ist). Theologisch verdichtet ist der Weg der *reschaim* ein Greuel für Jahwe (Spr 15,8 f.; Pred 8,13).

5. *Ascham* ist aus einer Schuld resultierende Verpflichtung (zur Gabe oder Wiedergutmachungsleistung), nicht Verfehlung oder Vergehen.

Im *Griechischen* ist Schuld sowohl ἁμαρτία (bzw. ἁμάρτημα) als auch ὀφείλημα. Bemerkenswert ist u. a., dass ἁμαρτία profan wie sakral verwendet wird – und damit die deutsche Unterscheidung zwischen Schuld und Sünde im Griechischen ebenso wenig wie im Hebräischen angebracht ist.

Paulus bleibt eng an der profanen Bedeutung der Geldschuld.[8] Darüber hinausgehend gilt ἁμαρτία als Feindschaft setzende Macht, so in der fünften Vaterunserbitte (Mt 6,12; vgl. 6,14 f.) und im Gleichnis vom unbarmherzigen Schuldner (Mt 18,23–35).[9] Schuld meint nicht *nur* ethisches Fehlverhalten, sondern religiös eine *Unheilswirklichkeit* und Macht (mit Machtsphäre), der nicht aus eigener Kraft zu entkommen ist (so die paulinische These, teils gegen die Theologien des Alten Testaments).

Im *Lateinischen* wird dann *culpa* von *peccatum* (und *reatus*) unterscheidbar (engl. *sin*; frz. *péché*; ital. *peccato*).[10] *Peccatum* ist in theologischen Kontexten reserviert für das Vergehen gegen Gott, mit der *culpa* (Schuld) als Folge. Aber jede *culpa* ist zugleich eine Schuld vor Gott, da jedes Vergehen auch eines vor Gott ist und gegen seinen Willen. Schlicht gesagt: *Wenn* alles menschliche Leben vor Gott sich vollzieht, ist nichts ihm gegenüber indifferent. Schuld ist daher – alt- wie neutestamentlich und jüdisch- wie christlich-theologisch – nie eine nur profane Kategorie, sondern stets theologisch *geladen*.

Im *Deutschen* stammt der Ausdruck Schuld nicht erst aus der Reformationszeit, sondern aus dem Mittelhochdeutschen *schulde, schult*; althochdeutsch *sculd(a)*, *sculan* als sollen, und in dessen ursprünglicher Bedeutung als schulden und Ge-

7 Vgl. ThWAT 1, S. 463–472; 6, S. 791–810; 2, S. 857–870; 5, S. 1160–1177.

8 Röm 4,4: »Dem aber, der mit Werken umgeht, wird der Lohn nicht aus Gnade zugerechnet, sondern aus Pflicht.« / »τῷ δὲ ἐργαζομένῳ ὁ μισθὸς οὐ λογίζεται κατὰ χάριν ἀλλὰ κατὰ ὀφείλημα«.

9 Vgl. die fünfte Vaterunserbitte bei Mt 6,12: »Und vergib uns unsere Schuld, wie auch wir vergeben unsern Schuldigern.« / »καὶ ἄφες ἡμῖν τὰ ὀφειλήματα ἡμῶν, ὡς καὶ ἡμεῖς ἀφήκαμεν τοῖς ὀφειλέταις ἡμῶν«; Lk 11,4: »und vergib uns unsre Sünden; denn auch wir vergeben allen, die an uns schuldig werden. Und führe uns nicht in Versuchung« / »καὶ ἄφες ἡμῖν τὰς ἁμαρτίας ἡμῶν, καὶ γὰρ αὐτοὶ ἀφίομεν παντὶ ὀφείλοντι ἡμῖν· καὶ μὴ εἰσενέγκῃς ἡμᾶς εἰς πειρασμόν«.

10 Vgl. HWPh 8, S. 1443.

schuldetes. Die deutsche Mystik (etwa Tauler und Seuse) sind daher durchgängig mit Schuld (gegen Gott) befasst, folglich auch mit Schuldgefühl und entsprechendem Schuldbewusstsein. Das ist sicher keine Erfindung des Protestantismus, soweit ich sehe. Die Nähe und Differenz zur *Sünde*, als germanisches Rechtswort für *Schuld an einer Tat* (Kluge), provoziert allerdings Klärungsbedarf.

4. Schuld und Sünde

Die sprachgeschichtlichen Hinweise zeigten bereits, dass die griechische ἁμαρτία und lateinisch *culpa* wie *peccatum* im Deutschen auseinandertreten in Schuld und Sünde – was die Frage zur Folge hat, worin denn der Unterschied bestehe und worin der Zusammenhang. Kurz gesagt: *Sünde* ist ein genuin theologischer Ausdruck für Vergehen gegen Gott. *Schuld* ist *kein* genuin theologischer Ausdruck, sondern moralisch, ökonomisch und rechtlich verfasst. Allerdings hat auch Sünde die Folge von Schuld (gegen Gott und die Nächsten). Diese Überlappung macht es kompliziert.

- Schuld entsteht durch eine Tat (genauer: eine Untat) bzw. ein Werk.
- Sünde hingegen wäre als *malefactum* unterbestimmt. Wäre sie nur Tat, wäre ihr Antagonist, der Glaube, auch *nur Tat* – und das ist christlich gesehen unzutreffend. Wenn Glaube Liebe, Hoffnung und Vertrauen wäre, müsste Sünde Lieblosigkeit, Hoffnungslosigkeit und Misstrauen sein – jedenfalls mehr oder anderes als allein Tat. Sünde betrifft die Person, die dadurch zum Sünder wird. Während Glaube eine personale Relation ist, ist Sünde eine *Störung* oder ein Verlust der Relation, der *integren* Beziehung zu Gott und daher zu den Nächsten und zu sich selbst. Sünde ist daher auch nicht eigentlich als Tun oder Tat zu begreifen. *Malefactum* ist daher eine moralisierende Unterbestimmung. Sünde ist vielmehr eine – wodurch auch immer eintretende – Beziehungsstörung bzw. ein Verlust der Beziehung. Schuld kann als *objektivierbar* verstanden werden und vom Täter lösbar. Genau das ist bei Sünde und der durch sie entstehenden Schuld *nicht* möglich, wie Kant bereits präzisierte:

»Die dritte und dem Anscheine nach größte Schwierigkeit, welche jeden Menschen, selbst nachdem er den Weg des Guten eingeschlagen hat, doch in der Aburtheilung seines ganzen Lebenswandels vor einer göttlichen Gerechtigkeit als verwerflich vorstellt, ist folgende. – Wie es auch mit der Annehmung einer guten Gesinnung an ihm zugegangen sein mag und sogar, wie beharrlich er auch darin in einem ihr gemäßen Lebenswandel fortfahre, so fing er doch vom Bösen an, und diese Verschuldung ist ihm nie auszulöschen möglich. Daß er nach seiner Herzensänderung keine neue Schulden mehr macht, kann er nicht dafür ansehen, als ob er dadurch die alten bezahlt habe. Auch kann er in einem fernerhin geführten guten Lebenswandel keinen Überschuß über das, was er jedesmal an sich zu thun schuldig ist, herausbringen; denn es ist jederzeit seine Pflicht, alles Gute zu thun, was in seinem Vermögen steht. – Diese ursprüngliche, oder überhaupt vor jedem Guten, was er immer thun mag, vorhergehende *Schuld,* die auch dasjenige ist, was, und nichts mehr, wir unter dem radicalen Bösen verstanden (S. das erste Stück), kann aber auch, so viel wir nach unserem Vernunftrecht einsehen, nicht von einem andern getilgt werden; denn sie ist *keine transmissible Verbindlichkeit*, die etwa wie eine Geldschuld (bei der es dem Gläubiger einerlei ist, ob der Schuldner selbst oder ein anderer für ihn bezahlt) auf einen andern übertragen werden kann, sondern die allerpersönlichste, nämlich eine Sündenschuld, die nur der Strafbare, nicht der Unschuldige, er mag auch noch so großmüthig sein, sie für jenen übernehmen zu wollen, tragen kann. – Da nun das Sittlich-Böse (Übertretung des moralischen Gesetzes als göttlichen Gebotes, Sünde genannt) nicht sowohl wegen der Unendlichkeit des höchsten Gesetzgebers, dessen Autorität dadurch verletzt worden (von welchem überschwenglichen Verhältnisse des Menschen zum höchsten Wesen wir nichts verstehen), sondern als ein Böses in der Gesinnung und den Maximen überhaupt (wie allgemeine Grundsätze vergleichungsweise gegen einzelne Übertretungen) eine Unendlichkeit von Verletzungen des Gesetzes, mithin der Schuld bei sich führt (welches vor einem menschlichen Gerichtshofe, der nur das einzelne Verbrechen, mithin nur die That und darauf bezogene, nicht aber die allgemeine Gesinnung in Betrachtung zieht, anders ist), so würde jeder Mensch sich einer unendlichen Strafe und Verstoßung aus dem Reiche Gottes zu gewärtigen haben.«[11]

Schuld infolge eines Vergehens gegen Gott (oder gegen das Sittengesetz) *ist keine transmissible Verbindlichkeit*, kann also nicht von einem Stellvertreter übernommen werden, ist nicht delegierbar und daher nicht durch einen anderen zu tilgen, und sei es Gott selbst. Denn all das wäre unmoralisch.[12] Gleiches gilt auch für eine Schuld im juristischen Sinne. Nur besteht eine klare Differenz darin, dass das Recht über eine Tat urteilt (nie über eine Person) und damit Person und Werk strikt unterscheidet. Demgegenüber ist die Schuld (der Sünde) stets ein Urteil über die Person (wie im Guten dann das Rechtfertigungsurteil die Person betrifft): Es ist ein *Existenzurteil* und Sünde mit ihrer Schuld nicht nur äußerlich, sondern *wesentlich* oder *existenziell*. Sie bestimmt den Menschen *als ganzen*.

In Fragen des Rechts ist daher nie von *Sünde* zu sprechen. Vor Gericht gibt es Straftäter und Verbrecher, dem Urteil zufolge Schuldige, aber keine Sünder. Das gehört zur erfrischenden Nüchternheit des Rechts (wie in der sogenannten Weltanschauungsneutralität), nicht moralisch und nicht religiös zu sprechen oder zu werten. Es sagt nichts über die Person, sondern nur etwas über das Werk, und über das auch nur nach Maßgabe einer in Gesetzen kodifizierten Norm.

11 Kant: AA VI, S. 71f., Hervorhebung Ph. St.

12 Dass im Zuge dessen auch alles andere der Moral oder des Gesetzes unter Verdacht gerät, unmoralisch zu sein, sei nur notiert. Gabe oder Gnade werden damit *a limine* suspekt, wenn nicht exkludiert aus dem Horizont der ›reinen Vernunft‹, sei sie theoretisch oder praktisch.

Aber liegt darin nicht doch eine Tendenz, *mehr* zu sagen, als die (seit Brants *Narrenschiff*) *blinde* Justitia – ohne Ansehen der Person – eigentlich zu sagen vermag oder sagen will? Für den verurteilten Täter impliziert der Schuldspruch doch die Frage: Das habe *ich* getan – aber *bin* ich das? Bin ich *nur* das? Wer bin denn *ich*?

Die Frage ist daher, für Skrupulöse zumindest, ob mit einem juristischen Urteil *genug gesagt* ist. Hat das Recht doch keine Chance auf Vergebung (selbst der Sonderfall der Begnadigung ist nichts dergleichen)? So mächtig das Recht ist, indem es *Weltanschauungen* ausblendet und regulativ *neutral* zu sein hat, so ohnmächtig ist es daher, wenn es um Fragen personaler und religiöser Dimension geht. Das ist auch gut so und nicht zu beklagen. Aber es wäre blind, dergleichen für vergessen oder erledigt zu halten.

Theologisch ist Schuld schlicht verstanden Sündenfolge: Man sündigt und lädt damit Schuld auf sich – sowohl Gott wie auch den Nächsten und sich selbst gegenüber. Dann ist die Schuld die *Folge* der Sünde, die man zu tragen und möglichst abzutragen habe, so in ökonomischer oder rechtlicher Metaphorik. Die Frage ist nur, wie sollte der Sünder das können, wenn er nicht von sich aus zum *Nichtsünder* werden kann. Wäre es nur eine äußerliche Schuld, könnte sie von dem *eigentlich* oder *im Grunde* neutralen Subjekt beglichen werden. Wenn sie aber unvertretbar dem Subjekt zu eigen ist, müsste der Sünder *sich selbst* ändern, wollte er sie *los*werden. Und wenn er ganz und gar Sünder wäre, in seinem *Personkern*, wenn also die Sünde die Person derart durchdringt und betrifft, dass sie dadurch *Sünder* geworden ist, würde diese Existenzbestimmung in allen Versuchen, die Sündenschuld zu begleichen, nur perpetuiert. Hier gründen die Probleme der Versöhnung, Rechtfertigung und Erlösung von Schuld und Sünde: Wie könnte man das Seine dazu tun, wenn man durch und durch von der Sünde bestimmt ist und sie stets in Anspruch nimmt, wenn man sich von ihr distanzieren will? Vergebung hat dagegen eine Pointe darin, dass sie Zuspruch eines anderen ist, der den Schuldigen von sich distanziert. In dieser Funktion tritt üblicherweise die *Reue* auf, mit der der Schuldige sich von sich distanzieren möge, wenn er vom Gewissen getrieben und gebissen erkennt, was er getan hat. Das Gesetz als *Spiegel* soll das anzeigen, so wie die Beichtspiegel des Mittelalters. Dann wäre die Selbstdistanzierung das, was der Schuldige von sich aus zu leisten hat, wenn es denn zur *Umkehr* (der Buße) komme. Aber genau diese Logik des Gesetzes ist prekär: Sie mag (bestenfalls?) zur Selbsterkenntnis und dem Entsetzen über das Getane und sich selbst führen. Aber führt sie auch darüber hinaus? Ist das Gesetz vergebungskompetent oder heilspotent? Das sei es nicht, so das protestantische Credo von Luther wie Kierkegaard, mit Paulus. Die leitende Intuition gründet in der Erfahrung, dass das Gesetz allenfalls in die Verzweiflung führt, aber nicht aus ihr heraus. Dazu bedürfe es nicht nur des Anspruchs, sondern des Zuspruchs eines anderen. Ricœurs Antwort in

La mémoire, l'histoire, l'oublie auf die Fragen, *wie wir vergeben können* und *was da geschehen mag*, lautet daher: »délier l'agent de son acte«[13]. Die Pointe dieser Unterscheidung ist aber das, was sie *eröffnet*: Sie schafft den Raum für den zweiten, den entscheidenden Satz, mit dem Vergebung zugesprochen wird: »tu vaux mieux que tes actes«[14]. Nur, woher kommt der Zuspruch ›tu vaux mieux ...‹? Wodurch wird er möglich? Wäre er nur ein Erfahrungssatz, der andere werde sich schon noch bessern, wäre er so schal wie banal. Soll er mehr sagen, ist er ein Sagen, das nicht gedeckt ist, das in abgründiger Weise ungesichert ist, keine Erwartung, die mit einer Erfüllung rechnen könnte. Er begibt sich über die Ordnung des Erwartbaren außerordentlich hinaus.

5. Die Maximalsünde: Akedie

Theologisch von Sünde zu sprechen, bedarf einer entscheidenden grammatischen Differenz: Sünde im Singular und im Plural. *Sünden im Plural* sind recht schlicht zu bestimmen: Tatsünden wie Übertretungen der Gebote – im Wissen darum, möglicherweise sogar gewollt, in aller Freiheit und deren Missbrauch, wofür man verantwortlich ist. *Sünden* spielen daher im Register des Ethos (bzw. der Moral), also der Handlungslogik, in der die Rede von Schuld ihren üblichen Sitz in der Sprache hat.

Eben diese *ethische* Verfasstheit passt für die Sünde im Singular nicht. Denn *Sünde im Singular* ist eine theologische Kategorie für ein gestörtes Gottesverhältnis (nenne man das Unglaube, Verzweiflung oder Akedie). Sünde ist nicht eigentlich eine Tat oder ein Irrtum, daher weder als Fehler des Logos noch des Ethos recht bestimmt. Denn sonst würde auch die Entstörung dieses Verhältnisses zur Sache von Logos oder Ethos (von Wissen oder Wollen) werden, und das wäre eine Unterbestimmung des Glaubens. Wenn Glaube vor allem dem Vertrauen (oder der Liebe) analog ist, muss Sünde Störung oder Mangel oder Verlust des Vertrauens sein – und nicht nur ein *Fehler* im Wissen oder Wollen.

Ein Beispiel kann das verdeutlichen. Zu den sieben sogenannten Todsünden (oder kardinalen Lastern) zählt seit den Anfängen des Mönchtums die Akedie, die (etwas ungenau leider) nicht selten mit der Melancholie (bis zur Depression und zum Burn-out) gleichgesetzt oder moralisierend und trivialisierend mit *tristitia* und *otium*, Traurigkeit, Faulheit und Müßiggang, vermengt wird.[15] Die Pointe

13 Ricœur: La mémoire, l'histoire, l'oubli, S. 637.

14 Ebd., S. 642.

15 Vgl. Evagrius Ponticus: Praktikos 12, SC 171, S. 520–526, schilderte das folgendermaßen (übers. v. G. Bader): »Der Dämon der Acedie, der auch ›Mittagsdämon‹ genannt wird, ist von allen Dämonen der lästigste. Er tritt um die vierte Stunde an den Mönch heran und umzingelt seine Seele bis zur

der Akedie lag aber anders, tiefer und ernster. Sie ist für das Verständnis von Sünde relevant, weil sie weder Wissen noch Wollen, weder Logos noch Ethos ist, sondern basal ein Pathos, eine affektive Befindlichkeit – für die nicht eigentlich ein Missbrauch der Freiheit verantwortlich zu machen ist.

Ungefähr zwischen 10.00 und 14.00 Uhr, um die Mittagszeit also, wenn die Sonne am höchsten steht und stillzustehen scheint, der Rhythmus der Zeit ins Stocken gerät und die Zeit nicht mehr vergehen will, in der Zeit der *kürzesten Schatten*, überfällt den Eremiten in der Wüste der Mittagsdämon. Die umgebende Welt drängt sich schattenlos auf, die Dinge werden bedrängend – und alles wird *unlesbar*, seiner Nuancen und Übergänge beraubt. Akedie als Grundbefindlichkeit ist die Negation des *kédos* (κῆδος), der Sorge und Trauer (um jemanden) in Leid, Not und Elend. Darin besteht ihre gravierende Differenz zur *tristitia* (mit der sie später gleichgesetzt wurde). Akedie ist eine abgründige *Sorglosigkeit aus Sinnlosigkeit*. Sie ist ein Zerfall des Sichsorgens – um sich, um den Nächsten und um Gott. Sie ist noch nicht einmal Trauer um etwas, nicht Leid an etwas, sondern *leeres Leid* bis zur *Leidensunfähigkeit* der Leidlosigkeit in der Stumpfheit und Leidenschaftslosigkeit. *Lebensmüdigkeit* ist eine lebensgefährliche Befindlichkeit. Sie ist nicht nur Erfahrung einer Leere (der Abwesenheit von Sinn), sondern – mehr noch – Zerfall der Erfahrungsfähigkeit. Das könnte man *transzendentaltheoretisch* das Maximalübel nennen.

Wer alles verloren hat und jeden Verlust als eingetreten antizipiert, wer ohne Welt noch lebt und dann nicht mehr leben will, hat keinen Lebensraum mehr, keine Lebenszeit, keinen Lebenswillen. Verlust von Welt und Selbst, von Sinn und Lebenswille – das kann mönchisch gesehen nur am *Gottesverlust* liegen.

Wenn in dieser Leere der Geist erwacht aus seiner weltlosen Versonnenheit – kann er entsetzt sein, wie von Pan überfallen, über die Weltlosigkeit dieses (Nicht-mehr-)Glaubens, über die überirdische Ruhe und Ordnung, in der die Welt nichts

achten Stunde. Zuerst bewirkt er, dass die Sonne aussieht, als bewege sie sich kaum oder gar nicht; fünfzigstündig läßt er den Tag erscheinen. Danach zwingt er ihn, ununterbrochen zu den Fenstern zu schauen, aus der Zelle fortzuspringen, gespannt zur Sonne zu blicken, wie lange es noch bis zur neunten Stunde sei, und bald hierin bald dorthin zu spähen, ob nicht einer der Brüder [...] Zudem flößt er ihm Haß auf den Ort ein, ja auf das Leben selbst, auf seiner Hände Arbeit, und dass die Liebe unter den Brüdern verschwunden sei und keiner da ist, der Trost spendet. Wenn sich jemand findet, der in solchen Tagen den Mönch beleidigt, so fügt der Dämon auch dieses zur Mehrung seines Hasses hinzu. Auch treibt er ihn zur Begierde nach anderen Orten, wo sich leichter finden lasse, was dem Bedarf dient, wo er eine Arbeit verrichten könne, die viel leichter und gedeihlich sei; er fügt hinzu, es sei nicht Sache des Ortes, dem Herrn wohlzugefallen, überall – sagt er – lasse sich das Göttliche anbeten. Daran knüpft er die Erinnerung an die Anverwandten und die frühere Lebensweise und stellt ihm vor, dass das Leben noch lange gehen könne, wobei er die Mühen der Askese vor Augen malt. Und er setzt, wie man sagt, alle Hebel in Bewegung, damit der Mönch die Zelle verläßt und vom Kampfplatz flieht. Diesem Dämon folgt sogleich kein anderer nach; eine Art Friedenszustand und unaussprechliche Freude überkommt die Seele nach dem Kampf.« (Bader: Melancholie und Metapher, S. 9 f.).

mehr bedeutet? Als die Erde noch wüst und leer war, war noch keine Schöpfung. In dieser gottlosen Lage entdeckt sich der Akediker in der Mittagshitze.

Wenn die größte aller Todsünden *so* ist: einen überfällt, ohne es zu wollen, wird fraglich, ob und wie Sünde in diesem Sinn noch als *Schuld* zuzurechnen wäre. Ist sie doch weder gewusst noch gewollt, nicht Tat oder Irrtum. Kann ich verantwortlich gemacht werden für den Verlust an Vertrauen oder die Störung eines Verhältnisses – wenn diese Störung weder gewusst noch gewollte Tat ist? Niemand würde einen Kranken als *der Depression schuldig* befinden, im Gegenteil. Und wenn Sünde im Singular sich *so* zeigt, ist sie abgründig anders, als das moralische Vorverständnis meinen könnte.

6. Zwischenstand: zur Rede von Schuld im Unterschied zur Sünde

Ist ›Schuld‹ eine protestantische Erfindung? Das war eine der Fragen, auf die (dem Anspruch des Herausgebers folgend) Antwort zu geben gesucht wird. Eine *protestantische* Erfindung scheint sie weder problem- noch begriffsgeschichtlich zu sein. Schuld ist manifest präsent in der Logik des Gesetzes, wie es die deuteronomistische Theologie des Alten Testaments kennt, analog auch die priesterschriftliche Theologie des Tempelkults und erst recht die scharfe Kritik seitens der frühen Prophetie. Die torakritische Verschärfung des Sündenbegriffs bei Paulus (Röm 7) und ihre Entfaltung in der Mönchstheologie ist sicherlich auch *vorprotestantisch*. Es bliebe daher die *Moralisierung* der Schuld als Restbestand, der auf den Protestantismus zurückgehen könnte, wäre da nicht bereits die mittelalterliche Verkürzung der Akedie auf *tristitia* und *otium*.

Aber woher kommt dann diese Vorstellung, hier habe kulturgeschichtlich der Protestantismus Maßgebendes beigetragen? Vermutlich aus der protestantischen, wenn nicht puritanischen Vertiefung, Verinnerlichung und vielleicht sogar Verewigung des *Schuldbewusstseins* (oder -gefühls) im Gewissen. Damit würde allerdings der Protestantismus zum Inbegriff des *unglücklichen Bewusstseins.* Dabei sollte die Pointe der lutherischen Sündenlehre anders liegen: Dass Sünde nicht *aus eigener Kraft und Vernunft* zu überwinden ist, argumentiert gegen jede Überschätzung und Überforderung des Menschen. Denn sonst droht die *Krankheit zum Tode* namens Verzweiflung, zumal wenn gefordert würde, *du kannst, denn du sollst* sie überwinden, und man einsehen muss, dass das nicht zu leisten ist, ohne fortzuführen, wovon man loszukommen sucht. Dieser Pointe eingedenk droht in der Wirkungsgeschichte des Protestantismus der *Ausweg aus dem Fliegenglas* des Schuldbewusstseins vergessen zu werden: Die ganze Vertiefung der Sündenlehre ist Folge und retrospektive Explikation des evangelischen Freiheitsbewusstseins (mehr noch des entsprechenden Gefühls). *Freier Herr aller Dinge und niemandem Untertan zu sein*, ist *Kern und Stern* der Rechtfertigungslehre. Daher auch *dienstbarer Knecht und jedermann Untertan zu sein*, ist als ethische Folge *nicht* moralisch oder gesetzlich zu verkürzen, sondern Luther zufolge die schlicht *indikativische* Konsequenz, zugunsten anderer zu leben und zu handeln und darin im Grunde das Gesetz zu erfüllen, wenn nicht sogar im besten Sinne zu überschreiten.

Der so verstandene Glaube ist gerade nicht gequältes, unglückliches Bewusstsein, sondern ein Aufatmen von religionsgeschichtlicher Weite, eine (nicht ungefährliche) Horizonterweiterung, um nicht zu sagen der Übergang in ein *Jenseits von Gut und Böse* (als Jenseits gequälter Moralisierung des Gottesverhältnisses). Sünde ist diesseits von Gut und Böse und daher eine eigentlich amoralische oder prämoralische Kategorie, wie der Glaube auch, dieser jedoch eine jenseits von Gut und Böse. Dass dann das Problem auftritt, wie beide auf das Ethos zu beziehen sind, ist klar. Aber davon müssen sie erst einmal unterschieden werden, denn »Unterschiedenes ist [...] gut«[16].

Offenbar sind für die Rede von Schuld Voraussetzungen genauer namhaft zu machen:

1. Schuldig kann nur der *Mensch* sein, sofern er verantwortlich ist für seine relativfreien[17] Handlungen und seine Willensbestimmung. Wäre der Wille schlechthin unfrei (absoluter Determinismus), wäre der Mensch ebenso wenig verantwortlich wie eine Pflanze, die wächst, wie sie wächst, oder ein Tier, das frisst, wie es frisst.

Gott hingegen gilt als schuldunfähig *per definitionem*: Gott kann nicht sündigen.[18] Die klassische Analogie dazu ist der absolutistische Fürst, der sein Recht nicht übertreten kann, weil er in der Übertretung neues Recht setzt. Gott – so muss man schließen – ist *immer in Ordnung*. Ob es jedoch so einfach ist, wäre zu prüfen. Wenn Gott eine Sintflut über seine Welt kommen ließ, wenn gar am Ende die *annihilatio mundi* drohen sollte – wäre das nicht ein Selbstwiderspruch gegen sein Schöpfersein und seine Treue zum Geschöpf?

2. Schuldig werden kann man nur unter Voraussetzung einer *Ordnung*, gegen die man schuldhaft verstößt. Üblicherweise ist diese Ordnung natürliches oder positives Recht, theologisch ist es Gottes Recht, philosophisch vor allem die Ordnung der Vernunft. Schuld ist somit ordnungsrelativ – was einige Probleme nach sich zieht: Denn Ordnungen gibt es viele und ihre Geschichtlichkeit macht es nicht einfacher. Ungeschriebene Ordnungen wie die Sittlichkeit und die historische Pluralität und Plastizität der Ordnungen führen in Ordnungskonflikte. Was in

16 Hölderlin: Sämtliche Werke, S. 92.

17 Die problematische Voraussetzung menschlicher Willensfreiheit wäre eigens zu erörtern.

18 Vgl. zur näheren Begründung Dalferth: Gott, S. 128 ff.

der einen Ordnung *in Ordnung ist*, ist in der anderen ein Verstoß. Interkulturelle Konflikte manifestieren das permanent.

Kant meinte zum Weltbegriff: Welt sei ein Horizont von Horizonten, also die regulative Synthesis aller verschiedenen Horizonte. Gibt es entsprechend eine *Ordnung von Ordnungen*, eine allumfassende Metaordnung, in der und von der her alle Konflikte zu entscheiden sind? Prätendiert wird das ebenso philosophisch (Vernunft) wie theologisch (Gott). Aber aufgrund der unhintergehbaren Perspektivität und Geschichtlichkeit dieser Ordnungsentwürfe bleibt das prätentiös – und allenfalls ein Ansinnen zur Orientierung, nicht aber eine universale Obligation oder gar eine metaphysisch zu erhärtende Behauptung.

3. Schuldig ist jemand aufgrund einer Tat (gewollt oder gegebenenfalls ungewollt), mit der eine Ordnung verletzt wird. Schuld kann damit an drei Stellen auftreten: als Bestimmung der Tat (schuldhaft), des Täters (Schuldiger) und der Tatfolge (Schuld als Folge der Tat).

Unbedacht bliebe damit, dass möglicherweise auch eine ganze Ordnung *nicht in Ordnung* sein kann. Anders gefragt: Kann man schuldig werden, auch wenn man sich an *die Ordnung* hält? Die Frage ist schon geklärt: Selbstredend ist das möglich. Denn sich an *eine* Ordnung zu halten, wird im Lichte anderer Ordnungen oder späterer nur selten als Gewähr für Schuldlosigkeit gelten. Das ist jedoch keine Lizenz zum Relativismus. Denn die Ordnungen, die *jetzt* gelten, sind *jetzt* auch einzuhalten[19] – es sei denn, man kommt in Gewissenskonflikte.

4. Es ist daher zu unterscheiden: Schuld *in* der Ordnung – und Schuld *der* Ordnung. Die Intuition, wer sich an die Gebote halte, sei *in Ordnung* und werde nicht schuldig, ist zerbrochen, zu Recht. Der Konflikt manifestierte sich im Luthertum mit seiner Zwei-Reiche-Lehre. Denn Bonhoeffers Entscheidung zum Tyrannenmord war eine Überschreitung der alten Regel, man sei der Obrigkeit Untertan (da diese Ordnung von Gott gesetzt sei).

Da es Schuld *der* Ordnung geben kann, wurde in der Theologie des 20. Jahrhunderts vom *strukturellen Bösen* oder *malum* gesprochen, von schuldhaften, ungerechten Ordnungen (ausgehend vom Nationalsozialismus, später auch von der Weltwirtschaftsordnung oder dem Kolonialismus).

Das Problem dahinter ist gravierend und – soweit ich sehe – juristisch, ethisch und theologisch kaum befriedigend gelöst. Wenn die Wirklichkeiten, in denen wir leben, zunehmend von *Strukturen* des (einst so genannten) objektiven Geistes geordnet und bestimmt werden, sind es immer öfter immer *weniger* Täter (im Sinne natürlicher Personen), die Verantwortung tragen und gegebenenfalls schul-

19 Juristisch wäre indes an die Radbruch'sche Formel und die durch sie eröffnete Reserve zu erinnern.

dig werden, wenn sie fehlgehen. Wissenssoziologisch gesagt leben wir in Strukturlogiken, die nicht zureichend handlungslogisch zu analysieren sind. Die regelmäßig wiederkehrenden Klagen über den *Mangel an Verantwortung* sind daher vor allem ein Symptom dafür, dass die Suche nach einem verantwortlichen Täter ins Leere läuft. Ähnlich ist die Problemdiagnose eines Verfalls von Verantwortung bzw. von deren institutioneller Dissemination so plausibel wie lediglich die Oberfläche einer Umbesetzung der Handlungslogik durch Strukturlogiken. Das führt in eine Krise der Rede von Schuld, die sich sukzessive disseminiert (wenn nicht naturalisiert), sofern Strukturen verantwortlich zu machen, zur Zerstreuung der Verantwortung führt.

Eine Ausweitung und Entpersonalisierung als *Schuld einer Struktur* ist nicht unproblematisch. Denn damit wird Schuld vom Schuldigen gelöst und *verobjektiviert* (und metaphorisch von der Schuld im Blick auf Strukturen gesprochen). Es gäbe dann nicht nur objektiven Geist, sondern auch Ungeist, wenn nicht Gespenster. Denn objektivierte, eigendynamische Größen als *schuldig* oder *schuldhaft* anzusprechen, mit der Folge, dass infiziert, mitschuldig wird, wer an diesen Strukturen partizipiert, kann zu neuem Geisterglauben führen: als gäbe es *dämonische Mächte*, von denen man besessen sein könne (oder man könne diese Besessenheit gar nicht vermeiden, wenn man an der Weltwirtschaft partizipiere). Psychologen könnten hier schnell Projektion und Abspaltung der *eigenen* Verantwortung vermuten. Daher muss man mit dem Übergang von der *persönlichen* zur *strukturellen* Schuld vorsichtig umgehen. Denn es ist eine Übertragung (metaphorisch, aber keineswegs nur *uneigentliche* Rede).

Wenn Gesetze der Korrektur und Erweiterung fähig und bedürftig sein können, ist damit die Voraussetzung gemacht, sie seien fallibel. Nicht nur Konzilien, auch *Gesetze* können irren, weil ihre Geber fehlbar sind oder die Zeiten sich ändern. Die Geschichtlichkeit von Ordnungen bedingt, dass sie veralten können und dann möglicherweise nicht mehr ihrer Funktion dienen (Recht und Ordnung zu umschreiben – um Schuld identifizierbar zu machen). Eine Rechtsordnung, in der es nicht verboten wird, Kinder zu schlagen, gilt heute als unzulänglich; aber gilt sie dann (wie weitgehend?) als *schuldig*? Nicht das Recht selbst würde man *schuldig* nennen, aber die jeweilige Ordnung unterbestimmt und daher mitschuldig daran, solche Schuld nicht zu benennen und zu verbieten. Wenn eine Ordnung stets Ausdruck eines Rechtsbewusstseins[20] wäre (wie eines mangelnden Schuldbewusstseins etwa in diesem Punkt) und wenn diese Ordnung daher die Perpe-

20 Gustav Radbruch meinte: »Heute ist von der Lehre von den affectiones scripturae […] kaum noch ein Stein auf dem anderen, sie ist überflüssig geworden, seit nicht mehr die Schrift allein, sondern neben ihr auch das religiöse Bewußtsein als Offenbarungsquelle anerkannt wird. Und so besteht begründete Hoffnung, daß analog die Jurisprudenz bald neben dem Gesetz das Rechtsbewußtsein als Rechtsquelle anerkennen und so des Dogmas von der Vollkommenheit des Gesetzes wird entraten können.« Radbruch: Rechtsphilosophie I, S. 419f.

tuierung von schuldhaften Verhaltensweisen erlaubt (wenn nicht befördert), ist offenbar (*ex post* gesehen) mit dieser Ordnung etwas nicht in Ordnung.

Die Verdopplung des Ordnungsbegriffs zeigt einen Unterscheidungsbedarf an: zwischen faktischer wie symbolischer und imaginärer Ordnung. So zu unterscheiden wird nötig, wenn man die faktisch geltende Ordnung von einer *kommenden*, besseren unterscheiden will. So heikel das ist (zumal wenn man Recht nur als funktionales Steuerungssystem der Politik verstünde), muss man doch unterscheiden können, wenn man auch die Rechtsordnung für *schuldfähig* hält und ihr Verantwortung und ein Minimum an *freiem Willen* zuschreiben will. Wer das vermeidet, würde das System für nie und nimmer schuldfähig halten. Aber das wäre eine prinzipielle Exkulpation, die einen Infallibilitätsanspruch zur Folge hätte. Für ein demokratisches Rechtssystem wäre das abwegig. Daher ist bereits die biblische Tradition eine fortgesetzte *Rechtsrevision*: vom Sinai über Hiob bis zu den Propheten, wie es sich im Neuen Testament verschärft.

7. Ist Schuld sichtbar und darstellbar?

Die Voraussetzungen von Schuld zu klären, macht deutlich, dass Schuld nicht *an und für sich* Schuld ist. Im hiesigen Zusammenhang ist die spannende Frage phänomenologisch wie hermeneutisch kompliziert:

Ist Schuld *sichtbar*? Das müsste sie sein, zumindest sein *können*, wenn sie denn im Bild darstellbar sei und darin für Betrachter sichtbar werden können sollte. Schuld *zeigt* sich und kann *gezeigt werden*, das wäre die Voraussetzung der *Phänomenalität* von Schuld.

Die Gegenthese wäre die der *Noumenalität* von Schuld: Schuld sei per se *unsichtbar*. Denn Schuld sei ein Zurechnungsurteil und als solches intelligibel, aber nicht die Beschreibung eines sichtbaren Phänomens. Ergo ist die Frage: Ist Schuld sichtbar oder unsichtbar?

Die Frage nach der Sichtbarkeit von Schuld ist nicht ungefährlich. Führt sie doch in die Tradition der vergeblichen Versuche, vor Gericht den Schuldigen als Schuldigen nicht nur zu beurteilen, sondern den Entscheidungsgrund mit Sichtbarkeiten zu belegen bzw. zu begründen. Und das, so ein prekäres Ideal, möglichst noch, bevor es zu Straftaten kommt. Dazu wurden und werden technische Mittel bemüht, vom Lügendetektor bis zum Hirnscan, von der Physiognomik bis zur Schädelvermessung. Und es gehört zu den Gemeinplätzen, dass man dem Schuldigen seine Schuld eben *nicht ansieht*, weder vom Augenschein noch mit den technisch tiefsten Einblicken in sein Hirn. Sind doch alle Versuche, Straftäter durch Gesichts- oder Hirnvermessung zu identifizieren, vergeblich. Auch wenn eine verlockende Vision aller Neurowissenschaftler sein dürfte, am Flughafen nicht mit Nackt-, sondern mit Hirnscannern entschlossene Attentäter zu identifizieren. Aber auch dann bliebe das Urteil über die *Ent*schlossenheit nur *er*schlossen.

Es mag dereinst Verfahren geben, die im Hirnscan sichtbar machen, ob jemand lügt. Dann wäre der, der seine Schuld leugnet, visibel identifizierbar. Aber was genau würde man *bestenfalls* sehen können? Dass sich jemand für schuldig *hält*, also eine neuronale Aktivität, die Schuld*gefühle* oder Schuld*bewusstsein* anzeigen mag (wenn denn die Interpretation der *Syntax* von Neuronenaktivität in bestimmten Bereichen eine *Semantik* von *Schuld* erlauben würde). Damit würde nicht infallibel das Vorliegen von Schuld sichtbar, sondern lediglich eine Hirnaktivität, die auftritt, wenn sich jemand für schuldig hält oder *ertappt* fühlt – auch wenn er gar nicht schuldig *ist*. Folglich lässt sich das Urteil *schuldig prinzipiell* nicht an Apparate delegieren, auch nicht an die neurowissenschaftlichen Interpreten der entsprechenden bildgebenden Verfahren.

Analoges ist der lebensweltlichen Erfahrung völlig selbstverständlich. Denn ähnlich steht es mit dem Eindruck, den man angesichts einer schlecht überspielten Lüge eines anderen haben kann: Man meint, ihm seine *Schuld anzusehen*, woran auch immer. Da sind Verhörspezialisten und Psychologen, Richter und vielleicht Seelsorger aufgrund ihrer Gesprächserfahrung möglicherweise kompetent, an einem Stirnrunzeln oder dem Erröten etwas zu *sehen*, also das Vorliegen von Lüge visibel identifizieren zu können. Aber was sieht man, wenn man jemanden *schamvoll erröten* sieht? Wiederum allenfalls, dass er sich schuldig *fühlt*.

Charles Darwin notierte in seiner Studie *The Expression of Emotion in Man and Animals* phänomenologisch präzise über das Erröten: »BLUSHING is the most peculiar and the most human of all expressions. Monkeys redden from passion, but it would require an overwhelming amount of evidence to make us believe that any animal could blush. The reddening of the face from a blush is due to the relaxation of the muscular coats of the small arteries, by which the capillaries become filled with blood; and this depends on the proper vaso-motor centre being affected. No doubt if there be at the same time much mental agitation, the general circulation will be affected; but it is not due to the action of the heart that the network of minute vessels covering the face becomes under a sense of shame gorged with blood. We can cause laughing by tickling the skin, weeping or frowning by a blow, trembling from the fear of pain, and so forth; but we cannot cause a blush [...] by any physical means – that is by any action on the body. It is the mind which must be affected.«[21]

Im genuin menschlichen Gefühlsausdruck des Errötens *zeigt* sich eine Affektion. Aber der leibliche Ausdruck einer (nicht nur *mentalen*) Affektion erlaubt allenfalls einen Zweifel an der Aufrichtigkeit der gleichzeitigen Äußerung, nicht

21 Darwin: Expression of Emotion in Man and Animals, S. 148. Es folgt: »Blushing is not only involuntary; but the wish to restrain it, by leading to self-attention actually increases the tendency.«

aber den Schluss auf *der Lüge schuldig*. Dieser (möglicherweise ja plausible) Rückschluss bleibt ein Schluss, ein Urteil also, für das der Urteilende selbst die Verantwortung übernehmen muss.

Das Problem der Sichtbarkeit verschärft sich noch, sofern auch die basale Voraussetzung von Schuld konstitutiv unsichtbar ist: die *Willensfreiheit*. Deren *Gebrauch* zeigt sich zwar, aber ihre *phänomenalen* Konsequenzen, so oder so entscheiden zu können, sind immer ambig, weil Freiheits*gebrauch* stets durch vieles bedingt ist. Die transzendentaltheoretische Prämisse der relativen Willensfreiheit indes oder die entsprechende juristische Voraussetzung sind, was sie als Voraussetzungen sind: nicht *Beschreibungen* von Phänomenen, sondern *Zuschreibungen* an Personen.

Wenn man aus der Unsichtbarkeit der Freiheit (wie im Falle der Seele) auf ihre Nichtexistenz schlösse, wäre das ein klassischer Fehlschluss. Es gilt eben *nicht*, was im Zeitalter der bildgebenden Verfahren, der AV-Medien, des Web und der Televisionen zur Denkgewohnheit geworden ist: *Ich bin sichtbar, also bin ich* (oder in nachmodernem Cartesianismus: *Ich bin im Fernsehen, also bin ich*), oder umgekehrt: *Wer nicht sichtbar ist, ist nicht*. Es gilt auch *nicht*, was ist, muss sichtbar sein, sonst ist es nicht. Auch wenn Sichtbarkeit zum *Grundwert* wissenschaftlicher Tätigkeit gemacht zu werden im Begriff ist, wird diese *idée fixe* damit nicht richtiger. Weil Willensfreiheit kein visibles Phänomen ist, den bildgebenden Verfahren daher prinzipiell unzugänglich bleibt, beruht ihre Bestreitung auf einem nicht gültigen Schluss *ex invisibilitate* (so, wie historische Schlüsse *ex silentio* ungültig sind). Die Absurdität solch eines Schlusses zeigt sich auch in ihrer (zum Glück abwegigen) Konsequenz: Das Rechtssystem wäre überflüssig, Zurechnungen wären nicht mehr möglich und Urteile unerheblich. Zwar kann man nicht aus den Konsequenzen auf die Ungültigkeit ihrer Voraussetzungen schließen, aber in diesem Fall ist die Geltung als *reductio ad absurdum* wohl plausibel.

Der Ausdruck *Schuld* ist – wie *Freiheit* oder *Seele* – sprachgeschichtlich gesehen eine *Erfindung* zur Benennung von etwas *Unsichtbarem*. Daran ändert auch kein fazialer Ausdruck oder kein neuronales Anzeichen von Schuldbewusstsein oder -gefühl etwas. Mit dem Ausdruck *Schuld* wird kein *Gegenstand* oder keine Handlung als solche benannt. Schuld wird nie in *erfüllter Anschauung* gegeben sein, auch wenn wir unendlich viele Beispiele vor Augen und im Sinn haben.

Daher ist zu präzisieren: Die Handlungen bzw. ihre Konsequenzen, die jemandem zugerechnet werden und derentwegen er schuldig gesprochen wird, sind durchaus und *in der Tat* sichtbar. Insofern sind schuldhafte Taten ebenso sichtbar wie im Bild darstellbar. Sie einem Täter handlungslogisch *zuzurechnen*, ist allerdings bereits ein Schluss, der im Falle des Augenzeugen oder einer audiovisuellen Aufzeichnung zufolge den Verursacher vor Augen hat und dessen Verursachung bezeugen bzw. beweisen kann. Insofern sind auch Handlungssequenzen (im Film) oder Szenen (im *Standbild*) darstellbar, in denen das Schuldig*werden* sichtbar wird. Das ist in einer Sequenz mehrerer Szenen im Bild bzw. in Bildern oder in einem Film leichter. Denn das Urteil bezieht sich stets auf einen zurechenbaren Handlungszusammenhang, der als Zusammenhang (meist) nicht in *einem* Bild darstellbar ist. Das wird erst möglich, wenn eine bekannte Geschichte vorausgesetzt oder ein erwartbarer *plot* unterstellt wird, in den das Einzelbild eingebettet werden kann. Die klassische Szene dafür ist der paradiesische Griff zum Apfel. Die aporetische Szene dafür ist Abrahams Opferung Isaaks, wenn das Messer hoch erhoben über dem gefesselten Isaak schwebt. Die abgründige Umkehrung dessen ist die Szene des *Ecce homo*, in der der Unschuldige in der Rolle des Schuldigen, Verurteilten und Verspotteten präsentiert wird. Insofern ist die jüdische wie die christliche Religionsgeschichte auch Ausdruck der Arbeit wider den Augenschein: Der Schuldige erscheint nicht als solcher und der Unschuldige wird zu Unrecht für schuldig gehalten. *Traue Deinen Augen nicht!*, wäre die schuldhermeneutische Moral von der Geschicht', von Adam bis Christus und darüber hinaus.

Daher ist es ratsam, davon auszugehen: *Schuld ist unsichtbar*, auch wenn bestimmte schuldhafte Handlungen (wie ein Mord oder eine Lüge) vor Augen stehen. Aber Schuld ist als solche nie sichtbar – sowenig man sie jemandem ansehen kann. Eine Probe aufs Exempel ist, Bilder zu identifizieren, die *Schuld zeigen* oder das zumindest insinuieren oder diesen Schluss zuspielen. Ähnlich wie *Vergebung* in keinem (Stand-)Bild zu zeigen ist, scheint das in der Regel auch für Schuld zu gelten – weil nur der Kontext einer Ordnung eine Tat als Vergehen dagegen identifizierbar werden lässt.

8. Zum Beispiel: Caravaggio

Im Gemälde *David mit dem Kopf des Goliath* aus der Villa Borghese in Rom gilt das Gesicht Goliaths als Selbstporträt Caravaggios. Was könnte das bedeuten? Wird hier Schuld oder Unschuld sichtbar? Goliath wurde der biblischen Erzählung zufolge schuldig durch seine Verhöhnung Israels und daher (vermeintlich) zu Recht getötet (im Namen Gottes). Soll dann das Bild bedeuten, dass der gestürzte Malergigant sich als Goliath zeigt, als schuldiges Opfer, als zu Recht gestürzt und getötet? Dann wäre das Bild ein gemaltes Schuldbekenntnis Caravaggios. Aber ist es so einfach? Oder ist es eine (anklagende?) Exposition der grausamen Enthauptung eines Giganten? Ein Selbstzeugnis dessen, der sich als Fremder verkannt und martialisch enthauptet sieht?

Angenommen, Caravaggio zeigt sich hier tatsächlich als gestürzter und enthaupteter Goliath, dann stellt sich die Frage: Gestürzt und enthauptet durch wen? Durch den so unschuldig wie martialisch erscheinenden David. Soll das ein Hinweis sein auf die für Caravaggio prekären Folgen einer Knabengeschichte mit

3: Caravaggio: David mit dem Haupt des Goliath (ca. 1605, Wien).

seinem Modell für David? Und sollte das zudem ein Hinweis sein auf David als Repräsentanten eines *Volkes Gottes*, Israel wie die Kirche? Das Bild als Bild jedenfalls zeigt keineswegs semantisch eindeutig, wer hier schuldig und unschuldig ist. Es bleibt irritierend ambivalent – wie es anspruchsvollen Bildern in ihrer semantischen Dichte zu eigen ist und allenfalls in der Interpretation expliziert und nicht selten problematisch vereindeutigt wird.

Sybille Ebert-Schifferer sprach hier von einer »schockierenden Selbsterniedrigung« Caravaggios. Er »wollte, so wird vermutet, mit seiner Darstellung als ›sterbender Besiegter‹ den Kardinal Scipione Borghese bewegen, sich bei dessen Onkel, dem Papst Paul V., für seine Begnadigung einzusetzen.«[22] Wenn und falls damit ein Begnadigungsappell zum Ausdruck käme – wie könnte ein *Feind Israels*, des Volkes Gottes Gnade finden? Warum sollte Goliath begnadigt werden? Vielleicht dann, wenn dieser Fremde *zu Unrecht* getötet worden wäre, aus Berechnung, um des (ebenso zu Unrecht?) versprochenen Lohnes willen? Dann wäre Goliath ein

22 http://de.wikipedia.org/wiki/Michelangelo_Merisi_da_Caravaggio (letzter Zugriff: 13. 10. 2014).

4: Caravaggio: David mit dem Haupt des Goliath (ca. 1610, Rom).

unschuldiges Opfer, das aus Berechnung und Bestechung zum *homo sacer* erklärt worden wäre.

Bedenkt man, warum Caravaggio fliehen musste, könnte die Pointe noch deutlicher werden: Er sah sich womöglich als unschuldiges Opfer eines Justizirrtums oder zumindest als zu Unrecht angeklagt. Historisch gilt zumeist seine Verstrickung in einen (im einzelnen ungeklärten) Totschlag als Grund für seine Flucht aus Rom 1606. Am 28. Mai 1606, dem Jahrestag der Wahl von Paul V., war er gemeinsam mit Onorio Longhi in eine Schlägerei verstrickt, bei der Ranuccio Tomassoni tödlich verletzt wurde – mit einem Schwert. Sollte man dann erwarten, der Schuldige sei der Führer des Schwertes und sein Opfer der Unschuldige? Und wenn sich Caravaggio als Opfer des Schwerthiebs darstellt, stellt er sich dann als das ›eigentliche‹ Opfer dar? Zum Täter erklärt, obwohl er unschuldig ist, aber (zu Unrecht?) als schuldig gilt. Dann wäre die Pointe: Er, Caravaggio, sei nur das unschuldige Opfer, während doch ein anderer getötet habe mit dem Schwert, nicht er selbst. Dann wäre er das zweite Opfer dieses Schwerthiebs, nicht aber der, der das Schwert geführt habe.[23]

Soll das heißen, dass Caravaggio mit einer solch komplizierten Selbstdarstellung Paul V. zu einer Begnadigung bewegen wollte? Weckt das Bild Mitleid mit Goliath? Oder ist es eine Kritik an der Logik der Gewalt: der Opferlogik, wie Girard gesagt hätte? Klar ist all das jedenfalls keineswegs. Caravaggios römische Version von David und Goliath ist nicht die Darstellung von Schuld oder Unschuld, sondern *wird* allenfalls dazu durch eine zugrunde gelegte Geschichte, in deren *Licht* das Bild so oder so gesehen und gedeutet wird. *Was sich zeigt*, hängt von der Art zu sehen ab, von der Imprägnierung der Wahrnehmung durch die Geschichten, in die wir verstrickt sind und die die Unterstellungen, Zuschreibungen und Deutungen bestimmen, mit denen wir etwas als etwas sehen.

Das Erwartungswidrige und Kontraintuitive der Selbstdarstellung Caravaggios als Goliath (wenn dem so wäre) ist, dass die übliche Identifikationsfigur *David* sein dürfte (der von Donatello oder Michelangelo entsprechend heroisiert wurde). Goliath repräsentierte die Bedrohung Israels durch *die Ungläubigen.* Und im Sieg über ihn zeigte sich Jahwes Beistand in der Bedrängung durch die militärische Übermacht, der in der entsprechenden Narration bezeugt wurde. – Heute, kulturtheoretisch weitergeführt, könnte dann Goliath als das Opfer der Gewalt (der Landnahme *des* Landes der *anderen*) gesehen werden, also als Figur derjenigen Gewalt, auf der jede Kultur aufbaut, auch die religiöse Kultur Israels. Nicht eine *Moral von der Geschicht'*, aber doch einen kulturtheoretischen Topos kann man dann hier inszeniert finden: Kultur als System symbolischer Ordnung ruht auf der Exklusion des Außerordentlichen (als vermeintlich Un- oder Widerordentlichem). Das oder der Exkludierte erscheint dann als schuldloses Opfer der (*ex post* legitimierten) Gewalt. Kultur ist nie schuldlos, wäre die selbstkritische Moral. – Kann man diese Einsicht bereits in der Geschichte Israels eingestanden und bezeugt sehen?

23 Am Rande notiert: Als eigentlich Schuldiger gilt historisch gesehen der *polizeibekannte Randalierer* und *Doktor beider Rechte*, der Dichter und Architekt Onorio Longhi. So Ebert-Schifferer: Caravaggio, S. 17; vgl. Röttgen: Caravaggio, S. 16f.

9. Schuld zwischen Erschließung, Zuschreibung und Darstellung

Schuld – wie Unschuld[24] – ist und bleibt notorisch unsichtbar, war die bild- und schuldhermeneutische Vermutung. Das hat Folgen für das Sprechen über und das Denken von Schuld:

1. Schuld ist stets *erschlossen* und wird formuliert in Gestalt eines (synthetischen) Urteils über eine Tat. Damit ist Schuld ein Phänomen, das nicht eigentlich ein Phänomen zu nennen ist, da es nicht an und für sich erscheint. Sie ist eine Setzung, die unter bestimmten Voraussetzungen steht: (a) der Willensfreiheit (möglichst mit den fragilen Voraussetzungen von *Gewissen* und *Verantwortungsbewusstsein*), (b) einer Ordnung, etwa bestimmter Gesetze, (c) unter denen der Willensfreie steht und (d) deren Verletzung ihm situationsabhängig auch als (mehr oder weniger) gewollt *zugerechnet* werden kann und zuletzt (e) *als Schuld* in einem synthetischen Urteil *a posteriori*.

Dieses ›*Als*‹ der Synthesis im Urteil ist das Problem (ähnlich dem hermeneutischen, semiotischen oder piktoralen Als). Denn wird etwas als etwas bestimmt, ist das nicht nur fallibel, sondern – im Sinne Nietzsches gesagt – ein Gleichsetzen des Ungleichen: Ein empirisch gegebener Sachverhalt wird (epistemisch präpariert, bis er Aktenform annimmt) mit einer nichtempirischen, reflexiven Bestimmung als etwas identifiziert, etwa als Mord. Die Konstruktion solch eines Identitätsurteils verfährt nach dem Muster: Dieses ist in Wirklichkeit jenes, oder: Das bedeutet jenes. Damit ist Schuld eine noumenale Bestimmung einer wahrnehmbaren und erfahrbaren Handlung. Denn nicht *Schuld* wird erfahren, sondern eine Handlung (oder Unterlassung) wird *als schuldhaft* bestimmt.

Die heikle Frage ist, wie man diese Prädikation einer Handlung *als schuldhaft* oder eines Täters *als schuldig* verstehen soll. Hier konfligieren zwei Perspektiven: eine *intuitive* und eine *diskursive*. Ist diese Synthesis (*als schuldhaft* oder *als gerecht*) *präprädikativ*, ein Urteil, das schon in der Wahrnehmung *stattfindet*, etwa so, wie wir unmittelbar erkennen, wenn jemand wütend ist, im Moment der

24 Das wäre allerdings in Gegenproben zur Sichtbarkeit und Sichtbarmachung von Unschuld zu prüfen. Denn die (eigens zu erörternde) Vermutung wäre, dass Unschuld eher sichtbar werden kann als Schuld, auch wenn das durchaus widersinnig erscheint angesichts der Unsichtbarkeit von Schuld. Warum sollte es mit Unschuld anders stehen? Es gibt mancherlei bekannte *Urszenen der Schuld:* Adam und Eva im wie nach dem Sündenfall oder Kain nach dem Brudermord, Judas in der Reue des Verrats, Petrus nach der Verleugnung Jesu in Klage und Selbstanklage. Aber es gibt vermutlich noch viel mehr klassische Figuren und Szenen der Unschuld, etwa die tragischen Helden (die unschuldig schuldig geworden sind), Christus im *Ecce homo* oder Maria und vor allem das kleine Jesuskind und mit ihm alle *per definitionem* unschuldigen Kinder (zumal als Opfer von Herodes' Kindermord). Es gibt ganze Bilderwelten der Inszenierung von Unschuld, bis in die Bildpolitik von Hilfswerken, die verhungernde Kinder als Emblem des unschuldigen Leidens nutzen. Wer käme auch nur im Entferntesten auf die Idee, die Unschuld der so Leidenden zu hinterfragen? Und da Unschuldige nicht leiden dürfen, besteht die ikonische Energie solcher Bilder darin, zum Spenden zu bewegen.

Wahrnehmung des Wutausbruchs? Das zugleich Einleuchtende und doch Problematische daran manifestiert sich in der Grundfrage, ob Wahrnehmung bereits dergestalt *urteilend* sein kann. Geht man mit der Interpretationsphilosophie (etwa G. Abels und H. Lenks) davon aus, dass jede Wahrnehmung bereits interpretativ ist, könnte sie als dergestalt urteilend und urteilsfähig gelten. Wahrnehmung ist urteilskompetent, wäre die maximale These. Nur ist sie so kompetent, zwischen Schuld und Unschuld zu unterscheiden und darüber zu *ent*scheiden? Genau das mag der unwillkürliche Eindruck angesichts einer Enthauptung ebenso wie angesichts des finsteren Antlitzes Goliaths nahelegen. Aber Caravaggios Szene lässt einen zweifeln, denn das Auge geht hin und her und findet keine Ruhe in einem Urteil, in dem sich die gesehenen Verhältnisse klären würden (so jedenfalls *mein* Eindruck).

Sich in Fragen des Schuldspruchs auf die Wahrnehmung allein zu verlassen, ist trügerisch. Daher ist ein solches Urteil üblicherweise die Konsequenz eines *diskursiven* Prozesses, sei es in der ethischen oder der juristischen Urteilsfindung. Dass dabei nicht nur die bestimmende, sondern auch die reflektierende Urteilskraft im Spiel ist, macht es nicht einfacher. Denn dadurch schleicht sich in die vermeintliche *Applikation* einer Regel auf den Einzelfall die Dimension der Rechts*er*findung ein, über die Rechtsfindung hinaus. Jedenfalls ist die *diskursive* Urteilsfindung später und langsamer als die intuitive, meist auch methodisch kontrolliert (vor Gericht wie in der Wissenschaft). Was man intuitiv für schuldhaft hält, muss es bekanntlich diskursiv und *lege artis* geurteilt keineswegs sein (und umgekehrt). Daher wird das intuitive Urteil als *natürliches Rechtsempfinden* meist als vorwissenschaftlich hinten angestellt – nicht zu Unrecht. Denn es kann allzu lebensweltnah sein, mit der gefährlichen Nähe zu Vergeltung und Rache.

Aber damit würde leicht etwas übersehen: Die Regulative des diskursiven Urteils (wie beispielsweise der Gleichheitsgrundsatz oder die Menschenwürde) kommen aus der Intuition und sollen im Bildungsprozess in sie eingehen wie im Rechtsgebrauch zur Geltung gebracht werden. Wittgenstein hätte gesagt: So leben wir eben – und so sollen wir miteinander umgehen. Theologisch ist dieser Aspekt maßgebend. Zur Erinnerung sei das Samaritergleichnis genannt: Ein unter die Räuber Gefallener liegt am Wegesrand und bedarf der Hilfe. Ein Priester und ein Levit kommen vorbei, sehen ihn – und gehen vorüber. Der Samariter hingegen (ein gering geschätzter Fremder, der auf einen ihm Fremden trifft) sieht und – *es jammerte ihn*. Er wird intuitiv affektiv berührt und greift unwillkürlich *im Affekt* ein, indem er hilft. Diese Spontaneität oder Unwillkürlichkeit entspringt nicht einer diskursiven Deliberation, sondern ist intuitiv. Und mit dieser Szene wird eine Intuition narrativ dargestellt, die das eigene Leben prägen soll, und zwar gerade im Umgang mit Fremden. Das hat eine Kehrseite: Auch das Sehen und unberührte Vorübergehen wird als Intuition von schuldhafter Unterlassung bestimmt – gar nicht erst Fremdenfeindlichkeit, sondern Gleichgültigkeit oder

Indifferenz Fremden gegenüber *ist Schuld*. Das ist weder eine protestantische noch eine christliche Erfindung, sondern gründet in der Geschichte Israels. Denn mit Fremden soll man barmherzig umgehen, in Erinnerung daran, dass man einst selbst *Fremdling* war in Ägypten.[25]

2. Die Rede von Schuld spricht stets von etwas Unsichtbarem, dass sie gleichwohl irgendwie *vorstellbar* machen muss, um sagbar zu sein. Das heißt, nicht nur etwas (eine Tatfolge) wird als Schuld bestimmt, sondern es muss auch Schuld *als etwas* bestimmt werden. Nur *als was*? Wenn sie *per se* so beunruhigend unsichtbar ist, zieht sie Beispiele und Fälle oder Metaphern, Metonymien und Narrationen an. Dem aristotelischen Grundsatz der *enargeia* folgend, wird Schuld in diesen Sprachfiguren *vor Augen gemalt*: aus Erfahrung über die Rede zur Vorstellung der Hörer. Und solches *Vor-Augen-Malen* ist nicht nur eine Aufgabe und Kompetenz der Rede oder von Texten, sondern, so sollte man erwarten, auch der darstellenden wie der bildenden Kunst.

Die christliche Tradition – in Text wie Bild – ist voller Beispiele dafür, wie Schuld eine besondere Gravitationskraft für Tropen und Figuren entfaltet:

- sei es das Begehren namens *concupiscentia*, vom Fall über den Brudermord bis zum Kindermord des Herodes und anderen Vergehen;
- seien es die turbulenten Affekte und Lüste, die alles durcheinanderbringen, als wären sie diabolisch;
- sei es die Selbstbezogenheit, nur man selbst sein zu wollen und der anderen zu ermangeln, die Selbstbehauptung oder der Egoismus (Luthers *incurvatio in se ipsum* formuliert das metaphorisch);
- oder sei es die Gleichgültigkeit dem Nächsten gegenüber, die Lieblosigkeit wie im Samaritergleichnis.

In summa, alle Register von Geboten sind so gesehen indirekte Darstellungen von Schuld im Modus des Verbots: sich ein Bildnis machen von Gott (oder dem anderen Menschen) und alles weitere. Gesetze wie die Tora vom Sinai sind (zeitdiagnostische, symptomatische) Schuldregister, die alle um einen imaginären Ursprung kreisen: den Bundesbruch, den Bruch des Vertrauensverhältnisses zu Gott. Die Kasuistik möglicher Schuld kreist *ursprungslogisch* um solch einen Ursprung, der dann mythisch (Sündenfall), metaphorisch (*incurvatio*), gleichnishaft (Samaritergleichnis), narrativ (Geschichte Israels), metaphysisch (Erbsünde) oder auch abgründig vernünftig (als Irrtum oder *perversio* der göttlichen Vernunft) artikuliert wird, wie in Kants *intelligibler Tat* vor aller Erfahrung, in der wir uns den *radikalen Hang zum Bösen* zugezogen haben.

25 Lev 19,33 f.: »Wenn ein Fremdling bei euch wohnt in eurem Lande, den sollt ihr nicht bedrücken. Er soll bei euch wohnen wie ein Einheimischer unter euch, und du sollst ihn lieben wie dich selbst; denn ihr seid auch Fremdlinge gewesen in Ägyptenland. Ich bin der HERR, euer Gott«.

3. Die diakritische Frage ist daher: *Als was* wird Schuld bestimmt? Daran hängt, ob und wie sie wahrnehmbar, sichtbar oder auch darstellbar werden kann. Die Dimensionen der Bestimmung von Schuld sind so verschieden, wie die Sprachfelder und Grundmetaphern es sind: Physisch gilt Schuld als Makel, rechtlich als Ordnungsverletzung, ethisch als Verletzung von Gewissen und Verantwortung, religiös als Sünde gegen Gott, psychologisch als Schuldgefühl und sprachlich manifest wird sie in der Schuldrhetorik. Vereinfachend sei hier vorgeschlagen, Schuld in drei Dimensionen zu bestimmen: (a) als Verletzung einer Ordnung, (b) als Nichtwahrnehmung einer Verantwortung, (c) als (Zer-)Störung eines Verhältnisses oder einer Beziehung (zu anderen, anderem, sich selbst).

(a) Schuld als Verletzung einer Ordnung lässt fragen: *welcher* Ordnung?
Gilt sie als Verletzung der *Naturordnung*, dann ist Schuld *naturwidriges*, unnatürliches Verhalten: etwa die biblisch bemühte *Perversion*, die bei Augustin zur Metaphorik des Perversen führte – der Perversion der Lüste, des Wollens wie des Wissens (Irrtum). Augustins Lehrer Ambrosius meinte: »Affectus igitur, non caro auctor est culpae«[26]. Als *Urheber* wird *der Affekt* zur pauschalen Antwort auf das *unde culpa* inkriminiert. Das *Fleisch* ist die Materie der Sünde, also ihre dynamis; erst *ignorantia et concupiscentia* seien ihre Verwirklichung (*species*).[27] Die *concupiscentia* tritt hier als zwielichtige Repräsentantin aller Affekte auf. Zusammengenommen wird das *begehrende* Fleisch zur Substanz der Sünde. Sünde aus Passion wäre die Formel dafür: »Passio autem gravissima culpae concupiscentia est, quam ratio emollit et comprimit, mollire enim potest, eradicare non potest«[28]. In diesem Feld spielt die Vorstellung von Schuld als physischem *Makel* und *Unreinheit*. So pristin und überwunden das klingt – ist es doch immer noch metapherngebend für die Rede von Schuld (und leider in manch intuitivem Urteil bis heute präsent).

Wenn Schuld nicht mehr als Verletzung der Naturordnung gilt (*physei*), dann als Verstoß gegen Gesetze (*thesei*). In diesem Feld ist die Vorstellung von Schuld *eigentlich* zu Hause und ethisch wie juristisch vertraut. Aber sobald man die kulturelle Thesis nicht nur auf das positive Recht bezieht, sondern auf (lebensweltliche) Moral, auf wissenschaftliche Ethik oder auf kulturelle Sittlichkeit, wird es komplizierter. Was in *einer* Ordnung schuldhaft ist (etwa einen Gruß nicht zu erwidern), ist in einer *anderen* völlig in Ordnung. Und es wird noch komplizierter, wenn man diachron die Geschichtlichkeit der Ordnungen und synchron ihre regionale und kulturelle Diversität einbezieht. Dann wird es beinahe zur lokalen Ausnahme, einer Ordnung zu entsprechen (während dasselbe in anderen schuld-

26 Ambrosius: de Jacob I, 3, 10; ders.: de paenitentia I, 14, 13; in ps. 1, 30; vgl. Seeberg, Lehrbuch Dogmengeschichte, II, S. 372, vgl. Ewald: Einfluss der stoisch-ciceronianischen Moral.

27 Ambrosius: de Isaac 2, 5; 7, 60.

28 Ambrosius: de Jacob I, 1, 1.

haft wäre). Ordnungskonflikte, die sich in globalen Verhältnissen unendlich vervielfältigen, haben die Nebenwirkung eskalierender Schuldvorwürfe, sofern man *seine* Ordnung verletzt sieht. Daher ist die Diplomatie die hohe Kunst, solche Verletzungen zu vermeiden oder im Falle eines Falles zu deeskalieren. Aber in dem Moment, wo solche Konflikte öffentlich werden, gar in die Medien kommen, ist alle Verständigung oder Deeskalation dahin.

Damit einher geht eine *Rhetorisierung* von Schuld: Da audiovisuelle Medien (wie Internet und Fernsehen) besonders affektaffin sind, sind Techniken der Empörung so effizient, wie sie für die *gerechterweise Empörten* befriedigend sind. Je prägnanter und massiver der Empörungsbedarf bedient wird, desto besser die Quote.

Der dänische Karikaturenstreit hat das Problem *ad occulos* demonstriert: Was in Dänemark in Ordnung schien, wurde erst durch einen (verspäteten) Export zum Skandal. Daran zeigt sich vieles, nicht nur die Kulturrelativität von Recht, sondern auch die Macht medialer Inszenierung. »Die Zeichnungen wurden im Herbst 2005 in *Jyllands-Posten* veröffentlicht. Der Streit wurde jedoch erst zur Krise im Februar 2006, als die Zeichnungen aus einem anderen – und zwar inszenierten – Kontext zurückkamen.«[29] Vordergründig ist das ein Interkulturalitätskonflikt im globalisierten Horizont. Hintergründig zeigt das ein Globalisierungsproblem: Wenn eine Zeichnung dekontextualisiert wird, um damit in anderem Kontext Stimmung zu machen, die dann höchst prekär auf den Ursprungskontext polemogen zurückschlägt.

Die Schuldfrage wird dann umso schwieriger: Ist der schuldlos, der als vermeintliches Opfer einer Verunglimpfung diese Befindlichkeit medial produziert, um damit Politik zu machen? *Als Opfer* scheint man stets auf der schuldlosen Seite zu stehen, sodass eine prophylaktische Exkulpationstechnik darin besteht, sich als Opfer zu stilisieren. Die Opferrolle ist jedoch ebenso instrumentalisierbar wie zugleich Untäterrollen zugeschrieben werden. Da es keinen internationalen Gerichtshof für Fragen *diesseits* des Menschenrechts gibt, bleibt das Urteil offen, während sich jeder *dennoch* sein Urteil bildet. Dem Schuldgefühl (und seinen Eskalationen) entspricht so die Rhetorik des Schuldvorwurfs. Beides sind Zirkel: einer intensiv, einer extensiv. Und beide sind vitiös, ohne dass hier eine heilsame Unterbrechung in Sicht wäre. Der Karikaturenstreit ist auch deswegen so interessant, weil er auf nicht nur rechtliche, moralische oder ethische Ordnungsvorstellungen führt, seien sie Formen der Sittlichkeit oder der Religion und ihrer Gefühlswelten. Es geht dann um eine Ordnung, die weder *physei* noch *thesei* ist, sondern als *metaphysei* gilt. Schuld wird zur Verletzung einer Ordnung, die höher oder vermeintlich anders ist als Natur und Kultur: die Gottes – im Gewand seiner selbsternannten Fürsprecher.

29 Grøn: Das Bild und das Heilige, S. 434.

Was hier *Rhetorisierung* von Schuld genannt wird, ist natürlich nicht neu, genauso wenig wie ihre mediale Technisierung oder Instrumentalisierung – worauf die Rhetorik der Vergebung ruht.[30] Die Xenophobie ist so alt wie Kulturdifferenzen – da sie der Selbststabilisierung einer Kultur dient. Angesichts dessen ist aber umso bemerkenswerter, wie die Geschichte Israels als Geschichte der Selbstkritik geschrieben wurde: Fast das gesamte Alte Testament kann man als narratives Sündenbekenntnis lesen. Denn es ist voll von Geschichten, in denen Israel seinen Gott enttäuscht, weil es immer und immer wieder den Bund brach, von Adam über Noah zu Mose und immer weiter so. Was Israel seinem Gott gab, war stets Grund genug zur Enttäuschung. Gottes Gericht und Zorn war der symbolische Ausdruck dessen. Das heißt, Israel schrieb seine Geschichte, indem es das eigene Handeln als große Kette der Schuld darstellte. Wie anders hielt es die christliche Kirche demgegenüber. Mancherorts kann man bis heute noch nicht der Versuchung widerstehen, *sich selbst* als Erfüllung aller Verheißungen misszuverstehen. Die Kirche als *sündlose Mutter* aller Gläubigen, als Leib und Volk Gottes, könne nicht *peccatrix* sein. Wer das glaubt oder gar behauptet, verkennt die Kreatürlichkeit von Kirche – und übertreibt etwas Endliches unendlich, über alle Ambivalenzen hinweg.

Die Tora, die Geschichtsbücher und noch die prophetischen Texte sind eine durchgängige Kritik am permanent bundesbrüchigen Israel. Diese *autoaggressive*, schlichter gesagt: selbstkritische Schuldrhetorik ist es, die vom Neuen Testament über Augustin, die Mystik und Luther bis hin zu Kierkegaard verschärft wurde: Grund zur Empörung ist nicht der andere oder der Fremde, sondern *das andere in mir*: der *eigene* Missbrauch der Freiheit, die *eigene* Selbstsucht oder das selbst zu verantwortende Verfehlen des Verhältnisses zu Gott und dem Nächsten.

Demgegenüber ist das Recht eine Ernüchterungsveranstaltung, um das überhitzte Gemüt mit seinen Schuldgefühlen (seien sie auto- oder heteroaggressiv) etwas zu kühlen. Und das ist auch gut so. Nur – es befriedigt natürlich weder das religiöse noch das moralische Begehren nach mehr, nach Reinheit und Erlösung wie nach Verwerfung des Unreinen und Schuldigen. Religion wie Moral begehren meist möglichst definitiv geklärte Verhältnisse, so oder so. Daher können die komplizierten Kompromisse des Rechts ethisch wie religiös nie und nimmer befriedigen (die der Politik ebenso wenig, aber aus anderen Gründen).

Aber das Recht (wie schon die selbstkritische Rechtstradition Israels) ist eine höchst bemerkenswerte *Unterbrechung* der *Eskalation* des Zirkels der Schuld, der Gefühle wie der Vorwürfe. Denn zur Dynamik der Schuld gehört, dass sie *eigentlich* und *am besten* immer *die Schuld der anderen* ist. Die anderen sind die stets passenden Träger von Schuld. Sie ihnen zuzuschreiben, exkulpiert und lenkt ab und befriedigt das eigene Reinheitsbedürfnis. Die von Girard entfaltete *Logik*

30 Vgl. Derrida: Jahrhundert der Vergebung.

der Gewalt ist ursprünglicher noch eine *Logik der Schuld* – der Selbstentschuldung und Fremdverschuldung. Darin lebt das religiöse Begehren auf: den anderen auszuschließen aus der Gemeinschaft und einzuschließen in das *Reich des Bösen*, das heißt: klare Verhältnisse schaffen mit dem Sündenbockmechanismus und der Suspension der Selbstkritik.

Manche betreiben das bis heute, oder umgekehrt mit einem leidenschaftlich autoaggressiven Zug: Von der Selbstkasteiung der Mystik bis zum Selbsthass mancher Protestanten reichen die rhetorischen Topoi, die als Symptom dieser Autoimmunerkrankung erscheinen können. Recht wie Ethos am Ort der Religion steuert dieser Übertragung und Übertreibung entgegen. Die Alternative zur Unterbrechung des Zirkels der Schuld durch das Recht ist allerdings in *protestantischer* Perspektive das *andere des Gesetzes*: das Evangelium. Das allerdings würde in die Suche nach den Anderen der Schuld führen. Denn je nach Schuldbegriff wird es *andere Andere* der Schuld geben, heißen sie Vergebung, Versöhnung und Erlösung, Tilgung oder Reinigung, Begleichung oder Wiedergutmachung.

(b) Versteht man Schuld hingegen als Nichtwahrnehmung einer *Verantwortung*, verschiebt sich die ganze Problemlage gegenüber dem Begriff der Schuld als Ordnungsverstoß. Sofern Verantwortung vor allem der Vernunft oder dem Gewissen gegenüber wahrzunehmen wäre, würde Schuld verinnerlicht. *Hier* liegt wohl (oder übel?) ein besonderer Beitrag des Protestantismus zur Geschichte der Schuld. Und das ist ebenso problematisch, wie wenn Verantwortung vor allem oder gar exklusiv gegenüber Gott wahrzunehmen wäre. Der ungeheure Ernst solch einer *ethischen Existenz* (mit Kierkegaard zu sagen) ist gravierend.

Als protestantisches Pendant von Carl Schmitt sprach der Theologe Emanuel Hirsch vom *»irrende[n] Kreisgang des sich schuldig Wissens in schlechthinniger Abhängigkeit«* [31] (mit Erinnerung an Kierkegaard). »Die wahre Frage ist also nicht die der Theologen danach, ob und wie sich Schuld gedanklich mit der Erkenntnis verträgt, mit Notwendigkeit die in Schuld gefangene Freiheit zu sein, sondern die, ob es denn möglich sei, sich vor dem Gott, von dem man schlechthin abhängig ist, schuldig zu wissen in einem gelebten religiösen Verhältnis«[32].

So zu sprechen, kann den *sozialen Sinn* von Schuld unterschreiten. Dagegen hat die jüdische Tradition, wie Rosenzweig und Levinas noch zeigen, immer die Verantwortung gegenüber dem *Nächsten*, also ihre soziale Dimension in Erinnerung gerufen. Und Selbiges gilt auch gegenüber Früheren und Späteren, also in

31 Hirsch: Christliche Rechenschaft, S. 306, vgl. S. 304. »Die Antinomie von Abhängigkeitsgefühl und Sündigkeitsgefühl ist es, die den Menschen hindert, sich durchsichtig als er selbst in Gott zu gründen«. Dennoch bleibt bei Hirsch ein transzendentales Rezeptivitätstheorem in Kraft: »Sich durchsichtig als sich selbst in Gott gründen, heißt sich als verantwortliche Freiheit aus Gott empfangen in schlechthinnigem Hingegebensein an Gott«; ebd., S. 307.

32 Ebd., S. 308.

diachroner Hinsicht, wie Hans Jonas ausführte. Verantwortlich ist man gegenüber allen Gewesenen wie Kommenden.

Aber – mit der Verinnerlichung und extremen Verschärfung des Schuldbewusstseins wie bei Kierkegaard steht die protestantische Tradition nicht allein. Kierkegaard meinte: »[I]m Verhältnis zu Gott beginnt jeder Mensch mit einer unendlichen Schuld«[33]. Mehr noch, »dass man *durch Empfangen in Schuld gerate* [...] wer liebt, ist in Schuld«[34]. Levinas wird mindestens so hyperbolisch, wenn er das dunkle Wort Dostojewskis zitiert (aus den *Brüdern Karamasow*): »Ein jeder von uns ist vor allen an allem schuldig, für alles verantwortlich, ich aber bin es mehr als alle anderen.«[35] Was immer das besagen soll – es ist eine maßlose Übertreibung des Schuldbewusstseins, mit dem Hintersinn: Bewusstsein (auch Selbstbewusstsein) sei *ursprünglich* Schuldbewusstsein. Aus dem Bewusstsein der Schuld dem anderen gegenüber entstehe (erwache) erst das Bewusstsein. Für einen Hegelianer ist das *unglückliches Bewusstsein* par excellence – und das trifft wohl auch. »Das Unendliche der Verantwortung bedeutet nicht ihre aktuelle Unermesslichkeit, sondern ein Anwachsen der Verantwortung in dem Maße, in dem sie übernommen wird; die Pflichten erweitern sich in dem Maße, in dem sie erfüllt werden.«[36]

Du *wirst* nicht töten, so formulierte Levinas das Tötungsverbot. »Ein Gesicht sehen, heißt schon hören: Du wirst nicht töten.«[37] Im Angesicht des anderen kann und wird man ihn nicht töten – weil das unmittelbar evident sei. Das kann man als einen frommen Wunsch abtun und mit Realitätssinn sagen, es sei kontrafaktischer Unsinn – denn es *wird* doch getötet, dauernd und immer öfter *grundlos*.[38] Nur wäre mit so viel Realitätssinn die Pointe verpasst: dass es unmittelbar evident ist, dass man tiefe Schuld auf sich lüde, würde man den anderen töten. Der Anspruch des anderen, der mir angesichts seiner entgegentritt, besagt bereits: Du sollst, kannst und wirst mich nicht töten. Dazu bedarf es nicht erst des externen Gesetzes. Damit wird eine einigermaßen ungeheure These vertreten: Dass wir intuitiv nicht nur wissen, sondern auch wollen und fühlen, was gut und was falsch ist, was also richtig und was schuldig. Mit *Naturrecht* hat das wenig zu tun, es ist eher *Sozial*recht, manifest im Sinn für den Nächsten. Denn es sei *der andere*, dem gegenüber wir in der Verantwortung stehen, ohne das gewählt oder gewollt zu haben. Und dieser Verantwortung auszuweichen, heißt schon schuldig zu werden.

33 Kierkegaard: GW 19, S. 114 (weil Gottes Liebe stets schon präsent sei).

34 Ebd., S. 195.

35 Dostojewski: Brüder Karamasow, übers. v. Rahsin, S. 471, übers. v. Nötzel, S. 495.

36 Levinas: Totalité et Infini, S. 222 (Totalität und Unendlichkeit, S. 360).

37 Levinas: Ethik und der Geist; vgl. ders.: Autrement que savoir, S. 85.

38 Das gibt den Hinweis auf eine Komplikation: Wer schlicht ›kein Gewissen‹ hat, oder moralphilosophisch gesagt, wer am ›lack of moral sense‹ leidet, der wird sich auch nicht schuldig *fühlen*, sodass weder im Hirn noch an seiner Nasenspitze etwas wahrnehmbar werden wird.

Das führt allerdings in eine (protestantisch nicht unvertraute) Eskalation des Zirkels der Schuld: »Je mehr ich zu mir komme, [...] desto mehr entdecke ich mich als verantwortlich; je gerechter ich bin, desto schuldiger bin ich. Durch die Anderen bin ich ›im Sich‹«[39]. Ist dann jemals eine Unterbrechung dieses Zirkels in Sicht? Was dürfen wir dann noch hoffen?

(c) Der soziale Sinn von Schuld führt zum dritten Vorschlag, der entscheidend ist für das protestantische Verständnis (und nicht ohne Anschluss an Levinas' Intuition): Schuld heißt Zerstörung oder schon Störung eines Verhältnisses wie einer Beziehung zu anderen.

Dieses Verständnis ist doppelt brauchbar, theologisch wie dies- oder jenseits dessen. Dem zugrunde liegt die Auffassung von Sünde als Störung oder Verlust des integren Gottesverhältnisses – so, wie Glaube als dessen Wiederherstellung und Vollendung verstanden wird. Das Rechtfertigungsurteil *sola fide* ist wesentlich die bedingungslose Gemeinschaft von Gott und Mensch, von Gnaden Gottes unter dezidierter Nichtanrechnung der menschlichen Schuld. Im Hintergrund dessen wirken die Eigenschaften Gottes namens Treue und Barmherzigkeit, die hier in Anspruch genommen werden: Die Treue Gottes zeigt sich darin, dass er trotz aller Bundesbrüche Israel treu bleibt; sie zeigt sich analog im Vertrauen Gottes bei noch so großem Misstrauen oder Vertrauensverlust seitens des Menschen.

Was mit der so angedeuteten *Rechtfertigungslehre* auch entfaltet wird, ist ein sozialethisch relevantes Modell: wie bei noch so großem Misstrauen der anderen ein immer noch größeres Vertrauen zum Tragen kommt. Es ist ein Vertrauen *malgré tout*, das nicht naiv und blind ist, sondern angesichts der Schuld der anderen sich zu ihnen verhält, als wäre sie nicht (die Schuld).

Damit ist man allerdings bereits über den hiesigen Themenzusammenhang hinaus: wie über den Zirkel der Schuld hinauszugelangen wäre. Recht als Unterbrechung dessen wurde bereits genannt. Hier aber deutet sich das *andere* des Rechts an: eine *gerecht machende* Gerechtigkeit, die ein Dorn im Auge des Gesetzes sein dürfte. Denn sich derart zur Schuld zu verhalten, ist schlicht ordnungswidrig – auch eine Störung der Ordnung (des Gesetzes), allerdings eine erfrischend befreiende.

[39] Levinas: Jenseits des Seins, S. 249; vgl. ders.: Vom Einen zum Anderen, S. 180: »Das Nicht-Intentionale ist von allem Anfang an Passivität, der Akkusativ ist gewissermaßen sein erster Fall. (Genaugenommen beschreibt diese Passivität, die das Korrelat keiner Handlung ist, nicht so sehr das ›schlechte Gewissen‹ des Nicht-Intentionalen, als sie selber von ihm charakterisiert wird.)«

Literatur

Ambrosius von Mailand: de Jacob et vita beata, in: CSEL, C. Schenkl (rec.), Bd. 32/2, Vindobona 1897.
Ambrosius von Mailand: de paenitentia, in: CSEL, O. Faller (rec.), Bd. 73, Vindobona 1955.
Ambrosius von Mailand: de Isaac vel anima, in: Ernst Dassmann (Hg.): Fontes Christiani, Bd. 48, Turnhout 2003.
Bader, Günter: Melancholie und Metapher. Eine Skizze, Tübingen 1990.
Dalferth, Ingolf U.: Gott. Philosophisch-theologische Denkversuche, Tübingen 1992.
Darwin, Charles: The Expression of Emotion in Man and Animals, London 1872.
Derrida, Jacques: Das Jahrhundert der Vergebung, in: Lettre International 48, 2000, S. 10–18.
Dostojewski, Fjodor M.: Die Brüder Karamasow, übers. v. E. K. Rahsin, München 1906 (ND 1985).
Dostojewski, Fjodor M.: Die Brüder Karamasow, übers. v. K. Nötzel, Leipzig 1921 (ND Frankfurt a. M. 1986).
Ebert-Schifferer, Sybille: Caravaggio. Sehen – Staunen – Glauben. Der Maler und sein Werk, München 2009.
Ewald, Paul: Der Einfluss der stoisch-ciceronianischen Moral auf die Darstellung der Ethik bei Ambrosius, Leipzig 1881.
Fabry, Heinz-Josef (Hg.): Theologisches Wörterbuch des Alten Testaments, Bd. 1/2/5/6, Stuttgart 1973/1977/1987/1989.
Glei, Reinhold F.: Schuld I, in: Joachim Ritter / Karlfried Gründer / Gottfried Gabriel (Hg.): Historisches Handwörterbuch der Philosophie, Bd. 8, Basel 1992, S. 1442–1446.
Grøn, Arne: Das Bild und das Heilige, in: Philipp Stoellger / Thomas Klie (Hg.): Präsenz im Entzug. Ambivalenzen des Bildes, Tübingen 2011, S. 431–444.
Hirsch, Emanuel: Christliche Rechenschaft, Berlin / Schleswig-Holstein 1978.
Hölderlin, Friedrich: Sämtliche Werke, Bd. 7. Gesänge. Dokumentarischer Teil, hrsg. v. Dietrich E. Sattler, Frankfurt a. M. 2000.
Kant, Immanuel: Werke, hrsg. von der Königlich Preußischen Akademie der Wissenschaften, Bd. VI, Berlin 1968.
Kierkegaard, Søren A.: Gesammelte Werke, Bd. 19, Simmerath 2003.
Levinas, Emmanuel: Vom Einen zum Anderen, in: ders.: Wenn Gott ins Denken einfällt. Diskurse über Betroffenheit und Transzendenz, übers. v. Th. Wiemer, Freiburg / München 1985.
Levinas, Emmanuel: Totalität und Unendlichkeit. Versuch über die Exteriorität, übers. v. W. N. Krewani, Freiburg / München 1987.
Levinas, Emmanuel: Autrement que savoir, Paris 1988.

Levinas, Emmanuel: Totalité et Infini. Essai sur l'Extériorité, Paris 1990.

Levinas, Emmanuel: Autrement qu'être ou au-delà de l'essence, Paris 1990.

Levinas, Emmanuel: Ethik und der Geist, in: ders.: Schwierige Freiheit. Versuch über das Judentum, Frankfurt am Main 1996.

Levinas, Emmanuel: Jenseits des Seins oder anders als Sein geschieht, Freiburg/München 1998.

Luther, Martin: Weimarer Ausgabe, WA 39/I, Weimar 1926.

Luther, Martin: Weimarer Ausgabe, WA 56, Weimar 1938.

Nietzsche, Friedrich: Götzen-Dämmerung, in: ders., Sämtliche Werke. Kritische Studienausgabe Bd. 6 [KSA 6], herausgegeben von Giorgio Colli / Mazzino Montinari, Berlin/New York 1980, S. 55–161.

Radbruch, Gustav: Rechtsphilosophie I. Gesamtausgabe, Bd. 1, Heidelberg 1987.

Ricœur, Paul: La mémoire, l'histoire, l'oubli, Paris 2000.

Röttgen, Herwarth: Caravaggio. Der irdische Amor oder Der Sieg der fleischlichen Liebe, Frankfurt a. M. 1992.

Seeberg, Reinhold: Lehrbuch der Dogmengeschichte, Leipzig 1923 (ND Darmstadt 1965).

Jean-Louis Fabiani

On Social Guilt

Can the social sciences survive and prosper without any reference to notions that played a key role in theology or in philosophy and that seem to have been superseded by entirely ›secularized‹ explanatory frameworks? To a large extent anthropology aims to other a description of the social world entirely severed from religious interpretations, even when, like in Durkheim's *Elementary Forms of Religious Life*, knowledge (including scientific and sociological knowledge) is ultimately derived from religious thinking. René Girard's theories are thus considered with circumspection, or even clear hostility, by anthropologists. One can easily understand that the concept of sin cannot be easily used in empirical sociology. The beliefs regarding the very existence of sin are rather an object of inquiry than an investigating device.

Things get more complex if one turns to notions that are central in theology but that have not disappeared in the conceptual apparatus of our social knowledge, albeit they lacked a stabilized status in the social sciences (understood as anthropology, history and sociology), namely evil and guilt. The question of evil was largely avoided by the founders of anthropology and sociology and disappeared into a general theory of symbolism. It popped up again when Hannah Arendt tried to offer an original understanding of the extermination of the European Jews, as if simple frames of causation could not be used to give an account of mass murders. Clearly, the ›banality of evil‹ did not involve any return to a form of theological explanation of the unexplainable. Nevertheless, the use of the notion expressed the limits of the routinized structural-functional explanation of social behaviour. How could a theory of deviance have accounted for the extermination? If one looks carefully, the majority of sociological narratives missed what Raymond Aron called the tragedy of history. Produced in the twentieth century, the main sociological constructions were ill-equipped to deal with the cataclysmic violence of the times. To put it bluntly, the structural-functionalist Talcott Parsons was less informed of the perversities of social interaction than his contemporary Walt Disney, and Parsons' happy endings were much less equivocal. The decline of the structural functional narrative brought about less naïve visions of the social world. Drawing critically on the functionalist framework (role set, action, etc.), Erving Goffman brought embarrassment, guilt and uncertainty by integrating the role distance and the management of emotions in the picture back in.[1] Later, in a very different style, perhaps with less audacity and more confusion, Pierre Bourdieu dealt with social guilt as the consequence of the clash of unequal species of capital in a given field.[2] The tragedy of the petit bourgeois was fuelled by a growing feeling of guilt as her/his attempt to become a bourgeois was doomed to fail and to trigger bad conscience. More than that: the sociologist, while unveiling the hidden social processes that reproduced the social order through symbolic violence, generated among the social agents a sense of guilt, especially among the teachers and the members of cultural institutions. Large chunks of public policy in education and culture can be located in the spreading of social guilt among educators. Bourdieu himself was never at ease in the intellectual world and his obsessive anti-intellectualism was the most striking expression of a sense of guilt linked to a deep feeling of illegitimacy. Neither Goffman nor Bourdieu were interested in returning to a theological account of the social world. On the contrary, one might say that they aimed at secularizing entirely some notions used by anthropologists and sociologists to explain the efficacy of religious practices, particularly rituals. Goffman's *Interaction Ritual* is a case in point.[3] Micro-rituals surround the modern individual understood as a little God who expects to be worshipped and interaction rites – as they appear in Randall Collins' recent work – illustrate such a secularized vision of the sacred.[4] These references to Arendt, Goffman, Bourdieu and Collins are undoubtedly very partial. I will not attempt to give a synthesis of the uses of guilt in the social sciences, as the concept is never entirely assumed by anthropologists nor sociologists but appears here and there in a sort of gaze.

An objection arises here: there is a notable exception to the neglect of guilt by the social sciences. The structural opposition between shame and guilt established by Ruth Benedict is probably the more systematic attempt to use the explanatory power of the *guilt culture* (Benedict 1946).[5] According to the author of *the Chrysanthemum and the Sword*, shame is generated by a violation of cultural or social values while guilt feelings arise from violations of one's internal values. Benedict's guilt culture is certainly old fashioned and it was primarily constructed to understand the ethos of the enemy. But it is the most ambitious sociological attempt to conceptualize guilt by relating it to a process of individualization of the self and to a social organization of justice based on personal accountability. More than that: if social means collective, as in Durkheimian theory, shame is undoubtedly more ›social‹ than guilt. It is also less ›modern‹. Such a sense of guilt is associated with the rise of individualism and of modern justice.

1 Goffman: Behavior in public places.
2 Bourdieu: Distinction.
3 Goffman: Interaction ritual.
4 Collins: Interaction ritual chains.
5 Benedict: Chrysanthemum.

Although it would be exaggerated to see in Goffman's approach to relations in public an interactionist theory of guilt, it is worth considering the ›technical‹ take that he develops when he analyzes the remedial forms that contribute to save an exchange from embarrassment or even more serious disorders. Goffman's guilt can be spotted in two dimensions. The first one is widely used to save one's face or to avoid the deepening of misunderstanding in social interactions. Such guilt is not real guilt. It is guilt displayed in large amount that does not correspond to the level of the misdeed or of the misbehaviour. It is an easy and quick reparation of offenses. ›When an interactional offense occurs, everybody directly involved may be ready to assume guilt and offer reparation‹.[6] One could speak of the readiness or availability of guilt which is always at risk of being overproduced. We spend a lot of time feeling guilty when there is no real misdeed. Such a display is undoubtedly the quickest way of restoring normality. Most of the time, excuses are pointless. Guilt is an interactional shortcut to do remedial work. Exhibiting guilt and sometimes sharing it is the best way of getting back to normalcy. One could question Goffman's vision of what I call interactional management by guilt, since there is no real theoretical background to go further on, but one could think of a pure expense (à la Georges Bataille) of guilt, a display of an ability to feel guilty on the spot, that is also a form of pastiche of guilt.

The second dimension of guilt has also to do with the management of social situations but is more deeply grounded in an effective feeling of guilt. *Stigma*[7] is the most documented work in this area. The stigma triggers a feeling of guilt as a consequence of an anticipation of others' judgment. The internalization of the other's perception produces self-devaluation and the acceptation of the stigma. The most interesting thing about *Stigma* is the procedural dimension of guilt: it is the outcome of complex interactions, what Goffman calls the ›moral career‹ of the stigmatized. ›Persons who have a particular stigma tend to have similar learning experiences regarding their plight, and similar changes in conception of self-a similar »moral career« that is both cause and effect of commitment to a similar sequence of personal adjustments‹.[8] The internalization of guilt is sequential. Guilt has to do with labeling, processing and identifying. Besides, the stigma may be extended to people close to the stigmatized and end up producing a form of contagion in guilt.

The pervasiveness of the feeling of guilt in society may be related to the situation of the modern individual who is in particular trouble when she/he acknowledges, in Spinoza's vocabulary, that *omnis determinatio est negatio*. In *Being and*

6 Goffman: Relation in public, p. 102.
7 Goffman: Stigma.
8 Goffman: Stigma, p. 45.

Time, Martin Heidegger tried to give a phenomenological interpretation of guilt.[9] Heidegger's guilt is less precise than theological or legal definitions and it tends to mix it with the feeling of anxiety that characterizes the individual. The ontic level manifests specific feelings that account for our essential ontological finitude. We make choices that determine an individual path or an identification kit (I am this or that). The actualization of one possible reality at the expense of so many others that appear as virtual or potential but are powerfully envisioned leaves a feeling of guilt that is fed by the inescapable indebtedness to the multiple possible selves. The fact that we *cannot* ›be all that we can be‹, even if Heidegger does not say it explicitly, is related to a situation where the individual is made fully accountable for his acts and where her/his own sense of responsibility generates guilt or anxiety. One could object that such a form of guilt is not precisely defined and that it can be lodged in a vast array of manifestations of bad conscience or uneasiness towards the world, the ›pain quotidien‹ (daily bread) of modernity. As it is, however, this soft definition of guilt allows to think the condition of the modern individual and will be widely used in the philosophies of existence. Guilt is associated with finitude in a post-religious ontology. Heidegger's frame is vague enough to allow for multiple phenomenological takes, and Sartre will make an extensive use of the space of possibilities opened by *Sein und Zeit.*

One understands easily why guilt is so difficult to accommodate and to articulate in standard sociologies. Those constructions do not take into account the evidence of the multiple self and they overemphasize the social cohesiveness of the individual in terms of action and goals. When sociologies give a bigger space to the uncertainty of trajectories and they acknowledge the importance of undecided encounters, they are more likely to make room for guilt, even if it is not always a clearly defined space. We already saw it with interactionism.

Sigmund Freud's so called ›cultural texts‹ relied on an extended notion of guilt that provided a fairly simple anthropological framework. Freud's story is far too simple for us today, particularly with regard to the neurotic status of religion, but really efficient to give a general explanation to the social link and its knots. There is a strict homology between the psychic structure and the process of civilization. Love is considered as a repressive force underlying a sense of guilt that restrains the incestuous impulses. In spite of the renunciation to instinctual drives, the feeling of guilt lingers on and appears as the price to pay for a seemingly pacified self. The Irma Dream that inaugurates *Die Traumdeutung* is generally considered as the expression of Freud's latent guilt toward the dead or the people injured by him (and represented in the dream by the unlucky Irma):

›A large hall – numerous guests, whom we were receiving – Among them was Irma. I at once took her to one side, as though to answer her letter and to reproach

9 Heidegger: Being and time.

her for not having accepted my »solution« yet. I said to her: »If you still get pains, it's really only your fault.« She replies: »If you only knew what pains I've got now in my throat and stomach and abdomen – it's choking me.« – I was alarmed and looked at her. She looked pale and puffy. I thought to myself that after all I must be missing some organic trouble. I took her to the window and looked down her throat, and she showed signs of recalcitrance, like women with artificial dentures. I thought to myself that there was really no need for her to do that. – She then opened her mouth properly and on the right I found a big white patch; at another place I saw extensive whitish grey scabs upon some remarkable curly structures which were evidently modelled on the turbinal bones of the nose«. – I at once called in Dr M, and he repeated the examination and confirmed it ... Dr M looked quite different from usual; he was very pale, he walked with a limp and his chin was clean-shaven ... My friend Otto was now standing beside her as well, and my friend Leopold was percussing her through her bodice and saying: »She has a dull area low down on the left.« He also indicated that a portion of the skin on her left shoulder was infiltrated. (I noticed this, just as he did, in spite of her dress.) ... M said: »There's no doubt it's an infection, but no matter; dysentery will supervene and the toxin will be eliminated. ... We were directly aware, too, of the origin of the infection. Not long before, when she was feeling unwell, my friend Otto had given her an injection of a preparation of propyl, propyls ... propionic acid ... trimethylamin (and I saw before me the formula for this printed in heavy type) ... Injections of this sort ought not to be given so thoughtlessly ... And probably the syringe had not been clean«.[10]

Here the guilt is latent and not explicit: anxiety is manifest. But we notice again the intertwining of guilt and anxiety that seems central in the psychic development of the individual. The process of civilization unfolds according to the same lines: a primal guilt is associated with the memory of the primal crime and signals the starting point of civilization. Human conscience is defined as a sense of guilt and the original antagonism that gives birth to civilization is constantly exhibited through anxiety, bad conscience and guilt. At the end of *Civilization and its Discontents* (1930) Freud reminded his reader (but it was not really necessary since the narrative structure of the short book was self evident) that he wanted to »represent the sense of guilt as the most important problem in the development of civilization and to show that the price we pay for our advance in civilization is a loss of happiness through the heightening of our sense of guilt«.[11] The price to pay amounts to paradise lost. The necessities of social regulation, that involve the double process of renunciation and repression, imply the feeling of a loss and the sense of guilt. That was a very simple cultural model that the social sciences could

10 Freud: The interpretation of dreams, p. 107.

11 Freud: Civilzation, p. 134.

not really adopt, but that ended up as a sort of trivial narrative of the process of civilization. Contrary to the structural anthropological discourses, which mostly stayed away from the issue of origins, the story was easy to tell and to remember, and remained fairly close to the structure of the main religious narratives: guilt is a loss that can be analyzed as a consequence of a gain, civilization. No other anthropological discourse could afford to be so simplistic. The social sciences were designed to avoid the traps of a master narrative, *le grand récit*, that would subsume different historical processes into a single conceptual scheme.

A quick look at Paul Ricoeur's *Finitude and Guilt*, the second volume of *Philosophy of the Will*, may allow us to understand the dialectical interaction between stain, sin and guilt. If the fear of stain can be seen as an anticipation of the threat, and the vague sketch of a possible punishment, guilt frees itself from stain and sin while keeping their original symbolism. Guilt means the subjective moment of the misdeed, the sin being its ontological moment when man is actually facing God. Guilt faces the radical exteriority of evil but simultaneously ›subjectivizes‹ the stain.[12] The consciousness of guilt is ›a revolution in the experience of evil‹. It is a reversal of the relationship between punishment and guilt. Guilt is no longer the conscious consequence of punishment but the decreasing of the value of existence will be the origin of punishment. Guilt is the name of a radical conversion of meaning: punishment is then understood as an educational expiation and as a way of amending. The subjective moment of guilt is a positive one. The interdiction is no longer simply ritualistic; it becomes ethical. Using a kind of dialectical phenomenology of guilt, Ricoeur shows that guilt is not, as in most of modern thought, a particularly disturbing form of anxiety, or the other name for losing our happy conscience, but the actual introducer of the ethical level. In other words, guilt is a gain that changes the nature and significance of punishment.

The internalization means that guilt is always on the side of the individual, contrary to the sin, that is on the side of the community. Ricoeur notes also that there are degrees in guilt and that it promotes a vision of man as measure: a new juridical-theological sphere is thus opened. There is no need to say that this philosophical construction is more satisfactory than the theory of civilization proposed by Freud and all the narrative involving the repression of natural drives and impulses as the unique social mechanism at work in history. Can one secularize a definition of guilt so obviously grounded in theology? The answer is not easy and very likely to be impossible. All the social sciences are (for better or worse) the by-products of a *longue durée* secularizing process and it would be absurd to propose a regressive trip to a theological age. Should we be anguished by the stain of crude narratives like those that structure Freud's elementary anthropology? Is the loss of the ethical sphere that is so common in the social sciences a sin? Should a sense of guilt help

12 Ricoeur: Fallible man.

us internalize the moment of the misdeed and lead us to a real ethical sociology? Durkheim equated society and morality, but he did not succeed in building up convincing ethics for the sociological age. The association between sociology and the disenchantment of the world is a risky one; we have known it from the start.

To put it bluntly, the problem arose before the institutionalization of the social sciences. ›Nietzsche‹, Susan Neiman writes in *Evil in Modern Thought*, ›was obsessed by a God that dies‹.[13] He thought to revise the concept of guilt: ›Nietzsche made us conscious both of the religious origin of the problem of evil and of the fact that abolishing religion cannot solve it-except at the price of world destroying nihilism‹.[14] As compared with Ricoeur's careful analysis of guilt as a process of internalization of misdeed and stain, Nietzsche's frequent description of guilt as an act of revenge appears regressive at this point. Guilt is not imposed by slaves unable to enjoy life and determined to spoil the other with the load of bad conscience. Some ›nietzchéens de comptoir‹ (bar nietzcheans), as we would say in France, can easily reuse this type of reasoning to stigmatize, for instance, nazi-hunters as unhappy slaves determined to take revenge as much as they can. Guilt is a complex construction that creates a space for measurement, jurisdiction and individualization. But we should keep in mind that there are social uses of guilt. There is a management of guilt too, that aims at producing effects related to symbolic violence. What is at stake is to make the other guilty and, under certain conditions, to maintain her/him in a stable guilty state. A fair amount of the international ethical game today consists of loading one's enemy with guilt about his past or present actions and in freeing oneself from any need of introspection or confession, except in the form of made up and self-serving self-criticism. In Ricoeur's phenomenology as well as in Freud's psychical anthropology renunciation was the key element of guilt. In the contemporary social uses of guilt denunciation is the main impulse (as in the ambiguous Nietzschean model: I will take my revenge in labelling you guilty of something, I will attribute the guilt of your ancestors to you and there will be no end to the process, no settlement of the dispute). Anti-colonialism in a post-colonial era is undoubtedly an excellent example of this process. In Xavier Beauvois's movie *Des Dieux et des hommes*, the *wali* (governor) of Medea in Algeria attributes the islamist insurgency to the consequences of colonization, forty years after Independence was granted to the country: he blames the monks of Tibehirine whose presence in the nearby mountains protects the villagers from islamists'raids with the guilt of continuing the colonial process. Guilt is here the expected consequence of a denunciation that is based on two elements: first, the collectivization of guilt, which is many ways contradictory with the relationship already analyzed between guilt and a process of individuation.

13 Neiman: Evil in modern thought, p. 215.

14 Ibd.

Second, the extension of guilt to eternity as if a case could not be settled either by forgiveness or oblivion. One could say the first is externalization and the second is ›eternalization‹ of guilt. Frantz Fanon did much to include the notion of guilt in the analysis of race relations and did not leave much space for an ethical sphere that would deal with the consequences of colonialism. His famous quote: ›Collective guilt is borne by what is conventionally called the scapegoat. Now the scapegoat for white society – which is based on myths of progress, civilization, liberalism, education, enlightenment, refinement – will be precisely the force that opposes the expansion and the triumph of these myths. This brutal opposing force is supplied by the Negro‹.[15] But the struggle can invert the stigma and create the White as the brutal opposing force to the liberation of the Wretched of the earth. Fanon's extremely powerful prose, enhanced by Sartre's incendiary foreword of the *Wretched of the Earth*, set the tone for generations in what was to become the dominant discourse of the dominated as well as the dominant attitude of the dominant intellectual standing for the dominated.[16] The scapegoat evoked in *Black Skin, White Masks* is not a new character in the ontology of guilt.

Here – it is inescapable at this point – we meet the theory of the scapegoat developed by René Girard and so difficult to articulate with an empirical anthropology.[17] His theory can be seen as the matrix for every master narrative. Man answers to his anguishes and tensions with an unique mechanism, perverse and self-perpetuating, asking regularly for more victims: to identify the guilty one, the sacrificial victim on which to focus the anxieties of the community, creating unity in the group compacted against a visible enemy, a guilty one that becomes victim and at the same time hero as the saviour of society. But if the killing of the victim involves a temporary decrease of tension, it creates a sense of guilt that will grow and eventually make it necessary to find a new scapegoat to be quenched. As we know, the only answer to the reproduction of the figure of the scapegoat is Christianity, at least as a theological answer and not as an empirical one. Girard scorns anthropology, understood as the study of differentiation and diversity, as an endeavour doomed to failure since it is based on a theory of classification amounting to ›sorting postmail‹. Girard has never been generous to his colleagues, and it seems that he has never felt any guilt about that. The theory of the scapegoat is a universal key that does not shed much light on the possible uses of guilt as an explanatory device for the mass murders of the twentieth century. Girard gives no chance to empirical anthropology but he does not need history either.

15 Fanon: Black skin, p. 194.
16 Fanon: The wretched of the earth.
17 Girard: The scapegoat.

Hannah Arendt's *Eichmann in Jerusalem* is still the most convincing alternative to this type of universal theory of sacrificial violence and guilt.[18] It is a disturbing landmark in the twentieth century reflection on evil and guilt. Arendt was often considered guilty of denying guilt because she dissociated it from malice and forethought, although she always considered that Eichmann was guilty and deserved death. What makes Auschwitz emblematic for evil (and guilt, I might add), as Susan Neiman recalls after Arendt's work, is the fact that immense crimes are committed with people with motives that are quite banal. The banality of evil questions the subjectivization of guilt as the very process of acknowledgement of misdeed. The crimes were so objectively massive that the subjective factors that are a requirement for the legal determination of guilt could no longer be identified. How is it possible to weigh and to measure the level of guilt, how can one give an account of the intentions? Those questions became irrelevant insofar that ›the most unprecedented crimes are committed by the most ordinary people‹.[19] Guilt could also vanish as the war techniques made death more abstract and so to speak ›clean‹, although cleanliness can be seriously questioned even in contemporary warfare. Talking about the banality of evil did not lead Arendt to reduce the extermination of the Jews to a commonplace dimension of guilt because she could not witness it in the Eichmann trial. ›Auschwitz‹ was still considered as unprecedented, radically new and unique. In the last thirty years, the banality of guilt has become a common feature of political life in a globalized world. The centrality of victimization has tended to diminish the uniqueness of Auschwitz in human history and multiply the occurrences of claims for the existence of almost equivalent situations before and after the Nazi mass-murders. After all, the very soft CRS, the police squads that took gentle care of the students in May 1968 Paris were labelled ›SS‹. Nobody really trusted the comparison, but it was a symptom. Although Auschwitz had rendered the evaluation of degrees in evil and guilt impossible, new forms of ideological calculation have put the extermination of the European Jews on a kind of scale. In some ways, guilt has been commodified and has become an ideological product. Monuments that were only designed for the purpose of remembrance are now loaded with guilt-producing or guilt relieving devices. Does it work really? Or is it only triggering false guilt? The debate is ongoing. Skepticism is the only answer to the highly publicized surge of ›lieux de memoire coupable‹. One might see in such doubts the resentment of an aging white man unable to cope with his own historical responsibilities. Sometimes, I feel guilty of not feeling guilty enough for the colonial past of France. Colonization was not positive, I agree. But what can I do with such a statement? Certainly fight neocolonialism as much as I can, militate for the independence of the last

18 Arendt: Eichmann in Jerusalem.

19 Neiman: Evil in modern thought, p. 273.

possessed territories. But beyond this? Battre ma coulpe pour les siècles des siècles (Stigmatize one's guilt for the next centuries)? Pascal Bruckner's essay, *The Tyranny of Guilt*, was a best-seller in France because it relieved white French people very easily.[20] But it also asked some questions that would be taken up anew later by Martin Walser in a much more guilt-loaded environment.[21] The question of self-hatred is a very complicated one. Nasser Suleiman Gabriel, a young French-Moroccan political scientist who specializes in liberal Islam, insists that the people of the Maghreb as well as the French Arabs should put an end to their anticolonialism, an ideological device that explains all the problems experienced in Arab countries by the colonial past, the effective guilt of the masters and the subjective guilt of the slaves.[22] It is out of date, he says, and counterproductive. His reasoning is quite convincing. But I can say that notwithstanding the merits of his analysis, I should not too easily be relieved from my guilt as a Frenchman. Would some amount of guilt be necessary for improving the situation of the Arabs of France? Our dialogue has just started.

List of references

Arendt, Hannah: Eichmann in Jerusalem. A report on the banality of evil, New York 1965.

Benedict, Ruth: The chrysanthemum and the sword: Patterns of Japanese culture, Boston 1946.

Bourdieu, Pierre: Distinction. A social critique of the judgement of taste, Cambridge/Mass. 1984.

Bourdieu, Pierre/Jean-Claude Passeron: Reproduction in education, society and culture, London 1990 [1970].

Bruckner, Pascal: The tyranny of guilt, Princeton 2010.

Collins, Randall: Interaction ritual chains, Princeton 2005.

Fanon, Frantz: Black skin, white masks, London 1986 [1952].

Fanon, Frantz: The wretched of the earth, New York 2005 [1961].

Freud, Sigmund: The interpretation of dreams, New York 1961 [1900].

Freud, Sigmund: Civilization and its discontents, New York 1961 [1930].

Girard, René: The scapegoat, Batimore 1989 [1982].

Goffman, Erving: Stigma: Notes on the management of spoiled identity, New York 1963.

20 Bruckner: The tyranny of guilt.

21 Walser: The burden of the past.

22 Suleiman Gabryel: Repenser l'Islam libéral européen.

Goffman, Erving: Behavior in public places: Notes on the social organization of gatherings, New York, 1966.

Goffman, Erving: Interaction ritual. Essays on face-to-face behavior, New York 1967.

Heidegger, Martin: Being and time, New York 1962 [1927].

Neiman, Susan: Evil in modern thought: An alternative history of philosophy, Princeton 2004.

Ricoeur, Paul: Fallible man: Philosophy of the will, New York 1987 [1960].

Suleiman Gabryel, Nasser: Repenser l'islam libéral européen: sociologie historique d'une philosophie politique; esquisse d'une islamologie pluridisciplinaire, thèse de doctorat, Institut d'études politiques d'Aix en Provence, 2011.

Walser, Martin: The burden of the past: Martin Walser on modern German identity: Texts, contexts, commentary, Rochester 2008.

Reinhard Schmidt-Rost

Recht, Schuld, Vergebung. Der Beitrag der christlichen Botschaft zu einer Kultur des Rechts

1. Jesus von Nazareth: Ein Rechtslehrer – kein Religionsstifter

In der modernen Religionswissenschaft wird Jesus von Nazareth als Religionsstifter, als Begründer der christlichen Religion eingeordnet.[1] Die Anregungen des Käte Hamburger Kollegs *Recht als Kultur* legen indessen eine andere Betrachtungsweise nahe: Jesus von Nazareth sei als ein Lehrer des Rechts in seinem Volk zu seiner Zeit in seiner Wirkung zutreffender zu verstehen denn als Begründer einer neuen Religionsdoktrin oder -praxis. Die biografischen Hinweise der Evangelien mögen legendenhaften Charakter tragen, unverkennbar aber waren die Gegenstände der Lehre Jesu von erheblicher Bedeutung für die Rechtskultur im Israel der damaligen Zeit.

Zu den biografischen Legenden gehört, dass sich Jesus schon als Heranwachsender, im Alter von 12 Jahren, an den Gesprächen der Rechtsgelehrten im Tempel zu Jerusalem beteiligt habe; seinen ersten öffentlichen Auftritt hatte er in der Synagoge seines Heimatortes, also im Rahmen der Praxis der Auslegung der Thora, nicht als Priester im Opferkult in Jerusalem. Er wurde aber wegen seiner anstößigen Auslegungen aus den Synagogen vertrieben und wirkte danach als Wanderlehrer; denn seine Thoraauslegung wurde von den etablierten Schriftgelehrten nicht akzeptiert; mit diesen stand er jedoch, wiederum nach Auskunft der Evangelien, kontinuierlich in Diskussion.

Viele der in den Evangelien überlieferten Worte Jesu handeln von der Rechtspraxis seiner Zeit und seiner Auseinandersetzung mit dieser. Gebündelt erscheint sein Widerspruch gegen die Auslegungspraxis der Schriftgelehrten in den sogenannten Antithesen der Bergpredigt (Mt 5,21–48), die offenkundig idealtypisch die Form der Kritik wiedergeben, mit der sich Jesus mit den Rechtsgelehrten seiner Zeit auseinandersetzte:

»Ihr habt gehört, dass zu den Alten gesagt ist, ich aber sage euch …!«

1 Vgl. z.B. Theißen: Die Religion der ersten Christen.

Gerade diese sogenannten Antithesen der Bergpredigt werden oft als Belege für eine radikalisierende Tendenz in der Gesetzesauslegung Jesu verstanden; diese Charakterisierung trifft aber nur zu, wenn man radikal als an die Wurzel gehend (basic, fundamental) versteht, also im Sinne von *prinzipiell*, aber nicht im Sinne von *auflösend*. Denn der Ausgangspunkt und Wurzelgrund seiner Kritik der herrschenden Rechtspraxis war die prophetische Predigt, die seit vielen Generationen in Israel virulent war, ohne dass sie sich als Regelpraxis hätte durchsetzen können; wirkungslos war sie jedoch nicht geblieben und fand in Jesus von Nazareth einen Vertreter, dessen Lehre letztlich sogar über sein Volk hinausführte, ob er es wollte oder nicht, ist nicht zu sagen.

Ein anderer Text aus dem Matthäusevangelium bestätigt die Auffassung, Jesu Lehre sei als prophetische Kritik an der herrschenden Rechts- und Kultpraxis zu verstehen: »Geht aber hin und lernt, was das heißt (Hos 6,6): ›Ich habe Wohlgefallen an Barmherzigkeit und nicht am Opfer.‹ Ich bin gekommen, die Sünder zu rufen und nicht die Gerechten« (Mt 9,13). Gilt der Nachsatz ironisch denen, die sich im Besitz der besseren Gerechtigkeit, der besseren Gesetzesauslegung wähnten, so ist der Hauptsatz eine Grundthese der Auslegung Jesu: Barmherzigkeit und nicht Opfer, auf ethische, nicht auf kultische Praxis zielt seine Auslegung des Rechts.

Auf der gleichen Linie einer Kritik des Rechts liegen auch die Diskussionen über das Fasten, über das Einhalten des Sabbats und über kultische Reinheit (Mt 9,14: Abweisung der religiösen Praxis des Fastens, Hochzeitsgäste; Mt 12,1–14: Sabbatgebot; Mt 15,1–20: Über Reinheit und Unreinheit; Mt 16,5–12: Warnung vor der Lehre der Pharisäer und Sadduzäer).

Alle diese Bibelstellen lassen keinen anderen Schluss zu als den, dass sich der Rechtslehrer Jesus offenbar für die Rechtspraxis in Israel, für den Kult der jüdischen Gemeinde seiner Zeit nur insofern interessierte, als er sich für die Bereinigung der Rechtspraxis einsetzte.

Zusammengefasst: Jesus von Nazareth wurde offenbar hingerichtet, weil er die Rechtsgelehrten seines Volkes fortgesetzt und fundamental kritisiert hatte und damit in den Augen der römischen Besatzung die öffentliche Ordnung zu stören schien, obwohl er nur eine Auslegungspraxis einklagte, die die Thora ihrem Sinn entsprechend zur Geltung bringen sollte. Damit trat er natürlich auch für die ein, die nicht die Macht hatten, das Recht in ihrem eigenen Interesse auszulegen, und für die, die nicht den Anspruch erhoben, die Befolgung der Thora im Alltag leisten zu können.

Nur in diesem Zusammenhang – Barmherzigkeit und nicht Opfer – ist dann auch die Kritik an Wirtschaftskriminalität und Misswirtschaft zu verstehen, wie sie vor allem im Lukasevangelium berichtet wird (Lk 16: Reicher Mann und armer Lazarus; Lk 19: Zöllner Zachäus).

2. Religionsorganisationen und Rechtskultur – Eine Zwischenbemerkung

Die christlichen Kirchen, die ihre Lehre und Praxis auf Leben und Lehre des Jesus von Nazareth zurückführen, werden in modernen Gesellschaften selbstverständlich dem Funktionssystem Religion zugerechnet. Sie sind nach Rechtsgrundsätzen des Vereins- oder des Organisationsrechts verfasst und als Körperschaften des öffentlichen Rechts anerkannt, wie sie früher dem landesherrlichen Kirchenregiment eingeordnet waren. Die Anerkennung als Körperschaft öffentlichen Rechts gründet auf einem scheinbar klaren, faktisch aber stets neu zu klärenden Religionsbegriff.

Für die Anerkennung als Körperschaften öffentlichen Rechts scheint die rationale Organisation der Kirchen mindestens genauso wichtig zu sein wie die Feststellung der von der Organisation vertretenen Inhalte, solange sich Lehren und Verhaltensregeln der jeweiligen Religionsgemeinschaft auf dem Boden des Rechtsstaates bewegen. Ob dies der Fall ist, darüber wird besonders im Fall von Scientology, aber auch im Hinblick auf einige muslimische Vereine weiterhin juristisch und wissenschaftlich gestritten.

Als Praxis der Rechtspflege wird die Praxis der christlichen Kirchen zurzeit allerdings faktisch nur in ihrem jeweiligen Binnenbereich betrachtet – etwa, ob sie ein Tarifrecht haben, das die Mitarbeiter nicht benachteiligt. Die nach dem Verfassungsrecht anerkannten Religionsgemeinschaften haben nur in speziellen Fragen einen Einfluss auf die öffentliche Rechtspraxis, der beachtet wird, etwa in Fragen des Lebensschutzes oder durch die Berufung einzelner Personen in Expertenkommissionen (z. B. für Ethik).

Und doch sollte man die Wirkung nicht unterschätzen, die der Auftritt des Jesus von Nazareth, wie er in den Schriften des Neuen Testaments überliefert ist und von den christlichen Kirchen immer neu vergegenwärtigt wird, auf die Rechtspraxis auch in der Moderne hat. Mag die Wirkung einzelner Aktionen kirchlicher Praxis, einzelner Predigten, Unterrichtsstunden usw. auch gering sein, so ist doch die Bewusstseinsbildung, auf die christliche Lehrer hinarbeiten, ein nicht zu unterschätzender Faktor der Rechtskultur in Deutschland, ganz abgesehen von dem bedeutenden Einfluss, den christlich gebildete Politiker auf die Abfassung des Grundgesetzes der BRD nach dem Zweiten Weltkrieg hatten.[2]

[2] Vgl. Schmoeckel: Die unbekannte Menschenwürde. Wie Schmoeckel es für den Begriff der Menschenwürde erläutert, ist auch der Begriff der Vergebung nicht gegen eine inhaltliche Entleerung gefeit, aber gleichwohl in spezifischer Weise politisch und rechtskulturell wirksam. Beide Begriffe müssen aber immer wieder philosophisch-theologisch bestimmt werden, es kann nicht bei formaljuristischen Erwägungen bleiben, dies gibt Schmoeckel für den Begriff der Menschenwürde zu bedenken.

3. Vergebung statt Vergeltung

Ich knüpfe nach dieser Zwischenbemerkung noch einmal bei Lehre und Leben des Jesus von Nazareth an.

Im Zentrum der christlichen Glaubenspraxis steht ein Text, der den Umgang mit Verantwortung und Schuld in christlich geprägten Rechtskulturen grundlegend und anhaltend beeinflusst hat und weiterhin beeinflusst, mindestens als Herausforderung. Das Vaterunser – das Gebet, von dem die Evangelisten Matthäus und Lukas sagen, Jesus habe es seine Jünger selbst gelehrt, womit sie vermutlich die historische Tatsächlichkeit treffen, aber daran liegt nicht viel – ist mit Blick auf die Bewusstseinsbildung der Öffentlichkeit aus drei Gründen auch in der Gegenwart bemerkenswert:

a. Es vermittelt eine Gottesvorstellung, die noch immer als vorwiegend zukunftsweisend angesehen werden muss, weil sie noch keineswegs so wirksam geworden ist, wie man nach weit über 2000 Jahren denken könnte. Die von Jesus von Nazareth vertretene Gottesvorstellung, Gott sei wie ein gütiger, barmherziger Vater, kritisiert das gerade in einer Leistungsgesellschaft herrschende Gottesbild von dem allmächtigen, alles bestimmenden Schöpfer des Himmels und der Erde, ein Gottesbild, dass die Menschen nach ihrem Bilde geschaffen haben, wie Georg Christoph Lichtenberg schon vor 200 Jahren süffisant bemerkte.[3]

Anknüpfend an die Botschaft der Propheten Israels hatte Jesus von Nazareth eine Vorstellung von Gott als Vater entwickelt, die für die jüdischen Gesetzeslehrer seiner Zeit eine Provokation darstellte; denn diese Vatervorstellung war inhaltlich bestimmt durch das Moment der »Güte« (Psalm 36 u. ö.), zugespitzt als Vorstellung der entgegenkommenden, sorgenden Liebe. Diese Gottesvorstellung wirkte der Sache nach sowohl inklusiv als auch universal. Dies stellte sich erst nach und nach heraus, zweifellos gefördert durch eine Kultur der Mobilität im römischen Weltreich der Zeitenwende. Auch heute ist die Wirkung dieser Vorstellung noch nicht allgemein geworden, obwohl man wissen kann, dass prinzipiell alle Menschen gemeint und gewollt sind, ausweislich der Tatsache, dass jeder, der diese Botschaft hört, offenkundig lebendig, also als Lebewesen gewollt ist.

b. Das Vaterunser stellt als die beiden zentralen Bitten die Bitte um »das tägliche Brot« und um »Vergebung« nebeneinander. Dass der Mensch Vergebung brauche wie das tägliche Brot, das ist eine Feststellung, die die Kultur des Rechts beachtlich tangiert. Hier wird ein entscheidender Schritt über die Rechtspraxis des ius talionis hinaus anvisiert, statt Vergeltung soll Vergebung die Rechtspraxis bestim-

[3] »Gott schuf den Menschen nach seinem Bilde, das heißt vermutlich: der Mensch schuf Gott nach dem seinigen« (Lichtenberg: Aphorismen, S. 70, Aphorismus D 198).

men, und dies auf der Grundlage des Bewusstseins, dass kein Mensch verantwortlich leben kann, ohne schuldig zu werden.

c. Das dritte wirkende Moment ist dies: Die Weiterentwicklung der prophetischen Gottesvorstellung – Gott als Vater – und die neue Rechtsauffassung – Vergebung statt Vergeltung – werden durch den täglichen Vollzug des Gebets eingeprägt. Auch wenn beide Momente rational immer wieder bestritten werden, so wird an ihrer Einprägung in die Kultur auch des Rechts stets weitergearbeitet.

Dass der Sachverhalt der Vergebung eine vollständige Umformung, eine Transformation des Rechtssystems nach sich zieht, zeigt eine Geschichte aus dem Johannesevangelium, die sogar Niklas Luhmann in seiner Religionssoziologie erwähnt,[4] um daran den faktischen Bruch einer alten hier der mosaischen Ordnung zu demonstrieren:

»Aber die Schriftgelehrten und Pharisäer brachten eine Frau, beim Ehebruch ergriffen, und stellten sie in die Mitte und sprachen zu ihm: Meister, diese Frau ist auf frischer Tat beim Ehebruch ergriffen worden. Mose aber hat uns im Gesetz geboten, solche Frauen zu steinigen. Was sagst du? (3 Mo 20,10) Das sagten sie aber, ihn zu versuchen, damit sie ihn verklagen könnten. Aber Jesus bückte sich und schrieb mit dem Finger auf die Erde. Als sie nun fortfuhren, ihn zu fragen, richtete er sich auf und sprach zu ihnen: Wer unter euch ohne Sünde ist, der werfe den ersten Stein auf sie. (Röm 2,1) Und er bückte sich wieder und schrieb auf die Erde.

Als sie aber das hörten, gingen sie weg, einer nach dem andern, die Ältesten zuerst; und Jesus blieb allein mit der Frau, die in der Mitte stand. Jesus aber richtete sich auf und fragte sie: Wo sind sie, Frau? Hat dich niemand verdammt? Sie antwortete: Niemand, Herr. Und Jesus sprach: So verdamme ich dich auch nicht; geh hin und sündige hinfort nicht mehr« (Joh 8,3–11).

Luhmanns Erläuterungen haben ihre praktische Pointe in dem Satz: »Das neue Gesetz wird im mosaischen Kontext nicht als Modifikation, sondern durch Bruch des alten Gesetzes in Geltung gesetzt«.[5]

Ohne die systemtheoretischen Interpretationsgrundlagen und den Zusammenhang der Argumentation hier nachzuzeichnen, ist festzuhalten, dass die Modifikation der Gesetzesauslegung unter dem Stichwort ›Vergebung‹ einen wesentlichen Schritt hin zu einer zeitgemäßen Plausibilisierung der Auslegung bedeutet, insofern hier mit dem Interpretament ›Vergebung‹ die offenkundige Diskrepanz zwischen dem fünften und sechsten Gebot aufgehoben und ein zukunftsfähiges Auslegungsangebot entwickelt wird, also das Tötungs- und das Ehebruchverbot ausgeglichen werden.

4 Vgl. Luhmann: Religion der Gesellschaft, S. 138 f.
5 Vgl. ebd., S. 138.

Auch der Apostel Paulus erlebte gerade darin seine Bekehrung, dass sein Gesetzesverständnis von der Vergeltung nach den Werken zu einer Begnadigung der Person vorstößt, die man als Beschuldigter eben nicht selbst hervorrufen kann. Sie wird wirksam, wenn man sie akzeptiert, wenn man glaubt.

Denn nichts anderes ist die Rechtfertigung aus Glauben als die generalisierte Erfahrung der befreienden Gewissheit, dass die Schuld, die jeder verantwortlich handelnde Mensch unvermeidlich auf sich nimmt, vorweg vergeben ist. Mit anderen Worten: Man darf weiterleben, auch wenn man schuldig geworden ist – und das wird man als verantwortlich handelnder Mensch immer, so die Erfahrung des Paulus: Das Gesetz verurteilt immer.

Auch in diesem Fall wird die Unausweichlichkeit der Schuld durch die vorweg erteilte Vergebung gemildert. Es gilt nun nicht mehr das heroische Goethe-Wort:

> »Ihr lasst den Armen schuldig werden, dann überlasst ihr ihn der Pein,
> denn alle Schuld rächt sich auf Erden«.

Auch wenn die christliche Praxis, wie zuvor dargestellt, heutzutage überwiegend als eine religiöse Praxis angesehen und organisationsrechtlich eingeordnet wird, so lässt sich die Relevanz für die Rechtskultur doch nicht übersehen und muss entsprechend in den Vordergrund gerückt werden. Sie konfrontiert die Rechtspraxis kontinuierlich mit ihren inneren Widersprüchen, die sich vermutlich durch immer weitere kasuistische Anwendungen ergeben, die aber durch den sozialen Mechanismus der Vergebung gemildert werden können.

Den Mechanismus der Vergebung gefasst in die Maxime ›Gnade vor Recht‹ anzusprechen, heißt aber zugleich, zuzugeben, dass Vergebung als Norm des positiven Rechts nur in Ausnahmefällen wirksam werden kann. Wohl aber ist sie im Leitbild einer humanen Rechtspraxis zur Geltung zu bringen, denn die inzwischen jahrtausendealte Erfahrung lehrt, dass Vergeltung strikte Regelungen des positiven Rechts braucht, wenn sie nicht die Gesellschaft durch eine endlose Kette von Racheakten oder Rechtsstreitigkeiten gefährden soll, dass aber die inhaltliche Anreicherung des Rechts mit dem Gedanken der Vergebung die Praxis des Rechts zu flexibilisieren vermag.

4. Gnade vor Recht: Die unmögliche Möglichkeit, Vergebung zu normieren

Wenn gilt, dass »Recht mit seinen Grundfunktionen der Gewaltminimierung durch Konfliktregelung und des Schutzes der wechselseitigen Verhaltenserwartung durch sanktionsbewehrte Normensicherung der Förderung der Kohäsion einer jeden Gesellschaft dient«,[6] dann ist die Bewegung von der Vergeltung zur Vergebung als ein weiterer Schritt des Rechts auf diesem Weg der Gewaltminderung zu erkennen.

Das Alte Testament kennt hinreißende Plädoyers für Gewaltminderung durch Vergebung, etwa die Story von Jona und Ninive (Buch des Propheten Jona), besonders eindrucksvoll ist aber das Ende der Josephsgeschichte, ergreifend schön nachgedichtet von Thomas Mann:

»Hier sind wir, Diener des Gottes deines Vaters, und sind deine Knechte. So vergib uns nun doch unsrer Bosheit, … und vergilt uns nicht nach deiner Macht! …

Aber Brüder, ihr alten Brüder! antwortete er und beugte sich zu ihnen mit gebreiteten Armen. Was sagt ihr da auf? Als ob ihr euch fürchtet, ganz so redet ihr und wollt, daß ich euch vergebe! Bin ich denn wie Gott? Drunten, heißt es, bin ich wie Pharao, und der ist zwar Gott genannt, ist aber bloß ein arm, lieb Ding. Geht ihr mich um Vergebung an, so scheint's, daß ihr die ganze Geschichte nicht recht verstanden habt, in der wir sind. Ich schelte euch nicht darum. Man kann sehr wohl in einer Geschichte sein, ohne sie zu verstehen. … Und nun soll ich Pharao's Macht, nur weil sie mein ist, brauchen, um mich zu rächen an euch für drei Tage Brunnenzucht, und wieder böse machen, was Gott gut gemacht? Daß ich nicht lache! Denn ein Mann, der die Macht braucht, nur weil er sie hat, gegen Recht und Verstand, der ist zum Lachen. Ist er's aber heute noch nicht, so soll er's in Zukunft sein, und wir halten's mit dieser. Schlafet getrost! Morgen wollen wir nach Gottes Rat die Rückfahrt aufnehmen ins drollige Ägyptenland.

So sprach er zu ihnen, und sie lachten und weinten zusammen, und alle reckten die Hände nach ihm, der unter ihnen stand, und rührten ihn an, und er streichelte sie auch. Und so endigt die schöne Geschichte und Gotteserfindung von Joseph und seinen Brüdern«.[7]

Auch hier ist Vergebung noch die überraschende Antwort auf die begangene Untat des Verkaufs Josephs durch die Brüder, für die sich der Herrscher in Ägypten, Joseph, nicht rächt, weil er eine höhere Autorität anerkennt, den Gott der Möglichkeiten, der den Menschen auf das Gute hin ansieht, zu dem er fähig ist, ihn nicht auf seine Untaten und damit auf seine Vergangenheit festlegt.

Aber das alte Muster der Vergeltung, die am Begangenen und Vergangenen hängt, beherrscht bis heute das Bewusstsein; dabei hatte bereits Martin Luther eine nur aufgrund von Bußleistungen gewährte Vergebung als verkappte Form der Vergeltung erkannt. Er hatte die Beichte und die materiellen Bußleistungen, insoweit sie zur Voraussetzung der Vergebung gemacht wurden, als Herrschaftsinstrument durchschaut.

6 Otto: Recht, Sp. 89.
7 Mann: Joseph und seine Brüder, S. 1362 f.

Muss der Vergebung aber nicht etwas vorangehen? Eine Tat, ein Missgriff, ein Versehen? Ja muss der Vergebung nicht die Verfehlung vorangehen, ist Verlangen nach Vergebung nicht eine Emotion und Reaktion auf Geschehenes?

In einem Internettext der EKD zum Stichwort ›Vergebung‹ steht zu lesen:

»Wer Sünde und Schuld auf sich geladen hat, sich einsichtig zeigt und diese bereut, kann auf Vergebung hoffen. Vergebung bedeutet die Wiederaufnahme einer Beziehung (zwischen Gott und Mensch, aber auch zwischen Menschen)«.[8]

Dieser Gedankenzusammenhang, dieser allzu bekannte Mechanismus von Tat und Folge wird in seiner Selbstverständlichkeit und in seiner Eigendynamik im christlichen Glauben gerade durch den Gedanken der Vergebung infrage gestellt. Die Vernunft des Alltags denkt in schlichter zeitlicher Reihenfolge: erst *Vergehen*, dann *Vergeltung* oder eben besserenfalls: auf *Vergehen* kann *Vergebung* gnädig folgen.

Aber *Vergebung* ist viel *mehr* als eine unübliche Reaktion auf ein *Vergehen* und deshalb ist sie vor allem etwas *ganz anderes*. *Vergebung* ist eine *Vorgabe*, sie ist die lebensrettende und kulturerhaltende Voraussetzung dafür, dass die Unterschiede zwischen den Menschen, die also jeden vom anderen trennen, nicht nur nach Recht und Gesetz auszuhalten sind, sondern auch reichhaltig ausgestaltet werden können. *Vergebung* gibt Spielraum.

Die üblichen und nicht selten üblen Folgen der gewohnten direkten Verbindung von Vergehen und Vergeltung, von Untat und Rache gefährden definitiv die menschliche Kultur auf dem ganzen Globus, auch wenn sie der Rechtslage nach noch so angemessen sein mögen.

Vergebung klingt wie eine Reaktion und ist es als Handlung auch, aber zuvor und in ihrem Wesen ist *Vergebung* eine Vorgabe, eine Zusage. Die Zusage von Leben trotz aller Unterschiede, mit allen Reibungen, allen Konkurrenzen, trotz aller lebensgefährlicher Konflikte.

Vergebung wirkt wie ein Vorzeichen vor dem Leben der Menschen, die dieser Möglichkeit der Lebensgestaltung trauen. Ein solcher Gedanke transzendiert die Rechtspraxis, bleibt aber auf sie bezogen, als ständige Herausforderung, von Zeugen der besseren Wirkung dieser Transzendierung bestätigt. Dazu zitiere ich aus dem Artikel *Forgiveness* der *Stanford Encyclopedia of Philosophy*, verfasst von Paul Hughes:

»Forgiveness and Justice

It is often claimed that in the face of wrongdoing we are frequently torn by conflicting moral intuitions, on the one hand to demand justice from wrongdoers and, on the other, to proffer forgiveness. A correlative thought is that these are alternative responses to wrong-

8 http://www.ekd.de/glauben/abc/vergebung.html (letzter Zugriff: 18.02.2013).

doing, which cannot be melded into one reaction. In his advocacy of truth and reconciliation efforts to address large-scale moral wrongs, Desmond Tutu [...] makes the point that forgiveness and reconciliation are incompatible with retributive justice, and that the moral value of the former are to be assessed in terms of what he calls ›restorative justice‹, or the extent to which such public accountings effect healing between perpetrators and victims of wrong. This reflects a growing trend in academic and public policy circles to modify conceptions of justice to incorporate alternatives to retribution as the proper response to wrongdoing, especially wrongdoing in the form of heinous crimes against humanity [...]. Despite its appeal, the notion of restorative justice is not entirely clear, for if retributive justice refers merely to punishing wrongs, this sense of justice seems compatible both with forgiveness and reconciliation between wrongdoers and their victims. If instead the concept of retributive justice conveys the idea of getting even with wrongdoers, as in the Old Testament ›eye for an eye, tooth for a tooth‹ version of justice, then forgiveness and this sort of justice are indeed inconsistent, as is presupposed in the mainstream conception of forgiveness as requiring that a forgiver renounce retributive emotions directed at wrongdoers. Some writers on this topic suggest that forgiveness is not the same as restorative justice, but may be an important component in the larger project of achieving a justice that seeks the moral restoration of those injured in large-scale moral wrongs«.[9]

Der Gedanke der Vergebung soll zu dem größeren Projekt beitragen, dass die moralische Wiederherstellung derjenigen sucht, die in einem weiteren Sinn moralisch verletzt worden sind.

5. Organisation, Religion und Recht – oder: Institutionalisierung der Vergebung als Vorgabe

Wie kann man den Einfluss des prophetischen Gedankens der Vergebung auf das Recht als Kultur so organisieren, dass dieser Gedanke kulturprägend und kulturimprägnierend zur Geltung kommen kann? Dazu wird hier der Perspektivenwechsel noch einmal aufgenommen, der im ersten Teil leitend war: Die Wirkung des Jesus von Nazareth wird in den kulturellen Formen des Rechts treffender beschrieben als in den Formen des Kultus, also von organisierter Religion; es bleibt allerdings auch beim Eintritt des Gedankens ›Vergebung als Vorgabe‹ ein Überschuss über die Praxis des ius talionis hinaus, der die Wirkung des prophetischen Vergebungsgedankens immer wieder gefährdet.

Mit der Unterscheidung von Recht und Religion und der Einzeichnung des Vergebungsgedankens in die Sphäre des Rechts entgeht man einer Reihe von Schwierigkeiten des Religionsbegriffs, auf die Luhmann aufmerksam gemacht hat, insbesondere der Psychologisierung. Deshalb kann man im Folgenden mit

9 Hughes: Forgiveness.

Niklas Luhmanns soziologischer Bestimmung von religiösen Organisationen arbeiten. Religiöse Organisationen sind solche, die diejenigen »Sinnformen« verwalten, deren »Sinn auf die Einheit der Differenz von beobachtbar und unbeobachtbar« »zurückverweist« »und dafür eine Form findet« oder bereitstellt. Alle Entfaltungen der Kontingenzformel ›Gott‹ leisten diese Verbindung der grundlegenden Differenz allen Lebens in einer Sinnform, die die Differenz zwischen ›beobachtbar‹ und ›unbeobachtbar‹ vereinheitlicht, d. h. die Differenz unsichtbar macht.[10]

Keine Gesellschaft kommt ohne eine solche Grundformel und deren Organisation aus, wie immer sie inhaltlich ausgeführt wird. Ein solcher soziologischer Religionsbegriff (Organisation der Verbindung von ›unbeobachtbar‹ und ›beobachtbar‹) ist zu unterscheiden von psychologischen Bestimmungen von Religion, etwa mithilfe der Begriffe Gefühl oder Bedürfnis. Psychologisch gesprochen wäre Religion das Bedürfnis eines jeden Individuums nach Sicherheit oder Kontingenzbewältigung oder das Gefühl schlechthinniger Abhängigkeit oder eben Opium des Volkes, auch dies ein sozialpsychologischer Begriff.

Bleibt man aber bei der soziologischen, systemtheoretischen Interpretation, so tritt zunächst ein Problem in Erscheinung, dass die Organisation von Religion nicht vermeiden zu können scheint, »eine prinzipielle Inkompatibilität von Religion und Organisation« wird sichtbar. Denn »wenn die Organisation in allem, was sie akzeptiert und reproduziert, eine Entscheidung sieht, muß das zu einer Dekonstruktion von Glaubensinhalten führen«.[11] »Das muss nicht zu einer Religionskatastrophe führen, vielleicht aber zu einer Sachlage, die man geläufig als Krise bezeichnet«.[12]

Solche Inkongruenzkrisen, in denen die Organisationsentscheidungen die zu organisierende Sinnform und ihre Entfaltung konterkarieren, begleiten die christlichen Kirchen seit ihren Anfängen, und alle Reformatoren aller Zeiten stoßen immer wieder auf das Problem, dass die Mechanismen der Organisation die Sinnformen der christlichen Botschaft verformen. Ein zentrales Beispiel ist die Gottesvorstellung, die Jesus von Nazareth verbreitet hat. Anknüpfend an die Botschaft der Propheten Israels hatte er eine Vorstellung von Gott als Vater entwickelt, die für die jüdischen Gesetzeslehrer seiner Zeit eine Provokation darstellte; denn diese Vatervorstellung war inhaltlich bestimmt durch das Moment der »Güte« (z. B. Psalm 36) oder sorgenden Liebe und damit der Sache nach sowohl inklusiv als auch universal.

Ihre Wirkung entfaltete diese Lehre des Jesus von Nazareth ziemlich unmittelbar; die Herrschenden spürten schnell, dass ihre Rechtskultur als Unkultur kritisiert wurde, und sorgten für die Beseitigung des Nazareners. Dass sich der

10 Luhmann: Religion der Gesellschaft, S. 35.
11 Ebd., S. 248.
12 Ebd.

allmächtige Gott in einem Menschen zeigen sollte, das überzeugte zwar viele Menschen, die Herrscher aber, die ihre Macht auf eine stabile Allmachtsvorstellung gründeten, auch wenn sie sich nicht selbst mehr als Inkarnation des höchsten Gottes interpretierten, mussten eine solche Vorstellung abweisen.

Niklas Luhmann aber bildete mit seiner Differenztheorie und der Denkform des Re-entry die christliche Lehre der Menschwerdung Gottes in Christus logisch nach und plausibilisierte sie. Die organisatorischen Maßnahmen jedoch, die die universale Wirkung dieser Vorstellung absichern sollten, gefährdeten durch Gewaltmechanismen zugleich den Sinn der Gottesvorstellung des Re-entry, der entgegenkommenden Liebe. Damit aber wurde dieser Markenkern, diese besondere Gottesvorstellung, die die Differenzen gerade schonen sollte, unsichtbar, invisibilisiert in der Terminologie Luhmanns. Die Inklusions-/Exklusionsproblematik, wie sie Luhmann diagnostiziert hat, begegnet in der Geschichte des Christentums auf Schritt und Tritt und in vielerlei Gestalt.

In der Verkündigung Jesu heißt es: »Kommt her zu mir alle, die ihr mühselig und beladen seid …« (Mt 11,28); das Grundgeschehen des Christentums ist eine Botschaft, die Verheißung der Vollinklusion, alle sollen dazugehören; aber es werden doch bald Regeln für die Beteiligung an der Gemeinschaft der Christen aufgestellt, und sei es nur die, dass man sich in kleinen Gemeinschaften trifft; auch streitet man sich schon in den ersten Jahren darüber, ob nur Juden Christen sein können oder auch Heiden. Streit verlangt Regelungen, führt also auch zu Auslegungen des in der Lehre ursprünglich Gesagten oder Gemeinten.

Solche Veränderungen lassen sich auch am Institut der Beichte demonstrieren:

Im Mittelpunkt des zentralen Gebets, des Vaterunser, steht, wie erwähnt, die Vergebung. Sie wird als Gabe erbeten. Daraus ist im Mittelalter das Beichtinstitut geworden, die organisierte Lossprechung von Amts wegen. Der Sünder erhält die Vergebung nicht vornehmlich als Gabe, er hat vielmehr Bußleistungen bis hin zu finanziellen Auflagen zu erbringen. Dagegen wandte sich Luther unter Berufung auf Paulus: Lossprechung erfolgt aus Gnade. Die organisatorischen Konsequenzen aber vermochte er daraus nicht zu ziehen. Der Bauernkrieg war der erste – schrecklich misslungene – Test der neuen Vorstellungen von Freiheit als Gabe.

Man kann dieser Spannung zwischen Sinnform und Organisation oder, in theologischer Begrifflichkeit, zwischen Geist und Buchstaben grundsätzlich nicht entgehen, aber man wird dieser Problematik noch deutlicher ansichtig und kann dann mit ihr unter Umständen flexibler umgehen, wenn man das Christentum soziologisch nicht im Teilsystem Religion verortet und von seiner aktuellen Organisationsgestalt her betrachtet – wobei dann die Lehre die Folge der Organisation wäre –, sondern die Botschaft des Jesus von Nazareth noch vor ihrer organisatorischen Verfestigung als Vorgang der Pflege des Rechtssystems mit dem Ziel seiner Flexibilisierung auffasst.

Eine solche Betrachtungsweise ist historisch plausibel, denn die Quelle des Christentums war eine prophetische Botschaft, die Lehre des Jesus von Nazareth, deren soziale Funktion und Organisation nur deshalb immer stärker mit religiöser Praxis und heute mit dem Teilsystem Religion in Zusammenhang gebracht wurde und wird, weil sich die kritische Auseinandersetzung des Jesus von Nazareth mit den Autoritäten seines Volkes nur im Gewand des Gottesrechts ereignen konnte.

Dass der Nazarener mit seiner Lehre aber weder bei den Vertretern der organisierten Religion Gehör fand noch seine Jüngerschaft in der Gesellschaft als Religion wahrgenommen wurde,[13] erhärtet den Eindruck, dass das Evangelium, die befreiende Botschaft vom väterlich-gütigen Gott, als ein massenmediales Phänomen auf das Rechtssystem und auf die Rechtspflege Einfluss nahm und deshalb nicht in traditionellen Organisationsformen religiöser Praxis seine angemessene Gestalt findet. Zweifellos stellt das Evangelium, zumal in der Fassung der Geburt des Gottessohnes im Stall, auch eine legendenhafte Sinnform des Paradoxes ›Unbeobachtbares tritt in das Beobachtbare wieder ein‹ dar. Dieses Paradox des Re-entry, des Wiedereintritts des Unbeobachtbaren in das Beobachtbare, ist der Anfang aller Religion mindestens im Okzident,[14] auch die christliche Botschaft konnte sich dem Sog der Religionsform und deren Organisation lange nicht entziehen und kann es bis heute nicht, eine Umstellung der Organisation von Opfer auf Kommunikation ist aber immerhin seit Renaissance und Reformation im Gange.[15]

Literatur

Hughes, Paul: Forgiveness, in: Edward N. Zalta (Hg.): Stanford Encyclopedia of Philosophy, Stanford 2010, online unter: http://plato.stanford.edu/entries/forgiveness/ (letzter Zugriff: 18.02.2013).

Lichtenberg, Georg Christoph: Aphorismen. In einer Auswahl herausgegeben und mit einem Nachwort versehen von Kurt Batt, Frankfurt a. M./Leipzig 1994.

Luhmann, Niklas: Die Religion der Gesellschaft, Frankfurt a. M. 2001.

Mann, Thomas: Joseph und seine Brüder, Frankfurt a. M. 1973.

Otto, Eckart: Art. Recht III. Alter Orient und Altes Testament, in: Religion in Geschichte und Gegenwart, 4. Aufl., Bd. VII, Sp. 89–91.

Schmoeckel, Mathias: Die unbekannte Menschenwürde, in: Bonner Universitätsblätter 2008, S. 11–25.

13 Vgl. Veyne: Die griechisch-römische Religion, S. 66

14 Vgl. Luhmann: Religion der Gesellschaft, Kap. 4, Kontingenzformel Gott.

15 Vgl. zuletzt: Soeffner: Religion und Kultur des Individuums.

Soeffner, Hans-Georg: Religion und Kultur des Individuums. Zwölf Thesen, in: Peter A. Berger et al. (Hg): Religionshybride. Religion in posttraditionalen Kontexten, Wiesbaden 2013, S. 283–304.

Theißen, Gerd: Die Religion der ersten Christen. Eine Theorie des Urchristentums, Gütersloh 2000.

Veyne, Paul: Die griechisch-römische Religion. Kult, Frömmigkeit und Moral, Stuttgart 2008.

Über die Autoren

Sadik Al-Azm, Prof. Dr. h. c., ist Philosoph. Er ist emeritierter Professor der Universität Damaskus. Schriften zum Marxismus, zur Philosophie der Aufklärung und den Möglichkeiten einer islamischen Moderne. Als einer der bedeutendsten Intellektuellen der arabischen Welt äußert er sich regelmäßig zu aktuellen politischen Fragen, vor allem zur politischen Entwicklung in islamischen Gesellschaften und dem Verhältnis von Politik, Recht, Religion und Gewalt. Er war Fellow am Käte Hamburger Kolleg »Recht als Kultur«.

Louis Assier-Andrieu, Prof. Dr., ist Rechtsethnologe und Rechtswissenschaftler. Derzeit ist er Directeur de recherche des Centre d'études européennes de SciencesPo (CNRS) und Professor an der École de droit de SciencesPo. Er ist ehemaliger Fellow des Käte Hamburger Kollegs »Recht als Kultur«. Zahlreiche anthropologische, epistemologische und historische Publikationen zu Themen des Rechts, der Politik, der Normativität und der Kultur.

Pratiksha Baxi, Prof. Dr., ist Soziologin. Sie ist Associate Professor am Centre for the Study of Law and Governance an der Jawaharlal Nehru University, Neu-Delhi (Indien), und Sprecherin des dortigen Law and Social Sciences Research Network (LASSnet). Ihre rechtssoziologischen und feministischen Studien setzen sich mit dem Themenkomplex von Recht, Kultur und Gewalt auseinander, so auch ihr Beitrag als Fellow am Käte Hamburger Kolleg »Recht als Kultur«.

Upendra Baxi, Prof. Dr. h. c. mult., ehemaliger Fellow am Käte Hamburger Kolleg »Recht als Kultur«, ist einer der renommiertesten indischen Rechtsgelehrten der Gegenwart. Er war Professor of Law in Development an der University of Warwick in Großbritannien. Er hat zahlreiche Studien u. a. zur Rechtstheorie und Verfassungstheorie verfasst, ist aber vor allem durch seine provokanten Arbeiten über Menschenrechte bekannt.

Sami Bostanji, Prof. Dr., ist Zivilrechtler. Er ist Professor an der rechts- und politikwissenschaftlichen Fakultät der Universität Tunis und Dozent an der Université Panthéon-Assas (Paris II) und ehemaliger Fellow am Käte Hamburger Kolleg »Recht als Kultur«. Seine Forschungsschwerpunkte liegen im Bereich des Internationalen Privatrechts, des Internationalen Handelsrechts und der Rechtsordnungen der arabischen Länder.

Helge Dedek, Prof. Dr., ist Jurist. Er ist Associate Professor an der McGill University in Montreal (Kanada), wo er in den Fächern Zivilrecht, Rechtsgeschichte und Rechtsvergleichung unterrichtet. Er hat vielfach im Bereich der Rechtsvergleichung, der Rechtsgeschichte, des Römischen Rechts und der Theorie des Privatrechts publiziert. Sein Beitrag ist aus dem Fellowship am Käte Hamburger Kolleg »Recht als Kultur« hervorgegangen.

Jean-Louis Fabiani, Prof. Dr., ist Soziologe. Er ist Professor für Soziologie und Sozialanthropologie an der Central European University in Budapest und Directeur d'études an der EHESS in Paris. Zahlreiche Veröffentlichungen zu soziologischen, sozialanthropologischen und kulturwissenschaftlichen Grundfragen.

Werner Gephart, Prof. Dr. jur. Dr. h. c., ist Soziologe, Jurist und Künstler. Er ist Professor für Soziologie an der Rheinischen Friedrich-Wilhelms-Universität Bonn, Ancien Professeur de l'Institut d'Études politiques de Paris sowie Gründer und Direktor des Käte Hamburger Kollegs »Recht als Kultur«. Er ist Herausgeber des Bandes »Recht« der Max-Weber-Gesamtausgabe (MWG I/22-3).

Otto Kallscheuer, Prof. Dr., ist Politikwissenschaftler und Philosoph. Er ist derzeit Gastprofessor für politische Theorie an der Università degli studi von Sassari (Italien) und ehemaliger Fellow am Käte Hamburger Kolleg »Recht als Kultur«. Zahlreiche Publikationen zu verschiedenen Themen der politischen Philosophie, insbesondere zum Komplex von Recht, Politik und Religion sowie zur Kulturphilosophie.

Antonella Ratti, Dr., ist Juristin und Politikwissenschaftlerin. Sie ist Dozentin an der sozialwissenschaftlichen LUISS Guido Carli Universität in Rom und hat als Fellow am Käte Hamburger Kolleg »Recht als Kultur« gearbeitet. Sie forscht zu verfassungsrechtlichen und identitätspolitischen Fragen, besonders zum Spannungsverhältnis von Religion und säkularem Recht.

Reinhard Schmidt-Rost, Prof. Dr., ist Theologe. Er ist Professor für Praktische Theologie an der Universität Bonn und übt hier auch das Amt des Universitätspredigers aus. Zu seinen Forschungsschwerpunkten zählen Homiletik, Liturgik und Christliche Publizistik sowie die Seelsorge.

Doris Schweitzer, Dr., ist Soziologin und Juristin. Im Schnittfeld beider Disziplinen hat sie am Käte Hamburger Kolleg »Recht als Kultur« als Fellow gearbeitet. Sie ist Wissenschaftliche Mitarbeiterin am Exzellenzcluster »Kulturelle Grundlagen von Integration« der Universität Konstanz. Ihre Forschungsschwerpunkte liegen auf dem Gebiet der Raumtheorie, Rechtssoziologie und Kulturtheorie.

Philipp Stoellger, Prof. Dr., ist Theologe. Er ist Professor für Systematische Theologie und Religionsphilosophie an der Universität Rostock und Vorsitzender der Gesellschaft für interdisziplinäre Bildwissenschaft. Er hat vielfach zu theologischen, religions- und kulturwissenschaftlichen Fragen publiziert und am Käte Hamburger Kolleg »Recht als Kultur« gewirkt.

Jan Christoph Suntrup, Dr., ist Politikwissenschaftler. Er ist Wissenschaftlicher Mitarbeiter am Käte Hamburger Kolleg »Recht als Kultur« in Bonn. Seine Forschungsschwerpunkte liegen im Bereich der politischen Theorie und politischen Ideengeschichte sowie der Kulturanalyse von Recht und Politik.

Dirk Tänzler, Prof. Dr., ist Soziologe. Er vertritt zurzeit die Professur für Allgemeine Soziologie an der Universität Bonn. Zahlreiche Publikationen zur Sozialtheorie, Sozialphilosophie, Theorie der Moderne, Kultursoziologie und politischen Soziologie.

Christian Waldhoff, Prof. Dr., ist Jurist. Er ist Professor für Öffentliches Recht und Finanzrecht an der Humboldt-Universität zu Berlin und ehemaliger Stellvertretender Direktor des Käte Hamburger Kollegs »Recht als Kultur« in Bonn. Er hat vielfach zu Fragen des Verfassungsrechts, des Kirchen- und Religionsrechts, des öffentlichen Finanzrechts und der Verfassungsgeschichte publiziert.

Daniel Witte, Dr., ist Soziologe. Er ist seit 2010 Wissenschaftlicher Koordinator am Käte Hamburger Kolleg »Recht als Kultur«. Seine Forschungsschwerpunkte liegen im Bereich der soziologischen Theorie, der Relationalen Soziologie und im Schnittfeld von Politischer, Rechts- und Kultursoziologie.

Rainer Zaczyk, Prof. Dr., ist als Jurist Professor für Strafrecht und Rechtsphilosophie an der Universität Bonn und Geschäftsführender Direktor des Rechtsphilosophischen Seminars. Zahlreiche rechtsphilosophische und strafrechtliche Veröffentlichungen, u. a. »Selbstsein und Recht« (Klostermann 2014) als Ergebnis seines Fellowships am Käte Hamburger Kolleg »Recht als Kultur«.

Bildnachweis

Bild 1, S. 14:
Werner Gephart: Figurative Abstraktion I: Das Recht in der Gesellschaft, elektronische Collage, 2014.

Bild 2, S. 175:
Foto: Famine in Sudan, 1993.
© Kevin Carter/Sygma/Corbis.

Bild 3, S. 413:
Caravaggio: David mit dem Haupt des Goliath, ca. 1605, Wien, Kunsthistorisches Museum.
© IMAGNO – ARTOTHEK.

Bild 4, S. 414:
Caravaggio: David mit dem Haupt des Goliath, ca. 1610, Rom, Galleria Borghese.
© ALINARI – ARTOTHEK.

Rechtsanalyse als Kulturforschung

Herausgegeben von Werner Gephart

2012. 346 Seiten, zahlreiche Abbildungen
ISBN 978-3-465-04147-4
Recht als Kultur 1

Wie ist unter den Bedingungen von Globalisierung und der Wiederentdeckung der Religionen noch normative Verbindlichkeit herzustellen? Wie kann die Vielfalt von normativen Projektionen zu einer verträglichen multiplen Ordnung verknüpft werden, ohne ein neues Einheitsreich des Normativen zu errichten? Und wie lässt sich dabei zugleich verhindern, dass partikularen normativen Sonderreichen eine Geltungskraft verliehen wird, die zur Auflösung von Normativität selbst führen würde? Im Rahmen der Schriftenreihe »Recht als Kultur« veröffentlicht das gleichnamige Käte Hamburger Kolleg seine an diesen Leitfragen orientierten Forschungsergebnisse. Dieser erste Band der Reihe versammelt ausgewählte Beiträge des Eröffnungssymposions des Käte Hamburger Kollegs »Recht als Kultur«, auf dem exemplarischen Fragestellungen der sechs thematischen Jahresschwerpunkte des Kollegs nachgegangen wurde: den Grundlagen einer geisteswissenschaftlichen Analyse von Recht, den Wahlverwandtschaften von Recht und Religion, der Rolle des Rechts im Globalisierungsprozess, der Genese, Verflechtung und dem möglichen Konflikt unterschiedlicher Rechtskulturen, den Kulturformen des Rechts, etwa in Literatur und Film, sowie der Frage nach »Kultur« als einer genuinen Quelle von Rechtsgeltung.

Werner Gephart ist Direktor des Käte Hamburger Kollegs »Recht als Kultur«. Er ist Jurist und Soziologe, Professor am Institut für Politische Wissenschaft und Soziologie der Universität Bonn und u. a. Herausgeber des Rechtsbandes der Max Weber Gesamtausgabe.

Günther Jakobs

System der strafrechtlichen Zurechnung

2012. 108 Seiten
ISBN 978-3-465-04146-7
Recht als Kultur 2

Das Ziel dieser Schrift ist es, die strafrechtliche Zurechnung als die Bestimmung der deliktischen Bedeutung eines Verhaltens zu begreifen: Der Sinn des Verhaltens als eines Normwiderspruchs vermittelt zwischen dem Sinn der Norm und dem Sinn der Strafe. Norm, Normbruch und Strafe werden als kommunikative Sequenz dargestellt. Manche Teile des hier vorgetragenen Gedankengangs hat der Verfasser seit Jahren oder sogar Jahrzehnten in nicht wenigen Arbeiten vorgestellt; deren Zugehörigkeit zu einem System soll an dieser Stelle demonstriert werden.

Günther Jakobs war Professor für Strafrecht und Rechtsphilosophie an den Universitäten Bochum, Kiel, Regensburg und Bonn. Seine – zahlreich in andere Sprachen übersetzten – Publikationen erfassen einen großen Bereich der theoretischen Grundlagen des Strafrechts der letzten zwei Jahrhunderte.

Rainer Zaczyk

Selbstsein und Recht

Eine rechtsphilosophische Untersuchung

2014. 104 Seiten
ISBN 978-3-465-04199-3
Recht als Kultur 3

Die Arbeit begründet die These, dass das Selbstsein des Menschen ohne ein Leben im Recht nicht zu denken ist. Anknüpfend an die praktische Philosophie Kants und die Philosophie des Selbstbewusstseins bei Fichte zeigt der 1. Teil, dass Selbstsein als Autonomie zu fassen ist, deren Grundbestimmung aber tiefer reicht als bis zum autonomen Subjekt der westlichen Aufklärung und die sich so zu anderen Kulturen öffnet. Damit ist der Ursprung des Rechts aufgewiesen. Da das Selbstsein seinerseits nur als aus einer Verbindung mit anderen hervorgehend begriffen werden kann, wird im 2. Teil die Aufgabe gelöst, wie Selbstständigkeit und Gemeinschaft, Differenz und Einheit zusammen bestehen können. Dies leistet das Recht. Auf dem Fundament wechselseitiger Anerkennung werden drei Horizonte entfaltet, die in einander übergehen: Das interpersonale Rechtsverhältnis, die verfasste Gemeinschaft und das Verhältnis der Staaten zueinander – in der einen Menschenwelt.

Rainer Zaczyk ist Professor für Strafrecht und Rechtsphilosophie an der Universität Bonn.

recht als kultur
käte hamburger kolleg
law as culture
centre for advanced study

Tribunale

Literarische Darstellung und juridische Aufarbeitung von Kriegsverbrechen im globalen Kontext

Herausgegeben von Werner Gephart, Jürgen Brokoff, Andrea Schütte, Jan Christoph Suntrup

2014. 244 Seiten
ISBN 978-3-465-04200-6
Recht als Kultur 4

Dieser Band versammelt Beiträge unterschiedlicher disziplinärer Ausrichtung, die sich mit Formen und Verfahrensweisen des Tribunals auseinandersetzen. Der Name des Tribunals steht aufgrund seiner ambivalenten Geschichte einerseits grundsätzlich im Verdacht der Willkürjustiz, andererseits jedoch in jüngerer Zeit auch für internationale und hybride Institutionen, deren Aufgabe die Be- und Verurteilung fundamentalen Unrechts ist: die strafrechtliche Verfolgung von Kriegsverbrechen und »Verbrechen gegen die Menschlichkeit«. Die hier publizierten Texte fragen nach der Rechtskultur des Tribunals, aber auch nach literarischen und anderen ästhetischen, bisweilen selbst tribunalartige Züge aufweisenden Formen der Darstellung von Kriegsverbrechen, wie z. B. bei Peter Handke.

Martin Albrow

Global Age Essays on Social and Cultural Change

2014. 250 Seiten
ISBN 978-3-465-04211-2
Recht als Kultur 5

In 14 bislang unveröffentlichten Essays entwickelt der britische Soziologe Martin Albrow seine These vom »Globalen Zeitalter«, die er zuerst in den 1990er Jahren vortrug. Anregungen von Max Weber, Emile Durkheim, Arnold Toynbee und Norbert Elias gehen dabei in einen globalen Diskurs ein, der einen neuen Zugang sucht zu bleibenden menschlichen Dilemmata im Zusammenhang mit Glaube, Gerechtigkeit und Verantwortung. Auch wenn der Autor die Überzeugung von der Unabwendbarkeit von Globalisierung und Amerikanisierung nicht teilt, vertritt er doch die Auffassung, der Entwurf unserer Zeit als von dem Phänomen der Globalisierung geprägt beinhalte die Notwendigkeit einer kollektiven Antwort auf die Herausforderungen, die sich der Menschheit heute stellen. Die Hoffnung auf eine menschliche Zukunft beruht auf einer normativen Ordnung der globalen Gesellschaft, einer Weltregierung, die es den disparaten lokalen, nationalen und globalen Kulturen erlaubt, zu koexistieren und zu prosperieren.

Martin Albrow ist Professor emeritus der University of Wales, Honorary Vice President der British Sociological Association und Senior Fellow am Käte Hamburger Kolleg »Recht als Kultur« in Bonn. Er ist Träger des Europäischen Amalfi-Preises für Soziologie und Sozialwissenschaften.

recht als kultur
käte hamburger kolleg
law as culture
centre for advanced study

Maurizio Ferraris

Manifest des neuen Realismus

Aus dem Italienischen übersetzt von Malte Osterloh

2014. 90 Seiten
ISBN 978-3-465-04214-3
Recht als Kultur 6

Dieses Buch, das in Italien bereits mehrere Auflagen erlebt hat, ist ein Manifest, das sich gegen zwei Bewegungen wendet: gegen das postmoderne Denken und seinen Kult der Ironisierung, der das Denken insgesamt unter den Universalverdacht der Fälschung setzt und den Wert der Wirklichkeit bzw. eines Wissens von Wirklichkeit diskreditiert – und gegen einen Konstruktivismus, der die Welt in der Begriffsarbeit seiner Beobachter hervorbringt. Dem postmodernen Angriff auf die Wirklichkeit im Medium der Entdifferenzierung von Sein und Wissen, Feststellen und Akzeptieren, Wissen und Macht wird eine Wiederbelebung der Philosophie als Brücke zwischen den moralischen Wertungen und Meinungen und der Welt des Wissens entgegengestellt. Ferraris' Thesen sind aufregend in einem Klima, in dem die beliebige Setzbarkeit des Rechts durch nichtbeliebige Grundrechte, Menschenrechte und institutionelle Ewigkeitsklauseln (Art. 79, Abs. 3 GG) limitiert wird. Sie leisten »Aufklärung« auch darüber, dass sich die letzte Frage der »Gerechtigkeit« nicht dekonstruieren lässt.

Im Juni stand Maurizio Ferraris' »Manifest des neuen Realismus« auf Platz 7–8 der Liste der besten Sachbücher des Monats der SZ und des NDR.

Werner Gephart

Law, Culture, and Society

Max Weber's Comparative Cultural Sociology of Law

Translated from German by Johannes Nanz

2015. 160 Seiten
ISBN 978-3-465-04231-0
Recht als Kultur 7

The historical-critical edition of Max Weber's writings on sociology of law revealed deep layers of Max Weber's legal texts that thus became readable for the first time. Weber breaks out from the legal centrism of the normative world and designs an interpretation that follows the »world history of law« in a cultural-comparative sense, thereby making him appear particularly topical for today's debates on the relationship between globalization and legal analysis. It is remarkable how Weber designed a great, all-encompassing meta-narrative on legal rationalism in the Occident based on a multitude of highly branched out legal histories. This interpretation also captures the birth of sociology from the spirit of jurisprudence – so impressively detailed in Weber's work – that accords particular importance to law in the analysis of modernities.

Werner Gephart, legal scholar, sociologist and artist, is professor for sociology at the University of Bonn and founding Director of the Käte Hamburger Center for Advanced Study in the Humanities »Law as Culture«.

Marta Bucholc

A Global Community of Self-Defense

Norbert Elias on Normativity, Culture, and Involvement

2015. 202 Seiten
ISBN 978-3-465-04232-7
Recht als Kultur 8

»We can easily imagine people amusing themselves in a field by playing with a ball so as to start various existing games, but playing many without finishing them and in between throwing the ball aimlessly into the air, chasing one another with the ball and bombarding one another for a joke and so on. And now someone says: The whole time they are playing a ball-game and following definite rules at every throw. And is there not also the case where we play and make up the rules as we go along? And there is even one where we alter them – as we go along.« (Ludwig Wittgenstein) How do we make the rules of our games? Where does the normativity of our moral laws, statutory provisions and table manners come from? How do we strive to keep naked violence at bay by allowing power to be vested with the right of correction? Can humanity as a whole become a global community of self-defense? Marta Bucholc seeks answers to these questions in the writings of Norbert Elias, while watching the players in the field go on …

Dr. Marta Bucholc is assistant professor at the Institute of Sociology at the University of Warsaw.